# 중세 전성기의 서방교회

## (12~13세기)

하인리히 홀체 지음
최영재, 권진호, 황훈식 옮김

호서대학교 출판부

저자 하인리히 홀체 (Heinrich Holze)

1985 괴팅엔(Gottingen)대학교 신학박사(Th.D)
1989 베텔(Bethel) 대학 교수자격논문
1995 - 현재 로스톡(Rostock)대학 교회사 교수 - 전공분야: 중세초기와 전성기

역자 최영재

영남신학대학교 (M.Div)
장로회신학대학교 (Th.M)
독일 보훔(Bochum)대학교 (Th.D)
現 장로회신학대학교 강사

권진호

공주대 역사교육과
목원대 신학대학 및 대학원 신학과
독일 키일(Kiel) 대학교 신학박사
現 목원대학교 조교수

황훈식

서울신학대학교와 동 대학원 (BA/M.Div)
독일 본(Bonn)대학교 (Th.M)
독일 프라이부르크(Freiburg)대학교 (Ph.D)
現 호서대학교 고중세문헌연구소 책임연구원
서울신학대학교 신학연구소 연구위원
한국교부학학회 임원, 국내 다수 대학교 출강

Heinrich Holze

# Die abendländische Kirche im hohen Mittelalter (12./13. Jahrhundert)

Kirchengeschichte in Einzeldarstellungen

I-12

Herausgegeben von Ulrich Gäbler, Gert Haendler, Johannes Schilling und Joachim Rogge †

Evangelische Verlagsanstalt

# 발 간 사

풍성한 결실의 계절 만추(晩秋)에 기다리던『KGE 교회사 전집』15권을 발간했습니다. 이는 그 동안 우리 교회사 학계의 소원 하나가 이루어진 것이어서 마음이 쾌한 것이 그지 없습니다.

우선 돈독한 신앙과 학문적 열정으로 4년여에 걸친 지난한 번역의 작업을 묵묵히 감내해온 열일곱 분의 번역자께 존경과 감사의 말씀을 드립니다. 또한 발간이 되기까지 노고를 아끼지 않은 한국과 독일의 출판사 대표, 한국개신교단의 총회장님들, 그리고 한국과 독일의 가교가 되어준 네 분의 독일 학자들께도 심심한 감사의 말씀을 올립니다. 그러고 보니 '모든 것이 협력하여 선을 이루는'(롬 8:28) 일이 바로 여기서 이루어졌습니다.

이 전집은 교회사 전반을 아주 상세하게 기록한 문헌 자료로서도 그 의미가 클 뿐만 아니라, 높은 학문적 성취로 그 가치를 크게 인정받고 있습니다. 그렇기 때문에 이 전집은 교회사와 같은 신학의 분야는 말할 것도 없고 로마사와 같은 서양사 분야, 또는 중세 지성사와 같은 인문학 분야의 연구를 진작하고 견인할 것으로 기대를 모으고 있습니다. 또한 영성을 형성하고 길러내는 데에도 큰 기여를 할 것입니다. 저는 이 일에 힘쓰신 번역자 및 관계자 여러분의 숭고한 뜻과 호서대학교 출판부의 도움을 역사의 한 기록으로 남겨 소중히 보전하고자 합니다.

앞으로도 한국의 교회사학자 여러분께서는 학문적 열정으로 한국 교회와 신학 연구 및 교육 발전에 크게 기여하실 것을 축원하는 바입니다.

호서대학교 총장 / 철학박사

강일구

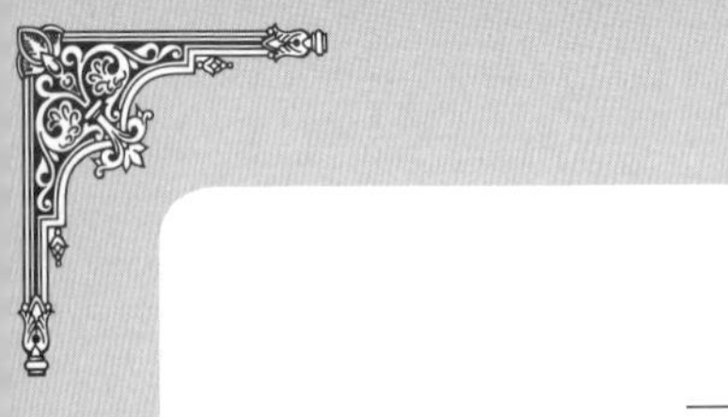

# 추 천 사

2011년 봄에 두란노아카데미에 의해 출판된『기독교 고전총서』는 영미권 출신 학자들이 즐겨 사용해 온 LCC (Library of Christian Classics)를 기본으로 한 교회사 관련 원전 번역 시리즈의 한글번역으로, 한국교회사학회 회원 학자들의 적극적인 참여와 원로교회사가들의 오랜 염원이 맺은 결실이었습니다.

이번에 번역된『KGE 교회사 전집』은 세계교회사를 독일학자들의 시각에서 정리한 시리즈이기에 이 가치를 잘 아는 독일권 유학 학자들의 오랜 염원의 결실이라고 믿어집니다. 물론 세계교회사를 다룬 책은 단행권과 시리즈로 다양하게 있고 번역된 것도 많이 있지만, 이 전집만큼 방대한 분량의 전집은 일찍이 없었습니다. 또한 교회사의 각 시기와 분야에서 최고 수준의 독일 학자들이 교회사 전체를 심도있게 다룬 것이라, 독일권 학자들의 교회사에 대한 관점을 더 잘 이해하고 나눌 수 있는 기회가 될 것입니다. 이번 출판을 크게 기뻐하며,『KGE 교회사 전집』을 적극적으로 추천합니다.

『기독교 고전총서』가 두란노출판사의 당시 대표 故 하용조 목사님의 배려가 없이 나올 수 없었던 것처럼,『KGE 교회사 전집』은 호서대학교 강일구 총장님의 결단과 후원 없이 불가능한 일이었습니다. 척박한 출판문화와 현실 가운데서도 문서사역의 가치를 새롭게 하시고 교회사 연구의 외연을 확장시켜 주신 두 분께 특별한 감사를 드리며 독일과 한국의 후원자들께 깊은 감사를 드립니다. 또한 보다 적절한 단어와 표현을 찾아내며 독자들에게 그 원 뜻을 전하고자 노고를 아끼지 않으신 번역자 교수님들과 이 시리즈의 일체 진행을 맡으셨던 염창선 교수님의 수고에 큰 존경과 감사를 표합니다. 한국교회사학회를 통해 이룬 이 두 가지의 귀중한 번역 자료를 보면 전자는 교회사의 주요 인물들의 글을 통해 교회사를 관통하는 주요주제들을 배우는 것이라면, 후자는 교회사 전체를 아우르며 정리해 주는데 다수에게 익숙해져 있는 교회사의 주요 내용들을 새로운 관점으로 소개하고 있어 두 자료의 활용도는 상호보완적입니다. 따라서『KGE 교회사 전집』은 독일어 자료의 활용이 제한되어 있을 수 있는 학자들이나 학생들, 교회사 일반 독자들을 고려할 때 참으로 의미있고 유익한 성과입니다.

『KGE 교회사 전집』은 다수의 한국교회와 교인들이 간과하고 있는 교회 역사에 대한 다양하면서도 깊고 넓은 이해를 제공할 것이며, 어리석고 무지한 인간들의 역사가운데 면면히 흐르고 있는 교회를 향한 하나님의 뜻을 깨닫고 그것을 현실화해야 할 성도의 마땅한 의무를 되새길 수 있는 귀한 기회를 마련해 줄 것으로 기대됩니다.

횃불트리니티 신학대학원대학교 총장

이 정 숙

# 감 사 의 글

하나의 일을 이루기 위해서는 수많은 준비 작업이 필요한데 이 시리즈의 출판을 위해 애쓰신 많은 분들께 지면을 통해 감사를 드립니다. 먼저 이 책을 출판하도록 적극적으로 도와주시고 출판되는 일을 가능하게 하신 호서대학교의 강일구 총장님께 진심으로 감사드립니다. 강 총장님의 결단이 없었더라면 이 책이 출판되지 못했을 것입니다.

이와 함께 출판 작업에 애쓰신 호서대학교 고중세문헌연구소와 호서대학교 출판부 담당자 여러분께 감사드립니다. 특히 이 시리즈의 편집을 위해 수고해주신 호서대학교 고중세문헌연구소장이신 염창선 교수님께 감사드립니다.

다음으로 감사드릴 분은 독일에서 이 시리즈의 출판을 위해 애쓰신 분으로, 이 시리즈의 번역을 맨 먼저 저에게 제안한 신실한 친구인 욥스트 렐러 박사(Dr. Jobst Reller)에게 감사를 드립니다. 그는 독일출판사에 내야할 인세를 독일루터교연합회(Die Vereinigte ev.-lutherische Kirche Deutschlands)와 노이엔데텔스아우(Neuendettelsau)에 있는 독일 바이에른 루터교의 선교부(Die Mission EineWelt)의 도움을 받아 해결해 주었습니다. 또한 이 책의 출판을 위해 계속 독일의 출판사와 연락을 취하면서 자기 일처럼 수고해주었습니다.

또한 독일 라이프치히(Leipzig)에 있는 출판사인 Evangelische Verlagsanstalt의 A. 바이트하스 박사(Fr. Dr. Annette Weidhaas)에게 감사드립니다. 번역 출판의 판권 문제에 관하여

애를 써주셨고 출판의 지연에도 불구하고 인내를 가지고 응원해주셨습니다.

세 번째로 감사드려야 할 분들은 이 시리즈의 번역을 맡아 수고해 주신 여러 교수님들입니다. 강의와 연구 그리고 학교의 행정일로 매우 바쁘신 가운데도 귀한 시간을 내어 주신 교수님들께 감사드립니다.

네 번째로 이 시리즈의 출판을 위해 재정적으로 후원해주신 많은 독지가들입니다. 이 분들의 정성스런 후원이 있었기에 출판에 많은 도움을 받을 수 있었습니다.

마지막으로 이 시리즈의 출판을 위해 번역위원회를 결성하고(2011년 10월 21일에 열린 한국교회사학회 임시임원회) 번역위원으로 수고 하신 배재대학교의 이성덕 교수님, 협성대학교의 한정애 교수님, 호남신학대학교의 홍지훈 교수님께, 번역 추진을 위해 보이지 않은 많은 수고를 해주신 것에 심심한 감사를 드립니다.

독일 루터교 연합회와 바이에른주 루터교 선교부에 이 시리즈 번역의 성사를 위해 대한예수교장로회(통합) 박위근 총회장님, 기독교대한성결교회 주남석 총회장님, 기독교한국루터회 엄현섭 총회장님께서 추천서를 써주신 것에 감사드립니다. 실로 이 시리즈 번역은 한국의 여러 교단과 여러 신학대학교수들, 그리고 독일의 루터교회가 함께 일구어 낸 글로벌한 에큐메니컬 운동의 열매입니다.

이 시리즈가 신학대학교와 대학원에서 그리고 목회자와 교회사에 관심을 가진 많은 평신도들에게 좋은 양식이 되고 한국신학교육 발전에 큰 진전을 이루는 일이 되리라 믿습니다.

KGE 번역위원장 / 평택대학교 교수

김 문 기

# 한국어판 서문

이 한국어판 『KGE 교회사 전집』은 독일 라이프찌히에 있는 출판사(Evangelische Verlagsanstalt)에 의해 'Kirchengeschichte in Einzeldarstellungen'이란 제목으로 1978년에 첫 출판된 『테르툴리아누스부터 암브로시우스까지』(I/3, Gert Haendler, 조병하 역) 이래 현재까지 나온 36권 중 우선 15권만 선별하여 번역한 것이다. 번역에 동참한 17명의 교회사학자들과 더불어 한국교회사학회와 호서대학교 고중세문헌연구소 및 호서대학교 출판부가 2011년 12월부터 2015년 11월까지 오랜 기다림과 수고 끝에 얻은 소중한 학문적 결실이다.

이 전집은 신학, 교회사 및 일반 서양사를 배우는 학생들은 물론 그것을 가르치는 자들과 이 분야에 관심이 있는 자들을 염두에 두고 집필되었으며, 1세기 기독교 시초부터 현대까지 시대를 대표하는 인물들과 중요한 신학개념들이 이해하기 쉽도록 설명되어있다. 또한 단순한 개론서 수준을 넘어선 이 전집은 대학(원) 강의교재 및 연구 자료로 사용하기에도 매우 적합할 것이다. 더욱이 시대연구나 신학주제들을 좀 더 심화하려는 독자들에게는 별도로 수록된 역사자료에 대한 도표, 연대표, 색인, 도서목록 및 지도들이 큰 도움이 될 것이다.

이제야 비로소 오랜 산고 끝에 결과물을 손에 넣게 된 것은 오직 학문적 동기로 번역에 동참하신 교회사학자들과 이 일이 가능하도록 실제적인 도움을 준 여러 손길들에게도 참으로 감사할 일이다. 물론 이런 감사가 몇 마디 문장으로 다 표현될 수는 없으나, 도움을 주신 고마운 분들과 기관들의 큰 뜻을 감사의 마음을 담아 여기에 적어둠으로써 길이 기억될 발자취로 남기고자 한다.

감사의 마음을 표하고 싶은 단체 및 기관으로는 호서대학교(강일구 총장)와 한국교회사학회(이정숙/ 김문기 회장), 독일 루터교연합(VELKD) 및 독일 바이에른 루터교 선교부인 'Mission Eine Welt'가 있으며, 개인적으로 힘을 모아주신 고마운 분들 - 남신현(카페포레 사장), 이계자(서울소망교회 권사), 이종목(안산광림교회 권사), 장광석(해창평화교회 목사), 정하성(평택대학교 교수), 차광선(호서대학교 교수), 채재수(전 우원건설회장), 한정희(전남대학교 교수) - 께도 감사드린다.

이 일이 진행되기 위해서 먼저 학자적 안목과 열정에서 번역사업을 흔쾌히 허락하시고 적극적으로 지원해주신 본교 강일구 총장님께 큰 감사를 드리며, 시작단계에서 독일 출판사 측에 추천서를 써주신 한국루터대학 엄현섭 총장님과 기독교대한성결교회 주남석 총회장님과 예수교장로회(통합) 박위근 총회장님, 그리고 독일과 한국 측에 다리 역할을 해주신 한국 루터대학교 M. 리노 교수님(Prof. Malte Rhinow)과 독일 라이프찌히대학교 P. 찜머링 교수님(Prof. Peter Zimmerling)과 특히 J. 렐러 박사님(Dr. Jobst Reller)과 독일 출판사의 A. 비이트하스 박사님(Fr. Dr. Annette Weidhaas)께도 깊은 감사를 드린다. 마지막으로 KGE 번역위원위원장 김문기 교수님(평택대)과 15명의 번역자들에게도, 끝으로 이 사업의 실질적인 손과 발이 되었던 호서대학교 출판부 김애리 팀장에게도 진심으로 감사드린다.

이렇게 여러 손길들을 통해 이루어진 이 『KGE 교회사 전집』이 교회사 연구에 기여하고, 한국교회의 일꾼들을 배양하는 교재로 사용되며, 교회의 역사와 전통의 중요성을 널리 알리는데 쓰인다면, 번역에 열정을 바친 학자들과 이 훌륭한 뜻에 마음을 보탠 손길들에게 더 큰 기쁨이 되기에 한국어 번역본 출판을 계기로 이번 일의 품과 꼴을 밝힌다.

KGE 편집인 / 호서대학교 고중세문헌연구소장

염 창 선

# 번 역 지 침

## 1. 번역 기본 지침사항

- 표기법은 기본적으로 '국립국어원'의 맞춤법을 따랐다.
- 한글성경 인용의 경우, 개역개정판을 기본으로 하고, 그 외의 성서인용은 출처를 밝혔다.
- 원서에서 사용한 부호를 가능하면 그대로 사용했다.
- 역자가 필요에 따라 첨가한 '역자 주'(각주와 설명) 표기는 각주나 본문에 표기했다.
- 각주 번호는 통일성을 위해 각 장별로 새로 시작했다.
- 외래어는 처음 1회에 한하여 한글과 병기하고, 그 후는 한글 번역만 사용했다.
- 인명과 지명이 외래어인 경우, 기본적으로 '한국교회사학회 용어(인명•지명) 통일 원칙'을따랐다.
- 그 외 기본적인 외래어는 '국립국어원 - 외래어 표기법'을 따랐다.

## 2. '국립국어원' 외래어 표기법 (1986년 문교부 고시)

### 1) 언어별 표기법이 공유하는 공통적인 특징

- 현지에 해당하는 국가에서 쓰는 언어 표기를 쓰는 것을 원칙으로 한다.
- 경음(ㄲ, ㄸ, ㅃ, ㅉ)과 격음(ㅋ, ㅌ, ㅍ, ㅊ)이 대립하는 언어가 아닌 경우 격음으로 쓴다.
- ㅈ, ㅉ, ㅊ 다음에는 [j] 발음이 들어간 이중 모음(ㅑ, ㅒ, ㅕ, ㅖ, ㅛ, ㅠ)은 쓰지 않는다.

### 2) 일반적인 외래어 표기법

- 외래어는 국어의 현용 24자모만으로 적는다.
- 외래어 1음운은 원칙적으로 1기호로 적는다.

- 받침에는 'ㄱ, ㄴ, ㄹ, ㅁ, ㅂ, ㅅ, ㅇ'만을 쓴다.
- 파열음 표기에는 경음을 쓰지 않는 것을 원칙으로 한다.
- 이미 굳어진 외래어는 관용을 존중하되 그 범위와 용례는 따로 정한다.

### 3) 독일어 표기법

- 독일어의 표기세칙은 기본적으로 영어의 표기 세칙을 준용한다.
- [r]
  ① 자음 앞의 [r]는 '으'를 붙여 적는다.
  ② 어미의 [r]와 '- er[ər]'는 '어'로 적는다.
  ③ 복합어 및 파생어의 선행 요소가 [r]로 끝나는 경우는 위의 ②규정을 준용한다.
- 어말의 파열음은 '으'를 붙여 적는 것을 원칙으로 한다.
- 철자 'berg', 'burg'는 '베르크', '부르크'로 통일해서 적는다.
- [ʃ]
  ① 어말 또는 자음 앞에서는 '슈'로 적는다.
  ② [y], [ø] 앞에서는 'ㅅ'으로 적는다.
  ③ 그 밖의 모음 앞에서는 뒤따르는 모음에 따라 '샤, 쇼, 슈' 등으로 적는다.
- [ɔy]로 발음되는 äu, eu는 '오이'로 적는다.

### 4) 라틴어 표기법

- y는 '이'로 적는다.
- ae, oe는 각각 '아이', '오이'로 적는다.
- j는 뒤의 모음과 함께 '야', '예'등으로 적으며, 어두의 'L+모음'도 '야', '예'등으로 적는다.
- s나 t 앞의 b와 어말의 b는 무성음이므로[p]의 표기 방법에 따라 적는다.
- c와 ch는 [k]의 표기 방법에 따라 적는다.
- g나 c 앞의 n은 받침 'ㅇ'으로 적는다.
- v는 음가가 [w]인 경우에도 'ㅂ'으로 적는다.

### 5) 그리스어 표기법

- y는 '이'로 적는다.
- ae, oe, ou는 각각 '아이', '오이', '우'로 적는다.
- c와 ch는 [k]의 표기 방법에 따라 적는다.
- g, c, ch, h 앞의 n은 받침 'ㅇ'으로 적는다.

# 역 자 서 문

이『중세 전성기의 서방교회(12/13세기)』는『Kirchengeschichte in Einzeldarstellungen』(KGE)시리즈 중 1부의 12번째 책이다.

이 책의 저자인 하인리히 홀체(Heinrich Holze)는 1995년부터 로스톡대학(Universität Rostock)에서 교회사 교수로 일하고 있다. 그의 전공은 초기와 전성기의 중세이며, 그 당시의 연대기와 전기 등 1차 자료를 바탕으로 하여 이 책을 저술하였다. 이 책은 12-13세기의 서방 그리스도교회의 흥미진진한 역사를 다루고 있다. 당시 교회는 정치와 경제와 사회적인 대변혁의 깊은 영향 가운데 놓여 있었으며, 그러한 변화 가운데 동참하였다. 이 시대에는 여러 수도회들의 등장으로 종교적인 삶의 다양화가 나타났으며, 평신도와 여성들의 역할들이 새롭게 규정되기도 하였다. 하지만 교황이 이끄는 서방교회는 단지 부분적으로만 그러한 운동들을 교회 내로 제도화할 수 있었다. 그 결과 이 시대에는 처음으로 제도권 교회 밖에도 그리스도교가 있다는 것을 깨닫게 되었다. 홀체 교수는 이러한 내용을 수많은 1차 자료에 근거하여 설명하고 있다.

이 책을 읽는 이들에게 반드시 언급해야할 사항이 있다. 중세 전성기의 서방교회와 관련된 민족과 나라들은 많다. 서유럽 전체와 스칸디나비아 반도와 동유럽과 이슬람권 나라들이 직간접으로 연관되어 있다. 따라서 이들 나라와 민족에 속한 인명과 지명을 어떻게 표기할 것인가 하는 문제가 대두되었다. 이에 다음과 같은 원칙에 따라 인명과 지명을 표기하였다. 먼저 인명과 지명의 표기는 가능한 한 이 KGE시리즈의 번역에 통일성을 위하여 제공된 목록표에 따랐다. 즉 인명이나 지명은 그가 속한 나라의 언어와 그 발음에 가깝게 표기했다. 예를 들면, 원문에는 "Bernhard von Clairvaux"라고 표기되어 있지만, 목록에는 그의 프랑스식 이름 베르나르 드 클레르보로 되어 있다. 따라서 번역문에서는 베르나르 드 클레르보(Bernhard von Clairvaux)라고 표기했다. 마찬가지로 교황의 이름도 원문에는 "Innozenz III."라고 실려 있지만, 목록에 따라 "인노켄티우스 3세"(Innozenz III.)라고 표기했다. 그리고 참고를 위하여 괄호 안에는 원문에 나오는 독일식 인명과 지명을 실었다. 그리고 목록표에 나오지 않는 이름이나 지명에 대하여 그 나라의 말에 가장 가까운 발음으로 표기했다. 이 경우에도 원문의 독일식 인명과 지명을 괄호에 표기하여 참고할 수 있게 했다.

이 번역을 도와주신 이들이 있다. 먼저 권진호 박사와 황훈식 박사께서 일부분을 맡아 번역해주셨다. 권진호 박사는 제4장 C 2(기사수도단의 위기).부터 제4장 D 4( 아우구스티누스 은둔자수도회).까지 번역을 해주셨고, 황훈식 박사는 이어서 제4장 D 5(오리엔트와 중국선교).부터 제4장 H 3(성체 신앙).까지 번역을 해주셨다. 두 분에게 진심으로 감사드린다. 그리고 몸이 불편한 가운데에서도 번역문을 꼼꼼히 읽고 교열과 교정을 하고 참고문헌 작업을 해준 아내에게 감사하고, 애매한 독일어 문장을 이해하는데 도움을 준 아들 예찬이에게도 감사하다.

끝으로 이 책을 읽으며 교회사를 입문하려거나 공부하려는 이들에게 이 책이 작은 도움이 될 수 있기를 바란다.

최 영 재

# 목 차

## 제3장 탁발수도회의 영향 아래의 서방교회

# 머 리 말

『중세 전성기의 서방교회(12~13세기)』라는 제목을 가진 이 책은 그레고리 7세의 죽음으로 끝을 맺는 게르트 핸들러(Gert Haendler)의 책(KGE I/9)과 연결된다. 특별히 동방교회를 유의하면서 11-13세기의 사건들을 다룬 프리드헬름 빈켈만(Friedhelm Winkelmann)의 책(KGE I/10)과 중세의 신학과 경건사적인 발전을 묘사한 폴커 레핀(Volker Leppin)의 책(KGE I/11)과 더불어, 게르트는 12세기와 13세기의 교회와 수도원제도의 관계를 결정짓는 사건들의 관계를 설명했다. 이 책에서 나누어지고 있는 시대는 역사서술에서 중세 전성기로 불린다. 실제로 12세기와 13세기를 고유한 특징을 가진 시대로 다루는 것은 합당한 근거들이 있다. 변혁과 재편성의 수세기를 지난 뒤에 유럽대륙은 오랜 시간동안 변하지 않는 경계 안에 견고하게 굳어졌다. 동시에 눈에 띄는 경제적 도약이 나타났다. 그러한 도약은 새로운 지역의 개척과 증가하는 생산성과 새로운 기술의 사용에서 나타난다. 십자군들이 기여한 국경선의 개방이 무역성장에 기여했다. 동시에 모든 유럽지역에서 두드러진 인구증가가 관찰되었다. 결국 이 시대에 건설된 수많은 도시들과 함께 지금까지 알려지지 않은 권리와 자유를 개척하고 대학들과 함께 새로운 교육시설을 조성했던 새로운 거주양식이 생겨났다. 서방교회와 수도원제도가 이 발전에 특별히 한몫 거들었다. 각각 50년을 주기의 4개 연대기가 차례로 구성되는 시대들에서 그러한 것들이 언급될 수 있다.

여기 제시되는 이 책에서는 중복을 피하기 위하여 이 시기의 서방교회를 특징 지웠던 모든 관점들이 언급될 수 없다. 그리스도인들과 유대인들의 관계와 비잔틴 제국교회와 관계는 프리드헬름 빈켈만(KEG I/10)에 의해서, 철학과 신학의 발전은 폴커 레핀(KGE I/11)에 의해서 다루어졌다. 하지만 언급된 주제 분야에서 중복을 항상 피할 수 없을 때, 이 책은 앞의 두 책의 독자적인 보충이 될 것이며, 그 보충은 교회와 수도원제도의 발전에 주목할 것이다. 이렇게 중심을 두는 것은 바로 수도원제도가 중세교회의 역동적인 요소라는 것에 근거를 두고 있다. 성직의 중심이며 사상적인 중심인 수도원제도로부터 교회와 사회를 위한 새로운 자극이 계속해서 나왔다. 연대기들과 전기들과 다른 동시대 1차 자료가 서술에서 언급되었다. 그로써 그 시대를 그들 자신의 언어로부터 해명하려고 시도했다. 그것은 작가가 평가하고 해석하고 분류한 글들을 제외한 것은 아니며, 오히려 그 글을 두 번째 자리를 부여했다. 이것은 이곳저곳에서 거리감을 있게 만들 것이며, 여기 서술되는 시대를 분명히 낯설게 만들 것이다. 중세전성기로부터 우리는 정치적인 그리고 경제적인 입장뿐만 아니라 삶에서 교회적인 그리고 종교적인 입장을 근본적으로 바뀌도록 만든 8세기의 시간만큼 떨어져 있다. 서술은 그런 거리를 줄이려고 무리하게 노력하지 않았다.

마지막으로 편집자들인 울리히 개블러 교수(Prof. Dr. Ulrich Gäbler)와 게르트 핸들러 교수(Prof. Dr. Dr. h.c. Gert Haendler)와 요한네스 쉴링 교수(Prof. Dr. Dr. Johannes Schilling)에게, 그리고 이 책의 작업에서 친절하고 도움이 되는 조언을 준 개신교 출판사(Evangelische Verlagsanstalt)의 아네테 바이드하스(Frau Dr. Annette Weidhas) 박사에게 특별히 감사드린다.

로스톡, 2003년 8월

하인리히 홀체 (Heinrich Holze)

# 참 고 문 헌

## 1. 게르만 역사 문헌집(MGH)


Consitutiones(Const.): Consititutiones et acta publica, Bd. 1-3, Hannover 1893-1906.

Deutsches Mittelalter(DMA) Bd. 1: Die Brife Heinrichs Ⅳ., Leipzig 1937. Neudr. Stuttgart 1978; Bd. 2: Brunos Buc vom Sachsenkrieg, Leipzig 1937, Neudr. 1980.

Diplomata (D): Bd. 6: Die Urkunden Heinrichs Ⅳ., Berlin 1941. Neudr. Hannover 1978; Bd. 10: Die Urkunden Friedrichs Ⅰ., Bd. 1-3, Hannover 1975-1985.

Quellen zur Geistesgeschichte des Mittelalters(QG): Bd. 11: Patschovsky, Alexander, Quellen zur böhmischen Inquisition im 14. Jahrbundert, Weimar 1979.

Scriptores(SS): Bd. 5: Annales et chronica aevi Salici, Hannover 1852. Neudr. 1985; Bd. 6: Annalista Saxo, Hannover 1844; Bd. 9: Annales Marvacenses, Hannover 1907, Neudr. 1979; Bd. 11: Wolfher, Vita s. Godehardi episc. Hildesheim; Bd. 12: Vita Godefridi comitis Capenbergensis-Vita Norbertiarchiepiscopi Magdeburgesis - Historiae aevi Salici, Hannover 1856. Neudr. 1995; Bd. 15: Brunonis Vita quinque fratrum, 1886; Bd. 16; Annales Rodenses-Annales Stadenses auctore Alverto - Annales Palidenses - Annales Magdeburgenses - Annales aevi Suevici, Hannover 1859. Neudr. 1968; Bd. 17: Vincentii Pragensis Annales - Coninuatio Gerlaci abbatis Milovicensis - Annales et historiae Altahenses - Annales Colmarienses - Annales Reicherspergenses, Hannover 1861; Bd. 21: Arnoldi Chronica Slavorum, Hannover 1868. Neudr. 1995; Bd. 45: Ottonis episcopi Frisingensis Chronica, Hannover 1912, Neudr. 1984; Bd. 46: Ottonis et Rahewini Gesta Friderici Ⅰ. imperatoris, Hannover 1884; Bd. 71: Die Prüfeninger Vita Bischof Ottos Ⅰ. von Bamberg, Hannover 1999.

Scriptores rerum Germanicarum(SS rer. Germ.): Bd. 2: Die Chronik der Böhmen des Cosmas von Prag,

Berlin 1923. Neudr. 1980; Bd. 4: Die Chronik des Mathias von Neuenburg, Berlin 1924. Neudr. 1984; Bd. 7: Annales Fuldenses sive Annales regni Francorum orientalis, Hannover1891. Neudr. Hannover 1993; Bd. 8: Annales Hildesheimenses, Hannover 1878. Neudr. Hannover 1990; Bd. 18: Chronicaregia Coloniensis - Helmoldipresbyteri Bozoviensis Cronica Slavorum, Hannover 1880. Neudr. Leipzig 1909; Bd. 33: Herbordi Dialogus de vita Ottonis episcopi Babenbergensis, Honnover 1868; Bd. 42: Cronica Sancti Petri Erfordensis modrna, Hannover 1899; Bd. 43: Monumenta Welforum antiqua, Hannover 1869; Bd. 47: Ottonis de Sancto Blasio Chronica, Hannover 1912.

Schriften der Monumenta Germaniae Historica: Bd. 3: Jordan, Karl, Die Bistumsgrpndungen Heinrich des Löwen. Untersuchungen zur Geschichte der ostdeutschen Klonisation, Erst Aufl. Leipzig 1939. Neudr. 1979; Bd. 12: Borst. Arno: Die Katharer, Stuttgart 1953, Basel Wien 6. Aufl. 1998; Bd. 19: Becker, Alfons, Papst Urban Ⅱ., Teil 1: Herkunft und kirchliche Laufbahn. Der Papst und die lateinische Christenheit; Teil 2: Der Papst, die griechische Christenheit und der Kreuzzug, Stuttgart 1964/1988; Bd. 22: Patschovsky, Alexander, Der Passauer Anonymus - ein Sammelwerk über Ketzer, Juden, Antichrist aus der Mitte des 13. Jahrhunderts, Stuttgart 1968; Bd. 25: Grundmann, Herbert, Ausgewählte Aufsätze, Bd. 1: Religiöse Bewegungen, Bd. 2: Jachim von Fiore, Bd. 3: Bildung und Sprache, Stuttgart 1976/77/78; Bd. 26: Mayer, Hans Eberhard, Bistümer, Klöster und Stifte im Königreich Jerusalem, Stuttgart 1977; Bd. 29: Classen, Peter, Studium und Gesellschaft im Mittelalter, Stuttgart 1983; Bd. 33: Fälschungen im Mittelalter. Internationaler Kongreß der Monumenta Germaniae Historica München, 16-19. September 1986, Bd. 1-5, Hannover 1988; Bd. 34: Hucker, Bernd Ulrich, Kaiser Otto Ⅳ, Hannover 1990; Bd. 38: Schaller, Hans Martin, Stauferzeit Ausgewählte Aufsätze, Hannover 1993; Bd. 45: Schilling, Beate, Guido von Vienne, Papst Calixt Ⅱ., Hannover 1998; Bd. 49: Kaufhold, Martin, Deutsches Interregnum und europäische Politik. Konfiktlösungen und Entscheidungsstrukturen 1230-1280, Hannover 2000; Bd. 71: Die Prüfeninger Vita Bischof Ottos I. von Bamberg nach der Fassung des Großen Österreichischen Legendars, hg. von Jürgen Petersohn, Hannover 1999.

## 2. 중세연속 그리스도교 전집(카롤링거시대부터 중세 말까지)(CChr.CM)

Bd. 5: Sapeculum virginum, 1990; Bd. 8: Scriptores ordinis Grandimontensis, 1968; Bd. 10: Petri Venerabilis Contra Petobrusianos hereticos, 1968; Bd. 11-13: Petri Abaelardi Operatheologica, Bd. 1-3, 1969/1987; Bd. 20: Constitutiones Canonicorum Regularium Ordinis Arroasiensis, 1970; Bd. 43/43a: Hildegardis Scivias, 1978; Bd. 48: Consuetudines canonicorum regularium Springirbacenses-Rodenses, 1978; Bd. 69: Margaretae Porete Speculum simplicium animarum, 1968; Bd. 70: Historia Compostellana, 1988; Bd. 90: Hildegardis Liber Vita Meritorum, 1995; Bd. 91/91A/91B: Hildegardis Bingensis Epistolarium, Bd. 1-3, 1991-2001; Bd. 92: Hildegardis Bingensis Liber Divinorum Operum, 1996; Bd. 118: Ioannis Saresberiensis Policraticus Ⅰ-Ⅳ, 1993; Bd. 126: Vita Sanctae Hildegardis, 1993.

## 3. 그리스도교의 1차 자료모음집, 프라이부르크-바젤-비인(FChr)

Bd. 13: Anselm von Canterbury, Freiheitsschriften, 1994; Bd. 10: Bruno/ Guigo/ Antelm, Epistulae Cartusianae - Frühe Kartäuserbriefe, 1992; Bd. 11: Consuetudines Canonicorum Regularium Rodenses - Die Lebensordnung des Regularkanomikerstiftes Klosterrath, Bd. 1/2, 1993; Bd. 14: Bonaventura, De triplicivia Über den dreifachen Weg, 1993; Bd. 26: Abaelard, Expositio in epistolam ad Romanos - Römerbriefkommentar, Bd. 1-3, 2000; Bd. 27: Hugo von Sankt Viktor, Didasalicon/De studio legendi - Studienbuch, 1997; Bd. 29: Vitae Sanctae Hildegardis - Leben der Heiligen Hildegard von Bingen; Canonizatio Sanctae Hildegardis - Kanonisation der Heiligen Hildegard, 1998; Bd. 30: Speculum Virginum - Jungfrauenspiegel, Bd. 1-4, 2001; Bd. 33: Rupert von Deutz, Liber de divinis officiis - Der Gottesdienst der Kirche, Bd. 1-4, 1999.

## 4. 그리스도교의 1차 자료집, 파리(SChr)

Bd. 61: Cuillaume de Saint-Thierry, La contemplation de Dieu, 2. Aufl. 1999; Bd. 63: Richard de Saint-Victor, La Trinité, 1999; Bd. 82: Guillaume de Saint-Thierry, Exposé sur le Cantique des cantiques, 2. Aufl. 1998; Bd. 88: Lettres des premiers chartreux 1. S. Bruno, Guiges, S. Anthelme, 1988; Bd. 118: Anselme de Havelberg, dialogues, 1966; Bd. 127: Gertrude d'Helfta, CEuvres spirituelles, Bd. 1: Les Exercises, 1967; Bd. 131/165: Rupert de Deutz, Les CEuvres du Saint-Esprit, Bd. 1/2, 1970; Bd. 139/143/255/331: Gertrude d'Helfta, CEuvres spirituelles, Bd. 2-5: Le Héraut, 1967/1968/1978/1986; Bd. 155: Hugues de Saint-Victor, Six Opuscules Spirituels, 1969; Bd. 163: Guigues le Chartreux, Lettre sur la vie contemplative; Douze méditations, 2. Aufl. 2001; Bd. 191: Pierre Damien, Lettre sur la toure-puissance divine, 1972; Bd. 198: Livre des deux principes, 1973; Bd. 223: Guillaume de Saint-Thierry, Lettre aux Fréres du Mont-Dieu, 1985; Bd. 236: Rituel Cathare, 1977; Bd. 274: Les Moines de Portes, Bernard, Jean, Étienne. Lettres des premiers Chartreux 2, 1999; Bd. 285: François d' Assise, Écrits, 2. Aufl., 1997; Bd. 301: Guillaume de Saint-Thierry, Le Miroir de la Foi, 1982; Bd. 308: Guigues er prieur de Chartreuse, Les Méditations, 1983; Bd. 313: Guigues I[er] prieur de Chartreuse, Coutumes de Chartreuse, 2. Aufl. 2001; Bd. 324: Guillaume de Saint-Thierry, Oraisons méditatives, 1985; Bd. 325: Claire d' Assise, Écrits, 2. Aufl. 1997; Bd. 367: Bernard de Clairvaux, Éloge de la nouvelle chevalerie, Vie de Saint Malachite, 1990; Bd. 380: Bernard de Clairvaux, Histoire, Mentalités, Spiritualité. Colloque de Lyon-Cîteaux-Dijon, 1992; Bd. 390: Bernard de Clairvaux, A la louange de la Vierge Mère, 1993; Bd. 393: Bernard de Clairvaux, L'Amour de Dieu, 1993; Bd. 414/431/452: Bernard de Clairvaux, Sermons sur le Cantique, Bd. 1-3, 1996/1998/2000; Bd. 419: Richard de Saint-Victor, Les Douze Patriarches ou Beniamin Minor, 1997; Bd. 425/458: Bernard de Clairvaux, Lettres, 1997/2001; Bd. 457: Bernard de Clairvaux, Le précept et la dispense, 2000.

## 5. 중세 독일의 역사서술가, 라이프치히(GDV)

Bd. 6: Die Jahrbücher von Marbach, 1896; Bd. 8: Helmolds Chronik der Slaven, 1888; Bd. 23: Die Jahrbücher von Fulda, 1889; Bd. 45: Brunos Buch vom Sächsischen Kriege, 1893; Bd. 46: Die größeren Jahrbücher von Altaich, 1893; Bd. 52: Chronik von Sanct Peter zu Erfurt, 1893; Bd. 53: Die jahrbücher von Hildesheim - Die Kölner Königschronik, 1893; Bd. 54: Der Sächsische Annalilst, 3. Aufl. 1941; Bd. 55: Herbords Leben des Bischofs Otto von Bamberg, 1894; Bd. 58: Die Chronik des Otto von St. Blasien, 1894; Bd. 59: Taten Friedrichs von Bischof Otto von Freising, 1939; Bd. 60: Rahewins Frotsetzung der Thaten Friedrichs von Bischof Otto von Freising, 1886; Bd. 61: Die Jahrbücher von Pöhlde, 1894; Bd. 63: Die Jahrbücher von Magdeburg, 1895; Bd. 64: Des Decans Cosmas Chronik von Böhmen - Das Leben des heiligen Norbert - Das Leben des Grafen Gottfried von Kappenberg, 1895; Bd. 66: Der Kanonikus von Wyssehrad - Der Mönch von Sazawa, Die Fortsetzungen des Cosmas von Prag, 1895; Bd. 67: Die Jahrbücher von Vincenz und Gerlach, 1895; Bd. 68: Eine alte Genealogie der Welfen und des Mönchs von Weingarten, 1895; Bd. 71: Die Chronik Arnolds von Lübeck, 1896; Bd. 72: Die Chronik des Albert von Stade, 1896; Bd. 75: Annalen und Chronik von Kolmar, 1897; Bd. 78: Die Werke des Abtes Hermann von Niederaltaich, 1898; Bd. 84: Die Chronik des Mathias von Neuenburg, 1899; Bd. 95: Das Register Innocenz Ⅲ. über die Reichsfrage 1198-1209, 1923.

## 6. 교회사와 신학사를 위한 텍스트들, 귀터스로(TKTG)

Bd. 4: Texte zur Inquisition, 1967; Bd. 18: Quellen zur Geschichte der Waldenser, 1973.

## 7. 프라이헤르 폰 슈타인의 기념판, 다름슈타트(FSGA)

Bd. 12: Quellen zur Geschichte Heinrichs Ⅳ., 1968; Bd. 12b: Quellen zum Investiturstreit. Schriften über den Streit zwischen Regnum und Sacerdotium, 1984; Bd. 15: Frutolfs und Ekkehards Chroniken und die anonyme Kaiserchronik, 1972; Bd. 16: Otto Bischof von Freising, chronik oder die Geschichte der zwei Staaten, 1960; Bd. 17: Bischof Otto von Freising und Rahewin, Die Tate Friedrichs, 1974; Bd. 18a: Die Chronik Ottos von St. Blasien und die Marbacher Annalen, 1998.

## 8. 프란체스코수도회 1차 자료모음집(FQS)

Bd. 1: Die Schriften des heiligen Franziskus von Assisi, 1994; Bd. 2: Leben und Schriften der heiligen Klara von Assisi, 6. Aufl. 1988; Bd. 5: Thomas von Celano, Leben und Wunder des heiligen Franziskus von Assisi 1994; Bd. 7: Franziskus. Engel des sechsten Siegels. Sein Leben nach den Schriften des heiligen Bonaventura, 1962; Bd. 8: Die Dreigefährtenlegende des heiligen Franziskus von Assisi und Anonymus Perusinus, 1993.

## 9. 도미니쿠스수도회 역사 문헌집, 로마(MOFPH)

Bd. 1: Vitae Fratrum Ordinis Praedicatorum, 1897; Bd. 3/4/8: Acta Capitulorum Generalium Ordinis Praedicatorum, Bd. 1-3, 1898-1900; Bd. 5: Litterae Encyclicae Magistrorum Generalium Ordinis Praedicatorum, 1900; Bd. 16: Libellus de principiis Ordinis Praedicatorum auctore Jordano de Saxonia; Legenda S Dominaci; Acta Canonizationis S. Dominici, 1933; Bd. 22: Stephanus de Salaniaco, De quatuor in quibus deus Praedicatorum ordinem insignivit, 1949; Bd. 24: Bernardus Guidonis, De Fundatione et prioribus conventuum provinciarum Tolosanae et provinciae Ordinis Praedicatorum, 1961; Bd. 25: Monumenta Diplomatice S. Dominici, 1966.

## 10. 설교자수도회의 저술가들, 파리(SOP)

Bd. 1: Jordan von Sachsen, Vita S. Dominci primi patris Fratrum Praedicatorum, 1719.

## 11. 프란체스코수도회 역사 문고(AFH)

Bd. 14/15/17/18: De tertio ordine S. Francisci in provincia Germaniae superioris sive Argentinensi syntagma; Bd. 30: Ordinationes a Benedicto XII pro Fratribus Minoribus promulgatae; Bd. 34: Statuta generalia ordinis edita in capitulis generalibus.

## 12. 여러 1차 자료모음집과 개별문서들

Acta Sanctorum quotquot toto orbe coluntur, hg. von J. Bollandus, 70 Bde., Antwerpen – Brüssel 1643 ff., Analecta Franciscana sive Chronica aliaque varia documenta ad historiam Fratrum Minorum spetantia edita a PP. Collegii S. Bonaventurae, Quaracchi, erschienen seit 1885; Analecta novissima Spicilegii Solesmensis altera continuatio, Bd. 2, hg. von Johannes Baptista Cardinalis Pitra Paris 1888; S. Anselmi Cantuariensis Aarchiepiscopi Opera omnia, hg. von F. S. Schmitt, Vol. Ⅰ-Ⅵ, 1938-1961; Aux sources de la vie cartusienne, Vol. Ⅳ: Edition critique des Consuetudines Cartusiae, hg. von Maurice Laporte, Grande Chartreuse 1962; Benrath, Gustav Adolf, Wegbereiter der Reformation, Klassiker des Protestantismus, Bd. 1, Bremen 1967; Bernhfard von Clairvaux, Sämtliche Werke lateinisch/deutsch, hg. von Gerhard B. Winkler, Bd. 1-10, Innsbruck 1990-1999; Bernhard Guidonis, Practica Inquisitionis, hg. von C. Douais, Paris 1886; Bibliotheca rerum Germanicarum, hg. von Philipp Jaffé, Bd. 5, 1869; Boehmer, Henrich, Analekten zur Geschichte des Francisus von Assisi, 1904;Cartularium Tironiense, hg. von L. Merlet, Bd. 1, 1883; Christliche Mystik. Texte aus zwei Jahrtausenden, hg. von Gerhard Ruhbach und Josef Sudbrack, München 1989; Chronica de gestis principum, in: Fontes rerum Germanicarum, Bd. 1, hg. von Johann Friedrich Böhmer, Stuttgart 1843, Neudr. Aalen 1969; La Chronique des premiers Chartreux, hg. von André Wilmart, Revue Mabillon 16, 1926, S. 77-142;

Citeaux. Documents primitifs, hg. von F. De Place 1988; Codex diplomaticus ordinis St. Rufus, hg. von U. Chevalier, 1891; Codex Iuris Cononici, hg. von aemilius Friedberg, Teil. 1: Decretum Gratiani, Leipzig 1879, Nachdruck Graz 1959; Conciliorum Oecumenicorum Decreta/Dekrete der ökumenischen Konzilien, Bd. 2: Konzilien des Mittelalters, hg. von Josef Wohlmuth, Paderborn-München-Wien-Zürich 2000; Consuetudines Fructuarienses, hg. von B. Albers, Consuetudines Monasticae 4, 1191, S. 1-191; Dante Alighieri, Monarchia. Studienausgabe, hg. von R. Imbach und Chr. Flüeler, Stuttgart 1989; Denifle, C. H., Die Constitutionen des Prediger-Ordens vom Jahr 1228, ALKGMA 1, 1885, S. 165-227; Denzinger, Heinrich, Enchiridion Symbolorum Definitionum et Declarationum de rebus fidei et morum, hg. von Peter Hünermann, Freiburgi. Br. - Basel – Rom – Wien 37. Aufl. 1991: Deutsche Geschichte in Quellen und Darstellung, Bd. 1: Frühes und hohes Mittelalter 750-1250, hg. von Wilfried Hartmann, Bd. 2: Spätimittelalter 1250-1495, hg. von Jean – Marie Moeglin und Rainer A. Müller, Stuttgart 1995/2000; Deutsche Mystikerbriefe des Mittelalters 1100-1550, hg. von Willhelm Oehl, Wien 1931. Neudr. Darmstadt 1972; Dialogus de gestis sanctorum fratrum minorum auctore Fr. Thoma de Papia, hg. von F. M. Delorme, Quaracchi 1923, Bibliotheca Franciscana Ascetica medii aevi 5; Döllinger, Ignaz von, Beiträge zur Sektengeschichte des Mittelalters, 2. Teil: Dokumente vornehmlich zur Geschchte der Valdesier und katharer, München 1890. Neudr. Darmstadt 1982; Einmütig in der Liebe. Die frühesten Quellentexte von Citeaux. Antiquissimi Textus Cistercienses lateinisch – deutsch, hg. von Hildegard Brem, Qullen und Studien zur Zisterzienserliteratur 1, Turnhout 1998; Elisabeth von Thüringen. Die Zeugnisseihrer Zeitgenossen, hg. von Lee Maril, Zürich 1961; Enchirdion Fontium Valdensium, Bd. 1, hg. von Giovanni Connet, Rom 1958; Erbebe dich, meine Seele. Mystische Texte Des Mittelalters, hg. von Johanna Lanczkwski, Stuttgart 1988; Étienne de Bourbon, O. P.(f 1261), Tractatus de diversis materiis predicabilibus, hg. von J. Berlioz, 1977; Exordium Magnum Cisterciense, hg. von Bruno Griesser, Rom 1961; Gertrud von Helfta, Gesandter der göttlichen Liebe, Legatus divinae pietatis, Darmstadt 1989, Dies., Exercitia spiritualia, Geistliche Übungen, hg. von Siegfried Ringler, Elberfeld 2001; Gesta Francorum et aliorum Hierosolomitanorum, hg. von R. Hill, London 1962; Giessauf, Johannes, Die Mongolengeschichte des Johannes von Piano Carpine, Schriftenreihe des Instituts für Geschichte 6, Graz 1995; Guibert von Nogent, De vita sua, hg. von E.-R. Labande, Les classiques de Phistoire de France au Moyen Äge 34, Paris 1981; Guigues le Chartreux, Vie de St-Hugues, hg. von M.-A. Chomel, 1984; Hadewijch, Das Buch der Visionen, 2 Bde., hg. von Getald Hofmann, Mystik in Geschichte und Gegenwart I /12-13, Stuttgart-Bad Cannstatt 1998; Dies., Sttofische Gedichten, hg. von Joseph Van Mierlo, 2 Bde., 1942; Dies., Brieven, 2 Bde., hg. von Joseph Van Mierlo, Leuvense studien en tekstuitgaven, Antwerpen 1947; Dies., Mengeldichten, hg. von Joseph Van Mierlo, Leuvense studién en tekstuitgaven, Antwerpen 1952; Helmold von Bosan, Slawenchronik, hg. von Heinz Stoob, Darmstadt 1963; Hildegard von Bingen, Scivieas - Wisse die Wege. Eine Schau von Gott und Mensch in Schöpfung und Zeit, hg. von Walburga Storch, Freiburg - Basel - Wien 3. Aufl. 1997; Dies., Briefwechsel, hg. von Adelgundis Führkötter, Salzburg 2. Aufl. 1990. Neudr. unter dem Titel „Nun höre und lerne, damit du errötest..." Freiburg - Basel - Wien 1997; Dies., Der Mensch in der

Verantwortung. Das Buch der Lebensverdienste (Liber Vitae Meritorum), hg. von Heinrich Schipperges, Salzburg 1972; Dies., Welt und Mensch. Das Buch „De operatione Dei", hg. von Heinrich Schipperges, Salzburg 1965; Dies., Naturkunde. Das Buch von dem inneren Wesen der verschiedenen Naturen in der Schöpfung, hg. von Peter Riethe, Salzburg 4. Aufl. 1989; Dies., Heilkraft der Natur. Physica. Das Buch von dem inneren Wesen der verschiedenen Naturen der Geschöpfe, hg. von Marie - Louise Portmann, Augsburg 2. Aufl. 1997; Hinnebusch, John Frederick(Hg.), The Historica Occidentalis of Jacques de Vitry. A critical edition, SpicFri 17, Fribourg 1972; Huygens, Robert Burchard Constantijn (Hg.), Letters de Jacques de Vitry (1160/70-1240), évéque de Saint-Jean-d'Acre. Edition critique, Leiden 1960; Iacopo da Varazze, Legenda Aurea. Edizione critica, hg. von Giovanni Paolo Maggioni, Millennio Medievale 6. Testi 3, Firenze 2. Aufl. 1999; Ioannis Saresberiensis Episcopi Carnotensis Policratici sive De nugis curialium et vestgiis philosophorum libriⅧ, hg. Clemens C. I. Webb, 2 Bde., London 1909, Neudr. 1965; Jordan von Sachsen, Libellus de initiis Ordinis Praedicatorum, hg. von Heribert Christian Scheeben, 1935; Die Konstitutionen des Predigerordens unter jordan von Sachsen, hg. von Heribert Christian Scheeben, QGDOD 35, Leipzig 1939; Kötzschke, Rudolf, Quellen zur Geschichte der ostdeutschen Kolonisation im 12. bis 14. Jahrhundert, Leipzig 2. Aufl. 1931; Konrad von Hirsau, Dialogus de mundi contemptu vel anore, hg. von Robert Bultot, AMNam 19, Louvain/Lille 1966; Die Kreuzzugsbriefe aus den Jahren 1088-1100. Eine Quellensammlung zur Geschichte des Ersten kreuzzuges, hg. von Heinrich Hagenmeyer, Innsbruck 1901; Das Leben der hl. Elisabeth vom Verfasser der Erlösung, hg. von Max Rieger, Stuttgart 1868; Das Leben des hl. Ludwig, hg. von H. Rückert, Leipzig 1851; Legenda Peruisina oder Textsammlung von Perugia (ab 1244), Compilatio assisiensis, hg. von M. Bigaroni, Porciuncola 1975; Die Legenda aurea des Jacobus de Voragine, hg. von Richard Benz, Darmstadt 12. Aufl. 1997; Le Guide du Pèlerin de Saint-Jacques de Compostelle, hg. von J. Vielliard, Mâcon 3. Aufl. 1963; Les Oeuvres de Narguerite d'Oingt, Publications de l'Institut de Linguistique Romane de Lzon 21, hg. von A. Duraffour, Paris 1965; Les Plus Anciens Textes de Citeaux, hg. von Jean de la Croix Bouton, Cîteaux-Commentarii Cistercienses Studia et Documenta, Vol. 2, Achel 1974. Neudr. 1985; Der sog. Libellus de dictis quatour ancillanrum s. Elisabeth confectus, hg. von A. Huyskens, Kempten 1911; Liber contra multiplices et varios errores, hg. von Irnerio da Milano, StT 115, 1945, S. 477-583; Lobpreis der göttlichen Gnade. Aus den Schriften der hl. Gertud von Helfta, hg. von Luitgard Grosse, Leipzig 1991; Map, Walter, De nugis curialium=Courtiers trifles, hg. von M. R. James, C. N. L. Brooke und R. A. B. Mynors, 1983; Margareta Porete, Der Spiegel der einfachen Seele, hg. von L. Gnädinger, 1987; Marilier, Jean(Hg.), Chartes et documents concernant I'Abbaye de Cîteaux 1098-1182, Rom 1961; May, O. H., Regesten der Erbischöfe von Bremen, Bd. 1, Veröffentlichungen der Historischen Kommission für Hannover, Bremen etc., Bd. 11, Hannover - Bremen 1937; Mechthild von Magdeburg, „Das fließende Licht der Gottheit", Bd. 1/2, hg. von Hans Neumann und Gisela Vollmann - Profe, Münchener Texte und Untersuchungen zur deutschen Literatur des Mittelalters, Bd. 100/101. München - Zürich 1990; Dies., Das fließende Licht der Gottheit, hg. von Margot Schmidt, Mystik in Geschichte und Gegenwart Abt. 1, 1, Stuttgart - Bad Cannstatt 2. Aufl. 1995; Meersseman,

Gérard Gilles, Dossier de I'Ordre de la Pénitence au XIIIe siêcle, Spicilegium Fribugense, Vol. 7, Fribourg 1961; Migne, Jacques-Paul(Hg.), Patrologiae cursus completus, series latina, 221 Bde., Paris 1844-1864; Mirbt, Carl und Aland, Kurt(Hg.), Quellen zur Geschichte des Papsttums und des römischen katholizismus, Bd. 1: Von den Anfängen bis zum Tridentinum, Tübingen 6. Aufl. 1967; Mittelalter, hg. von Adolf Martin Ritter, Bernhard Lohse und Volker Leppin, Kirchen – und Theologiegeschichte in Quellen, Bd. 2, Neukirchen - Vluyn 5. Aufl. 2001; Mollat, G., Bernard Gui, Manuel de I'Inquisiteur, Vol. 1/2, Paris 1926/27; Neubauer, A. und Stern, M.(Hg.), Hebräische Berichte über die Judenverfolgungen, Berlin 1892; Nicetae Choniatae Historia, hg. von 1. A. van Dieten, CFHB. B 11, 1, Berlin 1975; Die Opuscula des hl. Franziskus von Assisi. Neue textkritische Edition, hg. von K. Esser, SpicBon 13, Grottaferata 1976; Petrus Damiani, Vita S. Romualdi, Fonti 94, hg. von G. Tabacco, 1957, Neuder. 1982; Quellen zur Geschichte des Deutschen Ordens, hg. von Walther Hubatsch, Göttingen 1954; Regestum Innocentii Ⅲ papae super negotio Romani imperii, hg. von Friedrich Kempf, MHP 12, Rom 1947; Register der Inquisition des Jacques Fournier, Bischof von Pamiers, hg. von Jean Duvernoy, 3 Bde., Toulouse 1965; La Règle de I'Ordre de Bienheureuse Vierge Marie du Mont Carmel, hg. von M. Battmann, Paris 1982; Revelationes Gertrudianae et Mechtildianae, hg. von Louis Paquelin, Bd. 1/2, Poitiers - Paris 1875/1877; Riccoldo da Monte di Croce, Liber Peregrinationis, hg. von J. C. M. Laurent, 2. Aufl. 1873; Roth, Friedrich Wilhelm Emil (Hg.), Die Visionen und Briefe der hl. Elisabeth sowie die Schriften der Aebte Ekbert und Emecho von Schönau, 2. Aufl. Brünn 1886; Rouleau mortuaire du B. Vitalis, hg. von L. Delisle, 1909; Sacrum commercium S. Francisci cum domina Paupertate, hg. von a. PP. Collegii S. Bonaventurae, Quaracchi 1929; Mansi, Giovanni Domenico (Hg.), Sacrorum consiliorum nova et amplissima collectio, Flortenz - Venedig 1759-1798; Sankt Dominikus. Zeugnisse seines Innenlebens, hg. von Georg Hofmann, Vechta in Oldenburg 1935; Schmidt, Paul Gerhard (Hg.), Das römische Jubeljahr 1300. Mit einer Übersetzung von jacopo Gaetani Stefaneschis De anno iubileo, Sitzungsberichte der Wissenschaftlichen Gesellschaft an der J. W. Goethe - Universität Frankfurt a. M., Bd. 38, 4; Stuttgart 2000; sinica Franciscana, Bd. Ⅰ: Itinera er relationes Fratrum Min. saec. XⅢ et XIV, hg. von A. van den Wyngart, 1929; Sinz, Paul(Hg.), Das Leben des heiligen Bernhard von Clairvaux (Vita prima), Düsseldorf 1962; Le speculum perfectionis ou mémoires de frère Léon sur la seconde partie de la vîe de saint François Tom 1: Texte latin, hg. von P. Sabatier und A. G. Little, British Society of Franciscan Studies 13, Manchester 1928; Der Bericht über das Leben des heiligen Franz von Assisi oder Der Spiegel der Vollkommenheit, hg. von W. Rüttenauer, München 1981; Summa contra haereticos, ascribed to Praepositinus of Cremona, hg. von J. N. Garvin und J. A. Corbett, Notre Dame/Ind. 1958; Testimonia minora saeculi XⅢ de S. Francisco Assisiensi, hg. von Leonhard Lemmens, Quaracchi 1926, The Life and Miracles of St. Williann of Norwich, hg. von A. Jessopp, M. R. James; Thomas von Aquin Summa Theologiae, Editiones Paulinae(1962), Rom 2. Aufl. 1987; Thomas von Froidmont, Die Vita des heiligen Thomas Becket Erzbischof von Canterbury, hg. von Paul Gerhard Schmidt, Stuttgart 1991; Une somme anticathare. Le ‚Liber contra Manicheos' de Durnd de Huesca, hg. von Chr. Thouzellier, Etudes et doc. 32, Löwen 1964; Vitae beatiorum Vitalis et

Gaufridi, hg. von E. P. Sauvage, AnBoll 1, 1882, S. 355-410; Vita B. Christinae Stumblensis ex Manuscriptis Petri de Dacia et Johannis capellani in Stumbel efter Cod. Einsidlesnsis 470, hg. von Isak Collijn, Samlingar utgivna av Svenska Fornskriftsällskapet Ser. 2, Bd. II, Uppsala 1936; Wolfram von Eschenbach, Willehalm, hg. von Werner SChröder und Dieter Kartschoke, Berlin-New York 1989; Yves de Chartres, Correspondance 1, hg. von J. Leclercq, 1949; Wormser Chronik von Friedrich Zorn, hg. von Wilhelm Arnold, Stuttgart 1857.

## 13. 참고서적들(사전)

Lexikon der christlichen Ikonographie(LCI) Bd. 1-8, Rom-Freiburg-Basel-Wien 1968; Lexkon des Mittelalters(LexMA). Bd. 1-9, München-Zürich 1980-1998; Registerband, Stuttgart-Weimar 1999; Lexikon der mittelalterlichen Zahlenbedeutungen, Berlin - New York 1983 ff.; Lexikon für Theologie und Kirche (LThK), Bd. 1-10, Freiburg - Basel - Wien 3. Aufl. 1993-2001; Realencyklopädie für protestantische Theologie und Kirche (RE), Bd. 1-22, Leipzig 3. Aufl. 1896-1909; Religion in Geschichte und Gegenwart. Handwörterbuch für Thelolgie und Religionswissenschaft(RGG), Bd. 1-6, Tübingen 4. Aufl. 1998-2003(noch nicht abgeschlossen); Schuler, Peter-Johannes, Grundbibliographie mittelalterliche Geschichte, Historische Grundwissenschaften in Einzeldarstellungen 1, Stuttgart 1990; Theologische Realenzyklopädie(TRE), Bd. 1-35, Berlin-New York 1977-2003(noch nicht abgeschlossen); Tusculum-Lexikon griechscher und lateinischer Autoren des Altertums und des Mittelalters, Darmstadt 3. Aufl. 1982; Verfasserlexikon. Die deutsche literatur des Mittelalters, Bd. 1-11, Berlin-New York 2. Aufl. 1978-2000; Wattenbach, Wilhelm und Holtzmann, Robert, Deutschlands Geschichtsquellen im Mittelalter, 3 Bde., hg. von Franz-Josef Schmale, Weimar - Köln - Wien 1967-1971.

## 14. 일반역사

Baaken, Gerhard, Das Sizilische Königtum Kaiser Heinrichs Ⅵ., ZSRG.G 112, 1995, S. 202-244; Binding, Gpnther, Was ist Gotik? Eine Analyes der gotischen Kirchen in Frankreich, England und Deutschland 1140-1350, Darmstadt 2000; Borgolte, Michael, Europa entdekt seine Vielfalt (1050-1250), Handbuch der Geschichte Europas Bd. 3, Stuttgart 2002; Boshof, Egon/Franz-Reiner Erkens (Hg.), Rudolf von Habsburg 1273-1291. Eine Königsherrschaft zwischen Tradition und Wandel, Passauer Historische Forschungen 7, Köln 1993; Brooke, Christopher, The Twelfth Century Renassance, Norwich 1969; Constable, Giles/Benson, Robert L., Renaissance and Renewal in the Twelfth Century, Cambridge/ Mass. 1982; Duby, Georges, Die Zeit der Kathedralen. Kunst und Gesellschaft 980-1420, Frankfurt/ M. 1980; Fried, Johannes, Jerusalemfahrt und Kulturimport. Offene Fragen zum Kreuzzug Heinrich des Löwen, in: der Welfenschatz und sein Umkreis, hg. von Joachim Ehlers/Dietrich Kötzsche, Mainz 1998, S. 111-137; Friedrich Barbarossa Handlungsspielräume und Wirkungsweisen des staufischen

Kaisers, Vorträge und Forschungen 40, Sigmaringen 1992; Fuhrmann, Horst, Deutshe Geschichte im hohen Mittelalter von der Mitte des 11. bis zum Ende des 12. Jahrhunderts, Deutsche Geschichte, Bd. 2, Göttingen 2. Aufl. 1983; Ders., Einladung ins Mittelalter, München 4. Aufl. 1989; Gebrannte Größe-Wege zur Backsteingotik, Bd. 1-5, hg. von Deutsche Stiftung Denkmalschutz, Bonn 2002; Goetz, H-W., Das Geschichtsbild Ottos von Freising. Ein Beitrag zur historischen Vorstellungswelt und zur Geschichte des 12. Jahrhunderts, Köln 1984; Goez, Werner, Lebensbilder aus dem Mittelalter. Die Zeit der Ottonen, Salier und Staufer, Darmstadt 1998; Hammel - Kiesow, Rolf, Die Hanse, München 2000; Haskins, Charles Homer, The Renaissance of the Twelfth Century, Cambridge 1933; Herbers, Klaus (Hg.), Europa an der Wende vom 11. zum 12. Jahrhundert. Beiträge zu Ehren von Werner Goez, Stuttgart 2001; Herde, Peter, Karl Ⅰ. von - Anjou, Stuttgart - Berlin - Köln - Mainz 1979; Jordan, Karl, Heinrich der Löwe. Eine Biographie, München 4. Aufl. 1996; Kaufhold, Martin, Europas Norden im Mittelalter. Die Integration Skandinaviens in das christliche Europa (9.-13. Jh.), Darmstadt 2001; Keller, Hagen, Zwischen regionaler Begrenzung und universalem Horizont. Deutschland im Imperium der Salier und Staufer 1024 bis 1250, Frankfurt a. M.- Berlin 1990; Kölzer, Theo (Hg.), Die Staufer im Süden. Sizilien und das Reich, Sigmaringen 1996; Lammers, Walther, Weltgeschichte und Zeitgeschichte bei Otto von Freising. Wiesbaden 1977; Landau, Peter/Müller, Joerg(Hg.), Proceedings of the Ninth International Congress of Medieval Canon Law Munich, 13-18 July 1992, Monumenta Juris Canonici. Series C: Subsidia 10, Città del Vaticano 1997; Le Goff, Jacques, Der Mensch des Mittelalters, Frankfurt-New York 2. Aufl. 1990; Leyser, Karl J., Am Vorabend der ersten europäischen Revolution. Das 11. Jahrhundert als Umbruchszeit, HZ 257, 1993, S. 1-26; Miethke, Jürgen/Schreiner, Klaus (Hg.), Sozialer Wandel im Mittelalter. Wahrnehmungsformen, Erklärungsmuster, Regelungsmechanismen, Sigmaringen 1994; Moore, Robert Ian, Die erste europäische Revolution. Gesellschaft und Kultur im Hochmittelalter, München 2001; Moraw, Peter, Von offener Verfassung zu gestalteter Verdichtung. Das Reich im späten Mittelalter 1250 bis 1490, Frankfurt a. M. - Berlin 1985; Morris, Colin, The Discovery of the Individal 1050-1200, London 1972, Neudr. 1995; Pirenne, Henri, Sozial – und Wirtschaftsgeschichte Europas im Mittelalter, Sammlung Dalp, Bd. 25, Bern o. J.; Schaller, Hans Martin, Die Främmigkeit Kaiser Friedrichs Ⅱ., Deutsches Archiv für Erforschung des Mittelalters 51, 1995, S. 493- 514; Sedlmayr, Hans, Die Entstehung der Kathedrale, 2. Aufl. Graz 1988; Seibt, Ferdinand, Glanz und Elend des Mittelalters. Eine endliche Geschichte, Berlin 1987. Neudr. 1999; Staab, Franz(Hg.), Auslandsbeziehungen unter den salischen Kaisern. Geistige Auseinandersetzung und Politik. Referate und Aussprachen der Arbeitstagung vom 22-24. November 1990 in Speyer, Veröffentlichung der Pfälzischen Gesellschaft zur Förderung der Wissenschaften in Speyer 86, Speyer 1994; Das Staunen der Welt. Kaiser Fridrich Ⅱ. von Hohenstaufen 1194-1250, Schriften zur staufischen Geschichte und Kunst 15, Göppingen 1996; Swoboda, Karl Maria, Die Gotik von 1150 bis 1300, Geschichte der bildenden Kunst, Bd. 2, Wien-München 1977; Vones, Ludwig, Geschichfte der Iberischen Halbinsel im Mittelalter (711-1480). Reiche - Kronen - Regionen, Sigmaringen 1993; Wieland, Georg (Hg.), Aufbruch -Wandel - Erneuerung. Beiträge zur „Renaissance“ des 12. Jahrhunderts, 9. Blaubeurer Symposion vom 9. bis 11.

Oktober 1992, Stuttgart – Bad Cannstatt 1995.

## 15. 기후 / 경제 / 주민

Abel, Wilhelm, Geschichte der deuschen Landwirtschaft vom frühen Mittelalter bis zum 19. Jahrhundert, Deutsche Agrargeschte, Bd. 2, Stuttgart 2. Aufl. 1967; Ders., Agrarkrisen und Agrarkonjunktur. Eine Geschichte der Land - und Ernährungswirtschaft Mitteleuropas seit dem hohen Mittelalter, Hamburg - Berlin 3. Aufl. 1978; Britnell, Rchard H., Commercialisation and ecconomic development in England, 1000-1300, Manchester 1995, S. 7-26; Duby, Georges, Die Lndwirtschaft des Mittelalthers 900-1500, Europäische Wirtschaftsgeschichte, hg. von C. M. Cipolla, Bd. 1, Stuttgart 1978, S. 111-139; Endrei, W., Changements dans la productivité de I'industrie lanière au moyen âge, Annales ESC 26, 1971, S. 1296 ff.; Glaser, Rüdiger, Klimageschichte Mitteleuropas. 1000 Jahre Wetter, Klima, Katastrophen. Darmstadt 2001; Keller, Hagen, Vom „heiligen Buch“ zur Buchführung. Lebensfunktionen der Schrift im Mittelalter, FMSt 26, 1992, S. 1-31; Kuske, B., Die Entstehung der Kerditwirtschaft und des Kapitalverkehrs, Köln, der Rhein und das Reich, Köln 1956, S. 48-138; Lamprecht, Karl, Deutsches Wirtschaftsleben im Mittelalter, Leipzig 1886. Neudr. Aalen 1960; Rösener, Werner, Bauern im Mittelalter, 1985; Russell, J. C., Late Ancient and Medieval Population, Transachtions of the American Philosphical Society 48/3, Philadelphia 1958, S. 5-150; Sachsse, Christoph/Tennstedt, Florian, Soziale Sicherheit und soziale Disziplinierung, Armut und Armenfürsorge um 1200, hg. von Otto Gerhard Oexle, Frankfurt 1986, S. 73-100; Schmoller, Gustav, Strassburgs Blüte und die volkswirthschaftliche Revolution im XIII. Jahrhundert, Quellen und Froschungen zur Sprach - und Culturgeschichte der germanischen Völker, Bd. 6, Strassburg 1875; Schultz - Klinken, Karl - Rolf, Haken, Pflug und Ackerbau, Schriftenreihe für das Deutsche Landwirtschaftsmuseum, Bd. 1, Hildesheim 1981; Stromer, W. von, Apparate und Maschinen von Mtallgewerben in Mittelalter und Früher Neuzeit. Handwerk und Sachkultur im Spätmittelalter, 1988; Tiezel, Brigitte, Geschichte der Webkunst, Köln 1988; White, jr., Lynn, Medieval Technology and Social Change, London-Oxford-New York 1962. Neudr. 1980; Dies., Cultural Climates and Technological Advance in the Middle Ages, in: Dies., Medieval Religion and Technology. Colleted Essays, Berkeley-Los Angeles-London 1978, S. 217-253.

## 16. 도시

Dilcher, Gerhard, Stadtherrschaft oder kommunale Freiheit - das 11. Jahrhundert ein Kreuzweg? in: Ders., Bürgerrecht und Stadtverfasssung im europäischen Mittelalter, Köln 1996, S. 41-65; Ennen, Edith, Die europäische Stadt des Mittelalters, Götthingen 4. Aufl. 1987; Engel, Evamaria, Die deutsche Stadt des Mittelalters, München 1993; Haase, Carl(Hg.), Die Stadt des Mittelalters, 3 Bände, WdF 243-245, Darmstadt 1969-1973; Hartmann, Wilfried(Hg.), Europas Städte zwischen Zwang und Freiheit. Die europäische Stadt um die Mitte des 13. Jahrhunderts, Schriftenreihe der Europa-Kolloquien im

Alten Reichstag. Sonderband, Regensburg 1995; Hye, Franz-Heinz (Hg.), Stadt und Kirche, Beiträge zur Geschichte der Städte Mitteleuropas 13, Linz 1995; Janssen, Wilhelm und Wensky, Margret(Hg.), Mitteleuropäisches Städtewesen in Mittelalter und Frühneuzeit. Edith Ennen gewidmet Köln 1999; Kaiser, Reinhold, Bischofsherrschaft zwischen Königtum und Fürstenmacht. Studien zur bischöflichen Stadherrschaft im westfränkisch - französischen Reich im frühen und hohen Mittelalter, Pariser Historische Studien Bd. 17, Bonn 1981; Keller, Hagen, Die soziale und politische Verfassung Mailand in den Anfängen des dommunalen Lebens, HZ 211, 1970, S. 34-64; Köbler, Gerhard, Zur Entstehung des mittelalterlichen Stadtrechtes. ZSRG.G Abt. 86, 1969, S. 195-198; Rausch, Wilhelm (Hg.), Die Städte Mitteleuropas im 12. und 13. Jahrhundert, Beiträge zur Geschichte der Städte Mitteleuropas Bd. 1, Linz 1963; Reinhard, Eugen und Rückert, Peter(Hg.), Staufische Stadtgründungen am Oberrheim, Oberrheinische Studien 15, Sigmaringen 1998; Schadek, Hans/Zotz, Thomas, Freiburg 1091-1120. Neue Forschungen zu den Anfängen der Stadt, Archäologie und Geshichte. Freiburger Forschungen zum ersten Jahrtausend in Südwestdeutschland 7, Sigmaringen 1995; Slater, T. R. und Rosser, Gervase(Hg.), The Church in the Medieval Town, aldershot 1998.

## 17. 대학들

Duchbardt, Heinz(Hg.), Stadt und Universiät, Städteforschung, Reihe A: Darstellungen 33, Köln 1993; Leff, G., Paris and Oxford. Universities in the Thirteenth and Fourteenth Centuries, New York – London - Sidney 1968; Miethke, Jürgen, Papst, Ortbischof und Universität in den Pariser Theologenprozessen des 13. Jahrhunderts, in: Die Auseinandersetzungen an der Pariser Universität im 13. Jahrhundert, hg. von A. Zimmermann, MM 10, Berlin 1976, S. 52-94; Rüegg, Walter (Hg.), Geschichte der Universität in Europa, Bd. 1: Mittelalter, München 1993; Weimar, Peterr(Hg.), Die Renaissance der Wissenschaften im 12. Jahrhunder, Zürich - München 1981.

## 18. 일반 교회사

Andresen, Carl und Ritter, Adolf Martin, Geschichte des Christentums 1/2: Frühmittelalter - Hochittelalter, ThW 6, 2. Stuttgart - Berlin - Köln 1995; Jedin, Hubert, Atlas zur Kirchengeschichte. Die christlichen Kirchen in Geschichte und Gegenwart Freiburg - Basel - Rom - Wien 1987; Becker, Winfried u. a., Die Kirchen in der deutsche Geschichte. Von der Christianisierung der Germanen bis zur Gegenwart, Stuttgart 1996; Burghartz, Susanna u. a.(Hg.), Spannungen und Widersprüche. Gedenkschrift für Frantisek Graus, Sigmaringen 1992; Constalble, Giles, The Reformation of the Twelfth Century, Cambridge 1996; Goldammer, Kurt, Kirchliche Kunst im Mittelalter, KIG 2/G, Göttingen 1969, S. 183-219; Greschat, Martin (Hg.), Mittelalter Bd. Ⅰ / Ⅱ , Gestalten der Kirchengeschichte Bd. 3/4, Stuttgart 1983; Haendler, Gert, Von der Reichskirche Ottos Ⅰ. zur Papstherrschaft Gregors Ⅶ., KGE 1/9, Leipzig 1994; Hauck, Albert, Kirchengeschichte Deutschlands, Bd. 1-5/2, Berlin 9. Aufl.

1958; Hauschild, Wolf-Dieter, Lehrbuch der Kirchen - und Dogmengeschichte Bd. 1: Alte Kirche und Mittelalter, Gütersloh 1995; Jakobs, Hermann, Kirchenreform und Hochmittelalter 1046-1215, Oldenbourg Grundriss der Geschichte 7, München 3. Aufl. 1994; Jedin, H. (Hg.), Handbuch der Kirchengeschichte, Bd. Ⅲ: Die mittelalterliche Kirche, 1. Teil: Vom kirchlichen Frühmittelalter zur gregorianischen Reform; 2. Teil: Vom kirchlichen Hochmittelalter bis zum Vorabend der Reformation, Freiburg - Basel - Wien 1966/1968; Kandler, Karl - Hermann, Christliches Denken im Mittelalter bis zur Mitte des 14. Jahrhunderts, KGE Ⅰ/Ⅱ, Leipzig 1993; Knowles, M. D., Geschichte der Kirche, Bd. Ⅱ: Früh-und Hochmittelalter, Zürich - Köln 1971; McGinn, Bernard u. a.(Hg.), Geschichte der christlichen Spiritualität, Bd. 1/2. Würzburg 1993/1995; Ruh, Kurt, Geschichte der abendländischen Mystik, Bd. 1/2; München 1990/1993; Tellenbach, Gerd, Die westliche Kirche vom 10. bis zum frühen 12. Jahrhundert, KIG 2/F1, Göttingen 1988; Winkelmann, Friedhelm, Die Kirche im Zeitalter der Kreuzzüge(11.-13. Jahrhundert), KGE Ⅰ/10, Leipzig 1994.

## 19. 서임권 논쟁

Baaken, G., Der deutsche Thronstreit auf dem Ⅳ. Laterankonzil(1215), in: Ex ipsis rerum documentis. Beiträge zur Mediävistik, Festschrift für Harald Zmmermann, Sigmaringen 1991, S. 509-521; Becker, Alfons, Studien zum Investiturproblem in Frankreich. Papsttum, Königtum und Episkopat im Zeitalter der gregorianischen Kirenreform, Saarbrücken 1955; Boshof, Egon, Heinrich Ⅳ. - Herrscher an einer Zeitenwende, Persönlichkeit und Geschichte, 1979, 2. Aufl. 1990; Cantor, N. F., Church, Kingship and Lay Investiture in England 1089-1135, Princeton Studies in History 10, 1958; Erkens, F.-R., Der Erzbischof von Köln und die deutsche Königswahl, Siegburg 1987; Fuhrmann, Horst, „Volkssouveränität" und „Herrschaftsvertrag" bei Manegold, Festschrift H. Krause 1975, S. 21-42; Ders., Zur Bulle Venerabilem, in: Historische Forschungen fur Walter Schlesinger, Bd. 3, hg. von H. Beumann, Mitteldeutsche Forschungen 74/3, Köln-Wien 1974, S. 514-517; Goez, W., Translatio Imperii. Ein Beitrag zur Geschichte des Geschichtdenkens und der politischen Theorien im Mittelalter und in der frühen Neuzeit, Tübingen 1962; Hartmann, Wilfried, Der Inversiturstreit, Enzyklopädie deutscher Geschichte Bd. 21, München 1993; Jordan, Karl, Friedrich Barbarossa. Kaiser des christlichen Abendlandes, Persönlichkeit und Geschichte Bd. 13, Göttingen 2. Aufl. 1967; Kempf, Friedrich, Innozenz Ⅲ. und der deutsche Thronstreit, AHP 23, 1985, S. 83-91; Laudage, Johannes (Hg.), Der Invvesiturstreit, 1990; Ders., Alexander Ⅲ. und Friedrich Barbarossa, Forschungen zur Kaiser- und Papstgeschichte des Mittelalters Bd. 16, Köln 1997; Laufs, M., Politik und Recht bei Innozenz Ⅲ., KHAb 26, Köln-Wien 1980; Mitteis, H., Die deutsche Königswahl Ihre Rechtsgrundlagen bis zur Goldenen Bulle, 2. Aufl. Wien 1944. Neudr. Darmstadt 1975; Opll, Ferdinand, Friedrich Barbarossa, Darmstadt 1990, 3. Aufl. 1998; Petersohn, J., Über monarchische Insignien und ihre Funktion im mittelalterlichen Reich, HZ 266, 1998, S. 47-96; Rassow, Peter, Honor imperii. Die neue politik Friiedrich Barbarossas 1152-1159, München 1961. Neudr. Darmstadt 1974; Stelzer,

W., Zum Scholarenprivillg Friedrich Barbarossa (Aurthentica „Habita"), DA 34, 1978, S. 123-165; Struve, Tilman, Die Salier und das romische Recht Ansätze zur Entwicklung einer säkularen Herrschaftstheorie in der Zeit des Investiturstreites, Abhandlungen der Aademie der Wissenschaften und der Literatur Mainz, Jh. 1999, Nr. 5, Mainz-Stuttgart 1999; Stürner, Wolfgang, Friedrich Ⅱ., Bd. 1: Die Königsherrschaft in Sizilien und Deutshland 1194-1220; Bd. 2: Der Kaiser 1220-1250, Darmstadt 1992/2000, Wolf, Gunther (Hg.), Stupor Mundi. Zur Geschichte Friedrichs Ⅱ. von Hohenstaufen, WdF 101, Darmstadt 1966; Ders., Friedrich Barbarossa, WdF 390, Darmstadt 1975.

## 20. 교회와 교황권

Appelt, Heinrich, Die Papstwahlordung des 3. Laterankonzils, in: Ecclesia Engelpapst. Idee und Erscheinung, Leipzig 1943; Becker, A., Papst Urban Ⅱ. Teil 1: Herkunft und kirchliche Laufbahn. Der Papst und die lateinische Christenheit, Stuttgart 1964; Bertram, M., Die Abdankung Papst Coelestins V. (1294) und die Kanonisten, ZSRG.K 87, 1970, S. 1-101; Dondorp, Harry, Die Zweidrittelmehrheit als Konstitutivum der Papstwahl in der Lehre der Kanonisten des dreizehnten Jahrhunderts, Archiv für katholisches Kirchenrecht 161, 1992, S. 396-425; Egger, Christoph, Papst Innozenz Ⅲ. als Theologe. Beiträge zur Kenntnis seines Denkens im Rahmen der Frühscholastik, Archivum Historicae Pontificiae 30, 1992, S. 55-123; Foreville, Raymonde L'idée de jubilé chez les théologiens et les canonistes (XⅡ e- XⅢe s.) avant I'institution du jubilé romain(1300), RHE 56, 1, 1961, S. 401-423; Frenz, Thomas (Hg.), Papst Innozenz Ⅲ., Weichensteller der Geschichte Europas. Interdisziplinäre Ringvorlesung an der Universität Passau 5. 11. 1997-26. 5. 1998, Stuttgart 2000; Fuhrmann, Horst, Die Papste: von Petrus zu Johannes Paul Ⅱ., München 1998; Gilchrist, John, Canon Law in the Age of Reform, 11th-12th Centuries, Collected Studies 406, Aldershot 1993; Haendler, Gert, Die Rolle des Papstums in der Kirchengeschichte bis 1200, Göttingen 1993; Hageneder, Othmar(Hg.), Die Register Innozenz' Ⅲ., Publikationen des Historischen Instituts beim Österreichischen Kulturinstitut in Rom, 2. Abt., 1. Reihe, Rom-Wien 1964ff.; Haller, Johannes. Das Papsttum. Idee und Wirklichkeit, Bd. 3: Die Vollendung, Bd. 4: Die Krönung, Stuttgart 1952/53; Herde, Peter, Cölestin V. (1294). Peter vom Morrone. Der Engelpapst, Päpste und Papsttum, Bd. 16, Stuttgart 1981; Miczka, Georg, Das Bild der Kirche bei Johannes von Salisbury, Bonner Historische Forschungen, Bd. 34, Bonn 1970; Mirbt, Carl, Die Publizistik im Zeitalter Gregors Ⅶ., Leipzig 1984, Neudr. 1965; Moeller, Bernd, Papst Innozenz Ⅲ. und die Wende des Mittelalters, in: Ders., Die Reformation und das Mittelalter, Göttingen 1991, S. 21-34; Morris, Colin, The papal monarchy. The western church from 1050 to 1250, Oxford history of the christian church, Oxford 1989; Muldoon, J., Boniface Ⅷ's Fourty Years of Experience in Law, The Jurist 31, 1971, S. 449-477; Schimmelpfennig, B., Die Anfänge des Heiligen Jahres von Santiago de Compostela im Mittelalter, Journal of Medival History 4, 1978, S. 285-303; Schmale, Franz Josef, Studien zum Schisma des Jahres 1130, Köln-Graz 1961; Schnyer, Johannes Baptist, Das Predigtwirken des Erzbischofs Friedrich Visconti von Pisa(1251-77), KThAM 32, 1965,

S. 307-332; Seegrün, Wolfgang, Das Papsttum und Skandinavien bis zur Vollendung der nordischen Kirchenorganisation(1164), Quellen und Forschungen zur Geschichte Schleswig - Holsteins Bd. 51, Neumünster 1967; Servatius, Carlo, Paschalis Ⅱ.(1099-1118). Studien zu seiner Person, Päpste und Papsttum Bd. 14, Stuttgart 1979; Tillmann, Helene, Papst Innozenz Ⅲ., Bonner historischer Studien 3, Bonn 1954; Ullmann, Walter, Die Machtstellung des Papstes im Mittelalter, Graz - Wien - Köln 1960; Ders., Die Bulle „Unam Sanctam". Rückblick und Ausblick, in: RöHM 16, 1974, S. 45-77; Ders., Boniface Ⅷ. and his Contemporary Scholarship, JThS.NS 27 1976, S. 58-87; Vauchez, André(Hg.), Machtfülle des Papsttums (1054-1274), Die Geshichte des Christentums, Freiburg - Basel - Wien 1994; Yunck, John A., Economic conservatism, papal finance and the medieval satires on Rom, MS 23, 1961, S. 344-346; Zerfass, Rolf, Der Streit um die Laienpredigt. Eine pastoralgeschichtliche Untersuchung zum Verständnis des Predigtamtes und zu seiner Entwicklung im 12. und 13. Jahrhundert, Freiburg 1974.

## 21. 공의회

Andresen, Carl Geschichte der abendiändischen Konzile des Mittelalters, in: Die ökumenischen Konzile der Christenheit, hg. von Hans Jochen Margull, Stuttgart 1961, S. 75-200; Foreville, Raymonde, Lateran Ⅰ-Ⅳ(GÖK 6), Mainz 1970; Frowein, P., Der Episkopat auf dem 2. Konzil von Lyon(1274), in: Annuarium Historiae Conciliorum 6, 1974, S. 307-331; Gill, J., The Church Union of Council of Lyons(1274), Orientalia Christiana Periodica 40, 1974, S. 5-45; Oberdorfer, Bernd Filioque. Geschichte und Theologie eines ökumenischen Problems, FSÖTh 96, Göttingen 2001; Pixton, Paul B., The German Episcopacy and the Implementation of the Decrees of the Fourth Lateran Council, 1216-1245, Studies in the History of the Christian Thought 64, Leiden 1995; Roberg, B., Das Zweite Konzil von Lyon, Paderborn 1990, Schatz, Klaus, Allgemeine Konzilien - Brennpunkte der Kirchengeschichte, Paderborn - München - Wien - Zürich 1997; Sieben, Hermann Josef, Basileios Pediadites und Innozenz Ⅲ. Griechische versus lateinische Konzilsidee im Kontext des 4. Lateranense, in: Synodus. Beiträge zur Konzilien - und allgemeinen Kirchengeschichte. Festschrift für Walter Brandmüller, hg. von Remigius Bäumer, Paderborn 1997, S. 249-274; Wolter, H., Holstein, H. Lyon Ⅰ/Lyon Ⅱ, Geschichte der ökumenischen Konzilien, Bd. 7, Mainz 1972.

## 22. 십자군전쟁

Abulafia, Anna Sapir, Christian and Jews in the Twelfth-Century Renaissance, London – New York 1995; Balard, Michel (Hg.), Autour de la Première Croisade. Actes du Colloque de la Society for the Study of the Crusades and the Latin East, Byzantina Sorbonensia 14, Paris 1996; Barber, Malcolm, The New Knighthood. A History of the Order of the Temple, Cambridge 1994; Blake, E. O./Morris, Colin, A Hermit goes to War: Peter the Hermit and the Origins of the Frist Crusade, Studies in Church History22, 1985,S.79-197; Chazan, Robert, European Jewry and the First Crusade, Berkeley-Los

Angeles-London 1987; Cohen, Jeremy(Hg.), Essential Papers on Judaism and Christianity in Conflict from Late Antiquity to the Reformation, New York 1991; Constable, Giles, The Crusading Project of 1150, in:Montjoie. Studies in Crusade Histrory in Honour of Hans Eberhard Mayer, hg. von Benjamin Z. Kedar u.a., Aldershot 1997, S.67-75; Daniel, Norman, Islam and the West. The Making of an Image, Oxford 2.Aufl. 1997; Engels, Odilo/Schreiner, Peter(Hg.), Die Begegnung des Westens mit dem Osten. Kongreßakten des 4. Symposions des Mediävistenverbandes in Köln 1991 aus Anlaß des 1000. Todestages der Kaiserin Theophanu, Sigmaringen 1993; Erdmann, Carl, Die Entstehung des Kreuzzugsgedankens, Erstdruck 1935. Neudr. Darmstadt 1955; Favreau-Lilie, Marie-Luise, The German Empire and Palestine: German pilgrimages to Jerusalem between the 12th and 16th century, Journal of Medieval History 21,1995,S.321-341; Flahiff, G.B. Ralph Niger. An Introduction zu His Life and Works, MSt 2, 1940; Gäbler, Ulrich, Der ‚Kinderkreuzzug' vom Jahre 1212, Schweizer Zeitschrift für Geschichte 28, 1978, S. 1-14; Goodich, Michael(Hg.), Cross cultural convergences in the crusader period. Essays presented to Aryeh Grabois on his sixty-fifth birthday, Frankfurt-New York 1995; Harvey, Leonard Patrick, Islamic Spain. 1250-1500, Chicago 1990, Haverkamp, Alfred(Hg.), Juden und Christen zur Zeit der Kruezzüge, Vorträge und Forschungen 47, Sigmaringen 1999; Hehl, Ernst-Dieter, Kirche und Krieg im 12. Jahrhundert. Studien zu kanonischem Recht un politischer Wirklichkeit, Monograpien zur Geschichte des Mittelalters 19, Stuttgart 1980; Hiestand, Rudolf, „Gott will es!"- Will Gott es wirklich? Die Kruzzugsidee in der Kritik ihrer Zeit, Beiträge zur Friedensethik 29, Stuttgert-Berlin-Köln 1998; Hitti, Ph.K.(Hg.), An Arab-Syrian Gentleman and Warrior in the Period of the Crusades, New York 1929; Hoch, Martin, Jerusalem, Damaskus und der Zweite Kreuzzug. Konstitutionelle Krise und äussere Sicherheit des Kreuzfahrerkönigreiches Jerusalem,A.D.1126-1154, EHS III/560,Frankfurt a. Main 1993; Horst, Eberhard, Der Sultan von Lucera. Friederich II. und der Islam, Freiburg I. Br. 1997; Kennedy, Hugh, Crusader Castles, Cambridge 1994; Klopprogge, Axel, Ursprung und Ausprägung des abendländischen Mongolenbildes im 13. Jahrhunder, Asiatische Forschungen 122, Wiesbaden 1993; Köhn, R., Die Verketzerung der Stedinger, Bremer Jahrbuch 57, 1979, S. 15-85; Ders., Die Stedinger in der mittelalterlichen Geschichtsschreibung, NSJ 63, 1991, S.139-202; Ders., Die Teilnehmer an den Kreuzzügen gegen die Stedinger, NSJ 53, 1981, S. 139-206; Lilie, Ralph-Johannes, Byzanz und die Kreuzfahrerstaaten. Studien zur Politik des Byzantinischen Reiches gegenüber den Staaten der Kreuzfahrer in Syrien und Palästina bis zum vierten Kreuzzug, BYZANTINA, Bd. 1, München 1981; Lotter, Friedrich, Die Vorstellungen von Heidenkrieg und Wendenmission bei Heinrich dem Löwen, in: Heinrich der Löwe, hg. von Wolf-Dieter Mohrmann, Göttingen 1980, S.11-43;Ders.,Die Konzeption des Wendenkreuzzugs. Ideengeschichtliche, kirchenrechtliche und historisch-politische Voraussetzungen der Missionierung von Elb- und Ostseeslawen um die Mitte des 12. Jahrhunderts, Vorträge und Forschungen Sonderband 23, Sigmaringen 1977; Maier, Christoph T., Preaching the Crusades. Mendicant Friars and the Cross in the Thierteenth Century, Cambridge Studies in Medieval Life and Thought. Fourth Series 28, Cambridge 1994; Mayer, Hans Eberhard, Herrschaft und Verwaltung im Kreuzfahrerkönigreich Jerusalem, HZ 261, 1995,S.695-738;Ders.(Hg.),

Die Kreuzfahrerstaaten als multikulturelle Gesellschaft. Einwanderer und Minderheiten im 12. und 13. Jahrhundert, Schriften des Histrorischen Kollegs. Kolloquien 37, München 1997;Ders., Geschichte der Kreuzzüge, Stuttgart-Berlin-Köln 7. Aufl., 1989; Menzel, Michael, Die Kinderkreuzzüge in geistes- und sozialgeschichtlicher Sicht, DA 55. 1999, S. 117-156;Ders., Kreuzzugsideologie unter Innozenz III., HJ 120,2000, S.39-79; Munro, Dana Carleton, The Western Attitude toward Islam during the Period of the Crusades, Speculum 6, 1931, S.329-343; Naumann, Claudia, Der Kreuzzug Kaiser Heinrichs VI., Frankfurt am Main 1994; Patschovsky, Alexander/Zimmermann, Harald(Hg.), Toleranz im Mittelalter Vorträge und Forschungen 45, Sigmaringen 1998; Phillips, Jonathan (Hg.), The First Crusade. Origins and Impact, Manchester 1997; Reilly, Bernard F., The Contest of Christian and Muslim Spain 1031-1157, Cambridge/Mase. 1992; Riley-Smih, Jonathan, The first crusaders, 1095-1131, Cambridge 1997; Schmieder, Felicitas, Europa und die Fremden. Die Mongolen im Urteil des Abendlandes vom 13. bis in das 15. Jahrhundert, Beiträge zur Geschichte und Quellenkunde des Mittelalters 16, Sigmaringen 1994; Roscher, Helmut, Papst Innozenz Ⅲ. und die Kreuzzüge, FKDG 21, Göttingen 1969, Schein, Sylvia, Die Kreuzzüge als volkstümlich-messianische Bewegungen, DA 47, 1991, S. 119-138; Schmidt, H., Zur Geshichte der Stedinger, Bremer Jahrbuch 60/61, 1982/83, S. 27-94; Schreiner, Peter, Schein und Sein. Überlegungen zu den Ursachen des Untergangs des byzantinisches Reiches, HZ 226, 1998, S. 625-647; Schwerin, Ursula, Die Aufrufe der Päpste zur Befreiung des Heiligen Landes von den Anfängen bis zum Ausgang Innozenz Ⅳ., Historische Studien, Bd. 301, Berlin 1937; Schwinges Rainer Christoph, Begegnung in Grenzen. Christen und Muslime im Heiligen Land des 12. Jahrhunderts, in: Grenzen und Raumvorstellungen(11-20.Jh.), hg. von Guy P. Marchal, Clio Lucernensis 3, Zürich 1996, S. 315-328; Ders., Kreuzzugsideologie und Toleranz. Studien zu Wilhelm von Tyrus, Monographien zur Geschichte des Mittelalters 5, Stuttgart 1977; Southern, Richard William, Das Islambild des Mittelalters, Stuttgart 1981; Spreckelmeyer, G., Das Kreuzzugslied des lateinischen Mittelalters, München 1974, Stickel, Erwin, Der Fall von Akkon. Untersuchungen zum Abkingen des Kreuzzugsgedankens am Ende des 13. Jahrhunderts, Bern - Frankfurt 1975; Stromer, Wofgang von (Hg.), Vendig und die Weltwirtschaft um 1200, Schriftenreihe des Deutschen Studienzentrums in Venedig 7, Stuttgart 1999.

## 23. 순례자, 성지순례와 기사수도회

Arnold, Udo(Hg.), Stadt und Orden. Das Verhältnis des Deutschen Ordens zu den Städten in Livland, Preußen und im Deutschen Reich, Quellen und Studien zur Geschichte des Deutschen Ordens 44, Marburg 1993; Bauer, Dieter/Herbers, Klaus (Hg.), Der Jakobuskult in Süddeutschland, Jakobusstudien 7, Tübingen 1994; Benker, Günter(Hg.), Die Gemeinschaften des Karmel, Mainz 1994; Brall, Helmut, Vom Reiz der Ferne, in: Das Mittelalter. Perspektiven medkävisitischer Forschung 3, 1998, Heft 2, hg. von Flker Reichert, S. 45-61; Carlen, L., Bußwallfahrten der Schweiz, in: Schweizerisches Archiv für Volkskunde 55, 1959, S. 237-257; Elm, Kaspar, fratres et Sorores Sanctissimi Sepulcri, FMSt 9, 1975, S. 287-333; Favreau-Lilie, Marie-Luise, Civis peregrinus Soziale und rechtliche Aspekte der bürgerlichen Wallfahrt im späten Mittelalter, Archiv für Kultrugeschichte 76, 1994, S. 321-350; Georgi, Wolfgang, Lebensstationen eines Herzogs: Die Pilgerfahrten Heinrichs des Löwen nach Jerusalem und Santiago, in: Reisen und Wallfahren im Hohen Mittelalter, Schriften zur staufischen Geschichte und Kunst 18. Göppingen 1999, S. 94-127; Herbers, Klaus, Der Jakobusweg; mit einem mittelalterlichen Pilgerführer unterwegs nach Santiago de Compostela, Tübingen 7. Aufl. 2001: Hiestand, Rudolf, Die Anfänge der Johanniter, in: Die geistlichen Ritterorden Europas. Vorträge und Forschungen 26, Sigmaringen 1980, S. 31-80; Jankrift, Kay Peter, Leprose als Streiter Gottes. Institutionalisierung und Organisation des Ordens vom Heiligen Lazarus zu Jerusalem von seine Anfängen bis zum Jahr 1350, Vita regularis 4, Münster 1996; Jotischky, Andrew, The Perfection of Solitude. Hermits and Monks in the Crusader States, University Park/Pennsylvania 1995; Krüger, Anke Schuld oder Präjudiwierung? Die Protokolle des Templerprozesses im Textvergleich(1307-1312), Historisches Jahrbuch 117, 1997, S. 340-377; Lickteig, Franz-Bernard, The Caarman Carmelites at the Medival Universities, Textus et Studia Historica Carmelitana 13, Rom 1981; Mischlewski, Adalbert, Grundzüge der Geschichte des Antoniterordens bis zum Ausgang des 15. Jahrhunderts, Bonner Beiträge zur Kirchengeschichte, Bd. 8, Köln 1976; Nowak, Hubert(Hg.), Die Spiritualität des Ritterorden im Mittelalter, Ordinesmilitares, Colloquia Torunensia Historica 7, Toruń 1993; Ohler, Norbert, Reisen im Mittelalter, München 3. Aufl. 1993; Rachewiltz, Siegfried de und Riedmann, Josef (Hg.) Kommunikation und Mobilität im Mittelalter. Begegnungen zwischen dem Süden und der Mitte Europas(11.-14. Jahrhundert), Sigmaringen 1995; Schmugge, Ludwig, Die Anfänge des organisierten Pilgerverkehrs im Mittelalter, QFIAB 64, Tübingen 1984, S. 1-83; Ders., Jerusalem, Rom und Santiago - Fernpilgerziele im Mittelalter, in: Pilger und Wallfahrtsstätten in Mittelalter und Neuzeit, Mainzer Vorträge 4, hg. von Michael Matheus, Stuttgart 1999, S. 11-34; Schwenk, Bernd, Calatrava. Entstehung und Frühgeschichte eines spanischen Ritterordens zisterziensischer Observanz im 12. Jahrhundert, Spanische Forscungen der Görresgesellschaft Reihe Ⅱ, 28, Münster 1992; Smet, Joachim/Dobhan, Ulrich, Die Karmeliten, Freiburg - Basel - Wien 1981; Seemann, Klaus - Dieter, Die altrussische Wallfahrtsliteratur, Theorie und Geschichte eines literarischen Genres, Theorie und Geschichte der Literatur und der schönen Künste, Bd. 24, München 1976; Szabó, Thomas, Veränderung des Risens - Wandel der Welt: ein Prozeß wechselseitiger Beziehungen, in: Reisen und Walfahren im Hohen Mittelalter, Schriften zur staufischen Geshchichte und Kunst 18, Göppingen 1999, S. 38-65; Tellenbach, Gerd, Zur Frühgeschichte, abendländischer Reisebeschreibungen, in; Historia integra. Festschrift für Erich Hassinger, Berlin 1977, S. 41-80.

## 24. 종교성과 경건

Angenendt, Arnold, Geschichte der Religionsität im Mittelalter, Darmstadt 1997; Ders., Zur Ehre der Altäre erhoben. Zugleich ein Beitrag zur Reliquienteilung, Römische Quartalschrift für christliche Altertumskunde und Kirchengeschichte 89, 1994, S. 221-244; Bergmann, Werner, Die Heiligen und das Profane. Zur Bedeutung der Heiligenverehrung und des Pattozimums in der mittelalterlichen Gesellschaft, in: Von Aufbruch und Utopie. Festschrift Ferdinand Seibt, hg. von Bea Lundt, Köln 1992, S. 107-118; Browe, Peter, Die Verehrung der Eucharistie im Mittelalter, München 1933; Ders., Die eucharistischen Wunder des Mittelalters, BSHT.NF 4, Breslau 1938; Bugge, John, Virginitas. An Essay in the History of a Medieval Ideal, International archives of the History of Ideas, Series Minor 17, The Hague 1975; Dickson, G., The flagellants of 1260 and the crusades, Journal of Medieval History 15, 1989, S. 227-267; Dinzelbacher, Peter(Hg.), Europäische Mentalitätsgeschichte, Stuttgart 1993; Dear., Angst im Mittelalter. Teufels-, Todes- und Gotteserfahrung. Mentalitätsgeschichte und Ikonographie, Paderborn 1996; Ders., Die letzten Dinge. Himmel, Hölle, Fegefeuer im Mittelalter, Freiburg - Basel - Wien 1999; Dear., Christliche Mystik im Abendland, Paderborn 1994; Ders., Über die Entdeckung der Liebe im Hochmittelalter, Saec. 32, 1981, S. 185-208; Ders., Vision und Visionliterartur im Mittelalter, Monographien zur Geschichte des Mittelalters, Bd. 23, Stuttgart 1981; Fleith, Barbara, Studien zur Überlieferungsgeschichte der latienischen Legenda Aurea, Subsidia Hagiographica 72 Bruxelles 1991; Grayzel, S., The Church and the Jewsin the 13th Century; Heimann, Heinz-Dieter, Antichristvorstellungen im Wandel der mittelalterlichen Gesellschaft, Zeitschrift für Religions - und Geistesgeschichte 47, 1995, S. 99- 113; Herrmann, Joachim, Religion und Kult, in: Die Slawen in Deutschland. Geschichte und Kultur der slawischen Stämme westlich von Oder und Neiße vom 6-12. Jahrhundert. Veröffentlichungen des Zentralinstituts für Alte Geschichte und Archäologie der Akademie der Wissenschaften der DDR 14, Berlin 1985, S. 309-325; Holze, Heinrich,

Religiöse Toleranz im Mittelalter? Überlegungen zum Umgang mit der „diversitas" im 11. und 12. Jahrhundert, BThZ 15, 1998, S. 41-55; Iserloh, Erwin, Werner von Oberwesel. Zur Tilgung seines Festes im Trierer Kalender, TThZ 72, 1963, S. 270-285; Kahl, Hans – Dietrich, Heidnisches Wendentum und christliche Stammesfürsten, in: AKuG 44, 1962, S. 72-119; Klauser, R., Zur Entwicklung des Heiligsprechungsverfahrens bis zum 13. Jahrhundert, ZSRG. K 40, 1954, S. 85-101; Komm, Sabine, Heiligengrabmäler des 11. und 12. Jahrhunderts in Frankreich, Manuskripte zur Kunstwissenschaft 27, Worms 1990; Lohmeyer, E., Vom göttlichen Wohlgeruch, SHAW.PH, Heidelberg 1919; Lotter, Friedrich, Die Judenverfolgung des „König Rintfleisch" in Franken um 1298, Zeitschrift für Historische Forschung 15, 1988, S. 387-389; Markschies, Christoph, Gibt es eine „Theologie der gotischen Kathedrale"? Nochals: Suger von Saint-Denis und Sankt Dionys vom Areopag, Heidelberg 1995, AHAW.PH 1995/1: McGinn, Bernard, Visions of the End. Apokalyptic Traditions in the Middle Ages, New York 1979; Mentgen, Gerd, Die Ritualmordaffäre um den „Guten Werner" von Oberwesel und ihre Folgen, Jahrbuch für westdeusche Landesgeschichte 21, 1995, S. 159-198; Nahmer, Dieter von der, Die lateinische Heiligenvita. Eine Einführung in die lateinische Hagiohraphie, Darmstadt 1994; Nilgen, Ursula, Thomas Becket und Braunschweig, in: Der Welfenschatz und sein Umkreis, hg. von Joachim Ehlers und Dietrich Kötzsche, Mainz 1998, S. 219-242; Pauly, Ferdinand, Zur Vita des Werner von Oberwesel Legende und Wirklichkeit, AMRhKG, 1964, S. 94-109; Petersohn, Jürgen (Hg.), Politik und Heiligenverehrung im Hochmittelalter, Vorträge und Forschungen 42, Sigmaringen

1994; Queckenstedt, Hermann, Die Armen und die Toten. Sozialfürsorge und Totengedenken im spätmittelalterlich - frühneuzeitlich Osnabrück, Osnalbrück 1997; Rauh, Horst Dieter, Das Bild des Antichrist im Mittelalter, BGPhMA.NF,Bd. 9, Münster 2. Aufl. 1979; Reeves, Marjorie E., The Influence of Prophecy in the Later Middle Ages. A Study in Joachimism, Oxford 1969; Rhein, Reglinde, Die Legenda aurea des Jacobus de Voragine. Die Entfaltung von Heiligkeit in „Historia" und „Doctrina" Beihefte zum Archiv für Kulturgeschichte 40, Köln 1995; Schaller, H.M., Die Frömmigkeit Friedrichs Ⅱ., DA 2, 1995, S. 493-513; Schreiner, Klaus, Maria Jungfrau, Mutter, Herrscherin, München - Wien 1994; Schubert, Ernst, Gestalt und Gestaltwandel des Almosens im Mittelalter, in: Festscjroft Alfred Wendehorst, Bd. 1, hg. von jürgen Scheider, Neustadt (Aisch) 1992, S. 241-262; Snoek, Godefridus J. C., Medieval Piety from Relics to the Eucharist, Studies in the history of Christan Thought 63, Leiden 1995; Swinarski, Ursula, Der ganze und der zerteilte Körper. Zu zwei gegemsätzlichen Vorstellungen im mittelalterlichen Reliquienkult, in: Hagiographie im Kontext, hg. von Dieter R. Bauer, Beiträge zur Hangiohraphie 1, Stuttgart 2000, S. 58-68; Verbeke, Werner (Hg.), The Use and buse of Eschatology in the Middle Ages, Mediaevalia Lovaniensia 1/15, Leuven 1988; Wodtke, F., Die Allegorie des „Inneren Paradieses" bei Bernhard von Clairvaux, Honorius Augustodunensis, Gottfried von Strassburg und in der Deutschen Mystik, in: H. Moser (Hg.), Festschrift Josef Quint, Bonn 1964, S. 277-290; Wood, Diana(Hg.), Martyrs and Martyrologies, Studies in Church History 30, Oxford 1993.

## 25. 베네딕투스적 수도원 제도

Borst, Arno, Mönche am Bodensee 610-1525, Sigmaringen 4. Aufl. 1997; Bulst, Neithard, Zu den Aufängen frrttuarischer Consuetudines im Reich, DA 29, 1973, S. 558-561; Ders., Untersuchungen zu der Klosterreform Wilhelms von Dijon 962-1031, PHS 11, 1973; Burton, Janet, Monastic and Religious Orders in England 1000-1300, Cambridge 1994; Dereine, Charles, St-Rufe et ses coutumes aux XIe et XⅡ e siècles, R Ben 59, 1949, S. 161-182; Engels, Odilo, Der Erzbischof von Trier, der rheinische Pfalzgraf und die gescheiterte Verbandsbildung von Springiersbach im 12. Jahrhundert, in: Secundum Regulam Vivere, Festschrift P.N. Backmund, 1978, S. 87-103; Groten, M., Reformbewegungen und Reformgesinnung im Erzbistum Köln, QMRDG 68, 1992, S. 97-118; Hallinger, Kassius, Gorze-Kluny. Studien zu den monastischen Lebensformen und Gegensätzen im Hochmittelalter, Bd. 1/2, StAns 22/25, Rom 1950/51, Neudr. Graz 1971; Honselmann, Klemens, Corvey als Ausgangspunkt der Hirsauer Reform in Sachsen, Westfalen 58, Paderbon 1980, S. 70-81; Jakobs, Hermann, Der Adel in der Klosterrefom von St. Blasien, Kölner historische Abhandlungen Bd. 16, Köln-Graz 1968; Ders., Die Hirsauer. Ihre Ausbreeitung und Rectsstellung im Zeitalter des Investiturstreites, KHAb 4, Köln-Graz 1961; Kaminsky, Hans Heinrich, Zur Gründung von Fruttuaria durch den Äbt Wilhelm von Dijon, ZKG 77, 1966, S. 245 f.; Reinmanm, N., Die Konstitutionen des Abtes Wilhelm von Hirsau, in: K. Schreiner(Hg.), Hirsau. St. Peter und Paul 1091-1991, 1991, S. 101-108; Schmid, Karl, Kloster Hirsau und seine Stifter, FORLG 9, Freiburg i. Br. 1959; Semmler, Josef, Die Geschichte der Abtei Lorsch von der Gründung bis zum Ende der Salierzeit 764 bis 1125, in: Die Reichsabtei Lorsch, Bd. 1, Darmstadt 1973, S. 75-173; Ders., Die Klosterreform von Siegburg. Ihre Ausbreitung und ihr Reformprogramm im 11. und 12. Jahrhundert, Rheinisches Archiv 53, Bonn 1959; Staab, Franz, Die wirtshafliche Bedeutung der Reichsabtei Lorsch (8. bis 12. Jahrhundert), Geschichtsblätter des Kreises Bergstraße 22, 1989, S. 5-36; Vones-Liebenstein, Ursula, Saint-Ruf und Spanien. Studien zur Verbreitng und zum Wirken der Regularkanoniker von Saint-Ruf in Avignon auf der Iberischen halbinsel, Bd. 1/2, Bibliotheca Victorina 6, Türnhout 1996.

## 26. 은둔자와 순회설교자

Bienvenu, Jean-Mare, L'etonnant fondateur de Fontevraud, Robert d'Arbissel, Paris 1981; Dalarun, Jacques, Erotik und Enthaltsamkeit. Das Kloster des Robert von Arbrissel, Frankfurt 1987; Elm, Kaspar und parisse, Michel, Doppelklöster und andere Formen der Symbiose männlicher und weiblicher Religiosen im Mittelalter, Berliner Historische Studien 18, Berlin 1992; Engelbert, Pius, Vita religiosa im jahrhundert, StMGBO 110, 1999, S. 19-56; Genicot, L., L'erémitisme du XIe siècle dans son contexte économique et social, Miscellanea dei Centro di Studi Medioevli IV, Milano 1965, S. 57-64; Greenaway, George Wiliam, Arnold of Brescia, Cambridge 1931, Neudr. 1978; Kurze, W., Zur Geschichte Camaldolis im Zeitalter der Reform, in: Ⅱ monachesimo ela riforma eccl.(1049-1122), Mendola 1968, S. 399-415; Moolenbroek, Jaap van, Vital l'ermite, prédicateur, itinérant fondateur de l'abbaye normande de Savigny, Assen-Maastricht 1990; Walter, Johannes von, Die ersten Wanderprediger Frankreichs. Studien zur Geschichte des Mönchtums, Bd. 1/2, SGTK 9, Leipzig 1903/06. Neudr. Aalen 1972; Werner, Ernst, pauperes Christi Studien zu sozial-religiösen Bewegungen im Zeitalter des Reformpapsttums, Leipzig 1956; Ders. und Erbstösser, Martin, Ketzet und heilige. Das religiöse Leben im Hochmittelalter, Wien-Köln-Graz 1986.

## 27. 카르투지오회

Becker, Hansjakob, Die Responsorien des Kartäuserbreviers. Untersuchungen zu Urform und Herkunft des Antiphonars der Kartause, MThS. S39, München-Bamberg 1971; Ders., Die Kartause. Liturgisches Erbe und konziliare Reform. Untersuchungen und Dokumente, ACar 1165:5, Salzburg 1990; Bligny, Bernard, L'Église et les ordres religieux dans le royaume de bourgogne aux XIe et XⅡe siècles, Collection des cahiers d'histoire 4. Paris 1960; Fontette, Micheline de, Recherches sur les origines des moniales chartreses. Etudes d'histoire du droit canonique 2, Paris 1965, S. 1143-1151; Rieder, Bruno, Deus locum dabit. Studien zur Theologie des Kartäuserpriors Guigo I.(1083-1136), Münchener Universitäts-Schriften Veröffentlichungen des Grabmann - Institutes NF 42, Paderborn 1997; Zadnikar, Marijan(Hg.), Die Kartäuser. Der Orden der schweigeden Mönche, Köln 1983.

## 28. 아우구스티누스참사회원

Backmund, Norbert, Geschichte des Prämonstratenserordens, Grafenau 1986; Dereine, Charles, Vie commune, règle de Saint Augustin dt chanoines au XIe siècle, RHF 41, Louvain 1946. S. 365-406; Deutz, Helmut, Norbert von Xanten bei Propst Richer im Regularkanonikerstift Klosterrath, APraem 68, 1992, S. 5-16; Ders., Geistliiches und geistiges Leben im Regularkanonikerstift Klosterrath im 12. und 13. Jahrhundert, Bonner historische Forschungen Bd. 54 Siegburg 1990; Elm, Kaspar, Elias, Paulus von Theben und Augustinus als Ordensgründer, in: Geschichtsschreibung und Geschichtsbewußtsein im späten Mittelalter, hg. von Hans patze, Sigmaringen 1987, S. 371-397; Endres, Joseph Anton, Honorius Augustodunensis, Beitrag zur Geschichte des geistigen Lebens im 12. Jahrhundert, Kempten-München 1906; Lazzarino del Grosso, Anna, Armut und Reichtum im Denken Gerhohs von Reichersberg, ZBLG Beihefte Reihe 3, Bd. 4, München 1973, S. 172-177; Mois, Jakob, Das Stift Rottenbuch in der Kirchenrefom des XI. and XⅡ. Jahrhunderts. BABKG Ⅲ/19, München-Freising 1953; Meuthen, Ercih, Kirche und heilsgeschichte bei Gerhoh von Reichersberg, Studien und Texte zur Geistesgeschichte des Mittelalters Bd. 6, Leiden-Köln 1959; Schieffer, R., Die Zeit der späten Salier, in: Rheinische Geschichte Ⅰ/3, Düsseldorf 1983, S. 178ff.; Siegwart, Josef, Die Chorherren-und Chorfrauengemeinschaften in der deutschsprachigen Schweiz vom 6. Jh. bis 1160, Studia Friburgensia NF 30, Freiburg/Schweiz 1962; Siegwart, Josef, Die Consuetudines des Augustiner - Chorherrenstiftes Marbach im Elsass (12. Jahrhundert), Spicilegium Friburgense Vol. 10. Freiburg/Schweiz 1965; Weinfurter, Stefan, Reformkanoniker und Reichsepiskopat im Hochmittelalter, HJ 97/98 1978, S. 158-193; Witwer, P., Quellen zur Liturgie der Chorherren von Marbach, ALW 32, 1990, S. 307-361.

## 29. 프레몽트레회 수도사

Alders, Alfons, Das Leben des heiligen Norbert. Büßer-Ordensstifter-Staatsmann, Xanten 2. Aufl. 1981; Backmund, N., Geschichte des Prämonstratenserordens, 1986; Claude, D., Geschichte des Erzbistums Magdeburg bis in das 12. Jahrhundert, in: Mitteldeutsche Forschungen 67/2, Köln-Wien 1975, S. 1-38; Ehlers-Kisseler, Ingrid, Die Anfänge der Prämonstratenser im Erzbistum Köln, Rheinisches Archiv 137, Köln 1997; Engelskirchen, H. Zur Bekehrung des hl. Norbert, APraem 31, 1955, S. 111-112; Elm, Kaspar(Hg.), Norbert von Xanten. Adeliger-Ordensstifter-Kirchenfürst, Köln 1984, Horstkötter, L., Der hielige Norbert und die Prämonstratenser, 5. Aufl. Hamborn 1981; Kroll, H., Zum Charakter des Prämonstratenserordens in den ersten jahren seines Besthens, Apraem 56, 1980, S. 33-56; Ders., Expansion und Rekrutierung der Prämonstratenser 1120-1150, APraem 54, 1978, S. 36-56; Lohrmann, D., Die Erwerbspolitik der Abei Prémontré unter Norbert von Xanten und Hugo von Fose, in: Erwerbspolitik und Wirtschaftweise mittelalterlicher Orden und Klöster, hg. von Kaspar Elm, 1992, S. 31-50; Weinfurter, Stefan, Norbert von Xanten-Ordensstifter und „Eigenkirchenherr", AKuG 59, 1977, S. 66-98; Ders., Norbert von Xanten und die Entstehung des Prämonstratenserordens, in: Barbarossa

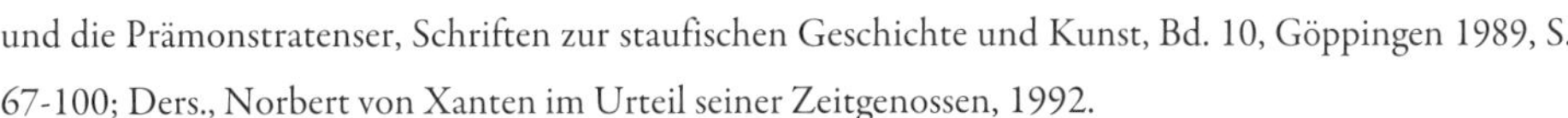

und die Prämonstratenser, Schriften zur staufischen Geschichte und Kunst, Bd. 10, Göppingen 1989, S. 67-100; Ders., Norbert von Xanten im Urteil seiner Zeitgenossen, 1992.

## 30. 시토회 수도사

Anz, Christoph, Ein Rebell wider Willen? Joachim von Fiore und des Fortwirken seiner Geschichtsthelolgie, in: Ordung und Aufruhr im Mittelalter, hg. von Marie Theres Fögen, Ius Commune, Sonderheft 70, Frankfurt am Main 1995, S. 163-183; Bender, Wolfgang, Zisterzienser und Städte. Studien zu den Bezihungen zwischen den Zisterzienserköstern und den großen urbanen Zentren des mittleren Moselraumes, Trierer Historische Forschungen 20, Trier 1992; Borst, Arno, Abaelard und Bernhard, HZ 186, 1958, S. 497-526; Bouchard, Constance Brotatain, Holy entrepreneurs. Cistercians, knights and economic activitv in twelfth-century Burgundy, Itaca 1991; Bredero, Adriaan H., Bernhard von Clarvaux (1091-1153). Zwischen Kult und Historie. Über seine Vita und ihre historische Auswerung, Stuttgart 1996; Bühler, Johannes, Klosterleben im Mittelalter, Erstausgabe 1923, Frankfurt 1989; Cauwe, M, La Bibel d'Étienne Harding, R Ben 103, 1993, S. 414-444; Comstable, Giles, From Cluny to Citeaux, in: Claudie Duhamel-Amade (Hg.), L'écriture de I'Histoire, Bibliothèque du moyen âge 6, Bruxelles 1996, S. 317-322; Diers, Michaela, Bernhard von Clairvaux. Elitäre Frömmigkeit und begnadetes Wirken, Beiträge zur Geschichte und Philosophie des Mittelalters NF 34, Münster 1991; Dimier, Anselme, Mourir à Clairvaux, COCR 17, 1955, S. 272-285; Dinzelbacher, Peter, Bernhard von Clairvaux. Leben und Werk des berühmten Zisterziensers, Darmstadt 1998; Elm, Kaspar(Hg.), Die Zisterzienser. Ordensleben zwischen Ideal und Wirklichkeit, Schriften des Rheinischen Museumsamtes Nr. 10, Bonn 1980; Ders., Bernhard von Clairvaux. Rezeption und Wirung im Mittelalter und in der Neuzeit, Wolfenbütteler Mittelalter Studien 6, Wiesbaden 1994; France, James, The Cistercians in Scandinavia, Cistercian Studies Series 131, Kalamazoo, Michigan 1992; Götlind, Anna, The Messengers of Medieval Technology? Cistercians and technology in medieval Scandinavia, Occasional Papers on Medieval Topics 4, Göteborg 1990; Hüsgen, Hermann – Josef, Zisterzienserinnen in Köln, Bonner Beiträge zur Kirchengeschichte 19, Köln-Weimar-Wien 1993; Jaedicke, Hans-Georg, Bernhard von Clairvaux. Versuch eines Persönlichkeitsbildes, in: Kerygma und Melos, hg. von W. Blankenburg, Kassel 1970, S. 495-511; Kasper, Clemens und Schreiner, Klaus(Hg.), Zisterziensische Spirtualität, SMBG 34, St. Ottilien 1994; Köpf, Ulrich, Religiöse Erfahrung in der Theologie Bernhards von Clairvaux, BHTh 61, Tübingen 1980; Leclercq, Jean, Bernhard von Clairvaux. Ein Mann prägt seine Zeit, Mpnchen-Zürich-Wien 1990; Lekai, Louis Julius, The Cistercians. Ideals and Reality, Kent/Ohio 1977; McGinn, Bernard, The Calabrian Abbot. Joachim of Fiore in the History of Western Thought, New York-London 1985; McGuire, Brian Patrick, Why Scandinavia? Bernard, Eskil and Cistercian Expansion in the North 1140-1180, in: Goad and Nail. Studies in Medieval Cistercian History X, hg. von E. Rozanne Elder, Kalamazoo 1985; Ders., Norm and Practice in Early Ccistercian Life, in: Norm und Praxis im Alltag des Mittelalters und der frühen Neuzeit, Österreichische Akademie der Wissenschaften.

Philosophisch-Historische Klasse, Wien 1997, S. 107-124; Ders., The Cistercians in Denmark. Their Attitudes, Roles and Functions in Medieval Society, Kalamazoo 1982; Newman, Martha G., Stephen Harding and the Creation of the Cistercian Community, Revue Bénédictine 107, 1997, S. 307-329; Oberste, Jörg, Visitation und Ordensorganisation. Formen sozialer Normierung, Kontrolle und Kommunikation bei Cisterziensern, Prämonstratensern und Cluniazensern, Vita regularis 2, Münster 1996; Schmidt, Oliver H. (Hg.), Spriritualität und Herrschaft, Studien zur Geschichte, Kunst und Kultur der Zisterzienser, Bd. 5, Berlin 1998; Suraci, A., Arnold von Brescia und Bernhard von Clairvaux, ASOC 13, 1957, S. 83-91; Sydow, Jürgen u. a., Die Zisterzienser, Stuttgart-Zürich 2. Aufl. 1991; Teubner-Schoebel, Sabine, Bernhard von Clairvaux als Vermittler an der Kurie. Eine Auswertung seiner Briefsammlung, Studien und Dokumente zur Gallia Pontificia 3, Bonn 1993; Vacandard, Elphège, Leben des Heiligen Bernhard von Clairvaux, 2 Bde., Paris 1895, dt. Mainz 1897/98; Van Damme, Jean-Baptiste Van, The Three Founders og Cîteaux: Robert og Molesme - Alberic - Stephen Harding, Cistercian Studies 176, Kalamazoo 1998; Ders., La constitution cistercienne de 1165, Analecta SOC 19, 1963, S. 51-104; Zakar, P., Die Anfänge des Zisterzienserordens, ACi 1964.

## 31. 선교와 식민지개척

800 Jahre Deutscher Orden. Ausstellung des Germanischen Nationalmuseums Nürnberg, Gütersloh-München 1990; Altaner, Berthold, Die Dominikanermissionen des 13. Jahrhunderts, 1924, S. 110f., 128ff.; Bachmann, J., Die päpstlichen Legaten in Deutschland und Skandinavien(1125-1159), HS Heft 115, Berlin 1913, S. 113ff.; Benninghoven, F., Der Orden der Schwertbrüder, 1965;Ders., Zur Rolle des Schwertbrüderordens und des Deutschen Ordens im politischen Gefüge Alt-Livlands, Zeitschrift für Ostforschung 41, Marburg 1992; Bischof Otto I. von Bamberg, Gedenkschrift zum Otto-Jubiläum 1989; Bogyay, Th. von, Grundzüge der Geschichte Ungarns, 3. Aufl. 1977; Favreau, Marie-Luise, Studien zur Frühgeschichte des Deutschen Ordens, Kieler Historische Studien 21, Stuttgart 1974; Fenske, Lutz und Militzer, Klaus(Hg.), Ritterbrüder im livländischen Zweig des Deutschen Ordens, Quellen und Studien zur baltischen Geschichte, Bd. 12, Köln-Weimar-Wien 1993; Haendler, Gert, Kirchliche Verbindungen über die Ostsee hinweg in Geschichte und Gegenwart, Leipzig 1999; Ders., Bischof Berno von Schwerin-ein Zisterziensermönch in der Kirchenpolitik des 12. Jahrhunderts, JGNKG 88, 1990, S. 13-25; Hellmann, Manfred, Die Anfänge christlicher Mission in den baltischen Ländern, in:Ders. (Hg.), Studien über die Anfänge der Mission in Livland, Vorträge und Forchungen, Sonderbd. 37, Sigmaringen 1989, S. 7-38; Hennig, R., Terra Incognitae Ⅲ, 2. Aufl. 1953; Holze, Heinrich, Von der Reichskieche zur Papstkirche, KuD 36, 1990. S. 246-269; Hucher, Bernd Ulrich, Der Zisterzin\enserabt Bertold, Bischof von Livland, und der erste Livlandkreuzzung, in: Manfred Hellmann(Hrsg.), Studien über die Anfänge der Mission in Livland, Vorträge und Forschungen, Sonderbd. 37, Sigmaringgen 1989, S. 39-64; Imhof, A. E., Grundzüge der nordischen Geschichte, Darmstadt 1985; Müller-Wille, Michael(Hg.), Rom und Byzanz im Norden. Mission und Glaubenswechsel im Ostseeraum während

des 8.-14. Jahrhunderts, Abhandlungen der Akademie der Wissenschaften Mainz, Bd. 3,2, Stuttgart 1998; Nyberg, Tore S., Die Kirche in Skandinavien, Beiträge zur Geschichte und Quellenkunde des Mittelalters, Bd. 10, Sigmaringen 1986; Ohnsorge, W., Päpstliche und gegenpäpstliche Legaten in Deutschland und Skandinavien 1159-1181, Hs Heft 188, Berlin 1929, S. 101 ff.; Petersohn, Jürgen, Der südliche Ostseeraum im kirchlich-polotoschen Kräftespiel vom 10.-13. Jahrhundert, 1979; Ders., Gründung, Vorgeschichute und Frühzeit des pommerschen Bistums, Baltische Studien NF 78, 1992, S. 7-16; Richard, J., La papauté et les missions d'Orient au Moyen Age, 1977; Schöndorfer, Ilse, Orient und Okzident nach den Hauptwerken des Jakob von Vitry, EHS Ⅲ/743, Frankfurt a. M. 1997; Schollmeyer, C., Die Missionsfahrt Bruder Wilhelms von Rubruk zu den Mongolen 1253-1255, ZMR 1956; Weber, Matthias, Die Schlacht von Wahlstatt und ihre Bewertung im Wandel Zeiten, in: Ulrich Schmilewsski(Hg.), Wahlstatt 1241. Beiträge zu Mongolenschlacht bei Liegnitz und zu ihren Nachwirkungen, Würzburg 1991, S. 129-147.

## 32. 여성운동

Bernards, Matthäus, Speculum virginum. Geistigkeit und Seelenleben der Frau im Hoch-mittelalter, Köln-Wien 2. Aufl. 1982; Diederich, Dorothea, Geburtshilfe und Fürsprache der hl. Elisabeth. Zur stiftung des Elisabeth-Gürtels an das Stift St. Maria im Kapitol in Köln, AHVNRh 198, 1995, S, 53-58; Diers, Michaela, Hildegard von Bingen, München 1998; Dinzelbacher, Peter, Hadewijch's mystische Erfahrungen in neuer Interpretation, OGE 54, 1980, S. 267-279; Ders.,Die Offenbarungen der hl. Elisabeth von Schönau. Bildwelt, Erlebnis-weise und Zeittypisches, SMGB 97, München 1986, S. 462-482, Ders., Marguerite d'Oingt und ihre Pagina Meditationum, ACar 116/1, 1988, S. 69-100; Ders., Mittelalterliche Frauen-mystik, Paderborn 1993; Ders. (Hg.), Religiöse Frauenbewegung und mystische Frömmigkeit im Mittelalter, AKuG Beiheft 28, Köln-Wien 1988; Ders./Bauer, Dieter R., Frauenmystik im Mittelalter, Ostfildern 2. Aufl. 1990; Ders., Ida von Nijvels Brückenvision, OGE 56, 1982, S. 217-277 Doornik, N. G. M. van, Katharina von Siena, Freiburg-Basel-Wien 1980; Elm

Kaspar, Elisa-beth von Thüringen. Persönlichkeit, Werk und Wirkung, MUR 3, Marburg 1982; Ders., Frömmigkeit und Ordensleben in deutschen Frauenklöstern des 13. und 14. Jahrhunderts, OGE 66,1992, S. 28-45; Eliass, Claudia, Die Frau ist eine Quelle der Weisheit. Weibliches Selbstver-ständnis in der Frauenmystik des 12. und 13. Jahrhunderts, Frauen in Geschichte und Gesell-schaft28, Pfaffenweiler 1995; Esser, Kajetan, Die Briefe GregorsIX, an die hl. Klara von Assisi, FS 35, 1953, S. 274-295; Föß 디, Amalie und Hettinger,Anette, Klosterfrauen, Beginen, Ketzerinnen. Religiöse Lebensformen von Frauen im Mittelalter, Histirisches Seminar NF 12. Idstein 200; Freeman, Gerard Peter, Klarissenfasten im 13. Jahrhundert, AFH 87, 1994, S. 217-285; Geyer, Iris, Maria von Oignies. Eine hochmittelaterliche Mystikerin zwischen Ketzerei und Rechtgläubigkeit, EHS ⅩⅩⅢ/454, Frankfurt a. M. 1992; Golding, Brian, Gilbert of Sempringham and the Gilbertine Order, Oxford 1995; Haug, Walter, Das Gespräch mit dem unvergleichlichen Partner. Der mystische Dialog bei Mechthild von Magdeburg als Paradigma für eine personale Gesprächsstruktur, in: K. Stierle/R. Warning (Hg.), Das Gespräch, Poetik und Hermeneutik 11, München 1984, S. 251-279; Heimbach, M., „Der ungelehrte Mund" als Autorität. Mystische Erfahrung als Quelle kirchlich-prophetischer Rede im Werk Mechthilds von Magdeburg, 1989; Heszler, E., Stufen der Minene bei Hadewijch, in: Frauenmystik im Mittelalter, hg. von P. Dinzelbacher und D. R. Bauer, 1985, S. 99-122; Höcht, J. M., Christine von Stommeln. Die große Stigmatisierte des deutschen Rheinlands, in: Träger der Wundmale Christi, Stein 4. Aufl., 1986, S. 69-83; Hofmeister, Ph., Die Exemtion des Magdalenordens, ZSRG.K 35, 1948, S. 305-329; Köster, Kurt, Das visionäre Werk Elisabeths von Schönau, Studien zur Entstehung, Überlieferung und Wirkung in der mittelalterlichen Welt, AMRhKG 4, 1952, S. 79-119; Ders., Elisabeth von Schönau. Werk und Wirkung im Spiegel der mittelalterlichen handschriftlichen Überlieferung, AMRhKG 3, 1951, S. 243-315; Krasenbrink, J., Die, inoffizielle' Heilige. Zur Verehrung Hildegards diesseits und jenseits des Rheins, in: Hildegard von Bingen, Hg. von E. Forster, Freiburg-Basel-Wien 1997, S. 496-513; Lautenschläger, G., Hildegard von Bingen. Die thelogische Grundlegung ihrer Ethik und Spiritualität, Stuttgart 1993; Machilek, Franz, Die Premysliden, Piasten und Arpaden und der Klarissenorden im 13. und frühen 14. Jahrhundert, in: Westmitteleuropa, Ostmitteleuropa. Vergleiche und Beziehungen. Festschrift für Ferdinand Seibt, hg. von Winfried Eberhard, München 1992, S. 293-306; Maleczek, Werner, Das „ Privilegium paupertatis "Innozenz" Ⅲ. und das Testament der Klara von Assisi. Überlegungen zur Frage iher Echrheit, in:Collectanea Franciscana65, 1995, S. 5-82; Maurer, M., Zum Verständnis der hl. Elisabeth von Thüringen, ZKG 65, 1953, S. 16-64; Monssen, Maria Magna, DieDominikanerinnen, OK7, Freiburg/Schweiz 1964; Neumann, Eva Gertrud, Rheinisches Beginen-und Begardenwesen, Mainzer Abhandlungen zur mittle-ren und neueren Geschichte Bd. 4, Meisenheim/Glan 1960; Ohler, Norbert, Elisabeth von Thüringen. Fürstin im Dienst der Niedrigsten, Göttingen-Zürich 2. Aufl.1992; Ostrowitzki Anja, Die Ausbreitung der Zisterzienserinnen im Erzbistum Köln, Rheinisches Archiv 131, Köln-Weimar-Wien 1993; Pernound, Régine, Hildegard von Bingen. Ihre Welt, ihr Wirken, ihre Visionen, Freiburg-Basel-Wien 1996; Rotzetter, Anton, Klara von Assisi, Die erste Franziskanische Frau, Freiburg-Basel-Wien 2. Aufl. 1994; Rotter, Fr. und Weber, R., Nähe Gottes und Gottesfreude. Mystische Erfahrung der Mechthild von Magdebur, Aschaffenburg 1980; Ruh, Kurt, Gottesliebe bei Hadewijch, Mechthild von Magdeburg und Margareta Porete, in: Festschrift F. Rauh, hg. von A. San Miguel, 1985, S. 243-254; Ruhrberg, Christine, Der literarische Körper der Heiligen. Leben und Viten der Christina von Stommeln (1242-1312), Biblitheca Germanica 35, Tübinggen-Basel 1995; Sankt Elisabeth. Fürstin, Dienerin, Heilige, Hg. von Philipps-Universität Marburg, Sigmaringen 1981; Schipperges, Heinrich, Hildegard von Bingen München 2. Aufl. 1995; Shahar, S., Die Frau im Mittelalter, Hamburg 1983; Tremp, Ernst, Chorfrauen im Schatten der Männer. Frühe Doppelklöster der Prämonstratenser in der Westschweiz, Zeirschrift für schweizerische Kirchengeschichte 88, 1994, S. 79-109; Venarde, Bruce L., Women's monasticism and medieval society. Nunnerier in France and England, 890-1215, Ithaca/NY-London 1997; Verdeyen, P., Le Procès d'inquisition contre Marguerite Porete, RHE 81, 1986, S. 47-94; Wehrli-Johns, Martina und Opitz, Claudia (Hg.), Fromme Fruen oder

Ketzerinnen? Leben und Verfolgung der Begien im Mittelater, Freiburg-Basel-Wien 1998; Werner, M., Die hl. Elisabeth und die Anfänge des Deutschen Ordens in Marburg, in: Marburger Geschichte, hg. von E. Dettmering, Marbung 1980, S. 121-164; Wessley, S., The thirteenth-century Guglielmites. Salvation through women, SCH Subsidia I: Medieval Women, Oxford 1978, S. 289-303; Wieland, Georg, Georg, Prämonstratenserinnen in Maiseltal, in:850 Jahre Prämonstratenserabtei Weißenau 1145-1995, hg. von Helmut Binder, Sigmaringen 1995, S. 73-97; Willaert, F., Hadewijch und ihr Kreis in den Visionen, in: Abendländische mystik im Mittelalter, hg. von A. Haas, 1988, S. 368-387; Wilts, Andreas, Beginen im Bodenseeraum, Bodensee-Bibliothek 37, Sigmaringen 1994.

## 33. 청빈운동

Berg, Dieter, Armut und Wissenschaft. Beiträge zur Geschichte des Studienwesens der Brttelorden im 13. Jahrhundert, Bochumer Historische Studien, Bd. 15, Düsseldorf 1977; De Ghellinck, J. Magister Vacarius. Un juriste théologien peu aimable pour les canonistes, RHE 49, 1949 S. 173-178; Douie, D. L., The conflict between the Seculars and Mendicants at the University of Paris in the Thirteenth Century, AqP 23, London 1954; Elm, Kaspar(Hg.), Stellung und Wirksamkrit der Bettelorden in der städtischen Gesellschaft, Berliner Historische Studien, Bd. 3, Berlin 1981; Ders., Ausbreitung, Wirksamkeit und Ende der provencalischen Sackbrüder in Deutschland und den Niederlanden, Francia 1, 1973, S. 257-324; Ders., Neue Beiträge zur Geschichte des Augustiner-Eremitenordens im 13. und 14. Jahrhundert, AKuG 42, 1960, S. 357-387; Fontette, Micheline de, Les Mendiants supprimés au Concile de Lyon (1274), in: Les Mendiants en pays d'Occident, Cahiers de Franjeaux 8, Toulouse 1973, S. 193-216; Grundmann, Herbert, Religiöse Bewegungen im mittelalter, HS 267, Berlin 1935. Neudr. Darmstadt 4. Aufl. 1977; Gutiérrez, David, Die Augustiner im Mittelalter 1256-1356, Geschichte des Augustiner-Eremiten, Bd. 1-4, Cass. 26, Würzburg 1969-1972; Neidiger, Bernhard, Mendikanten zwischen Ordensideal und städtischer Realität, Untersuchungen zum wirtschaftlichen Verhalten der Bettelorden n Basel, Berliner Historische Studien, Bd. 5, Berlin 1981; Ratzinger, J., Der Einfluß des Bettelordenstreites auf die Entwicklung der Lehre vom päpstlichen Universalprimat unter besonderer Berücksichtigung des hlg. Bonaventura, in: J. Auer und H. Volk(Hg.), Theologie in Gschichte und Gegenwart. Michael Schmaus zum 60, Geburtstag, Bd. 2, München 1957, S. 697-724; Stüdeli, B., Minoritenniederlassungen und mittelalterliche Stadt. Beiträge zur Bedeutung von Minoriten- und anderen Mendikatenanlagen im öffentlichen Leben der mittelalterlichen Stadtgemeinde, FrFor21, Werl 1969; Ulpts, Ingo, Die Bettelorden in Mecklenburg. Ein Beitrag zur Geschichte der Franziskaner, Klarissen, Dominikaner und Augustiner-Eremitten im Mittelalter, Saxonia Franciscana. Beiträge zur Geschichte der Sächsischen Franziskanerprovinz 6, Werl 1995; Wehrli-Johns, Martina, Stellung und Wirksamkeit der Bettelorden in Zürich, in: Stellung und Wirksamkeit der Bettelorden in der städtischen Gesellschaft, hg. von Kasper Elm, Berliner Historische Studien, Bd. 3, Berlin 1981, S. 77-84.

## 34. 프란체스코회 수도사

Berg, Dieter, Elias von Cortona. Studien zu Leben und We des zweiten Generalministers im Franziskanerorden, WiWei 41, 1978, S. 102-126; Ders.(Hg.), Bettelorden und Stadt. Bettelorden und städtisches Leben im Mittelater und in der Neuzeit, Saxonia Franciscana Bd. 1, Werl 1992; Brooke, R. B., Early Franciscan Government. Elias to Bonaventure, CSMLT. NS7, Cambridge 1959; Burr, David, Olivi and Franciscan Poverty. The Origins of the Usus Pauper Controversy, Philadelphia 1989; Ders., David, Olivi's Peaceable Kingdom. A Reading of the Apocalype Commentary, Philadelphia 1993; Cleasen, Sophronius, Franziskus von Assisi und die sozizale Frage, WiWei 15, 1952, S. 109-121; Ders., Die Armut als Beruf: Franziskus von Assisi, MM 3, Berlin 1964, S. 73-85; Ders., Bonaventura, Expositio Super regulam fratrum Minorum, in: S. Bonaventura 1274-1974, Bd. 2, Grottafererata 1973, S. 531-570; Cusato, Michal F., The renunciation of power as a foundational theme in early Franciscan history, in: The Propagation of Power in the Medieval West, hg. von Martin Gosman, Mediaevalia Groningana 23, Groningen 1997, S. 265-286; Elm, Kasper, Franziskus und Dominikus. Wirkungen und Antriebskräfte zweier Ordensstifter, Saec. 23, München 1972, S. 127-147; Esser, Kajetan, Anfänge und ursprüngliche Zielsetzung des Ordens der Minderbrüder, SDF 4, Leiben 1968; Ders., Die Armutsauffassung des hl. Franziskus, in: Poverty in the Middle Ages, hg. von D. Flood, FrFor 27, Werl/Westfalen 1975, S. 60-70; Ders., Das Testament des heiligen Franziskus von Assisi. Eine Untersuchung über seine Echtheit und seine Bedeutung, VRF 15, Münster 1949; Feld, Helmut, Franziskus von Assisi und seine Bewegung, Darmstadt 1994; Fischer, Hermann, Der heilige Franziskus von Assisi während der Jahre 1219-1221, Freiburg/Schweiz 1907; Flood, D. E., Die Regula non bullara der Minderbrüder, FrFor 19, 1967; Grau, E., Die ersten Brüder des hl. Franziskus, FS 40, 1958, S. 136-137; Ders., Der franziskanische Dritte Orden in Oberdeutschland im 13. und 14. Jahrhundert, in: I Fratri penitenti di San Francesco nella società del Due e Trecento, Rom 1977, S. 125-132; Hardick, L., Pecunia et denarii. Untersuchungen zum Geldverbot in den Regeln der Minderbrüder, FS 40, 1958, S. 313-328; 41, 1959, S. 268-290; 42, 1961, S. 216-243; Lambert, Malcolm D., The Franciscan Crisis under John XXII, FrS 32, 1972, S. 123-143; Ders., Franciscan Poverty. The Doctrine of the Absolute Poverty of Christ and the Apostles in the Franciscan Order 1210-1323, London 1961, New York 2. Aufl. 1998; Murray, Alexander, Archbishop and Mendicanrs in thiteenth-century Pisa, in: Stellung und Wirksamkeit der Bettelorden in der städtischen Gesellschaft, hg. von Kaspar Elm, Berliner Historische Studien Bd. d, Berlin 1981, S. 19-75; Nothegger, F., Das religiöse und kulturelle Wirken der Franziskaner in Deutschland, FS 54, 1972, S. 111-167; Platzek, E.-W., Das Sonnenlied des heilgen Franziskus von Assisi, FrFor 30, Werl/Westf. 2. Aufl. 1984; Powell, J., The Papacy and the Early Franciscans, FrS 36, 1976, S. 248-262; Ritter, Adolf Martin, „Gepriesen seirst du, mein Herr, für unsere Schwester, die Mutter Erde ... ".Der Sonnengesang des Franziskus im Lichte altkirchlicher und frühmittelalterlicher Tradition, in: Gerhard Rau u. a. (Hg.), Friden in der Schöpfung. Das Naturverständnis protestantischer Theologie, Gütersloh 1987, S. 92-110; Selge, Kurt-Victor, Franz von Assisi und die römische Kurie, ZThK 67, 1970, S. 129-161;Ders.,

Rechtsgesralt und Idee der frühen Gemeinschaft des Franz von Assisi, in:Erneuerung der Einen Kirche. Heinrich Bornkamm zum 65. Geburtstag, KiKonf 11, Göttingen 1966, S. 1-31; Thomson, W. R., Friars in the Cathedral. The First Franciscan Bishops 1226-1271, STPIMS 88, Toronto 1975; Töpfer, B., Eine Handschrift des Evangelium aeternum des Gerardino von Borgo San Donnino, ZfG 7, 1960, S. 156-163; Ders., Das kommende Reich des Friedens, Berlin 1964; Toussaert, Jacques, Antonius von Padua. Versuch einer kritischen Bilgraphie, Köln 1967.

## 35. 도미니쿠스회 수도사

Altaner, Berthold, Der hl. Dominikus. Untersuchungen und Texte, BSHT 2, Breslau 1922; Ders., Die Beziehungen des heiligen Dominikus zum heiligen Franziskus von Assisi, FS 9, 1922, S. 1-28; Emden, A., Dominican Confessors and Preachers licensed by Medieval Bishops, AFP 32, 1962, S. 180-210; Frank, I., Die Bettelordensstudia im Gefüge des spätmittelalterlichen Universitätswesens, Wiebaden 1988; Ders., Die Spannung zwischen Ordensleben und wissenschaftlicher Arbeit im frühen Dominikanerorden, AKuG 49, 1967, S. 164-207; Hertz, Anselm, Dominikus und die Dominikaner, Basel- Wien 1981; Hilberling, B., Das Dominikaner kloster St. Nikolaus auf der Insel in Konstanz, Sigmaringen 1969; Hinnebusch, William A., The History of the Dominican Order,2 Bde., New York 1966/1973; Ders., Poverty in the Order of Preachers, CHR 45, 1959/60, S. 436-453; Gallén, Jarl, Les voyages de S. Dominique au Danemark, Festschrift Th. Kaeppeli 1, 1978, S. 75-84; Lappin, Anthony, On the family and early years of St. Dominic of Caleruega, AFP 67, 1997, S. 5-26; Lohrum, Meinolf, Dominikus. Beter und Prediger, Mainz 1984; Moulin, L., L'organisation du Gouvernement Local et provincial dans les constitutions dominicaines, Revue internationale des sciences administratives 1955, S. 5-26; Scheeben, Heribert Christian, Prediger und Generalprediger im Dominikanerorden des 13. Jahrhunders, AFP 31, 1961, S. 112-141; Vicaire, Marie-Humbert, Geschichte des heiligen Dominikus, Bd.1:Ein Bote Gottes, Bd. 2: Inmitten der Kirche, Freiburg-Basel-Wien 1962/1963; Ders., Prouille, fut-il un couvent double?, Mémoire Dominicain (1207), Cahiers de Fanjeaux 2, Toulouse 1967, S. 163-194; Walz, Angelus, Compendium historiae Ordinis Praedicatiorum, Rom 2, Aufl. 1948;Ders., Dominikaner an der jungen Universität Basel (1460-1515, BZGAK 58-59, 1959, S. 139-154; Wehrli-Johns, Martina, Geschichte des Zürich Predigerkonvents (1230-1524). Mendikantentum zwischen Kirche, Adel und Stadt, Zürich 1980.

## 36. 이단과 종교재판(소)

Bainton, Ronald H., Religious Liberty and the Parable of the Tares, in: The Collected Papers in Church History, Vol. 1; Benad, Matthias, Domus und Religion in Montaillou. Katholische Kirche und Katharismus im Überlebenskampf der Familie des Pfarrers Petrus Clerici am Anfang des 14. Jahrhunderts, Spätmittelalter und Reformation Neue Reiche 1, Tübingen 1990; Eberhard, Winfried,

Ansätze zur Bewältigung idelologischer Pluralität im 12. Jahrhundert, HJ 105, 1985; Fearns, J. (Hg.), Ketzer und Ketzerbekämpfung im Hochmittelalter, 1968; Fichtenau, H., Ketzer und Professoren. Häresie und Vernunftglaube im Hochmittelalter, München 1992; Fried, Johannes, Wille, Freiwilligkeit und Geständnis um 1300, HJ 105, 1985, S. 388 ff.; Gorre, Renate, Die ersten Kerzer im 11. Jahrhundert: Religiöse Eiferer-Soziale Rebellen? Konstanzer Dissertationen 3, Konstanz 2. Aufl. 1985; Grundmann, Herbert, Ketzergeschichte des Mittelalters, KIG2/G1, Göttingen 1963; Hamilton, Bernard, The Medieval Inquisition, Foundations of Medieval History, New York 1981; Lambert, Malcolm, Häresie im Mittelalter. Von den Katharern bis zu den Hussiten, Darmstadt 2001; Le Roy Ladurie, Emmanuel, Montaillou. Ein Dorf vor dem Inquisitor 1294 bis 1324, Frankfurt a. M. -Berlin 1993; Lourdaux, Wilhelm und Verhelst, Daniel (Hg.), The Concept of Heresy in the Middle Ages (11th-13th Century). Mediaevalia Lovaniensia I, Ⅳ, Leuven- The Hague 1976; Leff, G., Heresy in the Later Middle Ages. The Relation of Heterodoxy to Dissent c. 1250- c. 1450, Bd. 1-2, Manchester 1967; Moore, Robert Ian, The Formation of a Persecuting Society. Power and Deviance in Western Europe 950-1250, Oxford 1987; Ders., The Birth of Popular Heresy, Toronto 1996; Mordek, H. (Hg.), Papsttum, Kirche und Recht, Tübingen 1991; Nehlsen - von Stryk, Karin, Die Krise des „ irrationalen "Beweises im Hoch- und Spätmittelalter und ihre gesellschaftlichen Implikationen, ZSRG.G 117, 2000, S. 1-38; Patschocsky, A., Zur Ketzerverfolgung Konrads von Marburg, DA 37, 1981, S. 641-693;Ders., Die Anfänge einer ständigen Inquisition in Böhmen-Ein Prager Inquisitorenhandbuch aus der ersten Hälfte des 14. Jahrhunderts, Berlin-New York 1975; Ders., Freiheit der Ketzer, in: Die abendländische Freiheit vom 10. bis zum 14. Jahrhundert, hg. von Johannes Fried, Vorträge und Forschungen. Konstanzer Arbeitskreis für Mittelalterliche Geschichte Bd. 39, Sigmaringen 1991, S. 265-286; Ders., Wie wird man Ketzer, in: Volksreligion im hohen und späten Mittelalter, hg. von Peter Dinzelbacher und Dieter R. Bauer, QFGG. N.F 13, Paderborn 1990, S. 145-162; Rub, K., Deutsche Predigtbücher des Mittelalters, in: Beiträge zur Geschichte der Predigt, hg. von H. Reinitzer, Vestigia Bibliae 3, 1981, S. 11-30; Ders., David von Augsburg und die Entstehung eines franziskanischen Schrifttums in deutscher Sprache, in: Ders., Kleine Schriften II, 1984, S. 240-274; Scharff, Thomas, Häretikerverfolgung und Schriftlichkeit. Die Wirkung der Ketzergesetze auf die oberitalienischen Kommunalstatuten im 13. Jahrhundert, Frankfurt am Main 1996; Segl, Peter, Gregor IX., die Regensburger Dominikaner und die Anfänge der „Inquisition" in Deutschland, in: Regensburg, Bayern und Europa. Festschrift für Kurt Reindel, hg. von Lothar Kolmer und Peter Segl, Regensburg 1995, S. 307-319; Ders., Ketzer in Österreich. Untersuchungen über Häresie und Inquisition im Herzogtum Österreich im 13. und beginnenden 14. Jahrhundert, Paderborn-Zürich 1984; Ders. (Hg.), Die Anfänge der Inquisition im Mittelalter, Bayreuther Historische Kolloquien 7, Köln-Weimar-Wien 1993; Selge, Kurt-Victor, Die Ketzerpolitik Friedrichs II., in: Probleme um Friedrich II., Vorträge und Forschungen 16, Sigmaringen 1974, S. 310 ff.; Sumption, Jonathan, The Albigensian Crusade, London-Boston 1978; Trusen, W., Der Inquisitionsprozeß, ZSRG.K 74, 1988, S. 168-230; Wakefield, Walter L., Heresy, Crusade and Inquisition in Southern France 1100-1250, London 1974; Werner, Ernst, Häresie und Gesellschaft im 11. Jahrhundert, SSAW.PH Bd. 117, Berlin 1975.

## 37. 카타르파

Abels, R.und Harrison E., The participation of women in Languedocian Catharism, MS 41, 1979, S. 215-251; Bejick, Urte, Die Katharerinnen. Häresieverdächtige Frauen im mittelalterlichen Süd-Frankreich, Freiburg-Basel-Wien 1993; Costen, Michael, The Cathars and the Albigensian crusade, Manchester 1997; Döllinger, Ignaz von, Beiträge zur Sektengeschichte des Mittelalters, Bd. 2: Dokumente zur Geschichte der Valdesier und Katharer, München 1890. Neudr. Darmstadt 1968; Duvernoy, Jean, Le Catharisme, Bd. 1: La Religion des Cathares, Toulouse 1976, Bd. 2: L'Histoire des Cathares, Toulouse 1979; Hamilton, B., The Cathar Council of S. Félix reconsidered, AFP 48, 1978, S. 23-53; Lambert, Malcolm, Geschichte der Katharer. Aufstieg und Fall der großen Ketzerbewegung, Darmstadt 2001; Lansing, Carol, Power and Purity. Cathar Heresy in Medieval Italy, New York 1998; Lüth, Christoph, Keck, Rudolf W., Wiersing, Erhard (Hrsg.), Der Umgang mit dem Fremden in der Vormoderne, Beiträge zur Historischen Bildungsforschung 17, Köln 1997; Müller, Daniela, Frauen vor der Inquisition. Lebensform, Glaubenszeugnis und Aburteilung der deutschen und französischen Katharerinnen, VIEG 166, Mainz 1996; Rottenwöhrer, Gerhard, Der Katharismus, 4 Bde., Bad Honnef 1982-1993; Ders., Zeichen der Satansherrschaft. Die Katharer zu Verfolgung, Mord und Strafgewalt, Beiträge zur Friedensethik 22, Stuttgart-Berlin-Köln 1996; Runciman, Steven, Häresie und Christentum. Der mittelalterliche Manichäismus, München 1988; Sanjek, François, Raynerius Sacconi. Summa de Catharis, AFP 44, 1974, S. 31-60; Schmitz-Valckenberg, Georg, Grundlehren katharischer Sekten des 13. Jahrhunderts, VGI.N.F. 11, München 1971; Stoodt, Hans Christoph, Katharismus im Untergrund. Die Reorganisation durch Petrus Auterii 1300-1310, Spätmittelalter und Reformation. Neue Reihe 5, Tübingen 1996; Lewis, Bernard und Niewöhner, Friedrich (Hg.), Religionsgespräche im Mittelalter, Wolfenbütteler Mittelalter-Studien, Bd. 4, Wiesbaden 1992.

## 38. 발도파

Aston, M., Die Waldenser. Die Geschichte einer religiösen Bewegung, München 1996; Audisio, Gabriel, Die Waldenser. Die Geschichte einer religiösen Bewegung, München 1996; Biller, Peter, The Waldenses 1170-1530 - Between a religious order and a church, Aldershot 2001; Erbstösser, M., Strukturen der Waldenser in Deutschland im 14. Jahrhundert, in: Mentalität und Gesellschaft im Mittelalter. Gedenkschrift fuer Ernst Werner, hg. von Sabine Tanz, Beiträge zur Mentalitätsgeschichte,, Bd.2, Frankfurt a.M. 1993, S. 95-106; Hammann, G., Waldenser in Ungan Siebenbügen und der Slowakei, ZOF 20, 1771, S. 428-441; Molnár, A., Die Waldenser. Geschichte und Ausmaß einer europäischen Ketzerbewegung, Freiburg-Basel-Wien 1993; Müller, Karl, Die Waldenser und ihre einzelnen Gruppen bis zum Anfang des 14. Jahrhunderts, Gotha 1886; Schneider, Martin, Europäischens Waldensertum im 13, und 14. Jahrhundert. Gemeinschaftsform-Frömmigkeit-Sozialer Hintergrund, AKG 51, Berlin-New York 1981; Selge, Kurt-Victor, Die ersten Waldenser, Bd. 1: Untersuchung und Darstellung; Bd.2: Der Liber Antiheresis des Durandus von Osca, AKG 37, Berlin 1967;Ders., Die Erforschung der mittelalterlichen Waldensergeschichte, ThR.NF33, 1968, S. 281-343;Ders., Die Armut in den nicht rechtgläubligen Bewegung des 12. Jahrhunderts, in: La povertà del secolo XII e Francesco d'Assisi, Atti del II convegno internazionale di Studi francescani, Assisi 1975, S.181-216

## 39. 후밀리아트회, 오르트리브회

Alberzoni, Maria Pia,Die Humiliaten zwischen Legende und Wirklichkeit,MIÖG 107, 1999, S.324-353; Andrews, Frances, Principium et origo ordinis: the Humiliati and their origins, in: The Church Retrospective, hg. von R.N. Swanson, Studies in Church History 33, Woodbridge 1997, S.149-161; Bolton,B.,Innocent's treatment of the Humiliati, in:D.Baker(Hg.), Popular Belief and Practice, Studies in Church History 8, Oxford 1971, S. 73-82; Ders., Sources for the Early History of the Humiliati, in:D. Baker(Hg.), The Materials, Sources and Methods of Ecclesiastical History, Studies in Church History 11, Oxford 1975, S. 125-132; Elm, Kaspar, Die Bruderschaft vom gemeinsamen Leben. Eine geistliche Lebensform zwischen Kloster und Welt, OGE 66, 1992, S.28-45; Foessel, Amalie, Die Ortlieber. Eine spiritualistische Ketzergruppe im 13. Jahrhundert, MGH.Studien und Texte 7, Hannover 1993.

중세 전성기의 서방교회
(12~13세기)

# 도입

## 중세 전성기 서방교회의 배경들

11세기 말 유럽대륙은 후대까지 지속적으로 영향을 끼치는 성장과 도약의 단계에 들어서게 되었다. 이 단계는 12세기와 13세기 동안 지속되었으며, 14세기 중엽에 비로소 정체상태에 이르게 되었다. 대변혁과 변화로 표현되는 이러한 활력은 정치적인 이유에 기인한 것이다. 카롤링거 시대의 변혁과 새로운 질서의 형성 이후 수백 년이 지난 뒤에 유럽은 그 자신 경계선 안에서 견고하게 되었다. 프랑스에서는 카페팅어(Kapetinger) 왕조(후고 카페츠(Hugo Capets) 대관식은 주후 987년)의 설립과 함께 시작되어 거의 350여 년 동안 안정화의 단계가 이어졌다. 이 단계 동안 왕국은 근대 중앙집권 체제를 갖춘 통일국가로 발전하였다. 스페인에서는 코르도바(Cordoba)의 칼리프의 몰락과 함께 이슬람권의 아랍인들이 지배하고 있던 지역의 재점령으로 11세기가 시작되었다(Reconquista). 톨레도(Toledo)의 항복(1085)으로 시작하여 그라나다(Granada)의 점령(1492)으로 끝나는 이백년 이상 진행된 이 과정으로 스페인반도는 점점 더 기독교 문화권으로 편입되었다. 그 이후 기독교 문화를 가진 스페인은 번영하여, 서부유럽과 그 동안의 단절로부터 벗어나서 개방적인 자세를 취하게 되었다. 10세기 앵글로색슨족과 바이킹 사이의 분쟁이후 1066년 노르망디의 빌헬름(Wilhelm von der Normandie)이 앵글로색슨의 왕 해롤드 2세(Harald II)에게 하스팅스(Hastings)에서 승리함으로, 섬나라 잉글랜드는 앵글노르만 왕국의 구성원으로서 스칸디나비아의 문화권에서 벗어나 대륙과 관계를 맺었을 뿐만 아니라, 교황권의 영향력이 미치는 지역으로 들어오게 되었다. 독일제국은 11세기에 때때로 일시적인 위기로 중단되기도 했지만, 지속적으로 강화되어 갔다. 잘리어족(Salier)은 이탈리아와 관련해서 지배관계를 확고히 하였고, 북부와 동부지방에서 영향력을 확대하였으며, 부르군드를 제국연합으로 편입시켰으며, 제국의 지지자로서 교회를 설립하였다. 이탈리아는 10세기에 이르기 까지 정치적으로 분산되어 있었으나, 독일왕권과 왕가간의 연합으로 유럽의 정치적 무대에 다시 등장하게 되었다. 그렇게 등장한 이들은 남부이탈리아와 시칠리아 지역의 노르만인(die Normannen)이었다. 그들은 비잔틴제국의 권력이 무너지고 난 후 새롭게 안정된 지배구조를 발전시켰으며, 로마교황을 보호하는 권력으로 성장하였다. 그로 인하여 지속적으로 도약할 수 있는 조건들이 갖추어지게 되었다. 이러한 것은 인구통계학적인 변화들에서도 나타나고 있다. 중세초기에 인구이동의 대변혁으로 주민수가 감소된 후, 11세기에는 주민 수 증가가 눈에 띄게 나타난다. 이러한 증가는 14세기 중엽에 이르러서 멈추게 되었으며, 인구수가 두 배 또는 몇몇 지역에서는 세 배로 증가하였다. 10세기부터 14세기가 시작할 때까지 유럽 여러 나라들의 각각의 지역에서 다음과 같은 수적인 변화가 나타난다. 중부유럽과 북부유럽에서(독일제국과 스칸디나비아반도에서) 주민수가 40만 명에서 1천 1백 60만 명으로 증가했으며, 잉글랜드에서 1백 30만 명에서 3백 7만 명으로, 프랑스에서는 6백 20만 명에서 1천 7백 60만 명으로, 이탈리아에서는 5백만 명에서 9백 30만 명으로, 이베리아반도에서는 7백 만 명에서 9백 만 명으로 증가하였다.[1] 이런 인구통계적인 큰 변화는 특별히 좋아진 기후조건과 관련이 있다. 12세기와 13세기 따뜻한 여름과 온화한 겨울은 그 이전 시대 기온과 차이에 있어 눈에 띄게 나은 성장조건과 삶의 조건을 제공하였다. 기후연구가들은 이 시기를 '작은 최적조건'(Kleinen Optimum)이라고 말한다.[2]

주민수의 증가는 기후의 변화와 맞물려 주기적으로 식량위기를 야기하게 되었다. 이런 사항은 비록 기후불안이 극복되었더라도 곡물가격이 뚜렷이 뛴 것에서 잘 나타난다.[3] 그밖에 자주 기근의 위기가 있었다.[4] 그로 인하여 나타난 현상은 광범위한 벌목을 통하여 새로운 삶의 공간을 개척하는 것이었다. 이것은 서부와 남부로부터 시작해서 북부와 동부를 향하여 진행되었으며, 벌목과 새로운 경작지를 얻기 위해 벌목을 하고 축대를 쌓고 배수시설을 만들어서 삼림지역과 습지대와 해안지역을 개척하였다. 10세기까지만 해도 유럽지도상에는 숲들과 습지대가 아주 많았다. 도로망은 형편없었고, 상거래는 정체되었으며, 시골의 주거지들은 바다 가운데 섬과 같은 처지였다. 강들과 산들로 인하여 민족적이고 작은 정치적인 단위의 집단이 형성될 수밖에 없었다. 보다 큰 규모로 연합하는 것은 어려웠다. 하지만 11세기 말엽에 인구증가로 인하여 북부와 서부와 중부유럽에서 광범위하게 벌목하는 시기가 시작되었다. 그리고 이것은 집중적인 내륙지역의 개척과 함께 경작지와 곡창지의 두드러진 확장을 야기하게 되었다.[5] 개척자들은 황무지를 개간하였고, 불과

---

1) 참조, J. C. Russell, F. Irsigler, Bevölkerung, LexMA 2, Sp. 13 ff.

2) 참조, R. Glaser, Klimageschichte Mitteleuropas, S. 61 f.

3) 참조, W. Abel, Agrarkrisen und Agrarkonjunktur, S. 27-30.

4) 참조, E Thoen, Hungersnöte, LexMA 5, Sp. 220 f.

5) 참조, K. Lamprecht, Wirtschaftsleben im Mittelalter I/1, S. 154 ff.

도끼로 숲을 개간하였으며, 습지와 수렁들에서 물을 빼내었으며, 축대를 쌓음으로 해안가와 강가지역을 확보하였다. 서부유럽에서는 경작지가 30%나 개선되었다고 추정한다.[6] 그로 인하여 시골지역의 모습이 변화되었다. 중세초기 사람들에게는 숲이 위협적이고 지나가기 어려운 것으로 여겨졌으나, 중세전성기에서는 그런 두려움이 사라졌고, 정리된 경작지로 인하여 숲이 사라지게 되었다. 동시에 촌락들은 밀집하여 정착하게 되었다. 개별 농장과 작은 촌락들은 보다 큰 촌락지로 성장하였다. 지금까지도 이런 큰 촌락지들의 이름 속에는 초창기 그 촌락의 역할을 가르쳐주는 단어를 포함하고 있기도 하다(Rodewald, Walsrode 등). 농촌의 확대는 유럽 전역에서 진행되었다. 독일에서는 라인강 지역이 여러 지류들과 함께 농촌지역 확대의 중심지가 되었다. 동시에 개간은 엘베 강 동쪽에서 계속 되었다.[7] 프레몽트레 수도회와 시토 수도회가 농촌 개척에 큰 역할을 감당했다.

한편 농촌경제는 '농업혁명'으로 간주할 수 있는 변화과정이 진행되었다.[8] 그래서 중세초기 우세하였던 곡초식 경작법이 곡식과 풀을 번갈아 경작하는 삼포식 경작으로 대체 되었다. 이 삼포식 경작은 규칙적인 수확뿐만 아니라 토지가 지속적으로 회복되는 것을 가능케 하였다.[9] 새로운 기술로 인하여 자연을 보다 더 잘 활용할 수 있게 되어 더 많은 곡물을 수확할 수 있게 되었다. 사륜마차는 지금까지 일상적으로 사용하던 이륜짐차보나 너 많은 것을 실어 나를 수 있게 되었다. 중세초기에 일반적으로 사용되던 갈고리는 바퀴가 날린 쟁기로 대체되었다.[10] 기술적인 발전으로 인하여 생산 활동이 진척되었다. 물레방아기술의 발달로 인한 더 나은 수력활용이 중요한 역할을 감당했다. 11세기 이래로 물레방아가 농사에서 확실히 자리 잡게 되어, 곡물을 가공할 때 그 때까지 널리 사용되던 손절구를 대체했다. 12세기 말엽에 풍력을 이용한 방아가 처음에는 영국과 벨기에의 플랑드르(Flandern)와 프랑스의 노르망디(Normandie)에서, 후에는 그 밖의 유럽 전역에서 사용

6) 참조, G. Duby, Landwirtschaft des Mittelalters, S. 111/140

7) 참조, R. Kötzschke, Quellen zur Geschichte der ostdeutschen Kolonisation, S. 6-9; H. Pirenne, Sozial- und Wirtschaftsgeschichte Europas im Mittelalter, S. 73-81.

8) F. Seibt, Glanz und Elend des Mittelalters, S. 145.

9) 참조, W. Rösener, Bauern im Mittelalter, S. 54 ff.

10) 참조, K.-R. Schultz-Klinken, Haken, Pflug und Ackerbau, S. 28-41; L. White Jr., Medieval Technology, S. 39-78; W. Abel, Geschichte der deutschen Landwirtschaft, S. 39-41.

되었다.[11] 큰 토지를 소유하고 있던 시토수도회가 농업의 기술의 발달을 가져온 장본인들이었다. 섬유산업 역시 번창하는 산업분야에 속하였다. 스페인에서는 아랍의 영향으로 이미 1000년경에 비단산업이 번창하였다. 섬유산업은 스페인으로부터 전해져서 12세기 이래로 이탈리아, 플랑드르, 로트링겐(Lotheringen)과 독일의 슈바벤(Schwaben)과 튀링겐(Thueringen)에서 크게 번성하였다.[12] 고대부터 실을 수직으로 내려놓고 작업을 하던 직조기(Gewichtswebstuhl) 대신에 실을 수평으로 놓고 작업을 하는 직조기(Trittwebstuhl)가 도입됨으로 인하여 천 생산의 여건이 현저히 향상되었다. 이전 보다 더 많은 양의 천을 짤 수 있게 되었고, 천을 둥글게 감을 수 있게 되었고, 그로 인하여 증가된 천의 수요를 감당할 수 있게 되었다. 그와 함께 직조공들이 일할 수 있는 지역이 농촌에서 도시들로 이동하게 되었으며, 가장 중요한 산업 활동의 지역이 되었다. 직조공들이 길드 조직을 형성하면서 중세 농업체제에서 벗어나게 되었다. 모직물을 축융(縮絨)할 수 있는 방아가 도입된 서북 유럽에서 모직산업이 번성하게 되었다. 그로 인하여 그 지역의 상인들은 지방정치에 큰 영향력을 행사할 수 있었을 뿐만 아니라, 십자군의 은행으로서 중요한 역할을 하였다.[13]

개방적으로 바뀐 '문화적 환경'과 변화를 위한 준비, 새로운 경제형태의 발견과 기술적 진보에 대한 관심이 경제적 번성의 원인이다.[14] 이러한 상황에서 북해와 발트해, 지중해 사이 유럽대륙을 포괄하는 '무역의 르네상스'가 이르게 되었다.[15] 이 '무역의 르네상스'는 유럽 도처에서 번영하였고 이후 수입과 수출은 국제적으로 큰 역할을 감당한 박람회들에서 가시적으로 나타났다. 중심지는 브뤼헤(Brügge), 이프르(Ypern), 릴(Lille), 토르호트(Torhout), 마지노(Messines) 등의 플랑드르 지방과 라니 쉬르 마른(Lagny-sur-Marne), 바르 쉬르 오브(Bar-sur-Aube), 프로뱅(Provins), 트루아(Troyes) 등의 샹파뉴(Champagne) 지역이었다. 그 지역에서 천과 목화가, 비단과 문직물(紋織物)이, 화장품과 의약품이, 향료와 포

11) 참조, L. White Jr., Medieval Technology, S. 80-89; D. Hägermann, Technische Innovationen im 12. Jahrhundert, in: K, Herbers, Europa an der Wende vom 11, zum 12. Jahrhundert, S. 134-142.

12) 참조, W. Endrei, Changements dans la productivité de l'industrie lanière, S. 1296 ff.; B. Tietzel, Geschichte der Webkunst, S. 88-128.

13) 참조, N. Fryde, Die Weltwirtschaft Nordwesteuropas um 1200, in: W. von Stromer, Venedig und die Weltwirtschaft um 1200, S. 70-82.

14) 참조, L. White, Cultural Climates and Technological Advance, S. 217-253.

15) 참조, H. Pirenne, Sozial- und Wirtschaftsgeschichte Europas im Mittelalter, S. 19-42, 97-103, 138-162.

도주가 교환되었다. 지중해 지역에서 장거리무역에 대한 관심이 고조되었다.[16] 이것을 위하여 모자라는 교통망이 보완되었고, 수많은 다리들이 세워졌으며, 알프스 산맥에는 기존에 있던 몽스니(Mont Cenis) 고개, 브레너(Brenner) 고개, 젭티머(Septimer) 고개, 성 베른하르트(St. Bernhard) 고개에 더하여 13세기 초에는 성 고트하트(St. Gotthard) 고개가 생기게 되었다.[17] 비잔틴 제국과 이집트와 북부아프리카에 무역식민지를 세운 이탈리아 해양도시들, 특히 베니스(Venedig), 피사(Pisa), 제노바(Genua)가 비잔틴 제국과 이슬람권 세계와의 장거리무역에서 덕을 보았다. 베니스인들과 그 동맹들이 십자군들에게 돈과 함대를 제공할 수 있었기에, 지중해에서 이탈리아의 지배권은 확고히 되었다.[18] 알프스산맥 북쪽의 유럽은 12-13세기에 마찬가지로 무역과 경제에서 번영을 누리게 되었다.[19] 북부독일의 도시인 뤼벡(Lübeck)과 함부르크(Hamburg)와 로스톡(Rostock)의 수출품은 주로 천연농축산물(곡물, 맥주, 버터, 물고기, 꿀, 버섯)과 원자재(철, 구리, 타르, 왁스, 아마, 목재) 등이었던 반면에, 수입품은 천과 향료와 포도주였다. 그로 인하여 차츰 한자동맹이 형성되었다. 한자동맹은 라인강 하류지방과 네덜란드에서부터 북부독일과 스칸디나비아 반도를 거쳐 폴란드와 러시아와 발틱해 연안지역까지 이르는 무역지역이었다.[20] 무역이 증가하게 된 중요한 동인은 돈의 사용이 점점 증가한 것이다. 당시 돈은 가치를 측정하는 도구이자 지불도구로서 국제적으로 사용될 수 있었다.[21] 동시에 현금 없이 지불하는 것과 신용으로 무역자금조달을 가능케 하는 은행이 등장하였다.[22] 그것과 연계된 이자수익 때문에 교회는 대부를 신랄하게 비판하였다. 13세기에 대규모의 경제력을 가진 영향력 있는 권력으로 성장한 성당기사단은 예외적인 현상이었다. 국제적인 화폐경제의 중심지는 무엇보다도 북부이탈리아의 무역도시들이었지만, 스페인의 바르셀로나(Barcelona)와 발렌시아

16) 참조, Winkelmann, Kirchen im Zeitalter der Kreuzzüge, S. 19 ff., 44 ff.

17) 참조, J. Riedmann, Verkehrswege, Verkehrsmittel, in: S. de Rachewiltz, Kommunikation und Mobilität, S. 61-75.

18) 참조, W. von Stromer, Venedig und die Weltwirtschaft um 1200, S. 1-9

19) 참조, R. H. Britnell, Commercialisation and economic development in England, 1000-1300, S. 7-26.

20) 참조, R. Hammel-Kiesow, Die Hanse, S. 1 ff.

21) 참조, H. Pirenne, Sozial- und wirtschaftsgeschichte Eurpas im Mittelalter, S. 17 f., 82-85, 104-137.

22) 참조, B. Kuske, Entstehung der Kreditwirtschaft und des Kapitalverkehrs, S. 48-138.

(Valencia), 프랑스의 아비뇽(Avignon), 플랑드르 지방의 브뤼헤도 역시 중심지에 속했다.[23] 화폐유통의 증가와 신용경제의 도입은 장원제와 기사계급의 위기를 초래하였다. 단지 수도회들(시토수도회처럼)과 같이 대토지 소유자들만 이 위기를 극복할 수 있었다.

도시의 삶이 새로운 공동체의 삶의 양식이 되었다. 하지만 게르만민족 이동시대에는 로마제국의 도시들이 별로 남아있지 않았다. 그 도시들은 중세초기에 사라졌고, 주민들은 도시들을 떠났고, 농촌생활방식으로 대체되었다. 주교구 도시들 역시 예외는 아니었다. 왜냐하면 그 도시는 경제적으로 완전히 농촌에 의존하고 있었기 때문이다. 옛 도시거주지들은 다시 번영하였고, 다른 도시들은 다시 세워졌다.[24] 도시적 삶이 호감을 얻게 된 것은 지방영주와 주교의 지배로부터 독립적이라는 점이었으며, 그 독립성의 가시적 상징이 바로 도시성벽이었다. 그것들은 무역의 자유와 독립적인 재판권과 도시 관료의 자립성과 시민들의 특권을 보호했다.[25] 11세기까지 도시적 거주지들은 수도원과 그리스도교 재단과 주교구 수도 주위에 자리 잡고 있었기에 자신들의 교회가 필요 없었지만, 12세기 이래로 건설된 도시들은 새로운 교회를 건축해야만 하였다. 13세기에 탁발 수도 승단들은 도시에 정착하는 것을 선호하였다. 수도승들은 순회설교와 사회적인 영향력에서 변화된 삶의 여건들과 증가하는 사회적 긴장을 고려했다. 도시적 삶의 의의가 커진 것은 청빈운동이 활발하게 된 것에 드러난다. 고대 도시들이 한 번도 쇠퇴한 적이 없었던 이탈리아에서는 비잔틴제국의 총독이 이탈리아 남부지역을 다스린 반면에, 황제는 북부지역의 도시들을 지배했고, 교황이 중부이탈리아의 도시들을 지배하는 상황이었다. 특히 북부와 중부 이탈리아에서 대개의 큰 도시들이 생겨났다. 밀라노(Mailand), 플로렌스(Florenz), 제노바, 베니스의 주민은 각각 8만 명이었다. 볼로냐(Bologna), 베로나(Verona), 브레시아(Brescia), 크레모나(Cremona), 시에나(Siena), 피사, 팔레르모(Palermo)의 주민은 4만 이상이었다. 이 도시들은 증가하는 장거리무역과 지중해무역에서 핵심적인 위치를 차지하

23) 참조, H. Kellenbenz, Geldwirtschaft, LexMA 4, Sp. 1201-1205; G. P. Massetto, Bankwesen, LexMA 1, Sp. 1410-14.

24) 참조, H. Pirenne, Sozial- und Wirtschaftsgeschichte Europas im Mittelalter, S. 43-60.

25) 참조, H. Boockmann, Freiheit und Zwang in der mittelalterlichen Stadt, in: W. Hartmann, Europas Städte zwischen Zwang und Freiheit, S. 11-23; G. Dilcher, Stadtherrschaft oder kommunale Freiheit, S. 41-65.

였다.[26] 프랑스에서는 일련의 로마제국의 도시들이 주교구의 수도(투르(Tours), 푸아티에(Poitiers), 마르세유(Marseille))로 바뀌거나, 카롤링어 왕조에서는 지방왕성(메스(Metz))으로 이용됨으로 그 가치가 유지되었다. 폭발적인 무역과 금융업의 성장으로 인하여 새로운 도시들이 만들어졌다. 기베르 드 노장(Guibert von Nogent, 1104-1124)은 이러한 정치적 독립을 위한 도시민들의 노력을 비판하였는데, 그는 도시공동체를 '새로운 사악한 명칭'이라고 불렀다.[27] 20만 이상의 주민을 가진 '중세의 거대도시'인 파리는 프랑스 도시들 가운데 예외적인 위치를 갖는다.[28] 수많은 도시들의 주민은 4만에 이르기까지 했다(예를 들면, 루앙(Rouen), 툴루즈(Toulouse), 리옹(Lyon), 몽펠리에(Montpellier), 보르도(Bordeaux), 베지에(Bezier), 랭스(Reims) 등).

12세기 이래로 영국에서는 무역지역과 해변지역, 강가지역에 시장터와 종종 도시성벽을 갖춘 도시망이 생겨났다. 이것들은 대개 대륙과 아일랜드와 스칸디나비안 반도와 무역을 하는 해안가에 인구가 밀집되었다는 것을 보여준다. 8만 명의 주민을 가진 런던이 영국 도시들 가운데 가장 컸다.[29] 플랑드르와 네덜란드에서도 11세기 이래로 수많은 도시들이 생겨났다. 시민들은 동업조합으로 서로 연결되고, 장사를 할 수 있는 권리를 얻고, 성벽으로 주거지들을 보호하여 시장과 읍면의 경제적 기반을 형성하는 박람회를 보호하였다. 영국에서 라인강 지역까지 이르는 무역루트에 자리 잡고 있는 이 도시들은 유럽의 장거리 무역에서 핵심적인 역할을 하였다.[30]

독일에서는 11세기 말엽이래로 도시건설 붐이 일어났다.[31] 이 도시들의 특별한 지위는 무역의 자유, 부역과 세금으로부터 자유, 독자적인 재판권 등 그들의 특권을 통하여

26) 참조, G. Chittolini, Stadt C. Italien, LexMA 7, Sp. 2178-2183.

27) Guibert von Nogent, De vita sua, hg. von E.-R. Labande, Lib. III, 7; 참조, H. Planitz, Kaufmannsgilde und städitsche Eidgenossenschaft, S. 35.

28) J.-P. Leguay, Stadt E. Frankreich, LexMA 7, 2188-2194. Zit. 2191.

29) 참조, D. Keene, London im Jahre 1254: eine Metropole, noch kiene Hauptstadt?, in: W. Hartmann, Europas Städte zwischen Zwang und Freiheit, S. 141-154.

30) 참조, W. Blockmans, Städtenetzwerke in den Niederlanden, in: W. Jannsen, Mitteleuropäisches Städtewesen, S. 91-104.

31) 참조, E. Reinhard, Der Wandel der oberrheinischen Kulturlandschaft durch die staufischen Stadtgründungen, in: Ders., Staufische Stadtgründungen am Oberrhein, S. 235-272.

알 수 있다.[32] 거기에 법률로서 시의회 헌법이 포함된다.[33] 대주교 영주들에 대한 여러 반란들이 도시의 자유에 대한 이념이 아주 서서히 실현되었다는 것을 보여주지만, 그 도시들은 슈타우펜(Staufer) 가문의 도움과 특권을 누렸다.[34] 프라이부르그(Freiburg I. Br.)와 브레스라우(Breslau)와 뤼벡이 그런 도시에 속한다.[35] 13세기 말에 4000개의 도시가 있었는데, 그 가운데 5천명이상의 주민이 사는 도시는 단지 약 50개 정도였다. 인구 2만 명 이상의 대도시는 슈트라스부르그(Straßburg), 울름(Ulm), 뉘른베르크(Nürnberg), 뷔르츠부르크(Würzburg), 아우크스부르크(Augsburg), 에르푸르트(Erfurt), 브라운슈바이크(Braunschweig), 뤼네부르크(Lüneburg), 브레멘(Bremen), 함부르크(Hamburg), 뤼벡, 단치히(Danzig)였다.[36] 쾰른(Köln)은 인구 4만으로 제국에서 가장 큰 도시였다. 오토 폰 프라이징(Otto von Freising)는 쾰른이 '크기와 아름다움과 부유함과 건축물로 인하여 첫 손에 꼽힌다.'고 서술했다.[37]

스페인의 상황은 아라비아인들의 이주로 인하여 유럽의 다른 지역과 달랐다. 이베리아반도의 이슬람지역에서는 로마인들이 세웠던 도시들이 발전하였다. 이미 10세기에 주민 10만 명을 가진 코르도바(Córdoba), 주민 8만 명의 세비야(Sevilla), 주민 3만 명의 톨레도(Toledo)가 그런 도시에 해당되었다. 그 밖의 대도시는 발렌시아(Valencia), 말라가(Malaga), 그라나다(Granada)가 있었다. 그 도시들에 비해서 기독교 통치자들이 다스리던 지역의 도시들은 아주 서서히 발전하였다. 인구성장과 산티아고 데 콤포스텔라(Santiage de Compostela)로 이르는 순례 길의 형성과 특히 점차 아랍의 큰 도시들을 기독교국가인 스페인으로 합병되는 재정복이 도시성장의 동인들이었다.[38]

---

32) 참조, E. Engel, Die deutsche Stadt des Mittelalters, S. 39-54.

33) 참조, G. Köbler, Entstehung des mitelalterlichen Stadtrechtes, S. 195-198; K. Schulz, Verfassungsentwicklung der deutschen Städte um die Mitte des 13. Jahrhunderts, in: W. Hartmann, Europas Städte zwischen Zwang und Freiheit, S. 43-61.

34) 참조, F. Opll, Friedrich Barbarossa, S. 248-271.

35) 참조, H. Schadek, Brüder und Kommune. Die sozial- und verfassungsgeschichte Entwicklung Freiburgs, in: H, Schadek, Freiburg 1091-1120, S. 231-267.

36) 참조, A. Ranft, Lübeck um 1250-eine Stadt im „take-off', in: W. Hartmann, Europa Städte zwischen Zwang und Freiheit, S. 169-188.

37) Ottonis episcopi Frisingensis Chronica, MGH.SS 45, Kap. VII,12; 참조, R. Laufner, Das rheinische Städtewesen, S. 27-40; M. Groten, Von der wunderbaren Größe Kölns, oder: Was war das Besondere an der Kölner Stadtverfassung des 12 Jahrhunderts?, in: W. Janssen, Mitteleuropäisches Städtewesen in Mittelalter und Frühneuzeit, S. 41-62.

38) 참조, F. Winkelmann, Kirchen im Zeitalter der Kreuzzüge, S. 49 f.

이미 서술한 이 시대의 고딕 대성당은 예술적이었다.[39] 프랑스의 역사가 조르주 뒤비(Georges Duby)는 중세전성기를 '대성당의 시대'로 간주했는데, 이는 정신적, 정치적, 공동체적 발전들이 하나의 초점처럼 대성당에 연결된다는 것을 표현한 것이다. 높이 솟아오른 교회들에 나타난 고딕양식은 단지 건축의 가능성에 혁명을 가져온 하나의 새롭고 도시적이며 건설적이며 기술적인 지식들만을 뜻하지 않는다. 고딕은 처음으로 그리스-로마의 고대로부터 직접 유래되지 않는 양식을 실현해 낸 것이다. 비록 '고딕대성당의 신학'에 대해서 언급할 수 있는지 대해 많은 논란이 있기는 하지만, 고딕양식에는 변화된 정신적인 기본태도, 새로운 하나님 이해가 포함되어 있다.[40] 대성당건축학은 무엇보다도 벽과 지주체계와 관련하여 완전함을 향한 추구가 가시적으로 드러나는 체계화로 특징 지워진다. 여기서 완전함은 – 우리가 중세 전성기 가장 탁월한 신학자인 토마스 아퀴나스의 이론에 따른다면 – 신적인 것의 모방을 의미한다.[41] 날씬한 효과를 보이도록 만드는 기둥들 덕분에 성벽이 사라지고, 공간적인 형상화로 인하여 생긴 수직성과 높이를 가리키며 꼭대기로 이어지는 둥근 천장이 강조되고, 다양한 색채로 빛을 받아들이는 커다란 유리창을 통하여 벽들이 사라졌다. 이러한 건축학적인 방법들로 세속적인 공간이 하나님의 실재로 열리게 되었다. 이것은 솔로몬 성전의 상징이 되었으며, 이 땅에 성인들의 세계를 나타나게 하는 하늘의 예루살렘의 모방이 되었다.[42] 고딕 대성당은 12세기 중엽 이래로 프랑스에서 생겼는데, 처음에는 왕실지역과 대주교구인 상스(Sens)와 랭스(Reims)에서 그 다음에는 서부와 남부지역에서 건축되었다. 그것은 도시들의 경제력과 왕권의 정치력을 의미했다. 파리의 북쪽에 있는 프랑스 왕의 대수도원 생드니(Saint Denis)가 1140/44년 처음으로 건축되었다. 대수도원장 쉬제(Suger, 1081-1151)가 이것을 예술적으로 꾸몄다. 후에 상스, 누아용(Noyon), 랑(Laon), 파리, 샤르트르(Chartres), 부르주(Bourges)의 대성당이 건축되었다. 이 새로운 건축양식은 프랑스에서부터 영국, 독일과 그 밖의 유럽으로 전해졌으며, 이 때

39) 참조, K. M. Swoboda, Die Gotik von 1150 bis 1300, S. 20-167.

40) 참조, Chr. Markschies, Gibt es eine „Theologie der gotischen Kathedrale?', S. 46-60.

41) 참조, K.-H. Kandler, Christliches Denken im Mittelalter, S. 83-94.

42) So. H. Sedlmayr, Entstehung der Kathedrale, S. 95-164

개혁종단(시토수도회)과 탁발종단(프란시스코회와 도미니코회)이 선도자 역할을 하였다.[43] 12세기 말기 이래로 독일제국 지역(마그데부르크(Magdeburg), 밤베르크(Bamberg), 나움부르크(Naumburg), 쾰른, 슈트라스부르크)과 영국(캔터베리(Canterbury), 솔스베리(Salisbury), 웨스트민스터 수도원(Westminster Abbey))과 스페인(부르고스(Burgos), 톨레도 레온(León))과 이탈리아(아시시(Assisi), 플로렌즈)에서 프랑스의 영향이 엿보이는 고딕 대성당이 건축되었다. 북부독일 지역(뤼벡, 비스마르(Wismar), 로스톡)에서는 지역적으로 특수양식인 벽돌로 고딕건물이 지어졌다.[44]

12세기의 시작을 알리는 단초는 경건과 종교성과 공동체의 삶에서 나타난다.[45] 그것은 성직자들과 평신도들, 남자와 여자, 부자와 가난한 자 등 광범위한 주민계층들에게 영향을 끼친 단초였다. 그레고리 개혁의 지지자였던 콘스탄즈의 베르놀드(Bernold von Konstanz, †1100)는 그의 놀라운 세계연대기에서 이러한 단초의 폭넓은 영향을 다음과 같이 묘사했다.

> '이 시대 독일제국에서는 공동체적인 삶이 여러 지역에서 활짝 꽃피웠다. 그것은 수도원적인 공동의 삶을 영위해 나가는 성직자와 수도승들에게서만 아니라, 자신의 소유를 공동체적인 삶을 위해 제공하는 평신도들에게서도 활짝 꽃피웠다. 평신도들은 비록 의복이 성직자들과 수도승과 달랐을 뿐 흔히 생각하는 것처럼 종교적인 성취 면에서는 그들과 같았다. 그들은 스스로 하나님을 위하여 섬기는 자가 되었다. 그리고 섬김을 받는 자가 되기 위해서가 아니라 섬기기 위하여 왔으며 자신의 제자들에게 섬김을 통하여 높은 종교적인 경지에 다다를 것을 가르친 그 분을 따르려고 했다. 그들은 세계를 거부하고 자신들의 재산을 가지고 규칙을 따라 사는 세속성직자들과 수도승들의 공동체에 동조하였다. 그것은 이러한 공동체를 따르면서 그들을 섬길 수 있기 때문이었다. ... 이 시대에 수많은 남자들뿐

43) 참조, G. Binding, Was sit Gotik?, S. 35-52; K.-M. Swoboda, Die Gotik von 1150 bis 1300, S. 168-225.

44) 참조, den Katalog zur Ausstellung „Gebrannte Größe – Wege zur Backsteingotik' (2002).

45) 참조, A. Haverkamp, Leben in Gemeinschaften, in: G. Wieland, Aufbruch – Wandel – Erneuerung, S. 11-14.

만 아니라 여자들도 이러한 삶의 변화에 동조했다. 그들은 성직자들과 수도승들에게 복종하며 살면서 하녀처럼 매일의 과제를 철저히 경건하게 실천했다. 촌락들에서는 많은 농부의 딸들이 결혼과 세계를 거부하고 사제의 지도에 따라 사는 것을 시도했다. 그리고 결혼하였음에도 불구하고 결혼한 사람들도 경건하게 살면서 큰 존경심을 가지고 수도승들에게 복종하기 위해 부지런히 노력했다.'[46]

12-13세기에 그 밖의 은수자회와 순회설교가들, 수도원개혁가들과 교회비판가들이 앞에서 소개한 단초를 따랐다. 12세기 초엽의 종교적 단초는 중세초기에 형성된 성직자와 평신도, 남자와 여자, 부자와 가난한 자 사이의 종교적 삶의 경계를 뛰어넘는 단초라는 특징을 가지고 있다. 콘스탄즈의 베르놀드의 보도는 총체적으로 새로운 지평선의 개방이라는 중세 전성기의 특징을 말해준다.

경건성의 강렬함이라는 표현은 12세기에 순례자들의 왕래가 '대중의 진짜 움직임'으로 발전하였다는 사실을 나타내고 있다.[47] 이제 '순례하는 백성들'은 일상적인 현상이 되었다.[48] 장거리 무역에서 나타나고 있는 증가하는 사람들의 유동성은 중세적 세계의 커다란 변화를 드러내고 있다. 그동안 출신지와 씨족 간의 연결이라는 작은 공간이 중요했다면, 이제는 다른 이들, 즉 낯선 이들을 발견하기 시작했다.[49] 이것은 '먼 곳에 대한 끌림' 즉 동양에 대한 매혹이다. 이 매혹은 서양을 향해 영향을 끼쳐서 이 매혹에 기인하여 성인들을 찾고자 사람들이 나그네가 되었다.[50] 특히 예루살렘, 베들레헴, 나사렛과 같이 그전까지 예수 그리스도의 삶과 죽음을 통하여 거룩하게 된 팔레스틴의 지역들이 먼저 로마의 입장에서, 그 다음으로 산티아고 콤포스텔라의 입장에서 서방의 목적지가 되었다.[51] 십자군전쟁은 이러한 성지순례의 경건성에서 현격한 위치를 차지했으며 첨예화된 한 형

46) Annales et chronica aevi Salici, MGH.SS 5, S. 452 f.; Deutsche Geschichte in Quellen Bd. 1, Nr. 70, S. 317 f.

47) L. Schmugge, Anfaenge des organisierten Pilgerverkehrs, S. 8; 참조, S. von Rachenwiltz, Kommunikation und Mobilitaet, S. 61 ff., 97 ff.

48) 참조, M.-L. Favreau-Lilie, Civis peregrinus. Soziale und rechtliche Aspekte der buergerlichen Wallfahrt, S. 321-350.

49) 참조, Th. Szabó, Veraenderung des Reisens – Wandel der Welt: ein Prozess wechseltiger Beziehungen, S. 38-65.

50) 참조, H. Brall, Vom Reiz und Ferne, S. 45-61.

51) 참조, L. Schmugge, Jerusalem, Rom und Satiago – Fernpilgerziele im Mittelalter. S. 11-34.

태였다. 그밖에 성지순례를 위한 동기들은 인구성장과 주기적으로 발생하는 기근위기들과 전염병과 재난들이었다. 성지순례의 종교적 동기들도 언급될 수 있다. 성인숭배와 사도적 청빈을 위한 추구가 그 동기들이다. 교회는 고해성사교리에 대한 교육으로 성지순례를 고려하였다. 고해성사교리에서는 사죄선언을 통하여 용서되는 죄와 선행을 통하여 상쇄될 수 있는 형벌 사이를 구별하였다. 10세기 이래로 로마로 순례를 하는 이들에게 주어졌던 면죄부가 이러한 경건성에 더 넓은 적용범위를 확장시켰다. 이 성지순례의 경건성이 활짝 꽃핀 것은 커다란 성지순례 루트를 따라 형성된 숙박업소와 병원들의 조밀한 조직망이다. 로마와 산티아고 데 콤포스텔라의 변경된 건축정책과 하부구조에서도 역시 순례자들의 왕래가 비약적으로 발전했다는 것이 드러난다.[52] 참배자들과 성지순례자들을 돌보는 일은 이런 목적을 위해 건립된 수도회가 맡았다. 12세기는 '병원설립의 황금기'였다.[53] 평신도형제단인 안토니오 수도회가 가장 오래된 수도회에 속한다. 이 수도회는 12세기로 넘어오는 시기에 프랑스 남부지역의 성 안토니오(도피네, Dauphiné)에서 설립되었다. 그곳의 병원에서 시작하여 유럽전역에 영향을 끼친 형제단으로 급격히 발전하였으며, 여성들도 가입하였다.[54] 순례안내책자들 역시 성지순례의 경건성이 활짝 꽃핀 증거이다. 그 저자들은 그 책자들에서 자신들의 기억들만 기록한 것이 아니라, 관람한 것에 대한 종교적인 의미를 부여하였고 동시에 추구하는 목표에 이르는 방법을 가르쳐주었다. 이러한 책들로 아이슬란드의 수도원장 니콜라우스 폰 문카트베라(Nikolaus von Munkathvera)가 쓴 순례일기와 뷔르츠부르크 폰 요한(Wuerzburg von Johann)이 쓴『거룩한 땅에 대한 기술』(Descriptio terrae sanctae)이 있다.[55] 산티아고 데 콤포스텔라로 가는 순례여행을 위한 안내책자가 널리 유포되었는데, 이것은 1139년 이후 '사도 야고보의 무덤으로 순례여행을 위한 광고와 정보지로'[56] 저술된 것이다. 1106/1108년에 예루살렘으로 순례여행을 다녀온 서부러시아의 체리고브(Cernigov) 출신인 다닐(Daniil) 수도원장이 러시아의 예루살렘 여

52) 참조, K. Herbers, Stadt und Pilger, in: F.-H. Hye, Stadt und Kirche, S. 199-238.

53) L. Schmugge, Anfaenge des organisierten Pilgerverkehrs, S. 54.

54) 참조, A. Mischlewski, Geschichte des Antoniterordens, S. 17-47.

55) 참조, G. Tellenbach, Fruehgeschichte abendlaendischer Reise beschreibungen, S. 41-80.

56) L. Schmugge, Anfaenge des organisierten Pilgerverkehrs, S. 69.

행자들을 위한 안내서를 썼다. 그 책은 여행루트와 다닐에게 구원사적으로 의미 있는 장소들에 대한 묘사로 시작하여, 팔레스틴과 갈릴리의 거룩한 지역들에 관심을 기울였다가 주님의 무덤에서 성금요일의 빛의 기적에 대한 묘사로 끝을 맺는다.[57)]

앞에서 언급한 견해들에서 포괄적인 대변혁의 과정이 파악된다. 확고히 굳어진 국가질서의 배경에서 시작된 유럽의 팽창, 인구증가로 인하여 필연적으로 야기되어진 새로운 땅의 개발, 동부지역으로 밀고 들어가는 식민화의 움직임, 원거리무역의 비약적인 발전, 시장들의 건립과 박람회의 개최와 자본경제의 도입, 도시적 삶의 탄생, 대학들의 설립과 학문들의 비약적인 발전, 순례여행과 십자군전쟁으로 인하여 낯선 문화와 종교의 만남. 이 모든 것은 교회와 수도제도에 영향을 끼치며 사람들이 새로운 형태의 경건성을 추구하게 만드는 깊은 변화들을 야기했다.

57) 참조, K.-D. Seemann, Altrussische Wallfahrtsliteratur, S. 173-198.

중세 전성기의 서방교회
(12~13세기)

# 제1장

## 제1차 십자군 전쟁에서부터 베르나르 드 클레르보(Bernhard von Clairvaux)의 죽음까지

## A 헤게모니를 잡기 위해 다투는 제국과 교황청

### 1. 보름스 종교협약

12세기 초엽 제국과 교황청의 관계는 두 개의 동등하게 강한 세력이 대립하고 있는 모습이었다. 독일제국은 지속적으로 강화되는 단계를 거쳤는데, 이는 정치적 구조 속으로 편입하는 제국교회와 능동적인 이탈리아정치 속에서 보여진다.[1] 1103년 황제가 국가의 평화유지를 선언한 것에서 드러나는 것처럼 평화적인 질서의 추구는 새롭게 갱신된 지배권요구를 의미하였다.[2] 그레고리 7세(Gregor VII., 1073-1085)의 지도 아래 성직자에 의한 지배를 바라는 교황청의 프로그램을 제시한 로마교회는 적지 않게 권력욕에 사로잡혀 있었다.[3] 동시에 교황 주위에 모인 추기경들이 중요한 역할을 하는 교황청의 지배라는 새로운 형식이 등장했다.[4] 그 결과는 널리 알려진 논쟁이었다. 그 논쟁에서 황제의 진영에서(비도 폰 페라라(Wido von Ferrara), 벤초 폰 알바(Benzo von Alba) 등) 로마법과 관련하여 황제가 하나님과 직접적인 관계에 있다는 것으로부터 황제의 우위권을 도출해낸 반면에, 교황의 진영은(브루노 폰 세니(Bruno von Segni), 안셀모 폰 루카(Anselm von Lucca), 보니초 폰 스투리(Bonizo von Sturi) 등) 사제직 권세의 우위권을 확고히 붙잡았다.[5] 결정적인 문제는 평신도서임의 문제였다. 즉, 성직자가 아닌 사람이 성직자의 임명(서임)에 어디까지 권한을 행사할 수 있는가 하는 문제였다. 이 문제는 왕이 직접 통치하는 핵심지역에 영향력을 행사하는 것과 맞닥뜨릴 때, 제국의 관점에서 볼 때 점점 더 중요하였다. 주교와 수도원장들은 왕으로부터 통치권을 가진 관직을 받았고 그 때문에, 왕에 대한 특별한 신뢰관계에 서게 되었다. 파스칼리스 2세(Paschalis II., 1099-1118)는 이것을 사도행전 8장 9-25절과 연관 지어 성직매매로 간주하고 평신도서임을 반대했다.[6] 1111년 초에 개최된 하인리히 5세

---

1) 참조, E. Voltmer, Deutsche Herrscher in Italien, in: S. de Rachewiltz, Kommunikation und Mobilität, S. 15-26.

2) Constitutiones et acta publica imperatorum et regnum, MGH.Const. 1, S. 125 f.; 번역: Deutsche Geschichte in Quellen, Bd. 1, S. 321 f.; 참조, W. Hartmann, Investiturstreit, S. 1-44.

3) 참조, G. Haendler, Reichskirche Ottos I., S. 150 ff.; R. Foreville, Lateran I-IV, S. 29-55, J. Haller. Papsttum Bd. 3, S. 1-25.

4) 참조, J. Laudage, rom und das Pasttum im frühen 12. Jahrhundert, in: K. Herbers, Europa an der Wende vom 11. zum 12. Jahrhundert, S. 23-53.

5) 참조, C. Mirbt, Publizistik im Zeitalter Gregors VII, S. 504-542; T. Struve, Die Salier und das römische Recht, S. 1 ff.

6) H. Denzinger, Enchiridion, Nr. 704, 705, 707; 참조, C. Servatius, Paschalis II. (1099-1118), S. 146-198, 252-296.

(Heirich V, 1106-1125)의 대관식을 기회로 두 적수들은 타협을 통하여 해결책을 찾는데 성공하였다. 그 해결책에서 왕은 서임권을 포기하는 반면에, 주교들은 제국으로부터 얻은 통치권(국왕의 특권)을 돌려주었다.[7] 하지만 독일 주교들은 이 협의에 동의하기를 거절하였다. 그러한 이유로 하인리히 5세는 재차 서임권을 요구했고, 파스칼리스 2세가 대관식을 거부했을 때 그를 붙잡고 새로운 협약("특권"(Privilegium))을 강요했다. 그 협약은 독일 왕에게 다음과 같은 것을 승낙하는 것이었다.

> '당신은 권력이나 성직매매 없이 자유롭게 선출된 당신의 왕국 안에 있는 주교와 수도원장들에게 지팡이와 반지를 줌으로 그들을 임명할 수 있다. 서임 후에 그들은 교회법에 맞게 법적으로 소속된 주교로부터 서품을 받아야 한다. 그러나 누군가가 당신의 허락없이 성직자와 백성들에 의하여 선출되고, 만약 그가 당신으로부터 서임을 받지 않았다면, 그는 누구로부터도 서품을 받을 수 없다.'[8]

후에 파스칼리스 2세는 협약을 지독하게 치욕적인『잘못된 법』(Pravilegium)[9]이라고 하면서 수용하지 않았다. 베네딕트수녀원장이며 교황청의 관심사에 대한 투쟁적인 옹호자인 고트프루아 드 방돔(Gottfried von Vendôme, †1132)은 평신도서임을 이단으로 비판하였다.[10] 하지만 처음에는 하인리히 5세가 우세하였다. 그는 실제로는 교황청에게 상속된 후작부인 마틸데(Mathilde)의 유산을 확보하였고, 죽은 파스칼리스 2세의 후계자인 겔라시우스 2세(Gelasius, 1118-1119)에 대항하여 그레고리우스 8세(Gregor VIII., 1118-1121)을 대항 교황으로 세웠다.

칼릭스트 2세(Calixt II., 119-1124)의 지배아래에서 비로소 교황청은 자신의 위치를 확

---

7) Diplom Heinrichs V. und Privileg Paschalis' II., vom 12. Februar 1111, in: Constitutiones et acta publica, MGH.Const. 1, S. 140-142; 번역: Deutsche Geschichte in Quellen Bd. 1, S. 327-331.

8) Constitutiones et acta publica, MGH.Const. 1, S. 144 f.

9) 동시대의 서술들: a) Helmoldi Cronica Slavorum, MGH.SS rer. Germ. 18, Lib. I, Cap. 39, S. 78, Z. 10; Helmolds Chronik der Slaven, GDV 8, S. 95/96; b) Cronica Sancti Petri Erfordensis, MGH.SS rer. Germ. 42, S. 150, Z. 37-160,20; Chronik von St. Peter, GDV 52, S. 4/5; c) Annales Magdeburgenses, MGH.SS rer. Germ. 16, S. 181, 52-182,6; Jahrbücher von Magdeburg, GDV 63, S. 64-66. d) Annales Hildesheimenses, MGH.SS rer. Germ. 8, S. 61, Z. 31-62,36; Jahrbücher von Hildesheim, S. 88/89. 참조, CServatius, Paschalis II, (1099-1118), S. 214-252.

10) Gottfried von Vendôme, Opuscula 2, PL 157, S. 214-216. 참조, C. Mirbt, Publizistik im Zeitalter Gregors VII., S. 76 f., 529 f.

고히 세우는 데 성공할 수 있었다. 1119년 10월에 랭스에서 공의회로 모였다. 프랑스와 독일과 이탈리아와 영국에서 주교들이 모여 평신도가 주교와 수도원장에게 베푸는 서임을 금지한다고 공포하였다.[11)] 하인리히 5세는 교황의 경고를 받았다.

> '너는 너의 기사들의 도움을 신뢰하지만, 교회는 교회를 자신의 피로 값을 치르고 사신 만왕의 왕을 보호자로 모시고 있다. 교회는 또한 거룩한 사도 베드로와 바울을 주와 수호성인으로 모시고 있다. 너의 직분에 속하지 않는 것에서 손을 떼라! 그러면 너는 너 자신의 것을 위엄있게 관리할 수 있을 것이다.'[12)]

1122년에 하인리히 5세와 교황의 사절단이『보름스 종교협약』(Wormser Konkordat)을 체결했다. 그 협약에서는 주교와 수도원장의 선출은 자유롭게 하되, 왕이나 그의 대변자가 참석하는 가운데 진행되도록 했다.[13)] 왕은 반지와 지팡이를 주는 서임을 포기하는 대신에, 사제서품 전에 왕권과 봉신의 의무를 나타내는 상징과 왕의 홀을 수여하는 권리를 얻게 되었다. 협약은『제국법』(Heinricianum)[14)]과『교회법』(Calixtinum)으로 공포되었다.[15)] 양 진영이 스스로 승리자로 인식했는데, 이것은 협약의 절충적인 성격을 잘 드러내는 것이다.[16)]

유럽의 이웃나라들과 비교해 볼 때, 독일 상황의 특수성이 잘 드러난다. 프랑스에서도 역시 필립 1세(Philipp I., 1060-1108)의 통치 아래에서 로마와 긴장이 발생했지만, 여기에서는 독일과 비교될 수 있는 상징적인 적대적 입장이 생성되지 않았다.[17)] 그 시대 중요한 교회법학자였던 이브 주교(Ivo von Chartres, †1116)는 서임금지를 완고하게 주장하지 않는

---

11) 참조, R. Foreville, Lateran I-IV, S. 42-55.

12) Calixt II, Brief an Heinrich V. vom 19. Febr. 1122, in: R. Foreville, Lateran I-IV, S. 203-205.

13) 참조, G. Tellenbach, Die westliche Kirche, S. 208-225; B. Schilling, Guido von Vienne – Papst Calixt II., S. 500-546.

14) Constitutiones et acta publica, MGH.Const. 1, S. 159 f. 번역: Deutsche Geschichte in Quellen, Bd. 1, S. 333 f.

15) C. Mirbt, Quellen zur Geschichte des Papsttums, Nr.571, S. 296-297. 참조, F. Winkelmann, Kirchen im Zeitalter der Kreuzzüge, S. 76 f.

16) 동시대의 서술들: a) Cronica Sancti Petri Erfordensis, MGH.SS rer. Germ. 42, S. 163, Z. 19-26; Chronik von St. Peter, GDV 52, S. 9; b) Annales Magdeburgenses, MGH.SS rer. Germ. 16, S. 182,48-51; Jahrbücher von Magdeburg, GDV 63, S. 69; c) Annales Hildesheimenses, MGH.SS rer. Germ. 8, S. 65, Z. 33-66,8; Jahrbücher von Hildesheim, S. 94 f.

17) 참조, A. Becker, Studien zum Investiturproblem in Frankreich, S. 99-104, 134-138, 143-151.

것을 옹호했다. 왜냐하면 이것은 하나님의 계명이 아니라, 단지 인간의 승낙에 관한 것이라고 보았기 때문이었다. 빌헬름 드 노르망디(Wilhelm von der Normandie, 1066 - 1087)이래로 영국은 교황청과 특별한 관계를 가지고 있었다. 이미 1066년 섬(잉글랜드 - 역자 주)의 정복은 베드로의 군기(Petrusbanner)를 전달한 알렉산더 2세(Alexander II., 1061-1073)를 통하여 교황청의 기업 가운데 중요한 위치로 격상되었다. 어쨌든 빌헬름은 영국이 교황청의 봉토로 인정하는 것을 거부하고, 서임권 문제에서 다루어지지 않도록 했다. 1107년의 『런던협약』(Londoner Konkordat)은 교회의 서품 전에 봉신의 서약이 시행된 것을 확인해준다.[18]

## 2. 제1차 라테란공의회

칼릭스트 2세는 보름스 협약의 체결을 로마의 라테란예배당으로 공의회를 소집하는 기회로 삼았다. 예전의 황제 궁이 교황청의 자의식을 위한 인상적인 데모의 장소가 되었다. 이곳에서 이후 12, 13세기의 3번의 공의회가 연이어 개최되었다. 1123년 초순에 독일, 프랑스, 이탈리아, 스페인과 영국으로부터 온 300명 이상의 주교들과 수많은 수도원장 그리고 주교좌성당 참사회 대표들이 로마에 모였다. 이것은 서방 그리스도교의 대표적 특징이었다.[19] 공의회의 결과들은 시대상황을 반영하고 있다.[20]

이것은 왕의 평화유지명령(Treuga)과 교회가 명령한 휴전(Gottesfrieden)과 공공의 도로 상에서 안전에 대한 이전의 결정을 새롭게 하고 재확인하였다(15항). 로마로 가는 순례와 다른 순례자들의 보호를 약속하였다(14항). 동시에 십자군면죄부가 선포되었으며, 십자군에 종군하는 자의 소유를 로마교회가 보호할 것으로 공포하였다(10항). 주교들의 교회법적인 권위가 강화되었는데, 수도사에 대한 그들의 권위도 역시 강화되었다. 수도사들은 교회의 교사와 목자로서 주교들에게 복종해야 했다(2항; 4항; 16항). 평신도서임과 사

18) 참조, N. F. Cantor, Church, Kingship and Lay Investiture, S. 1 ff.

19) 참조, R. Foreville, Lateran I-IV, S. 63-91.

20) Conciliorum Oecumenicorum Decreta Bd. 2, S. 187-194; H. Denzinger, Enchiridion Nr. 710-712.

제의 결혼을 금지하는 그레고리식의 개혁요구가 상기되었다(1항; 3항; 7항). 교회 안에서 평신도의 권한이 제한되었다(8항; 12항). 하지만 보름스 협약을 공포할 때, 몇몇 사람들에게는 국왕에 대한 양보가 충분하지 않은 것으로 인식되어 항의가 일어났다. 그 당시 선구자적 수도원개혁가인 게르호 폰 라이허스베르크(Gerhoh von Reichersberg, 1092/93-1169)는 칼릭스트 2세가 단지 '그러한 규정들은 평화를 위하여 시인할 수 없지만, 참을 만하다'[21]는 논거로 비판가들을 설득할 수 있었다고 기록하고 있다.

보름스 협약으로 제국과 교황청 사이의 관계에 확고한 기반이 놓여졌다. 어쨌든 1125년 자녀없이 죽은 하인리히 5세의 사후에 후계자에 대한 논쟁이 전개되었다. 하인리히 5세의 조카로서 왕위계승자로 태어난 슈타우펜 왕가 프리드리히 폰 슈바펜(Friedrich von Schwaben, 1090-1147)는 잘리어 왕가 로타 3세 폰 주플링엔부르크(Sailer Lothar III. von Supplingenburg)에게 패배했다.[22] 슈타우펜 왕가의 관점에서 볼 때, 선거는 교황청이 개입된 음험한 모략의 결과물이었다.[23] 잘리어 왕가의 로타 3세의 선출은 교회에 대한 그의 수락으로 승인되었다.[24] 하지만 독일왕권을 둘러싼 갈등은 1133년 인노켄티우스 2세(Innozenz II.)로부터 황제로 세움을 받은 잘리어가 승리함으로 완전히 끝나지 않았다. 슈타우펜 왕가가 자신들의 통치권을 요구하는 격렬한 논쟁들이 1138년 슈타우펜 왕가의 콘라드 3세가 왕권을 잡을 때까지 계속 이어졌다.[25]

### 3. 교황청의 분열

교황청의 분열의 어두운 그림자가 1140년대를 뒤덮었다. 교황청 분열의 원인은 두 로마가문, 프랑기파니 가문(Frangipani)과 피에르레오니 가문(Pierleoni)의 대립이었다.[26] 호

21) Gerhoh von Reichersberg, Libellus de ordine donorum Sancti Spiritus, MGH.LL 3, S. 280, 5-7.

22) 참조, H. Kelller, Zwischen regionaler Begrenzung und universalem Horizont, S. 198 ff.

23) 참조, Annales Stadenses, MGH.SS 16, S. 322,16-34; Chronik des Albert von Stade, GDV 72, S. 16.

24) 참조, Historiae aevi Salici, MGH.SS 12, S. 510-512; Deutsche Geschichte in Quellen Bd. 1, S. 340-344.

25) Annales Magdeburgenses, MGH.SS rer. Germ. 16, S. 184, 22-39; Jahrbücher von Magdeburg, GDV 63, S. 74 f.; Cronica Sancti Petri Erfordensis, MGH.SS rer. Germ. 42, S. 169, Z. 13-21; Chronik von St. Peter. GDV 52, S.18; 참조, H. Keller, Zwischen regionaler Begrenzung und universalem Horizont, S. 203 ff.

26) 참조, R. Foreville, Lateran I-IV, S. 92 ff.; J. Haller, Papsttum Bd. 3, S. 31-59.

노리우스 2세(Honorius II., 1124-1130)가 1130년 2월 13일에서 14일로 넘어가는 밤에 죽었을 때, 프랑기파니 가문의 지지자들은 추기경들의 지도 아래 주도권을 잡고 겨우 몇 시간 만에 추기경의 부제인 성 앙겔로의 그레고리(Gregor von Sant' Angelo)를 후계자로 선출하였다. 그레고리는 인노켄티우스 2세(Innozenz II., 1130-1143)라는 이름을 취했다. 그 외의 추기경들이 다음 날 아침에 그 소식을 듣자, 그들은 새로운 선거과정을 진행하여 피에트로 폰 피에르레오니(Petrus von Pierleoni) 추기경을 교황으로 선출했다. 피에트로 추기경은 아나클레트 2세(Anaklet 2세, 1130-1138)라는 이름을 취했다. 양쪽 선거는 모두 논란의 여지가 있다. 첫 번째 선거는 은밀히 개최되어 교회법에서 3일간의 공석을 의무화한 것을 무시했기에 규정에 어긋나는 것이다. 두 번째는(첫 번째에 - 역자 주) 대항하여 치러진 선거였다는 오점이 있다. 인노켄티우스 2세는 개혁종단 출신의 성직자들의 지지를 받았다. 아나클레트 2세는 보수적인 추기경들과 로마시 귀족들의 후원을 받았다. 교황청분열은 유럽을 두동강나게 했다. 프랑스왕 루트비히 6세(Ludwig VI.)가 1130년 10월에 일련의 유명한 베네딕트회 수도사들이 인노켄티우스를 옹호하고 있는 에타프(Étampes)로 교회회의를 소집했다. 일레 드 프랑스(Île de France)에 있는 왕립수도원장 쉬제르 드 생-드니(Suger von Saint Denis)와 클뤼니의 수도원장 피에르 베네라빌리스(Petrus Venerabilis)가 그에 속하였다. 노르베르트 폰 크산텐(Norbert von Xanten)과 마찬가지로 브루노 폰 쾰른(Bruno von Köln) 주위의 카르투지오 수도회의 수도사들이 가담하였다. 무엇보다도 베르나르 드 클레르보(Bernhard von Clairvaux)가 있었는데, 그는 인노켄티우스의 교황임기를 관철시키는 것을 옹호하였다. 베르나르 드 클레르보에게 이것은 종말론적인 측면의 논쟁이었다.

> '보라, 주님의 기름부음받은 자, 인노켄티우스는 많은 이들의 몰락과 소생을 위하여 세워졌다. 왜냐하면 그것은 하나님께 속한 것이고 그와 함께 나타나기 때문이다. 그 반대편에 서는 자는 적그리스도이거나 그의 친구이다.'[27]

교황청분열은 교황권에 대한 교리를 더 발전시키는 동인이 되었다. 인노켄티우스가

27) Bernhard von Clairvaux, Ep. 124,1; Sämtliche Werke Bd. 2, S. 850-853.

피난해 있는 피사로 보내는 편지에서 베르나르는 다음과 같이 썼다.

> '피사가 로마의 자리를 대신한다. 이는 땅 위의 모든 도시들 가운데서 사도직의 자리가 있는 영예로운 지역으로 선출되었다. 이것은 우연이나 인간적인 결정에 의해서 된 것이 아니라, 신의 섭리와 자신을 사랑하는 이를 사랑하는 하나님의 자비로운 은혜를 통하여 일어났다.'[28]

이것으로 교황은 로마에 매여 있는 것이 아니라 교황에 머무는 곳이 바로 로마라는 사상에 대한 기초가 놓였다. 밀라노의 성직자들에게 보낸 편지에서 베르나르는 교황직의 권위에 대한 고찰을 발전시켰다.

> '특별한 권리를 통하여 교황직에 지구상의 모든 교회에 대한 충만한 권세(plentiudo potestatis)가 주어졌다. 이 권세를 거스르는 자는 하나님의 질서를 거스르는 것이다. 이 권세는 유익한 것이라고 간주할 때, 이제까지 없었던 곳에 새로운 주교구를 세울 수 있다. 이 권세는 자기 마음대로 기존에 있던 것을 낮추거나 높일 수 있다. 그러므로 이 권세는 필요하다고 여겨 주교들을 대주교로 임명하거나 그 반대로 할 권한을 가지고 있다. 이 권세는 교회의 성직자들의 지위를 더 높일 수 있으며, 이 세상의 경계로부터 불러내어 자신의 재판석에 세울 수 있다.'[29]

이런 진술로 베르나르는 슈타우펜 왕가와 논쟁을 벌일 근거를 마련하였다. 그는 교황청분열의 시기에 '교회에서 가장 중요한 인물 중에 하나가 되었다.'[30] 비록 그는 자신이 금욕적 삶의 이상과 동떨어져 있다고 비탄해 했지만,[31] 그는 항상 수도원과 주교들과 교황

28) Bernhard von Clairvaux, Ep. 130; Sämtliche Werke Bd. 2, S. 890 f.

29) Bernhard von Clairvaux, Ep. 131,2; Sämtliche Werke Bd. 2, S. 892-895.

30) J. Miethke, Die Anfänge des Zisterzienserordens, in: Die Zisterzienser, S. 52.

31) '나는 비참하며, 가난하고 벌거벗었으며, 고난으로 태어난 자이며, 거의 항상 둥지에서 떨어져있는 깃털이 없는 작은 새이며, 바람과 소용돌이에 휩쓸리며, 술에 취한 자처럼 이리저리 휘청거리고 있다. 내 양심은 완전히 거기에 갈려 있다.' (Ep. 12, Sämtliche Werke Bd. 2, S. 362)

청 사이에서 주교를 선출할 때와 주교구 안에서 그리고 교회와 평신도 사이에서 발생하는 논쟁에 개입하였고, 교황청의 중재자 역할을 하였다.[32)]

### 4. 제2차 라테란공의회

짧은 기간동안 아나클레트 2세의 후계자였던 빅토르 4세(Viktor IV.)가 자진하여 직분을 포기함으로 1138년 겨울에 교황청분열은 끝났다. 인노켄티우스 2세는 그것을 로마에서 주교회의를 소집하는 계기로 삼았다. 1139년 4월에 안티오케이아의 총주교를 포함하여 약 500명의 주교들과 수도원장들이 라테란예배당에서 개최되는 2차 공의회에 모였다.[33)] 개회식에서 인노켄티우스는 자신있게 다음과 같이 말했다.

> "로마는 세계의 머리이다. 그리고 로마교황에 의하여 가장 고귀한 교회 직분들이 봉신의 권리의 유형에 따라 수여되며, 그의 승인 없이 아무도 그것을 얻을 수 없다."[34)]

그래서 그는 교황청분열에 가담한 주교들을 면직시키고, 그들에게서 주교의 권장(權杖)과 주교의 목도리와 반지를 빼앗았다. 이것은 공의회가 명확히 언급하는 조치였다(30항). 결정된 것의 많은 부분들은 그레고리적인 정신이 담겨진 개혁의도를 가지고 다루어졌다.[35)] 성직매매로 간주되는 매관 매직행위는 정죄되었다(1-3항). 평신도서임은 모든 계급에서 금지되었으며, 그 밖에 평신도들은 그들의 소유지에 있는 교회를 주교들에게 돌려줄 것을 요구받았다(10항; 25항). 교회의 직원들과 승단의 고위직들 사이에 절제규정과 하나님의 뜻에 합당한 순결이 널리 퍼지도록 하기 위하여(6항; 7항) 성직자와 수도사들에게는 독신제의 준수가 촉구되었다. 사제들의 자녀들은 '거룩한 제단의 직무'에서 제외되었

---

32) 참조, S. Teubner-Schöbel, Bernhard von Clairvaux als Vermittler an der Kurie, S. 31 ff., 141 ff., 255 ff., 302 ff.

33) 참조, R. Foreville, Lateran I-IV, S. 92-119; K. Schatz, Allgemeine Konzilien. S. 105/106.

34) Ansprache Innozenz' III. vom 3. April 1139, in: R. Foreville, Lateran I-IV, S. 217-219.

35) Conciliorum Oecumenicorum Decreta Bd. 2, S. 195-203; Auszüge: H. Denzinger, Enchiridion, Nr. 715-718.

고, 수도원으로 보내져서 결코 교회의 직분과 성직록의 상속자가 되지 못하게 하였다(16항; 21항). 사망한 주교의 재산은 교회의 특별한 보호 아래 머무르게 되었다(5항). 성직자들에게는 직무상의 행위를 위해 돈을 요구하는 것이 금지되었다(24항). 그밖에 모든 사람들과 마찬가지로 그들에게는 금전거래와 이자수입이 금지되었다. 이것에서 당면한 오용뿐만 아니라 대두되기 시작하는 화폐경제에 대하여 교회가 취하는 태도를 유추할 수 있었다(9항; 13항). 성직자들의 이상은 자기비하로 나아가야 했다. 주교들과 성직자들은 그들의 심적인 성향과 개인적인 행동들을 하나님과 사람들에게 호감을 사도록 해야 한다. 그들은 의복의 사치와 모양과 색깔로 인하여 그리고 그들의 성직자로서 삭발의 모양으로 인하여 모범과 본이 되어야만 하는 자들에게 불쾌감을 주어서는 안 된다. 그들은 그들에게 적합한 신성함을 밖으로 드러내야 한다(4항). 여행 중에 있는 성직자와 순례자와 상인들과 농부들에게 보호가 승인되었다(11항). 동시에 파문의 위협 가운데 매주 목요일부터 일요일까지 하나님의 평화가 선포되었다(12항).

## 5. 교회법학

12세기 전반기에 들어서면서 교회법학이 발생하기 시작하였다. 이것의 선구자는 부르하르트 폰 보름스(Burchard von Worms, †1025)의 『교령집』(Decretum)과 1095년에 만들어진 이브 (Ivo von Chartres, †1116)의 『교령집』(Decretum)이었다.[36] 교회법학은 볼로냐(Bologna)의 법률학교에서 처음으로 발전하였다.[37] 로마의 법이 다시 고무됨으로 인하여 볼로냐는 유럽 전역으로부터 학생들을 끌어들이는 법률학의 중심지로 명성을 얻게 되었다.[38] 교회법 역시 결정적인 자극을 받았다. 볼로냐에서 교회헌법과 고해의 실제와 혼인법을 위한 토대가 마련되었다.[39] 탁월한 학자는 카말돌리회 수도사 그라지아노(Gratian, †

36) Burchardi Wormaciensis, Decretorum liberi viginti, PL 140, Sp. 537-1058; Ivo Carnotensis, Decretum, PL 161, Sp. 47-1022.

37) Vg. R. Weigand, Die ersten Jahrzehnte der Schule von Bologna, in: P. Landau, Proceedings of thhe Ninth International Congress of Medieval Canon Law, S. 445-465.

38) 참조, W. Maleczek, Deutsche Studenten an Universitäten in Italien, in: S. de Rachewiltz, Kommunikation und Mobilität, S. 77-96.

39) 참조, G. Otte, Die Rechtswissenschaft, in: P. Weimar, Renaissance der Wissenschaften, S. 123-142; P. Classen, Studium und Gesellschaft im Mittelalter, S. 27 ff.

1150/52)였다. 그는 1140년 직후 『모순교회법령조화집』(Concordia discordantium canonum)을 출판했다.[40] 고대 교회와 중세의 가장 중요한 교회법의 텍스트를 포함하고 있는 이 저작은 교회법역사에서 중요한 전환점을 의미한다. 이것은 교회 규율의 통일을 추구하는 것과 세상권력에 대한 성직자들의 권세의 독립을 구체적으로 표현한 것이었다. 이제까지의 모음집과 달리 그라지아노는 각각의 법적문제를 서론적으로 설명하고 텍스트의 해석에 심혈을 기울여 드러나는 모순들을 조정함으로써 자료를 체계적으로 통합, 제시하였다.[41] 『그라지아노의 교령집』(Decretum Gratiani)은 놀라운 영향을 끼쳤다. 이것으로 교회법학은 로마교황청을 위하여 사용되었다. 그라지아노를 뒤따르는 교회법 학자들은 그의 작품을 그들의 개정과 주석과 보충을 위한 토대로서 활용했다. 후에 그의 작품은 그레고리우스 9세(Gregor IX., 1227-1241)의 교령집과 함께 중세 이래 카톨릭 교회의 교회법(Corpus Iuris Canonici)의 근간이 되었다. 볼로냐의 교회법학교의 영향은 탁월했다. 거의 모든 중세중기의 교황들은 여기서 법학적인 교육을 받았다.

## B 십자군 운동의 시작

### 1. 제1차 십자군

십자군 운동은 전형적인 중세 전성기의 현상이었다. 특히 그 운동에는 서론에서 언급한 급격한 인구성장, 그와 함께 발생한 사회적 변화들, 정치구조들의 강화와 원거리무역의 비약적인 발전의 대변혁이 분명히 나타난다.[42] 여기에 덧붙여 곧 다가올 세계의 종말에 대한 기대가 대두되었다. 그리스도교세력들이 적그리스도와 최종적인 싸움에서 승리한 후 메시아적인 황제가 이방인과 유대인을 돌아오게 할 것이며, 그리스도께 제국을 돌려드리기 위하여 예루살렘에서 자기 왕관을 벗을 것이라는 예언들이 힘있게 전파되었

40) Graianus, Concordia discordantium canonum, PL 187, Sp. 27-1870.

41) 참조, P. Landau, Wandel Und Kontinuität im kanonischen Recht bei Gratian, in: J. Miethke/ K. Schreiner, Sozialer Wandel im Mittelalter, S. 215-233.

42) 참조, Winkelmann, Kirche im Zeitalter der Kreuzzüge, S. 19 ff.; H. E. Mayer, Geschichte der Kreuzzüge, S. 15-46.

다.[43] 종말에 대한 기대는 외적으로 저지되지 않고 밀고 들어오는 이슬람의 침입으로 인하여 더욱 강화되었다. 중세시대 그리스도교와 이슬람의 관계는 무지와 불신과 선입견으로 더 악화되었다. 한편으로는 회교도들은 이방인과 불신자로 비방을 받았지만, 다른 한편으로는 전적으로 그들은 그리스도인들처럼 오직 한 신만 섬기며 구약성경을 존중하고 예수 그리스도를 선지자로 인정하는 이들로 여겨졌다. 그래서 이슬람은 아리우스주의자나 도나티스트주의자 또는 마니교도들에 비견될 수 있는 이단과 사교의 하나라는 사상이 생겨났다. 힐데베르트 르망(Hilderbert von Le Mans)주교는 1100년에 그의 『마호메트의 역사』(Historia de Mahumete)에서 마호메트를 외적으로는 겸손과 경건을 위장하고 있지만 실제로는 악마에 사로잡혀 교회에서 추방된 마술사이자 잘못된 선지자로 묘사했다.[44] 아콘(Akkon)의 주교인 야콥 폰 비트리(Jakob von Vitry, 1160/70-1240)은 그들이 그리스도의 십자가와 무덤을 조롱했고, 육체적인 만족에 사로잡힌 민족이며, 내세의 지복을 상실하는 것에 개의치 않는다고 비난했다.[45] 이런 사상적 배경에서 이미 적대자들과 다른 신앙을 가진 자들과 논쟁을 사도 베드로의 전쟁으로 간주하기 위하여 그레고리우스 7세(Gregor VII.)가 가졌던 성전(聖戰)사상이 발전하였다.[46] 그레고리우스적 개혁운동의 영향 아래에서 점차 강화되어 동시대인들이 그 가운데 세계가 변화될 것이라고 믿게 된 성지순례의 경건성이 특별한 중요성을 지녔다.[47] 어쨌든 성지순례자들은 11세기 말엽에는 점점 더 억압을 받게 되었다. 가장 먼저 팔레스타인, 이어서 소아시아의 대부분을 셀주크가 점령하였다. 이것이 비잔틴 제국의 콤네노스 왕조의 황제 알렉시오스 1세(Alexios I.)가 서방에 도움을 요청하는 계기가 되었다.[48]

1095년 11월에 우르바누스 2세(Urban II., 1088-1099)가 거룩한 지역을 해방하기 위하

43) 参조, C. Erdmann, Entstehung des Kreuzzugsgedankens, S. 276-280.

44) PL 171, Sp. 1343-1366; 参조, R. W. Southern, Islambild des Mittelalters, S. 25-28; N. Daniel, Islam and the West, S. 88-93; D. C. Munro, The Western Attitude toward Islam, S. 329-343.

45) 参조, I. Schöndorfer, Orient und Okzident, S. 96-106.

46) 参조, E.-D. Hehl, Kirche und Krieg im 12. Jahrhundert, S. 9-21; C. Erdmann, Entstehung des Kreuzzugsgedankens, S. 134-165.

47) 参조, Rodulphus Glaber, Hostoriae sui temporis IV, 6, PL 142, Sp. 611-698, bes. Sp. 681A-682A.

48) Brief an Robert von Flandern von 1088, in: Kreuzzugsbriefe, hg. von H. Hagenmeyer, S. 129-136; 参조, R.-J. Lilie, Byzanz und die Kreuzfahrerstaaten, S. 1-54.

여 클레르몽 주교회의를 소집하였다.[49] 그의 십자군 성명에는 종말론적인 배경이 분명히 들어있었다. 적그리스도의 대변자로서 이슬람에 대항하는 싸움, 유대인들의 회심과 예루살렘의 해방 – 이것들은 그리스도의 재림의 길을 넓히는 한 단계였다. 이방인과 전쟁에서 죽은 자들은 순교자의 지위가 부여된다는 생각은 그의 설교에 또 하나의 중요한 의미를 덧붙였다.[50] 영주들의 군대가 진을 치는 것을 마치기 이전에 이미 순회설교자들은 성전(聖戰)을 위한 선동을 효과적으로 시작했다. 피카르디(Picardie) 출신인 피에르 드 아미앵(Petrus von Amiens, †1115)이 탁월하였다. 그는 은둔자로서 비록 교회의 위임장은 제시할 수 없었지만, 하늘로부터 온 편지(Himmelsbrief)를 내세웠다.[51] 피에르는 처음에 로트링엔(Lothringen)에서 설교했고, 이어서 증가하는 그의 수많은 지지자들을 이끌고 라인란트(Rheinland)로 옮겨갔다. 거기서 격렬한 유대인박해가 일어났다.[52] 결국 제대로 무장을 갖추지 못한 군대의 무리는 예루살렘으로 방향을 바꾸었지만, 예루살렘에 도착하기 전에 그들은 셀주크에 의해 섬멸되었다. 그 이후 처음으로 부용의 고트프루아 드 부용(Gottfried von Bouillon)과 레몽 드 툴루즈(Raimund de Toulouse)와 로베르트 드 노르망디(Robert von der Normandie)의 지도 아래 출발한 기사들로 구성된 군대가 조직되었다.[53] 이 군대의 참여에 드는 비용은 기사들 스스로 부담 했다.[54] 연대기 저자 에케하르트 폰 아우라(Ekkehard von Aura)는 왜 독일인들이 이 전쟁에 참여하지 않았는지에 대해서 다음과 같이 설명한다.

49) Kreuzzugsbriefe, hg. von H. Hagenmeyer, S. 136 f.; 참조, F. Winkelmann, Kirchen im Zeitalter der Kreuzzüge, S. 44-49; C. Erdmann, Entstehung des Kreuzzugsgedankens, S. 284-325; H. E. Mayer, Geschichte der Kreuzzüge, S. 46-68.

50) 참조, C. Morris, Martyrs on the Field of Battle before and during the First Crusade, in: D. Wood, Martyrs and Martyrologies, S. 93-104; R. W. Southern, Islambild des Mittelalters, S. 25-28; N. Daniel, Islam and the West, S. 131-136.

51) 참조, Annalista Saxo, MGH.SS 6, S. 728, Z. 14-729,18; Der Sächsische Annalist, S. 104/105, 참조, E. O. Blacke, C. Morris, A Hermit goes to War, S. 79-197; ders., Peter the Hermit and the chroniclers, in: J. Philips, The First Crusade, S. 21-34.

52) 참조, R. Chazan, European Jewry and the First Crusade, S. 192; H. Liebeschütz, The Crusading Movement in its Bearing on the Christian Attitude towards Jewry, in: J. Cohen, Essential Papers on Judaism and Christianity, S. 260-275; F. Lotter, 'Tod oder Taufe'. Das Problem der Zwangstaufen während des Ersten Kreuzzuges, in: A. Haverkamp, Juden und Christen zur Zeit der Kreuzzüge, S. 107-152.

53) 참조, F. Winkelmann, Kirchen im Zeitalter der Kreuzzüge, S. 51 f.

54) 참조, J. Riley-Smith, Early Crusaders to the East and the Costs of Crusading, 1095-1130, in: M. Goodich, Cross cultural convergences in the crusader period, S. 237-258; S. Edgington, The First Crusade: reviewing the evidence, in: J. Phillips, The First Crusade, S. 55-77.

'서부프랑크족은 그들의 나라를 쉽게 떠날 수 있었다. 왜냐하면 수년이래로 시민 전쟁과 기아의 위기와 삶의 덧없음이 프랑스를 덮쳤기 때문이다. ... 그 밖의 나라의 민족들과 사람들은 교황의 사면을 제외하더라도 그들 가운데 나타난 예언자들과 약속의 땅에 대한 하늘의 징조와 현상들에 통하여 몰려들었다. ... 거기에 비해 동쪽의 프랑크족, 작센인들, 튀링겐 사람들, 바이에른 사람들과 알레만인들은 이런 것들에 관심을 갖지 않았다. 이것은 무엇보다도 왕권과 성직자들 사이의 분열 때문이다. 이 분열로 교황 알렉산더 2세 시대 이후부터 오늘까지 우리가 로마인들을, 마찬가지로 로마인들이 우리를 증오하면서 서로 적이 되었다.'[55)]

수년 동안 십자군종군자들은 다양한 루트로 이동했는데 대개는 이탈리아를 거쳐 동방으로 향하였으며, 콘스탄티노플에서 약 2만 명의 기사로 구성된 거대하고 강한 군대로 뭉쳤다. 이슬람군이 그들의 정치적 지도자의 죽음으로 인하여 90년대 초반에 정치적 통일성을 잃어버렸기 때문에, 십자군은 그들의 첫 진군에서 결속력 있는 저항을 받지 않았다.[56)] 먼저 니케아를 재탈환하였고, 계속 진군한 군대는 안디오케이아를 점령하였으며, 1099년 7월에 기사들은 예루살렘 성문에 도착하게 됐다. 거룩한 도시의 재탈환은 동시대의 역사서술가들에 의해서 사세히 기록되어 있다. 그 서술들에는 그 사건 속에 들어있는 모순이 드러난다. 그것은 한편으로 십자군들이 기쁨에 가득차고 극도의 행운으로 울면서 구세주 예수를 경배하기 위하여 그의 무덤 앞에 도착했고, 다른 편으로 사라센인들과 도시에 살던 유대인들의 피바다를 불러일으켰다.[57)] 이 사건 뒤에는 여리고성의 정복의 표상과 비교될 수 있는 '아마도 하나님께 거룩한 무덤을 모독한 자들의 피를 바친다는 원시적인 제의의 표상'[58)]이 깔려있었다.

---

55) Frutolfs und Ekkehards Chroniken und die anonyme Kaiserchronik, FSGA 15, S. 141.

56) 참조, C. Hillenbrand, The First Crusade: the Mulsim perspective, in: J. Phillips, The First Crusade, S. 130-141.

57) Gesta Francorum. lib 10, c. 37f., hg. von R. Hil, London 1962; Übersetzung: A. M. Ritter, Mittelalter, KTGQ Bd. 2, S. 119; 참조, F. Winkelmann, Kirchen im Zeitalter der Kreuzzüge, S. 51-53; H.-W. Goetz, Der erste Kreuzzug im Spiegel der deutschen Geschichtsschreibung, in: Auslandsbeziehungen unter salischen Kaisern, S. 139-162; J. M. Powell, Myth, Legend, Propaganda, History: The First Crusade, in: M. Balard, Autour de la Premiere Croisade, S. 127-141.

58) A. Angenendt, Geschichte der Religionsität im Mittelalter, S. 366.

## 2. 팔레스타인 십자군종군자

이어진 수십 년 동안의 활동은 성취한 것들을 안전하게 보존하는 것에 매진하였다. 해안가 도시들이 정복되었고 나라를 다스리기 위한 큰 성들이 건축되었다.[59] 그리고 봉건제의 설립을 통하여 국토는 나뉘어졌다. 십자군종군자들의 국가들이 생겨났다. 백작령 에데사, 제후국 안티오케이아, 백작령 트리폴리스, 예루살렘 왕국,[60] 크라크 데 슈발리에(Krak des Chevaliers) 등과 같은 성들이 건축되고 이슬람이웃들과 계약을 맺는 것을 통하여 새로이 건설된 지역영지들은 군사적으로나 경제적으로 안정되었다. 십자군의 열광 때문에 계속해서 새로운 기사와 순례자들이 바다로 육지로 거룩한 땅으로 왔다. 로마교회법에 따르는 독자적인 교회체제를 재건하는 것이 이전부터 근동을 향해 관심을 가지고 있던 비잔틴제국을 불쾌하게 했다.[61]

동시대에 교회의 기사수도회가 팔레스타인에서 창설되었다. 그들은 베네딕트 규칙에 따라 살면서, 가난과 순결과 복종의 네 번째 의무로써 그리스도인들을 위한 군복무를 가졌다.[62] 야콥 폰 비트리(Jakob von Vitry)는 수도회 내부적으로 금욕적인 삶을 살지만 밖으로 세상에서는 교회를 보호하기 위해 불신자들을 대항하여 군사로서 살아가는 이들의 특성을 찬양했다. 그래서 거룩하고 존경할 만한 수도회는 순교자 또는 군사계층으로 구성된 수도회와 수도사와 은둔자들로 구성된 수도회로 나눠진다.[63] 하지만 그들의 외적인 과제는 십자군에서 복무뿐만 아니라 순례자와 병자를 돌보고 가난한 자를 돕는 것도 해당되었다. 그 모든 것보다 더 중요한 과제는 거룩한 성지수호와 이방인과 맞서 종교적으

59) 참조, R. Ellenblum, Three Generations of Frankisch Castle-Building in the Latin Kingdom of Jerusalem, in: M. Balard, Autour de La Première Corisade, S. 517-551; H. E. Mayer, Geschichte der Kreuzzüge, S. 68-96.

60) 참조, H. E. Mayer, Herrschaft und Verwaltung im Kreuzfahrerkönigreich Jerusalem, S. 695-738; H. Jedin, Atlas zur Kirchengeschichte, S. 54-88.

61) 참조, H. E. Mayer, Bistümer, Klöster und Stifte im Königreich Jerusalem, S. 1-214; R.-J. Lilie, Byzanz und die Kreuzfahrerstaaten, S. 54-88.

62) 참조, K. Borchardt, Military Orders in East Central Europe, in: M. Balard, Autour de la Première Croisade, S. 247-254; K. Elm, Die Spiritualität der geistlichen Ritterorden des Mittelalters, in: Z. H. Nowak, Die Spiritualität der Ritterorden im Mittelalter, S. 7-44; N. Jaspert, Frühformen der geistlichen Ritterorden, in: K. Herbers, Europa an der Wende vom 11. zum 12. Jahrhunert, S. 90-116.

63) Sermo 37, in: Analecta novissima Spicilegii Solesmensis altera continuatio Bd. 2, hg. von J. B. Pitra, S. 406; 참조, I. Schöndorfer, Orient und Okzident, S. 76-78.

로 수행되는 전투였다.

기사수도회 가운데 가장 오래된 성당기사단(Fratres militiae templi)은 1118년에 프랑스 기사들에 의해 설립되었다. 이 기사단은 귀족들의 전투공동체로서 여겨졌다. 기사단복장은 시토수도회의 모범을 따라 흰색외투를 입었다. 기사단규정은 1128년 트루아의 주교회의에서 확정되었다. 세례자를 수호성인으로 갖고 있는 요한기사수도회는 1130년에 설립되었다. 그들은 순례자와 병자를 돕고 후원하는 예루살렘에 있는 병원들과 관계를 맺고 있었다.[64] 처음에 그들은 순례자와 병자를 돌보는 병원수도회라는 자의식을 갖고 스스로를 '그리스도의 가난한 자들을 섬기는 이들'이라고 간주했다. 후에 그들은 아우구스티누스규칙과 성당기사단규칙으로 구성된 생활규정을 따랐다. 사라센인들로 인하여 점점 증가하는 위협 때문에 군사적인 과제가 전면으로 부각되었다. 예루살렘에 성 나사로에게 바쳐진 문둥병자를 위한 구빈원이 설립됨으로 40년대 초반 또 다른 종류의 수도회 설립을 위한 토대가 놓였다.[65] 문둥병자를 위한 건물은 12세기에 문둥병이 널리 확산됨으로 인하여 특히 서양뿐만 아니라 십자군의 국가에서 많아졌다. 그들을 위한 돌봄은 사회적으로 불가피했다. 예루살렘구빈원의 '문둥병자형제회'(fratres leprosi)의 삶은 처음부터 확고한 규칙에 따랐다. 그들의 과제들은 병자의 부양과 함께 손님들과 순례자들의 영접들이었다. 구빈원의 관리는 문둥병자들의 진영에서 선출된 책임자들의 손에 달려 있었다. 미사를 드리는 과제를 맡은 사제들 역시 수도회에 소속되었다. 언제 이 문둥병자사목회가 요양소의 기능을 가진 '성 나사로 수도회'로 바뀌었는지는 시간적으로 더 이상 정확하게 파악할 수 없다. 1193년 코엘레스틴 3세(Coelestin III.)가 그들에게 특권을 부여했는데 이것이 아콘(Akkon)으로 이주한 것과 함께 이런 변화가 일어난 것을 환기시켜준다. 수도회는 처음에 귀족계층 특히 기사수도회의 일원을 위한 만성병자구호의 분야에서 뛰어난 역할로 호감을 불러 일으켰다. 하지만 13세기가 진행됨에 따라 이웃을 향한 봉사업무는 뒤로 물러나고, 성당기사단의 모범에 따라 기사수도회의 군사적인 정체성이 강화되는 것이 나타난다.

64) 참조, R. Hiestand, Anfänge der Johanniter, S. 31-80.

65) 참조, K. P. Jankrift, Leprose als Streiter Gottes, S. 30-85.

그 밖의 수도적인 그룹들은 전적으로 종교적인 목적에 전념했다. 그들은 이미 오래 동안 내려온 정통적인 은둔자들의 거주지와 수도원들과 함께 정착했다. 하지만 그들과 서방의 수도사 사이의 특별히 교류하는 것은 없었다.[66] 성묘의 수도사와 수녀의 공동체는 첫 번째 십자군원정이 시작될 때 팔레스타인에서 생긴 공동체에 속했다. 그 공동체의 활동들은 곧 스페인과 프랑스와 잉글랜드까지 확대되었다.[67] 카르멜수도회(Ordo Carmelitorum Discalceatorum / OCD)는 12세기 후반에 시작됐다. 그 근원은 금욕과 가난을 통하여 그리스도를 따르기 위해 카르멜산에 정착한 은둔자들이었다.[68] 후대의 주교 빌헬름 폰 예루살렘(Wilhelm von Jerusalem, 1130-1145)도 그러한 은둔자들에 속한다. 무엇보다도 은둔자들의 수도회들은 평신도계층에서 나왔다. 그 장소의 선택은 상징적인 의미가 있다. 그것은 구약의 예언자 엘리야의 후예가 되도록 요청하는 것을 뜻했다. 13세기 말엽 도미니쿠스수도회와 프란체스코수도회의 갈등이 점점 증가할 때 수도회의 설립자가 없다는 점이 부정적으로 인식되자, 창립전설이 나오게 됐다.[69] 1205-1215년 사이에 점차 공동생활에 대한 사상이 태동하던 카르멜수도회는 교황의 사절과 예루살렘의 주교인 알베르트 폰 베르켈리(Albert von vercelli)로부터 수도회규칙을 얻게 되었다. 이 규칙은 카르투지오수도회의 '관습'과 흩어져 있는 수도원에서 생활하던 팔레스타인의 수도사들의 관습, 특히 금욕적인 삶의 기본적 준거로서 성경에 따랐다.[70] 거기에 따라 카르멜수도회의 은둔자들은 수도원장에 복종했지만,(1장) 계속해서 그들의 외딴 독방에서 살았다. 그 곳에서 그들은 하루를 시간대별로 나누어서 시편기도에 몰두하였다(7장). 참회훈련과 기도들은 독방 사이에 있는 예배당에서 드려지는 미사와 함께 관조적인 삶을 각인시켰다. 침묵의 의무가 특징적이다. 이 침묵은 단지 특정한 시간대에만 해제되었다(16장). 은둔자들은 개인적인 소유물을 가지지 않고 금욕적인 생활을 위하여 이 규칙을 준수해야 했다(9장). 청빈을 지키기 위해 육체노동을 통하여 생활필수품을 별도록 규정되었다. 정기적인

---

66) 참조, A. Jotischky, The Perfection of Soolitude, S. 65-100.

67) 참조, K. Elm, Fratres et Sorores Sanctissimi Sepulcri, S. 287-333.

68) 참조, A. Jotischky, The Perfection of Solitude, S. 101-138.

69) 참조, K. Elm, Elias, Paulus von Theben und Augustinus als Ordensgründer, S. 371-397; S. Schein, The Miracula of the Hospital of St. John and the Carmelite Elianic Tradition, in: M. Goodich, Cross cultural convergences in the crusader period, S. 287-296.

70) LaRègle de l'Ordre de la Bienheureuse Vierge Marie du Mont Carmel, hg. von M. Battmann.

금식과 육식포기가 문서로 확정되었다(12/13장). 의복으로서 염색하지 않은 모직물로 만들어진 의상과 그 위에 입는 검은색과 흰색으로 줄무늬가 있는 외투가 지정되었다. 음식은 수도원의 식당에서 함께 먹었다. 그 외에 매주 한 번씩 수도회의 종교적인 생활에 관계된 질문에 대해서 함께 논의하는 것이 정해져 있었다(11장). 이 규칙을 1226년에 호노리우스 3세(Honorius III., 1216-1227)가 승인하였다. 3년 후에 카르멜수도사들은 그레고리우스 9세(Gregor IX.)를 통하여 교황의 보호를 받게 되었다. 동시에 수도회의 관조적인 성격을 보존하기 위해 그들에게는 토지나 건물, 숙소의 소유가 금지되었다.[71]

## 3. 제2차 십자군

12세기 중엽에 여러 번의 기근위기가 중부유럽을 엄습했다. 수많은 곡식이 소실된 덥고 건조한 여름시기가 지난 후, 1140년대는 습하고 추운 기후 현상이 나타났다. 평균이상으로 많은 강수, 홍수와 낮은 온도 때문에 흉년과 식량부족과 가격상승과 지속적인 생필품 부족이 야기되었다.[72] 연대기작가들은 경제적인 위기와 전체 백성들이 가난하게 된 것과 전염병의 발생에 대해서 전하고 있다. 그리고 많은 사람들이 이것을 별을 통해서 알 수 있는 숙명적인 사건들로 간주했다는 것을 보고하고 있다.

> '점성술에서 여러 가지 경험을 얻게 되었다고 자랑하는 자들이 그 시대는 (농경과 계절의 신인) 사투르누스가 지배하고 있다고 확신했다. 그는 30년 동안 진행되는 주기가 끝난 뒤에 주기가 다시 시작될 때 강의 엄청난 범람과 대규모의 페스트와 죽음과 땅이 소득을 내지 못함과 기근의 위기와 대기의 오염과 다양한 장애들을 통하여 그의 지배권을 행사한다.'[73]

71) 참조, J. Smet, Karmeliten, S. 22-27; Chr. Körner, Die Regel des Karmel, in: G. Benker, Gemeinschaften des Karmel, S. 14 f.

72) 참조, R. Glaser, Klimageschichte Mitteleuropas, S. 61 f.

73) Annales Magdeburgenses, MGH.SS rer. Germ.16, S. 190,44-48; Jahrbücher von Magdeburg, GDV 63, S. 95; 참조, chronica regia Coloniensis, MGH.SS rer. Germ. 18, Teil 3, S. 81, Z. 12-14; Kölner Königschronik, GDV 53, S. 53 f.

또한 이러한 시기에 부와 가난의 관계에 대해서 숙고하는 많은 글들이 쓰여 졌다는 것이 이 시대상황을 반영한다.[74]

이러한 위기의 상황에서 팔레스타인에서 일어난 사건들을 첨예하게 알리는 소식들이 들려왔다. 견실하게 된지 수십 년이 지난 뒤에 팔레스타인에서 그리스도교의 지배권이 점점 위협을 받게 되었다. 1144년 12월에 정치적으로 분열된 시기를 지나고 다시 합쳐진 아랍인들은 십자군국가들의 북동쪽 끝에 있던 에데사를 재정복했다.[75] 동시에 예루살렘 왕국은 발드인 2세(Balduin II., 1118-1131)의 죽음 후에 후계자논쟁 때문에 20년 이상동안 내부정치적인 권력싸움과 입헌적인 위기로 특징 지워지는 상황에 처해 있었다. 이것은 1145년에 막 성년이 된 국왕 발드인 3세가 이웃 이슬람의 지배자 다마스쿠스와 타협을 시도하는 배경이 되었다.[76] 그 밖에 콤네노스의 요한네스 2세의 지휘아래 프랑켄 지역의 국가들을 지배하려고 애쓰는 비잔틴 제국과 긴장이 분명히 증가했다.[77] 얼마 후에 십자군기사들은 원조를 간청하기 위하여 사절을 서방으로 보냈다. 1145년 12월에 교황 에우게니우스 3세(Eugen II.I, 1145-1153)가 십자군을 불러 일으켰다. 그 가운데 그는 전임자들의 결정들과 행적을 환기시키고, 성지의 곤경을 진술하고, 그것이 그리스도인들의 죄 때문이라고 설명하고, 십자군원정에 참여하는 자들에게 면죄부와 그들의 소유물의 보호를 약속했다. 채무를 지고 있던 자들에게는 십자군종군의 시기 동안에 이자지불이 면제되었다.[78] 그런 가운데 십자군전쟁은 교회를 보호하고 불신자들을 방어하는 정의로운 전쟁으로 승인하는 교리와 연결시켰다. 이 교리는 그라지아노가 자신에 따라 명명된 '명제'에서 전개하였으며, 교회가 이러한 전쟁을 수행하기 위하여 주도권을 잡을 수 있다고 여기는 사상을 포함하고 있었다.[79]

처음에 그 반향은 부정적이었다. 자신의 군대를 이끌고 팔레스타인으로 가려고 계획

74) 참조, A. Lazzarino del Grosso, Armut und Reichtum, S. 172-177.

75) Annales Palidenses, MGH.SS 16, S. 82, Z. 14-32; Jahrbücher von Pöhlde, GDV 61, S. 65 f; 참조, H. E. Mayer, Geschichte der Kreuzzüge, S. 96-109.

76) 참조, M. Hoch, Jerusalem, Damaskus und der Zweite Kreuzzug, S. 43-75.

77) 참조, R.-J. Lilie, Byzanz und die Kreuzfahrerstaaten, S. 89-134.

78) Ottonis et Rahewini Friderici I., MGH.SS rer. Germ., Lib. 1, Cap. 36, S. 55, Z. 11-57, 34; Taten Friedrichs von Bischof Otto von Freising, GDV 59, S. 66-70; 참조, U. Schwerin, Aufrufe der Päpste, S. 75; J. Haller, Papsttum Bd. 3, S. 69-88.

79) 참조, E.-D. Hehl, Kirche und Krieg im 12. Jahrhundert. S. 60-90, 120-142.

한 프랑스의 루이 7세는 에우게니우스의 말을 듣지 않았다. 콘라트 3세(Konrad III., 1138-1152)도 마찬가지로 나서지 않았다. 이어진 진행과정에서 베르나르 드 클레르보가 탁월한 역할을 하였다. 에우게니우스 3세가 그에게 십자군전쟁을 위한 설교를 위임한 것은 시토수도회의 조직을 교회정치적으로 유용하려는 교황의 이해관계를 나타낸다.[80] 그 밖에 그는 클레르보의 수도원장의 탁월한 명성에 대해서 알았으며, 이 명성 때문에 베르나르가 에우게니우스에게 편지를 썼다.

> "사람들은 당신이 교황이 아니라 바로 나라고 말한다."[81]

그럼에도 불구하고 베르나르가 십자군전쟁에 대한 설교를 위임받은 것을 이해하기 어렵다. 그는 십자군전쟁에 참여하기를 원하는 한 수도사에게 경고했다.

> "왜 너는 세상의 명성을 좇느냐? 너는 하나님의 집에서 낮아짐을 선택했지 않느냐! 세상에서 벌어진 일들 중에 무엇이 너를 움직이게 했느냐? 너는 세상에서 고독 속에서 살기로 맹세했지 않느냐?"[82]

베르나르는 팔레스타인의 상황에 관심을 가졌다. 그가 예루살렘의 왕실과 주교에게 쓴 편지에 이러한 것들이 나타나있다.[83] 1128/1129년에 쓰여 진 '성전기사단에게'라는 그의 편지에 시사하는 바가 많다. 이 편지는 베르나르가 템플기사단의 첫 번째 단장 위그 드 페이앵(Hugo de Payens, †1136)의 요청에 의해서 기록하였고, 그 편지에서 템플기사단의 임무에 대해서 서술하였다.

> "기사들이여! 단호히 전진하라. 죽음도 생명도 너희들을 하나님의 사랑에서 떨어

80) 참조, L. J. Lekai, Cistercians, S. 52-64; M. Diers, Bernhard von Clairvaux, S. 349-398.

81) Bernhard von Clairvaux, Ep. 239, Sämtliche Werke Bd. 3, S. 280.

82) Bernhard von Clairvaux, Ep. 544, Sämtliche Werke Bd. 3, S. 1038 f.

83) Bernhard von Clairvaux, Epp. 175; 206; 253; 289; 354/55; 392/93.

뜨릴 수 없다는 확신을 갖고 십자가의 적들을 담대히 몰아내라."[84)]

그의 관점은 종말론적으로 가득 찼다.

> '먼저 이방인들이 예루살렘에서 쫓겨나고 주를 신뢰하는 의로운 백성들이 안전하게 들어간 뒤'에 비로소 시간의 완성이 가까이 온다. 그리스도께서 '그의 유산과 그의 집'으로 돌아올 것이다.'[85)]

1146년 부활절에 베르나르는 베즐레에서 루드비히 7세와 프랑스의 귀족들 앞에서 설교했다. 그의 설교는 커다란 성공을 거두어 모든 십자군지원자들에게 십자군의 표시를 만들어줄 천이 부족할 정도였다.[86)] 이어진 몇 달 동안 베르나르는 프랑스와 플랑드르와 독일을 여행하면서 설교했으며 십자군 참여를 호소했다.[87)] 베르나르 자신의 말로 표현하자면 십자군은 구원을 얻는 길로 전환하기 위한 하나님의 제안이었다. 동방을 이방인들로부터 구하는 것뿐만 아니라, 십자군의 영혼을 죄로부터 자유케 하는 것이었다. 따라서 팔레스타인에서 일어난 일들은 참회의 시간이 다가왔음을 알리는 표시였다. 힐데가르트 폰 빙겐(Hildegard von Bingen) 역시 십자군설교자들의 소원을 후원했다.[88)] 결과가 나타났다. 베르나르는 1147년 레겐스부르크 제국회의에서 콘라드 3세(Konrad III.)가 십자군에 참석하도록 하는데 성공했다. 오토 폰 프라이징(Otto von Freising)를 비롯한 여러 주교들이 십자가를 지는데 동참했다.[89)] 이미 첫 번째 십자군에 있었던 것처럼 이번에도 유대인

---

84) Bernhard von Clairvaux, Ad milites Templi. De laude novae militiae, Abschnitt 1, Sämtliche Werke Bd. 1, S. 267-325. Zit. S. 270/1.

85) Bernhard von Clairvaux, Ad milites Templi Abschnitt 5/6, Sämtliche Werke Bd. 1, S. 278/79.

86) Ottonis et Rahewini Gesta Friderici I., MGH.SS rer. Germ., Lib. 1, Cap.37, S. 58,1-13; Taten Friedrichs von Bischof Otto von Freising, GDV 59, S. 70.

87) Bernhard von Clairvaux, Ep. 363,3-4, Sämtliche Werke Bd. 3, S. 648-661. Zit. S. 652-655; 참조, H.-D. Kahl, Die weltweite Bereinigung der Heidenfrage-ein übersehenes Kriegsziel des zweiten Kreuzzuges, in: Spannungen und Widersprüche, hg. von S. Burghartz, S. 63-89.

88) Hildegard, Brief an Bischoh Günther von Speyer, PL 197, 172 A-D, Übersetzung: A. Führkötter (Hg.), 'Nun höre und lerne, damit du errötest...', S. 61-63.

89) Ottonis et Rahewini Gesta Friderici I., MGH.SS rer. Germ., Lib. 1, Cap. 42, S. 60, Z. 6-61,7; Taten Freidrichs von Bischof Otto von Freising, GDV 59, S. 72/73.

박해가 일어났다. 클뤼니 수도원의 원장이었던 가경자(可敬者) 피에르가 그의 '유대인들을 반대하는 소책자'를 통하여 이러한 분위기를 조성했다. 거기서 그는 유대인들의 명목상 완고함 때문에 그들의 이성과 인간의 존엄성을 부인했다.[90] 수많은 설교가들이 팔레스타인에서 벌어진 일에 대한 죄를 유대인들에게 돌림으로 백성들 가운데 논쟁을 불러일으켰다.[91] 1147년 5월에 독일의 왕이 자신의 부대를 이끌고 레겐스부르크에서 출발했다. 루드비히 4세와 함께 프랑스인들이 조금 후에 뒤따랐다. 그들의 공동 목표는 '예루살렘으로 진군하여, 주의 무덤을 방문하고, 하나님을 알지 못하는 민족들과 싸워서 동방에서 그리스도교 지배권의 경계를 넓히는 것이었다.[92] 십자군은 발칸반도를 지나 콘스탄티노플을 향하여 나갔으며, 거기서부터 팔레스타인으로 진군하였다. 초기에 성공을 거둔 십자군은 극적인 패배로 끝나고 말았다.[93] 사료들에서 패배에 대한 책임을 비잔틴 사람들에게 돌리는 것이 관심을 끈다.[94] 여기에는 서방과 동방 사이에 점차 증가하는 긴장들이 반영되어 있다. 실제로 고린도와 다른 도시들에서 노르만인들의 약탈이 동로마 황제가 그들을 대항한 요인이기도 하다.[95] 유럽의 유대인들에게서 십자군의 패배에 대한 관심이 일기도 했다. 십자군의 소수인종박해를 경험했던 에프라임 바 야콥(Epharim bar Jakob)은 다음과 같이 썼다.

> '의로운 보복자이신 하나님을 찬양하라! 그들 가운데 대부분이 집으로 돌아오지 못했고 자신들의 집을 보지 못했기 때문이다. 그들의 일부는 굶주림에, 일부는 페스트에, 일부는 칼에 희생되었다. ... 하나님의 손이 유대인을 공격했던 모든 불법자들을 치셨다. 살인자들 가운데 소수가, 대략 백 명 중에 한 명이 자신의 집으로 돌아왔다.'[96]

---

90) Petrus Venerabilis, Tractatus contra Judaeos, PL 189, Sp. 507-659.

91) 참조, R. Hiestand, Juden und Christen in der Kreuzzugspropaganda und bei den Kreuzzugspreidigern, in: A. Haverkamp, Juden und Christen zur Zeit der Kreuzzüge, S. 153-208; A. S. Abulafia, Christian and Jews, S. 54-62.

92) Chronica regia Coloniensis, MGH.SS rer. Germ. 18, Teil 3, S. 82, Z.15-83, 2; Kölner Königschronik, GDV 53, S. 55.

93) 참조, M. Hoch, Jerusalem, Damaskus und der Zweite Kreuzzug, S. 109-139.

94) Annales Magdeburgenses, MGH.SS rer. Germ. 16, S. 188, 18-26; Jahrbücher von Magdeburg. GDV 63, S. 87.

95) 참조, f. Winkelmann, Kirchen im Zeitalter der Kreuzzüge, S. 55 f.; R.-J. Lilie, Byzanz und die Kreuzfahrerstaaten, S. 135-156.

96) A. Neubauer, Hebräische Berichte über die Judenverfolgungen, S. 197.

십자군의 좌절은 높이 설정된 목표와 관련하여 볼 때 심각한 것이었다. 십자군을 호소했던 베르나르는 이제 스스로 비난의 포화를 받게 되었고, 빌헬름 드 생 드니(Wilhelm von Saint-Denis)가 깨달은 것처럼 거짓말쟁이와 비방자로 간주 되었다.[97] 하지만 그 비난을 받은 베르나르는 스스로 아무런 잘못이 없는 것처럼 생각했다. 에우게니우스 3세에게 헌정된 그의 노년의 작품 '관찰에 관하여'(1148/53)에서 그는 다음과 같이 강조했다.

> "우리는 모든 것을 지불했다. 목적이 없었던 것이 아니라 당신(즉 에우게니우스 3세 – 역자 주)이 명령했고 하나님이 직접 당신을 통하여 했다."[98]

곧이어 1150년에 새로운 계획이 세워졌다. 그들의 일부는 비잔틴제국을 겨냥했고, 일부는 사라센인들을 겨냥했다.[99] 그 계획에서도 역시 베르나르가 한 역할을 했다. 샤르트르의 교회회의는 재차 그에게 십자군을 위한 설교를 위임했다. 그리하여 클레르몽의 수도원장은 설교여행을 떠났고, 호소문과 편지들을 썼지만, 이번에는 별다른 공감을 불러일으키지 못했다.[100]

### 4. 스페인의 재정복(Reconquista)

12세기로 넘어가는 시기에 십자군이념은 유럽의 남서쪽에서 분명한 확장을 가져왔다. 톨레도의 서고트족 제국이 무너지고 8세기에 코르도바의 군주국이 세워진 이후 스페인의 북쪽지역에 머물고 있던 그리스도교 지배자들이 아랍인들을 몰아내는데 소규모의 성공을 거둔 시도들이 계속 있었다. 이러한 상황이 코르도바의 칼리프가 독자적인 왕국으로 분열된 11세기에 바뀌게 되었다. 이베리아 반도에서 정치적으로 약화된 시기의 시작

97) 참조, P. Dinzelbacher, Bernhard von Clairvaux, S. 327-331.

98) Bernhard von Clairvaux, De consideratione, Buch II, 1, Sämtliche Werke Bd. 1, S. 662 f.

99) 참조, G. Constable, The Crusding Projecto of 1150, S. 67-75

100) Bernhard von Clairvaux, Epp. 256, 364, Sämtliche Werke Bd. 3, S. 366 ff., 662 ff.

이며, 동시에 그리스도교인과 무슬렘들의 다채로운 동맹이 시작되었다.[101)] 피레네 산맥으로 인하여 중부유럽으로 발전이 가로막혀 있던 그리스도교국 스페인이 고립으로부터 탈출하여, 유럽의 영주국들과 관계를 맺었다. 9세기 이래로 지방 예전의 지역이었던 성 야고보의 묘지가 순례자들의 순례지가 되었다.[102)] 동시에 그리스도교국 스페인이 이슬람을 믿는 아랍인(무어족)들이 지배하고 있던 지역의 재정복(Reconquista)을 시작했다. 그 가운데 주된 동력은 카스틸랴-레온 왕국과 백작령 포르투갈이었다. 톨레도(Toledo, 1085), 발렌시아(Valencia, 1094) 타라고나(Tarragona, 1118/26)의 항복을 시작으로 2세기 이상 진행된 과정에서 스페인반도는 점차 그리스도교 문화권으로 다시 편입되었다. 독일과 로틀링엔(Lothringen)과 플랑드르 출신의 기사들과 함께 쾰른에서 출발한 십자군부대에 의한 리스본(1147)의 재정복으로 잠정적인 절정에 이르렀다. 그들은 잉글랜드로 건너가서 거기서 200척의 배를 타고 스페인으로 건너갔었다. 쾰른의 왕국연대기에 의하면, 부대는 리스본을 하나님의 권능의 도움 아래 몇 달 동안 공성전으로 사라센인들로부터 재정복하기 전에 먼저 마치 순례여행처럼 성 야고보의 고귀한 무덤지역으로 갔다. 마침내 이 사건의 종교적 측면을 깨닫게 되었다.

> '1만 1천 명의 처녀들의 축일에(das Fest der elftausend Jungfrauen) 200,500명 이상의 사라센군사들을 이긴 인간의 승리가 아니라 하나님의 승리가 이루어졌다. 여러 상처들로 죽은 그리스도교인들의 시체들은 리스본에 매장되었으며 기적을 통하여 유명해졌다.'[103)]

얼마 후에 칼라트라바(Calatrava)기사수도회가 설립되었다. 설립 장소는 신중하게 선정되었다. 성전기사단이 지키고 있는 과디아나 강 최상류에 있는 칼라트라바 성은 안달루시아의 방어체계의 핵심을 이루고 있었다. 여기에 시토수도원장 라이문도 폰 피테로

---

101) 참조, B. R. Reilly, The Contest of Christian and Muslim Spain; F. Winkelmann, Kirchen im Zeitalter der Kreuzzüge, S. 49 ff.

102) 참조, L. Schmugge, Anfäng des organisierten Pilgerverkehrs, S. 1-83.

103) Chronica regia Coloniensis, MGH.SS rer. Germ. 18, Teil 3, S. 84, Z. 13-86,6; Kölner königschronik, GDV 53, S. 57/58; 참조, D. W. Lomax, Reconquest of Spain, S. 68-93.

(Raimund von Fitero, †1163/64)는 1158년 초에 무어족에 대항하여 싸우기 위하여 순례자와 정착민과 수도사들을 모았다.[104] 1164년 시토수도회 총회에서 칼라트라바의 기사들은 시토수도회의 수사로서 인정되었고 시도수도회의 영성과 군사적 임무를 연결시킨 '생활규범과 규정'(Regula et forma vivendi)를 받았다. 이로써 그들이 모리몽 수도원의 감독 아래 놓이게 되어 재정복에서 '카스틸랴의 시토수도회의 군대'의 형태로 일할 수 있는 길이 열렸다.[105] 하지만 교황의 인가(1187)로 비로소 시토수도회의 규율을 준수하며 위계적으로 구성된 기사수도회가 될 수 있었다. 카스틸랴 왕권의 정력적인 후원으로 이 기사수도회는 20개 이상의 수도회소속의 성들과 연결되었다. 칼라트라바수도회는 다른 수도회공동체와 함께 이어진 수십 년 동안 재정복 전투에서 - 특히 알라르코스(Alarcos, 1195), 코르도바(Córdoba, 1236)와 세비야(Sevilla, 1248)의 정복에서 - 중요한 역할을 담당했다.[106]

## C 12세기 전환기의 교회와 수도원운동

### 1. 교회비판

12세기 초 교회의 상황은 불만을 야기했다. 교회는 무엇보다 성직자의 직무수행에 대항했다. 주교 이브 (Ivo von Chartres, 1040-1115)는 '각자가 할 수 있는 모든 것을 시도하고, 시도한 것을 행하고, 그가 행한 것은 아무런 처벌없이 넘어가는' 교회에 대해 탄식했다.[107] 그는 자신의 편지에 도박에 탐닉한 성직자를 언급하고 있다.[108] 그가 비난하던 성 아비트 드 샤토덩(St. Avit zu Châteaudune)의 수녀들이 날마다 그들의 후견인과 성직자들과 관계를 맺었기에 이보는 그들에게 이의를 제기했다.

> "당신들은 그리스도와 결혼했다고 서약했지, 성직자들과 한 것이 아니다."[109]

104) 참조, B. Schwenk, Calatrava, Entstehung und Frühgeschichte eines spanischen Ritterordens, S. 49 ff.

105) M. Wesche, Ritterorden von Calatrava, LexMA 2, Sp. 1390.

106) 참조, B. Schwenk, Calatrava, Entstehung und Frühgeschichte eines spanischen Ritterordens, S. 475 ff.

107) Ivo Carnotensis, Ep. 12, PL 162, Sp. 25D/26A.

108) Ivo Carnotensis, Ep. 87/219, PL 162, Sp. 107 f., 222-225.

109) Ivo Carnotensis, Ep. 10, PL 162, Sp. 22C.

샤르트르의 참사회원이 성무일도에 참여하는 것을 고무하기 위해 그는 특별사례를 약속하는 안을 발전시켰지만, 아무런 결과를 얻지 못했다. 그가 특별사례를 취소했을 때, 그는 로마에 '참사회원의 사유재산을 감축시킨다'고 고소당했다.[110] 확실히 많은 성직자들의 관심사는 영적인 업무보다는 개인적인 부에 더 많이 치중하고 있었다.

이런 배경에서 볼 때, 순회설교자로써 시골을 다니면서 교회와 때로는 사회의 급진적인 변화를 요구하는 자들의 비난이 반성직주의로 각인되었다는 것은 결코 놀라운 것이 아니다. 탄헬름(Tanchelm, †1115) 역시 그런 부류에 속했다. 그는 그레고리식 개혁사상을 가진 네덜란드 출신의 성직자로 그의 개혁열정 때문에 결국 교회를 등지게 되었다.[111] 그는 순회설교자로써 앤트워프와 플랑드르와 브라반트(Brabant)와 제란트에서 위계질서에 대항하여 논쟁을 벌였다. 그는 설교에서 성례전이 가진 구원의 효력을 부인했고, 십일조에 대해 비난했으며, 사제의 자격없음을 심하게 비난했다. 그의 등장은 성직자들뿐만 아니라, 백성들에게서 큰 소요를 야기했다. 그는 쾰른에서 잠시 구류되었다가 석방되었으나 1115년에 한 사제에게 맞아 죽었다. 그의 추종자들은 수년 동안 앤트워프에서 영향력을 발휘했으며 노베르트 폰 크산텐(Norbert von Xanten)의 이단설교의 배경을 형성했다. 이탈리아와 경계를 맞대고 있는 프랑스의 알프스출신인 설교가 피에르 드 브루이스(Petrus von Bruis, †1139/40) 역시 적잖게 급진적인 교회비판가였다. 그의 영향력은 남부프랑스까지 확대되었으며, 그리스도교적인 삶에 대하여 교회가 지정한 모든 양식들에 대한 그의 논쟁으로 주목을 끌었다. 그의 생애에서 1132/33년 생 자일스에서 장작더미 위에서 처형된 날짜만 확실히 알려져 있다. 그가 비난받았던 이단적인 사상은 가경자 피에르의 소책자를 통해서 알 수 있다. 이 소책자는 피에르가 가경자 피에르와 그의 추종자들인 페트로브루지안파에 대항해서 쓴 것이다.[112] 그러므로 피에르 브루이스는 성례전과 예배만을 비판한 것이 아니라, 그리스도교의 핵심적인 상징인 십자가를 참된 영적 그리스도교의 신뢰할 수 없는 외형화로써 거부하며 단독행동으로 불태웠다. 또한 그는 성서 가운데서 복음서만

110) Ivo Carnotensis, Ep. 219, PL 162, Sp. 222-225.

111) 참조, M. Lambert, Häresie im Mittelalter, S. 51-53; E. Werner, Pauperes Christi, S. 165-197; H. Grundmann, Ketzergeschichte, S. 15-18; R. I. Moore, The Birth of Popular Heresy, S. 28-32.

112) Petrus Cluniancensis, Epistola sive tractatus adversus Petrobrusianos haereticos, PL 189, Sp. 719C-850D; CChr.CM 10, hg. von J. Fearns; 참조, R. I. Moore, The Birth of Popular Heresy, S. 60-62.

권위를 인정했다. 동시에 미사의 어떠한 의미도 부정했으며, 죽은 자들을 위한 중보기도는 불필요한 경건훈련으로 간주했고, 예전적인 찬양까지도 비판했다. 전체적으로 그에게서는 교회의 성례전적인 구원의 중재에 더 이상 아무런 의미도 부여하지 않는 신앙의 그리스도교라는 윤곽이 드러난다. 이러한 사제중심의 교회에 대해서 계속해서 의문시하는 견해가 백성들 가운데 호평을 받았다는 것이 눈길을 끈다. 피에르를 '랑그독(Languedoc)에서 카타르파의 성공을 위한 선구자'[113]로서 간주하는 것이 정당한 것처럼 보인다.[114] 아마도 피에르 브루이스가 수도사 또는 로잔의 하인리히의 활동에 영향을 끼친 것 같다. 그는 12세기 초 이래로 중부와 남부 프랑스에서 주목을 받았으며, 설교들에서 금욕과 참회와 청빈을 호소했으며, 그리고 반성직주의에서 사회비판가로 전환하여 백성들 중에 많은 인기를 얻었다. 1116년 처음으로 그가 설교하는 것이 금지되었다.[115] 1135년 그는 또다시 자신을 피사 공의회에 세운 아를(Arles)의 대주교 앞에서 자신을 변호해야만 했다. 그러한 상황의 압박 때문에 그는 자신의 가르침을 철회하였으나, 공의회가 끝난 뒤에 자신의 교회비판적인 설교를 다시 했다. 그 때문에 클레르몽의 베르나르가 1145년 설교에서 로잔의 하인리히에 대항하도록 호소했다.[116] 수년 이내 그의 흔적이 랑그독에서 사라졌다.

12세기 초에 가장 논쟁적인 민중설교가는 수도사이면서 참사회원이었던 아르날드 폰 브레시아(Arnold von Brescia, †1154/55)였다. 그가 자신의 고향도시에서 백성들과 주교 사이에 갈등이 발생했을 때 성직자들에게 급진적인 그리스도교적 삶을 요구하고 교황에서 사도적 청빈을 호소한 개혁진영에 섰기에 폭넓은 지역에서 유명해졌다.[117] 솔스베리의 존(Johannes von Salisbury)은 그에 대하여 다음과 같이 기록했다.

> '그는 거친 옷과 금식으로 자신의 몸을 절제하며 살았다. 그는 통찰력있는 지적능력을 가지고 지칠 줄 모르고 성경을 연구했다. 그는 뛰어난 달변을 지니고 열정적

113) M. Lambert, Häresie im Mittelalter, S. 49.

114) 참조, auch Bernhard von Cairvaux, Preidgt 65,3; 66,4; 9; 11, Sämtliche Werke Bd. 6, S. 359-390.

115) 참조, M. Lambert, Häresie im Mittelalter, S. 45-47; R. I. Moore, The Birth of Popular Heresy, S. 33-60.

116) Bernhard von Clairvaux, Ep. 241/242, Sämtliche Werke Bd. 3, S. 290 ff.

117) 참조, C.„. Greenaway, Arnold of Brescia, S. 12-57ö M. Lambert, Häresie im Mittelalter, S. 53-56; 참조, J. Haller, Papsttum Bd. 3 S. 88-104; R. I. Moore, The Birth of Popular Heresy, S. 66-71.

으로 세상을 경시할 것을 설교했다. 그러는 동안에 소위 그가 자신 안에 가진 모반자의 성향으로부터 분열의 대변자가 되었고, 그가 머무는 곳마다 백성들이 성직자들과 평화롭게 공존할 수 없게 되었다.'[118]

이것의 배경은 11세기 중엽까지 거슬러 올라가는 자치단체의 개혁운동인 밀라노의 파타리아(Pataria)이다. 그 때 항변하는 평신도들이 급진적인 그레고리안주의에 근거하여 성직매직을 일삼는 사제들로부터 성례전을 받기를 거부하기로 결의했다. 그들의 적대자들에 의해서 그들은 그들의 긴 셔츠 때문에 파타리아(불량배)라고 놀림 받았다.[119] 아르날드의 설교에는 사회적인 요구들과 종교적인 요구들이 함께 얽혀 있었다.[120] 아르날드는 1139년에 정죄되어 파리로 도망하여 아벨라르를 만났다. 또다시 계속해서 취리히로 도망하였다가 보헤미아로 갔다. 거기서 그는 교회와 다시 화해했다.[121] 그가 로마로 돌아왔을 때, 그는 교황의 도시지배권에 대한 반란에서 가장 중요한 대변자가 되었다.

'그 때문에 그는 의회가 다시 세워져야 하고 원로원의 위엄이 새롭게 되어야 하며 기사계급이 보다 나은 질서에 따라야 한다고 가르쳤다. 도시의 규범은 로마교황과 전혀 상관이 없다. 교회법정이 그에게 속한 것으로 충분하다. 이 사악한 가르침의 악이 강해지기 시작해서 고귀한 로마인들과 추기경들의 집과 빛나는 궁전들이 파괴되었을 뿐만 아니라, 분노한 하층민들에 의해서 추기경들 가운데 몇몇 고귀한 지도자들이 학대받았고, 심지어 개별적으로 치욕적인 상처를 받았다.'[122]

반란은 일시적으로 에우게니우스 3세가 남쪽에서 노르만인들의 위협을 받았기에 콘라드 3세의 보호를 받기 위해 도시를 떠나는 것을 야기했다. 하지만 아르날드의 교황의

---

118) Johannes von Salisbury, Historia pontificalis Kap. 31, MGH.SS 20, S. 537; Übersetzung: R. Foreville, Lateran I-IV, S. 221-222.

119) 참조, E. Werner, Ketzer und Heilige, S. 87-95; R. Forelville, Lateran I-IV, S. 106-109.

120) 참조, Ottonis et Rahewini Gesta Friderici I., MGH.SS 20, Lib. 2, Cap. 28, S. 133, Z. 21-28; Taten Friedrichs von Bischof Otto von Freising, GDV 59, S. 158.

121) 참조, A. Suraci, Arnold von Brescia und Bernhard von Clairvaux, S. 83-91; C.W. Greenaway, Arnold of Brescia, S. 58-98.

122) Ottonis et Rahewini Gesta Friderici I., Lib. 2, Cap. 28, S. 134, Z. 12-21; Taten Friedrichs von Bischof Otto von Freising, S. 159.

지배권에 대한 비판은 지속적으로 지배세력관계의 변화를 이끌지 못했다. 그는 1154/55년에 처형되었다.[123)]

비록 성직자들이 증가하는 비판에 내몰리는 것처럼 보여도 중부유럽에서는 교구들의 두터운 네트워크가 형성되었다. 여기서 많은 소문과 호사스러움 없이도 마치 계획성 없이 우연한 것처럼 실현된 것은 중세의 커다란 역량에 속한다.[124)] 인구증가와 새로운 지역들의 생성으로 교구들은 나뉘거나 새롭게 생겨났다. 그 재정은 토지소유와 십일조와 성직매직으로 확보되었다. 주임 신부의 가장 중요한 업무는 설교였다. 그들이 자주 경고를 받은 것은 소홀함에 기인한다. 추측컨대 사제들의 부정적인 예와 너무 어린 나이에 사제가 되는 것과 수습사제들의 대리 때문이었다. 고해성사를 받는 것이 주임신부들의 두 번째 업무였지만, 수도사들과 경쟁이 눈에 띈다. 특히 적지 않은 수의 교회가 수도원과 재단을 병합함으로 교회공동체가 독립성을 잃어버리고 주임 신부자리에 수도사들이 앉았다.[125)] 도시들에는 주교의 주교좌성당이 교회의 삶의 중심에 자리 잡았다. 하지만 그 주변에 공동체적인 삶을 발전시키는 여러 교회들이 생겨났다. 재단교회와 수도원 수강자교회, 즉 성직자동료를 위한 교회였으며, 근처에 사는 사람들이 거기에 소속되었다. 시장교회에는 도시 시민이 자신들의 교회를 마련했다. 교구형성은 12세기 전반기에 끝났다. 처음에는 소유권관계에 대해서 다루어지지 않았다. 세속영주와 성직자영주가 교회에 대한 법적지위를 소유했다. 어쨌든 시민계급은 사제선택에서 점차 증가하는 발언권을 가지게 되었다. 도시 공동체의 중요한 과제는 병원의 가난한 자들을 돌보는 것이었다.[126)] 그밖에 사적재단들과 유언장들과 가난한 자들의 의복을 위한 기금과 위령제가 점차 중요한 역할로 떠올랐다. 그것들이 단지 개인영혼구원에 이르기 위하여 종교적으로 동기가 부여된 노력 이상이라는 것은 분명했다. 그것은 12/13세기 이래로 재단과 수도원에서 벗어나기 시작한 병원들을 - 레겐스부르크와 쾰른과 오스나브뤼크에서처럼 - 도시 시민계층의 책임으로 넘기기 위해 처음에는 형제단들이(요한 기사수도회, 독일기사단, 구빈원형제단)이 넘겨받은

123) 참조, C.W. Greenaway, Arnold of Brescia, S. 99-163.

124) A. Hauck, Kirchengeschichte Deutschlands, Bd. 4, S. 22.

125) 참조, A. Hauck, Kirchengeschichte Deutschlands, Bd. 4, S. 50-56.

126) 참조, A. Hauck, Kirchengeschichte Deutschlands, Bd. 4, S. 33 ff.; 60 ff.

것에서 나타난다. '교회로부터 시민계급의 독립과정이 중세인의 성향에 지속적으로 영향을 끼치는 핵심문제에서'[127] 점차 관철되는 빈민구제의 공유화를 통하여 나타난다.

## 2. 위기의 수도원생활

12세기는 수백 년 동안 귀족적인 베네딕트 제국수도원들에 의해 각인된 수도회들이 다양하게 나타난 출발과 변혁의 시대였다. 수도원들에서 삶의 습관들이 베네딕투스규정으로부터 벗어났다는 한탄이 커졌다. 많은 토지소유로 수도원들이 부유하게 되었고, 그로 인하여 은거하는 삶을 영위하는 것이 불가능하게 되었다.[128] 안셀름 폰 하벨베르크(Anselm von Havelberg, †1158)은 자신의 시간을 시장에 머무르면서 세속적인 장사를 하고 세금징수에 대해서 걱정하고 있는 수도사를 비난했다. 명상적인 삶이 그들에게서는 게으름이고, 일은 산책으로 지쳤다.[129] 많은 경우에서 부유함이 아니라 가난함이 쇠퇴의 이유였다는 것이 주목을 끈다. 수도사들의 지출을 확실하게 보장할 능력이 없는 수도원들에 대해 알려져 있다. 경제적 위기의 근거는 비록 수도원 재산의 소득이 증가했지만, 수도원에 속하는 연금은 증가하지 않았다. 관리를 위하여 임명된 관리인이 수도원에 역행하는 관심을 추구함으로 걱정거리를 제공했다. 경제적인 문제 외에 무엇보다도 금욕적 삶을 힘들게 하는 성직자들의 문제들이 있었다. 느슨해진 규율에 대처하는 시도들은 별 성공을 거두지 못했다. 왜냐하면 수도원들이 세속 주무관청(영주) 혹은 성직자의 주무관청(주교들)을 통한 감독에 대항하여 그들의 독립성을 잘 방어했기 때문이었다. 베네딕트에 따라 금욕적 삶을 규정해야 하는 기도와 노동의 관계에서 기도가 강조되었다. 클뤼니에 의해 영향을 받은 수도원들은 하나님을 찬양하는 예전과 그리스도인들을 위한 중보기도의 예전이 화려하게 펼쳐졌다. 평일에는 7시간까지, 축제일에는 더 긴 시간 동안 진행되었다. 베네틱트 수도원에서 하나님의 일을 위하여 금욕을 실천하는 배타적인 행위는 더 이상 사

---

127) H. Queckenstedt, Die Armen und die Toten, S. 145.

128) 해스킨즈(C. H. Haskins)는 두드러진 쇠퇴기에 대해서 말한다(Renaissance of the Twelfth Century, S. 36).

129) Apologeticum pro ordine canonicorum regularium, PL 188, Sp. 1135B/C; 참조, Hildegard von Bingen, Ep. 49, PL 197, Sp. 256.

람들을 수도원에 가입하도록 하는 것에 충분하지 않았다.[130] 사제의 업무를 위하여 수도사들을 활용하는 것을 찬성하는 목소리가 커졌다. 루페르트 폰 도이츠(Repert von Deutz, 1075/76-1129)는 수도사가 제단사역을 수행할 수 있도록 요청했다.[131] 그의 주장에 따르면, 베네딕트 규칙에서 다른 모든 업무보다 못한 육체노동이 허락되었다는 것이다.[132] 마찬가지로 오노레 도탕(Honorius Augustodunensis)이 수도사의 업무를 개방할 것을 변호했다. 사도적 후계자는 순수한 금욕에만 머무는 것이 아니며, 목회적 사역에만 머무는 것도 아니다, 그 때문에 양쪽 모두 행해져야 한다.[133]

### 3. 수도원개혁들

수도원개혁에 대한 첫 자극은 11세기 중엽 피에몽(Piemont)에 있던 베네딕트대수도원 프루뚜아리아(Fruttuaria)에서 생겨났다.[134] 이 개혁의 기본원칙들은 클뤼니 수도원운동에 의해 각인되었다. 자유(libertas)의 요청에 핵심적인 가치가 있었다. 주교 혹은 세속적인 교구관할권으로부터 해방, 소유권에 근거한 통치권의 거부, 교황의 보호 아래 복종, 자유로운 대수도원장선거에서 수도원회의의 권리, 성직매매 금지.[135] 프루뚜아리아의 『규칙서』(Consuetudines, 1080/90)는 3장에 걸쳐 일상생활과 축제기간과 순종에 대한 규정들을 서술하고 있다. 이것은 빈민구제에 특별한 중요성을 두고 있다.[136] 프루뚜아리아의 개혁은 처음에 북부 이탈리아에서 퍼졌다. 거기서부터 라인계곡의 독일지역으로 확장되어 중부와 북부독일과 프랑스로 퍼졌다.

1064년 설립된 베네딕트대수도원 지그부르크(Siegburg)에서 발생한 개혁운동은 프루뚜아리아의 개혁에 그 뿌리를 두고 있다. 개혁의 주창자는 쾰른의 대주교 아노 2세(Anno

130) 참조, A. Hauck, Kirchengeschichte Deutschlands, Bd. 4, S. 325-336.

131) Ep. ad Everardum, PL 170, Sp. 541D-544C; Altercatio monachi et clerici, PL 170, Sp. 537C-542C.

132) In regulam S. Benedicti Lib. III, 5-8; PL 170, Sp. 514A-516B.

133) 참조, J. A. Endres, Honorius Augustodunensis, S. 147.

134) 참조, N. Bulst, Untersuchungen zu der Klosterreform Wilhelms von Dijon; H. H. Kaminsky, Zur Gründung von Fruttuaria, S. 245 f.

135) 참조, G. Melville, Die cluniazensische Reformatio tam in capite quam in membris, in: J. Miethke/K. Schreiner, Sozialer Wandel im Mittelalter, S. 249-297.

136) Consuetudines Monasticae, hg. von B. Albers; 참조, N. Bulst, Zu den Anfängen fruttuarischer Consuetudines, S. 558-561.

II., †1075)였다. 그가 피에몽의 대수도원에 있던 수도사들을 라인지방의 개혁의 중심으로 만들기 위해 지그부르크로 오게 했다.[137] 이 개혁의 가장 중요한 관심사는 금욕적 삶에 평신도의 영향력을 제한하고, 목회적 사역에 수도사들을 연결시키고, 공동체적인 삶의 규정에 따라 수도원을 형성하는 것이었다. 지그부르크의 매력이 얼마나 대단했는지는 12세기 초에 120명의 수도사들이 수도원회의에 속했다는 것에 나타난다. 동시에 주교단에 의해 후원받고 지원받은 대수도원은 지역을 뛰어넘는 영향을 끼쳤다. 1160/63년 사이에 그의 세 번째 설교여행에서 수도원을 방문하였고 수도사들과 역동적인 편지교환을 했던 힐데가르트 폰 빙겐(Hildegard von Bingen) 역시 그 가운데 한 역할을 했다.[138] 남쪽 슈바르츠발트에 위치한 베네딕트대수도원 성 블라지엔(Blasien)도 마찬가지로 프루뚜아리아의 개혁을 접하고 되었다. 그 때 라인펠덴의 루돌프 공작이 주도적인 역할을 했다. 그 수도원은 12세기로 넘어가는 전환기에 남부독일에 영향력을 끼치는 개혁중심지로 발전했다.[139] 운동의 중심지는 콘스탄츠(Konstanz) 교구에 있었으며, 다른 지역에서는 개혁수도원회의가 있었다. 남서부독일에 있는 히르사우(Hirsau) 수도원이 또 다른 개혁중심지로 발전했다.[140] 이 수도원은 클뤼니 수도원개혁의 정신에 의해 각인되었다. 수도원장 빌헬름(Wilhelm, †1091)은 수도원소유주가 자신의 권리를 포기하고 수도원재산을 성인들의 소유로 입증하고, 수도원장은 재산관리자로서 그에 대한 책임을 지도록 관철시켰다.[141] 히르사우의 생활규정에는 주교의 요구에 반하는 수도원의 자유가 보장되었다.[142] 이어진 수십 년 동안 히르사우는 무엇보다도 남부독일에 유력한 영향력을 끼쳤고, 스위스와 오스트리아와 북부와 동부독일에 이르는 영향력을 끼치는 개혁운동으로 발전했다.[143] 서임권투쟁에서 히르사우와 그로부터 설립되었거나 개혁된 수도원들은 교황측에 섰다.[144] 빙

137) 참조, J. Semmler, Klosterreform von Siegburg, S. 35-50, 170-305.

138) PL 197, Sp. 366/367; Übersetzung: A. Führkötter (Hg.), Hildegard von Bingen, „Nun höre und lerne, damit du errötest...', S. 133-135.

139) 참조, H. Jakobs, Adel in der Klosterreform von St. Blasien, S. 39-158, 275-290.

140) 참조, K. Schmid, Kloster Hirsau, S. 23-77; H. Jakobs, Die Hirsauer, S. 3-12.

141) Vita Beati Wilhelmi Hirsaugiensis, PL 1520, Sp. 889B-922C.

142) PL 150, Sp. 927-1146D; 참조, N. Reimann, Konstitutionen, S. 101-108; H. Jakobs, Hirsauer, S. 8-26, 117 f.

143) 참조, H. Jakobs, Die Hirsauer, S. 35-76.

144) 참조, G. Haendler, Reichskirche Ottos I., S. 115, 158.

겐의 힐데가르트가 수도원장 마네골트(Manegold, †1165)와 히르사우 수도사들에게 쓴 편지에 나타나는 것처럼 전성기는 그 세기 중엽까지 지속되었다.[145] 반면에 점차 히르사우의 수도원회의 새로운 개혁승단이 경쟁하게 되었다. 이전에 다른 수도원 출신의 수도사들이 히르사우의 수도원들에 가입했다면, 이제는 히르사우의 가치상실이 이적으로 나타나고 있었다. 히르사우 수도원장의 요청으로 인노켄티우스 2세(Innozenz II.)는 시토수도원의 원장들에게 히르사우에서 수도사들을 받아들이지 말고 그들의 출신수도원으로 되돌려 보내도록 명령했다.[146]

## D 은둔자들과 순회설교자들

수도원의 개혁운동들과 함께 12세기로 넘어가는 전환기에 새로운 개혁의 단초들이 형성되었다. 순회설교자와 은둔자들,[147] 그것들은 모든 차이점에도 불구하고 베네딕트수도원으로부터 유래한 것이 아니라 초기 그리스도교에서 그 모본을 갖고 있다는 점에 일치한다.

### 1. 순회설교자들의 부활

순회설교운동의 탁월한 대표자는 로베르트 드 아르브리쎌(Robert von Arbrissel, 1045-1116)이였다.[148] 안셀므 드 랑(Anselm von Lao)에게서 학업을 마친 뒤에 로베르트는 사제로 서품을 받고 렌(Rennes)의 주교 자문관 그룹에까지 승진했으나 그의 죽음 뒤에 위기에 처하게 됐다. 그는 크라옹(Craon)의 숲으로 물러나서, 엄격한 금욕생활을 하면서 자신 주위에 은둔자들을 모았다. 1096년 그는 우르바누스 2세로부터 순회설교자의 허락을 받았

145) Übersetzung in: A. Führkötter (Hg.), Hildegard von Bingen, „Nun höre und lerne, damit du errötest...', S. 129-133.

146) H. Jakobs, Die Hirsauer, S. 34; 참조, A. Hauck, Kirchengeschichte Deutschlands Bd. 4, S. 326.

147) 참조, J. van Moolenbroek, Vital l'ermite, S. 212-243; H. Grundmann, Religiöse Bewegungen, S. 38-50.

148) 발드리히 폰 부르괴이르(Baldrich von Bourgueil, Baldricus Dolensis, Vita b. Roberti de Arbrissello; PL 162, Sp. 1043A-1058A)와 퐁뜨브로(Fontévrault) 수도원회의 수도사(Andreas Fontis Ebraldi, Vita altera b. Roberti de Arbrissello; PL 162, Sp. 1057B-1078C)가 쓴 두 개의 전기가 그의 삶에 대해 알려준다.

다.[149] 그의 영향력은 지리적으로 샤르트르(Chartres), 툴루즈(Toulouse), 페리그(Perigueux), 브르타뉴(Bretagne)주에 미쳤다. 그가 자신의 추종자에게 그들이 오직 '그리스도의 가난한 자'로 간주되어야 한다고 경고한 반면에, 설교에서 그는 성직자들의 도덕적 상태에 대해서 탄식했다.[150] 그의 순회설교의 공적인 효과는 컸다. 고트프루아 드 방돔(Gottfried von Vendôme, 1070-1132, 베네딕트수도원 트리니테(La Trinité)의 수도원장)은 그들을 그림처럼 다음과 같이 묘사했다.

> "너는 어떤 의미에서 높은 산에 올라감으로 사람들의 목소리와 눈을 너에게 향하게 했다."[151]

하지만 로베르트 드 아르브리쎌은 성직자들에게서 거부되었는데, 그것은 무엇보다도 여자들에 대한 그의 태도 때문이었다. 마르보트 폰 렌(Marbod von Rennes, 1035-1123, (Angers) 학교의 설립자)는 여자가 그에게 너무 가까이 있다고 비난했다.[152] 고트프루아 드 방돔은 다음과 같이 한탄했다.

> "이미 말한 것처럼 너는 몇몇 부인들을 거의 가족같이 너와 함께 사는 것을 용납한다. 그들과 함께 너는 종종 사적인 대화를 하며 심지어 밤에 그들과 함께 그리고 그들 사이에 종종 누우며 얼굴을 붉히지도 않는다."[153]

1101년 초에 로베르트는 푸아티에(Poitiers)의 퐁뜨브로(Fontévrault)에서 그의 추종자를 위한 수도원과 비슷한 거주지를 설립했다. '가난한 자와 귀족들, 과부와 처녀들, 노인과 청소년들, 어린 소녀들과 결혼한 남자들,' 즉 남자와 여자들이 거기에 속하였으며, 분리

149) PL. 162, Sp. 1050D-1051A.

150) Baldricus Dolensis, Vita, cap. III, 19; PL 162, Sp. 1053 B.

151) Ep. Lib IV, 47; PL 157, Sp. 183A.

152) 참조, Marbodus Redonensis, Brief VI; PL 171, Sp. 1080D-1085C.

153) Goffridus Vindocinensis, Ep. 47; PL 157, Sp. 182A/B.

된 집에서 거주했다.[154] 재정은 수공업을 통하여 마련되었다. 참회복을 의복으로 입었다. 여자들에게는 시편찬송과 수도원의 밀실에서 명상이 의무로 부과되었다. 남자들은 평신도일 경우에는 일을 했으며, 성직자일 경우에는 미사를 드려야 하는 의무를 짊어졌다. 그 모든 것 배후에 교회를 금욕적인 삶의 척도에 따라 세우려는 요구가 놓여 있다. 그 때문에 이브(Ivo von Chartres)는 로베르트의 교만을 비난했다.

> '그들이 성직자들을 그들 자신 아래에 종속시키려고 애쓰는 믿기 어려운 방법으로 수도사의 위치를 높이 평가함으로 그들이 성직자계층에 공적으로 부당한 행위를 가했다.'[155]

이어진 몇 년 동안 퐁뜨브로로부터 수많은 자매수도원들이 설립되었다.[156] 수도원연합의 설립으로 인하여 확고한 규칙의 필요성이 대두되었다. 로베르트는 죽기 한 해전에 적합한 규정들을 집필했는데, 이것들은 다양한 형태로 남아 있다.[157] 각 단락들에서 베네딕트 규칙이 설명되고 보완되었으며, 다른 단락들에서는 세속적인 의존과 평신도들의 영향으로부터 자유가 보장되었고, 또 다른 단락은 지도자직분의 선거에 해당하는 것이었다. 눈에 뛰는 것은 여성들의 두드러진 역할이다. 퐁뜨브로에서 수녀원장으로 헤르젠디스(Hersendis)가 세워졌고, 베드로닐라 폰 헤밀레(Petronilla von Chemillé)가 그녀의 뒤를 이었다.[158] 로베르트는 그의 비판자들에 대립하여 다음과 같은 말로 그것을 정당화했다.

> "여러분들은 내가 항상 이 세상에서 설립한 것을 알고 있는데, 나는 우리 수녀들의 유익을 위해 했다. 그리고 나는 그들에게 나의 능력의 전권을 주었으며, 내가

154) Baldricus Dolensis, Vita, cap. III,19, PL 162, Sp. 1053B.; 참조, M. Parisse, Fontévrault, monastère double, in: K. Elm/M. Parisse, Doppelklöster, S. 135-148.; B. L. Venarde, Women's monasticism and medieval society, S. 57-66.

155) Ivo Carnotensis, Ep. 36; PL 162, Sp. 48D/49A.

156) 참조, Joh. v. Walter, Wanderprediger Bd. 1, S. 138-144, 157-160.

157) Charta abbatiae Grandimontis, PL 162, Sp. 1077D-1078D; Regulae sanctimonialium Fontis Ebaraldi, PL 162, Sp. 1079A-1082C; Praecepta recte vivendi PL 162, Sp.1081D-1086C.

158) Baldricus Dolensis, Vita Kap. IV, 21; PL 162, Sp. 1054B/C; 참조, B. L. Venarde, Womem's monasticism and medieval society, S. 116-120.

가진 것 이상을, 나는 우리 영혼의 구원을 위해 그들을 섬기는데 내 자신과 제자들을 내맡겼다. 그 때문에 나는 내가 죽은 후 - 먼 이야기이겠지만 - 누군가 우연히 나의 이 결정을 반대하지 않도록 하기 위해 여러분들의 도움으로 내가 아직 있는 동안에 이 수도원연합회를 위하여 수녀원장을 임명하도록 명령을 내렸다."[159)]

로베르트는 1116년에 베리 지역의 오르잠(Orsam/Berry)에 있는 퐁뜨브로 수도원 분원에서 죽었다.

베르나르 드 티롱(Bernhard von Tiron,1046-1117)은 로베르트의 동시대인이다. 그의 삶 역시 참된 사도적 삶에 대한 추구가 어떻게 수도원을 넘어 나오게 되었는지 보여준다.[160)] 1100년 푸아티에(Poitiers) 공의회에서 만난 로베르트 드 아르브리쎌(Robert von Arbrissel)에 의해 자극을 받은 베르나르는 브르타뉴 숲의 고독 속에서 은둔자로서 정착했고 동시에 방랑설교를 시작했다. 그의 전기 작가의 진술에 따르면, 그는 '황야에서 소수의 형제들을 동반하여 스스로 당나귀에 앉아 빈약한 천을 걸치고 시골을 다니면서 그리스도의 가난을 따를 것을 요청'[161)]했다. 1114년 그는 샤르트르의 띠롱(Tiron)에 정착하여 베네딕트 규칙을 따르는 수도원을 설립했다. 그 삶의 방식의 특징이 규칙에 기록되어 있는데, 그 삶의 방식은 단순했다. 옷은 가난하게, 음식은 초라하게, 육체노동은 의무적으로.[162)] 이 설립(규정)의 엄격함은 그 영향력의 근기였다. 베르나르 드 티롱이 아직 살아있을 때, 23개의 대수도원과 80개의 분원으로 수도원연합회로 구성하였다. 그 가운데 몇몇은 영국섬에 자리 잡았다.[163)]

비탈리스 폰 사비니(Vitalis von Savigny, 1060-1122)는 두 순회설교자의 제자로 불릴 수 있다.[164)] 처음에 그는 로베르트 드 모르탱(Robert von Mortain)백작의 궁정에서 보좌신부로서 활동했다. 그러나 그는 그때까지 삶의 여정을 중단하고, 교회의 이력을 떠나서 노르

159) Andreas Fontis Ebraldi, Vita altera b. Roberti de Arbrissello Kap. I, 5; PL 162, Sp. 1059D.

160) 참조, Joh. v. Walter, Wanderprediger Bd. 2, S. 1 ff.

161) Gaufridus Grossus, Vita Beati Bernardi, PL 172, Sp. 1362-1446D, bes. Sp. 1384A/B; 1400 A; 1432A/B.

162) Cartularium Tironiense, ed. L. Merlet, Bd. 1.

163) 참조, J. Bourton, Monastic and Religious Orders in England, S. 66 f.

164) 참조, J. van Moolenbroek, Vital l'ermite, S. 148-180.

망-브르타뉴의 숲의 황무지로 물러났다. 그곳에서 그는 다른 은둔자들을 만났다.[165] 그의 모범이 된 자들처럼 그도 순회설교자로서 공개적으로 등장했으며, 나병환자들을 위한 건물들을 건축하면서, 참회와 가난과 금욕을 요청하였을 뿐만 아니라 설교로 '대규모의 사회적 영향력을' 끼쳤다.[166] 그 밖에 그는 영국의 헨리 1세와 로베르트 드 노르망디 사이의 전쟁에서 중재를 시도했다.[167] 은둔자의 삶을 받아 들인지 10년이 된 1105년에 비탈리스(Vitalis)는 분명히 자신의 추종자의 독촉에 의해 모르탱(Mortain) 근처에서 금욕적인 공동체를 설립하려고 시도했으나 처음은 헛수고 였다. 8년 뒤 두 번째 시도는 성공적이었다. 수도원장으로서 비탈리스(Vitalis)는 사비니 숲속에 자리 잡은 설립공동체에 베네딕트 규칙을 따르면서 동시에 독자적이며 은둔자적으로 각인된 영성을 부여했다. 그 공동체는 여성수도자와 가난한 자를 위한 숙박소가 딸려 있었다. 1119년에 칼릭스트 2세(Calixt II.)는 수도원에 교황청의 보호를 승낙했다.[168] 이어진 수년 동안 30개 이상의 수도회 분점의 설립으로 전성기를 맞이했다. 그 가운데 거의 반이 영국과 웨일즈에 자리 잡았다.[169] 1147년 사비니의 수도회공동체는 시토수도회의 지도 아래로 들어가게 되었다.[170]

## 2. 은둔자적 삶의 부흥

이탈리아 지역에서 중세의 가장 오래된 은둔자적 공동체가 생겨났다. 카말돌리(Camaldoli)의 수도원회의 창설자는 은둔자적 제자무리의 지도자인 로무알도 폰 라벤나(Romuald von Ravenna, 950-1027)이다. 그는 토스카나(Toscana)지방의 고독 속에서 정착자의 집들과 수도원숙박소와 교회를 설립한 자였다. 그의 삶의 양식은 금욕적이며, 은둔적

165) 스테판 드 푸제르(Stephan von Fougères)의 생애(Vitae beatorum Vitalis et Gaufridi, hg. von E. P. Sauvage, A, nalecta Bollandiana 1)와 비탈리스의 추도사(Rouleau mortuaire du B. Vitalis, hg. von L. Delisle)와 오르데리쿠스 비탈리스의 교회사(Ordericus Vitalis, Historia ecclesiastica Buch VIII, 26; PL 188, Sp. 624A-643)가 그의 삶에 대해서 보도하고 있다. 전승에 대하여는 다음을 참조하라. J. van Moolenbroek, Vital l'ermite, S. 8-90.

166) Joh. v. Walter, Wanderprediger Bd. 2, S. 85.

167) Ordericus Vitalis, Historica ecclesiastica Buch XI, 10; PL 188, Sp. 812B-817A.

168) 참조, J. van Moolenbroek, Vital l'ermite, S. 180-211. Abdruck der päpstlichen Urkunde, ebd. S. 267-269.

169) 참조, J. Burton, Monastic and Religious Orders in England, S. 63-69.

170) 참조, B. Golding, Gilbert of Sempringham and the Gilbertine Order, S. 26-33.

이며, 기도시간과 금식과 침묵과 손으로 하는 노동으로 각인되어 있었다.[171] 로무알도의 전기(Vita S. Romualdi)를 통하여 그의 선생에 대한 기념을 보존하고 생활양식을 기록한 피에르 다미아니(Petrus Damiani, 1007-1072)를 통하여 처음으로 그는 보다 큰 영향을 끼치게 되었다.[172] 카말돌리의 설립공동체는 남자와 여자를 위한 두 개의 분리된 수도회를 가진 이중수도원으로 발전하였으며, 1113년 파스칼리스 2세(Paschalis II.) 아래에서 교황청의 비준을 얻었다.[173] 12세기 초까지 약 15개의 수도원과 은둔자의 암자들과 참사수도회 건물들이 가입했으며, 그 가운데 수녀원이 하나 있었다. 그들은 카말돌리의 분원 아래에 소속되었고, 최초의 설립장소에 따라 카말돌리회 수도사라고 불려 졌으며, 은둔자적이며 공동체적인 요소들이 융합된 느슨하게 구성된 수도회를 형성했다.[174]

발롬브로사(Vallombrosa)의 수도원회는 카말돌리의 영향을 받았다. 설립자는 지오반니 구알베르트(Johannes Gualbertus, 1000-1073)였으며, 처음에 일정시간동안 카말돌리에서 지내다가 후에 피렌체와 가까운 발롬브로사에서 자신의 은둔자공동체를 설립했다.[175] 거기에서부터 이중수도원의 모델을 따라 세워져 베네딕트 규칙을 수용한 평범한 수도원생활이 발전하였다. 새로운 것은 수공업이 평수사들(Konversen)에게 위임된 것이다. 발롬브로사는 가까운 주변에 있는 수도회들이 가입한 작은 수도원연합의 모(母)수도원으로 발전하였다.[176] 은둔자적인 수도원의 모범으로부터 자극을 받기 위하여 임시로 공동체에 거주하는 수많은 방문자들이 보여주는 것처럼 그 영향력은 점점 커졌다. 그들 가운데 스테펀 하딩(Stephen Harding)이 있었다. 그는 스코틀랜드에서 프랑스를 거쳐 로마로 가는 여행 중에 발롬브로사에 체류하였으며, 후에 몰렘(Molesme)과 시토로 계속 여행하여 시토수도회의 창설자 중의 한 사람이 되었다.

---

171) Brun von Querfurt, Vita quinque fratrum, MGH.SS XV, S. 709-738; 참조, G. Haendler, Reichskirche Ottos I, S. 111.

172) Petrus Damiani, Vita S. Romualdi, Fonti 94; PL 144, Sp. 953A-1008C; De Ordine Eremitarum, et Facultatibus Eremi Fontis Avellani; De institutis suae congregationis, PL 145, Sp. 327D-336B, 335C-364D; 참조, W. Kurze, Geschichte Camaldolis, S. 399-415.

173) 참조, G. Jenal, Doppelklöster und monastische Gesetzgebung im Italien des frühen und hohen Mittelalters, in: K. Elm/M. Parisse, Doppelklöster, S. 49-51.

174) 참조, H. Jedin, Atlas zur Kirchengeschichte, S. 49 A/B.

175) 참조, F. Avagliano, Vallombrosa, LexMA 8, Sp. 1395/96.

176) 참조, H. Jedin, Atlas zur Kirchengeschichte, S. 49C/D.

프랑스가 개혁운동에서 중요한 역할을 했다. 스테판 드 뮈레(Stephan von Muret, 1046-1124)가 그 동인이었으며, 그는 순례여행 도중에 심하게 아프고 난 뒤에 성직에 자신의 삶을 헌신했다. 처음에는 성직자로 서품을 받았다가 후에 칼라브리아(Kalabrien) 출신의 은둔자들과 만남을 통하여 자극을 받아 오베르뉴에서 은둔하였으며 거기서 은둔자의 암자를 설립했다.[177] 엄격한 금욕에 의해 각인된 그의 삶에 대해서 일차적으로 그의 제자들의 진술에서 파악할 수 있다. 12세기 중엽에 그들은 '교리서'(Liber de Doctrina)에 스테판으로부터 구술로 받은 규정들을 기록했으며, 그의 죽음 이후 그랑몽(Grandmont/Flandern)에 설립된 은둔자공동체의 기본토대가 됐다.[178] 그랑몽의 원장인 스테판 폰 리시악(Stephan von Lissiac, 1139-63)이 '존경스러운 사람 스테판 뮈레의 전기'(Vita venerabilis viri Stephan Muretensis)을 저술했다.[179] 그랑몽의 수도사들은 복음서의 가르침에 따라 참회와 금욕의 삶을 영위했다. 12세기로 넘어가는 전환기의 다른그룹들과 달리 여성들은 가입하지 못했다. 그랑몽회 수도사들은 순수한 남성수도회로 머물렀다. 분원들('cellae')은 특히 남부 프랑스에서 생겨났으며, 스페인과 영국과 독일에서도 은둔자들이 그랑몽공동체에 개별적으로 가입했다.[180]

### 3. 카르투지오수도회

프랑스 은둔자들의 중심지는 그르노블(Grenoble)의 알프스산맥 앞쪽이었다. 여기서 11세기의 80년대에 강력한 영향력을 끼친 은둔자집단이 설립됐다. 그 주도자는 부르노 폰 쾰른(Bruno von Köln, 1030-1101)이였다. 그는 그 시대에 가장 영향력 있는 성직자 중의 한 명이었다.[181] 도시귀족가문출신의 브루노는 처음에 랭스의 대성당에서 참사수도회원이 되었으며, 그 후 대성당학교장이 되었고, 마침내에 대주교구의 궁내관이 되었다. 이 직

177) 참조, P. Engelbert, Vita religiosa im 12. Jahrhundert, S. 19-56.

178) Scriptores ordinis Grandmontensis, CChr.CM 8, S. 3-62.

179) Scriptores ordinis Grandmontensis, CChr.Cm 8, S. 103-137.

180) H. Grundmann, Deutsche Eremiten, Einsiedler und Klausner im Hochmittelalter, in: Ders., Aussätze, Bd. 1, S. 93-124.

181) 그의 생애에 대한 원자료: a) La Chronique des premiers Chartreux, hg. von Andre Wilmart; b) Tituli funebres Sancti Brunonis, PL 152, Sp. 555A-606A; c) Epistola encyclica de obitu S. Brunonis, PL 152, Sp. 553A-554B.

분에서 그는 그가 랭스의 대주교 마나쎄(Manasses)의 성직매매를 책망하는 입장을 가짐으로 그레고리식 교회개혁의 논쟁에 얽히게 됐다. 얼마 후 그는 격렬한 논쟁에 신물이 나서 두 명의 동반자와 함께 그동안 활동하던 지역을 떠났다. 그는 부르고뉴로 가서 후에 시토수도회를 창설한 몰렘의 로베르트에게서 임시로 머물렀다. 하지만 몰렘 수도원의 수도사로서가 아니라 세쉬-퐁텐(Sêche-Fontaine)의 가까운 곳에 정착한 은둔자로서 머물렀다. 후에 브루노는 친구에게 세계를 떠나는 것과 영원을 추구하며 수도사의 의복을 얻은 것, 당시 함께 찬양한 것을 상기시켰다.[182]

은둔한 암자가 사람들의 주거지에 가까웠기 때문에, 그는 위그 드 그르노블(Hugo von Grenoble, 1053-1132)에게 문의하였다. 그레고리개혁지지자인 그에게서 그(브루노 – 역자주)는 이해를 얻었다. 성직자들에게 수도사는 세속적인 얽힘으로부터 자유로운 교회를 위한 모범이어야 한다.[183] 그래서 대주교로서 그는 그의 영향권이 미치는 지역에 있는 모든 수도원의 개혁운동을 후원했다. 정규참사수도회원, 샬레(Chalais)의 베네딕트수도원회(1101년 설립), 그리고 브루노 폰 쾰른의 통해 시작된 은둔자들의 개혁운동을 후원했다. 도피네(Daphiné, 그르노블 근처)의 알프스산지에 있는 온전한 황야인 땅덩어리가 브루노에게 주어졌다. 1084년 그는 거기서 그의 동반자들과 함께 처음에는 단지 두 개의 건물로 구성된 은둔임자를 세웠다. 후에 이것은 교회 주변에 십자로와 공동공간들로 확장되었다. 그들은 이웃한 산괴(山塊) '라 샤르트뢰즈'(La Chartreuse, 라틴어 Cartusia)로부터 유래하는 그들의 이름을 갖게 되었다.

설립 할 때 브루노 폰 쾰른은 엄격한 은둔자생활을 위한 여건들을 만들려는 목적을 추구했다. 생애 말년에 기록한 편지에서 그는 은둔과 은거생활의 가치에 대해서 밝혔다.

> '왜냐하면 여기서 강한 인격은 마음껏 자신에게로 들어가서 자신 안에 머물 수 있다. 여기서 그들은 초기에 자신 안에 놓여있던 덕을 펼치며 낙원의 열매를 완전한 기쁨으로 누릴 수 있다. 여기서 저 분명한 시선이 발견될 수 있다. 그 시선의 매

182) Lettres des premiers chartreux, SChr 88, S. 76.

183) Guigues le Chartreux, Vie de St-Hugues, hg. von M.-A. Chomel; PL 153, Sp. 759A-784D.

력은 사랑 때문에 신랑에게 상처를 입히고 그 순결함은 하나님을 바라보게 만든다.'[184]

그 때문에 그는 기존의 규칙들 중에 하나를 수용하는 것을 포기함으로 규칙이 없는 초기시절에 대해서 언급될 수 있다. 성무일도의식은 준(準)은둔자적인 특징들을 가졌으며, '다른 수도회의 모범'을 따르지 않았다.[185] 단지 이른 아침과 저녁에 공동으로 기도했으며, 나머지 시간에는 각자 독방에서 했다. 공동의 식사는 매주 한 번 일요일에 수도원식당에서 가졌다. 침묵은 아주 드물게 중단되었으며 카르투지오수도원의 생활에서 아주 엄격하게 지켜졌다. 수도원토지에서 노동은 평수사들에 위해서 수행되었다.[186]

1090년 초 부르노는 이전의 랭스 대성당학교의 제자였던 우르바누스 2세(Urban II.)에 의해 로마로 불려왔다. 그의 떠남은 카르투지오수도회에게는 중대한 사건임을 뜻한다. 일시적으로 그들은 그들의 독립성을 잃어버렸고 심지어 붕괴의 위협에 직면하여 이웃한 수도원에 연합되었다. 그 독립성을 다시 회복하기 위하여 교황청의 결정이 필요하였다. 위그 드 그르노블은 '주나 주교처럼 아니라, 모든 이를 섬길 준비가 된 동반자와 겸손한 형제처럼' 그의 생애동안 카르투지오수도회와 관계를 맺었다.[187] 브루노 역시 수도원공동체와 편지로 관계를 유지했다.[188] 그는 짧은 시간 교황청에서 일한 뒤에 다시 은둔하였으나 결국 1090년 찾아오는 하인리히 4세(Heinrich IV.)로부터 남부이탈리아로 도피하여 라 토레(La Torre)의 칼라브리아(Kalabrien)에서 은둔자의 공동체 '마리아 델 에레모'(Maria dell' Eremo)를 설립했다. 1101년 그의 죽음으로 라 토레와 그랑드 샤르트뢰즈(Grande Chartreuse) 사이의 관계가 끝났다.[189] 랭스(Reims)는 다음의 글로 그의 유명한 아들을 회상한다.

---

184) Bruno, Brief an Radolf den Grünen, in: Bruno/Guigo/Antelm, Epistulae Cartusianae, FChr 10, S. 58/59.

185) H. Becker, Respansorien des Kartäuserbreviers, S. 13.

186) B. Bligny, L'Église et les ordres religieux, S. 245.

187) Guigo, Vita Hugonis III 12; PL 153, Sp. 770A.

188) 참조, den Brief an die Kartäuser, in: Bruno/Guigo/Antelm, Epistulae Cartusianae, FChr 10, S. 70-75.

189) 브루노의 최후의 증거문서는 임종침상에서 저술한 신앙고백이었다. in: Bruno/Guigu/Anthelm, Epistulae Cartusianae, FChr 10, S. 76-79.

'젊은 브루노의 영적인 어머니인 랭스여, 기뻐하라. 왜냐하면 그가 그 가르침에 신실하게 머물렀기 때문이다. 그리고 눈물과 기도로 그의 주를 향해 서두르는 자를 환송하라.'[190]

브루노가 떠난 뒤 여러 해 동안 카르투지오수도회가 잘 알려지지 않았는데, 브루노의 뒤를 이은 수도원장들이 단지 그의 대변인으로 간주되었기 때문이었다. 하지만 전승은 카르투지오수도회의 제5대 수도원장(1109년부터)인 귀고 1세(Guigo I., 1083-1136)의 지도 아래 새로운 동인이 효력을 발휘했다고 보도하고 있다. 귀고는 위그 드 그르노블의 전기의 저자였으며, 수많은 편지와 영적인 고찰들의 저자였다. 거기에서 그는 금욕과 은혜의 신학과 육체성과 공간의 신학을 전개했으며, 거기에 실제적인 의미에서 수도회의 정체성을 설명했다.[191] 그는 자신의 시대에 뛰어난 금욕적인 인물에 속하였다. 베르나르 드 클레르보와 가경자(可敬者) 피에르와 친했던 그는 그랑드 샤르트뢰즈를 새로운 전성기로 이끌었다. 12세기 중엽까지 여러 개의 카르투지오수도회가 - 대개는 프랑스의 알프스지역에 – 설립되었다.[192] 그의 가장 중요한 작품은 1121/27년에 저술한 카르투지오수도회의 생활규칙('consuetudines cartusiae')이였다.[193] 그것들과 함께 여러 해 동안의 발전이 일시적으로 끝나게 된다. 히에로니무스의 편지들과 베네딕트의 규칙과 수도원전통을 구체적으로 서술하지 않은 다른 텍스트들이 그의 1차 자료들에 속한다. 생활규칙들은 머리말로 시작하는데, 거기에는 수도사와 평수사들의 이무에 대한 규정들과 예배와 성무일도를 위한 규정들과 징계규정들이 포함되어 있다. 입회와 관련하여 카르투지오수도사는 1년의 수련기를 지난 뒤에 첫 번째 수도원 서원을 그리고 4년 뒤에 두 번째 성대한 서원을 하는 것으로 규정되어 있다. 그 마지막은 은둔자의 삶에 대한 찬양으로 이루어졌다. 그 삶은 베네딕트수도원의 반대모델과 관계되는 것을 강조하였다. 그 규칙들은 1133년 교황 인노켄티

190) Tituli funebres, PL 152, Sp. 571B.

191) Bruno/Guigo/Antelm, Epistulae Cartusianae, FChr 10, S. 83-157; Guigues Ier le Chartreux, Meditations, SChr 308; 참조, B. Rieder, Deus locum dabit. Studien zur Theologie des Kartäuserpriors Guigo I.

192) 참조, H. Jedin, Atlas zur Kirchengeschichte, S. 51.

193) M. Laporte, Aux sources de la vie cartusienne Vol. IV; PL 153, Sp. 635-760.

우스 2세에 의해 허락을 받았다.

안텔름(Antelm, 1107-1178)의 지도 아래 카르투지오수도사들은 계속되는 단계를 갖게 되었다.[194] 수도회의 최고위직은 대수도원장 혹은 총회장이 차지했으며, 그랑드 샤르트뢰즈에 거주지를 가지고 있었다. 행정은 그의 소관이었고, 입법은 총참사수도회에 속하였다. 시토회의 모범에 따라 1140년에 카르투지오회의 첫 번째 총참사수도회가 개최되었다. 그때까지 독립적이던 카르투지오수도원들이 그와 관계를 맺고, 공동의 지도 아래 들어갔으며, 다시 한 번 보완된 생활규칙이 부여됐다. 그 내용은 그가 한 무명인에게 보낸 편지에서 강조한 것처럼 '단지 우리의 공동체의 규정을 따르려고 하는 자들에게' 개방되었다.[195] 동시에 카르투지오수도회는 통일된 성무일과를 가졌는데, 그 중심은 시편찬양이었다. 이것으로 처음에 독립적인 카르투지오수도원의 느슨한 연합체에서 조직화된 연합체가 되었다.

## E 시토수도회

시토수도회는 12세기의 가장 중요한 개혁승단이다(Ordo Cisterciensis/O Cist). 그의 설립은 베네딕트 규칙을 초기처럼 엄격하게 다시 만드는 목표와 관계가 있다. 클뤼니수도회의 세상개혁에 대한 요청에 반대하여 베네딕트의 유산을 다시 수용하여 수도회의 근본능력을 다시 회복하는 것이었다.

### 1. 시토(Cîteaux)에서 시작

시토수도회의 역사의 시작에는 수도원 분리가 있다. 그 창시자는 몰렘의 수도원장이었던 로베르트(Robert, 1028-1111)였다.[196] 완전한 삶의 양식에 대한 끊임없는 추구가 그의 삶에 특징이다. 그는 다양한 수도원들에 가입했다가 다시 거기를 떠나서 은둔자가 됐

194) 1136년 포르트(Portes)의 카르투지오수도회에 입회, 1139-1151년 그랑드 샤르트뢰즈의 수도원장, 포르트로 귀환, 1163-1178년 벨리(Belley)의 주교.

195) Antelm, Brief an einem Unbekannten, in: Bruno/Guigo/Antelm, Epistulae Cartusianae, FChr 10, S. 167.

196) 참조, J.-B. Van Damme, Three Founders of Cîteaux, S. 17-52.

다. 그가 1075년에 부르고뉴에 몰렘 대수도원을 설립하여 대수도원장으로서 베네딕트 규칙을 엄격히 따르는 것을 관철시킬 때까지 그랬다. 어쨌든 로베르트는 이어진 몇 년 동안 증여와 기부로 몰렘이 수많은 수도원분원을 가진 풍요로운 대수도원이 되는 것과 최초의 청빈에 대한 요청이 느슨해지는 것을 막을 수 없었다. 그 반응으로서 그는 1090년 일시적으로 근처에 있는 은둔자의 암자로 물러났다. 얼마 후에 그는 은둔 가운데 얻은 엄격성을 몰렘에 관철시키려고 다시 시도하였으나 실패했다. 게다가 수도원 거주자회가 분열되었고, 로베르트는 대수도원장 알베리히(Alberich)와 몇 명의 동반자들과 함께 대수도원을 떠났다. 1098년 종려주일에 그는 디종(Dijon) 남쪽으로 '키스테리키움'(cistercium, 프랑스어 Cîteaux)이라는 이름을 가진 장소에 새로운 수도원('novum monasterium')을 건설했다.[197] 몰렘으로부터 떠남은 새로운 시작의 과격성을 환기시킨다. 교회법적으로 볼 때 그는 베네딕트 규칙과 수도원소재지에 머물러야 하는 의무(stabilitas loci)의 규정을 범했다는 것을 뜻한다. 그 때문에 로베르트는 그의 동료수도사들의 비난만 받은 것이 아니다. 우르바누스 2세는 1년 후에 그가 몰렘으로 돌아갈 것을 요구했다. 하지만 금욕적인 수도회의 입장을 관철시키기 위하여 그가 시토에서 활동할 시간이 충분했다. 그 삶은 청빈으로 각인되었고, 생계는 토지경제의 이득으로 아니라 수도사의 육체노동을 통하여 보장되었다.

로베르트의 후임자들 가운데 스테펀 하딩(Stephan Harding, 1059-1134)은 탁월한 지위를 차지했다.[198] 그는 남부잉글랜드 출신으로 거기서 처음에 솔스베리(Salisbury) 근처의 수도원에 입회했고, 프랑스와 이탈리아를 돌아다녔다. 어느 시간동안 그는 카말돌리와 발롬브로사의 개혁수도원연합회에 머물렀다가 프랑스로 돌아가서 1075년에 몰렘의 수도원에 입회했다. 얼마 후에 그는 수도원장 로베르트와 함께 몰렘을 떠나서 시토에 수도원을 설립하는 그룹에 속했다. 로베르트가 억지로 다시 몰렘으로 돌아갔을 때, 지도자역할이 그와 함께 온 이들에게 주어졌다. 알베리히(†1108)가 새로운 수도원장이 됐다. 그는 새로운 수도원의 최종 정착지를 정했으며 도입된 개혁들을 견고히 하여, 수도원이 1100

197) 참조, P. Zakar, Anfänge des Zisterzienserordens; L. J. Lekai, Cistercians, S. 11-20.

198) 참조, J.-B. Van Damme, Three Founders of Cîteaux, S. 69-128.

년 10월에 교황청의 특권으로 자유와 보호를 약속받기에 이르렀다.[199] 그의 뒤를 스테펀 하딩이 이었는데, 그의 지도 아래 시토의 금욕적인 삶은 계속 발전했다.[200] 필사실의 건축이 핵심적인 의의를 갖는다. 스테펀 하딩은 그것을 통하여 시작된 수도원생활에 교육에 대한 자극을 가져왔다. 그에 의해 완성된 성경출판이 이것을 드러내 보여준다. 그 성경에는 히브리어텍스트와 유대학자들의 해석이 원용되었다.[201] 그밖에 고대의 원자료들을 재수용하여 암브로시우스와 그레고리 1세의 전례서적들을 예배개혁의 기본토대로 삼았다. 성무일도는 단순함과 원천성의 원리에 따라 형성되었고, 모든 비전례적인 첨가물들을 배제한 그레고리성가의 찬송들만 수용되었다.[202] 명상으로부터 관심을 돌리는 것을 피하기 위하여 수도원교회의 예술적 장식은 단순했다. 그래서 실내채색, 채색유리, 건축조각물이 포기되었고, 탑 대신에 지붕까지 작은 사다리가 만들어졌다. 동시에 수도원공동체에 대한 이념이 강조되었다. 카르투지오수도회에는 달리 독방이 없고, 공동의 숙소가 있었다. 수도사들에게 영적인 과제가 주어진 반면에 들판에서 행하는 작업을 평수사들(Konversen)에게 위임된 결정이 중요하다. 이것은 손으로 하는 노동이 금욕적 삶과 분리되어서는 안 된다는 최초의 바램을 포기하는 것을 의미한다. 어쨌든 스테펀 하딩은 이와 함께 이미 발롬브로사와 카르투지오수도사들에게서 입증된 실제를 수용했다. 평수사들은 종교적 삶의 새로운 양식을 재현했다. 그들은 전통적인 의미에서 수도사가 아니었지만, 일 년의 수련기를 거쳐서 청빈과 순결과 순종의 수도사서약을 했다. 그들은 '경건한 자들'로 간주되고, 수도사처럼 종교적인 특권과 세속권력으로부터 면책특권을 누렸으며, 수도원 내에서는 하위계층에 속하였으며 베네딕트 규칙에 따라 생활하지 않고 자신들의 생활규정(평수사들의 관습, Usus Conversorum)을 가졌다. 예배의 삶에서 그 차이는 분명해진다. 평수사들은 단지 드물게 성무일도와 일요일 미사에 참여하며, 수도사들은 온전한 예전의 찬양에 참여함으로 예배를 드리지만, 이들은 단지 청중으로서 참여한다.[203]

---

199) Chartres et documents concernant l'Abbaye de Cîteaux, hg. von J. Marilier, Nr. 21.

200) 참조, M. G. Newman, Stephen Harding and the Creation of the Cistercian Community, S. 307-329.

201) 참조, M. Cauwe, La Bible d'Étienne Harding, S. 414-444.

202) 참조, L. Weinrich, Die Liturgie der Zisterzienser, in: Die Zisterzienser, S. 157-164; L. J. Leki, Cistercians, S. 248-260.

203) 참조, L. J. Lekai, Cistercians, S. 334-346; J. France, Cistercians in Scandinavia, S. 144-158.

스테펀 하딩이 수도원장이 된 3년 후에 – 동시에 극적인 서임권 논쟁의 시대였다 – 젊은 부르고뉴귀족인 베르나르가 시토수도원에 입회했다. 우리가 그의 삶에 대해 알고 있는 것들은 교회의 전승과 시성식의 과정과 경건한 전설을 통해서 각인된 것이다.[204] 베르나르의 펜에서 기원하는 가장 초기의 자료들은 1123/24년에 유래한 것이다. 그 때는 저자가 이미 30세를 넘었을 때이다. 베르나르는 1090년 디종(Dijon)지역의 퐁텐의 귀족성에서 6남매 중 셋째로 태어났다. 그의 아버지 테르켈린(Tescelin)은 브르고뉴 공작의 봉신이었으며, 그의 어머니 알레트(Aleth)는 몽바르/샹파뉴(Montbard/Champagne)의 백작의 딸로서 원래 수녀가 되기를 원했던 경건한 여성이었다. 우리는 기사가 된 형제들에 대해서 알고 있으며, 베르나르에 대해서는 그의 어머니가 이미 꿈에서 그의 영적 이력을 보았다는 소문이 있다. 실제로 그는 정규참사수도회 재단의 수도원학교를 다니면서 성무일도에 참여했다. 전승에 의하면 그가 성탄절 밤에 마리아가 아기 예수를 낳고 그에게 아기와 놀아줄 것을 요청한 것을 보았다. 하지만 그는 청소년 시절에 세속적인 삶을 살았다. 1112년 초 그의 형제들이 반란을 일으킨 백작의 성을 점령하는데 참여했을 때, 베르나르는 회심을 경험하고 수도사가 되기로 결심했다. 베르나르는 형제자매와 친척과 친구들 총 30명이 그의 입회에 동조하기로 결심하는데 성공했다. 모두 그 자신과 같은 나이의 젊은이였으며, 그들의 결정은 출발의 신호였다. 참된 삶은 세속적인 것에서 아니라, 영적인 기사의 섬김에서, 금욕과 포기와 참회와 겸손에서 실현되어야 한다. 처음에는 베르나르 주위에 모인 집단은 샬롱(Châlons)에서 새로운 삶의 여정을 준비했다. 1112년 4월에 근처에 있던 시토수도원으로 집단 입회가 이루어졌다. 베르나르에 의해 엄격한 적응의 시기가 알려졌다. 이어진 시기에 그는 너무 엄하게 금욕을 시행해서 육체적 고통 때문에 일시적으로 기욤 드 샹포(Wilhelm von Champeaux)주교의 돌봄을 받아야 했다. 전기는 베르나르가 밤에 일어났으나 통증 때문에 구부리고 결코 바르게 설 수 없었다고 보도한다. 그는 나이를 먹을수록 점점 더 통증과 허약함이 그의 삶에서 만성적인 상태가 되었다.[205]

204) 참조, P. Dinzelbacher, Bernhard von Clairvaux, S. 363-370; J. Leclercq, Bernhard von Clairvaux, S. 9ff.; H.-D. Kahl, Bernhard von Fontaines, Abt von Clairvaux, in: Martin Greschat (Hg.), Mittelalter Bd. 1, S. 173-191.

205) Leben des hl. Bernhard, hg. von P. Sinz, Buch I, Kap. 20; 32; 39; 57; S. 53f.; 66; 72f.; 84f. u. ö.

## 2. 자매수도원

베르나르가 시토의 수도회에 입회한 지 1년 만에, 시토수도회의 성공의 역사가 시작된다.[206] 금욕적인 수도원본부와 지부의 관계에 대한 구상이 수도원 확장에 많은 기여를 하였다. 이것은 시토수도원이 충분히 커지면 항상 12명의 수도사가 새로운 수도원을 설립하기 위하여 파송되는 것을 의미한다. 시토수도회는 교회건축을 위해 수도원지부에 제시된 통일된 규정을 통하여 확장이 수월하게 되었다. 설립은 모(母)수도원의 시찰의 의무와 결부되어 있다. 어쨌든 때때로 수녀회와 조직적으로 연결된 오래된 수도원이 병합됨으로 인하여 12세기 전반기에 이미 본원과 분원의 원리가 무너지게 되었다.

부르고뉴의 은둔지에 놓인 라 페르테-시르-그로스네(La Ferté-sur-Grosne)는 가장 오래된 시토의 자매수도원이다. 스테펀 하딩이 그것을 1113년 5월에 설립했다. 같은 달에 교회는 샬롱의 주교에 의해 축성되었다. 하지만 비록 경제적으로 잘 갖추어졌지만 (12세기 중엽에 7개의 농장이 그 수도원에 속해 있었다, 그 이름은 시토대수도원의 '풍성함'을 상징했다), 라 페르테의 영향은 보잘 것 없었다. 단지 총 16개의 자매수도원을 설립했으며, 그 가운데 대부분은 프랑스에 설립되었다.

이미 일 년 뒤에 라 페르테에서 멀리 떨어지지 않은 퐁티니(Pontigny) 수도원이 설립되었다. 이 수도원역사의 시작에 안지우스(Ansius)라는 이름의 은둔자가 있다. 전승에 따르면 그는 1114년 수도원을 건설해야 할 시토수도사들에서 파송되었고, 교회는 창립 그해에 축성되었다. 퐁티니로부터 랑스와 이탈리아와 헝가리에 자매수도원이 설립되었다.

시토의 세 번째 자매수도원인 클레르보는 큰 영향력을 가진 수도원이었다. 그것은 탁월한 설립수도원장인 베르나르와 관계가 있다. 비록 25세임에도 불구하고 그는 이미 입회한지 2년째 되던 해에 시토의 수도회 수도원장 스테펀 하딩에 의해 샹파뉴의 랑그르 주교구로 파송되었다. 거기서 그는 1115년 '쓴 계곡'(Vallis Absinthialis)라는 이름을 가진 외딴 황폐한 계곡에서 그의 동료들과 함께 수도원을 설립했다. 그 이름이 '밝은 계곡'(Clara

---

206) 참조, L. J. Lekai, Cistercians, S. 33-51; J.-B. Van Damme, Three Founders of Cîteaux, S. 88 f.

Vallis)이라는 프로그램이었다.[207] 베르나르는 이 수도원의 첫 수도원장이 되었고, 동시에 그의 삶을 마칠 때까지 그 곳을 떠나지 않았다. 그의 영향력은 수도원장 임기 중 거의 40년 동안 그 수도원을 넘어서 전 서방그리스도교를 포괄할 수 있었다. 그는 클레르보에서 그의 영향력의 첫해에 수도원 건축과 경제적인 기본토지의 확보와 소유지의 획득과 개간과 평수사들을 위한 건물들의 건축에 매진했다. 이 수도원의 명성은 일찍이 퍼지기 시작했다. 1120년대 초에 벨프(Welfen) 공작 하인리히가 '가족 중 누구도 알지 못한 가운데 클레르보 수도원에 입회하여 거기서 옷을 입었다.'[208] 베르나르는 그의 수도회의 성장을 변호했다. 다양한 여행을 하면서 그는 수도원적인 삶을 선전했다. 그래서 "샬롱(Châlons)의 큰 어망"을끌었다(1116). 그밖에 그는 새로운 대수도원들을 설립했다. 1118년에 첫 자매대수도원이 트르와-퐁텐(Trois-Fontaines)에 세워졌고, 퐁트네(Fontenay)가 1119년에, 프이니(Foigny)가 1121년에, 이니(Igny)가 1128년에 세워졌다.[209]

모리몽(Morimond)은 시토의 네 번째 자매수도원이다. 그것은 1114/15년에 랑그르 주교구에 세워졌으며, 비교적 가난하고 단지 적은 소유지를 가지고 있었지만, 빠르게 번성하는 대수도원으로 성장했다(수도원교회는 1155년에 축성되었다). 1119년에 첫 자매수도원이 베예보(Bellevaux)에 설립되었다(브장송(Bsançon) 교구). 이어진 수년 동안 계속해서 28개의 수도원이 뒤이어 생겨났다. 그 수도원들 역시 새로운 수도원을 설립했다. 13세기 말에 총 276개의 대수도원이 모리몽의 수도원연합에 속하였다. 라인강 하류에서 시토회의 논쟁을 넘어 모리몽은 계속해서 독일에까지 이르는 영향을 끼쳤다. 그 중에서도 발트자센(Waldsassen, 1133), 암에룽스보른(Amelungsborn, 1135), 미하엘슈타인(Michaelstein, 1146), 도베란(Doberan, 1171), 다르균(Dargun, 1209)이 자매수도원에 속하였다. 시토회의 수도원교회는 독일에서 고딕양식을 촉진시켰다(도베란 대성당, 1292/1368). 모리몽의 탁월한 인물 중 하나가 오토 폰 프라이징(Otto von Freising, 1112-1158)이었다. 그는 파리(위그 드 쌩-빅토르(Hugo von St. Viktor) 문하에서)와 샤르트르(Chartres, 질베르 드 푸아티에(Gilbert

207) 참조, Leben des hl. Bernhard, hg. von P. Sinz, Buch I, Kap. 25; S. 58 f.

208) Monumenta Welforum antiqua, MGH.SS rer. Germ. 43, S. 24, Z. 18-22; Genealogie der Welfen, GDV 68, S. 18. 그러나 하인리히 공작은 곧 그가 은둔자에 가입하게 된 예루살렘으로 갔다.

209) 참조, P. Dinzelbacher, Bernhard von Clairvaux, S. 39-44; L. J. Lekai, Cistercians, S. 334-346.

von Poitiers) 문하에서)에서 신학공부를 마친 뒤 1132년 15명의 학업동료와 함께 모리몽 수도원에 가입하여 1138년 제3대 수도원장이 되었다.[210]

4개의 자매수도원설립에서 클레르보는 가장 성공적이었다. 세기 중엽까지 69개의 자매수도원을 세우거나 획득했다. 그것들은 그들의 편에서 이미 75개의 자매수도원을 소유하고 있다(예를 들면, 30개 이상의 분원을 가지고 있던 노르망디에 있는 사비니(Savigny) 수도원연합회는 클레르보에게 가담했다). 그들에게서 계속해서 22개의 수도원들이 생겨났다. 다른 수도원 분원들과 함께 이런 방식으로 12세기 중엽까지 유럽의 모든 나라에 이르는 350개 이상의 시토수도원을 가진 수도원연합회가 생겨났다.[211] 연합회는 각 모(母)수도원의 감독과 시찰을 통하여 결합되어 있었다. 그 정점에 시토에 있는 수도원이 자리 잡고 있었으며, 그곳 수도원장의 지도 아래 해마다 한 번씩 수도원연합회의 입법을 논의하기 위해 모든 시토수도회에 소속된 수도원장들의 총회가 열렸다.[212] 그것으로 시토수도회는 장래의 수도원연합회의 바람직한 형태를 위한 모델을 만들었다.

### 3. 클뤼니수도회와 갈등

'이러한 급격하지만 아직 조직적으로 언급될 수 없는 수도원의 성장'은 동시대인들에게는 기쁨만 가져다 준 것이 아니다. 1117/18년에 베네딕트 규칙의 바른 이해에 관하여 시토수도사들과 클뤼니수도사들 사이에 발생한 논쟁이 그러한 것을 보여준다.[213] 동인은 시토수도사 로베르트 드 샤티용(Robert von Châtillon)이 클뤼니수도회로 이적한 것이었다. 로베르트는 원래 그의 부모가 클뤼니 수도원에 입회 할 것을 결정했지만, 1114년 시토에 입회하여 일 년 뒤에 베르나르와 함께 클레르보로 갔다. 하지만 엄격한 금욕은 그에게 곧 무거운 짐이 되었다. 클뤼니의 수도원장이 이것을 듣고 아마도 로베르트가 실제로는

210) 참조, F. Winkelmann, Kirchen im Zeitalter der Kreuzzüge, S. 111 f.

211) 참조, G. B. Winkler, Die Ausbreitung des Zisterzienserordens, in: Die Zisterzienser, S. 87-92; H. Jedin, Atlas zur Kirchengeschichte, S. 52 f.

212) 참조, Chr. Moßig, Die Verfassng des Zisterzienserordens, in: Die Zisterzienser, S. 115-125; L. J. Lekai, Cistercians, S. 65-76.

213) J. Miethke, Bernhard von Clairvaux, in: Die Zisterzienser, S. 50; 참조, G. Constable, From Cluny to Cîteaux, S. 317-322; J.-B. Van Damme, Thress Founders of Cîteaux, S. 105-109.

시토의 수도사가 되지 말아야 했다고 생각하고 그의 부원장을 보내어 - 아마도 존자 피에르(Petrus Venerabilis)가 관련있음 - 로베르트가 클뤼니로 옮기도록 하였다. 첫 번째 편지에서(1125) 베르나르는 클뤼니수도사들을 비난했다. 고트프루아 드 오세르(Gottfried von Auxerre)는 그 편지의 놀라운 보존상태가 그것이 진실이라는 것에 대한 하나님의 증거라고 간주했다(폭우에도 불구하고 양피지는 건조한 상태를 유지했다). 그에게 그 무대는 침침하고 종말론적으로 채색된 빛에 의해 덮여 있었다.

> '먼저 수도원장들의 지도자들 중의 어떤 대단한 원장이 파송되었다. 겉으로 그는 양의 옷을 입은 것으로 나타나지만, 속은 물어뜯는 늑대이다. 그가 자신을 양으로 여기도록 파수꾼들을 속인 뒤에, 그는, 즉 혼자가 된 그 늑대는 홀로 내버려진 어린양들에게로 나갔다. 늑대를 양으로 여긴 그 어린양은 늑대로부터 달아나지 않았다. 무엇이 더 필요한가? 그는 유혹하고, 타락시키고, 기분 좋게 만든다. 새로운 복음의 선포자는 술취함을 권고하고, 단순함은 정죄한다. 그는 청빈을 불행이라고 부른다. 금식과 철야와 침묵과 육체노동을 의미없는 수고라고 말한다. 거기에 비해 그는 무위(無爲)를 관찰이라고 이름붙인다. 그는 탐식과 수다와 호기심과 모든 무절제를 사려 깊음이라고 부른다. 그가 묻는다. 언제 하나님께서 우리의 괴로움을 좋아하셨는가? 성서가 어디에 자신을 죽이라고 명령했는가? 땅을 파고, 숲을 개간하고, 거름을 나르는 것이 어떻게 하나님을 경외하는 것인가?'[214]

이러한 유도질문으로 베르나르는 초기의 엄격함을 떠나서 세속적인 삶의 편안함과 바꾸었다고 클뤼니수도사들을 비판했다.[215] 또 다른 기회에 그는 현 시점에서 초창기의 모범을 제시했다. 1134년 총회에서 그는 전례적이지 않은 모든 첨가들을 제거한 옛 그레고리성가의 회복을 위해 노력했으며, 엄격한 단순함을 지향하는 수도회의 삶의 양식에 적합한 성가개혁을 요구했다. 이어진 시기 동안에 양 수도회 사이의 관계는 긴장관계로 특

---

214) Bernhard von Clairvaux, Ep. 1, ∫ 4, Sämtliche Werke, Bd. 2, S. 242-263.

215) Bernhard von Clairvaux, Ep. 1, ∫ 7, Sämtliche Werke, Bd. 2, S. 242-263. 시토수도사들의 엘리트적인 자기이해에 관하여 참조, M. Diers, Bernhard von Clairvaux, S. 11-27, 82-104.

징지어진다. 특히 클뤼니수도회가 자신들이 아니라, 시토수도회가 증가하는 교황청의 후원에 기뻐하고, 납부금면제와 소유지보호와 교구주교 아래로 종속을 면하는 특권을 가지는 것을 보아야 했기 때문이었다.[216] 12세기 후반부에 저술된 논쟁에서 클뤼니수도사들은 그들의 수도원에게 오랜 연륜을 요청했다.

> '클뤼니수도사들의 오랜 신중한 삶의 양식으로부터 시토수도사들의 무분별한 새로움으로 넘어가는 수도사는 단지 경멸뿐만 아니라, 혐오감을 받아야만 한다. 그 새로움은 이성과 자신의 수도사서약과 '각자 부름 받은 그 소명에 머물러 있으라.'는 사도의 계명을 거스르는 충동요인처럼 경박함과 변화무쌍함으로 휩쓸어 간다.'

시토수도회는 그것에 대해 우선 근원으로 되돌아감으로 반론을 제기한다.

> "너는 내가 그 수도원에서 클뤼니의 관습에 따라 10년 동안 살았지만, 그 때 3일도 채 수도사였던 적이 없었다는 것을 안다. 하나님의 자비로운 은혜의 숨결이 나를 클뤼니수도회의 삶에서 시토수도회의 삶으로 옮기게 만들었다. 네가 비방하는 것처럼 무분별한 새로움으로 간 것이 아니라, 옛날의 자제함과 참된 수도회로 옮긴 것이다."[217]

이 논쟁은 옛 논거의 사용이 논란의 여지가 있다는 것을 보여주기 때문에 특징적이다. 한쪽은 시간적인 차원을 환기시키고, 다른 한쪽은 이 시대가 아니라 생활의 엄격성에서 드러나는 옛 것의 본질적인 내용을 환기시킨다.

---

216) 참조, J.-B. Van Damme, Three Founders of Cîteaux, S. 121-124; L. J. Lekai, Cistercians, S. 65-76.

217) Dialogus inter Cluniacensem monachum et Cisterciensem de diversis utriusque ordinis observanciis. 번역은 in: J. Bühler (Hg.), Klosterleben im Mittelalter, S. 250-257, Zit. S. 252.

## 4. 사랑의 헌장(Charta Caritatis)

수도원설립시대에서 시토수도회의 가장 중요한 문서는 '사랑의 헌장'이다. 이것은 스테펀 하딩에 의해 기본형태가 저술되었고, 1119년 칼리스투스 2세(Calixt II.)에 의해 인가되었다. 이것과 함께 시토수도사들에게 베네딕트 규칙에 근거를 두고 엄격한 의미로 해석한 생활규정이 제시되었다. 그 세기 중엽까지 '사랑의 헌장'은 반복해서 개정되고 확장되었다.[218] 서문에 기록된 것처럼 수도원적 삶의 본질적인 문제가 다루어져야 하며, 그래서 '사랑과 영혼의 복만이 하나님과 사람에 관한 것들에서' 판단의 척도가 되었다. 이것은 사랑에 대한 기본이념에 의해 각인된 영성이며, 이 영성은 이 헌장을 금욕적인 삶의 영적인 개혁의 근거로 삼았다.[219]

1장 - 모(母)수도원이 자매수도원에게 납부금을 요구해서는 안 된다고 규정하고 다음과 같은 말을 덧붙인다. '사랑 때문에 우리는 영혼의 근심을 남겨둔다. 그들이 - 비록 먼 이야기지만 - 그 거룩한 의도와 거룩한 규정의 준수로부터 단지 약간 벗어나려는 유혹에 빠지게 될 때, 그들은 규정에 신실한 삶을 위하여 우리의 돌봄에 복귀시킬 수 있다.'

2장 - 베네딕트 규칙을 성실히 존중할 것을 요구한다. '그들은 거룩한 규칙의 본문에 다른 의미를 부여해서는 안 된다. 그들은 규칙자체를 우리의 선조, 즉 거룩한 선조인 새로운 수도원(시토 – 역자 주)의 수도사들이 그것을 이해하고 지킨 것처럼 그렇게 이해하고 지켜야 한다.'

3장 - 예배와 성무일도를 위하여 '수도사들이 사랑 안에서 하나의 규칙아래 같은

218) Einmütig in der Liebe. Die frühesten Quellentexte von Cîteaux, S. 99-115; Les Plus Anciens Textes de Citeaux, hg. von Jean de la Croix Bouton, S. 89-102; PL 1377A-1384B. 참조, J.-B. Van Damme, Three Founders of Cîteaux, S. 90 f; 97-103; ders., La constitution cistercienne, S. 51-104.

219) 참조, M. Pfeiffer, Gibt es eine Zisterzienserspiritualität? Die Problematik des zisterziensischen Ursprungscharismas anhand von Texten des 12. und 13. Jahrhunderts, in: O. H. Schmidt, Spiritualität und Herrschaft, S. 10-30; L. J. Lekai, Cistercians, S. 21-32.

관습에 따라 살기 위하여' 시토수도회의 모범을 따르는 수도원의 통일된 전례의 책들을 요청한다.

4-6장 - 대수도원 사이의 관계와 시토의 우위와 특히 해마다 시찰에 대해서 규정한다.

7-8장 - 매년 시행되는 총회에 대한 규정을 포함하고 있다. '거기서 거룩한 규칙과 수도원규정들의 준수와 관련하여 무언가 향상될 수 있거나 지원될 수 있을 때, 그들은 영혼의 구원에 대해서 말해야 하고, 명령들을 내려야 하고, 평화와 상호간의 사랑을 다시 활기차게 만들어야 한다.'

9장 - 수도원규정들을 무시하는 대수도원장이 어떻게 경고를 받거나 물러날 수 있는지 확정하고 있다.

10-11장 - 서로 독립적인 대수도원들 사이의 관계와 대수도원장의 선거절차를 규정하고 있다.

## 5. 묵시적인 시대해석

시토수도회의 팽창으로 시대의 종말과 새로운 시대의 대두를 예언하는 분위기가 증가하는 시대로 들어섰다.[220] 베르나르 드 클레르보는 30년대의 교회정치적인 논쟁들을 '마지막 시간'이 다가왔다는 징조로 해석했다.[221] 아가서에 대한 설교에서 그는 4개의 시대구분의 틀을 수용하여 다루었다. 교회는 과거에 박해의 시대를 거쳤고, 그리고 분열을

220) 참조, H.-W. Goetz, Endzeiterwartung und Endzeitvorstellung, in: Use and Abuse of Eschatology, S. 306-332; H. D. Rauh, Bild des Antichrist im Mittelalter, S. 98-164; H.-D. Heimann, Antichristvorstellung im Wandel der mittelalterlichen Gesellschaft, S. 99-113.

221) Bernhard, Ep. 126, 14 von 1131, in: Sämtliche Werke, Bd. 2, S. 878 f.; 참조, H.-W, Goetz, Eschatologische Vorstellungen und Reformziele bei Bernhard von Clairvaux und Norbert von Xanten, in: C. Kasper, Zisterziensische Spiritualität, S. 153-169.

경험했으며, 지금은 이단의 시대에 머물고 있다. 하지만 곧 마지막 시대를 예고하고 있다.

> '평화다. 하지만 평화가 아니다. 이방인에게 평화, 이단자들에게 평화, 하지만 아들들의 편에는 평화가 아니다. 탄식하는 자의 목소리가 이 시대에 커지고 있다.'[222]

40년대 말에는 그 경고가 더욱 절박하게 되었다.

> "적어도 어렴풋한 느낌에 나에게 이야기한다. 기록되어 있는 그자가 이미 여기에 있거나 아니면 가까이에 있다. '위기가 그의 얼굴 앞에서 왔다갔다 한다.'(욥41:13) 내가 기만당하지 않을 때, 굶주림과 모든 선한 것에 열매 없음이 적그리스도를 동행하는 것처럼 그것들에 앞서가는 것이 적그리스도이다."[223]

이 긴장이 가득한 상황에서 각자는 오류의 길을 계속 가거나 진리의 길을 시작하는 결단의 순간에 서게 된다. 예루살렘은 하나님의 뜻에 따르려는 결정을 상징했고, 바벨론은 하나님을 떠난 길을 굳게 유지하는 것을 상징했다.[224] 베르나르는 예루살렘순례자들이 클레르보에 정착하려는 결정을 옹호했다.

> '그는 여행을 단축하는 길을 발견했다. ... 최근에 그는 크고 넓은 해양을 건넜다. 그는 거룩한 도시로 들어갔다. ... 그는 호기심이 많은 관객일 뿐만 아니라, 경건한 주민이요 예루살렘에 등록된 시민이다. 하지만 아라비아의 시내산에 있는 이 세상의 장소가 아니라, 하늘에 있는 우리 어머니인 저 자유로운 예루살렘에서 ... 너희들이 그것을 알기를 원한다면 그것은 클레르보이다. 그것 자체가 예루살렘이

222) Bernhard, Predigten über das Hohe Lied 33, VII, 16, in: Sämtliche Werke Bd. 5, S. 536 f.
223) Bernhard von Clairvaux, Vita Sancti Malachiae episcopi, Praefatio, in: Sämtliche Werke, Bd. 1, S. 454 f.
224) 참조, Bernhard von Clairvaux, Sentenzen III, 121, in: Sämtliche Werke, Bd. 4, S. 715.

며, 영혼의 경건과 삶을 통하여 하늘과 연합된 것이며, 삶에서 뒤따름이며, 영혼의 친족관계이다.'[225]

그러므로 베르나르는 클레르보를 위한 결단을 예루살렘순례에 대한 양자택일로 간주했다. 그곳은 종말론적인 구원을 경험하는 장소이며, 수도사들이 구원에 이르는 좁지만 확실한 길을 가는 장소이다.[226] 이러한 기대로 클레르보는 수많은 사람들에게 명소가 됐다. 많은 이들이 거기서 그들의 삶을 결정하기 위해 왔다.[227] 동시에 이것은 자매수도원의 설립 배후에 나타나는 선교적인 자극을 해명한다. 이것은 지구상 마지막 벽지까지 감당하려는 클레르보에서 형성된 의지이다.

## 6. 경제적인 의의

수도원공동체가 노동을 통하여 부양되어야 하고 증여들이나 소유지의 소득에 의존하지 않겠다는 신념이 시토수도회의 개혁적인 자기이해에 속한다. '기욤 드 생-티에리(Wilhelm von Saint Thierry) 수도원장에 대한 변호'(1125)에서 베르나르는 클뤼니수도회의 고발에 반대하여 노동을 시토수도회의 영성의 표현으로 변호했다.[228] 1134년 공포된 시토수도회의 규약은 이러한 생각을 수용하고 있다. 그 규약은 수도사들이 육체노동과 농경지경작과 축산으로 생활해야 한다고 규정하고, 그것으로부터 하천들과 숲들과 포도원들과 목초지와 농경지와 가축들의 소유가 허락되는 것을 이끌어냈다.[229] 농업과 산림업과 수산업에서 노동뿐만 아니라 빵집과 사무실과 관리실에서의 노동도 업무에 속하였다. 하지만 평수사와 다른 협력자를 통한 지원이 이미 전제되었다.

노동에 대한 이러한 높은 평가에서 왜 시토수도사들이 많은 분원들을 은둔지에 세웠

225) Bernhard von Clairvaux, Ep. 64 (an Bischop Alexander von Lincoln), Sämtliche Werke, Bd. 2, S. 554-557.

226) 참조, P. Dinzelbacher, Bernhard von Clairvaux, S. 80; A. H. Bredero, Bernhard von Clairvaux, S. 230-32; F. Wodtke, Allegorie des 'Inneren Paradieses', S. 277-29.

227) 참조, A. Dimier, Mourir à Clairaux, S. 272-285.

228) Bernhard von Clairvaux, Apologie an den Abt Wilhelm, ʃ 1, in: Sämtliche Werke, Bd. 2, S. 14 ff.

229) 참조, D. Kurze, Die Bedeutung der Arbeit im zisterziensischen Denken, in: Die Zisterzienser, S. 179-202.

는지에 대해 해명된다. 수도원들과 달리 시토수도회는 수도사들을 위한 생활조건을 마련하기 위하여 먼저 개척되어야 하는 그러한 소유지들에 주의를 기울였다. 그들은 늪지의 배수와 숲의 개간과 농경지의 개간과 같은 개척노동을 허약해지는 생활방식으로부터 보호받는 것과 금욕적인 영성의 증명장소로 여겼다. 그로 인하여 시간이 지남에 따라 폭넓은 경제적 업무가 농업분야뿐만 아니라 상업과 생업에서 발전되었다. 이것은 도외시될 수 없으며, 그들의 노동정신의 필연적인 결과로 입증된다.[230] 그것은 평수사들의 지속적인 투입, 효율적인 관리, 농업(양식어)과 광업과 에너지생산(물레방아)과 수공업과 심지어 시토수도사들에게 커다란 경제적 성공을 가져다 준 의학에서 새로운 기술의 발견이었다.[231]

유증(遺贈, 유언으로 재산을 물려줌)과 증여와 임대계약서와 교환계약서과 저당과 같은 물물교환의 다른 형식들을 통하여 수도원들은 커다란 소유지를 가진 경제의 중심지로 발전했다. 그 소유지는 수도사의 감독 아래 평수사나 낯선 일용노동자에 의하여 경작되었다.[232] 오히려 시토수도회는 원치 않게 '거룩한 기업'으로서 인구통계학적인 성장 때문에 취락지의 확장과 경제적인 수행능력의 상승이 우선적인 과제에 속하는 한 시대의 거울이 되었다.[233] 하지만 그 대가는 이러한 현실과 청빈과 단순함과 노동이라는 원래의 이념 사이에 점점 커가는 대립이었다.[234]

## F 프레몽트레수도회

12세기로 넘어가는 전환기에 개혁운동이 발생했다. 그 목표는 대성당의 재단과 수도원재단에서 일하던 성직자들의 공동체적인 삶의 개혁이었다. 그 근원은 11세기 교회개혁 운동에 놓여 있었다. 1059년 라테란공의회는 참사수도회원에게 '사도적 공동체적 삶'에

230) 참조, W. Ribbo, Die Wirtschaftstätigkeit der Zisterzienser im Mittelalter: Agrarwirtschaft, in: Die Zisterzienser, S. 203-216; W. Schich, Die Wirtschaftstätigkeit der Zisterzienser im Mittelalter: Handeln und Gewerbe, in: Die Zisterzienser, S. 217-236.

231) 참조, A. Götlind, Messengers of Medieval Technology?, S. 1-4, 20-32; L. J. Lekai, Cistercians, S. 282-333.

232) 참조, H. Pirenne, Sozial- und Wirtschaftsgeschichte Europas im Mittelalter, S. 70-72.

233) 참조, C. B. Bouchard, Holy entrepreneurs. Cistercians, knights and economic activity, S. 56 ff., 95 ff., 185 ff.

234) 참조, B. McGuire, Norm and Practice in Early Cistercian Life, S. 107-124.

대한 의무를 부과하는 교황의 교서를 통과시켰다.[235] 아우구티누스적인 의미에서 공동체적인 삶의 재발견이 결정적인 역할을 했다. 11세기 중엽이래로 아우구스티누스규칙과 관계가 점점 증가했다 – '수도원의 규정'(Ordo monasterii, 388)이라고 불리는 짧은 규정이든 '규정'(Praecetum, 391/92)이라고 불리는 긴 규정이든지를 막론하고. 그것을 해석한 '관습들'과 함께 그것들은 참사수도회재단의 표지가 되었다. 규칙에 근거하여 수도사와 성직자 사이의 차이를 확고히 지키는 수도원들과 달리 여기서는 '금욕적인 삶의 이상을 성직자들의 삶에 적용'[236]됐다.

### 1. 참사수도회의 개혁

참사수도회의 개혁은 다양한 방법으로 그 형태를 드러냈다.[237] 한 진영에서는 교회와 연결을 굳게 지킨 이들이 있었다. 기존의 참사수도회재단은 개혁되거나 그들로부터 새로운 재단이 설립되어야 했다. 그들은 비록 청빈명령과 공동체적인 삶의 실천을 옹호하였으나 실제로는 적절한 수준에서 금욕적 이상을 추구하는 '옛 질서'(ordo antiquus)의 대변자로서 간주되었다. 다른 진영은 초기 교회의 은둔자(隱遁者)공동체의 모범을 따라 대성당에서 떨어져 모여서 순종과 금식과 노동과 단순한 의복의 '새 질서'(ordo novus)을 보다 엄격한 규범으로 성직자들에게도 관철시키는 것을 목표로 추구하는 이들이었다. 이 그룹에서는 참사수도회원의 삶을 금욕적인 삶에 근접하도록 시도되었다. 여성들도 참사수도회 개혁에 중요한 역할을 했다. 은둔자의 암자들로부터 형성된 종교재단에 이끌린 그들은 여성을 위하여 구별된 집들이나 혹은 재단지역에 있는 자신들의 수도원에 거주했다. 11세기에 그들은 정규의 (신분이 높은) 여성회원으로 아우구스티누스참사수도회의 이중수도원에서만 받아들여졌다. 하지만 다음 세기 초에 그들은 독립적인 종교재단에서 독립하여 14세기까지 유지된 전성기를 누렸다. 아우구스티누스의 여성회원들은 처음에는 아헨규

235) C. Mirbt, Quellen zur Geschichte des Papsttums, Bd. 1, S. 280 = Nr. 541.

236) A. Hauck, Kirchengeschichte Deutschlands, Bd. 4, S. 359; 참조, C. Dereine, Vie commune, S. 365-406.

237) 참조, C. C. Vonseca, Augustiner-Chorherren, LexMA 1, Sp. 1220; M. Schmidt, Augustiner-Chorherren, TRE 4, Sp. 725.

정('Institutio sanctimonialium')으로 자신들의 삶을 영위했지만, 12세기초 이래로 그들은 아우구스티누스가 지은 것으로 간주되는 규정을 따랐다.

참사수도회의 개혁요구는 논쟁의 여지가 없지 않았다. 피에르 다미아니(Petrus Damiani, †1702)가 그러한 비판가에 속하였다. 그는 '참사수도회원들이 설립한 것이 아니라 수도사들에 의해서 보편적 교회가 유래되었고 다양한 오류로부터 정화된 것'을 환기시켰다.[238] 루페르트 폰 도이츠(Rupert von Deutz, †1129)도 전통적인 금욕생활이 사도적 삶의 가장 초기의 형태이라고 강조했다.[239] 반면에 오토 폰 프라이징 주교(Otto von Freising, †1158)는 참사수도회개혁의 옹호자에 속했다. 그는 자신의 시대에 정규의 참사수도회를 '수없이 많은 공동체가 다채롭게 전 세상에 번영하는 참된 하나님의 나라의 거룩한 시민'과 비교했다.[240] 처음에 아우구스부르크에서 대성당의 스콜라학자이었다가 나중에 로텐부흐(Rottenbuch)에서 정교참사수도회원이 된 게르호 폰 라이허스베르그(Gerhoh von Reichersberg)도 역시 참사수도회의 바램을 옹호했다. 그는 자신의 저서들에서 우선 자발적인 청빈이 교회의 권위를 실천하는데 적법하다고 확신했다.[241] 라이허스베르그의 참사수도회장으로서(1132) 그는 수녀회(1138)을 설립하고 병원을 병합시켰다(1150). 하지만 그가 희망했던 광범위한 참사수도회개혁은 대성당의 재단과 도시의 수도원교회의 반대 때문에 좌절됐다.

## 2. 참사수도회재단

참사수도회개혁은 12세기 초에 유럽의 모든 나라에서 시작됐다. 도처에서 참사수도회재단은 개혁되거나 개혁의 전조 아래서 새롭게 설립됐다.[242] 프랑스에서 결정적인 동인이 아비뇽에 자리 잡은 정규참사수도회의 대수도원 성 루퍼스(St. Rufus)로부터 나왔다.

238) Petrus Damianus, Apologeticus monachorum adversus canonicos, PL 145, Sp. 511D-518A.

239) Rupertus Tuitiensis, De vita vere apostolica, PL 170, Sp. 609-664; 참조, J. Mois, Stift Rottenbuch, S. 79-93.

240) Ottonis episcopi Frisingensis Chronica, MGH.SS 45, VII, 34; 참조, Epistula Lietberti Abbatis St. Rufi, PL 157, Sp. 715-719.

241) De aedificio Dei, PL 194, Sp. 1267-1269; 참조, A. Lazzarino del Grosso, Armut und Reichtum, S. 75 ff.; E. Meuthen, Kirche und Heilsgeschichte, S. 46-52.

242) 참조, J. Burton, Monastic and Religious Orders in England, S. 43-62.

이 대수도원은 그 기원이 성직자들이 은둔자적 참사수도회공동체와 합병될 때인 11세기 초까지 거슬러 올라간다. 후에 그들은 그레고리식 교회개혁의 영향 아래 아우구스티누스규칙과 나르본(Narbonne) 지역에서 유래하는 재단의 규칙서(consuetudines)를 받아들였고, 처음으로 대수도원장을 뽑았고, 마침내 아비뇽의 주교좌 성당 참사수도회로부터 독립했다.[243] 이어진 수십 년 동안 가까운 지역의 여러 개의 수도원 분원들이 참사수도회재단에 가입하여 중앙집권적인 구조를 가진 연합체를 형성했다. 그밖에 프랑스와 – 특히 론탈(Rhonetal)에서 – 스페인, 이탈리아, 독일, 심지어 팔레스타인에 있는 100개 이상의 재단들이 개혁되었다.[244] 공동의 책은 12세기 초『수도회규정』(liber ordinis)에 기록된『규칙서』(Consuetudines)였다.[245] 은둔자집단에 기원을 둔 파리의 생 빅토르 참사수도회재단은 특별한 경우였다. 주교좌성당 학교의 교장이었던 기욤 드 샹포(Wilhelm von Champeaux, † 1122)는 1108년 교회직분의 임무에 따라 자신의 제자들 중 몇 명과 함께 아우구스티누스규칙에 따라 생활하기 위하여 돌아왔다.[246] 그 공동체는 그들이 그레고리식 개혁을 지원했기 때문에 파리의 주교들과 왕들에게 인정받았고, 몇 년 후 참사수도회재단이 창설됐다. 재단의 증축(교회와 수도원 밀실과 도서관과 필사실의 건축)과 교회법에 따른 개혁(빅토르수도원규칙의 기본형태로서『수도회규정』(liber ordinis))으로 생 빅토르 대수도원은 비길 바 없는 종교적이며 지적인 성장을 이루었다.[247]

야콥 폰 비트리(Jakob von Vitry)는 자신이 공부했던 이 재단을 가난한 자의 피난처, 슬퍼하는 자의 위로, 허약한 이들의 지주와 기초토대, 탈진한 자의 원기회복, 넘어진 자의 일으켜 세움, 제자들의 조용한 항구, 즉 이 세상의 난파로부터 벗어나기를 원하는 자들에게 자비의 그릇으로서 열려있으며 그들을 마치 경건한 어머니의 품에서 보호하고 양육하는 항구로 찬양했다.[248]

---

243) 참조, Ch. Dreine, St-Rufe et ses coutumes, S. 161-182.

244) 참조, U. Vones-Liebenstein, Saint-Ruf und Spanien, S. 49-231.

245) Codex diplomaticus ordinis St. Rufus, hg. von U. Chevalier.

246) 참조, J. Ehlers, Das Augustinerchorherrenstift St. Viktor, in: G. Wieland, Aufbruch-Wandel-Erneuerung, S. 100-122.

247) R. Berndt, Viktoriner, LexMA 8, Sp. 1668.

248) The Historica Occidentalis of Jacques de Vitry, hg. von J. F. Hinnebusch, Kap. 24, S. 138; 참조, I. Schändorfer, Orient und Okzident, S. 66.

독일에서는 12세기 초에 여러 개혁중심지들이 발전했다. 은둔자집단에서 유래된 로텐부흐(Rottenbuch) 재단은 자매기관들과 여러 대수도원들과 함께 개혁그룹을 형성했다.[249) 광범위한 영향들은 마르바흐(Marbach) 참사수도회재단이 세워진 알자스(Elsass)까지 이르렀다. 설립자는 서임권논쟁시 독일왕들을 비판함으로 관심을 끌었던 마네골트 폰 라우텐바흐(Manegold von Lautenbach, †1103년 이후)였다.[250) 마르바흐의『규칙서』(Consuetudines)는 아우구스티누스규칙과 클뤼니의 전통들과 관계있는 참사수도회원을 위한 생활규정이었다.[251) 아헨의 북서쪽 위치한 클로스트라트(Klosterrath) 참사수도회재단은 처음에 이중수도회로 설립됐다.[252) 노르베르트 폰 크산텐(Norbert von Xanten)은 1115/18년에 이곳에 여러 번 머물렀다.[253) 교회법에 따른 삶을 '사도적 삶'(via apostolica)으로 해석한 클로스트라트의『규칙서』(Consuetudines)는 '독일 정규참사수도회의 가장 중요한 규범집'으로 발전했다.[254) 또 하나의 개혁중심지는 아우구스티누스규칙을 수정된 형식으로 수용한 슈프링기어스바흐(Springiersbach) 참사수도회재단이다. 이러한 변화들이 독일 참사수도회개혁에 현저한 영향을 끼친『규칙서』(Consuetudines)에 기록되었다.[255) 트리어 대주교구에 있는 여러 참사수도회재단들과 그 중 이중수도회 하나가 슈프링기어스바흐에 가입하여 매년 총회를 통하여 연결된 느슨한 연합체를 형성했다.[256)

## 3. 노르베르트 폰 크산텐(Norbert von Xanten)

12세기의 큰 개혁수도회 중의 하나인 프레몽트수도회와 수도사들은 참사수도회재단의 개혁운동에서 유래한다(Ordo Praemonstratensis/ OPraem). 수도회의 탄생은 노르베르트

---

249) 참조, J. Mois, Stift Rottenbuch, S. 49-75; 143-228.

250) 참조, H. Fuhrmann, „Volkssouveränität' und, Herrschaftsvertrag' bei Manegold, S. 21-42.

251) 참조, J. Siegwart, consuetudines des Augustiner-Chorherrenstiftes Marbach, S. 75-83, Abdruck des Textes ebd. S. 101-261; P. Wittwer, Quellen zur Liturgie der Chorherren von Marbach, S. 307-361.

252) Annales Rodenses, MGH.SS 16, S. 704-721; 참조, P. Engelbert, Vita religiosa im 12. Jahrhundert, S. 19-56.

253) 참조, H. Deutz, Norbert von Xanten bei Propst Richer, S. 5-16.

254) Consuetudines Canonicorum Regularium Rodenses, FChr 11/1+2; Zit.: R. Schieffer, Die Zeit der späten Salier, S. 178.

255) Consuetudines canonicorum regularium Springirsbacenses-Rodenses, CChr.CM 48, hg. von St. Weinfurter.

256) 참조, O. Engels, Erzbischof von Trier, S. 87-103; A. Hauck, Kirchengeschichte Deutschlands, Bd. 4, S. 363 f.

폰 크산텐(1080/85-1134)의 삶의 영향과 밀접한 관계가 있다. 그의 탄생시 이미 노르베르트는 성직자의 길로 결정됐다. 귀족 가문출신인 그는 수도원에서 보다 높은 성직자의 임무를 감당할 수 있도록 준비 되었다.

그는 쾰른 대주교구의 참사수도회원이 되었으며 1111년에는 보좌신부로서 하인리히 5세의 로마행에 동행했다. 1115년 5월 생명을 위협받는 악천후에서 구조 받은 감격으로 시편의 말씀 '악한 것을 그만두고 선을 행하라'는 소리를 들었다.[257] 그것을 계기로 그는 지금까지 걸어온 길을 떠나서 새로운 삶을 시작했다. 뒤이은 수년 동안 3개의 특징들이 그에게 영향을 끼쳤다. 3개의 특징은 먼저 그가 지그부르크(Siegburg)에 체류할 때 알게 된 근래의 클뤼니수도회의 개혁, 그리고 클로스트라트에서 여러 명의 방문자들을 통해 접하게 된 참사수도회개혁, 마지막으로 그가 은둔자 리우돌프 폰 로닝(Liudolf von Lonning)에게서 경험하게 된 은둔자 운동이다.[258] 회심 후에 그는 크산텐의 가까운 곳에서 금욕적인 은둔자생활을 시작했다. 동시에 그는 참회설교를 시작하며 추종자들과 함께 프랑스 북부를 여행했다.[259] 프랑스 순회설교자처럼 그도 청빈한 그리스도의 모범과 참회의 의무를 가지고 새로운 삶의 기초를 마련했으며, 당나귀를 타거나 맨발로 이곳저곳으로 다녔다.[260] 1118년 프리츨라(Fritzlar) 공의회에서 그는 비판가들로부터 비난을 받았다.

> '그는 불법으로 설교했으며, 그 때문에 그는 비록 자신의 생활품으로 생활하고 어떤 수도회에도 가입하지 않았으면서도 수도사복장을 입었고, 그 근거로 그는 수도회에 소속되지 않은 사제에 속함에도 불구하고 양과 염소가족을 의복으로 사용했다.'[261]

257) Vita Norberti, MGH.SS 12, Cap. 1, S. 671, Z. 16; Das Leben des hl. Norbert, GDV 64, S. 4; 참조, J. Greven, Die Bekehrung Norberts, S. 151-159; K. Elm, Norbert von Xanten, in: M. Greschat, Mittelalter Bd. 1, S. 161-172.

258) Vita Norberti, Cap. 3, S. 672, Z. 23-673, 14; Leben des hl. Norbert, S. 6, 참조, H Deutz, Norbert von Xanten bei Propst Richer, S. 5-16.

259) Joh. v. Walter, Wanderprediger Bd. 2, S. 120.

260) Vita Norberti, Cap, 6, S. 675, Z. 38-41; Leben des hl. Norbert, S. 14.

261) Vita Norberti, Cap, 4, S. 673, Z. 18-20; Leben des hl. Norbert, S. 8.

그의 영향을 촉진하기 위해 교황청의 변호가 필요했다. 그래서 그는 젤라시오 2세(Gelasius II.)로부터 '여행의 자유'를 허락받았다. 그는 또한 그로부터 '설교를 할 수 있는 완전한 자유'를 얻었다.[262)]

## 4. 프레몽트레수도회의 설립

일 년 후 노르베르트는 칼릭스트 2세(Calixt II.)로부터 랑(Laon)의 주교직을 독촉 받고 랑의 주교구에 정착했다. 하지만 성 마르탱 수도원을 개혁하려는 그의 시도는 좌절됐다. 수도원은 그의 엄격한 요구들을 거부했다. 아마도 초기 스콜라신학자 안셀므 드 랑(Anselm von Laon, †1117)과 그의 형제 라둘프 드 랑(Radulf von Laon, †1131/33)이 거기서 활동했고 기욤 드 샹포와 피에르 아벨라르(Peter Abaelard)의 출신 대성당학교가 랑에 자리 잡고 있었던 것이 중요한 역할을 했다.[263)] 아마도 20년 뒤 베르나르 클레르보와 피에르 아벨라르 사이에 발생할 논쟁이 그 전조를 미리 보였다. 어쨌든 노르베르트는 주교의 도시를 떠났고, 근처에 있는 삼림지역에서 주민들에 의해서 예부터 프래몬스트라툼(Praemonstratum)이라고 불리던 아주 적막하고 고독한 지역을 선택했다. 만약 하나님이 그에게 동료들을 자기 주위에 모을 수 있는 은혜를 베푸신다면, 그는 여기에 머물기로 서약했다.[264)] 그 이름(Praemonstratum은 라틴어로 '예인하는'이란 뜻을 가지고 있다 – 역자 주) 이 프로그램이었으며, 그 이름이 노르베르트가 그의 첫 제자를 하나님이 꿈에 '미리 보여준' 장소에 모았다는 전설을 탄생하게 만들었다. 고대교회의 정신에서 공동체적인 생활을 기초로 세우는 것이 그의 의도였다. 그것으로 그는 개혁적인 참사수도회재단의 전통에 섰다. 그가 아우구스티누스의 규칙을 수용한 것은 교부의 현현전승에 기인한다. 그 교부는 그에게 그의 오른편에서 꺼낸 황금규칙을 전해주면서 다음과 같이 말했다.

262) Vita Norberti, Cap, 5, S. 674, Z. 9 f.; Leben des hl. Norbert, S. 9.

263) 참조, K.-H. Kandler, Christliches Denken im Mittelalter, S. 46, 64.

264) Vita Norberti, Cap, 9, S. 679, Z. 9-12; Leben des hl. Norbert, S. 22.

"네가 보는 나는 히포의 주교 아우구스티누스이다. 여기 네가 내가 쓴 규칙을 가지고 있다. 만약 그것의 가르침에 따라 너의 동료들, 즉 나의 아들들이 선한 사역을 감당한다면, 그들은 분명히 최후 심판의 두려움에서 그리스도의 안에 있게 될 것이다."[265]

여성들도 소속된 프레몽트레(Prémontré) 수도원은 이중수도원의 모델에 따라 세워졌다. 비록 그가 여성들에게 남성보다 더 엄격한 규칙을 부과하기는 했지만, 클로스트라트 참사수도회재단의 모범을 지향하는 그 개혁수도원으로 여성들에게 종교적 생활에 적극적으로 참여할 수 있는 기회를 제공했다. 1121년 성탄절에 프레몽트레 수도원의 회원들은 교회법을 따르는 삶을 살기로 서약했다.[266]

동시대인들은 노르베르트의 등장을 종말의 예언자 중 하나와 비교했다.

"노르베르트, 놀라운 은총과 사람의 마음을 끄는 달변과 최고의 금욕의 사람, 금욕적 삶의 설립자이며 전파자, 그리스도의 종들을 끌어 모으는 자, 수많은 수도원의 설립자, 그의 말처럼 그의 외모에서도 참된 참회의 강력한 설교자, 모든 것에서 선지자 명령의 집행자: '주의 길을 넓히라, 황무지의 비탈길을 평탄하게 만들라'"[267]

하지만 실제로 프레몽트레의 역사적 상황은 정치적 관심을 드러냈다. 기베르 드 노장(Guibert von Nogent, 1055-1125)은 12세기 초의 랑(Laon)시를 도시귀족가문과 주교의 진영과 독립을 추구하는 시민과 상인과 수공업자의 진영이 서로 대립하고 있는 긴장이 흐르는 지방자치단체로 묘사했다.[268] 1112년 도시민들의 반란이 진행되던 와중에 주교가 피살

265) Vita Godefridi, MGH.SS 12, Cap. 3, S. 517, Z. 23-25; Leben des Grafen Gottfried von Kappenberg, GDV 64, S. 126.

266) 참조, Vita Norberti, Cap. 12. S. 683, Z. 7-13; Leben des hl. Norbert, S. 34.

267) Vita Godefridi, MGH.SS 12, Cap. 2, S. 516, Z. 17-21; Leben des Grafen Gottfried von Kappenberg, GDV 64, S. 124.

268) Guibert von Nogent, De vita sua, hg. von E.-R. Labande, Lib. III, cap. VII; 참조, C. Brühl, Episcopus und Civitas, in: F.-H. Hye, Stadt und Kirche, S. 1-14.

되고 주교좌성당이 불탔다.[269] 다른 지역에서도 마찬가지로 주교의 도시지배와 지방자치 단체의 자유의 권리 사이에 논쟁들이 일어났다. 어쨌든 주교들은 랑(Laon)과 랭스(Reims)와 샬롱쉬르마른(Châlons-sur-Marne)에서처럼 그러한 발전을 항상 막지 못했으며, 오히려 수와송(Soissons)과 보베(Beauvais)와 누아용(Noyon)과 아미앵(Amiens)에서처럼 도시공동체 형성에 협력하기도 했다.[270] 노르베르트의 순회설교는 이러한 사건들의 배경에서 폭발력을 가졌다. 그래서 그를 수도원의 규율 속으로 편입시키려는 랑의 주교의 관심사는 설명될 수 있다. 왜냐하면 노르베르트가 그에게 순종함으로 주교의 편에 섰기 때문이다. 이와 함께 정치사회적 관점에서 프레몽트레의 설립은 교회를 유지하는 특징을 갖게 되었다.

노르베르트는 프레몽트레를 설립한 후 순회설교를 계속했으며, 그의 인격을 통하여 수도원적인 은둔과 공적인 설교를 연결한 모범을 제시했다.[271] 하지만 순회설교자들과는 달리 그는 금욕과 기도의 삶을 위하여 자신에게 온 사람들이 계속해서 방랑에 머물지 않고, 새롭게 설립되었거나 프레몽트레의 모범을 따라 개혁된 수도원에 들어가도록 돌보았다. 플로르프 a. d. 상브르(Floreffe a. d. Sambre, 1122)와 카펜베르크 b. 뮌스터(Cappenberg b. Münster, 1122)가 첫 번째에 속하고, 랑의 생 마르탱(St. Martin, 1124)과 큐시(Cuissy, 1121)는 두 번째에 속한다.[272] 뒤이은 수십 년 동안 유럽 곳곳에서 프레몽트레와 결합하여 수도원 연합체를 형성하는 수도원들이 생겨났다. 그들의 관계는 노르베르트가 그들을 소유권으로 지배하는 것을 통하여 이루어졌다. 지역주교의 징계권과 명령권에 대하여 독립은 개교회법을 방편으로 보장되었다.[273] 우리는 이 개혁수도원들에서 삶의 방식에 대하여 다음과 같이 알고 있다.

'형제들은 기름과 고기를 누리는 것을 포기하고, 거친 의복으로 매일 엄격한 참회를 나타냄으로, 이 규칙을 지금까지 지켜왔던 것보다 현저히 엄격하게 준수하는

269) 참조, R. Kaiser, Laon aux XIIe et XIIIe siècles, S. 421-426; A. Saint-Denis, Laon – die Gesellschaft einer französichen Stadtkommune um 1200, in: W. Hartmann, Europas Städte zwischen Zwang und Freiheit, S. 111-140.

270) 참조, R. Kaiser, Bischofsherrschaft, S. 556 ff., 572 ff., 597 ff.

271) Joh. v. Walter, Wanderprediger, Bd. 2, S. 125.

272) 참조, I. Ehlers-Kisseler, Die Anfänge der Prämonstratenser im Erzbistum Köln, S. 1 ff.

273) 참조, St. Weinfurter, Norbert von Xanten-Ordensstifter und „Eigenkirchenherr', S. 66-98.

방법으로 거룩한 아우구스티누스의 규칙을 알고 있다.'[274)]

## 5. 노르베르트 폰 크산텐을 따르는 수도회

프레몽트레의 삶의 방식으로 전체 교회를 개혁하려는 요구를 가진 프레몽트레 수도사들에 대한 반발이 주교들 가운데는 컸다. 그 때문에 노르베르트는 교회로 되돌아가서 프레몽트레를 설립한 지 6년 후인 1126년에 막데부르크의 대주교가 되었다.[275)] 그가 교회의 교구질서로 편입함으로 전체교회의 개혁그룹의 지도력을 계속 행사할 수 있는 가능성을 얻게 되었다. 동시에 그의 인격과 결합되지 못한 지도구조와 전체 규약의 결핍이 인식될 수 있었다. 그밖에 프레몽트레 수도원은 막데부르크의 개혁참사수도회의 요구에 대립하여 점점 더 불리한 입장에 처하게 되었다. 이러한 상황에서 노르베르트의 첫 제자들 중의 하나인 후고 폰 포세(Hugo von Fosse, 1093-1164)가 현안문제들을 처리하는 과제를 받았다.[276)] 노르베르트는 법적인 예속 때문에 - 여러 번 그 수도원들은 주교들에게 양도됐다 - 떠밀려서 수도원들을 떠났으며, 그 수도원들은 자신들의 수도원장와 수석신부들을 가짐으로 독자적으로 계속 발전할 수 있는 가능성을 가지게 됐다. 후고 자신도 1128년에 프레몽트레의 대수도원장으로 선출됐다. 『프레몽트레수도회 규칙서』(Consuetudines Praemonstratenses)가 그에게서 기원한다. 이 규칙서는 규범인 아우구스티누스규칙을 보완하여 수도사회의 생활을 통일하고 프레몽트레 수도사들의 특징인 금욕과 영적상담의 공유를 기록하고 있다. 그밖에 그는 '상용전례서'(Liber ordinarius)로 예배규정을 공포했다. 처음에는 시토수도회의 예전에 따랐던 프레몽트레스도사들이 이 예배규정으로 예전적으로 독립하게 됐다. 마침내 시토수도회의 모범을 이어받아 총회제도를 도입했다. 이러한 조치들로 후고 수도원장은 지금까지 단지 노르베르트의 인격과 결합된 수도원을 오히려

274) Vita Godefridi, MGH.SS 12, Cap. 3, S. 516, Z. 38-41; Leben des Grafen Gottfried von Kappenberg, GDV 64, S. 125.

275) 계속된 발전에 대하여 참조, Vita Norberti, Cap. 18-22, S. 693, Z. 22-703,11; Leben des hl. Norbert, S. 62-87; Ausgewählte Quellen zur deutschen Geschichte des Mittelalters 22, 1973, S. 443-541.

276) 참조, N. Backmund, Geschichte des Prämonstratenserordens, S. 42-69; St. Weinfurter, Norbert von Xanten und die Entstehung des Prämonstratenserordens, S. 67-82.

느슨한 수도원연합체로 만드는데 성공했다.[277]

## G 선교와 식민지개척

### 1. 북부지역

북해와 발트해 주위의 나라들에서 12세기 이래로 독일도시들이 - 그 중에 정점은 1158년 건설된 뤼벡(Lübeck)이다 - 지배한 집중적인 무역이 발달했다. 플랑드르의 섬유와 동유럽의 원료(철, 구리, 타르, 모피, 밀랍, 아마)와 생활필수품(곡물, 맥주, 버터, 생선)이 거래되었다. 시간이 흐르면서 서부유럽에서 북부독일과 스칸드니비아를 거쳐 폴란드와 러시아와 발트 지역까지 이르는 무역지대가 생겨났다. 그로부터 14-15세기에 전성기를 이루었으며 라인하류에서 네덜란드를 거쳐 잉글랜드와 발트 지역까지 모든 유명한 도시들을 연결하는 한자동맹이 생겨났다.

이 세기의 전반기는 한 세기 전 제국교회의 영향 아래에서 스칸디나비아 왕실의 회심으로 시작된 선교시대가 막을 내렸다.[278] 덴마크 왕 에릭 에고트(Erik Ejgod, 1095-1103)가 우르바누스 2세에게 자기 나라에 새로운 대주교구를 세울 계획을 제안하여 동기를 제공했다.[279] 파스칼리스 2세(Paschalis II.) 교황의 통치시대에 룬트(Lund)는 새로운 대주교 관할구의 중심지로 올라섰으며, 1104년에 주교에게 팔리움(Pallium, 교황 혹은 추기경용의 견의(肩衣) – 역자 주)을 수여했다.[280] 이로써 덴마크는 이 시기에 노르웨이와 스웨덴을 교회적으로 병합하고, 제국교회의 연합으로부터 분리되어 교황의 지배 아래로 들어갔다. 함부르크-브레멘의 대주교 아달베로스(Adalberos, 1123-1148)의 저항은 성공하지 못했다. 1139년 룬트의 에스킬 주교(Eskil, 1138-1181)는 인노켄티우스 2세(Innozenz II.)에 의해 주요도시의 감독(= Metropolit, 대주교의 관할구의 대표자 – 역자 주)으로 인정되었다.[281] 스칸디나

277) 참조, H. Jedin, Atlas zur Kirchengeschichte, S. 54.

278) 참조, H. Holze, Von der Reichskirche zur Papstkirche, S. 246 ff.; M. Kaufhold, Europas Norden im Mittelalter, S. 82-98.

279) 참조, A. Becker, Papst Urban II, S. 168 f.

280) 참조, W. Seegrün, Papsttum und Skandinavien, S. 98 ff.

281) Dokumente bei O. H. May, Regesten der Erzbischöfe von Bremen, S. 103-107, 113; 참조, W. Seegrün, Papsttum und Skandinavien, S. 133 ff.

비아반도에서 그리스도교의 정착에 관하여 개혁수도회의 수도원들이 - 특히 시토수도회의 수도원들 - 중요하다. 1140년대 전반기에 첫 수도원들이 생겨났다.[282] 오늘날의 스웨덴의 지역인 뉘달라(Nydala/Småland, 1143), 알바스트라(Alvastra/Östergötland, 1143), 헤르레바트(Herrevad/Skåne, 1144), 브레타(Vreta, 1162)에 그러한 수도원들이 설립되었다. 덴마크지역에서 첫 시토회는 제란트(Seeland)섬의 에스롬(Esrom, 1151)에서 생겨났으며, 계속하여 비트스코(Vitsko, 1158)와 소뢰(Sorø, 1161)에 설립되었고 거기서부터 메클렌부르크(Mecklenburg)의 다르군(Dargun, 1172)과 폴란드의 콜바츠(Ko ł bacz, 1174)에 설립되었다. 노르웨이에는 영국 시토수도사들에 의하여 리제(Lyse, 1146)과 호베도야(Hovedoya, 1147)와 베르겐(Bergen)의 논네제터(Nonneseter, 1150)에 수도원이 설립되었다.

제국교회가 12세기 중엽 재차 스칸디나비아의 대주교연합에 영향을 끼치려고 시도했을 때, 에우게니우스 3세(Eugen III.)가 개입했다. 어쨌든 그는 룬트의 대주교구의 강화를 위한 것이 아니라, 분리를 위하여 개입했다. 그것으로 그는 스칸디나비아왕국의 정치적 발전에 상응했고, 교구관할의 우선권을 관철시킬 가능성을 높였다.[283] 룬트의 대주교의 동의를 기다리지 않고 에우게니우스 3세는 교황의 사절을 보냈다. 이 사절이 1153년이 곳 니다로스-트론드하임(Nidaros-Trondheim)에서 대주교구의 설립을 준비했다. 팔리움의 양도로 노르웨이 지역은 이듬해에 교황청의 직속교구가 되었다. 이어서 같은 목적으로 교황청의 사절은 스웨덴에서 활동했으나, 7개의 참사수도회행정구역의 주교들을 우선적으로 대주교구로 통합할 수 없었다.[284] 1162년 함부르크-브레멘의 대주교 하르트비히(Hartwig)가 스칸디나비아반도에 대한 지배권을 되찾으려는 마지막 시도를 했다. 하지만 '덴마크와 스웨덴과 노르웨이 3개의 왕국은 법에 따라 자신의 재판권 아래 서야 하지만 강제적인 방법으로 자신의 지배에서 떨어져나갔다'는 그의 고소는 호응을 얻지 못했다.[285] 1164년 웁살라(Uppsala)의 스테파누스(Stephanus) 주교는 대주교의 직위를 받았

282) 참조, J. France, Cistercians in Scandinavia, S. 27-98.

283) 참조, A. E. Imhof, Grundzüge der nordischen Geschichte, S. 39 ff., 50 ff., 61 ff.; M. Kaufhold,Europas Norden im Mittelalter, S. 99-118.

284) 참조, W. Seegrün, Papsttum und Skandinavien, S. 166f.; Bachmann, Die päpstlichen Legaten, S. 113 ff.

285) Annales Stadenses, MGH.SS 16, S. 345, 1-4; Chronik des Albert von Stade, GDV 72, S. 29.

다.[286] 스웨덴의 대주교구의 설립으로 스칸디나비아반도에 대한 함부르크-브레멘 대주교의 지배권은 끝났다. 동시에 그리스도교를 스칸디나비아에 전파했던 제국교회는 이전 선교지역에 대한 영향력을 잃게 됐다. 교황청의 직접 다스림을 받게 된 3개의 독자적인 교구의 형성은 국가교회의 발전을 위한 출발점에 놓이게 됐다.[287]

## 2. 동부지역

농촌의 확장은 유럽의 모든 지역으로 퍼진 이주와 개척운동과 일치한다. 이 운동 중에 가장 중요한 부분은 동부로 향한 이들이다.

> '뒤이은 시대에 농경지를 찾는 이들의 무리는 제국의 옛 동부경계를 넘어 길을 떠났다. 즉흥적이 아니라, 성직을 가진 대지주들과 세속 대지주들에 의한 선전에 따라 갔으며, 튀링겐(Thüringen)과 마르크 마이센(Mark Meißen)에서 브란덴부르크(Brandenburg)에서 개간지를 얻었다. ... 삶의 여건들은 분명 어려웠으며, 개간작업은 힘들었다. 그러나 그들의 고향에서 토지의 협소함 때문에 공간부족과 결혼금지에 의해 다양하게 억압받던 이들에게 더 나은 희망이 열렸다. ... 이 새로운 삶의 가능성들이 엄청난 출발분위기를 만들어냈다. 이 분위기에서 2, 3세대 이후에 슐레지엔(Schlesien)과 폴란드와 보헤미아로 가는 개척물결이 일어나게 되었다.'[288]

오토 대제이래로 늘 또다시 제국의 영향권을 동쪽으로 확장시키려는 시도들이 있었지

286) 참조, W. Ohnsorge, Päpstliche und gegen päpstliche Legaten, S. 101 ff.; W. Seegrün, Papsttum und Skandinavien, S. 194 ff.

287) 참조, T. S. Nyberg, Die Kirche in Skandinavien, S. 11-78; E. Hoffmann, Die Salier und Skandinavien, in: Auslandsbeziehung unter den salischen Kaisern, S. 239-264.

288) F. Seibt, Glaz und Elend des Mittelalters, S. 152 f.

만, 놀라운 성공은 이루어지지 않았다.[289)]

포메른의 선교에서 오토 1세 폰 밤베르크(Otto I. von Bamberg, 1060/65-1139)가 탁월한 역할을 했다.[290)] 폴란드의 선제후 볼레스라프 3세(Boleslaw III.)의 요청으로 그는 포메른 지역에서 교회조직을 설립하기 시작했다.[291)] 오토 1세의 전기 작가 중 하나인 헤르보르트 (Herbord, †1186)는 포메른에 대해서 다음과 같이 묘사했다.

> '땅과 해상에서 전투에 능한 이 민족은 강도와 약탈로 살아가곤 했으며, 그들의 본능적인 야성은 아직 길들여지지 않았으며 그리스도교적인 예배와 믿음과는 완전히 동떨어져 있었다.'[292)]

1124/25년에 오토 폰 밤베르크는 첫 선교여행을 떠났다. 헤르보르트는 다음과 같이 썼다.

> '그는 처음에 원시 민족에게 단순한 방법으로 하나님에 대해 설교했으며, 3일간의 금식을 지시했고, 목욕으로 자신의 몸을 깨끗이 하고, 새롭게 세탁한 흰 예복을 입은 후에 순전한 몸과 마음으로 순결한 옷을 입고 거룩한 세례에 참여하도록 명령했다.'[293)]

이은 경유지는 포메른선제후가 그리스도교의 신앙으로 귀의한 곳인 캄민(Kammin)

---

289) Annales Hildesheimenses, MGH.SS rer. Germ. 8, S. 50, Z. 20-22; Jahrbücher von Hildesheim, GDV 53, S. 70; Annales Palidenses, MGH.SS 16, S. 72, Z. 29-43; Annalen von Pöhlde, S. 34; Annalista Saxo, MGH.SS 6, S. 750, Z. 10-751, Z. 7; Der Sächsische Annalist, S. 121; 참조, G. Haendler, Reichskirche Ottos I., S. 134 f.; K. Jordan, Bistumsgründungen Heinrichs des Löwen, S. 67-73.

290) 참조, G. Haendler, Zur Missionsreise des Bischofs Otto von Bamberg, in: Die Rolle des Papsttums, S. 239-250; E. Boshof, Das Salierreich und der europäische Osten, in: Auslandsbeziehungen unter den salischen Kaisern, S. 167-192.

291) Helmoldi Cronica Slavorum, MGH.SS rer. Germ. 18, Lib. 1, Cap. 40, S. 83, Z. 6-16; Helmolds Chronik der Slaven, GDV 8, S. 100.

292) Herbordi Dialogus de vita Ottonis, MGH.SS rer. Germ. 33, Lib. 2. Cap. 1, S. 51, Z. 29-32; Herbords Leben des Bischofs Otto von Bamberg, GDV 55, S. 60. 그 외에 전기들 a) 밤베르그(Bamberg)의 프뤼펜니휘(Prüfening) 수도원에서 기록된 오토 폰 밤베르그 1세(Otto von Bamberg I.) 주교의 전기, MGH.SS 71, b) 미하엘스베르그(Michalelsberg) 수도원의 에보(Ebo) 수도사의 전기, in: Bibliotheca rerum Germanicarum, Bd. 5, S. 580-692.

293) Herbordi Dialogus de vita Ottonis, MGH.SS rer. Germ. 33, Lib. 2, Cap. 15, S. 65, Z. 13-17; Herbords Leben des Bischofs Otto von Bamberg, GDV 55, S. 76.

과 볼린(Wollin)과 슈테틴(Stettin)과 오데르강변의 가르츠(Garz a. d. Oder)와 루브친(Lubzin)과 레가강변의 클뢰티코프 (Klötikow a. d. Rega)와 콜베르크(Kolberg)와 벨가르트(Belgard)였다. 1128년에 오토 폰 밤베르크는 두 번째 포메른여행을 떠나서 선교사업을 뎀민(Demmin)과 우제돔(Usedom)과 볼가스트(Wolgast)와 귀츠코프(Gützkow)와 욱커마르크(Uckermark)와 뤼겐(Rügen)에서 계속했다. 그는 이방신전들을 파괴하면서 말과 행동으로 그리스도교의 하나님의 강함을 증명했으며, 수많은 사람들에게 세례를 베풀었고 교회를 세웠다.[294] 두 번의 선교여행으로 오토는 대주교구의 설립을 위한 기본토대를 놓았다. 하지만 그 대주교구는 그의 죽음 뒤에 비로소 볼린에 세워졌으며, 1176년에는 캄민으로 옮겼다.[295] 1189년에 그는 '포메른의 사도'로 성인명부에 올랐다.[296]

1127/28년에 비첼린(Vicelin)의 슬라브족 선교가 시작됐다. 랑(Laon)의 학교에서 신학수업을 마치고 돌아온 뒤 그는 막데부르크의 주교 노르베르트 폰 크산텐으로부터 사제로 서품을 받았고, 함부르크-브레멘의 주교인 아달베로에 의해 노르트엘빙거른(Nordelbingern)에서 선교를 위임받았다. 그의 사역의 시작은 어려웠다.

> '비첼린이 그가 결정한 지역에 도착했을 때, 그는 그 지방의 특성을 알게 됐다. 그는 난삽하고 비생산적인 이방인들로 인하여 그 땅이 얼마나 끔찍하고, 거기에 더하여 주민들의 특성이 얼마나 거칠고 미개한지 그리고 그들이 종교와 관련된 것은 단지 그리스도인들의 이름만 알고 있다는 것을 알게 됐다. 숲과 샘을 숭배하고 그밖에 몇몇 미신이 그들을 지배하고 있었다.'

그것이 그가 힘차게 설교하는 것을 막지 못했다.

> '비첼린의 선포가 노르트엘빙거의 전 지역에서 울려 퍼졌다. 그는 온전히 경건한

294) 참조, Herbordi Dialogus de vita Ottonis, MGH.SS rer. Germ. 33, Lib. 3, Cap. 1-31, S. 106, Z. 14-145, 33; Herbords Leben des Bischofs Otto von Bamberg, GDV 55, S. 125-171.

295) 참조, J. Petersohn, Gründung, Vorgeschichte und Frühzeit des pommerschen Bistums, S. 7-16.

296) 참조, L. Schütz, Otto von Bamberg, LCI 8, Sp. 105 f.

열정으로 공동체들에게 구원에 위하여 경고하고, 잘못한 자들을 훈계하고, 불화한 자들을 화해시키고, 그 외에 숲과 모든 미신적인 관습들을 제거하면서 주위의 교회를 방문하기 시작했다.'[297]

이러한 선교사역에도 불구하고 제국의 국경 동쪽에 서부슬라브족이 거주하는 지역에서 상황은 불확실했다. 연대기들은 군대의 행렬들과 황폐화와 공격에 대해서 보도하고 있다.[298] 게다가 우리는 1136/37년 프리비츠라프 폰 루베케(Privizlaw von Lubeke)의 통치 아래에서처럼 그리스도인박해에 대해서 듣는다.[299]

'엘브슬라브와 발트해슬라브는 중부유럽의 이교도의 마지막 잔재들이다.'[300]

이러한 배경에서 십자군운동의 영향이 없는 곳에서 제국과 교황청교회의 새로운 군사적 출정이 그 형태를 갖게 되었다. 1147년 3월에 프랑스에서 베르나르 드 클레르보가 참여한 제국의회가 개최됐다. 핵심은 지금까지 제국으로 편입하려는 모든 시도를 거부했던 벤덴족(Wenden(Abodriten, Liutizen, Heveller). 벤덴은 엘브슬라브족의 명칭이다 – 역자 주)에 대한 십자군의 준비였다.[301] 이제 팔레스타인십자군 직전에 제국영주들은 사자공 하인리히(Heinrich der Löwe)와 곰백작 알브레히트(Albrecht der Bär)와 그 정점에 있는 브레멘과 막데부르크의 대주교들과 함께 그들의 영토에 대한 관심과 경제적인 관심을 관철시킬 수 있는 기회임을 직감했다. 서부슬라브족에게 위협받는 동부국경이라는 명분으로 그들은 군사적인 조치를 요구했다.[302] 베르나르 드 클레르보는 그의 설교로 '작센의 편에 서서 모

297) Helmoldi Cronica Slavorum, S. Lib. 1, Cap. 47, S. 93, Z. 5-26; Helmolds Chronik der Slaven, S. 111/112. 참조, K. Jordan, Bistumsgründungen Heinrichs des Löwen, S. 74-79.

298) 참조, Annales Hildesheimenses, MGH.SS rer. Germ. 8, S. 69, Z. 7-10; Jahrbücher von Hildesheim, GDV 53, S. 99/100; Annalista Saxo, MGH.SS 6, S. 770, Z. 31-33; Der Sächsische Annalist, S. 158.

299) 참조, Helmoldi Cronica Slavorum, Lib. 1, Cap. 55, S. 107, Z. 1-25; Helmolds Chronik der Slaven, S. 127.

300) H. Chlopocka/W. Schich, Die Ausbreitung des Zisterzienserordens östlich von Elbe und Saale, in: Die Zisterzienser, S. 93-104. Zit. S. 94.

301) 참조, F. Lotter, Konzeption des Wendenkreuzzungs, S. 44-80.

302) 참조, F. Lotter, Vorstellungen von Heidenkrieg und Wendenmission, S. 21-25; H.-D. Kahl, Heidnisches Wendentum und christliche Stammesfürsten, S. 72-119; K. Jordan, Heinrich der Löwen, S. 35-39.

든 신자들을 엘베강 저편에 거주하는 그리스도의 십자가의 적들에 대항하는 십자군'으로 불렸다. '하나님께서 얼마나 이방민족을 징벌하고 그리스도의 이름의 적들을 이 세상에서 근절시키도록 왕들과 영주들의 정신에 불붙였는지' 각자의 눈앞에 보인다. 이 사건의 중심은 '이방인들이 모두 구원을 얻는 것'을 막으려고 시도하는 하나님의 원수가 있다. 베르나르에게는 단지 '이 종족들을 완전히 근절시키거나 아니면 온전히 회심하는' 선택만 있다. 그러나 '결코 돈을 위해서도 그 밖의 배상금을 통해서' 그들과 계약의 관계를 맺으려는 것이 아니었다. 마침내 십자군기사들에게 예루살렘 순례자들에게처럼 죄의 용서가 보장되었다.[303] 클레르보의 대수도원장이 초안한 시나리오는 종말론적인 성격을 가지고 있었다.[304] 하지만 종말론적인 긴장은 그의 계획된 군사행동이 이방의 엘브슬라브족만 아니라 그리스도인들을 향하여서도 진행될 것을 간과하게 만들었다. 왜냐하면 엘베 강과 오데르 강 사이의 사람들은 이미 대부분 세례를 받았기 때문이었다. 슈테틴에는 심지어 주교가 있었다. 적어도 작센과 그의 편은 이것을 알고 있었다. 그들에게는 명백히 그리스도교화가 아니라, 벤덴의 굴복이 중요한 것이었다. 막데부르크의 연대기가 보도하는 것처럼, 그들에게 배상금  지불의무를 강요하기 위하여 그들은 십자군을 이방인들의 땅으로 진입시켰고, 전체 나라는 그들 앞에서 떨었고, 거의 3개월 동안 이리저리 다니면서 모든 것을 황폐하게 만들었으며, 도시들과 고을들에 불을 지르도록 시켰다.[305] 십자군의 결과는 교회소식의 건립이었다. 사자공 하인리히에 의하여 라체부르크(Ratzeburg, 1154)와 뤼벡(Lübeck, 1156)과 슈베린(Schwerin, 1160)에 대주교구가 설립되었다.[306] 하지만 지속된 그리스도교화는 지역의 국가적인 견고화 후 비로소 이루어졌다.[307]

보헤미아와 폴란드에서도 동쪽으로 확산된 식민지건설운동이 힘을 얻었다. 시토수도사들이 중요한 역할을 했다. 그들은 수도원 분원을 통하여 짧은 시간 동안 동부유럽까

---

303) Bernhard von Clairvaux, Ep. 457; Sämtliche Werke Bd. 3, S. 890 ff.

304) 참조, P. Dinzelbacher, Bernhard von Clairvaux, S. 295-303.

305) Annales Magdeburgenses, MGH.SS rer. Germ. 16, S. 188, 50-189, 1; Jahrbücher von Magdeburg, GDV 63, S. 89.

306) 참조, K. Jordan, Bistumsgründungen Heinrich des Löwen, S. 81-133.

307) 참조, L. Leciejewicz, Die sozialen und polischen Voraussetzungen des Glaubenswechsels in Pommern, in: M. Müller-Wille, Rom und Byzanz im Norden, S. 163-176.

지 들어가서 나라의 식민지개척과 선교에 기여하는데 성공했다.[308] 제국영토에서 첫 시토수도원인 니더라인(Niederrhein) 강변의 캄프(Kampf, 1123)에서부터 튀링겐(Thüringen)의 볼켄로다(Volkenroda, 1131)와 오버팔츠(Oberpfalz)의 발트자센(Waldsassen, 1133)를 거쳐서 세들레츠(Sedlec, 1143)와 네포무크(Nepomuk, 1145)와 플라시(Plasy, 1145)와 도브리룩크(Dobrilugk, 1165)에 자매수도원이 설립됐다. 그 밖에 수도원들은 40년대 말에 브르체츠니카(Brzeźnica)의 레크노(Lekno)와 예드르체요프(Jedrzejów)에 세워졌다. 베르나르 드 클레르보는 그가 1145년 크라카우(Krakau)의 마태우스(Matthäus) 주교에게 쓴 편지에서 보여주는 것처럼 수도회의 확장에 개입했다. 1155년 폴란드에 대항해서 프리드리히 1세의 군대가 보여준 것처럼 악화가 멈추지 않았다.[309] 12세기 후반기에, 특히 13세기에 시토수도회는 동유럽 트란실바니아(Siebenbürgen)까지 확장했다.[310] 프레몽트레수도회도 이 발전에 가담했다. 1130년까지 수도원들이 브레슬라우(Breslau)의 브로츠와프(Wrocław)와 헝가리의 오라데아(Oradea)에 세워졌다. 그 외의 수도원들이 그 세기 중엽까지 계속해서 제국의 동부지역인 브란덴부르크(Brandenburg)와 라이츠카우(Leitzkau)와 고테스그나데(Gottesgnade)와 쾰비크(Kölbigk)와 클로서터로데(Klosterode)에 그리고 보헤미아의 스트라호브(Strahov)와 체리브(Želiv)와 리토미슐(Litomyšl)와 흐라디스코(Hradisko)에, 폴란드의 스트르첼노(Strzelno)와 헤브도프(Hebdow)에 설립되었다.[311]

## H 종교적인 여성운동

12세기 초에 순회설교운동과 개혁수도회, 동시에 종교적 여성운동이 광범위하게 시작됐다. 이것은 13세기 후반기에 비로소 다시 감소한 신설수녀원의 현저한 증가에서만 드

308) 참조, W. Schich, Zum Wirken der Zisterzienser im östlichen Mitteleuropa, in: C. Kasper, Zisterziensische Spiritualität, S. 269-294.

309) 참조, Ottonis de Sancto Blasio Chronica, MGH.SS rer. Germ. 47, Cap. 7, S. 7, Z. 9-8, 33; Chronik des Otto von St. Blasien, GDV 58, S. 6-8.

310) 참조, H. Jedin, Atlas zur Kirchengeschichte, S. 52C/53; H. König, Zisterziensermönche im mittelalterlichen Siebenbürgen, in: O. H. Schmidt, Spiritualität und Herrschaft, S. 240-252.

311) 참조, H. Jedin, Atlas zur Kirchengeschichte, S. 54.

러나는 것이 아니다.[312] 그것은 수도원을 설립한 여성들이 증가한다는 것에서도 드러난다.[313] 중요한 동인은 그레고리개혁운동에서 동정의 이상이 재발견된 것에서 기인한다. 피에르 다미아니(Petrus Damiani, †1072)는 '동정'(virginitas)을 천사의 삶과 비교했다.[314] 이브 (Ivo von Chartres, †1117)와 베르나르 드 클레르보와 안셀름 폰 하벨베르크(Anselm von Havelberg, †1158)와 게르호 라이허스베르크(Gerhoh von Reichersberg, †1169)의 글들에서 동정에 대한 찬양이 울려 퍼졌다.[315] 1140년 이후 무명의, 아마도 참사수도회개혁진영의 출신인, 저자가 쓴 '동정규범서'(Jungfrauenspiegel)는 페레그리누스(Peregrinus)사제와 그의 제자 테오도라(Theodora) 사이에 대담형식으로 내적인 완성으로 가는 길을 보여주는 관습적이며 종교적인 기본 덕으로서 동정에 대하여 전개한다.[316] 먼저 동정의 존재가 가장 완전히 그리스도를 따름으로서 묘사된다. 그리스도교 공동체의 보장을 위한 외적인 조건들로서 이 세계와 단절과 수도원으로 들어감이 언급된다. 그 밖에 그리스도와 연합의 전제는 몸과 영혼의 적으로서 순결이다. 자랑에서 생겨난 부도덕은 겸손과 대립하여 있다. 모범으로서 마리아와 요한과 순교여성들이 환기되었다. 성서적 연결점은 지혜로운 처녀와 어리석은 처녀의 비유였다. 다른 예들 역시 과부의 삶과 결혼생활보다 동정의 삶의 특성을 강조하기 위하여 언급되었다. 동정은 단번에 아니라, 미덕의 성장과 믿음에서 진보와 육에 대한 영의 승리를 통하여 이르게 되었다. 하늘의 시온에서 신랑과 신부의 결혼을 묘사하는 찬미가 마지막을 장식한다.[317] 동정의 재발견과 더불어 사회적 경제적 동기 역시 한 역할을 했다. 왜냐하면 중세시대 사회에서 여성들에게는 결혼 외에 다른 선택 가능성이 열려 있지 않았기 때문이다. 그 때문에 종교적 출발은 여성들의 '역할거부'를 의미하기도 했다.[318] 마침내 금욕운동과 십자군을 통하여 야기된 잠재적 결혼신청자의 부족은

312) 참조, B. L. Venarde, Women's monasticism and medieval scociety, S. 1-16, 52-88.

313) 참조, J. Burton, Monastic and Religious Orders in England, S. 87-93.

314) De caelibatu sacerdotum' (PL 145, Sp. 379-388); „De communi vita canonicorum' (PL 145, Sp. 503-512).

315) 참조, J. Bugge, Virginitas, S. 80-110; M. Bernards, Speculum virginum, S. 33-39; E. Meuthen, Kirche und Heilsgeschichte, S. 29-34.

316) Speculum virginum, CChr.CM 5; Speculum Virginum – Jungfrauenspiegel, Bd. 1-4, hg. von J. Seyfarth, FChr 30.

317) 참조, M. Bernards, Speculum virginum, S. 13-21, 40-209.

318) P. Dinzelbacher, Rollenverweigerung, religiöser Aufbruch und mystisches Erleben mittelalterlicher Frauen, in: Religiöse Frauenbewegung und mystische Frömmigkeit, S. 1-58; 참조, E. Werner, Häresie und Gesellschaft, S. 19.

종교적 여성운동의 시작에 한 역할을 했다.[319)]

공적인 교회가 종교적 여성운동을 매우 회의적으로 바라보았다는 것이 눈에 띈다. 1139년의 제2차 라테란공의회는 베네딕트와 바실레이오스(Basilius)와 아우구스티누스의 규칙에 따라 생활하지 않으며, 일반적으로 수녀로 인정받기를 원했던 종교적 여성들의 등장을 비난했다. 실은 그들은 규칙에 따라 수도원적인 공동체에서 생활하며 교회뿐만 아니라 수도원의 식당과 침실을 함께 공유해야만 했다. 그러나 그들은 자신들의 밀실과 개인 거처들을 지었다. 거기에 그들은 손님접대를 핑계로 어떤 두려움도 없이 모든 가능한 손님들과 소수의 경건한 사람들을 받아들였다(26항). 같은 근거로 공의회 참석자들은 '수녀들이 교회에서 참사수도회원들이나 수도사들과 시편기도를 드리는 유일한 찬양대에 함께 모이는'[320)] 그러한 공동체를 저지했다(27항).

이 결정에서 왜 여성들이 비난받게 되었는지 분명해진다. 정죄는 단지 그들이 교회의 신분질서를 위태롭게 하는 한 그들에게 내려졌지만, 그들이 기존의 수도원적인 삶의 양식에 적응한 것에서는 내려지지 않았다.

## 1. 힐데가르트 폰 빙겐(Hildegard von Bingen)

12세기의 수도원적인 여성운동에서 힐데가르트 폰 빙겐(1098-1179)이 두드러지게 나타난다. 그녀는 베르메르스하임(Bermersheim)의 귀족 가문 출신으로 그녀의 어머니 메휘트힐트(Mechthild)의 10번째 자녀였으며, 14세 때 온전히 은둔하여 살아가는 수녀중의 하나가 되었다. 작은 방에서 지내던 은둔자 유타 폰 슈폰하임(Jutta von Sponheim, 1092-1136)이 (그 방을) 그녀에게 넘겨주었다. 은둔자의 방에서 삶은 옛 그리스도교 은둔자들의 모범에 따라 이 땅에서 완전하며 천상의 피난처로 간주됐다. 공적인 축제로 실행된 단절의 과정은 세계를 작별하고 하나님께 자신을 내맡김을 상징화했다. 하지만 은둔자로서 힐데가르트는 근처에 있던 수도원 디시보덴베르크(Disibodenberg)의 원장의 관할 하에 있었으며

319) 참조, B. L. Venarde, Women's monasticism and medieval society, S. 91-132.

320) Conciliorum Oecumenicorum Decreta Bd. 2, S. 195-203; Auszüge: H. Denzinger, Enchiridion, Nr. 715-718.

수도사들의 일과를 따랐다. 그녀의 전기에 따르면, 그는 이미 어린 소녀로서 '매우 일찍 성숙했으며, 말과 제스처로 감추어진 비전의 그림들'[321]을 나타냈다. 하지만 그녀가 거의 40년이 지나서, 그것을 기록으로 남기기 시작했다. 이 시기에 대하여 전혀 알려진 것이 없다. 전기는 그녀가 시편찬양을 가르쳤다고 언급하고 있다. 그녀 자신은 과거를 회상하면서 자신을 '가련하고 배우지 못한 여성'[322]이라고 묘사했다. 그러나 실제로 그녀는 라틴어뿐만 아니라, 교부들의 저서들을 배웠고, 그로 인하여 그녀의 저술을 위한 기반을 마련했다. 그녀의 인격의 카리스마에 대한 암시는 그녀가 유타의 죽음 후에 그 사이에 은둔자의 암자에서 수녀원으로 발전한 수녀회의 원장이 된 것이다. 하지만 그녀가 자신의 고해신부인 폴마르 폰 디시보덴베르크(Volmar von Disibodenberg)에게 자신에 대해 알리기까지는 여러 해가 지났다. 그리고 그녀는 베르나르 드 클레르보에게 문의하고 그에게 조언을 구했다.

> "나는 나의 마음속에 신비로서 나타난 이 관조 때문에 매우 근심했다. 여성으로서 나의 존재에서 가련하고 한없이 가련한 내가 이미 어린 시절부터 만약 하나님의 영이 내가 믿도록 가르치지 않았다면 내 혀로 말할 수 없는 놀라운 불가사의한 것들을 보았다. ... 선한 아버지, 가장 온화하신 이여, 당신이 나에게 당신의 말을 통하여 내가 이것을 공개적으로 말해야 할지 침묵하고 지내야할지 밝히기 위하여 내가 당신의 영혼 안에 놓여 있습니다."[323]

그가 그녀에게 말한 뒤에 비로소, 그녀는 공적으로 등장했다.

40년대에 생성된 그녀의 첫 저서 『길들을 알라』(Scivias, Wisse die Wege)는 신적 위임의 묘사로 시작한다.

> '열린 하늘에서 볼타는 듯한 빛이 번쩍이면서 내려왔다. 그것은 내 뇌속으로 뚫고

---

321) Vitae Sanctae Hildegardis, FChr 29, Buch I, 1, S. 86 f.; 참조, R. Pernoud, Hildergard von Bingen, S. 12 ff.; H. Schipperges, Hildegard von Bingen, S. 11 ff.; M. Diers, Hildegard von Bingen, S. 7 ff.

322) Brief an Wibert (1177), in: A. Führkötter (Hg.), Hildegard von Bingen, „Nun höre und lerne, damit du errötest...', S. 231.

323) Brief an Bernhard von Clairvaux (1147), 번역: A. Führkötter (Hg.), Hildegard von Bingen, „Nun höre und lerne, damit du errötest...', S. 25-27.

들어와서 내 심장과 내 전체 가슴에 마치 불타는 불꽃처럼 자리 잡았다. ... 그리고 갑자기 나는 성서해석에 대한 통찰, 시편과 복음서와 그 밖의 신구약성경의 옛 책들을 들여다 볼 통찰을 얻게 됐다. ... 그러나 내가 본 그 얼굴은 내가 꿈속에서도, 잠자면서도, 정신적 혼란에서도, 육체적인 눈을 통하여서도 외적인 인간의 귀를 통하여서도, 외딴 장소에서 본 것이 아니다. 오히려 나는 맑은 상태에서, 명료한 이성 가운데서, 내적인 인간의 눈과 귀를 통하여, 근접한 장소에서 마치 하나님께서 그것을 원하셨던 것처럼 그것을 받았다.'[324]

이어진 26개의 비전들에서 힐데가르트는 신적 진리에 대한 초자연적인 관조, 즉 창조와 인간의 타락과 구원과 교회에서부터 인자의 도래와 새로운 하늘의 계시와 새로운 땅에 이르기까지 이르는 커다란 곡선으로 구원사의 해석을 전개했다. 1147년 트리어 주교회의에서 그녀의 예언하는 능력이 교황 에우게니우스 3세에 의해 인정받았다. 알베르트 폰 슈타데(Albert von Stade)는 힐데가르트에 대해서 다음과 같이 썼다.

'그녀는 미래시대와 적그리스도에 대해 매우 많은 유익한 것을 예언했다. 그녀는 장래의 좋지 않은 교회의 상황을 예언적인 영으로 바라보았으며 그것을 예언했다.'[325]

공적인 인정으로 수녀회에 매우 커다란 성황을 야기했고, 그래서 힐데가르트는 수녀회를 독립시키기 위해 시도했다. 1150/51년에 그녀는 자신의 수녀들과 함께 그녀가 새로운 수도원을 세운 빙겐의 루페르츠베르크(Rupertsberg)로 이주했다. 그녀는 프리드리히 1세 바르바로사의 통행증을 얻는데 성공했지만, 이미 동시대인들로부터 '단지 명망있고 귀족가문 출신의 여성들만을 공동체로 받아 들인다'는 비판을 받았다.[326] 1165년 뤼데스하

---

324) Hildegardis Scivias, CChr.CM 43/43 A; Scivias – Wisse die Wege, Zit. S. 5/6. 참조, H. D. Rauh, Bild des Antichrist, S. 474-527; K.-H. Kandler, Christliches Denken im Mittelalter, S. 113-115.

325) Annales Stadenses, MGH.SS 16, S. 330, Z. 13-15; Chronik des Albert von Stade, GDV 72, S. 27.

326) 참조, den Briefwechsel zwischen Hildegard und der Meisterin des Kanonissenstiftes St. Marien in Andernach (1148/50), in: A. Führkötter (Hg.), Hildegard von Bingen, „Nun höre und lerne, damit du errötest...', S. 200-204, Zit. S. 201.

임의 아이빙겐에 세워진 자매수녀원이 유래한 이 수녀원에서 힐데가르트는 삶의 마지막까지 수녀원장으로 지냈다.

힐데가르트 폰 빙겐은 중세독일의 가장 주목할 만한 여성에 속한다. 그녀는 신비가와 예언자로서, 초자연적인 사상가로서, 교황들과 추기경들과 영주들의 조언자로서 가장 큰 명성을 누렸다. 이것은 그녀의 광범위한 공적인 영향력에 나타나 있다. 300통 이상의 편지들은 그녀가 그 시대의 가장 높은 권위들, 즉 에우게니우스 3세와 알렉산더 3세(Alexander III.)와, 프리드리히 1세 바르바로사 황제와, 대주교들과 주교들, 왕들과 영주들 그리고 베르나르 드 클레르보와 대화했다는 것을 보여주고 있다.[327] 그녀가 1158과 1171년 사이에 독일의 남부와 남서부로 떠난 총 4번의 설교여행에서 그녀는 성직자와 교회에서 폐해들에 대한 예언적인 비판가로서 목소리를 높였다.『삶의 공적의 책』(Buch der Lebensverdienste, 1158/63)이 이 시기에 저술된 신학서적에 속한다. 그 책에는 덕과 부도덕 사이의 내적 인간의 씨름이 묘사되어 있으며, 인간들에게 하늘의 보답을 베풀어주는 날개 달린 존재의 - 그리스도 또는 하나님으로 해석될 수 있는 - 환상이 전개되고 있다.[328]『신적인 업적의 책』(Buch der göttlichen Werke, 1163/74) 역시 초자연적 환상에 관한 저술이다. 이 책은 훨씬 앞선 관조로 생명의 기원에서부터 그리스도의 도래까지 이르고, 인간들을 우주적 전체질서에 편입시키면서 그 특별한 지위에서 그의 특별한 책임을 도출시킨다.[329] 자신을 이 세상에서 신적인 활동의 예언적인 선포자로서 드러낸 초자연적 환상의 책들과 더불어 힐데가르트는 신빙성에서 논란의 여지가 있지만 자연학과 의술에 관한 저서들을 저술했으며, 베네딕투스규칙의 해설도 썼다. 끝으로 그녀의 저서에서 소리와 소리의 상징들이 중요한 역할을 하는 것처럼 시들과 영적인 노래들이 그녀에게서 유래한다.[330]

힐데가르트는 생애의 마지막 해에 마인츠의 대주교와 심각한 논쟁을 하게 됐다. 그 논쟁은 특징이었다. 왜냐하면 그 논쟁은 교회의 권위요청과 힐데가르트의 예언적인 자의식

327) PL 197, Sp. 145-382; 번역: Hildegard von Bingen, Briefwechsel, hg. von A. Führkötter; Neudr. „Nun höre und lerne, damit du errötest...';

328) S. Hildegardis Abbatissae Opera Omnia, PL 197. - Hildegard von Bingen, Der Mensch in der Verantwortung. Das Buch der Lebensverdienste (Liber Vitae Meritorum), hg. von H. Schipperges.

329) Hildegard von Bingen, Welt und Mensch. Das Buch „De operatione Dei', hg. von H. Schipperges.

330) Hildegard von Bingen, Heilkraft der Natur. Physica, hg. von M. L. Portmann.

사이의 긴장을 드러냈기 때문이다. 동기는 수녀원의 공동묘지에 매장된 명목상 파문된 귀족의 무덤이었다. 하지만 그녀는 시신을 다시 파내어 다른 곳에 매장하라는 주교의 요구를 거부했다. 힐데가르트는 대주교에게 보낸 편지에 그녀의 태도에 대해서 근거를 제시했다.

> '거기서 나는 – 언제나처럼 – 참된 빛을 바라보았다. 그 속에서 하나님은 나에게 명령하셨다. 시신은 나의 의도적인 동의와 함께 결코 제거되어선 안 된다. 왜냐하면 그 분 자신이 이 남자를 교회의 품으로부터 구원받은 자의 영광을 위하여 결정된 자로서 받아들였기 때문이다. 그 반대는 우리에게 커다란 위험의 어둠을 불러일으킬 것이다. 왜냐하면 그것은 진리의 의지에 반하기 때문이다. 만약 전능하신 하나님께 대한 두려움이 나를 그렇게 하는 것을 막지 않았다면, 나는 겸손히 상급자에게 복종했을 것이다.'[331)]

힐데가르트는 그녀의 견해를 관철시킬 수 없었으나, 주교의 지시에 복종하지도 않았다. 그 때문에 그녀의 수도원에 교권정지가 선포되었으며 예배가 금지됐다. 그녀가 죽은지 얼마 후 장례식이 합법적이었던 것이 보여주는 것처럼 비로소 교회의 처벌조치가 끝났다. 힐데가르트 폰 빙겐은 1179년 81세의 나이로 생애를 마쳤다. 그녀의 전기 저자는 죽는 그 시간에 수녀원 위에 빛의 기적을 볼 수 있었다고 보도한다.

> '이 빛 속에 붉은 빛깔을 띤 희미한 십자가가 나타났으며, 처음에는 작고, 나중에는 한없이 커지고, 그 주위에 수없이 많은 다채로운 빛의 원들이 생겼으며 그 안에 각각 붉게 빛나는 작은 십자가가 나타났다. 그는 '그녀의 기억은 이미 그녀에게 이 땅의 삶에서 하나님의 선물을 특별히 미리 맛보도록 하신 하나님 안에서 영원하다'[332)]고 확신한다.'

---

331) 참조, den Briefwechsel mit den Mainzer Prälaten, PL 197, 159B-161D, 218C-221D. 번역: A. Führkötter (Hg.), Hildegard von Bingen, „Nun höre und lerne, damit du errötest...', S. 235-246, Zit. S. 242.

332) Vitae Sanctae Hildegardis, FChr 29, Buch III, 27, S. 232 f.

그녀가 매우 일찍 성녀로 숭배되었다는 것을 그녀의 전기가 보여준다. 그 초기형태는 고트프리드 폰 장 에우케리우스(Gottfried von St. Eucherius, †1176)와 기베르 드 장블루(Guibert von Gembloux, †1204)에 유래하며, 그 최후형태는 13세기로 넘어가는 전환기에 테오데리휘 폰 에휘터나흐(Theoderich von Echternach)에 의해 완성됐다.[333] 하지만 힐데가르트의 영향사는 전기의 전승이 보여주는 것처럼 중세에 한정된다. 1228년 그레고리우스 9세 아래에서 도입된 시성절차는 끝까지 진행되지 못했다. 신자들에 의해 예언적인 여선견자로서 숭배되었으나, 그녀는 '비공식적인 성인'[334]으로 머물렀다.

## 2. 엘리자베트 폰 쉐나우(Elisabeth von Schönau)

엘리자베트 폰 쉐나우(1129-1164)는 12세기 여성운동의 두 번째로 중요한 대표자이다. 그녀는 귀족 가문 출신으로 그녀의 부모에 의해 젊은 시절에 1117/1126년 설립된 이중수도원 쉐나우 암 라인(Schönau a. Rhein)의 수녀원으로 보내졌다. 그녀는 1157년 이 수녀원의 원장이 되었다. 그녀의 삶은 기도와 포기와 금욕과 자발적인 고행으로 각인됐으며, 힐데가르트의『길들을 알라』(Scivias, Wisse die Wege)을 통하여 자극을 받아 그녀는 1152년이래로 계시들과 현상들과 환상들과 계시의 말씀을 듣는 경험을 했다.[335] 양자 사이에 편지교환이 긴장을 풀리게 했으며, 그밖에 우리들은 엘리자베트가 여러 번 힐데가르트를 방문한 것을 알고 있다. 일찍이 엘리자베트는 그녀가 보고 꿈꾸고 들은 것을 문서로 기록했으나, 어쨌든 처음에는 그것을 공개하지 않았다.[336] 그녀가 1155년 쉐나우 수도원에 입회하여 후에 그곳의 수도원장이 된 자신의 남동생 에크베르트(Ekbert, †1184)에게 공개한 뒤에 비로소 그녀는 공식적으로 등장했다.[337] 에크베르트는 그녀가 자신에 대해서 고백하

---

333) Vita Sanctae Hildegardis, hg. von M. Klaes, CChr.CM 126; lat. Text mit Übersetzung: FChr 29.

334)Canonizatio Sanctae Hildegardis, FChr 29, S. 244-279; 참조, J. Krasenbrink, Die 'inoffizielle' Heilige, S. 496-513; A. Thomas, Hildegard von Bingen, LCI 6, Sp. 536 f.

335) 참조, P. Dinzelbacher, Die Offenbarungen der heiligen Elisabeth von Schönau, S, 462-482.

336) Vis. III 19; F. W. E. Roth, Die Visionen und Briefe der hl. Elisabeth, S. 70-74, Zit. S. 71.

337) 에크베르트 폰 쉐나우(Ekbert von Schönau)는 종교적인 책들의 저자이다. 특히 „De laude crucis', PL 195, Sp. 97-106; „Soliloquium seu Meditationes', PL 195, Sp. 105-114, „Stimulus amoris', PL 184, Sp. 953-966; F. W. E. Roth, Die Visionen und Briefe der hl. Elisabeth, S. 230-343.

고 그녀를 공적인 험담으로부터 보호한 그녀의 고해신부였다. 그뿐만 아니라 그녀의 계시들과 신앙고백들에 확인하고 신앙심을 불러일으키게 다듬고 신학적으로 근거를 마련한 자로서 그는 엘리자베트의 외적영향과 후대에 영향을 미치는데 뛰어난 역할을 했다. 『환상들』(Visiones, 1152/1160)에서 엘리자베트는 그녀가 계시를 경험했던 상황들에 대해서 보도한다.

> '그것은 성 야곱의 축제가 지난 첫 번째 주일 밤에 일어났다. 나는 육체적으로 완전히 지쳐있었다. 먼저 내 손과 발의 가장 먼 부분이 떨기 시작했다. 이어서 내 몸 전체가, 그리고 모든 지체에서 땀이 흘렀다. 그 다음에 마치 내 심장이 칼로 두 조각으로 자르는 것과 같은 것이 나에게 일어났다. 그리고 보라, 강력한 불꽃바퀴가 하늘에서 비춰었다. 그것의 등장으로 나에게 커다란 두려움이 일어났다. ... 나는 내가 보아온 것보다 훨씬 고귀한 빛을 바라보았다. 그리고 나는 그 빛 안에 수천의 성인들을 보았다. ... 그러나 나는 왕의 우편에 인자와 같은 최상의 영광중에 보좌에 앉아 있는 이를 보았다. 왼편에는 밝게 빛나는 십자가의 표시가 나타났다.'[338]

환상들에 앞서 경련과 아픔과 두려움 상태와 육체적 고통이 먼저 나타났으며, 이들은 황홀경 속에서 비로소 사라졌다. 엘리자베트는 천사와 하늘의 형상들을 보고, 그들의 음성을 듣고, 그들과 대화를 나누었다. 많은 성인들이 있었는데, 그 가운데 마리아도 있었다. 그녀는 그들과 신실한 대담을 가졌으며, 그것을 통하여 그녀는 하나님의 비밀들을 알게 되었고 구원사의 사건들을 해석했다. 마리아환상 가운데 하나에서 엘리자베트는 마리아의 승천에 대한 사실을 얻었다(Vis. II., 31). 다른 환상에서 그녀에게 그리스도가 태양으로부터 빛난 광채 속에서 나오며 왕관을 쓴 여왕으로 나타났다(Vis, III., 4). 엘리자베트에게서 꿈과 생시에서 생활은 매우 엄격한 금욕과 결합되어 있어서 힐데가르트 폰 빙겐이 그녀에게 그 결과에 대해 경고했다.

338) Vis. I, 20; F. W. Roth, Die Visionen und Briefe der hl. Elisabeth, S. 1-87. Zit. S. 11.

"오! 하나님의 딸이여, 너는 하나님에 대한 사랑에서 나를 가련한 형상 '어머니'라고 부른다, 절제를 배워라! 그녀는 천상적인 것과 이 땅의 것들에게 모든 덕의 어머니이다."[339]

그 밖에 『하나님의 길들의 책』(Buch der Wege Gottes, 1156-63)이 엘리자베트의 저서에 속한다.[340] 이것도 마찬가지로 환상에 대한 보도이다. 이 환상보도는 빛이 가득한 커다란 산들의 관찰로 시작한다. 그 산봉우리에 입에 칼을 물고 있는 그리스도형상이 서 있고, 그에게로 세 개의 길이 나있으며 그 길을 관조적인 자들과 믿는 자들과 순교자들이 걷게 된다. 이어지는 관조적이며 활동적인 삶에 대한 설교들에서 엘리자베트는 경고하면서 최근의 교회와 정치 사건들에 개입하여, 성직자들과 교황청을 비판하고 도덕적인 방임을 한탄한다. 『쾰른의 동정녀에 대한 책』(Buch über die Jungfrauen von Köln, 1156-57)에서 성 우르줄라의 순교에 대한 계시들이 기록되어 있으며, 쾰른에서 발견된 1만 1천 동정녀의 성유물에 진실성이 입증됐다.[341] 마지막으로 수도원장들과 수사들과 주교들에게 보낸 편지들이 엘리자베트의 펜에서 유래한다.[342] 그녀의 저서들과 더불어 엘리자베트 폰 쉐나우는 중세 여성신비주의의 중요한 대변인에 속한다. 그녀의 언어능력과 인물상과 표현능력은 많은 여성들과 신비주의자에게 특별한 영향을 끼쳤다.[343] 그녀의 삶이 수많은 질병에 시달렸던 엘리자베트는 이미 36세의 나이에 생을 마감했다.[344] 에크베르트 폰 쉐나우(Ekbert von Schönau)는 그의 전기로 그녀에게 영속적인 기념비를 세웠다.[345] 그녀의 저서의 문학적인

339) Elisabeth Schonaugiensis, Epistola ad S. Hildegardem, PL 195, Sp. 120-124; PL 197, Sp. 214-218; 번역: W. Oehl, Deutsche Mystikerbriefe des Mittelalters, S. 129.

340) F. W. E. Roth, Die Visionen und Briefe der hl. Elisabeth, S. 88-122 („Liberviarum Dei').

341) F. W. E. Roth, Die Visionen und Briefe der hl. Elisabeth, S. 123-138 („Liber revelationum de sacro exercitu virginum Coloniensium').

342) F. W. E. Roth, Die Visionen und Briefe der hl. Elisabeth, S. 139-153; 번역: W. Oehl, Deutsche Mystikerbriefe des Mittelalters, S. 113-139.

343) 참조, E. Gössmann, Das Menschenbild der Hildegard von Bingen und Elisabeth von Schönau, in: P. Dinzelbacher, Frauenmystik im Mittelalter, S. 24-47; K. Köster, Das visionäre Werk Elisabeths von Schönau, S. 79-119; K. Ruh, Geschichte der abendländischen Mystik, Bd. 2, S. 64-80.

344) Ekbert von Schönau, Schreiben an die Nonnen des Kanonissenstiftes St. Marien in Andernach, in: F. W. E. Roth, Die Visionen und Briefe der hl. Elisabeth, S. 264 f.; W. Oehl, Deutsche Mystikerbriefe des Mittelalters, S. 146-149, Zit. S. 147 f.

345) Eckbertus Schonaugiensis, Vita S. Elisabethh, PL 195, Sp. 119-194.

영향력은 중세에 이미 흩어져있던 그 전승들이 보여주는 것처럼 크다. 엘리자베트가 교회법적으로 시성되지 않았지만, 쉐나우 수도원에서 그녀는 성인으로 숭배되고 있었다.[346)]

## 3. 이중수도원

종교적 여성운동의 시작은 단지 기존의 개혁수도원연합회가 여성들을 위하여 개방된 것뿐만 아니라, 이중수도원과 함께 수도원적인 삶의 새로운 형태가 도입되는 결과를 가져왔다. 고대교회의 생활양식의 재부흥을 재현한 - 4세기에 동부지중해 지역에서 남성과 여성금욕주의자들의 공동생활이 보여준 것처럼 - 이중수도원은 남성과 여성들이 같은 공간에서, 그러나 구별된 밀실에서, 두 개의 같은 서열의 수도회가 한 규칙에 따라 (때로는 서로 다른 규칙에 따라), 한 사람의 지도 아래에서(수도원장 혹은 수녀원장) 공동의 소유를 갖고 생활하는 것이다.[347)] 가장 초기의 예는 로베르트 드 아르브리셀(Robert von Arbrissel)에 의해 프레몽트레에 세워진 이중수도원이었다. 그 밖에 이중수도원은 개혁참사수도회들(Klosterrath, Marbach)에서, 그들로부터 영향을 받은 프레몽트레 수도사들에게서, 그리고 스위스 서부의 락 드 주(Lac de Joux)와 후밀리몽트-마르센(Humilimont-Marsens)에서 발견된다.[348)] 독일(특히 아드몬트(Admont), 츠비팔텐(Zwiefalten), 엔겔베르크(Engelberg), 쉐나우(Schönau))과 잉글랜드(특히 마케이트(Markyate), 킬번(Kilburn), 숍웰(Sopwell))와 프랑스(오바진(Obanzine))와 이탈리아(파두아(Padua), 카말돌리(Camaldoli), 발롬브로사(Vallombrosa))의 수많은 대수도원들은 마찬가지로 이중수도원의 모델에 따라 세워졌다.[349)] 하지만 이중수도원은 매우 일찍부터 불신을 받았다.[350)] 뒤이은 여러 해 동안 기존의 이중수도원은 점점 해체되었고, 수녀회는 수녀원장에 의해 인도되는 독자적인 재단으로 변했으나, 수도

346) 참조, K. Köster, Elisabeth von Schönau. Werk und Wirkung, S. 243-315.

347) 참조, S. Elm, Formen des Zusammenlebens männlicher und weiblicher Asketen, in: K. Elm/M. Parisse, Doppelklöster, S. 13-24; A. Fößel, Klosterfrauen, Beginen, Ketzerinnen, S. 32-40.

348) 참조, E. Tremp, Chorfrauen im Schatten der Männer, S. 79-109; B. L. Venarde, Women's monasticism and medieval society, S. 66-71.

349) 참조, K. Elm /M. Parisse, Doppelklöster, S. 25-55, 115-133; J. Burton, Monastic and Religious Orders in England, S. 85-101.

350) 참조, Lateran II, can. 27, in: Conciliorum Oecumenicorum Decreta Bd. 2, S. 203.

원장의 총감독 아래 머물렀다.

## 4. 개혁수도회

여성카르투지오수녀회의 시작에 대하여는 단지 작은 부분만 알려졌다. 확실한 것은 1140/50년 이래로 몇몇의 재단이 카르투지오수도회에 가입했다는 것이다.[351] 생 앙드레 드 라미에르(St. André de Ramières) 수녀원의 수녀들이 시작했다. 이들은 얼마 후에 프로방스의 프레바욘(Prébayon)에 정착했다. 툴롱(Toulon)의 몽트리외(Montrieux)의 카르투지오 수도원장인 요한 폰 슈파니엔이 『규칙서』(Consuetudines)를 만들었다.[352] 카르투지오수녀들의 생활은 수도사들의 생활보다 덜 엄격했다.

> '그녀들의 독방은 고립된 집들에 있는 것이 아니라, 나란히 붙어있는 방들에 있었다. 모든 식사는 엄격히 육식을 금하는 가운데 수도원식당에서 이루어졌다. 매일 두 번의 휴식시간이 있었다. 그 밖의 시간은 독방에서 보냈다.'[353]

프랑스와 이탈리아의 알프스산맥의 골짜기에 세워진 카르투지오수녀원의 수는 적었다. 여성들의 수용에 대한 수도원 내의 반대는 컸으며, 수십 년이 지나면서 더 커졌다. 카르투지오수도사들의 총회는 1171년에 일련의 제한하는 결정들을 내렸다. 그 가운데서도 수녀원의 각 원장들 위에 수도원장의 배치하는 결정이 있었다. 어쨌든 이러한 조치는 카르투지오수녀들에게서 논쟁을 불러일으켰고, 그래서 프레바욘(Prébayon)에 있는 수녀회는 그것을 받아들이기를 거부했다. 그 일에 이어서 수녀원은 수도회로부터 쫓겨났다.[354]

프레몽트레수도회는 처음에는 종교적 여성운동에 대하여 크게 열려 있었다. 이미 노르베르트 폰 크산텐(Norbert von Xanten)이 살아있을 때 여성들은 수도회에 가입했다. 프

351) 참조, M. de Fontette, Recherches sur les origines des moniales chartreuses, S. 1143-1151.

352) 참조, Guigues, Ier, Les Coutumes de Chartreuse, SChr 313.

353) J. Dubois, Kartäuser/innen, LexMA 5, S. 1020.

354) 참조, J. Hogg, Kartäuser, TRE 17, S. 671.

레몽트레수녀원들의 형태는 다양했다. 초기 시대에 여러 개의 이중수도원이 있었다(프레몽트레(Prémontré), 카펜베르크(Cappenberg), 일벤슈타트(Ilbenstadt)). 하지만 프레몽트레 수도사들에게서 점차 기존의 이중수도원을 해체하는 결과를 가져올 여성비판적인 태도가 관철되었다. 프레몽트레의 여성수도원은 1141년에 독립했다. 다른 이중재단들도 분리된 수도회를 위하여 해체되었다. 얼마 후 더 이상 새로운 수녀원을 받아들이지 않겠다는 결정이 내려졌다. 하지만 총회가 1180년에 여성들의 수도회가입을 근본적으로 거부하고 기존의 수녀원을 다른 수도회에 넘긴다는 결정을 하기까지는 긴 시간이 흘러야 했다.[355] 이로서 '여성들의 영적상담으로부터 프레몽트레 수도사들의 철수'는 결정됐다.[356]

시토수도회는 설립 후 첫 세기 동안 - 프레몽트레 수도사들과는 달리 - 여성운동에 대하여 분명한 유보를 취했다. 그것은 관조와 세계로부터 떠남이라는 수도회정신에 엄격히 결합된 것이다. 여성들에 대한 엄격한 분리가 이 세계로부터 떠남에 해당되며, 그것은 자신의 수도원을 넘어서는 각 의무를 거부하는 결과를 야기했다. 1134년 총회는 수녀회에 대한 영적인 돌봄을 금했다. 수도회 내의 이러한 태도 때문에 12세기 중엽까지 주저하면서 개별적인 수녀회가 생겼다. 스테펀 하딩(Stephan Harding)은 시토 북쪽에 놓여 있는 수녀원 타르트(Tart, 1125)의 설립을 후원했다. 이 수녀원은 이어진 수년 동안 18개의 자매수녀원의 모(母)수녀원이 됐다.[357] 베르나르 드 클레르보도 마찬가지로 여성들에게 영적 상담을 제공했다. 특히 그의 여동생 훔벨리나(Humbelina)가 줄리(Jully)의 수녀원 원장이 된 이래로 그렇게 했다. 수녀원을 후원하고 돌본 시토수도회의 수도원장들에 대해 알려져 있다. 그러나 이런 일들은 개인적인 주도권과 책임에서 일어났다. 주로 이중수도원이 소속된 오바진(Obazine)와 사비니(Savigny)의 수도회를 1147년 총회에서 병합하기로 한 것이 시토수도회에서 여성들을 인정하는 중요한 진척을 드러냈다. 그럼에도 불구하고 점차 더욱 눈에 띄는 여성비판적인 태도는 실제로 극복되지 못했다. 왜냐하면 수녀회는 미사를 드리고 고해성사를 받는 사제들을 의지하기 때문이었다. 그 밖에 그들에게 육체노동이

355) 참조, G. Wieland, Prämonstratenserinnen in Maiseltal, S. 73-97.

356) I. Ehlers-Kisseler, Anfänge der Prämonstratenser im Erzbistum Köln, S. 288.

357) 참조, M. Kuhn-Rehfus, Zisterzienserinnen in Deutschland, in: Die Zisterzienser, S. 125-148; J.-B. Van Damme, Three Founders of Cîeaux, S. 118 f.

금지되었기 때문에, 그들은 외부로부터 후원이 필요했다. 시토수녀들은 매년 모수도원을 방문하지도 않았고 총회에 참석하지도 않은 것에서 격리 역시 분명히 나타난다.[358] 12세기 말까지 시토수녀회의 대수도원의 수는 적었다. 독일에서 15개가 채 되지 않는 수도회가 이 수도회에 속했으며, 그들이 그 '관습들'을 따르므로 그들 가운데 몇 개가 총회의 결정을 기다리지 않고 시토수도회에 귀속됐다. 하지만 수도회 내에서 그들의 지위는 논란의 여지가 많았고 수십 년 동안 논쟁의 원인이 됐다.[359]

## 5. 셈프링엄(Sempringham) 수도회

셈프링엄 수도회는 중세 전성기에 유일하게 영국에 새롭게 세워진 수도회이다.[360] 설립자는 길버트 오브 셈프링엄(1083/89-1189)이며, 그는 1131년 랑(Laon)과 파리에서 수업을 마친 뒤에 셈프링엄의 교구교회에서 여성들의 금욕적인 공동체를 설립했다.[361] 이 공동체는 은둔자적인 특징을 가졌다. 규칙은 아직 없었다. 지도와 사제직의 과제는 길버트의 손에 놓여 있었다. 뒤이은 수년 동안 공동체가 - 시토수도사들에게서처럼 - 개종자들과 평신도수녀들과 평신도수사들로 결합된 수도원으로 발전했다. 사실상 이것은 수녀원장을 옆에 세운 한 명의 '스승'(magister)에 의해 지노받는 이중수도원의 한 형태였다. 12세기 중엽까지 근처에 놓인 수도회를 세워하고 작은 수도원들을 설립했다 - 아마도 수도사들과 개혁수도회가 종교적 여성운동을 대한 것과 같은 유보의 표현일 것이다. 이런 근거에서 길버트는 사비니(Savigny)와 오바진(Obazine)의 수도회공동체가 시토수도회로 편입된 1147년 시토에서 열린 총회에서 두 집을 시토수도회로 병합시키는 것을 시도했다. 비록 그가 그것을 성공하지 못했지만, 얼마 후에 정식으로 저술된 수도회규칙이 교황에게 승인을 받았다. 이어진 시기에 셈프링엄 수도회는 중부잉글랜드에 한정됐지만 짧은 전성기를 경험했다. 길버트가 수도원을 아우구스티누스규칙을 따르는 정식참사수도회원들

358) 참조, J. France, Cistercians in Scandinavia, S. 159-184.

359) 참조, A. Ostrowitzki, Ausbreitung der Zisterzienserinnen im Erzbistum Köln, S. 7-23, 174-195; L. J. Lekai, Cistercians, S. 347-363.

360) 참조, J. Burton, Monastic and Religious Orders in England, S. 96-108.

361) 참조, B. Golding, Gilbert of Sempringham and the Gilbertine Order, S. 7-33

에게 개방한 것이 그것에 기여했다. 그로 인하여 수도회에는 참사수도회의 방향으로 관철될 때까지 임시적으로 다양한 금욕적인 전통들과 관습들의 혼합이 특징적이었다.[362] 12세기 후반기에 8개의 이중수도원과 셈프링엄의 수도회연합을 형성하는 14개의 참사수도회 수도원들이 세워졌다.[363] 여기에 1202년 시성되었고 그의 삶과 사역에 대하여 얼마 뒤에 생겨난『성 길버트의 책』(Liber Sancti Gillberti)에 길버트의 영향력이 반영되어 있다.[364]

## I 삶과 사상의 다양화

### 1. 종교적 삶의 분리

금욕적인 운동 내의 새로운 시작들에서 종교적 삶의 분리가 명백해 진다. 경제적 정치적 발전들과 비교할 때 다양화의 정당성에 대한 의식이 교회에서 증가했다. 11세기 말 이래로 성직자 삶의 선택사항으로 더 이상 수도원만이 있는 것이 아니었다. 금욕적인 삶의 양식을 추구하는 사람은 개혁참사수도회들과 은둔자적 공동체들과 이중수도원들과 순회설교자들과 다른 공동체들 사이에서 선택할 수 있었다. 선택의 가능성과 더불어 그것에 대한 증명의 의무가 주어졌다.[365] 남부 슈바르츠발트에 자리잡고 있는 개혁대수도원의 수도원학교장인 콘라트 폰 히르자우(Konrad von Hirsau, 1070-1150)는『세상사랑 혹은 세상경시에 대한 대화』(Dialog über die Verachtung oder die Liebe der Welt)에서 스콜라신학적으로 교육받은 성직자를 그의 대화 상대자를 수도원적 삶의 특별한 가치에 대하여 이성적인 근거로 설득하려고 시도하는 수도사와 대면시켰다. 그 가운데 사제는 왜 자신이 선택한 자들에게 단 하나의 영을 주신 하나님이 수도원제도가 그렇게 다양한 삶의 양식을 전개하는 것을 막지 않았는지 라는 질문을 던진다.[366] 그 수도사는 이렇게 대답한다.

362) 참조, B. Golding, Gilbert of Sempringham and the Gilbertine Order, S. 101-137.

363) 참조, B. Golding, Gilbert of Sempringham and the Gilbertine Order, S. 191-350.

364) 참조, B. Golding, Gilbert of Sempringham and the Gilbertine Order, S. 51-70.

365) 참조, H. Holze, Religiöse Toleranz im Mittelalter, S. 41-55.

366) Konrad von Hirsau, Dialogus de mundi contemptu vel amore, AMNam 19, S. 57, 470 ff.; 58, 501 ff.

"만약 전능하신 하나님께서 자신이 선택한 자들에게 단 하나의 삶의 양식만을 제공했다면, 관용의 덕(virtus tolerantiae)은 그들에게서 아무런 자리도 얻지 못할 것이다. 만약 이웃에게 허용되어야만 할 것이 아무것도 없다면, 그들에게서 완전한 하나님사랑과 이웃 사랑이 발견될 수 없을 것이다."[367)]

금욕적인 삶의 양식의 다양성은 콘라트 폰 히르자우에게는 신앙의 통일성에 대한 반대가 아니다. 그것은 오히려 교회가 자기확신으로 경직되는 것으로부터 보호하는 관용에 대한 시금석이다.[368)]

처음에 하벨베르크(Havelberg)의 주교였다가 나중에 라베나(Ravenna)의 대주교가 된 안셀름 폰 하벨베르크(Anselm von Havelberg, 1099-1158) 역시 비슷하게 진술한다. 교황의 사절단으로 콘스탄티노플로 가는 여행에서 그는 한 세기 이전에 일어난 서방교회와 동방교회의 분열의 이유들에 깊이 몰두하면서, 신학적이며 성례적인 차이가 교회분열을 야기하는 것인지에 대한 문제와 씨름했다. 그 대화에 대한 보도에서 그는 긴장들을 거부하지 않지만, 관용의 정신으로 그것을 참고 견디는 것을 변호했다.

"교회는 박해에 시달렸다. 그러나 교회는 인내(patientia)로 성장했다. 교회는 이단자들의 거짓에 시달렸다. 그러나 교회는 지혜(sapientia)로 성장했다. 교회는 악한 형제와 위선자들에게 시달렸다, 그러나 교회는 관용(tolerantia)으로 성장했다."[369)]

이로써 안셀름에게서 관용은 교회의 자기이해를 위한 긍정적인 관계성이 된다. 로마로부터 분리된 비잔틴교회의 믿음을 인정하려는 용의는 그에게는 약함의 표시가 아니라,

367) Dialogus, S. 57, 483 ff.

368) Dialogus, S. 57, 490.

369) Anselm von Havelberg, Dialogi, PL 188, Sp. 1139-1160, 여기서는 Sp. 1157 f.

교회가 입증해야할 하나님의 계명이다.[370)]

결국 베르나르 드 클레르보 역시 삶의 양식의 다양성을 옹호한다.『기욤 드 생-티에리에 대한 변호』(Apologie an Wihelm von Saint Thierry, 1125)에서 그는 시토수도사들의 특별한 길이 그리스도교를 분열시킨다는 수도사들의 비난을 요셉의 겉옷을 알레고리적으로 해석함으로 반박한다.

> "그리스도는 그의 교회에 '저 많은 실로 짜서 이음새가 없으며 위에서부터 완전히 짠 투니카'(로마시대 속옷 – 역자 주)를 남겨놓으셨다. '그의 안에 있는 수많은 수도회의 다양성 때문에 많은 실로 짜서, 해체될 수 없는 사랑의 나뉘지 않는 하나됨 때문에 이음새가 없다.'"

클레르보의 수도원장은 거기로부터 고린도전서 12장을 연결하여 추론한다.

> "그래서 우리 모두는 다양한 선물을 받는다. 한 사람은 이런 방법으로, 또 다른 사람은 저런 방법으로, 우리가 클뤼니회 수도사인지, 시토회 수도사인지, 정규사제인지 혹은 경건한 평신도이든지. 마침내 각 수도회, 각 언어, 각 성별, 각각의 나이, 각 직업, 저 장소에서, 그 시간에, 첫 사람부터 시작하여 마지막 사람까지."

베르나르는 이 다양성 자체는 마지막 때에 해체되지 않을 것이라고 확신했다. 많은 종류의 일치성(pluralis unitas)과 한 종류의 다양성(una pluralitas)이 균등하지 않은 평등(dispar aequalitas)으로 이어진다.[371)]

---

370) P. Classen, Der Häresie-Begriff bei Gerhoch von Reichersberg, S. 41; 참조, H. Grundmann, Opertet et haereses esse. Das Problem der Ketzerei im Spiegel der mittelalterlichen Bibelexegese, in: Ders., Aufsätze, Bd. 1, S. 328-363.

371) Bernhard von Clairvaux, Apologie an Wilhelm von St. Thierry, ∫∫ 6/8, Sämtliche Werke Bd. 2. S. 14 ff.

## 2. 신학적 논쟁

중세초기의 교회가 이단의 문제를 알지 못했던 반면에 – 교회가 논쟁을 벌여야 했던 유일한 적은 이방과 미신이었다, 11세기 초 이래로 그들이 처음으로 교회의 공간 안에 나타나지만 그들의 가르침과 삶을 단호히 거절해야 하는 개별 인물들과 그룹들과 성직자들처럼 평신도들을 대립하여 보게 됐다.[372] 이단적인 활동들은 여러 장소로부터 보도되었다. 샬롱(Châlons)의 베르투스(Vertus)의 농부들에 의해서(1000), 오를레앙(Orléans)의 참사수도회원들에 의해서(1022), 아라스(Arras)의 수공업자들에 의해서(1025), 밀라노의 몬테포르테(Monteforte)의 귀족들에 의해서(1028). 엄격하고 금욕적인 생활과 때때로 마니교로 간주된 낯선 교리들이 주목을 끌었다. 하지만 서로 관계없이 있는 개별 현상들이 드러나지 않고 남아 있지만, 적발된 뒤에는 재빨리 격퇴되었다.[373]

12세기에 변화가 관찰되었다. 중세 사회의 분리 독립과 그레고리식 개혁시대의 교회 비판이 비정통의 신념들이 생겨나는 환경을 형성했다. 이단은 전체 교회에 나타나 주의를 요구하는 현상이 되었다. 이로서 교회는 지금까지 알려지지 않았던 다양한 형태로 등장하는 도전을 대면하게 됐다. 그 가운데 그 도전은 전승된 교리의 규범을 제시하는 능력이 더 이상 확실한 것이 아니라는 공통점을 가졌다. 그 때문에 제2차 라테란 공의회(1139)는 23항에서 교리에서 새로운 길을 걸어가는 자들과 사제들의 성례독점을 의문시하는 자들을 정죄했다.

"우리는 경건의 겉모습 아래 주님의 몸과 피의 성례와 유아세례와 사제직과 그 밖의 교회의 직분과 적법한 결혼관계를 거부하는 모든 이들을 이단자로서 하나님의 교회에서 내쫓아내며 그들을 정죄한다. 우리는 그들을 대항하여 징벌하고 대응하도록 세속권력에 촉구한다. 우리는 그들의 보호자를 이 정죄에 포함시킨

372) 참조, B. Hamilton, The Medieval Inquisition, S. 22-25; W. L. Wakefield, Heresy, Crusade and Inquisition, S. 15-26.

373) 참조, R. Gorre, Ketzer im 11. Jahrhundert, S. 12 ff., 56 ff., 120 ff., 182 ff.; M. Lambert, Häresie im Mittelalter, S. 8-34; R. I. Moore, The Birth of Popular Heresy, S. 9-21.

다."[374)]

이름은 언급되지 않았지만, 아마도 공의회회원들이 롬바르디아(Lombardei)에 나타난 아르날도 드 브레시아(Arnold von Brescia)와 대주교관구에서 설교한 페트루스 폰 브루이스(Petrus von Bruis)를 염두에 두었다. 세속의 처벌규정에 대한 탄원은 교황청교회가 새로운 교리와 삶의 양식들의 등장을 통하여 얼마나 불안해하는지를 역설한다. 그것들과 함께 이단의 문제가 중세교회의 의사일정에 등장하게 되었다.

그것은 베르나르 드 클레르보에 의해 결말지어진 두 개의 교리논쟁에서 분명해진다. 클레르보의 대수도원장은 교리논쟁들에서 상반된 태도를 취했다. 애가에 대한 설교에서 그는 우선 근본적으로 주장의 논거에 대한 다툼을 옹호한다.

"왜냐하면 믿음은 확실히 제시되어야 하지, 단순히 부과되어서는 안 된다."'[375)]

대화의 목표는 자신의 견해로 승리를 얻도록 해야 한다.

'그 때문에 학교를 다녀서 교육받은 교회의 대변자는 잘못된 선생들과 대화를 시작할 때 잘못된 자를 가르쳐서 그를 전향할 수 있도록 그의 의도를 가져야 한다. 그는 사도 야고보의 말씀을 기억해야 한다. '잘못된 길에 서 있는 죄인을 돌이키도록 움직이는 자는 그를 죽음에서 구하며 많은 죄를 덮는다.'(약5:20)'

반면에 개종해야할 자가 설득될 수 없을 때, 주장의 논거는 한계를 갖는다. 그러면 '그가 포도원을 황폐하게 만드는 것보다 그를 추방하거나 체포하는 것이'[376)] 불가피하다. 이런 의미에서 베르나르는 정부에 올바른 신앙을 보존하기 위해 개입할 것을 요구한다.

374) Conciliorum Oecumenicorum Decreta, Bd. 2, S. 195-203; Auszüge: H. Denzinger, Enchiridion, Nr. 715-718.

375) Bernhard von Clairvaux, Predigt 66, 12, Sämtliche Werke, Bd. 6, S. 371-390.

376) Bernhard von Clairvaux, Predigt 64, 8, Sämtliche Werke, Bd. 6, S. 371-390.

'그럼에도 불구하고 의심의 여지없이 그들에게 칼로서 - 정당하게 그것을 소유한 자들의 칼을(롬13:4) 통하여 - 자제를 요구하는 것이 그들이 많은 이들을 그들의 잘못으로 이끄는 것을 허락하는 것보다 낫다.'[377)]

교황청분열의 시기에 베르나르 드 클레르보와 피에르 아벨라르(Peter Abaelard) 사이에 논쟁이 벌어졌다.[378)] 이 논쟁에는 수도원학교에서 교육받은 교부신학과 대학에서 교육받은 학교신학 사이의 12세기의 본보기가 되는 논쟁이 나타난다. 아벨라르의 삼위일체에 관한 첫 교리책인『최고선의 신학』(Theologia Summi boni)이 그 동인이 되었다.[379)] 그가 그것으로 파리의 아카데미에서 명성을 얻은 반면에, 다른 독자들은 비정통의 표현에 주목했다. 처음으로 아벨라르는 수와송(Soissons)의 주교회의(1121) 심문을 받았다. 4년 후에 베르나르가 그에게 주목했다.[380)] 아벨라르는 옛 경쟁자가 '새로운 사도들'을 그에게 덧붙이길 원했다고 쓰고 있다.[381)] 1139년 초에 논쟁이 명백히 일어났다. 기욤 드 생-티에리는 서류 묶음을 통합하여, 잘못된 교리를 제지해달라는 부탁과 함께 그것을 베르나르에게 보냈다.[382)] 베르나르는 먼저 기다리는 입장을 취했으나, 아벨라르와 만남 뒤에 유보를 포기했다. 그는 인노켄티우스 2세에게 다음과 같이 썼다. 아벨라르가 말한 모든 것에서 그는 이성이 지배하게 만들고 '이성 위에', '이성에 대항하여', 무엇보다도 '신앙에 대항하여'를 진술한다. 어쨌든 그는 처음에는 단지 슈테판 폰 파리(Stephan von Paris) 주교가 그를 설교하도록 초청한 성과만 거두었다. 아벨라르는 그 사이에『베르나르를 반박하는 변론』(Apologia contra Bernardum)을 저술하고, 앙리 드 상스(Heinrich von Sens) 대주교에게 공개적인 논쟁의 필요성을 설득했다. 1140년 6월에 양쪽 논쟁자들이 상스(Sens)에 모였다.[383)]

---

377) Bernhard von Clairvaux, Predigt 66, 12, Sämtliche Werke, Bd. 6, S. 371-390.

378) 참조, A. Borst, Abaelard und Bernhard, S. 497-526; M. Diers, Bernhard von Clairvaux, S.197-269; P. Segl, Häresien und intellektueller Aufbruch in der späten Salierzeit, in: K. Herbers, Europa an der Wende vom 11. zum 12. Jahrhundert, S. 217-237.

379) 참조, K.-H. Kandler, Christliches Denken im Mittelalter, S. 64-68; G. Wieland, Abaelard: Vernunft und Wissenschaft, in: Ders., Aufbruch – Wandel – Erneuerung, S. 260-272.

380) 참조, Bernhard, An Magister Hugo von Saint-Victor, Ep.77; Sämtliche Werke, Bd. 2, S. 608-641.

381) 참조, J. Miethke, Bernhard von Clairvaux, in: Die Zisterzienser, S. 52/53; Abaelard, Expositio in Epistolam ad Romanos, FChr 26.

382) Wilhelm von Saint-Thierry, in: Bernhard von Clairvaux, Ep. 326; Sämtliche Werke, Bd. 3, S. 550 f.

383) Bernhard von Clairvaux, An Innozenz, Ep.190; Sämtliche Werke, Bd. 3, S. 74-121. 참조, O. Langer, Affekt und Ratio. Rationalitätskritische Aspekte in der Mystik Bernhards von Clairvaux, in: C. Kasper, Zisterziensische Spiritualität, S. 33-52.

어쨌든 그 만남은 예상하지 못했던 결과를 가져왔다. 아벨라르가 제시된 명제들에 대해 침묵하고 그 대신에 교황에게 호소하였기 때문에, 모임은 시작하지도 못하고 끝났다. 주교들은 인노켄티우스 2세에게 아벨라르가 제시한 명제들을 알렸다. 베르나르는 수많은 편지를 써 보냈다. 그에게는 종말론적인 사건이 문제였다.

> '하나님의 것에 관한 문제이다. 진리가 위험에 처했다. 그리스도의 옷이 나눠졌다. 교회의 성례들은 토막이 났다.'[384)]

아벨라르가 아직 로마로 들어오기도 전에 그는 정죄를 받았다. 그 때부터 그는 더 이상 공개적으로 의견을 말할 수 없었다. 마지막까지 아벨라르의 가치를 대변했던 피에르 존자(Petrus Venerabilis)가 베르나르와 아벨라르 사이에 클뤼니에서 마지막 만남을 중재했다. 아벨라르는 1142년 이곳에서 생애를 마쳤다.

베르나르는 샤르트르(Chartres) 학교의 대변자이며 1142년 이래로 푸아티에(Poitiers)의 주교인 질베르(Gilbert, 1080-1154)와 두 번째 중요한 신학적 논쟁의 결말을 지었다. 오토 폰 프라이징(Otto von Freising)은 그에 관하여 기록했다.

> '그는 그의 섬세한 정신과 그 근거에 대한 통찰력 때문에 평범한 인간 이해력을 넘어가는 많은 것을 말하는 버릇이 있었다.'[385)]

하나님과 신성을 구별하는 그의 삼위일체 교리가 화근이 되었다.[386)] 고소로 인하여 베르나르가 개입한 여러 해 동안 진행된 재판으로 발전했다.[387)] 1148년 3월에 질베르는 랭스

384) Ottonis et Rahewini Gesta Friderici I., MGH.SS rer. Germ., Lib. 1, Cap. 50, S. 70, Z. 12-71, 25; Taten Friedrichs von Bischof Otto von Freising, GDV 59, S. 84/85; 참조, A. Borst, Abaelard und Bernhard, S. 497 ff.

385) Bernhard von Clairvaux, Ep. 336; 참조, Epp. 189; 192 f.; 330-336; 338; H. Denzinger, Enchiridion, Nr, 721-739; S. 324-326.

386) Ottonis et Rahewini Gesta Friderici I., MGH.SS rer. Germ., Lib. 1, Cap. 48, S. 67, Z. 35-68,2; Taten Friedrichs von Bischof Otto von Freising, GDV 59, S. 81.

387) H. Denzinger, Enchiridion, Nr. 745, S. 327; 참조, K.-H. Kandler, Christliches Denken im Mittelalter, S. 61-72.

(Reims)에서 에우게니우스 3세에게 심문받았다.[388] 그 결과는 다양하게 해석되었다. 오토 폰 장트 블라지엔(Otto von St. Blasien, †1223)은 '질베르는 주교회의로부터 비난받고 정죄받았다고'[389] 기록한 반면에, 오토 폰 프라이징은 공의회회원들이 그 교리를 '다른 교리들에서 벗어나지' 않는다는 것을 깨달았기 때문에 '특별한 결정은 내려지지 않았다'고 보도한다. 그러한 관점에서 질베르는 '그의 지위를 잃지 않고 가득한 명예를 가지고' 파리로 돌아갔다.[390] 하지만 베르나르는 그의 공공연한 논쟁을 변함없이 계속 했다.[391] 고트프루아드 오세르(Gottfried von Auxerre)는 달랐다. 재 질문에도 불구하고 그는 푸아티에의 주교에게 존경심을 거두지 않고, 그를 거룩한 학문에서 더할 나이 없이 조예가 깊은 사람이라고 했다.[392]

### 3. 교회법학과 이단

12세기의 교회법학 역시 이 논쟁들에 의해 영향을 받았다. 이단과 관계에 대하여 그라지아노(Gratian)는 우선 교회의 기본명제들을 확정했다.

> '관용하는 것은 평화를 위하여 악한 것이다. 그들로부터 육적으로 물러나지 말고, 오히려 악을 교정하도록 이끄는 종교적인 방법으로 행하라.'[393]

개종을 위하여 언어로 논쟁을 해야 한다. 심지어 관용이 화제에 오른다. 왜냐하면 '영적인 인간은 결코 육적인 것을 추구하지 않으며, 오히려 그 반대이다.' 그라지아노는 '악의

388) 참조, Bernhard von Clairvaux, Predigten über das Hohe Lied 80,4,9; Sämtliche Werke, Bd. 6, S. 580 f.

389) Ottonis de Sancto Blasio Chronica, MGH.SS rer. Germ. 47, Cap. 4, S. 6, Z. 3; Chronik des Otto von St. Blasien, GDV 58, Kap. 4, S. 4/5.

390) Ottonis et Rahewini Gesta Friderici I., MGH.SS rer. Germ., Lib. 1, Cap. 61, S. 87, Z. 22-25; Taten Friedrichs von Bischof Otto von Freising, GDV 59, S. 104/105.

391) Bernhard von Clairvaux, De consideratione V, 7, 15; Sämtliche Werke, Bd. 1, S. 625 ff.

392) Leben des hl. Bernhard, hg. von P. Sinz, Buch III, 5, 15, S. 174.

393) Codex Iuris Canonici, Causa 23, quaestio 4, c. 1; PL 187, Sp. 1172B/C. 참조, B. Hamilton, The Medieval Inquistion, S. 28 f.; E.-D. Hehl, Kirche und Krieg im 12. Jahrhundert, S. 65 f.

처벌은 하나님께 속한 것이며 그들을 신체적으로 처벌하는 것보다 오히려 자주 경고하며 사랑의 친절을 통하여 개선으로 초대될 수 있다'[394]는 이유로 유보의 입장을 세운다. 그래서 그는 '어떤 악은 처벌되어야 하고 어떤 것은 관용될 수 있는지'[395] 여러 후속조치를 초래하는 구별을 도입한다. 그리고 그는 '교회로부터 감추어진 위반행위들은 가볍게 처벌될 수 있으며, 공개적으로 알려진 것은 더 무겁게 처벌될 수 있다'[396]는 생각을 진술한다. 마침내 성만찬의 비유를(눅14:16 이하) 참조하여 다음과 같이 말한다.

"이단자들은 그들의 의지에 대항하여 구원으로 인도될 수 있다."[397]

이것으로써 처음 견해를 벗어났다. 그래서 교회는 이단자들을 '의도적으로' 박해해야 하고 그것을 위하여 '그들의 적들을 대항하여 이 땅의 통치자들에게 도움'[398]을 청해야 한다고 말할 때 더 이상 놀랍지 않다. 이 진술로써 그라지아노는 이교도박해의 신학적 정당성과 법적인 절차에 근거를 제시했다.

### 4. 교회비판

단지 이단자들만 그들의 설교에서 교황청과 성직자와 수도원제도에서 부정부패를 주목하게 만든 것은 결코 아니었다. 그레고리식 개혁은 개혁의 필요성에 대한 의식을 불러일으켰다. 그러나 동시에 개혁적인 요구와 냉정한 현실 사이에 모순이 드러났다. 그밖에 사람들은 수없이 많은 법령들과 사절단에서 드러나는 교황청통치의 중앙집권화를 통하여 로마의 상황에 대해서 이전보다 훨씬 더 많이 알게 되었다.

베르나르 드 클레르보는 그 비판가들에 속했다. 그는 이미 인노켄티우스 2세에게 호

394) Codex Iuris Canonici, Causa 23, quaestio 4, c. 13; PL 187, Sp. 1177C/1178B.

395) Codex Iuris Canonici, Causa 23, quaestio 4, c. 18; Sp. 1180C.

396) Codex Iuris Canonici, Causa 23, quaestio 4, c. 19; Sp. 1181C.

397) Codex Iuris Canonici, Causa 23, quaestio 4, c. 38; Sp. 1198A; 참조, c. 43, sp. 1205C.

398) Codex Iuris Canonici, Causa 23, quaestio 4, c. 40; Sp. 1201C; c. 41; Sp. 1203B.

소했다.

"성직자의 오만불손과 그것의 어머니인 주교들의 무관심이 혼란케 하고 전 세계에서 교회에 부담을 준다. 주교들은 거룩한 것을 개들에게, 진주를 돼지들에게 내던진다. 그리고 저 반역자들은 그것을 발로 밟는다. 그 오만불손과 무관심이 주교들의 관대함으로 인하여 그 성장을 용이하게 하는 것처럼, 그들은 그것을 참고 견뎌야 하며, 그들은 그것을 다르게 얻지 못한다."[399]

다른 편지들에서 우리들은 다음의 내용을 듣는다. 성직자들은 무기를 들고 세속적인 무역에 끼어들고, 너무 어린 나이에 교회의 높은 직분에 오르게 되고, 호화로운 생활방식에 대한 갈망으로 영주의 궁전에 가까운 곳을 찾는다.[400] 에우게니우스 3세에게 헌정한 노년의 작품 『심사숙고에 관하여』(Über die Besinnung, 1148/53)에서 클레르보의 대수도원장은 교회의 상태에 대한 우울한 그림을 제시한다. 먼저 그는 자신의 옛 학생에게(에우게니우스 3세는 예전에 베르나르의 제자였다 - 역자 주) 수많은 의무들에 관하여 그의 영적인 직분을 잊지 말 것을 경고한다.

"나는 너에게 부탁한다. 아침부터 저녁까지 논쟁하거나 논쟁하는 사람들에게 귀를 기울여야 하는 그것이 무엇을 하는 짓이냐?"

그리고 그는 그에게 알린다.

"어떻게 하나님을 경외하는 너의 눈이 그러한 논쟁들과 진리를 명백히 하는 것보다 머리속에 넣도록 돕는 대변자들 사이의 토론에 귀를 기울여야 하는 것을 견뎌야 하는지, 나는 단지 놀랄 수밖에 없다."

399) Bernhard von Clairvaux, Ep. 152, Sämtliche Werke, Bd. 2, S. 956 f.

400) 참조, Bernhard von Clairvaux, Epp. 58; 78; 158; 203; 271, 276; 427; 432.

그래서 그는 자신의 눈길을 교회의 상태로 돌린다. 왜냐하면 그 속에서(교회 안에서-역자 주) 우리 모두는 우리의 장점을 찾는다. 하지만 그것은 오히려 우리가 서로 시샘하고, 자극하고, 증오하고, 우리를 부당하게 유혹하게 시키고, 싸우도록 무장하고, 서로 조롱하고, 비방하도록 만들고, 저주하며 우리가 강한 자에게 억압받고 약한 자를 억압하는데 이르게 한다.

베르나르는 로마교황청에 하는 항소의 오용과 면속을 통하여 하나님의 뜻에 따른 교회규정을 벗어나려고 고위성직자들이 추구하는 것을 매섭게 비판한다. 로마의 성직자들조차 비판으로부터 손상을 입었다.

> '그들은 하나님께 무례하고, 거룩한 것에 경외심이 없고, 서로서로 반역적이며, 이웃에 시샘하며, 낯선 이들에게 비인간적이며, ... 그들은 윗사람에게 신의를 보이지 않고, 그와 반대로 아랫사람에게 참지 못한다. 그들은 요구하는데 부끄러움이 없고, 그와 반대로 거부할 때는 완강하다.'

베르나르의 비판이 그렇게 맹렬한 반면에, 그가 시정책으로 제시한 제안들은 구속력이 없었다. 법적이며 정치적이며 경제적인 관점들에 대해서 언급이 전혀 없다. 베르나르는 그것을 교회의 종이라는 교황의 모범이 변화를 야기할 것이라는 희망에 내맡겼다.

> '너는 하나님께서 너를 우두머리로 세운 거룩한 로마교회는 모든 지역교회의 주인이 아니라 어머니라는 것을 명심해라. 너 자신은 주교들의 주인이 아니라, 오히려 그들 가운데 하나이며, 하나님을 사랑하는 자들의 형제와 그를 두려워하는 자의 동료로서 존재한다. 그 밖에 너는 의의 모범이어야 하며, 거룩함의 거울이며, 경건의 본이며, 진리의 투사이며, 신앙의 보호자인 것을 명심하라.'[401]

---

401) Bernhard von Clairvaux, De consideratione ad Eugenium papam, Sämtliche Werke Bd. 1, S. 625-840, Zit.: Buch I, 4; 13; S. 635; 657; III, 5K S. 709; IV, 4; 23; S. 745; 771 ff.

확고한 참사수도회원으로서 열정적으로 전체 재속성직자들에게 규정된 삶의 공동생활(vita communins)을 도입하려고 선전한 게르호 폰 라이허스베르크(Gerhoh von Reichersberg, 1092-1169)는 비슷한 비판을 말했다. 그의 후기저서『적그리스도 연구에 관하여』(Über die Erforschung des Antichrist, 1160/62)에서 게르호는 날카로운 언어로 고위성직자의 성직자답지 못한 활동과 영향력과 권력에 대한 악덕 상행위를 탄식했다. 그는 선물과 금전배상 없이는 아무것도 행해지지 않으며, 판결들과 법령들과 특권들과 항소가 상업적으로 되어 버린 교황청의 상황에 대해 날카롭게 비판했다.

> '틀림없이 신하들의 혀는 풀렸다. 그래서 전 세계가 이미 로마인들의 탐욕에 대하여 불평하는 것처럼 축복과 저주를 할인하여 파는 그런 포장된 윗사람의 탐욕에 대해 증오하기에는 아직 그들은 무지하여 침묵하고 있다.'

게르호는 로마에서 경건과 의의 상실을 적그리스도의 도래에 대한 확실한 징조로 해석한다. 하지만 그의 비판에도 불구하고 그에게는 로마가 교회의 가장 높은 권위이며 그런 것으로서 필요한 개혁들을 옹호할 책임을 가지고 있다는데 의문의 여지가 없다.[402)]

존 오브 솔스베리(Johannes von Salisbury, 1115-1180) 역시 비판가에 속한다. 캔터베리 대주교의 사절로서 그는 교황청과 관계로 충심으로 신뢰했다. 하드리아누스 4세(Hadrian IV., 1154-1159)의 부탁이 그의 발언의 동인이 되었다. 그는 사람들이 교황과 교회에 대해서 무엇을 생각하는지 알려주기를 원했다. 국가와 사회의론의 초안인 그의『국가론』(Policraticus, 1155/59)에서 존은 교회의 상태에 대해서 서술한다. 그는 날카로운 언어로 표리부동과 탐욕과 매수를 로마교회의 가장 나쁜 악으로 한탄했으며, 마찬가지로 그는 특권과 항소권의 오용을 정죄했고, 마지막으로 그는 교황청 사절의 오만하고 고압적인 처신을 비판했다.

---

402) De investigatione Antichristi' Kap. I, 3; 48; 50 ff.; 58; 63 f.; 72 (MGH.LL 3, S. 161, 312, 355 ff., 378 ff., 384, 391 f.); 참조, E. Meuthen, Kirche und Heilsgeschichte, S. 46-52, 99-103.

'즉 많은 것들이 언급되었다. 모든 교회의 어머니인 로마교회가 다른 이들에게 어머니처럼 처신한 것이 아니라, 마치 계모처럼 처신했다. 거기에는 사람들의 어깨에 감당하기 힘든 짐들을 올려놓으면서 자신들은 거기에 손가락도 대지 않는 서기관과 바리새인들이 앉아 있다. 그들은 성직자 위에서 다스리면서, 생명으로 향하는 바른 길을 걸어가는 그들의 양떼에게는 모범이 되지 않는다. ... 로마교황 자신 역시 모든 이에게 부담스럽고 매우 견디기 어렵다. 그 위에 모두는 그가 교부들의 경건이 세웠으나 이제는 타락하여 무너진 교회와 등한시 된 제단에 궁전들을 짓고, 자신은 자색옷을 입을 뿐만 아니라 금칠을 하고 지나다니는 것에 대한 책임을 그에게 묻는다.'[403]

언급된 3개의 의견은 12세기 중엽의 로마교회에 부정적인 영향을 끼쳤다. 개혁의 필요성은 호의적인 자들의 눈앞에 있다. 교황청에 이르기까지 교회생활의 외면화와 교황청의 자금 징수는 모든 장소에서 비판가를 양산했다. 교황이 자신의 행동으로 적그리스도의 도래를 위한 길을 열었다는 생각은 커져갔다. 동시에 비판가들은 머리와 지체에서 교회의 영적인 갱신을 요구했고, 그것을 위하여 사도적 청빈을 그리스도교의 이상으로서 다시 발견되는 토대를 마련했다.

403) Ioannis Saresberiensis Episcopi Carnotensis Policratici, Buch. VI, Cap. 24; C. Webb (Hg.), Bd. 2, S. 67, 14-68, 13. 참조, C. Miczka, Das Bild der Kirche bei Johannes Von Salisbury, S. 152-160

중세 전성기의 서방교회
(12~13세기)

# 제2장

## 청빈운동의 시작부터 제4차 라테란공의회까지

## A 슈타우펜 제국과 교황들

### 1. 프리드리히 1세

보름스 화친조약에 나타난 제국과 교회의 권력균형은 서명 후 단지 몇 십 년 뒤에 로타 3세 폰 주플링겐부르크(Lothar III. von Supplingenburg, 1125-1137)의 죽음으로 잘리에르(Salier) 왕조가 슈타우퍼(Staufer) 가문을 통해 - 처음에는 콘라트 3세(Konrad III., 1138-1152)로, 그 다음에는 프리드리히 1세(Friedrich I., 1152-1190)로 - 교체되었을 때 다시 위태롭게 되었다.[1] 연대기들은 프리드리히 폰 슈바벤이 '로마건국 후 1903년에 아우구스투스 이래로 91번째 지배자로서' 통치권을 맡게 된 것을 환기시킴으로, 1152년 3월 프랑크푸르트의 군주회의에서 국왕선출의 역사적 의미를 강조한다.[2] 오토 폰 프라이징 주교는 그의 서술에서 프리드리히 1세가 아헨에서 대관식을 가진 후 '같은 교회에서 칼 대제(Karl der Große)에 의해 세워진 프랑크 제국의 왕좌에 앉은' 상징적 의미를 환기시킨다.[3] 그의 선출은 제국정치에서 '전환점'을 의미한다.[4] 그의 선출광고에서 프리드리히 1세는 에우게니우스 3세 교황에게 경의를 표했다.

> '왜냐하면 본질적으로 세계를 이끄는 것이 두 개가 있기 때문이다, 즉 주교들의 거룩한 권세와 왕의 권한. 우리는 우리의 통치시대에 하늘의 축복과 함께 하나님의 말씀을 자유롭게 선포되는 것이 방해를 받지 않기 위해서 모든 그리스도의 사제들에 대하여 겸손히 복종하며 머리를 숙일 준비가 되었다.'

어쨌든 그가 선출의 승인을 위한 일반적인 부탁을 말하지 않고, 그 대신에 그가 '하나님에 의해 그에게 위임된 제국'을 법과 선한 관습들뿐만 아니라 무기와 전쟁을 통하여 보

---

1) 참조, P. Rassow, Honor Imperii, S. 26-93; K. Jordan, Friedrich Barbarossa, S. 16-29; Opll, Friedrich Barbarossa, S. 41-46; 201-224.

2) Chronica regia Coloniensis, MGH.SS rer. Germ.18, Teil 3, S. 89, Z. 1-8; Kölner Königschronik, GDV 53, S. 60 f.; Annales et Historiae Altahenses, MGH.SS 17, S. 382,16 ff.; Werke des Abtes Hermman von Altaich, GDV 78, S. 21.

3) Ottonis et Rahewini Gesta Friderici I, MGH.SS rer. Germ., Lib. 2, Cap. 3, S. 104, Z. 21-23; Taten Friedrichs von Bischof Otto von Freising, GDV 59, S. 123.

4) H. Heimpel, Kaiser Friedrich Barbarossa und die Wende der staufischen Zeit, in: G. Wolf, Friedrich Barbarossa, S. 1-25, Zit. 5.

호할 것이라고 말한 것이 눈에 띈다.[5)]

이어진 시기에 의견차는 증가했다. 1152년 초 막데부르크 대주교의 죽음 후에 후계의 분열이 생기게 됐을 때, 프리드리히는 '왕궁의 전승'을 참조하여 양쪽 상대방을 해임시키고 어떤 한 후임자를 결정할 것을 요구했다. 거기에 대하여 에우게니우스 3세는 독일 주교들에게 프리드리히가 '하나님으로부터 그에게 위임된 제국의 다른 모든 교회에처럼 막데부르크 교회에 하나님의 뜻에 따라 그들의 원하는 것을 선택할 자유를 주고, 그 후 국왕에게 적합한 그의 호의로 이 선거를 승인하도록'[6)] 그에게 영향을 끼치도록 훈계했다. 아직 견해를 조절하는 것이 가능했다. 1153년 콘스탄츠 협약에서 프리드리히 1세와 에우게니우스 3세는 공동의 입장으로 의사소통을 했다. 프리드리히는 '거룩한 로마교회의 특별한 보호관리인으로서' 교황청의 권리를 보호하며, 로마인들과 노르만인들에 대한 그의 정치는 교황의 승인으로 실행되는 것에 동의했다. 반대급부로서 에우게니우스는 프리드리히를 '거룩한 베드로의 가장 사랑하는 아들로서' 높이고, '어떤 어려움이나 반대 없이' 그에게 왕관을 씌우고, 제국의 명예를 보존과 증대와 확대에 후원하기로 확약했다.[7)]

하지만 이 갈등은 프리드리히 1세가 옛 로마제국의 부활(renovatio imperii)을 목표로 하는 정책을 추구하기 시작했을 때, 드러나는 깊은 뿌리를 가지고 있었다.[8)] 그가 제국을 12세기 르네상스의 과정에서 다시 발견한 후기로마법(Codex Justinianus)을 원용하여 기초를 세운 것이 그 원인이 되었다.[9)] 그 때문에 그가 1154년 말에 황제에 즉위하기 위해 이탈리아로 갔을 때, 그는 먼저 볼로냐의 법률학교의 교수들을 만나서 그들에게 도시공동체 측의 공격에 대한 보호를 약속했다.

---

5) Die Urkunden Friedrichs I., Bd. 1, MGH.D, Nr. 5, S. 10 f.; Deutsche Geschichte in Quellen, Bd. 1, Nr. 80, S. 347-351.

6) Ottonis et Rahewini Gesta Friderici I, MGH.SS rer. Germ., Lib. 2, Cap. 6/8, S. 106, Z. 27-29; 110,16-20; Taten Friedrichs von Bischof Otto von Freising, GDV 59, S. 126-130.

7) Die Urkunden Friedrichs I., Bd. 1, MGH.d, S. 88f., Nr. 52; Deutsche Geschichte in Quellen, Bd. 1, S. 352-355.

8) 참조, H. Jakpbs, Weltherrschaft oder Endkaiser? Ziele staufischer Politik im ausgehenden 12. Jahrhundert, in: Th. Kölzer, Die Staufer im Süden, S. 13-28.

9) Rundschreiben Friedrichs I. vom Oktober 1157, in: C. Mirbt, Quellen zur Geschichte des Papsttums, Nr. 588; 참조, Chr. Brooke, Twelfth Century Renaissance, S. 75-89; H. Appelt, Friedrich Barbarossa und das römisch Recht, in: G. Wolf, Friedrich Barbarossa, S. 58-82.

'선을 행하는 자들이 우리의 찬사와 보호를 얻을 것이기 때문에, 우리 모두가 특별한 애정을 가지고 자신의 지식으로 세계를 밝히고 신하들의 삶이 하나님과 우리들, 즉 하나님의 종에게 복종하도록 인도하는 자들을 모든 불법으로부터 보호하는 것을 타당하다고 간주한다.'[10]

1155년 6월 황제대관식 직전의 사건들은 집중적인 갈등을 반영한다. 프리드리히가 이탈리아에서 제국의 권리를 다시 회복시키기를 원했지만 황폐화의 흔적을 남긴 유혈의 전쟁의 달이 지나갔다. 연대기들은 '그가 밀라노와 크레모나(Cremona)와 이탈리아의 몇몇 다른 도시들을 파괴하고 그 시민들의 상당수를 죽이고 상당수는 추방했다.'[11] 고 기록하고 있다. 그 슈타우퍼(프리드리히 1세 - 역자 주)가 하드리아누스 4세와 만남에서 그의 말을 끄는 것을 거부했을 때, 상황은 계속 첨예화되었다. 그래서 추기경들은 두려움 때문에 도망쳤다. 협상 후에 비로소 프리드리히는 교황의 말을 끌기 위한(Stratordienst) 준비가 되었다. 하지만 이것은 단지 사도 베드로에 대해 경의를 표하는 것으로 행해지는 것이지, 봉건영주로서 교황에게 신하로서 행하는 것이 아니라는 제한이 덧붙었다. 1155년 6월 프리드리히 1세는 황제의 위에 오르게 되었다.

1157년 10월 브장송(Besançon)에서 열린 제국회의에서 다시 대립이 일어났다. 교황의 요구들과 입장에 대한 격렬한 논쟁 뒤에 황제의 권력이 하나님으로부터 직접 유래한다는 재삼 확인하는 것으로 제국회의는 끝났다.

'영주들의 선거로 왕국과 제국이 오직 그의 아들 그리스도의 고난 가운데에서 지구상의 정부를 두 개의 불가결한 검 아래에 복종시킨 하나님으로부터 우리에게 속했기 때문에, 그리고 사도 베드로가 다음과 같은 교리로 세계에 가르쳤기 때문이다. '하나님을 두려워하고 왕을 경외하라.' 그래서 우리는 황제의 왕관을 교황의 봉토로 받아들이기 원한다고 말하는 자는 하나님의 질서와 베드로의 가르침

10) Die Urkunden Friedrichs I., Bd. 2, MGH.D, S. 39f., Nr. 243 ; Deutsche Geschichte in Quellen, Bd. 1, S. 82f. ; 참조, W.Stelzer, Zum Scholarenprivileg Friedrich Barbarossas, S. 123-165.

11) Annales et Historiae Altahenses, MGH.SS 17, S. 382, 24f. ; Werke des Abtes Hermann von Altaich, GDV 78, S. 21.

을 반대하는 것이며 거짓말하는 죄를 짓는 것이다.'[12]

하드리아누스 4세가 그 때문에 독일 주교들에게 '기꺼이 복종'하기를 요구했을 때, 그들은 그의 요구를 거부하고 황제 진영에 섰다.

'지구상의 수도에 하나님이 제국을 통하여 교회를 높였다. 지구상의 수도에 이제 우리가 믿는 것처럼 하나님에 의해서 아니라, 교회는 제국을 파괴한다. ... 우리는 그러한 것을 참지 않을 것이며, 우리는 그것을 견디지 않을 것이며, 제국의 왕관이 우리와 함께 과소평가되는 것을 승인하기보다 오히려 우리는 왕관을 내려놓을 것이다.'[13]

그래서 하드리아누스는 굴복하고 황제에게 화해의 글을 썼다.

'선행(beneficium - 일반적인 라틴어로 '선행', '착한 일', '자선'이라는 의미이지만, 중세라틴어로는 '봉토'라는 의미도 있다. 교회에서는 '성직록'이라는 의미로 사용되기도 했다. - 역자 주)이라는 단어의 사용법 때문에 이미 말한 바와 같이 당신의 마음을 화나게 했다. 그 단어는 낮은 위치에 있는 남자의 마음을 화나게 하는 단어이기에, 하물며 그렇게 높은 지위를 갖은 남자의 마음을 화나게 하는 것은 당연하다. ... 왜냐하면 이 단어는 '좋은'과 '행위'에서 생겨났으며, 그 때문에 선행(beneficium)이 우리에게서는 '봉토'가 아니라 '좋은 행위'를 의미한다. 당신은 우리가 아주 선하고 영예로운 방식으로 황제의 존엄한 관을 당신 머리에 씌웠고, 이것이 모든 이들로부터 '선한 행위'로 여겨질 수 있었던 것을 분명히 알고 있다. 그 때문에 몇 사람들이 '우리가 당신에게 황제의 왕관장식을 수여했다'는 표현에서

12) Ottonis et Rahewini Gesta Friderici Ⅰ., MGH.SS rer. Germ. Llb. 3, Cap. 11, S. 179, Z. 6ß14 ; Rahewins Fortsetzung der Thaten Friedrichs von Bischof Otto von Freising, GDV 60, S. 22.

13) Ottonis et Rahewini Gesta Friderici Ⅰ, MGH. SS rer. Germ. Lib. 3, Cap. 16/17, S. 187, Z. 5-7 ; 188, Z. 8-12, 30-36 ; Rahewins Fortsetzung der Thaten Friedrichs von Bischof Otto von Freising, GDV 60, S. 31-34.

그 참된 의미를 제거하고 왜곡하려고 의도할 때, 그들은 사실에 근거한 것이 아니라, 자신의 뜻과 제국과 교회 사이에 평화를 전적으로 사랑하지 않는 이들의 귓속말에 근거하여 한 것이다.'[14]

이 편지는 프리드리히 1세에게 1158년 11월 론칼리아(Roncaglia)의 제국의회에서 제국과 슈타우퍼 가문이 선호하는 경제구역인 이탈리아에서 황제의 지배권을 다시 되찾는 것을 목표로 하는 포괄적인 입법을 통과시킨 동인이었다.[15] 동시에 평화규정이 공포됐다.[16] 하지만 그가 얼마 뒤에 라베나(Ravenna)의 대주교의 후계에 개입하여 어떤 방식으로도 주교직을 위한 교회법적인 조건들을 충족하지 못한 한 후보를 지명했을 때, 갈등은 다시 일어났다. 갈등의 재점화는 독일주교단에 불안감을 일으켰다. 하인리히 폰 밤베르크(Heinrich von Bamberg) 주교는 하드리아누스에게 독일주교단에서 충성의 갈등을 회상시켰다.

'당신, 즉 주와 당신의 아들, 즉 우리의 주인 황제 사이에 지금까지 단지 말다툼에 관한 것이었습니다. 매우 걱정하는 것과 처리해야하는 것이 있습니다. 말과 말이 만나 서로 어긋남으로 인하여 결국 불을 붙였고, 이것은 교회와 왕국으로 넓게 퍼졌습니다. 하나님 이것을 막아주소서! 당신의 아들 그 사신은 - 당신이 아는 것처럼 - 우리의 주이며, 당신은 그리스도처럼 우리의 스승이자 주입니다.'[17]

## 2. 교황의 분열

1159년에 죽은 하드리아누스 4세의 후임에 대한 싸움은 의견차이가 얼마나 깊이 이

14) Ottonis et Rahewini Gesta Friderici Ⅰ., MGH. SS rer. Germ., Lib. 3, Cap. 23, S. 196, 7-27 ; Rahewins Fortsetzung der Thaten Friedrichs von Bischof Otto von Freising, GKV 60, Buch 3, Kap. 23, S. 42/43.

15) 참조, G. Rösch, Reichsitalien als Wirtschaftsraum im Zeitalter der Staufer, in: W. von Stromer, Veneding und die Weltwirtschaft um 1200, S. 93-116 ; K. Jordan, Friedrich Barbarossa, S. 29-45 ; F. Opll, Friedrichs Barbarossa, 175-195.

16) Die Urkunden Friedrichs Ⅰ., Bd. 2, MGH.DD FⅠ.,S. 29-32 ; Deutsche Geschichte in Quellen, Bd, 1, Nr. 83, S. 359.

17) Ottonis et Rahewini Gesta Friderici Ⅰ. imperatoris, MGH. SS rer. Germ., LIb. 4, Cap. 22, S. 265, Z. 18-23 ; Rahewins Fortsetzung der Thaten Friedrichs von Bischof Otto von Freising, GDV 60, S. 124f.

르게 되었으며 얼마나 가차없이 싸우게 되었는지를 보여준다.[18] 얼마 지나지 않아 연이어 스스로 빅토르 4세(Viktor IV., 1159-1164)라는 칭한 옥타비아누스(Octavianus) 추기경과 알렉산더 3세(Alexander III., 1159-1181)라는 이름을 취한 올란도 반디넬리 추기경(Roland Bandinelli)이 선출되었다. 이러한 이중선거에 이르게 된 것이 황제의 관점에서 볼 때[19] 교황청의 반란의 결과였던 반면에 교황측은[20] 교회의 관심사에 황제가 금지된 개입을 했다고 환기시켰다. 어쨌든 양쪽 중 어느 누구도 관철시킬 수 없었으며, 오히려 다년간의 교황청의 분열이라는 결과를 가져왔다. 프리드리히 1세는 이 일에 관하여 갈등에 개입하여 1150년 2월 파비아의 공의회에서 교황청의 분열을 해결하려고 시도했다.[21] 하지만 그 통합의 시도는 실패했다.

> '세계의 모든 지역에서 교회의 영주와 세속영주들이 수많은 성직자들과 평신도들과 귀족들과 비천한 자들과 함께 파비아의 제국의회에 모였을 때, 먼저 황제와 함께 평신도들이 밖으로 쫓겨난 뒤에 주교들에 의해 개최된 공의회에서 빅토르라고도 불리는 옥타비아누스는 그의 패거리들과 함께 이 공의회의 판결에 복종하며 교회의 판결에 겸허히 따르기를 원한다고 고백했다. 알렉산더라고도 하는 올란도는 그의 추종자들과 함께 그가 교회법적으로, 즉 가장 많고 보다 합리적인 무리들에 의해 선출되었으며, 교황은 평신도에 의해 소환될 수 없으며, 모두가 그의 판결에 복종한다고 주장했다. 그리고 그는 자신이 누구에 의해서도 판결 받아서는 안 된다는 것을 근거로 이 공의회를 멀리했다.'

그 주장들은 시사하는 바가 많았다. 빅토르는 공의회의 판결에 순종한 반면에, 알렉산

---

18) 참조, R. Foreville, Lateran Ⅰ-Ⅳ, S. 144-167 ; J. Haller, Papsttum, Bd, 3, S. 145-200 ; J. Petersohn, Friedrich Babarossa und Rom, in Friedrich Barbarossa, S. 129-146 ; J. Laudage, Alexaner Ⅲ. und Friedrich Babarossa, S. 103-238 ; K. Jordan, Friedrich Barbarossa, S. 53-62.

19) 참조, Annales Stadenses, MGH. SS 16, S. 344, Z. 27-48 ; Chronik des Albert von Stade, GDV 72, S. 28. -Annales Palidenses, MGH. SS 16, S. 91, Z. 2-52 ; Jahrbücher von Pöhlde, GDV 61, S. 94-97.

20) 참조, Annales et Historiae Altahenses, MGH. SS 17, S. 382, 26ff. ; Werke des Abtes Hermann von Altaich, GDV 78, S. 21. -Vincentii Pragensis Annales, MGH. SS 17, S. 678, Z. 46-679, 24. ; Jahrbuch des Vincenz von Prag, GDV 67, S. 60ff.

21) 참조, F. Opll, Friedrich Barbarossa, S. 68ß78.

더는 그가 교황으로서 모든 주교회의의 위에 있기 때문에 판결 받을 수 없다고 주장했다. 하지만 공의회 참석자들은 그의 입장을 거부하고 빅토르 4세의 선거를 교회법적으로 타당하다고 인정했다.[22)]

그럼에도 불구하고 알렉산더 3세는 뒤이은 시기에 자신의 지위를 확고히 할 수 있었다. 그 때 그가 볼로냐(Bologna)에서 법학교사로서 가르쳤던 것이 유익하게 작용했다. 그가 1150년 그라지아노(Gratian)의 작품들을 편집하여 저술한 『대전』(Summa)은 그가 12세기의 지도적인 교회법 학자중의 하나라는 것을 보여준다.[23)] 교회정치적으로 그 역시 동맹자를 얻었다. 시토수도회는 1160년 9월의 총회에서 그의 편에 섰고, 프랑스의 루이 7세(Ludwig VII.)도 마찬가지였다. 잉글랜드의 헨리 2세(Heinrich II.)도 알렉산더의 지지자에 속했다. 알렉산더는 반면에 그가 교회에 대한 왕의 권한을 확장하여 지속적으로 고착화시키려고 시도할 때 캔터베리의 대주교인 그의 예전의 궁내관 토머스 베켓(Thomas Becket, †1170)에게 명목상 횡령과 봉신의 의무의 불이행을 때문에 소송을 제기하여 결국 대성당 제단 앞에서 살해하도록 시키는 것을 막지 않았다.[24)] 1163년 5월 투르(Tours)의 공의회에서 17명의 추기경들과 120명의 주교들이 알렉산더 3세를 합법적인 교황으로 선언했다. 하지만 독일과 덴마크와 폴란드가 빅토르 4세를 계속 후원했기 때문에, 동시대인들이 한탄하는 혼란한 권력대치상황이 발생했다.

> "보라, 우리 시대에 모두의 머리인 영주들과 군주적 교회에 대한 싸움이 발생했다. 그래서 그들은 최상위의 성직자의 직분의 일치를 쪼개고 교회의 평화의 결속을 찢었다. 그래서 하나가 다른 이를 저주함으로 그들은 서로 습격하고 서로 죽였다. 양 진영 중에 누가 베드로의 칼을 휘둘렀는지 불확실하다. 왜냐하면 그것은 조각으로 나뉘지도 않으며 나뉘지 않는 것도 아니며 그 자체로 존재할 수 있기 때문이다. 그로 인하여 그들은 모든 나라에 규율의 달콤함이 아니라 불화의 쓴 맛을

22) Ottonis de Sancto Blasio Chronica, MGH. SS rer. Germ. 47, Cap. 13, S. 14, Z. 29ß15, 10 ; Chronik des Otto von St. Blasien, GDV 58, S. 16.

23) Summa Magistri Rolandi, hg. Fr. Thaner, Innsbruck 1874.

24) 참조, P. Aubé, Thomas Becket, S. 195-357, bes. S. 321 ff.

맛보게 한다."[25)]

제국과 교회의 이 다툼은 그 다음 수년 동안에 북부이탈리아의 도시들에 대한 헤게모니를 위한 전투로 발전했다.[26)] 특히 밀라노가 황제의 지배권에 대한 완강한 적수로 나타났다. 그러나 그들은 오랜 싸움 끝에 '양과 같이 갈기갈기 찢어졌으며 완전히 짓밟았다.'[27)] 황제의 자의식의 표현은 1165년 말에 이루어진 칼 대제(Karl der Große)의 시성식이었다.

> '황제는 아헨(Aachen)에서 그 주인(칼 대제 - 역자 주)의 생일잔치를 벌였다. 여기에 그는 12월 29일에 많은 주교들과 세속영주들이 참석하고 성직자들과 백성들의 환호 가운데 칼 대제의 유골을 352년 동안 머물었던 사르코파게(Sarkophage)에서 이곳으로 가져오도록 하였다.'[28)]

이것은 의도적인 행사였다! 그 슈타우퍼(프리드리히 1세 - 역자 주)는 이 시성식수용으로 프랑크족의 지배가문과 왕조적인 연속성에 제국의 근거를 두고 '제국의 이양'(translatio imperii, 로마 콘스탄티누스 황제가 로마교황에게 주었다는 문서 - 역자 주)이라는 교황청의 권리를 거부했다.[29)] 1167년 여름에 프리드리히는 이탈리아로 새롭게 출정했다. 사건들은 황제의 관점에서 권리들에 대한 승인을 의미했다. 왜냐하면 우선 롬바르디아(Lombardei)와 아풀리아(Apulien)와 투스키아(Tuszien)를 점령하고 난 뒤에, 작은 기사무리가 수적으로 훨씬 많은 로마인들에게 확실한 승리를 거두는데 성공했기 때문이다.

> '황제는 인간적이 아니라 이러한 신적인 승리 후에 군사들을 이끌고 로마로 진

---

25) Annales Palidenses, MGH. SS 16, S. 91, Z. 39-44 ; Jahrbücher von Pöhlde, GDV 61, S. 96 f.

26) 참조, H. Appelt, Friedrich Barbarossa und die italienischen Kommunen, in : G. Wolf, Friedrich Barbarossa, S. 83-103.

27) Cronica Sancti Petri Erfordensis, MGH. SS rer. Germ. 42, Teil, S. 182, T. 7-9 ; Chronik von Sanct Peter zu Erfurt, GDV 52, S. 36.

28) Chronica regia Coloniensis, MGH. SS rer. Germ. 18, Teil 3, S. 116, Z. 18-24 ; Kölner Klnigschronik, GDV 53, S. 94. 참조, K. Jordan, Friedrich Barbarossa, S. 42 f. ; H. Appelt, Die Kaiseridee Friedrich Barbarossas, in : G. Wolf, Friedrich Barbarossa, S. 208-244, bes. 235-237.

29) 참조, J. Petersohn, Kaisertum und Kultakt in der Stauferzeit, in : Ders., Politik und Heiligenverehrung, S. 101-146.

입하여, 교황청사람들에게 280명의 인질을 세우도록 강요했고, 파스칼리스 3세 (Paschalis III., 1164-1168)를 거룩한 베드로의 자리에 앉혔다.'[30]

교황청의 서술 역시 승리를 기록하지만, 그것을 경건하지 못한 사건으로 평가했다.

'이러한 거친 공격 후에 그들은 로마시로 들어와서, 거룩한 성모 마리아교회와 거룩한 사도 베드로교회에 있는 문들을 도끼로 부수고, 교회에 불을 지르고, 지역을 방어하기 위하여 혹은 자신의 보호를 위하여 안쪽으로 도망해온 로마인들을 칼로 죽이고, 제단들을 피로 더럽히고, 경건에 관하여 아무것도 고려하지 않았다. ... 그러나 높은 곳에서 모든 것을 내려다보시는 하나님께서 가장 고귀한 왕들의 어머니와 그의 대변자 거룩한 베드로에게 가한 끔찍이 불쾌한 것들을 결코 벌하지 않고 내버려두시지 않았다. 순식간에 독이 있고 악취를 풍기는 안개가 거의 전체 군대를 병들게 했다.'[31]

실제로 프리드리히의 로마 주둔은 예상하지 못했던 결말을 맞이했다. 비록 그가 자신에게 영원한 충성을 맹세하는 계약을 로마인들에게 강요하는 것을 성공했지만, 얼마 지나지 않아 전염병이 그의 군대를 엄습했다. 그로 인하여 상황이 바뀌었다. 먼저 이탈리아 도시들이 황제를 대항했다. 그리고 알렉산더는 남부이탈리아-시칠리아의 노르만왕국과 동맹을 체결했다. 그 밖에 프리드리히가 롬바르디아 도시들의 연합병력에 대항하여 1176년 새롭게 출정했을 때, 철저히 패배했다. 결국 작센(Sachsen)과 바이에른(Bayern)의 대공으로서 제국의 가장 강력한 지배자인 사자공 하인리히 3세(Heinrich der Löwe)는 부대를 사용할 수 있게 해달라는 황제의 부탁을 거절했다.[32]

---

30) Chronica regia Coloniensis, MGH. SS rer. Germ. 18, Teil 3, S. 117, Z. 33-118, 1 ; Kölner Königschronik, GDV 53, S. 96.

31) Cronica Sancti Petri Erfordensis, MGH. SS rer. Germ. 42, Teil 1, S. 183, Z. 24-184, 15 ; Chronik von Sanct Peter zu Erfurt, GDV 52, S. 38f.

32) Das hat wenige Jahre später die Absetzung Heinrichs des Löwen und die Aufteilung seiner Herrschaft zur Folge, 참조, J. Ehlers, Heinrich der Löwe und der sächische Reichsepiskopat, in: Friedrich Barbarossa, S. 435-466; K. Jordan, Heinrich der Löwe, S. 187-213.

1177년 베니스(Venedig)의 평화조약에서 그 슈타우퍼(프리드리히 1세 - 역자 주)는 전체 지구상에서 온 주교들과 대수도원장들과 교회의 고위성직자들이 참석한 가운데 새로운 세력관계를 인정했다. 그것으로 알렉산더 3세는 '가톨릭의 교황이며 로마교회의 최고 주교'로서 지위를 차지했다.[33] 아르놀드 폰 뤼벡(Arnold von Lübeck)은 거기서 '그의 고귀한 보좌로부터 인간들을 내려다보는 하나님의 은혜'의 흐름을 보았다. '20년 동안 교회를 쪼개었던 교회의 분열이 끝났기 때문에, 하나님의 교회에 기쁨과 환호의 날이 생겼다. 여기에 제국과 교황청 사이에 평화와 로마 가톨릭 교회의 관청의 일치가 생겼다. 교회는 알렉산더 아래 하나가 되었고, '한 양우리와 한 목자'가 되었다'[34] 또 다른 목소리는 훨씬 더 객관적으로 들린다. '알렉산더는 교황으로 여겨졌고, 법령들은 바뀌었다. 한 만담가가 '말해진 것은 말해진 것이 아니고 행한 것은 행한 것이 아니다'라고 말한 것처럼 교황과 평화를 맺은 황제는 지금 아무런 방해를 받지 않고 전부터 금지된 결혼생활을 계속했다.'[35] 실제로 둘 다 평화협정의 덕을 보았다. 알렉산더는 비잔틴에 대립하여 교회에서 그의 지위를 확장했다. 프리드리히는 제국에서 권력의 기초를 확대하고, 롬바르디아 도시들과 타협을 이루었으며 노르만인들과 결합을 강화했다.

### 3. 제3차 라테란공의회

알렉산더 3세는 예전의 황제궁이었던 곳에서 열린 주교회의를 통하여 그의 승리의 마무리를 장식했다. 초청장에는 '하나님의 교회에서 극도로 많은 오류들이 제거되어야만 한다'고 썼다.[36] 그런 이유로 1179년 3월에 '3명의 대주교, 거의 전 세계의 주교들과, 대수도원장들과 교회고위성직자들'이 대개 이탈리아에서 그 밖의 독일과 부르군트(Burgund)

33) Chronica regia Coloniensis, MGH. SS rer. Germ. 18, Teil 4, S. 129, Z. 12f.; Kölner Königschronik, GDV 53, S. 112; 참조, R. Foreville, Lateran Ⅰ-Ⅳ, S. 155-167; J. Haller, Papsttum, Bd. 3, S. 225-241.

34) Arnoldi Chronica Slavorum, MGH. SS rer. Germ 14, Lib. 2, Cap. 3, S. 39, Z. 24-30; Chronik Arnolds von Lübeck, GDV 71, S. 41.

35) Cronica Sancti Petri Erfordensis, MGH. SS rer. Germ. 42, Teil 1, S. 187, Z. 21-25; Chronik von Sanct Peter zu Erfurt, GDV 52, S. 44(Zeit. von Plaut. Amphitryon Ⅲ, 2).

36) Quoniam in agro Domini' vom 21. Sept. 1178, PL 200, Sp. 1184 f.; R. Foreville, Lateran Ⅰ-Ⅳ, S. 231f.

와 스페인과 프랑스에서 온 '셀 수 없이 많은 신자들이' 로마에 모였다.[37] 비잔틴교회는 단지 관찰자를 통하여 참여했다.[38] 알렉산더는 그의 개회사에서 공회를 요시아왕의 개혁과 비교했다. 그는 요시아왕이라는 인물에게서 자신을 재발견했다.

> '이 요시아의 지도 아래 율법책, 즉 우리 시대 많은 것을 잃어버린 교회의 법규정의 지침이 하나님의 은혜로 다시 발견하게 됐다.'[39]

먼저 대립교황으로 재직하고 있던 칼릭스트 3세(Calixt III., 1168-1178)는 그가 세운 주교들과 함께 물러났다.

> "나는 지금부터 앞으로 순종을 맹세하고 나의 주 알렉산더와 그의 합법적인 후계자들에게 거룩한 로마교회의 신뢰를 약속하고, 모든 사람들에 대한 어떤 교활함 없이 내가 아는 한도 내에서 나의 신분에 당연한 것처럼 그를 섬길 것이다."[40]

교황의 이름이 아니라 그들의 본명으로 언급된 황제 측 교황들의 모든 결정들은 폐지됐다.[41] 그래서 이중선거를 불가능하게 만드는 규정이 통과됐다. 이후 교황은 추기경회의 2/3의 다수로 선출되게 됐다.[42]

그 밖의 결정들은 '시대상황에 따라 향상되거나 허가될 수 있는 것에'[43] 관심을 두었다. 주교들에 대해서는 도덕적인 엄격함과 신학교육과 최소 30세의 나이규정이 요구되었다(3항). 그들의 교회직무수행으로 과도한 수의 말들을 타고 다니고 '값비싼 연회'를 개

37) Annales Magdeburgenses, MGH. SS rer. Germ. 16, S. 194, 34f.; Jahrbücher von Magdeburg, GDV 63, S. 106. Die Liste der Konzilsteilnehmer bei R. Foreville, Lateran Ⅰ-Ⅳ, S. 450-455.

38) 참조, den Brief des Metropoliten Georgios von Korfu, in: R. Foreville, Lateran Ⅰ-Ⅳ, S.242-243.

39) Eröffnungsansprache Alexanders Ⅲ. vom 5. März 1179, in: R. Foreville, Lateran Ⅰ-Ⅳ, S.236-240. Zit. 240.

40) Annales Stadenses, MGH.SS 16, S.348,Z.26-29; Chronik Albert von Stade, GDV 72, S.39.

41) Can. 2; Conciliorum Oecumenicorum Decreta Bd. 2, S.211f.

42) C. Mirbt, Quellen zur Geschichte des Papsttums, Nr. 590, can. 1; Conciliorum Oecumenicorum Decreta Bd. 2, S.211;참조, H.Dondorp, Die Zweidrittelmehrheit als Konstitutivum der Papstwahl, S.396-425; H. Appelt, Die Papstwahlordnung des 3. Laterankonzils, S.95-102.

43) Annales Magdeburgenses, MGH.SSrer.Germ. 16, S.194,36; Jahrbücher von Magdeburg, GDV 63, S.106.

최하는 부담을 짊어져서는 안 된다고 그들에게 위임되었다(4항). 파문이라는 징계수단의 오용이 정죄되었다(6항). 교회직분의 '매매'금지에 대해서 다시 환기시켰다(10항). 여러 번 '관습법'으로 이해된 직무상의 행위에서 돈을 받는 것이 금지됐다(7항). 그 밖에 결정들은 직분의 축적과 성직록의 축적에 대하여(13/14항), 성직자에 의한 세속적 업무수행에 대하여(12항), 교회재산의 횡령에 대하여(15항) 반대했다. 공의회는 교회의 권위를 무시하는 기사수도회와 병원자선봉사수도회의 노력들에 맞섰다. '오히려 그들이 반사회적 태도에 대하여 훈계를 받을 수 있을 때, 주교들은 그들에게 다른 신자들에게처럼 권력을 행사하는 것이다(9항). 그래서 기독교 공동체에서 유대인들의 지위에 대하여 '유대인들이 그리스도인 아래에 종속되고 단지 인간적 존재이기 때문에 그들에 의해서 호의적으로 다루어지는 것이 적당하다.'[44]고 언급됐다. 이자수익은 금지되었으나, 유대인들과 관계에서 그렇게 된 것은 아니다. 금전거래는 그리스도교적 도덕론의 문제로서 간주되었다(25항). 사라센인들과 협력의 금지는 십자군운동과 관계있으며, 전래되어 온 적에 대한 이미지가 그 영향력을 잃어버린 것이 그 운동의 결과에 속한다(24항).

## 4. 인노켄티우스 3세(Innozenz III.)

전 시대를 걸쳐 로마교회의 탁월한 인물은 인노켄티우스 3세(1198/1216)이었다.[45] 그가 1198년 1월에 첼레스티누스(Coelestin III.)의 후계자로 선출되었을 때, 그는 37세의 나이로 추기경회의 가장 어린 회원이었지만, 출신과 학업으로 새로운 임무에 가장 잘 준비되어 있었다. 세니(Segni)의 백작 로타(Lothar)는 1160/61년 가비냐노(Gavignano)에서 태어났으며, 부유한 롬바르디아 귀족가문출신이었다. 그는 파리에서 신학을 그리고 볼로냐에서 교회법을 공부했고, 미사이해와 인간의 존재에 대한 책들을 저술했고, 1190년 추기경직위에 올랐다.[46] 전승에 따라 베드로가 목자의 직을 넘겨주는 교황 임직식('Stuhleier

44) Can. 26;참조,S.Grayzel, The Papal Bull „Sicut Iudaeis', in: J.Cohen, Essential Papers on Judaism and Christianity, S.231-259.

45) 참조,J.Haller, Papsttum, Bd. 3, S.296-480; B.Moeller, Papst Innocenz Ⅲ. und die Wende des Mittelalters, S.21-34.

46) 참조, H. Dickerhof, Papst Innozenz Ⅲ. und die Universitäten, in: Papst Innozenz Ⅲ., S.118ff.; K.-H. Kandler, Christliches Denken im Mittelalter, S.74ff.

Petri')이 1198년 2월 22일에 있었다. 인노켄티우스는 그때까지 의의가 있던 라테라노의 성 조반니 교회가 아니라, 로마의 성 베드로 교회를 임직식의 장소로 선정했다. 그는 이것으로 로마교회의 첫 최고목자의 후계자로 서는 권리를 표명했다. 그에 의해 주문된 성당의 반원형모자이크는 이러한 직분이해를 반영하고 있다. 그 모자이크는 낙원의 흐름 위에 하늘영광 가운데 높여진 그리스도를 나타내고 있으며, 오른쪽과 왼쪽에 베드로와 바울이 서 있고, 그 아래 양떼에 인노켄티우스가 묘사되고, 교황의복을 입고 머리에는 교황의 삼중관을 쓰고, 그의 맞은편에 로마교회가, 그 아래에 비명이 쓰여 있다.

'고귀한 베드로의 자리는 사도적 영주의 이 거룩한 집이며, 모든 교회의 어머니와 보석과 장신구이다. 이 전에서 예배로 그리스도를 섬기는 자는 미덕의 꽃과 구원의 열매를 딸 것이다.'[47]

인노켄티우스는 설교에서 그의 계획을 펼쳤다.

'예언자들 가운데서 나에게 말했다. 나는 네가 찢고 허물고 상하게 하고 파괴하도록 그리고 네가 심고 세우도록 너를 민족과 왕국들 위에 세웠다. 사도들 가운데서 나에게 말했다. 나는 너에게 하늘나라의 열쇠를 주었고, 네가 땅에서 묶은 것은 항상 하늘에서도 묶일 것이다. 그가 모든 사도들에게 말할 때, 그는 개별 인격으로서 그들에게 말한다(particulariter). 그들이 그 죄들을 용서하는 자들에게 죄는 없어질 것이고, 그들이 그 죄들을 묶어 두는 자에게 죄는 그대로 있을 것이다. 그가 베드로에게만 말할 때, 그는 일반적인 방식으로 말한다(universaliter). 네가 땅에서 묶는 것은 하늘에서도 묶일 것이다. 왜냐하면 베드로가 그 나머지를 묶을 수 있기 때문이다. 하지만 다른 이들에 의해서 묶일 수 없다. 즉 너는 게바라고 불린다. 왜냐하면 우두머리로 나타나기 때문이다. 머리에 모든 의미가 가득히 존재하는 것처럼 그 나머지 지체에는 단지 어떤 부분만 있다, 그래서 그 나머지들은 헌

47) 참조,S.Schmitt, Die bildlichen Darstellungen Papst Innozenz° Ⅲ., S.22-27.

신해야하는 지체로 불려 졌고, 오직 베드로만 전권(全權, plenitudo potestatis)으로 받아들여졌다. 그러므로 너희들은 가족 위에 세워진 저 종이 누구인지 안다. 의심의 여지없이 예수 그리스도의 대리자(vicarius Jesu Christi), 베드로의 후계자(successor Petri), 주의 기름부음받은 자(Christus Domini), 파라오의 하나님(Deus Pharaonis). 그는 이것으로 하나님과 인간 사이에 앉게 되었고, 하나님보다 낮지만 인간보다 높은 자이다. 그는 사도의 목소리로 선포함으로 모든 이들을 판단하지만 아무에게도 판단을 받지 않는다. 그는 주이다.'[48]

이 말로서 처음으로 교황제도의 역사에서 그리스도의 대리자로 교황의 자기이해가 표현 되었다.

먼저 이것은 성직자의 권력을 세속권력 위에 두는 성직자정치의 요구를 의미한다. 1198년 10월의 한 편지에서 인노켄티우스는 다음과 같이 썼다.

'우주의 창조주 하나님이 두 개의 큰 빛을 - 낮을 책임지기 위한 큰 빛과 밤을 책임지기 위한 작은 빛 - 하늘의 창공에 고정시킨 것처럼, 그가 '하늘'이라는 이름으로 불리는 공동의 교회의 창공에 두 개의 큰 명예직을 세웠다. 영혼을 책임지는 - 마치 낮처럼 - 큰 빛과 육체를 책임지는 - 마치 밤처럼 - 작은 빛은 주교의 권위와 왕의 권력이다.'[49]

자연에서 빌려온 이 표상으로 인노켄티우스는 시칠리아와 아라곤의 왕국에 대한 교황의 군주적 주권행사의 근거로 들었다.[50] 영국 역시 실지왕 존(Johann Ohneland, 1199-1216) 아래에서 1213년 이래로 교황청의 군주적 권리에 종속된 상태에 놓이게 되었다. 그 원인은 캔터베리 대주교구에 관한 논쟁들이었다. 존 왕이 인노켄티우스 3세가 스테펀 랭

48) PL.217, Sp.653-660. Zit. Sp. 657D-658B.

49) H. Denzinger, Enchiridion, Nr. 767, S.335f.-PL 216, Sp. 1186 A/B; 214, Sp.377 A/B.

50) 참조, W. Maleczek, Ecclesiae patrimonium speciale. Sizilien in der päpstlichen Politik des ausgehenden 12. Jahrhunderts, in: Th. Kölzer, Die Staufer im Süden, S.29-42.

턴(Stephen Langton)을 대주교로 세우는 것에 동의하기를 거절하고 캔터베리의 세속적 재산을 몰수했을 때, 인노켄티우스는 1207년 영국 위에 교권정지를 선언했다. 6개월 후에 비로소 그것은 철회되었다. 하지만 프랑스와 전쟁으로 인하여 그의 군사력이 꼼짝하지 못하게 된 존은 그 전에 교황으로부터 잉글랜드를 봉토로 다시 받기 위하여 교황에게 그것을 넘긴나고 선언할 수밖에 없었다.

그 다음으로 이것은 교회 내에서 포괄적인 권력의 행사의 요구를 의미한다. 전체의 권력은 교황으로부터 유래하고, 그에 의해서 그 밖의 공직자들에게 전달된다. 핵심적인 사상은 교황은 임직식미사와 그에게 주어진 마태복음 16장 19절의 말씀을 통하여 '그리스도의 대리자'(vicarius Christi)가 된다는 확신이다. 그는 그리스도의 모든 권력을 이 땅 위에서 행사하는 대리자이다. 그 밖에 모든 교회직분의 영적이고 법적인 전권은 교황에 의해서 그들에게 주어진다. 인노켄티우스는 자신의 요구들을 교회국가의 확장을 통하여 근거를 마련했다. 지금까지 지리멸렬한 땅들이 교황의 관리로(베드로 세습령, Patrimonium Petri) 교황의 관할지역으로 세워졌으며, 이 지역은 남서부의 테라치나(Terracina)에서부터 북동부의 페라라(Ferrara)까지 이르며, 중부 이탈리아를 포괄하고 있다.[51] 이러한 활동들은 편지들의 기록과 인노켄티우스 3세의 목록을 기록한 권리에 나타난다. 비록 서신왕래의 아주 작은 부분이 남아 있다하더라도, 그것들은 교회와 정치에서 교황의 행동들에 생생한 관점을 준다. 그것에 교회법학의 초기 전성기가 반영되어 있다.

> '인노켄티우스 3세는 그러한 유형으로서 포괄적인 법의 발전에 개입하여 13세기의 특징인 '법전편찬에 대한 갈망'을 불러일으킨 첫 번째 교황이었다.[52]

## 5. 로마와 비잔틴

비잔틴과 로마의 관계는 카롤링거 왕조 시대 이래로 긴장이 증가되는 것으로 각인된

51) 참조,H.Jodin, Atlas zur Kirchengeschichte, S.33 A/B.

52) Hageneder, Die Register Innozenz° Ⅲ., in: Papst Innozenz Ⅲ., S.100.

다. 그들은 1054년 교황청사절과 비잔틴의 총대주교의 상호 파문에서 정점에 이르렀다. 십자군국가의 설립과 팔레스타인에 조직된 로마법에 의한 교회기구가 그 거리감을 더욱 깊게 만들었다.[53] 하지만 화친을 위한 조짐들도 있었으나, 우르바누스 2세(Urban II.)가 발전시킨 연합공의회에 대한 계획이 아무런 성공을 거두지 못했다. 콘스탄티노플의 대화에서 밀라노의 대주교 페트루스 그로솔라누스(Petrus Grossolanus, †1117)는『성령에 관한 설명』(Rede über den Heiligen Geist, 1112)에서 신앙고백에서 '성자에게서도'(filioque)와 교황의 수위권과 성만찬에서 효모가 없는 빵의 사용을 방어했다.[54] 칼릭스트 2세(Calixt II.)가 화친을 위한 새로운 시도를 단행했을 때, 비잔틴황제 요한네스 2세 콤네노스(Johannes II. Komnenus, 1119-1143)가 그것을 보증하고, '교회의 통합'을 위해 노력했고, 그 때문에 '칭찬할만한 가치가 있고 참으로 신적인 의도와 교황의 계획'을 승인하였다.[55] 1135년 안셀름(Anselm von Habelberg, 1099-1158)이 콘스탄티노플에서 서방과 동방교회 사이의 분열의 원인과 결과에 대하여 논하였을 때, 대화는 계속 이어지게 됐다. 그의『믿음의 일치와 삶의 다양성에 대한 책』(Buch über die Einheit des Glaubens und die Vielgestaltigkeit des Lebens)에서 그는 사랑의 정신으로 기존의 차이점들을 감내할 것을 옹호하며, 비잔틴 교회의 교리와 실천을 그리스도교 신앙의 합법적인 형태로 간주했다.[56] 아마도 이런 생각들은 정치적인 화해를 위한 길을 여는 것이었다.『프리드리히왕의 업적』(Gesta Friderici)은 동로마황제 요한네스 2세가 통치자가문 사이의 결혼을 통하여 '양쪽 제국 - 서방과 동방제국 - 사이의 연합의 끈'을 '새롭게 하려는' 소망을 말했다고 보도한다. 콘라트 3세(Konrad III., 1138-1142)는 그에게 서로마황제의 우위를 제기했다.

"당신들의 새로운 로마가 우리 로마제국의 딸이라고 불리어지고 실제로 그러하

53) 참조,G.Prinzing, Vom Umgang der Byzantiner mit dem Fremden, in: Chr.Lüth, Der Umgang mit dem Fremden in der Vormoderne, S.117-143.

54) Oratio de Spiritu Sancto, PL 162, Sp. 1007A-1016D; 참조, B. Oberdorfer, Filioque, Geschichte und Theologie eines ökumenischen Problems, S.168ff.

55) Abdruck des Schreiben von Johannes Komnenus in: R. Foreville, Lateran Ⅰ-Ⅳ, S.211f.

56) Liber de unitate fidei et multiformitate vivendi, PL 188 Sp. 1139-1248; Dialogues 1, SChr 118;참조, H. Holze, Religiöse Toleranz im Mittelalter, S.43f.

며, 이 뿌리에서 그 가지들과 열매들이 나왔다는 것을 모르는 종족과 제국과 민족이 없다. 그 때문에 우리는 어머니가 딸에게 베풀어야 하는 유산을 결정하고, 그것이 영원히 있기를 원하고 더욱 커지기를 원한다. 왜냐하면 딸이 어머니에게 갚아야 하는 것을 실천하기 원한다는 것을 우리가 알기 때문이다. 즉 어머니의 명성이 앞서고 딸의 사랑이 명예와 영예를 통하여 그 뒤를 따르기 때문이다."

요한네스 2세는 그의 답변에서 이 날카로운 핵심을 무시하고, '황제폐하가 어느 누군가로부터 불법과 부당함을 받을 때, 우리는 이것을 사랑의 법에 따라 당신에게만 아니라, 우리에게도 행한 것으로 간주할 것'이라고 콘라트가 비잔틴 황제에게 보증한 '형제애의 표현'에 대해 감사했다.[57)]

인노켄티우스 3세 아래에서는 이런 제안들이 진척되지 못했다. 반대로 비잔틴 총대주교 요한네스 10세 카마테로스(Johannes X. Kamateros)에게 보낸 편지에서 그는 수위권을 재삼 강조했다.

"인간이 아니라 하나님이 더 정확히는 신인(Gott-Mensch)이신 분이 세우신 로마 가톨릭 교회의 관직의 우위는 실제로 복음서와 사도들의 많은 증거들을 통하여 확인된다. 그 후 그것들로부터 유래하는 교회법규정들은 돌아가신 사도 베드로에게서 가장 거룩하게 축성된 교회는 마치 교사와 어머니로서 그 밖의 것들을 능가한다는 것을 동일하게 진술하고 있다. 즉 그는 들었다. '너는 베드로다. 내가 너에게 하늘나라의 열쇠를 주겠다.'"[58)]

그 밖에 인노켄티우스는 먼저 그를 통하여 동방과 서방교회의 분열이 끝날 것이기 때문에 그리스 성직자들은 그에 의해 세워진 라틴총대주교 아래 놓인다는 입장을 내세웠다.

---

57) Liber de unitate fidei et multiformitate vivendi, PL 188 Sp. 1139-1248; Dialogues 1, SChr 118;참조, H. Holze, Religiöse Toleranz im Mittelalter, S.43f.

58) Ottonis er Rahewini Gesta Friderici Ⅰ, MGH.SSrer.Germ., Lib. 1, Cap.24/25, S.37, Z.9-11; 37, 36-38, 7; 41, 31-42, 3. Taten Friedrichs von Bischof Otto von Freising, GDV 59, S.44-51;참조,P.Schreiner, Byzanz und der Western, in: Friedrich Barbarossa, S.551-580.

오직 교황의 은혜를 통해서만 콘스탄티노플의 교회는 그 자신의 역사로부터 유래하지 않는 총대주의 위엄을 얻을 수 있다고 주장했다. 당연히 이러한 입장은 전체교회를 이끌기 위해 다섯 총대주교가 사도성과 동등한 권리와 공동의결의 원칙에서 임명되었다는 고대교회의 오두(五頭)정치모델(Pentarchiemodell)을 알고 있는 비잔틴 총대주교의 반대에 부딪치게 됐다.[59]

## 6. 독일의 왕권다툼

교황의 자기이해의 새로운 규정은 독일왕권과 관계에 부담을 주었다. 이미 프리드리히 1세(Friedrich I., 1152-1190) 아래에서 유산청구와 주교의 소득들과 왕위후계자의 즉위에 관한 갈등이 일어나게 되었다.[60] 하인리히 6세(Heinrich VI., 1190-1197)는 갈등을 격화시켰다. 그가 당시에 롬바르디아에 머물고 있었기 때문에, 그는 한 주교를 자기에게로 불러서 말했다. '사제, 말해보라, 너는 누구로부터 이 주교의 예복을 얻는가?', 그는 '주이신 교황으로부터'라고 대답했다. 그 다음에 왕이 다시 물었다. '말해보라, 누구에게서 주교의 예복을 받는가?', 그는 '주이신 교황'이라고 반복했다. 그가 그에게 세 번째 같은 질문을 던졌을 때, 그 주교는 다음과 같이 말했다. '왕이시여, 나는 왕권도 소유하지 않고, 나는 봉건영주의 가신도, 왕의 농장도 가지고 있지 않습니다. 그 때문에 나는 교황의 손으로부터 책임을 맡은 성당교구를 얻었습니다.', 그 때 왕은 분노가 가득하여 그의 종에게 주먹으로 그를 치고 거리의 흙탕물에 걷게 하도록 명령했다. ... 이 후로 그와 사도의 주(교황 - 역자주) 사이에 매우 분명한 적대감이 흘렀다.[61]

하인리히 6세가 1197년 메시나(Messina)에서 죽었을 때, 논쟁들은 새로운 단계에 이르게 되었다. 그의 죽음은 이탈리아와 시칠리아에서 슈타우펜 가문의 지배의 종말을 의미했으며, 3세의 프리드리히(2세)가 왕위계승자로서 아직 왕위를 받을 수 없었기 때문에, '왕

59) Brief „Apostolicae Sedis primatus' vom 12. Nov. 1199, in: H. Denzinger, Enchiridion, Nr. 774-775, S.340ff.; PL214, 756D-761B.

60) 참조, F. R. Gahbauer, Pentarchietheorie, S.374-380.

61) 참조, H. Kellr, Zwischen regionaler Begrenzung und universalem Horizont, S.415ff.

위를 둘러싸고 매우 끔찍한 알력'[62]을 야기 시켰다. 연대기작가들은 독일왕권을 둘러싸고 시작된 싸움에 대해서 보도한다. 이 싸움은 '로마제국을 적지 않게 혼란'에 빠뜨렸다.[63] 인노켄티우스 3세가 황제권과 교황권 사이의 권력관계를 자기에게 유리하게 몰아가서, 그의 영토확장에서 로마교황령을 키우고, 시칠리아 왕국에 대한 봉건적 지배권을 다시 얻기 위하여 이 갈등을 이용했다.[64]

1198년 3월에 프리드리히 1세 바르바로사의 가장 어린 아들인 필립 폰 슈바벤(Philipp von Schwaben)이 슈타우펜 진영에 의해서 왕으로 세워지고, 3개월 후인 1198년 6월에 사자공 하인리히(Heinrich der Löwe)와 잉글랜드의 헨리 2세의 딸인 마틸데(Mathilde)의 아들로서 잉글랜드 왕권과 연결되어 있는 오토 4세 폰 브라운슈바익(Otto IV. von Braunschweig)이 쾰른의 대주교의 지도 아래에서 반슈타우펜 영주들의 그룹에 의해 왕으로 선출될 때, 기회가 주어졌다. 그 때문에 슈타우펜 가문은 자부심을 가지고 제국법을 강력히 요구하고 오토는 겸손하게 선거의 승인을 공손히 요청한 두 선거결과가 그에게 주어졌을 때, 인노켄티우스는 후자의 편을 들어주고 왕위선거에 기여한 자신의 권리를 제국이 그 기원과 완성에 따라(principaliter et finaliter) 로마 가톨릭 교회의 관청과 상관있다는 주장으로 정당화했다.[65] 얼마 후 오토는 교황령에 관련한 교황의 권리와 시칠리아에 대한 로마교회의 권리와 이탈리아에서는 오직 교황청의 권력과 일치하는 한에서 행동할 것이라는 맹세를 승인했다(노이스 조약, Vertrag von Neuß). 슈타우펜의 진영에 서 있던 영주들이 이에 대하여 반대했을 때, 인노켄티우스 3세는 그의 태도를 방어했다.

> '그 때문에 이것이 우리의 의무인 것처럼 우리는 후에 황제로 높여질 왕을 선출할 권리와 권력이 자타가 공인하는 대로 법과 옛 관습에 따라 권한이 있는 영주들에게 있음을 인정한다. 특히 이러한 종류의 권리와 권력이 로마 가톨릭 교회의 관청에 의해 그들에게 부여되었기 때문이다. 즉 로마 가톨릭 교회의 관청은 고귀한 칼

62) Arnoldi Chronica Slavorum, MGH.SSrer.Germ. 14, Lib. 3, Cap. 17, S.103, Z. 21-32; Chronik Arnolds von Lübeck, GDV 71, S. 120.

63) Chronica regia Coloniensis, MGH.SSrer.Germ. 18, Teil 4, S.162, Z.3-5; Kölner Königschronik, GDV 53, S.163.

64) Arnoldi Chronica Slavorum, MGH.SSrer.Germ. 14, Lib. 6, Cap. 1, S.217, Z. 27; Chronik Arnolds von Lübeck, GDV 71, S.259.

65) 참조, E. Boshof, Innozenz Ⅲ. und der deutsche Thronstreit, in: Papst Innozenz Ⅲ., S.51ff.; J. Haller, Papsttum, Bd. 3, S.381ff.

(Karl)이라는 인물에게 로마의 황제권을 그리스인들에게서 게르만인들에게로 양도했다. 그러나 영주들 역시 이것을 인정해야만 하고, 권리와 왕으로 선출되어 황제가 될 인물을 시험하는 권한이 그에게 기름을 붓고 축성하고 왕관을 씌우는 우리에게 있다는 것을 온전히 인정해야 한다. ... 왜냐하면 영주들이 불화가 아니라, 일치한 가운데 종교적으로 범법자 혹은 파문당한 자를 왕을 선출할 때,우리가 어떻게 독재자 또는 바보, 배반자 또는 이방인, 그러한 사람에게 기름을 붓고, 축성하고, 왕관을 씌워야만 하겠는가? 하나님이 그것에 우선한다!'[66]

이 말로부터 인노켄티우스가 선출된 왕을 심사하는 것뿐만 아니라, 때로는 그를 쫓아낼 권한을 요구한 것이 분명해진다. 이 요구는 다음의 형태로 말해질 수 있다.

'그가 황제로 세울 수 없는 자를 영주들은 왕으로 뽑아서는 안 된다. 독일왕은 여기서 거의 제국의 부속물로 보인다.'[67]

1204년 작센과 프랑켄과 슈바벤과 바이에른의 의해 왕으로 등극한 필립 폰 슈바벤(Philipp von Schwaben, 1198-1208)에게 유리한 상황이 바뀔 때까지, 뒤이은 몇 년 동안 인노켄티우스는 오토 4세를 승인했다. 필립이 1208년 6월 개인적인 파벌싸움에서 죽는 사태가 그 관계를 새롭게 바꾸었다. 인노켄티우스는 다시 오토의 편에 섰고, 황제대관식의 요청에 대하여 '교황이 오토에게 축성하기 위하여 손을 얹기 전에 오토가 몇 가지 점에서 확실히 이행해야 한다'는 요구로 맞섰다.[68] 그 때문에 오토 4세가 1209년 3월에 슈파이어(Speyer)에서 선언한 승인은 중부이탈리아에서 교회의 소유권요구와 시칠리아 왕국에 대한 교황의 봉건적 지배권에 대한 존중과 주교선출시에 영향력행사와 죽은 주교의 유산을 몰수하는 권리의 포기이며, 이것들은 보름스 종교협약에 기록된 왕의 영향력행사에 대한

66) Deliberatio de tribus electis, in: Regestum Innocentii Ⅲ., MHP 12, Nr.29;참조, B.U.Hucker, Kaiser Otto Ⅳ., S.22ff.; 110ff.

67) Bulle „Venerabilem'(März 1202), Regestum Innocentii Ⅲ., MHP 12, Nr. 62, S.167-175; Deutsche Geschichte in Quellen Bd. 1, S.380-384.

68) E.Boshof, Innozenz Ⅲ. und der deutsche Thronstreit in: Papst Innozenz Ⅲ., S.60.

제한들보다 훨씬 넘어선 것이다.[69] 1209년 10월에 오토가 먼저 '그가 가능한 한 올바른 재판관이며 과부와 고아의 보호자이며 교회와 무엇보다도 로마교황령의 보호자가 될 것이라'[70]는 맹세를 한 뒤에 황제대관식이 거행되었다. 이 승인이 휴지가 되기까지 그렇게 오래 걸리지 않았다. 대관식을 한 지 몇 달 후에 오토는 슈타우펜 가문의 지배원칙으로 돌아서고, 이탈리아 남부를 정복했다. 성 베드로의 연대기는 그의 행동을 인격적인 연약함의 표현으로 해석했다.

> '황제는 거의 거리낌 없이 자신의 구원뿐만 아니라 인간적인 예의도 잊어버렸으며, 그의 약속은 지키지 않고, 식언하고 거짓맹세로 그의 치욕이 과도하게 넘치게 되는 것을 두려워하거나 부끄러워하지 않았다.'[71]

이것은 인노켄티우스에게는 그의 왕위계승정책의 일시적인 좌절을 의미했다. 그 결과로서 그는 대립동맹을 계획했으며, 이것을 통하여 그는 독일영주들이 그 사이에 성장한 하인리히 4세의 아들인 슈타우펜 가문의 하인리히 폰 시칠리아(Heinrich von Sizilien)를 대립왕으로 세우도록 하는데 성공했다. 프리드리히는 훨씬 더 영향을 끼치는 양보로 교황의 후원을 인정했다. 1213년 7월 슈타우퍼팔츠 폰 에거(Stauferpfalz von Eger)에서 반포된 금인칙서(金印勅書)에서 그는 시칠리아 왕국과 중부이탈리아에서 영토요구에 대한 교황청의 봉건적 지배권을 인정했다. 그 밖에 그는

> '전체 주교좌참사수도회 또는 그들의 보다 크고 사려깊은 무리가 선출해야 한다고 생각한 자가 외로운 교회의 감독권을 갖도록 위임받기 위하여 고위성직자의 선거는 자유롭게 교회법에 따라 진행되어야 하는 것에 동의했다. ... 우리는 우리의 선조들이 자신의 의향과 동기에 따라 죽은 고위성직자의 재산과 외로운 교회

69) Cronica Sancti Petri Erfordensis, MGH.SSrer.Germ. 42, Teil 2, S.208, Z. 4-8; Chronik von Sanct Peter zu Erfurt, GDV 52, S.68.
70) Regestum Innocentii Ⅲ., MHP 12, Nr. 189.
71) Ottonis de Sancto Blasio Chronica, MGH.SSrer.Germ.47, Cap.52, S.87, Z.18-20; Chronik des Otto von St.Blasien, GDV 58, S.91.

의 재산을 점유하려고 시도하곤 했던 잘못된 방법에서 떠나고 그것을 비난한다. 우리는 황제에게 속한 것은 황제에게 하나님께 속한 것은 하나님께 바르게 나누어지도록 하기 위하여, 모든 성직자들을 당신과 교회의 다른 고위성직자들이 자유롭게 사용하도록 위임한다.'[72]

이 약속으로 보름스 종교협약에서 발견되는 교황권력과 세속권력 사이의 균형은 교황교회에 유리하게 이동되었다. 그것은 그 계획에 대하여 그의 왕위계승의 정당성을 의심하는 비판적인 목소리를 일으켰다.[73] 프리드리히 2세가 오토 4세에 대항하여 군사적으로 돌파했을 때, 권력을 향한 그의 비상에 더 이상 아무것도 방해하지 못했다. 1215년 그는 아헨에서 왕관을 썼으며, 5년 후에 로마에서 '로마교황 호노리우스 3세(Honorius III.)와 원로원 전체로부터 영예로운 영접을 받은 뒤에 거룩한 세실리아 축일에 황제로 축성' 받았다.[74]

## B 십자군운동

### 1. 팔레스타인의 상황

십자군기사국가는 12세기 중엽에 이르러 정치적으로 군사적으로 안정된 상황에서 확장되고 안정화되었다.[75] 대규모의 이주가 안정화에 기여했다. 그 이주에는 이탈리아인들이 특히 많았다. 그것에는 지중해지역의 경제에서 베니스의 가치가 증가되는 것이 반영되어있다.[76] 서방으로부터 끊임없는 이주는 팔레스타인에 있는 나라들에게 지속적인 변혁과 지속적인 내부구조의 변화를 의미했다. 그밖에 라틴어권 출신의 그리스도인들 외에 비

72) Cronica Sancti Petri, MGH.SSrer.Germ. 42, S.208, 19-22; Chronik von Sanct Peter zu Erfurt, GDV 52, S.69.

73) Constitutiones et acta publica imperatorum et regum, Bd. 2, MGH.Const.2, S.60f.;Deutsche Geschichte in Quellen Bd. 1, Nr.90, S.385-389.

74) In diesen Zusammenhang gehören Gerüchte, ebenderselbe Friederich wäre nicht Kaiser Heinrichs wirklicher Shon gewesen, sondern nur ein sogenannter.' (Annales Stadenses, MGH.SS 16, S.357, 14-16; Chronik des Albert von Stade, GDV 72, S.65).

75) Chronica regia Coloniensis, MGH.SSrer.Germ. 18, Teil 7, S.251, Z.10-12;Kölner Königschronik, GDV 53, S.297.

76) 참조, H. E. Mayer, Geschichte der Kreuzzüge, S.109-129; R.-J. Lilie, Byzanz und die Kreuzfahrerstaaten, S.160-211.

잔틴과 동방의 그리스도인들과 다양한 출신지역의 회교도들이 주민에 속하였기 때문에, - 팔레스타인에는 단지 소수의 유대인들이 살았다 - 최근의 해석모델을 수용하면 십자군 국가는 '다문화 사회'로 간주된다.[77] 서방국가들에게 이것은 단지 로마의 관점에서 보는 것보다 그리스도교가 더 다양하다는 경험과 논쟁만을 의미하지 않는다.[78] 그리스도교와 회교도의 성전이 예루살렘에 나란히 있는 것은 양쪽 종교의 순례자들이 서로 만나게 만들었으며, 그리스도교의 진영에서 이슬람교의 이미지와 인식을 그리고 이슬람교의 진영에서 그리스도교의 이미지와 인식을 변화시켰다.[79] 십자군기사와 그들의 이웃 사이의 상거래는 전형적인 친구/적의 구도가 예전의 적의 삶의 양식과 학문과 종교에 대한 증가하는 관심으로 인하여 교체되는데 기여했다.[80] 절대적인 진리주장의 자리에 상대적인 확신의 지식이 차지하게 됐다.[81] 티로스(Tyrus)의 대주교인 빌헬름(Wilhelm, 1130-1186)은 그의 『동방군주들의 업적』(Taten der orientalischen Fürsten)에서 이슬람교의 지배자를 그리스도인에게 존경받는 상대자로 묘사했다. 그는 그들에게 성지(聖地)에 대한 동등한 권리를 인정했고, 그리스도교의 선교를 포기하고, 예배의 자유를 선전했다.[82] 회교도 진영에서 아랍의 전사인 우사마 이븐-문퀴드(Usamah Ibn-Munqidh)는 그의 기억들에서 그리스도인들과 아랍인들의 동거를 위한 변화된 조건들을 감지할 수 있게 말한다.[83]

팔레스타인으로 여행하고자 하는 예루살렘순례자의 수는 법적인 관점과 문화적인 관점과 경제적인 관점에서 직면하게 되는 어려움에도 불구하고 분명히 증가했다.[84] 그

77) 참조, M.-L. Favreau-Lilie, Der Fernhandel und die Auswanderungs der Italiener ins Heilige Land, in: W. von Stromer, Veneding und die Weltwirtschaft um 1200, S.202-234.

78) R. Hiestand, Der lateinische Klerus der Kreuzfahrerstaaten, in: H. E. Mayer, Die Kreuzfahrerstaaten als multikulturelle Gesellschaft, S. 48.

79) 참조, I. Schöndorfer, Orient und Okzident, S.82-95.

80) 참조, H. Möhring, Die Kreuzfahrer, ihre muslimischen Untertanen und die heiligen Stätten des Islam, in: A. Patschovsky, Toleranz im Mittelalter, S.129-157; N. Daniel, Islam and the West, S.137-145.

81) 참조,D.Ablafia, Trade and Crusade, 1050-1250, in: M.Goodich, Crosscultural convergences in the crusader period, S.1-20;F. Wolfzettel, Die Entdeckung des „Anderen' aus dem Geist der Kreuzzüge, in: O.Engels, Die Begegnung des Westens mit dem Osten, S.273-295.

82) 참조, F. Niewöhner, Die Wahrheit ist eine Tochter der Zeit, in: Religionsgespräche im Mittelalter, S.357-369.

83) 참조, R. Chr. Schwinges, Die Wahrnehmung des Anderen, in: A. Patschovsky, Toleranz im Mittelalter, S.101-127; Ders., Begegnung in Grenzen. Christen und Muslime im Heiligen Land des 12. Jahrhunderts, S.315-328.

84) An Arab-Syrian Gentleman and Warrior in the Period of the Crusades, hg. Ph. K. Hitti; 참조, E. Sivan, Islam and the Crusades: Antagonism, Polemics, Dialogue, in: B. Lewis, Religionsgespräche im Mittelalter, S. 207-216.

들을 보호하기 위하여 십자군수도회와 성령수도회가 생겨났다. 십자군수도회는 12세기 중엽 볼로냐에서 설립되어 이탈리아와 크레타와 아콘(Akkon)에서[85] 구빈원를 운영했다. 1160/70년에 몽펠리에(Montpellier)에서 설립된 성령수도회는 모든 큰 순례길에서 구빈원를 경영했다.[86] 사자공 하인리히도 순례자에 속했다. 그는 세속적인 고위관리와 고위성직자들로 구성된 국가수행원을 데리고 처음에는 도나우 강을 거쳐 헝가리까지 갔다가, 육로로 비잔틴제국을 통과하여 마지막에는 배로 아콘까지 여행했다. 아르놀도 폰 뤼벡은 그가 1172년 초에 예루살렘 도착한 것에 대해 썼다.

> '도시 앞에서 성당기사단과 구빈원수도사들이 그들을 맞이했다. ... 그를 거룩한 성직자들이 하나님의 영광에 대한 성가와 찬양들을 부르며 그를 영접하여 도시로 인도했다. 대공은 성묘(聖廟)를 위하여 많은 양의 돈을 바쳤다. ... 그는 해마다 성묘에서 끊임없이 타오를 양초를 구입하기 위한 연금을 기부했다. 그는 성당기사들과 구빈원수도사들에게 매우 많은 선물과 무기를 선물했다.'[87]

프리드리히 1세의 명령으로 '이방인들의 상황과 그런 상황에서 하나님을 찾는 은혜를 가진 교회의 상황을' 탐색하기위하여 근동을 여행했던 게르하르트 폰 슈트라스부르크(Gerhard von Straßburg)는 다른 목표를 좇았다. 그의 객관적인 보도형식은 주목을 끈다. 그는 사라센인들에 대해 다음과 같이 썼다.

> '남자들은 매일 24시간동안 5번 기도하기 위하여 사원으로 간다. 종 대신에 외치는 자가 있었는데, 그들은 그의 경고에 따라 습관적으로 오곤 했다. 경건한 사라센인들은 매 시간마다 물로 씻는다는 것을 알 수 있다. ... 그래서 그들은 기도하러 간다. 하지만 그들은 무릎을 꿇지 않고는 기도하지 않는다. 그들은 하나님을 모든

85) 참조, M.-L. Favreau-Lilie, The German Empire and Palestine: German pilgrimages to Jerusalem, S. 321-341.

86) 참조, L. Schmugge, Anfänge des organisierten Pilgerverkehrs, S. 61 f.

87) 참조, M. Revel, L'ordre du Saint-Esprit de Montpellier, S. 343-355.

세계의 창조주로서 믿으며, 마호메트는 가장 거룩한 선지자이자 그들의 종교의 설립자라고 말한다. 이것을 위하여 가까이 사는 사라센인들처럼 먼 곳에 있는 이들도 순례자로서 예배하며 순례를 하곤 한다.'

카이로에 대해서 '거기에 사라센인들과 유대인들과 그리스도인들이 살며, 그래서 각 민족들이 자신의 신을 예배하고 있다'고 말하곤 한다. 심지어 다마스코스의 근처에는 그리스도인과 회교도의 공동의 순례지가 있었다.

'영광스러운 하나님의 어머니의 탄생과 승천 시기에 각 주의 모든 사라센인들이 그리스도인들과 함께 기도하기 위하여 이 지역에 모여들었다. 그리고 사라센인들이 거기서 기도하며 예물을 드렸다.'[88]

이 시대에 독일과 오리엔트의 통치자가문 사이의 결혼이 불가능하지 않은 것은 우연이 아니었다.[89]

## 2. 하틴(Hattin) 전투

하지만 얼마 지나지 않아 이 평화의 시기는 급작스런 종말을 맞이하게 되었다. 프리드리히 1세와 교황 루치우스 3세(Lucius III., 1181-1185)는 베로나(Verona) 제국회의(1184)에서 다음과 같은 소식을 들었다.

'거기로부터 살라딘의 사자가 왔다. 그의 편지에서 살라딘은 스스로를 이집트의 행운의 요셉, 다마스코스의 정복자, 바벨론의 군주라고 자칭하고, 그가 확신한 것

88) Arnoldi Chronica Slavorum, MGH.SS rer. Germ. 14, Lib 1, Cap. 7, S. 21, Z. 33-22,14; chronik Arnolds von Lübeck, GDV 71, S. 19. 참조, W. Georgi, Lebensstationen einens Herzogs, S. 94-127. Kritisch zum Quellenwert der Slawenchronik Arnolds äußert sich J. Fried, Jerusalemfahrt und Kulturimport, S. 111-137; K. Jordan, Heinrich der Löwe, S. 175-179.

89) Arnoldi Chronica Slavorum, MGH.SS rer. Germ. 14, Lib 1, Cap. 8, S. 269, Z. 18 f.; 274, Z, 13-17; 276, Z. 8-20; Chronik Arnolds von Lübeck, GDV 71, S. 323, 329, 331 f.

처럼 사라의 상속권에 따라 자신에게 권리가 있는 예루살렘을 다시 얻기를 원한다고 위협했다. 편지의 끝에 그는 '선지자 마호메트가 나를 도우소서!'라고 덧붙였다.'[90)]

외적으로 저지할 수 없는 살라딘의 성장이 이 말의 배경을 이룬다. 살라딘은 아유브(Ayyubiden)의 쿠르드족 왕조의 설립자로, 처음에 이집트에서 파티마 왕조의 칼리프를 무너뜨리고(1171), 이어서 다마스코스(1174)와 알레포(Aleppo, 1183)를 자신의 세력권 안으로 편입시키고, 더 나아가 모술(Mosul, 현재의 이라크에 있는)도 그의 최고지배권을 인정하는데(1186) 이르렀다. 비잔틴 황제 역시 그의 지배와 친밀한 관계를 가지려고 했고, 그와 함께 많은 반프랑크 동맹들을 체결했다.[91)] 살라딘의 세력확장의 일시적인 정점은 1187년 7월 하틴(Hattin/Tiberias) 전투에서 십자군에 대한 승리였다. 얼마 후 예루살렘 왕국의 대부분의 성벽들과 도시들이 병합되었으며, 십자군의 지배권은 소규모의 해안지역으로 제한되었다.

이 사건들은 역사서술에서 강한 반향을 얻었다. 패배 이후 한 성당기사가 교황 우르바누스 3세(Urban III., 1185-1187)에게 쓴 편지가 인상적이다.

'얼마나 많은 그리고 얼마나 큰 고난이 하나님의 진노를 통하여 현재 우리에게 내려졌고 엄습했는가! 우리의 죄가 그것을 야기 시켰기 때문이다. 우리는 그것을 문서를 통해서도 탄식을 통해서도 밝힐 수 없다. 그들의 부족들로부터 모인 엄청난 수의 터키인들은 격렬히 그리스도인들의 지역을 공격하기 시작했다. ... 왜냐하면 그들은 우리를 최악의 멸망의 바위 사이로 유인했기 때문에, 그들은 우리를 그렇게 격렬하게 공격했다. 거룩한 십자가를 잃어버리고 우리의 왕이 사로잡히고, 우리 전체 부대가 무너진 후에, 겨우 트리폴리스(Tripolis)의 백작이 ... 저 위험한 전투지역을 가까스로 벗어날 수 있었다. 그래서 그들은 우리의 피로 목욕했으며, 그

90) Ottonis de Sancto Blasio Chronica, MGH.SS rer. Germ. 47, Cap. 25, S. 37, Z. 1-9; Die Chronik des Otto von St. Blasien, GDV 58, S. 39 f.

91) Annales Stadenses, MGH.SS 16, S. 350, 34-37; Chronik des Albert von Stade, GDV 72, S. 45.

들의 전대 부대는 아콘 시로 향하는 것을 지체하지 않았다. 그들은 이 도시를 폭풍과 같이 삼켰으며, 거의 전 육지를 침수케 했다. 그래서 예루살렘과 아스칼론(Askalon)과 티로스(Tyrus)와 베이루트(Beirut)만 우리와 그리스도교도에게 남게 되었다. 하지만 거의 모든 주민들이 전투에서 쓰러졌기 때문에, 만약 하나님의 도움과 당신들이 우리를 돕지 않는다면, 우리는 이 도시들에 대한 권리도 결코 주장하지 못할 것이다.'[92]

그의 편지는 다른 연대기저자들도 기록하고 있는 십자군기사들의 비참한 상태에 대해서 밝혀주고 있다.

'살라딘은 승리자로서 도시와 성들을 포함하여 전체 나라를 손아귀에 넣고, 거기에 살던 성직자들과 수도사와 수녀들이 순교자로 최후를 장식한 후에, 그는 야만적인 분노에서 미친 듯이 성직자들과 수도사와 수녀들의 교회를 파괴했다.'[93]

마르바흐의 연대기저자는 피의 대가의 높이에 대해서 언급했다.

'3만 명 이상 학살되었다. 예루살렘은 항복하도록 강요받았고, 오래지 않아 모든 주민들은 사로잡히거나 석방비를 내고 풀려나서 쫓겨난 뒤에 이방인들이 거주했다.'

반면에 그는 술탄과 프리드리히 1세가 얼마 전에 '서로 사절과 선물을 보냈다'는 것을 의아하게 여기며 회상했다.[94] 하틴에서 패배는 다양하게 설명되었다. 몇몇은 '십자군의 불화와 증오와 탐욕'에 대해서 말하며 '몇몇의 그리스도교 영주들의 배반'을 불평했다. 다른

92) 참조, H. E. Mayer, Geschichte der Kreuzzüge, S. 120-135; R.-J. Lilie, Byzanz und die Kreuzfahrerstaaten, S. 212-234.

93) Chronica regia Coloniensis, MGH.SS rer. Germ. 18, Teil 4, S. 137, Z. 16-36; Kölner Königschronik, GDV 53, S. 125 f.

94) Annales Magdeburgenses, MGH.SS rer.Germ. 16, S. 195, 26-28; Jahrbücher von Magdeburg, GDV 63, S. 108 f.

이는 이런 해석으로 만족하지 않고, 오히려 이 사건들을 '주 하나님께서 그 얼굴을 자신의 사절들에게서 돌리고 자비로운 진노에서 그들을 생각하지 않은'[95] 결과로 간주했다. 모든 연대기저자들은 이 사건의 참된 모습은 종교적인 면에서 그리스도교의 가장 중요한 유물을, 즉 '사모하는 거룩한 십자가의 나무'가 이방인의 손에 떨어졌기에, 그들로부터 '탈취해야'하며 '정복해야'한다는 점에서 일치했다.[96] 그들은 죽은 자들을 슬퍼했으나, '오 고통이며! 하나님의 십자가를 잃어버렸고' '우리 구원의 거룩한 장소가 이방인에 의해 치욕을 당하고 있다'는 생각에 그보다 더 탄식했다.[97]

### 3. 제3차 십자군전쟁

이 소식들이 서방의 우르바누스 3세의 갑작스런 죽음이 그것들과 연결되면서 동요를 일으켰다. 이 우르바누스에게 예루살렘이 무너졌다는 소식을 전하는 사자가 왔다. 그리고 교황은 고통으로 죽었다.[98] 그 때문에 그레고리우스 8세(Gregor VIII., 1187)는 '모든 교회를 위한 기도와 금식'을 선포했다.[99] 그밖에 그는 내적인 자기성찰과 영적인 정화의 시간으로서 십자군을 호소했고, 추기경 하인리히 폰 알바노(Heinrich von Albano)을 십자군의 교황사절로 임명했다.[100] 클레멘스 3세(1187-1191)는 십자군 설교를 강화하고 '십자가에 달린 자의 찬양과 명예를 위하여 이방인에게 탈취되어 사로잡혀 있는 십자가의 치욕을 보복하도록' 요청했다.[101] 이 시기에 생겨난 한 노래는 성지(聖地)를 불신자로 인한 신성모독으로부터 보호하도록 환기시켰다.

---

95) Annales Marbacenses, MGH.SSrer. germ. 9, S. 57, Z. 24-31; Jahrbüccher von Marbach, GDV 6, S. 9f.

96) Ottonis de Sancto Blasio Chronica, MGH.SSrer.Germ. 47, Cap. 30, S. 42, Z. 9; Chronik des Otto von St, Blasien, GDV 58, S.44; Annales Magdeburgenses, MGH.SSrer.Germ. 16, S. 195, 24f.; Jahrbücher von Magdeburg, GDV 63, S. 109.

97) Annales Marbacenses, MGH.SSrer.Germ. 9, S. 57, Z. 32; Jahrbücher von Marbach, GDV 6, S. 10; Cronica Sancti Petri Erfordensis, MGH.SSrer.Germ. 42, Teil 1, S. 194, Z. 18-25; Chronik von Sanct Peter zu Erfurt, GDV 52, S. 53f.

98) Ottonis de Sancto Blasio Chronica, MGH.SSrer.Germ. 47, Cap. 30, S. 42, Z. 21 f., 43, Z. 2f.; Chronik des Otto von St. Blasien, GDV 58, S. 45.

99) Annales Stadenses, MGH.SS 16, S. 351, Z. 10; Chronik des Albert von Stade, GDV 72, S. 46.

100) Annales Magdeburgenses, MGH.SSrer.Germ. 16, S. 195, 31; Jahrbücher von Magdeburg, GDV 63, S. 109.

101) 참조, U. Schwerin, Aufrufe der Päpste, S. 81; H. E. Mayer, Geschichte der Kreuzzüge, S. 129-144.

'잠자는 자여, 깨어나라! 거룩한 십자가가 언젠가 너를 구원할 때,
/ 이제 칼로서 그것을 구하라, 그리고 구원이 너에게 일어나는
/ 거기서 구원자가 되라!'[102)]

베니스(1177)와 콘스탄츠(1183)과 평화조약을 체결한 뒤 그의 권력의 정점에 이른 프리드리히 1세는 1188년 3월에 마인츠로 제국회의를 소집했다. '이 제국회의에 교황사절단도 왔다. 그들은 탄식하며 교황과 전교회를 대신하여 황제에게 대양 저편에 있는 교회의 황폐화를 글과 말로서 묘사하며, 그의 도움으로 로마제국의 보호를 간청했다.'[103)] 그 때문에 프리드리히는 '고트프리드 폰 뷔르츠부르크 주교(Gottfried von Würzburg)의 모든 참석자들의 환호와 찬미와 기쁨의 눈물 가운데 그 십자가를' 받아들였다.[104)] 영국의 사자왕 리처드 1세(Richard I. Löwenherz)와 프랑스의 필립 2세(Philipp II.)는 십자군에 참여했다. 반면에 이 시기에 십자군에 대한 비판이 커졌다는 것이 이목을 끈다. 라둘푸스 니게르(Radulfus Niger, 1146-1200)는 그의 저서『군사적 목표와 예루살렘으로 가는 순례여행의 삼중의 길에 대하여』(Über das militärische Ziel und den dreifachen Weg der Jerusalemer Pilgerschaft, 1189)에서 참회의 외형화를 탄식했다.

'강탈한 것과 훔친 것을 보유하면서 되돌려 주지 않는 강도와 도둑이 교황의 말에 근거한 순례여행을 근거로 죄로부터 자유롭게 되지 못한다. 그가 가로챈 것을 돌려주지 않는 것처럼! 그러나 참회의 의미에 해당하는 것을 수행한 자는 순례를 하는 것이며, 그 때문에 교황의 면죄부의 축복을 누리는 것이다.'[105)]

---

102) Ottonis de Sancto Blasio Chronica, MGH.SSrer.Germ. 47, Cap. 30, S. 43, Z., 27-44, 11; Chronik des Otto von St. Blasien, GDV 58, S. 46f.

103) A.M.Ritter, Mittelalter, KTGQ, Bd. 2, S. 122f.; 참조, G. Spreckelmeyer, Das Kreuzzgslied, S.91-103.

104) Ottonis de Sancto Blasio Chronica, MGH.SSrer.Germ. 47, Cap. 31, S.44, Z. 16-21; Chronik des Otto von St. Blasien, GDV 58, S.47.

105) Chronica regia Coloniensis, MGH.SSrer.Germ. 18, Teil 4, S.139, Z.7-17; Kölner Königschronik, GDV 53, S.127f. 참조, R. Hiestand, precipua tocius christianismi columpna'. Barbarossa und der Kreuzzug, in: Friedrich Barbarossa, S.51-108.

그의 비판적인 목소리가 혼자만의 것이 아니었지만, 받아들여 지지 않았다.[106] 1189년 초에 황제의 인도아래 십자군이 출발했다. 슈타데(Stade)의 연대기저자는 '황제의 군대는 무장군인이 6만이나 헤아린다고'[107] 언급했다. 눈에 띄는 것은 교황청의 지도권이 후퇴한 것이다.[108]

십자군의 계획에 따른 준비상황은 희망들을 불러 일으켰다. 그리스인들과 평화조약 후에 1190년 5월에 아나톨리아(Anatolien)의 이코니온(Ikonion)에서 터키군대에 승리를 거두었다. 하지만 몇 주 후에 예상치 못한 일이 일어났다. '이 해에 황제이기보다 그리스도의 순례자에 더 가까웠던 프리드리히가 성 바나바의 날의 전날 점심시간에 군대와 함께 강에서 수영을 했을 때, 나는 어떤 하나님의 뜻에 따라 일어났는지 모르지만, 그가 돌연 물결에 휩쓸려갔다. 그는 빈사 상태에서 육지로 옮겨졌으나 곧 거기서 이 땅에서의 삶을 마쳤다. 전 군대는 믿기 어려운 큰 고통 가운데 그에 대하여 한탄했다.'[109] 그가 죽을 때 그 황제는 다음과 같이 선언했다.

> "십자가에 못 박힌 하나님의 아들이시여 복을 받으소서! 왜냐하면 나를 다시 태어나게 했고, 나를 그리스도인 되게 했고, 나를 순교자로 만들기 위해 바르는 그 물이 나를 삼켰기 때문입니다."[110]

바르바로사의 갑작스런 죽음으로 '그리스도교의 전체 군대가 회복할 수 없는 상처'를 입었다.[111] 얼마 후에 십자군은 해산되었다. '그들은 목자 없는 양같이 고립되고 꺾어지고 무기력해져서 서로 나뉘어서 흩어졌다. 각자 고향으로 길을 가기 시작했다. 건강한 자들이 가장 먼저 출발했다. 그래서 이 십자군은 하나님의 뜻과 그것 없이는 어떤 옳은 것을 시

106) Radulfus Niger, De re militari et tirpilici via peregrinationis Ierosolimitane, hg. L. Schmugge, 1977; A. M. Ritter, Mittelalter, KTGQ, Bd. 2, S.123: 참조, G. B. Flahiff, Ralph Niger, S.104-126.

107) 참조, R. Hlestand, „Gott will es !' -Will Gott es wirklich?, S.23-27.

108) Annales Stadenses, MGH.SS 16, S. 351, Z. 30-33; Chronik des Albert von Stade, GDV 72, S.48.

109) U. Schwerin, Aufrufe der Päpste, S.82: K.Jordan, Friedrich Barbarossa, S.75-80.

110) Cronica Sancti Petri Erfordensis, MGH.SSrer.Germ. 42, Teil 1, S.195, Z.26-32; Chronik von Sanct Peter zu Erfurt, GDV 52, S.55.

111) Annales Stadenses, MGH.SS 16, S.351, Z.40-43;Chronik des Albert von Stade, GDV 72, S.48.

작할 수도 어떤 거룩한 것을 수행할 수 없는 그의 측량할 수 없는 신의 결정으로 성과 없이 그리고 공허하게 끝났다.'[112]

바르바로사의 죽음 이후 십자군의 목표를 계속 추구하는 것이 1194년 이래로 시칠리아의 왕이었던 그의 아들 하인리히 6세(Heinrich VI., 1190-1197)의 의무였다.[113] 그의 계획들은 이미 노르만인들이 단행했던 시도를 표명한 것이다. 즉, 동부지중해와 비잔틴을 황제의 지배권 아래 굴복시키고, 남부이탈리아와 시칠리아의 도시들의 무역상의 지위를 향상시키는 것이었다. 그밖에 그에게는 십자군서약을 완수하여 교황의 소망을 들어주어 제국에서 프리드리히 2세의 후계자로 승인받는 것이 중요했다.[114] 제국의 성직자에게 보낸 한 편지에서 그는 1195년 성지의 해방을 예고했다.[115] 그가 1196년 뷔르츠부르크의 제국의회에서 그의 2살짜리 아들 프리드리히(2세)를 위하여 왕위계승자를 확정하고 난 뒤에, '실제로 슈바벤과 바이에른과 프랑코니엔(Frankonien)과 다른 지역들에서 온 거의 6만 명의 엄청난 군대가'[116] 출발했다. 이탈리아의 주민들이 이 시도에 대해 의심의 눈초리로 대했다는 것이 이목을 끈다. 그들은 십자군의 약탈적인 의도를 질책했다.

> '당신들이 감행한 행진은 미신적이며 하나님을 증오하는 것이다. 외적으로 당신들은 순례자와 믿음의 종으로 나타내지만, 실제로 당신들은 찢어 죽이는 늑내들이다. 왜냐하면 당신들은 하늘의 통치자를 위하는 것이 아니라, 이 땅의 통치자를 위하여 싸우며, 그와 함께 아풀리아(Apulien)와 시칠리아를 약탈하기 위하여 왔다.'[117]

그럼에도 불구하고 군대는 계속 행군하여, 해로를 건너 팔레스타인, 즉 가장 중요한

---

112) ttonis de Sancto Blasio Chronica, MGH.SSrer.Germ. 47, Cap. 35, S.52, Z.1-3; Chronik des Otto von St. Blasien, GDV 58, S.55; 참조, F. Opll, Friedrich Barbarossa, S.164-170.

113) Chronica regia Coloniensis, MGH.SSrer.Germ. 18, Teil 4, S.152,9-14; Kölner Königschronik, GDV 53, S.148f.

114) 참조, G. Baaken, Das sizlische Königtum Kaiser Heinrichs VI., S.202-244.

115) 참조, C. Naumann, Der Kreuzzug Kaiser Heinrichs VI.

116) 참조, Chronica regia Coloniensis, MGH.SSrer.Germ. 18, Teil 4, S.157, Z.10-40; Kölner Königschronik, GDV 53, S.156f.

117) Arnoldi Chronica Slavorum, MGH.SSrer.Germ. 14, Lib. 5, Cap. 26, S.198, Z.12-15; Chronik Arnolds von Lübeck, GDV 71, S.235.

도시들로서 아콘과 시돈(Sidon)과 베이루트를 비롯하여 거의 모든 해안지역을 재정복한 곳으로 갔다. 이후로 아콘이 예루살렘 왕국의 수도가 되었다. 예루살렘은 회교도의 손아래 있었다. 하지만 순례자들에게 성지로의 접근은 허락되었다.[118]

이 시기에 독일 수도회, 즉 평신도회로부터 발전했으며 그 회원들이 독일 귀족출신인 기사수도회가 설립되었다.[119] 1140년대 초 이래로 생겨난 예루살렘의 독일 구빈원이 그 전역사에 속한다. 이 구빈원은 환자를 돌보기 위해 설립되었으며, 평신도회와 연결되어 요한기사수도회(Johanniterorden)의 관할 아래 있었다. 직접적인 선구자는 1190년 아콘 포위공격 시에 환자를 돌보기 위하여 의무와 서약을 한 평신도회를 모은 독일인들에 의해서 설립된 야전구빈원이었다. 교황청의 보호특권의 승인과 아콘에서 증여와 기부와 군사적 임무의 인수로 구빈원이 기사수도회로 승격된 것으로 알려졌다. 이 승격은 3차 십자군의 시대적 상황에서, 하인리히 6세가 죽은 직후 1198년 초에 아콘의 종교 지도자와 세속지도자의 모임에서 단행되었다. 인노켄티우스 3세는 일 년 후 그것에 대해 보호와 승인특전을 선언했다. 수도회에 부과된 이중의 임무는 가난한 자와 환자를 돌보기 위하여 요한기사수도회의 규칙을 수용하고 성직자와 기사를 위하여 성당기사단의 규칙을 수용한 것에 나타난다.[120]

새롭게 생기는 십자군전쟁에도 불구하고 그리스도인과 회교도의 공동의 종교적 뿌리에 대한 확신은 살아 있었다. 아르놀드 폰 뤼벡은 십자군에 의해 티로스의 한 성에 갇혀있는 회교도들이 어떤 말로 자비를 베풀기를 요청하는 것을 보도한다.

> '우리는 우리에게 인내심을 가지도록 당신들의 관용을 간청한다. 당신들이 말하는 것처럼 모든 관계에서 사랑을 훈련하는 기독교를 생각해서 경건한 남자들에게 적합한 것처럼 이 사랑을 우리에게 증명해주기를 간청한다. 왜냐하면 우리는 비록 그리스도인이 아니지만 종교가 없는 사람이 아니다. 우리는 당신들이 믿는

118) Arnoldi Chronica Slavorum, MGH.SSrer.Germ. 14, Lib 5, Cap. 26, S.196, Z.28-32; Chronik Arnolds von Lübeck, GDV 71, S.233.

119) 참조, Ottonis de Sancto Blasio Chronica, MGH.SSrer.Germ. 47, Cap. 40, S.63, Z.25-64, 17; Chronik des Otto von St. Blasien, GDV 58, S.67;참조,H,E.Mayer, Geschichte der Kreuzzüge, S.144-170.

120) 참조, M. -L. Favreau, Studein zur Frühgeschichte des Deutschen Ordens, S.12-94; U. Arnold, Frühzeit des Deutschen Ordens, S.81-107; 800 Jahre Deutscher Orden, S.1ff.; F. Winkelmann, Kirchen im Zeitalter der Kreuzzüge, S.56ff., 80f.

것처럼 아브라함으로부터 유래하며, 그의 부인 사라에 따라 사라센인이라고 불린다. 당신들의 그리스도가 참 신이며 동시에 참 인간으로서 십자가를 통하여 너희를 구원했다는 것을 믿는다면, 그리고 그 때문에 너희가 십자가를 자랑한다면, 너희들은 바로 그 능력을 우리에게 증명할 수 있다. 왜냐하면 비록 우리의 믿음이 서로 다르다 할지라도, 우리가 신앙에 따라서 아니라, 인간으로서 오직 한분이신 창조주와 오직 한분이신 아버지를 – 그 때문에 우리는 형제이다 – 갖는다고 확신하기 때문이다. 그러므로 우리의 공동의 아버지를 생각하고, 형제에게 자비를 베풀어라. 단지 우리가 너희와 함께 살 수 있다면, 우리의 것 모두가 너희의 것이다.'[121]

유감스럽게도 이 요청은 응답받지 못했다. 오히려 무장투쟁을 요구하는 이들이 확고한 위치를 차지했다. 그 밖에 십자군 군사들과 그 땅에 거주하는 그리스도인들 사이의 관계가 긴장감이 높았다는 것이 주목할 만하다. 십자군 군사들이 팔레스타인 그리스도인들의 동화를 불신하면서 기록한 반면에, 팔레스타인 그리스도인들은 서방 기사들에 의해 감언이설에 속게 되는 것을 두려워했다.[122]

1197년 9월에 하인리히 6세가 시칠리아의 메시나에서 죽었다. 이것은 막 시작한 십자군전쟁의 종식을 의미할 뿐만 아니라, 서방에 권력의 진공상태가 발생했다는 것을 의미했다. 쾰른의 연대기는 이 시대에 '여러 가지 불행과 고통이 전체 로마제국 위에 들이닥쳤고' '지배권에 대한 엄청난 의견충돌까지' 가져올 것이라는 뜻으로 해석된 수수께끼같은 현상에 대해 언급하고 있다.[123] 그의 죽음은 귀환하는 십자군 군사들에게 다음의 결과를 야기시켰다.

'이 시대에 이 나라들, 즉 아풀리아와 칼라브리아(Calabrien)와 시칠리아의 주민

121) 참조, G. Wiechert, Die Spiritualität des Deuthschen Ordens in seiner mittelalterlichen Regel, in: Z. H. Nowak, Die Spiritualität der Ritterorden im Mittelalter, S.131-146.

122) Arnoldi Chronica Slavorum, MGH.SSrer.Germ. 14, Lib. 5, Cap. 28, S.207, Z.15-30; Chronik Arnolds von Lübeck, GDV 71, S.246.

123) Ottonis de Sancto Blasio Chronica, MGH.SSrer.Germ. 47, Cap.42, S.68. Z.11-30; Chronik des Otto von St. Blasien, GDV 58, S.71f.

들은 그들이 하인리히 황제로부터 참고 견뎌야 했던 권력을 잊지 않고 독일 민족에 대항하여 최악의 증오심에 불타올라서, 참고 견딘 부당함을 권력에 따라 그들에게 보복하기를 바랐다. 그 때문에 그들은 황제가 죽었다는 것을 알지 못하고, 십자군행렬에서 바다를 건너고 이 땅을 통과해서 돌아가는 독일민족의 수많은 순례자들에게 각 가지의 위해를 가했다. 그래서 비무장으로 수많은 동반자가 없는 사람들은 아무도 어떤 해를 당하지 않고 상처없이 통과해 갈 수 없었다. 오랜 시간동안 이 증오심은 지속되었다.'[124]

## 4. 인노켄티우스 3세와 제4차 십자군전쟁

십자군운동은 인노켄티우스 3세 임기 아래에서 새롭게 발전했다. '우르바누스 2세 이래로 첫 교황으로서 인노켄티우스는 확고한 십자군전쟁계획을 추구했으며, 그 실현을 위하여 필요한 십자군정책을 전개했다.'[125] 십자군전쟁은 그에게 있어서 교황의 지배권에 관한 보편적인 구상을 세속-정치적으로 실현하는 동인이었다. 이미 교황임직 후 얼마 지나지 않아, 비록 중동에서 급박한 위협이 없음에도 불구하고, 그는 새로운 십자군전쟁을 위한 준비를 시작했다. 그의 저술의 근본사상은 성지(聖地)와 그리스도의 유산과 하나님께 대한 신하된 의무 수행을 위한 싸움이었다. 하지만 실제로 그의 임기 아래서 십자군전쟁 사상은 세속적인 관심사와 뒤섞이게 되었다. 결국 시작된 제4차 십자군전쟁(1202-1204)이 이것을 보여준다. 공식적인 목표는 거룩한 무덤의 해방이었지만, 지중해 지역의 거대무역세력으로 발전을 추구하여 함대를 준비한 베니스공화국은 그 계획을 다른 방향으로 바뀌도록 했다.[126] 먼저 달마티아에 있는 베니스를 배반한 도시 자라(Zara)가 정복되었다. 이윽고 십자군 군대는 계속 콘스탄티노플로 행군해나갔다. 비잔틴 제국의 수도는

124) Chronica regia Coloniensis, MGH.SSrer.Germ. 18, Teil 4, S.159, Z.17-25; Kölner Königschronik, GDV 53, S.160.

125) Ottonis de Sancto Blasio Chronica, MGH.SSrer.Germ. 47, Cap.45, S.72, Z.5-15; Chronik des Otto von St. Blasien, GDV 58, S.75f.

126) U. Schwerin, Aufrufe der Päpste, S.93. 참조, J. Haller, Papsttum, Bd. 3, S.364-381; M. Menzel, Kreuzzugsideologie unter Innozenz Ⅲ., S.39-79; H.E.Mazer, Geschichte der Kreuzzüge, S.170-187.

서방의 유럽인들에게 크기와 부와 아름다움에서 큰 명성을 얻고 있었다.[127] 이 사실로 왜 십자군 군대가 도시의 성문 앞에 멈추어 서지 않고, 오히려 8일 동안 포위공격 후에 난폭하게 쳐들어갔는지가 설명된다. 그래서 뒤이어진 것은 서방의 관점에서 볼 때 끔찍한 학살이었다.

> '우리 측 사람들은 피로 목욕하고, 인구가 많던 도시는 정복되었다. 우리의 칼을 피한 자들이 궁전에 숨어 들어갔다. 그들이 그리스인들에게서 대량학살을 저지르고 난 뒤에, 마침내 우리 측 사람들은 다시 모였다. 낮이 저녁으로 기울때 비로소, 그들은 피곤하고 다음날 궁전을 습격하는 것을 논의하기 위하여 무기를 내려놓았다.'[128]

실제로 정복의 첫 번째 목적은 약탈행각이었다. 그 약탈로 셀 수 없이 많은 재산들이 약탈당했고, 대부분은 '베니스'로 옮겨졌다.[129] 이 정복이 비잔틴인들의 기억 속에 깊은 상처를 남겼다. 비잔틴 역사가인 니케타스 코니아테스(Niketas Choniates)는 다음과 같이 썼다.

> '내가 피로 뒤범벅된 규율이 없는 포악한 군사들이 대담하게 행한 것들 중에서 무엇을 첫 번째로 헤아려야 하는가? 무엇을 두 번째로? 무엇을 마지막으로? 그들이 경외심으로 가득 차서 환영받는 성인상들을 바닥에 내던지고, 그리스도를 위하여 고난당한 성유물을 여기저기 어질러 놓을 때, 오 얼마나 큰 비방인가! 공포를 느끼는 자는 당시에 그것을 목도할 수밖에 없던 것에 대하여 들을 뿐이다. 하나님의 피는 땅에 쏟아지고, 그리스도의 몸은 재 가운데 흐트러졌다.'[130]

---

127) 참조, G. Rösch, Der Aufstieg venedigs zur Handelsgroßmacht (1204-1225), in: W. Hartmann, Europas Städte zwischen Zwang und Freiheit, S.329-354; R.-J.Lilie, Der Fernhandel der Italiener und das byzantinische Reich am Vorabend des Vierten Kreuzzuges, in: W. von Stromer, Venedig und die Weltwirtschaft um 1200, S.159-175.

128) Chronica regia Coloniensis, MGH.SSrer.Germ. 18, Teil 6, S.202, Z.23-203, 2; Kölner Königschronik, GDV 53, S.222.

129) Chronica regia Coloniensis, MGH.SSrer.Germ. 18, Teil 6, S.212, Z.36-213, 1; Kölner Königschronik, GDV 53, S.238.

130) Ottonis de Sancto Blasio Chronica, MGH.SSrer.Germ. 47, Cap. 49, S.81, Z.9-17; Chronik des Otto von St.Blasien, GDV 58, S.83f.

인노켄티우스 3세는 콘스탄티노플 정복을 십자군서약의 파기로 비난했다. 어쨌든 그는 즉시 제공된 기회를 인지했다. '지금 십자가의 적에 대한 지속적인 싸움을 위하여 왕의 도시는 거룩한 로마교회와 예루살렘의 나라에 대한 의무를 진다.'[131] 같은 해에 비잔틴 제국의 대부분이 합병되었고, 볼드윈 폰 플랑드르 백작(Baldewin von Flandern)이 라틴 제국의 지배자가 되었다. 그와 그 외에 독립적인 지배세력(데살로니케(Thessalonike) 왕국, 아카이아(Achaia) 제후국)들이 연합하였다. 이리하여 비잔틴 황제의 제국은 그리스도교의 거대세력으로서 역할을 상실했고, 새로운 수도로서 니케아를 소유한 소아시아의 일부분의 제국의 크기로 축소됐다.[132] 교회정치적인 결과는 교황에 의해 세워진 대주교를 우두머리로 하는 라틴 대주교구의 설립이었다. 동시대의 한 사람이 승리감에 도취되어 기록해놓았다.

> '우리는 구세주의 일에 관련하여 예전에 그 본산이 콘스탄티노플이었던 동방교회가 황제와 그 제국과 함께 옛날에 그랬던 것처럼 다시 최고 우두머리인 로마교황에게 연합되었으며, 다시 로마교회의 딸로서 간주되었으며, 이제부터 겸손한 머리에게 익숙한 방식으로 그리고 온전히 충성스럽게 로마교회에 복종하도록 이끌었다.'[133]

로마의 관점에서 볼 때 이로써 교회의 연합은 다시 실현되었다. 그러나 실제로는 그 도랑이 전보다 더 깊어졌다.

몇 년 후에 인노켄티우스는 새로운 십자군전쟁을 알리기 시작했다. 수많은 저술에서 그는 자신의 성지를 위한 하나님께서 기뻐하시고 거룩한 도움계획을 전개했다.

> '우리는 그 계획을 공동의 최선을 위하여 신적인 계시로 파악하고, 좋은 결말에 이

131) Nicetae Choniatae Historia, CFHD.B 11, 1; Übersetzung: A. M. Ritter, MIttelalter, KTGQ Bd. 2, S.124f. 참조, P. Schreiner, Schein und Sein. Überlegungen zu den Ursachen des Untergangs des byzantinischen Reiches, S.625-647.

132) Chronica regia Coloniensis, MGH.SSrer.Germ. 18, Teil 6, S. 214, Z.13f.; Kölner Königschronik, GDV 53, S.240; 참조, A. Vauchez, Machtfülle des Papsttums, S.774.

133) J. L. van Dieten, Das lateinische Kaiserreich von Konstantinopel, S. 93-125.

르도록 노력해야 한다.'[134]

하지만 그 결과는 전혀 달랐다. 쾰른의 왕족연대기는 다음과 같이 보도한다.

> '어떤 정신에 의해 추진되었는지 모르고, 어떤 동기 또는 설교도 없이 6살짜리에서부터 어른에 이르기까지 수천 명의 소년들이 그들을 만류하는 그들의 부모들과 친척들과 친구들의 뜻을 거스르고 십자가를 졌다. 몇몇은 그들이 끌던 쟁기와 마차를 내버려두고, 다른 이들은 그들이 먹이던 짐승을 내버려두고, 그밖에 그들의 손에 있는 것을 버려두고 곧게 세운 깃발을 들고 예루살렘으로 향했다. 그들이 많은 사람들로부터 누구의 조언 때문에 또는 누구의 훈계 때문에 이 길을 떠나게 되었는지 질문을 받았기 때문에, 그들은 간단하게 하나님의 손짓에 순종하여 하나님께서 그들 위에 부과한 모든 것을 기꺼이 즐거운 마음으로 견디기를 원한다고 대답했다.'[135]

소위 이러한 어린이십자군의 배경을 밝히는 것은 무척 어렵다. 아마도 헤롯왕의 어린이학살과 관련하여 그 기념일이 12월 28일인 '무죄한 어린이'에 대한 예찬이 지금까지의 시도들이 좌절된 이후 미성년의 아이들이 성묘의 재탈환을 할 수 있을 것이라는 확신을 불러일으켰을 것이다. 실제로 이러한 종교적으로 가열된 분위기에서 니더로트링엔(Niederlothringen, 로렌지방으로 지금의 독일 쾰른과 아헨과 네덜란드 앤트워프를 포함한 지역 - 역자 주)과 라인란트(Rheinland, 라인강 중류와 하류지역 - 역자 주)에서 온 수천 명의 어린이와 청소년들이 교황의 지원없이 비무장인 행렬을 형성하여 쾰른출신의 니콜라우스라는 소년의 인도 아래 남쪽으로 유럽을 통과하여 제노바(Genua)로 향했다. 그곳에서 팔레스타인으로 향해 계속 갈 예정이었다. 하지만 이 행렬은 비참한 종말을 맞이했다. 수많은

134) Chronica regia Coloniensis, MGH.SSrer.Germ. 18, Teil 6, S. 208, Z. 3-8; Kölner Königschronik, GDV 53, S. 230; 참조, H. G. Beck, Geschichte der orthodoxen Kirche, S. 147 ff.

135) Brief an den Patriarchen Albert von Jerusalem vom 26. 4. 1213, in: R. Forevill, Lateran I-IV, S. 387 f.; 참조, U. Schwerin, Aufrufe der Päpste, S. 100.

이들이 이미 도중에 굶어 죽었고, 다른 이들은 노예시장으로 끌려갔다. 단지 소수만 집으로 돌아왔다.[136)]

## 5. 레콘키스타(Reconquista)의 지속

정체의 단계를 지난 후 레콘키스타(8세기부터 15세기에 걸쳐 이슬람교도에게 점령당한 이베리아 반도 지역을 탈환하기 위하여 일어난 그리스도인의 국토 회복 운동 – 역자 주)는 첼레스티누스 3세(Coelestin III., 1191-1198) 지도아래에서 새로운 추진력을 얻었다. 이것은 이 교황이 임직선거 전에 교황의 사절로 스페인에 있었고, 그로 인하여 나라의 상황을 잘 알고 있었다는 것으로부터 설명된다. 그의 호소에서 그는 스페인의 십자군 군사들에게 팔레스타인십자군에 참여하는 것을 금지하기까지 이른다. 왜냐하면 그들은 자신의 나라에 더 긴급하게 필요하기 때문이었다. 동시에 그는 '처음으로 우리에게 알려진 성지(聖地)를 스페인십자군서약으로 바꾸는 것'을 시도했다.[137)] 이어진 시기에 주도권은 카스티야(Kastilien)의 알폰소 3세(Alfons III.) 왕이 잡았다. 그는 아라곤(Aragón)과 나바라(Navarra)와 레온(León)과 포르투갈(Portugal)과 동맹을 구상하고, 회교도의 알모하드인들과 싸움이 성과없이 머물러 있을 때, 이 싸움을 십자군전쟁의 지위로 올린 인노켄티우스 3세의 후원을 얻었다. 1212년 7월 십자군들이 라스 나바스 드 톨로사(Las Navas de Tolosa)의 전투에서 회교도에 대해 승리를 거두었다 - '이베리아반도에서 회교도와 그리스도인들 사이의 세력관계가 최종적으로 그리스도인들에게 기운 레콘키스타의 역사적 사건이었다'.[138)]

136) Chronica regia Coloniensis, MGH.SSrer.Germ. 18, Teil 6, S. 190, Z. 42-191; Kölner Königschronik, GDV 53, S. 206 f.

137) 참조, R. Röhricht, Der Kinderkreuzzug, S. 1-8; P. Raedts, The Children's Crusade, S. 279-324; U. Gäbler, Der 'Kinderkreuzzug', S. 1-14; M. Menzel, Die Kinderkreuzzüge in geistes- und sozialgeschichtlicher Sicht, S. 117-156; H. E. Mayer, Geschichte der Kreuzzüge, S. 188-191.

138) U. Schwerin, Aufrufe der Päpste, S. 86.

## C 선교와 식민지개척

### 1. 메클렌부르크(Mecklenburg)와 포메른(Pommern)

벤트십자군(Wendenkreuzzug, 1147년에 신성로마제국의 독일 왕국에서 슬라브계 민족인 벤트인을 토벌할 목적으로 일으킨 십자군 - 역자 주) 후 수십 년 동안 기독교의 동부지역 진출은 무력사용에 의해 특징 지워진다.[139] 연대기저자들은 작센과 덴마크의 군대행렬에 대해서 기록한다. 사자공 하인리히(Heinrich der Löwe, 1129/30-1195)가 먼저 '슬라브인들의 나라에 적대적으로' 침입하여, 니클로트(Niklot) 영주를 죽이고 그 나라를 '불과 칼로 완전히' 파괴한 뒤에, 그가 1160년에 올덴부르크(Oldenburg)와 라체부르크(Ratzeburg)와 슈베린(Schwerin)의 메클렌부르크(mecklenburg)에 주교들을 세웠다는 것을 우리는 안다.[140] 몇 년 뒤에 '많은 그리스도인들이 슬라브인들에 의해 맞아죽었고 사로잡혔다.' 연대기저자는 다음의 말로 해설했다.

> '이 날에 격렬한 바람과 빈번한 번개와 몸서리치는 천둥과 흔들리는 땅의 끊임없는 탄식이 일어났다. 인간의 부패함에 대하여 이 세계의 상태가 혼란스러울 수밖에 없다는 것이 확실했다.'[141]

1171년 전투로부터 도베란(Doberan)의 알트호프(Althof)에 정착한 시토수도회수도사들은 순교자의 죽음을 당했다. 슈베린의 주교는 아멜룽스보른(Amelungsborn) 시토수도원 출신의 수도사 베르노(Berno, †1190)가 되었다. 그는 그의 수도회의 후원으로 벤트선교를 추진했고 1167년에 프리비스라프(Privislav) 영주에게 세례를 준 이였다.[142] 작센인 하인리히는 포메른과 반복하여 싸웠다. 1164년 첫 시도는 지속적인 성과가 없었다. 1177년 새로

139) M.Rabade Obrado, Schlacht von Las Navas de Tolosa, LexMA 6, Sp. 1062.

140) 참조, A. Hauck, Kirchengeschicte Deutschlands Bd. 3, S.624-664; Bd. 4, S.576-685.

141) Annales Palidenses, MGH. SS 16, S.92, Z. 32-34; Die Jahrbücher von Pöhlde, GDV 61, S.99, 참조, F. Lotter, Vorstellungen von Heidenkrieg und Wendenmission, S.11-43, bes. 27ff.; K. Jordan, Heinrih der Löwe, S.76-102.

142) Annales Palidenses, MGH. SS 16, S.93, Z. 14-16; Die Jahrbücher von Pöhlde, GDV 61, S.101.

운 출정을 단행했다.[143]

스칸디나비아 지역에서 거대세력으로 성장하기 시작한 덴마크가 포메른의 식민지개척에서 마찬가지로 중요한 역할을 했다. 뤼겐(Rügen)섬의 주민들이 1168년 덴마크의 지배권에 반기를 들었을 때, 덴마크왕 발데마르(Waldemar)는 그 섬을 정복하기 위하여 출정했다. 뤼겐섬에 있는 아르코나(Arkona)곶에 놓여 있는 슬라브족의 신 스판테비트(Svantevit)의 신전의 파괴와 정복은 슬라브족의 종교의 종말과 그리스도교의 승리를 의미했다.[144] 그의 후계자 크누트는 이 시도를 계속 이어갔다.

> '덴마크인들은 모든 것을 황폐하게 만들었고, 그 나라의 알짜를 집어삼켰다. 그리고 고향을 되돌아갔다. 이러한 방법으로 그들은 수년 동안 차례차례로 파종과 수확의 시기에 침입하여 그 나라를 황폐하게 만들었고, 피흘림없이 굶주림으로 인하여 그 주민들이 굴복하도록 압박했다.'[145]

그 세기 말엽에 비로소 이 상황은 안정되었다. 슈베린에 있는 메클렌부르크의 베르노 주교는 거기에 한몫했다. 그가 도베란(Doberan, 1171)과 다르군(Dargun, 1172) 시토수도원의 건립과 슈베린 대주교구의 교구조직을 구성했다. 동시에 식민지개척은 진척되었다.[146] 아르놀드 폰 뤼벡은 다음과 같이 전한다.

> "(사자공) 하인리히 대공이 세운 베르노 주교는 우리 시대에 그들이(슬라브족이) 얻은 가장 신앙이 굳은 첫 번째 교사이다. 그는 그들의 매질과 따귀 때림을 참았으며, 그는 자주 우상제사에 참여하도록 조롱받았다. 그러나 그리스도를 통하여 강해져서 그는 우상숭배를 제거하고, 작은 숲들을 파괴했으며, 굳드락(Gutdrak)

---

143) 참조, G. Haendler, Bischof Berno von Schwerin-ein Zisterziensermönch in der Kirchenpolintik des 12. Jahrhunderts, in: Ders., Rolle des Papsttums in der Kirhengeschichte, S.251-263.

144) Annales Palidenses, MGH.SS 16, S.94, Z.51-54; Die Jahrbücher von Pöhlde, GDV 61, S.107.

145) 참조, J. Hermann, Religion und Kult, S.309-325.

146) Arnoldi Chronica Slavorum, MGH.SSrer.Germ. 14, Lib. 3, Cap. 7, S.82, Z.11-27; Die Chronik Arnolds von Lübeck, GDV 71, S.94.

대신에 고데하르트(Godehard) 주교를 존경하는 관행을 만들었다. 신자들은 그가 자신의 경쟁을 목표에 이르게 했다고 완전히 확신했다."[147]

## 2. 리브란트(Livland)

서방의 정착민들은 아주 이른 시기부터 리브란트(현재의 에스토니아와 라트비아 지역 - 역자 주)에 관심을 가지고 있었다.

'이 지역은 땅이 좋아서 모든 생산물이 풍요로웠기 때문에, 거기에 그리스도교의 이주자들과 신생교회와 식물들이 존재했었다. 즉 그 땅은 경작하기에 비옥했고, 초원은 넓었고, 강들은 흘렀고, 물고기와 나무를 충분히 갖고 있었다.'[148]

아우구스티누스 참사수도회원 마인하르트 폰 제게베르크(Meinhard von Segeberg, 1130/1135-1196)는 이 이주자들 중의 하나였다. 그는 독일상인들을 따라 1180년대 초에 '아직 그리스도교신앙을 갖지 않는 이 민족에게 주님의 평화를 전하면서 점차 뜨거운 신앙의 열정으로 채워지기'[149] 시작했다. 하르트비히 2세(Hartwig II., 1184-1207) 함부르크 - 브레멘 대주교는 1186년에 그를 윅스퀼(Üxküll, 나중의 리가(Riga))의 주교로 임명했고, 그것으로 리블란트의 선교에 조직적인 토대를 제공했다. 하지만 전체적인 상황은 안정적이지 않았다. 특히 이방 리투아니아인과 셈갈렌인(Semgaller, 북동유럽의 발트해 연안에 있던 민족)들의 공격으로 인하여 그랬다. 그런 이유로 시토수도원 로쿰(Loccum)의 대수도원장인 베르트홀트(Berthold, †1198)는 교황 첼레스티누스 3세로부터 뤼벡에서 출발하는 십자군 군대 소집에 대한 승인을 얻었다.

147) Helmoldi Cronica Slavorum, MGH.SSrer.Germ. 18, Lib. 2, Cap. 110, S. 218, Z.8-15; Helmolds Chronik der Slaven, GDV 8, S.257.

148) Arnoldi Chronica Slavorum, MGH.SSrer.Germ 14, Lib 5, Cap. 24, S.192, Z.30-193, 3; Die Chronik Arnolds von Lübeck, GDV 71, S.229.

149) Aronoldi Chronica Slavorum, MGH.SSrer.Germ. 14, Lib 5, Cap. 30, S.213, Z.31-214, 3; Die Chronik Arnolds von Lübeck, GDV. 71, S.254.

'그의 인상적인 설교로 감동받아 많은 고위직과 귀족들이 거룩한 십자가의 표시로 장식하고, 이방인의 무리를 정복하기 위해 또는 그들을 그리스도의 멍에 아래 굴복시키기 위해 순례의 길을 출발했다. 그들의 설득을 통하여 격려하고, 그들에게 끝까지 견디어 내면 약속의 땅에 도착할 것이라고 약속한 사제들과 서기들 역시 빠지지 않았다.'

어쨌든 십자군전쟁은 피바람이 부는 종말을 맞이하게 됐다. 베르트홀트는 '불신자들의 손에 떨어져 죽음을 맞이했고 - 우리가 희망하듯이 - 명예와 영광의 관을 썼다.'[150] 그의 후계자는 브레멘의 참사수도회원 알베르트 폰 북스회프덴(Albert von Buxhövden, 1165-1229)이 되었다. 그는 교회조직을 설립하는데 성공했으며, 동시에 1201년 리가(Riga)시의 건립으로 주교구의 지역지배권을 위한 기초를 놓았다.[151] 그러나 실제로 그리스도교화의 과정은 매우 오래 걸렸다. 16세기까지 리브란트에서는 '이방인의 대양에 단지 작은 그리스도교 섬만이'[152] 있을 따름이었다.

### 3. 검우기사(劍友騎士) 수도회(Orden der Schwertbrüder)

이방선교의 보호를 위하여 13세기 초반에 다양한 기사수도회가 생겨났다. 가장 중요한 것은 검우기사 수도회(Fratres militiae Christi de Livonia)였다. 이것은 로쿰출신의 시토수도회수도사 테오데리히(Theoderich, †1219)에 의해 1202/03에 설립되었고, 베스트팔렌과 라인란트 출신의 지방귀족들로 구성되었다.[153] 1186년 이래로 리브란트에서 선교를 했으며, 시토수도원 뒤나뮌데(Dünamünde, 1205)를 설립한 수도원장이자 레알(Leal)의 주교

150) Arnodi Chronica Slavorum, MGH.SSrer.Germ. 14, Lib. 5, Cap. 30, S.213, Z.8f.; Die Chronik Arnolds von Lübeck, GDV 71, S.253, Z.27-30; 참조, M. Hellmann, Die Anfänge christlicher Mission in den baltischen Ländern, S.7-38, bes. S.19ff.

151) Arnoldi Chronica Slavorum, MGH.SSrer.Germ. 14, Lib. 5, Cap. 30, S.215, Z.8-11; Die Chronik Arnolds von Lübeck, GDV 71, S.256. 참조, B. U. Hucker, Der Zisterzienserabt Bertold, Bischof von Livland, und der erste Livlandkreuzzug, S.39-64.

152) Arnoldi Chronica Slavorum, MGH.SSrer.Germ 14, Lib. 5, Cap. 30, S.216, Z.1-14; Die Chronik Arnolds von Lübeck, GDV 71, S.256f.

153) V.Zulkus, Heidentum und Christentum in Litauen im 10.-16. Jahrhundert, in: M. Müller-Wille, Rom und Byzanz im Norden, S.143-161.Zit.155.

가 된 테오데리히는 그것으로 단지 선교사업의 기초를 세우려고 했을 뿐만 아니라, 새로운 삶의 양식을 만들려고 했다. 아르놀드 폰 뤼벡은 다음과 같이 썼다.

> '금욕을 서약하고 오직 하나님을 위하여 기사로서 싸울 것을 희망하는 많은 이들이 나타났다. 이들은 성당기사단처럼 유사한 방식으로 모든 세속적인 것을 포기하고 그리스도의 종으로 헌신했다. 그런 가운데 그들은 하나님을 위하여 싸우는 도구인 칼을 수도회의 표시로 그들의 옷에 그려서 입고 다녔다.'[154]

성당기사단의 규칙을 수용함으로 이방인들과 전투가 중심임무가 되었다. 1204년 교황청의 승인을 얻은 수도회는 조직적으로 기사와 사제와 섬기는 형제들로 구성되었으며, 기사의 그룹은 동시에 200명 이상을 결코 넘지 않았다. 그 정점에 '수도회 총장'(Magister superior)이 있으며, 그는 수도회 총회와 5개 지역수도원장들과 함께 수도회를 이끌었다. 검우기사회는 뒤나뮌둥(Dünamündung)의 그리스도교공동체의 보호임무를 넘겨받았지만, 그것에 만족하지 않고, 뒤이은 몇 년 동안 리브란트의 큰 영토들을 정복하여 중세 시대의 첫 수도회국가를 건설했다. 그 절정기는 몇 십 년 후에 얼마 지나지 않아 끝났다. 1236년 검우기사회는 리투아니아인들에 의해 철저히 격퇴되어, 일 년 뒤에 교황의 지시로 독일수도회에 편입되었다.[155]

### 4. 독일수도회

동방의 식민지개척에서 특별한 역할을 한 것은 1198년 아콘(Akkon)시 앞에서 설립된 독일수도회이었다. 초기에 가장 의미있는 인물은 기사단장인 헤르만 폰 잘차(Herman von Salza, 1209-1239)였다. 그의 지도 아래 수도회는 엄청난 영향력을 가졌다. 법적으로 수도회는 요한기사수도회와 성당기사단과 같은 위치에 서게 되었다. 그밖에 수도회는 황제의

154) 참조,L.Fenske/K.Militzer, Ritter im Livländischen Zweig des Deuthschen Ordens, S.11-64.

155) Arnoldi Chronica Slavorum, MGH.SSrer.Germ. 14, Lib. 5, Cap. 30, S.216. Z.14-18; Chronik Arnolds von Lübeck, GDV 71, S.257.

정책적 후원자로서 거의 모든 남부와 중부유럽에서 영토를 획득했으며, 특히 독일에서 획득했다. 수도회가 널리 퍼진 것으로 인하여 수도회가 수십 년 동안 동양과 서양 사이의 중요한 연결고리가 되었다.[156] 1226년 3월에 프리드리히 2세는 '리미니의 금인칙서'(Goldene Bulle von Rimini)에서 수도회에 매우 포괄적인 특권을 부여했다. 거기에서 그는 이방의 프로이센과 접하고 있는 국경에 놓여 있는 지방을 수도회에 소속된 지역으로서 승인했을 뿐만 아니라, '이방민족의 개종과 같이 정복의' 길을 평탄하게 하려는 의도에서 기사단장에게 그 밖에 포괄적인 지배권과 재판권을 부여했다.[157] 이 특권으로 독자적인 지배지역을 구축할 수 있는 토대가 놓이게 됐다. 1230년 이래로 프로이센에 정착이 이어졌으며, 1237년에 독일수도회는 검우기사 수도회의 수용으로 리브란트로 진입하게 되었다. 이곳에서 수도회는 도시의 정착과 제도에서 특별한 의미를 갖게 되었다.[158] (독일) 북동부로 방향전환이 점점 첨예화되고 있는 팔레스타인의 상황으로 인하여 더 강화되었다.[159] 1290년 아콘의 몰락 이후 수도회는 그의 중심을 최종적으로 서방으로 옮겼다. 수도원장의 거처는 처음에 베니스(1291)로 옮겨졌다가 후에 서부프로이센에 있는 마리엔부르크(Marienburg, 1309)로 옮겨졌다. 그곳에서 그 거처는 바익셀(Weichsel)에서부터 레발(Reval)까지 이르는 광범위한 소유지에서 발전된 독립적인 수도회국가의 중심지가 되었다.[160]

## D 은둔적 개혁수도회들

은둔적 개혁수도회들의 번영은 13세기까지 지속되며, 안정화의 징조가 눈에 뜨게 된다. 피사의 대주교인 페데리고 비스콘치(Federigo Visconti)는 1240-1277년에 행한 그의 설교들에서 종종 수도사와 시토수도사와 카말돌리수도사에 대해서 언급했다.[161] 수도회에

156) 참조, F. Bennighoven, Der Orden der Schwertbrüder, S.340ff.

157) 참조, H. de Boockmann, Der Deutsche Orden in der Kommunikation zwischen Nord und Süd, in: S. de Rachewiltz, Kommunikation und Mobilität, S.179-189.

158) Quellen zur Geschichte des Deutschen Ordens, S.46-52; Deutsche Geschichte in Quellen Bd. 1, S.396-399.

159) 참조, H. Boockmann, Die Städte des Deutschen Ordens, in: F.-H. Hye, Stadt und Kirche, S.281-300.

160) 참조, F. Winkelmann, Die Kirchen im Zeitalter der Kreuzzüge, S.94ff.

161) 참조, M. Hellmann, Der Deuthsche Orden und die Stadt Riga, inÖ U.Arold(Hg.), Stadt und Orden, S. 1-33; H. Jedin, Atlas zur Kirchengeschichte, S.62.

대한 불평이 반복하여 커졌고, 그 규정에 관한 불평이 마찬가지로 커졌다. 그밖에 수도회들이 이전에 큰 역할을 했으며, 부유한 시민들을 자신에게 끌어들일 수 있었지만, 이제는 더 이상 그렇지 못하다는 것을 상기시키면서, 청빈에 대한 관심이 새로운 공동체에 문제되고 있는 근거를 인식하게 만들었다.[162)]

## 1. 카말돌리(Camaldoli)와 발롬브로사(Vallombrosa)

카말돌리의 은둔자공동체의 수도원연합은 12세기 후반부에 카말돌리의 수도원장이 장(長)이 되는 수도회연합으로 발전했다. 매년의 수도회총회로 점차 커져가는 수도회를 하나로 묶는 구조가 형성되었다. 개별수도원에 유효했던 '관습'(Gewohnheiten)을 폭넓게 준수해야 했기 때문에, 어쨌든 긴장은 생겨났다.[163)] 수도회연합은 북이탈리아(볼로냐, 베네치아, 이스트리아(Istrien))로 확장했으며, 사르디니아(Sardinien)까지 이르렀다. 이 12세기 중엽까지 40개의 수도원과 수도회건물들이 연합에 가입했다.[164)] 12세기 초에 소속된 수도원들이 모(母)수도원 주변을 벗어나지 않던 발롬브로사 은둔자수도회는 뒤이은 수십 년 동안 눈에 띄게 확장되었다. 중심지는 북부이탈리아의 토리노(Torino)와 베르첼리(Vercelli)와 베로나(Verona) 지역과 중부이탈리아의 스피네타(Spineta)였다. 사르디니아와 시칠리아와 프랑스의 수도원들은 수도원 분원으로서 모수도원이 대수도원장의 지도 아래 있었다. 1198년 로마에 수도회정착지의 기초가 세워지게 되었다.[165)] 그 확장에 첼레스티누스 3세에 의해 1193년 시성(諡聖)된 발롬브로사의 설립자인 괄베르토(Gualbertus, † 1073)의 명성이 기여했다.[166)] 성장으로 인하여 보다 빈틈없는 조직형태가 필요했다. 발롬브로사의 대수도원장은 총수도원장직을 넘겨받았고, 1216년 이래로 시찰단을 통하여 후원했다. 교황청에 수도회를 위한 교황청 재산관리인이 임명되었다. 13세기 중엽에 약 80

162) 참조, J. B. Schneyer, Predigtwirken des Erzbischofs Friedrich Visconti von Pisa, S.307-332.

163) A. Murray, Archbishop and Mendicants in Thirteenth-Century Pisa, S.63f.

164) 참조, G. Tabacco, Kamaldulenser, LexMA 5, Sp.878-880.

165) 참조, H. Jedin, Atlas zur Kirchengeschichte, S.49 A/B

166) 참조, H. Jedin, Atlas zur Kirchengeschichte, S.49 C/D.

개의 대수도원과 수도원 분원과 순례자 숙박소와 수녀원 등 30개가 발롬브로사수도회에 소속되었다.[167)]

## 2. 그랑몽(Grandmont)

1139-1163년의 수도원장이었던 슈테판 폰 리씨악(Stephan von Lissiac)의 지도 아래 그랑몽수도사들은 12세기 중반에 공동체의 설립자인 스테파누스 드 뮈레(Stephan von Muret)로부터 기인하는 그들의 자기정체성이 담긴 규칙을 가지게 됐다.168) 거기에 수도회의 은둔자적 성향이 강하게 드러난다(머리말). 독방은 수도사가 침묵과 고독과 순종 가운데 그리스도를 본받아 생활하는 것을 증명해야 하는 장소이다(머리말; ∫ 1; 46-50). 수도원의 고립은 엄격하게 가르쳐져야 한다(∫∫ 20; 34; 35). 여성들은 공동체 가입이 거부된다(∫ 39). 소유물과 관련하여 특별히 주의해야 한다. 모든 종류의 소득수입은 금지된다(∫∫ 4-7). 교회건물의 소유도 다음과 같은 근거로 거부된다. 왜냐하면 너희들은, 뒤에 놓인 것을 잊고 앞에 있는 것을 잡으려고 나아가며 그리스도 예수 안에서 하나님의 부르심의 영광을 좇아간다고 말하는 사도를 본받는 자들이기 때문이다(∫ 5). 동시에 수도원은 교회의 규정에 종속되어 주교의 감독 아래 있어야만 한다고 확정되었다(∫ 32). 수도사들의 생계는 육체노동을 통하여 영위되어야 한다(∫ 9). 오직 예외적인 경우에 구걸이 허락되었다.

> '하나님께서 너희들을 시험함으로, 하나님께서 너희들을 양식이 하나도 없는 매우 큰 위기에 몰아넣을 때, 수도원의 삶이 확고히 몸에 밴 형제 중 두 명이 겸손히 구걸하며 방앗간과 가정마다 보통의 가난한 자들처럼 양식을 요청하기 위하여 나갈 수 있다. 만약 그들이 다른 형제들과 하루 동안 살 수 있는 양식을 얻게 되었을 때, 그들은 수도원으로 돌아와서 감사함으로 그것을 나누어야 한다.'[169)]

---

167) 참조, G. Kaster, Johannes Gualbertus, LCI 7, Sp.135-138.

168) Vgl, F. Avagliano, Vallombrosanerkongregation, LexMA 8, Sp.1396/97.

169) Scriptores ordinis Grandimontesis, CChr.CM 8, hg.Joh. Becquet, S.65-99.

이러한 규정들로 규칙은 형제들이 다른 것에 관심을 돌리도록 하는 것들로부터 벗어나서 자유롭게 기도와 명상 가운데 머무는 것을 목표로 삼고 있다. 같은 이유로 육체적으로 수행하는 일들과 수도원 재산의 관리는 평수사들(Konversen)에게 맡겨졌다(∫ 54).

그랑몽 수도회는 12세기 후반기에 프랑스와 잉글랜드와 나바르 공작령에서 급속히 퍼졌다. 13세기로 넘어가는 시점에 이미 100개의 수도자 독방(cellae)이 수도회에 소속되어 있었다. 이 독방들은 그 구조에 있어서 그랑몽 수도원과 1166년 거기에 세워진 교회를 따랐으며, 그랑몽의 수도원장이 지도적 위치를 가졌다. 공동체는 총회를 통하여 유지되었는데, 각 독방마다 총회에 각각 한명의 수도사사제와 평수사를 파견했다. 하지만 평수사의 수가 증가하고 그들의 임무영역이 수도사들의 영역과 분명하게 구분되지 않자, 문제들도 드러났다. 그러한 갈등은 클레멘스 3세가 새로운 수도회지도부를 임명하는 조치를 야기했다. 뒤이은 수십 년 동안 의사일정에 관한 교황청의 수정이 있었다. 그 수정들은 - 전적으로 관례적인 것처럼 - '교황청의 특권형식에서 때때로 나타나는 규칙과 규칙서(Consuetudines)의 변경을 문서로 확정하고'[170] 각 수도원들을 사제의 징계권과 평수사의 경제적 책임 아래 두는 것을 목표로 했다.

## 3. 카르투지오(Kärtauser)

알렉산더 3세 아래에서 카르투지오 수도회는 1176년에 교회개혁수도회로서 교황청의 인가를 얻었다. 이것으로 계속적인 확산의 조건이 갖춰지게 되었다. 하지만 다른 수도회공동체들과 달리 카르투지오 수도회는 느리게 확산되었다. 카르투지오 수도원들은 그때까지 주로 프랑스의 알프스산맥지역에 자리잡고 있었지만, 이제 북부이탈리아와 스페인과 남부잉글랜드와 독일과 남부스칸디나비아에도 거주지를 건설했다.[171] 반면에 수도회는 1142년에 아직 12개를 넘지 않았고, 1258년에 단지 56개의 수도원이 있었다. 모(母)수도원 '샤르트뢰즈 대수도원'(Grande Chartreuse)외에 카르투지오수도원 세이즈(Seiz,

170) ∫∫ 13; CChr.CM 8, S.73, ∫∫ 9, 1f.; S.77, ∫∫ 13, 1-12.

171) J.Becquet, Grammontenser, LexMA 4, Sp.1646.

1160)와 슈타이어마르크의 가이라흐(Gairach, 1169)와 스위스의 발상트(Valsainte, 1295)가 12세기와 13세기의 가장 중요한 설립에 속한다. 도시들의 번영은 그 도시들에 거주지들이 설립되는 결과를 가져왔다.[172] 증가로 인하여 카르투지오수도회는 구조적인 견고화가 진행되었다. 수도회에 속하는 수도회 관구가 형성되었다(특히 알레마니아(Alemania) 관구, 롬바르디아 관구, 앙글리아(Anglia)관구, 투스키아(Tuscia)관구). 그밖에 매년 총회가 개최되었다. 재차 '생활관습'이 개정되었고, 결국 총회에서 내려진 다른 결정들을 모아서 '3부작 모음집'(Collectio tripartita)이 편찬되었다.[173] 카르투지오수도사들은 세상으로부터 격리된 금욕적이고 관조적인 삶을 영위했으며, 그 삶에서 학문적이고 예술적인 활동이 매우 작은 부분을 차지했다. 마찬가지로 그들은 신학분야에서도 활동했으며, 산발적으로 문학과 건축학 분야에서도 활동했다. 하지만 그 시초의 엄격함은 수도회의 자기정체성에 따라서 모든 시대를 넘어서도 변하지 않고 유지되었다. 그 때문에 수도회는 그 역사의 흐름에도 개혁을 갖지 않았으며, 오히려 수도회에는 오늘날까지 인노켄티우스 11세(Innozenz XI., 1676-1689)에 의해 각인된 다음과 같은 말이 유효하다. '카르투지오회는 개혁된 적이 없다, 왜냐하면 그들은 결코 변질된 적이 없기 때문이다.'(Cartusia nunquam refortmata, quia nunquam deformata.) 실제로 카르투지오수도회는 은둔자적 성격을 가지고 오늘날까지 존속하는 중세에 세워진 소수의 수도회 가운데 하나에 속한다.

## 4. 시토수도회

12세기 중엽에 시토수도회는 가장 큰 성장을 이루게 되었다. 유럽의 가장 외곽에 있는 지역(아일랜드, 스칸디나비아반도, 발트해 지역)까지 회색의 시토수도사들이 들어갔으며, 그 지역들의 식민지개척과 선교에 기여했다.[174] 그런 가운데 그들은 제국의 영주들로부터 다양한 후원을 받았는데, 특히 슈타우펜 왕조 초기시대에 그랬다.[175] 널리 퍼진 시토수도

172) Vg. H. Jedin, Atlas zur Kirchengeschichte, S. 51, J. Burton, Moanstic and Religious Orders in England, S. 77-81.

173) 참조, F. Klos-Buzek, Kartause und mittelalterliche Stadt, in: F.-H. Hye, Stadt und Kirche, S. 301-312. M. Jadnikar, Kartäuser, S. 13.

174) J. Dubois, Kartäuser/Kartäuserinnen, LexMA 5, Sp. 1018-20; J. Hogg, Kartäuser, TRE 17, S. 668-672.

175) 참조, J. France, Cistercians in Scandinavia, S. 287-358; L. J. Lekai, Cistercians, S. 91-108.

사들의 결속은 수도원총회와 각각의 모수도원에 의해서 시행되는 시찰을 통해서 보장되었다.[176] 시토수도사의 증가하는 경제적 영향은 중요했다.[177] 그 가운데 전승에 전해지곤 하는 고독 속에 살아가는 수도사의 이미지는 단지 실제 역사에서 부분적으로만 일치한다. 그것은 서부와 중부유럽의 나라들은 이미 광범위하게 개발되었고, 새로운 수도원들은 도시들의 진입지역에 다양하게 세워진 것과 관계가 있다. 개척민의 흐름이 향했던 아직 미개척지는 동부유럽에 있었다. 시토수도사들에게 이것은 그들에게 주어진 과제가 토지를 개간하는 것보다 토지를 최대한 활용하는 것을 의미했다.[178] 이런 이유 때문에 13세기로 넘어가는 시기에 시토수도사들과 그들의 주변지역 사이에 밀접한 관계망이 생겨났다. 증여들, 재단들, 유산들, 임대, 연금수입, 신용대출, 수도원가입자 모집 등이 거기에 속했다. 시토수도원은 그로 인하여 다른 귀족토지 소유자들처럼 기능적으로 대지주의 궁정생활을 영위할 수 있는 대토지 소유자가 되었다.[179]

시토수도사 농장에서 개발된 새로운 기술적 발명품이 경제적인 성공의 이유에 속한다. 수십 년 동안 시토수도사들은 발전의 원동력이 되었다. 장원에서 발생하는 일들을 처리하기 위해 새로운 기술들(물레방아)이 도입되었다.[180] 평수사들에 의해서 농장에서 행하는 노동이 극대화되었다. 농경지의 개척과 새로운 경작지의 획득이 평수사들에 의해서 계획에 따라 진행되었으며, 항상 주변미을을 위한 방향으로 진행되지만 않았다. 도시의 시징들을 시토수도원으로 이동시키는 힘이 너무 강해서, 많은 지역에서 숙박소로서 수도원의 생산품을 판매하는 장소로서 그리고 도시근교의 수도원 소유지를 위한 토지임대지로서 사용된 시토수도회의 도시광장들이 설립되었다.[181] 요양소 설립과 빈민구제와 목회의 과제와 연결된 곳에서 시토수도사들이 일했다.[182]

176) 참조, B. U. Hucker, Reichsfürsten als Förderer des Zisterzienserordens in der frühen Stauferzeit, in: O. H. Schmidt, Spiritualität und Herrschaft, S. 46-57.

177) 참조, J. Oberste, Visitation und Ordensorganisation, S. 57-159.

178) 참조, L. J. Lekai, The Cistercians, S. 282-333.

179) 참조, W. Ribbe/W. Schich, Die Wirtschaftstätigkeit der Zisterzienser; D. Kurze, Die Bedeutung der Arbeit im zisterziensichen Denken, in: Die Zisterzienser, S. 179-203, 203-217, 217-237.

180) 참조, H. Pirenne, Sozial- und Wirtschaftsgechichte Europas im Mittelalter, S. 61-88, bes. 70 ff.

181) 참조, A. Götlind, The Messengers of Medieval Technology?, S. 1 ff.

182) 참조, W. Bender, Zisterzienser und Städte, S. 13-56; J. Burton, Monastic and Religious Orders in England, S. 233-263.

이러한 발전은 그 대가를 치러야 했다. 사회적 긴장들과 수도원적 삶의 외향화와 부유함과 결합된 문제들이 그 결과였다. 잉글랜드사람 월터 맵(Walter Map, 1130/35-1209/10)이 시토수도사들의 경제적 영향에 대한 비판자였다. 『교황청동료의 희롱에 대하여』(Über die Possen der Kuriengenossen)라는 저서에서 그는 증여와 성직록과 세금을 통하여 얻은 돈으로 농장들과 마을들을 사 모아 수도원의 지배권 아래 놓는 회색의 수도회에 대해 고발했다.[183] 또 다른 문제가 평수사들에게서 나타났다. 시간이 지나면서 그들의 업무영역은 방대하게 되었다. 그것은 수도원 재산에서 이루어질 수 있는 농업과 수공업과 행정관리 업무들이었다. 거기에다 수도원 생산품의 거래와 물품구매, 즉 바깥으로 수도원을 대변하는 업무가 더해진다. 평수사들이 점점 더 오래있을수록 수도원 위계질서 속에서 점점 더 그들의 위치에 만족할 수 없게 되고, 더욱 더 독립을 추구한 것이 놀라운 일이 아니다. 우리는 그들과 수도사들 사이에 규율상의 갈등이 발생했다는 것을 여러 번 듣는다.[184] 그럼에도 불구하고 시토수도사들의 정신적인 역량은 변하지 않고 살아있었다. 파리(1245)와 몽펠리에(1252)와 옥스퍼드(1280)와 툴루즈(1281)뿐만 아니라 후에 뷔르츠부르크(Würzburg)와 프라하와 라이프치히(Leipzig)와 빈과 하이델베르크와 쾰른에 그들에 의하여 세워진 학문적인 교사진들이 그것을 보여준다. 이 학문적인 교사진은 그 유형에서 가장 오래된 것에 속한다. 또 하나의 증거로 칼라브리아(Kalabrien) 출신인 지오아키노 다 피오레(Joachim von Fiore, 1135-1202, 이탈리아인인 그의 본명은 'Gioacchino da Fiore'이다 - 역자 주)이다.[185] 그는 팔레스타인 여행에서 돌아온 후 처음에 코라조(Corazzo, 1177) 수도원의 원장이 되었다가, 후에 자신의 수도원(1189)을 설립했다. 이어진 여러 해 동안 그는 성서해석의 작품들을 저술했다. 특히 『구약과 신약성경의 통일성에 관한 책』(1191)과 『계시록에 관한 해석』(1196)이 있다. 거기서 그는 복음의 정신으로 교회를 개혁하고 재편성하는 기대가 표명되고 있는 새로운 역사해석을 발전시켰다.[186] 그의 가르침으로부터 그를 교회비판

183) 참조, L. J. Lekai, The Cistercians, S. 378-399.

184) Walter Map, De nugis curialium = Courtiers trifles, hg. von M. R. James u. a.

185) 참조, J. France, Cistercians in Scandinavia, S. 152-158.

186) 참조, B. Mcginn, The Calabrian Abbot. Joachim of Fiore, S. 99-203; H. Grundmann, Aufsätze Bd. 2: Joachim von Fiore; J. Sydow u. a., Die Zisterzienser, S. 129-160.

적 진영에서 '의지에 반항하는 반란자'가 되게 만드는 다양한 영향들이 나타났다.[187]

## 5. 아우구스티누스참사수도회

정규참사수도회의 공동체들은 12세기 후반기에 그들의 가치를 지니고 있었다. 수도원연합회는 프랑스와 중부와 남부독일에 중심을 가지고 중부유럽에 위치했다.[188] 개별 대수도원에서는 쇠퇴의 경향이 눈에 띈다. 트리어(Trier)의 슈프링기어스바흐(Springiersbach)에서는 수도원장 리처즈(Richards, †1158)의 죽음으로 번영의 시기가 지나갔다. 13세기 이래로 사적재산과 수도회전체의 수입이 증명될 수 있다. 그에 반해 파리의 생 빅토르는 12세기 중엽에 프랑스와 잉글랜드와 덴마크와 이탈리아에 있는 참사수도회와 함께 수도원연합회의 우두머리가 된 '대수도원의 모델'로 발전했다.[189] 세속성직자들에게서(예를 들면 피에트로 롬바르도(Petrus Lombardus)) 높이 평가받고 있던 생 빅토르의 학교가 거기에 기여했다. 초기스콜라신학의 중요한 학문적인 교리의 저자인 위그 드 쌩 빅토르(Hugo von St. Viktor)가 거기 출신이다.[190] 13세기로 넘어가는 전환기에 참사수도회재단의 영향은 다시 감소했다. 특히 대학의 탄생과 새로운 교수진들의 설립으로 인하여 그렇게 되었다.[191]

## 6. 프레몽트레수도회

프레몽트레수도회가 초기에는 오히려 느슨한 지도체제를 나타낸 반면에, 12세기 후반기에 중앙집권화를 지향하는 경향이 보다 강해졌다.[192] 개별 수도원의 독립은 매년 프레몽트레(Prémontré)에서 개최되어 수도회의 전체업무를 관장하는 수도원 총회를 통하여

---

187) 참조, F. Winkelmann, Kirchen im Zeitalter der Kreuzzüge, S. 112.

188) 참조, Chr. Anz, Ein Rebell wider Willen? Joachim von Fiore und das Fortwirken seiner Geschichtstheologie, S. 163-183.

189) 참조, H. Jedin, Atlas zur Kirchengeschichte, S. 50.

190) R. Berndt, Viktoriner, LexMA 8, Sp. 1668.

191) Hugo von Sankt Viktor, Didascalicon/De Studio Legendi, FChr 27; 참조, J. Ehlers, Hugo von St. Viktor und die Vitoriner, in: M. Greschat, Mittelalter Bd. 1, S. 192-204; K.-H. Kandler, Christliches Denken im Mittelalter, S. 62 ff.

192) 참조,- R. Berndt/J. Ehlers, Augustinerchorherrenstift St. Viktor, S. 100-122.

점차 제한되었다. 하드리아누스 4세는 1155년 모든 수도원장들과 수석신부들이 총회에 참석하는 것을 의무화시켰고, 주교들이 이 기간 동안에 개인적인 업무를 수행하는 것을 금지시켰다. 그 가운데 프레몽트레의 수도원장에게 알렉산더 3세에 의해 문서로 확증되어 수도회 전역에 대한 시찰과 감독의 의무를 가진 두드러진 지위가 부여되었다. 1174년의 법령에서 전체 수도회를 위하여 전례서의 통일이 요구되었다. 수도회 설립 이래로 마리아와 성인숭배는 특별한 자리를 차지했다. 수도회의 성인 가운데 수도회 설립자 노베르트(기념일: 6월 6일)와 교부 아우구스티누스(기념일: 8월 28일)가 앞자리를 차지했다. 소속된 수도원의 시찰과 감독의 독자적인 직분을 가진 수도회관구의 설치는 수도회의 개선을 의미했다. 수도회관구(ciraria)는 관구장(circator)의 관할 아래 있었으며, 대수도원 또는 재단은 수도원장과 수도원분원장의 지도아래 놓였다. 공동체 재단은 참사회원과 성직자들과 평수사들로 구성되었다. 거기에 반영된 변화는 중대했다. 교회의 개혁운동으로 인하여 주교들로부터 거의 독립적인 수도회가 되었다.[193] 이 시기 동안에 이 과정을 노베르트 본인이 원했다고 묘사하고 있는 그의 전기가 저술된 것이 주목할 만하다. 13세기로 넘어가는 시점에 프레몽트레수도회는 크게 확장하여 수백 개의 재단을 가진 거대한 수도회가 되었다. 그 재단들은 노르웨이에서 시칠리아까지, 스페인에서 스웨덴까지, 잉글랜드에서 이탈리아까지, 프랑스에서 동유럽까지 전체 유럽에 퍼져있었다.[194] 시토수도사들처럼 프레몽트레 수도사들도 유럽의 북부와 동부에서 개간과 그리스도교화에 중요한 역할을 감당했다. 그밖에 그들은 신학과 역사기술과 건축학에서 주목할 만한 업적으로 남겼다. 하지만 그들의 중심과업은 목회와 빈자구제와 병자의 돌봄과 내방선교와 외방선교 분야였다. 그 때 바깥 농장에서 일하고, 토지를 개간하고, 요양소를 돌본 평수사들이 특별한 의의를 가진다. 13세기 말엽에 처음으로 평수사들의 영향이 감소하고, 프레몽트레수도회는 사제들의 수도회로 변하게 된다.

193) 참조, St. Weinfurter, Norbert von Xanten und die Entstehung des Prämonstratenserordens, S. 82-100.

194) 참조, J. Oberste, Vistiation und Ordensorganisation, S. 160-251.

## E 청빈운동

개혁수도회의 견고화와 동시에 12세기 후반기에 더 이상 기존의 교회의 삶의 양식에 따르지 않고 오히려 사도시대에서 그 모범을 발견한 운동이 형성되기 시작했다. 그들은 청빈운동으로서 중세사회에 진행된 사회적이며 경제적인 변화를 반영한 것이었다. 인구 증가는 식량위기를 야기하여, 식품은 비싸지고, 흉작은 그 부담을 더 강화시켰다. 가난은 사회현실이 되었다. 쾰른의 왕의 연대기는 12세기 말엽에 '서늘하고 습한 여름을' 기록하고 있으며, 다음과 같이 덧붙였다.

> '다음해까지 지속된 곡식과 식량의 큰 위기가 발생했다. 식량난은 심했고, 거의 모든 식량의 부족은 전례가 없는 것이었다.'[195]

동시대에 알자스에 '엄청난 기근'이 닥쳐왔다. 기근이 너무도 심해서, '다양한 지역과 들판과 마을들에서 굶어 죽은 자들'이 무더기로 발견되었다. 점성술을 통한 관찰들도 두려움을 더 강화시켰다. 톨레도 출신의 한 점성술자는 '내년에 대략 9월에 모든 행성들이 한 집에 모일 것이라는 편지를 확신을 가지고 세계의 모든 지역에 보냈다. 그리고 거의 모든 건물을 파괴할 바람과 죽음과 기근과 수많은 다른 악, 즉 세계의 종말과 적그리스도의 도래'에 대해서 알렸다.[196]

### 1. 그리스도교의 이상으로서 가난

그리스도교적인 관점에서 가난은 어느 시대에서도 단지 구제를 통하여 완화되어야 하는 사회적 현실만이 아니었다. 초기 교회이래로 가난은 그것을 추구하는 자에게 하늘의 상급이 약속된 종교적 이상으로 간주되었다. 그것은 자신의 구원을 도울 수 있고 인간을

195) 참조, H. Jedin, Atlas zur Kirchengeschichte, S. 54.

196) Chronica regia Coloniensis, MGH.SS rer. Germ. 18, Teil 4, S.158, Z. 22-24; Kölner Königschronik, GDV 53, S. 158 f.(über das Jahr 1196).

하나님께 가까이 데리고 갈 수 있는 새로운 의미부여를 가능하게 하는 자발적인 가난이었다. 특히 수도원제도에서 가난은 정화와 완성의 기회로서 여겨졌다. 중세 전성기에 그 의미가 확장되었다. 가난은 더 이상 오직 수도원의 미덕만 아니었다. 수도원적 규칙이나 교회의 규칙과 아무런 연관없이 자신들의 삶을 가난함 가운데 생활하기 원하는 평신도와 여성들이 점차 많이 등장했다. 그런 이유에서 생겨난 다양한 그룹들에서 시간이 지나면서 교회와 수도원제도의 자기정체성에 도전하는 운동이 형성되었다.

청빈운동은 일반적인 프로그램이 아니지만, '가난한 자 그리스도'에게서 공통의 새로운 모범을 찾았다. 이 모범은 부분적으로 '순결성'에 대한 표상에서 천사와 같은 삶과 단순성과 '그리스도의 군사'(militia Christi)의 모티브와 연결되었다.[197] 순회설교자들이 등장했고, 교회의 부유함과 성직자와 수도원의 세속화에 대한 반대가 고양되었다. 그에 대한 한 예를 아르놀드 폰 뤼벡이 전한다.

> '이전에 수도사의 삶이 순수한 무죄와 의의 좁은 길과 변화의 모범과 낙원으로 가는 길과 달랐었는가? 왜냐하면 수도사의 참된 삶은 천사의 동반자이자, 사도들의 동료이며, 순교자의 기쁨이며, 그리스도를 고백하는 자의 상금이며, 동정녀의 왕관이기 때문이다. 먼저 은둔자적 삶을 살았던 주님의 선구자인 요한이 이 삶을 영위했으며, 그리스도께서 그것을 광야에서 금식을 통하여 확증하셨고, 은둔자의 무리들이 표징과 기적으로 기렸고, 수많은 수도원의 성직자들이 은둔자적 삶을 전 지구상에 널리 퍼트렸다. 군주들이 은둔자적 삶을 알게 되자, 그것에 너무 많은 명예를 더해 주었고, 그것을 금과 황옥보다 더 귀히 여겼기에 그것에 많은 재산을 기부했고, 풍성히 주었다. 단지 소유만 성장하고, 경건은 사라지게 되었다. 즉 수도사에게 세속적인 것이 과다함으로 인하여 세속적으로 살도록 유혹을 받으면서, 그들은 세속적으로 되기 시작했다. ... 오 너 수도사여, 종교의 텅 빈 이름만 보존하면서 미신의 길을 추구하는 자여, 너는 수도회의 규칙을 고백하지만, 너는 그

197) Annales Marbacenses, MGH.SS rer. Germ. 9, S. 56, Z. 16-23; 71, Z. 10-12; Jahrbücher von Marbach, GDV 6, S. 8/24(über das Jahr 1185); 참조, H.-D. Heimann, Antichristvorstellungen im Wandel der mittelalterlichen Gesellschaft, S. 99-113.

것을 어떤 양심을 가지고 읽으며 연구하는가? 왜냐하면 너는 규칙에 기록된 모든 것에서 반대로 행하기 때문이다.'[198]

## 2. 청빈운동의 시작

청빈운동의 추종자들은 개혁수도회의 수도사들과 달리 더 이상 숲과 골짜기의 고독 속으로 들어가지 않고, 오히려 발달된 도시로 나아갔다. 항의그룹들이 우선 밀라노와 롬바르디아의 다른 도시들에서 생겨났다. 그 시작은 11세기 중엽으로 거슬러 올라간다. 그것은 급진적인 그레고리안주의(그레고리우스 7세 교황으로부터 기인하는 교회를 세속적 영향으로부터 자유롭게 하려는 교회개혁운동 - 역자 주)로부터 나와서 성직자의 개혁뿐만 아니라 성직을 매매한 사제로부터 성례를 받는 것을 거부한 평신도들이 함께 연합할 때였다. 그들의 적대자로부터 그들은 파타리아(Pataria, 누더기천민)라고 조롱받았지만, 그들이 개혁교황청의 목표를 함께 가졌기 때문에 우선 개혁교황청의 후원을 받았다. 그러나 평신도의 영향은 교황들에게 눈의 가시였다. 그밖에 무력적인 간섭과 약탈이 일어나게 되었다. 그 때문에 항의그룹은 점차 후원을 잃게 되었다. 12세기로 넘어가는 시점에 파타리아파는 해체되었다. 그 토대는 새로운 개혁운동을 위해 마련되었다.[199]

후밀리아트회(Humiliaten)가 그에 속한다. 14세기 이래로 그들은 밀라노에서 베르니르 드 클레르보의 방문으로, 1세기 후에 하인리히 2세 황제 시대에 독일로 쫓겨난 롬바르디아의 귀족 그룹과 관계를 맺게 되었다.[200] 실제로 12세기 종반에 롬바르디아와 토스카나(Toskana)와 움브리아(Umbrien)에 새로운 그룹들이 나타났다. 야콥 폰 비트리는 삶의 방식에서 청빈과 그들의 엄격한 관습을 통하여 '겸손의 대단한 모범'을 보인 남자들과 여자들에 대해서 보도한다.[201] 후밀리아트회에게는 분명히 평신도가 중요했다. 그들 아래 많

198) 참조, J. Bugge, Virginitas, S. 30-58.

199) Arnoldi Chronica Slavorum, MGH.SS rer. Germ. 14, Lib. 3, Cap. 10, S. 92, 27-93,16; Chronik Arnolds von Lübeck, GDV 71, Buch 3, Kap. 10, S. 107 f.

200) 참조, E. Werner, Ketzer und Heilige, S. 87-95.

201) 참조, F. Andrews, Principium et origo ordinis: the Huliliati and their origins, S. 149-161.

은 수공업자와 시민들과 성직자들 역시 복음서의 정신으로 살기 위하여 모였다.[202] 탁월한 지도적 인물은 없었다. 작은 그룹으로 모인 것이 특징적이었지만, 조직적인 운동의 징조들도 파악될 수 있었다. 북부이탈리아의 많은 도시들에서 이러한 청빈의 경건을 추구하는 공동체가 형성되었다. 그 공동체들은 금욕적인 전통의 모범을 따라 지도자에 의해 – 수도원과 비교될 수 있게 - 인도되는 집에 모였다. 처음의 그리스도인들처럼 세계와 금욕적인 거리를 두고 살려고 하는 것이 이 그룹의 요구사항이었다. 그 때문에 그들은 청빈한 삶을 추구했고, 법적인 논쟁을 포기했고, 서약을 거부했다. 개인적인 소유를 허락하지 않았기 때문에 그들은 생계를 공동의 육체노동을 통하여 유지했다. 그들은 참회공동체로서 돈을 다루는 것을 거부했으며, 그것으로 변화된 경제적 상황들에 대하여 유보적인 자세를 취했다. 그들이 스스로 후밀리아트회라고 부른 것은 기본 정책이며, 금욕적인 겸손(humilitas)의 미덕을 세상에서 일상적 삶을 위한 기준으로 제시하는 것으로 분명히 했다. 그들의 처신도 그기준과 일치한다. 후밀리아트회는 염색하지 않고 자신의 손으로 직접 만든 거친 털옷을 입는다. 교황 알렉산더 3세는 근본적으로 그들의 삶의 양식에 동의하지만, 그들에게 종교적인 회합의 형성과 공개적인 영향을 금지시켰다. 그 때문에 후밀리아트회는 그들의 확신을 가지고 생활하는 것에 더 이상 만족하지 못하고, 설교와 목회를 통하여 사람들의 주목을 끌기 시작할 때, 교회와 갈등에 이르게 되었다.

또 다른 한 그룹은 - 그들을 청빈운동으로 포함시키는 것에 논쟁의 여지가 있기는 하지만 - 파사쥐어(Passagier)이다. 무엇보다도 북부이탈리아에 퍼진 이 그룹은 역사 속에서 탁월한 지도적 인물이 없이 등장했다. 특히 그들은 베로나 공의회(1184)에서 교회가 정죄한 그룹들 중 하나로 언급되었다.[203] 우리는 그들의 교리에 대하여 보나쿠르수스 밀라노(Bonaccursus von Mailand)의 반이단 저서인『이단선언』(manifestatio heresis)을 통하여 알게 된다. 그 저서에 보나쿠르수스가 가톨릭교회의 교리와 성경구절을 대립시켜서 그들의 주장을 반박하기 위하여 파사쥐어의 진술들을 모아놓았다.[204] 그런고로 파사쥐어들은 그들

202) The Historica Occidentalis of Jacques de Vitry, hg. J. F. Hinnebusch, Kap. 28, S. 144; 참조, I. Schöndorfer, Orient und Okzident, S. 68 f.

203) 참조, H. Grundmann, Religiöse Bewegungen im Mittelalter, S. 72-91.

204) H. Denzinger, Enchiridion, Nr. 760.

의 성서문자주의적인 근본태도와 구약성경을 따르는 경향을 통하여 두드러진다. 그들은 구약성경으로부터 안식일의 신성시와 음식규례준수와 할례를 이끌어냈다. 파사쥐어들은 그리스도교의 삼위일체론을 하나님의 아들로서 예수에 대한 그리스도론적인 고백과 함께 거부한다. 교회의 성례전 역시 거부된다. 여기에 카타르파와 어떤 일치가 보이는데, 청빈운동에 대한 근접은 성직자들은 단순함과 무욕(無慾) 가운데 생활해야 한다는 요구에서 나타난다.

1180년대 초기에 북이탈리아의 피아첸차(Piacenza)에서 청빈운동의 대변자인 후고 스페로니(Hugo Speroni)가 주목을 끌었다. 그는 유명한 그룹에 소속되지 않았지만 유사한 견해들을 대변했다. 후고 스페로니는 성서 독서로 인하여 성직자와 평신도 사이의 구분은 지지될 수 없으며 각 사제직의 권위는 기각될 수 있다는 확신에 이른 평신도였다. 카리스마는 그 직분이 아니라, '하나님의 계명이 마음에 기록되어 있다는 것'에 연결된다.[205] 이런 생각으로 인하여 스페로니는 그리스도교신앙에 대한 교회의 표현방식과 분명한 거리감을 드러냈다. 성례전과 미사와 종교적 관습은 그에 의해 빈껍데기로 간주되었다. 참된 경건은 내적으로 경험되어져야 하며, 성령의 능력 안에서 하나님의 말씀과 하나가 되는 것이다. 그의 교회비판으로 후고 스페로니는 롬바르디아에서 수십 년 후에 그의 이름으로 등장할 수많은 추종자들을 얻었다. 그들 가운데에서 원죄는 단지 인간의 육체와 관련이 있고, 유아세례는 아무런 의미가 없으며, 참으로 선한 자들은 예수의 재림 이전에 구원받을 것이라는 견해와 같은 것들이 퍼졌다. 어쨌든 스페로니파는 세계와 단절을 완전히 실천하지 않았다는 것이 주목을 끈다. 소유물은 허락되었고, 결혼 역시 거부되지 않았다. 롬바르디아 출신으로 1143년 이래로 잉글랜드에서 일한 법학교수였던 마기스터 바카리우스(Magister Vacarius)는 그의 책 『다양하고 서로 다른 오류에 반대하는 책』(Buch gegen vielfältige und verschiedene Irrtümer)에서 후고 스페로니의 가르침과 비판적으로 논쟁했다.[206]

205) 참조, Summa contra haereticos, hg. J. N. Garvin und J. A. Corbett. - Bonaccursus, Manifestatio heresis, PL 204, Sp. 784 ff.; 참조, R. Manselli, Bonaccursus von Mailand, LexMA 3, Sp. 393 f.; A. Patschovsky, Passagier, LexMA 6, Sp. 1756.

206) G. G. Merlo, Ugo Speroni, LexMA 7, Sp. 2094; 참조, M. Lambert, Häresie im Mittelalter, S. 80 f.

## 3. 교회를 통한 정죄

청빈운동에 대한 비판의 반응으로서 교황청교회는 개혁을 위한 그들의 노력을 강화했다. 알렉산더 3세는 1163년의 투르(Tours) 공의회에서 '이제부터 사제직에 있는 자는 아무도 어떠한 이자사업을 해서는 안 된다'[207]라는 것을 관철시켰다. 이것으로 실무운영의 악용이 저지되었다. 그래서 청빈운동의 여러 그룹들이 금지되었다. 제3차 라테란공의회는 1179년에 '교회의 징계규정'을 공포했다. 거기에는 카타르파와 파타리아파[208]의 '악한 활동'에 대해서 거론되었으며, '그들을 자신의 집이나 지역에서 숙박하도록 하거나, 도와주거나, 그들과 거래하는 것'을 금지시켰다. 그밖에 이단에 대한 싸움이 포고되었다. '우리는 모든 신자들에게 죄의 용서를 위하여 그러한 위협에 열정적으로 맞서고, 무기를 들고 그들로부터 그리스도교민족을 보호할 것을 부과한다. 그들의 재산은 몰수되고, 영주들에게는 그런 사람들을 노예로 만드는 것이 허락된다.'[209] 5년 후에 루치우스 3세(Lucius III.)는 베로나 공의회에서 이단적인 경향을 제하는 행정명령을 공포했다.

> '우리는 사도적 권위로 교황의 칙서에 근거하여 그들이 어떤 이름으로 늘 불리던지 모든 이단들을 정죄한다. 특히 우리는 카타르파와 파타리아파와 잘못된 방법으로 후밀리아트회 혹은 리옹의 가난한 자(발도파)라고 불리는 자들과 파사쥐어와 조세핀파(Josephiner)와 아르놀드파(arnoldisten)는 영원히 이단판결 아래 놓여 있다는 것을 결정한다.'

'금지되었거나 파송을 받지 못하고, 즉 교황청으로부터 혹은 지역주교로부터 위임받지 못하고 공적으로 혹은 개인적으로 설교하려고 시도하는' 순회설교자와, '우리 주 예수 그리스도의 몸와 피의 성례전과 참회와 결혼과 그 밖의 교회의 성례전에 대해서 로마교회

---

207) Liber contra multiplices et varios errores, hg. von I. da Milano, S. 477-583; 참조, J. De Ghellinck, Magister Vacrius, S. 173-178.

208) H. Denzinger, Enchiridion, Nr. 747, S. 328 f.

209) 파타리아파는 보고밀파의 서부지역의 변종이었다. 참조, St. Runciman, Häresie und Christentum, S. 119-142.

가 그것을 설교하고 따르는 것과 다르게 생각하거나 가르치는 것을 두려워하지 않는 자 모두가'[210] 명확히 언급되었다. 이 행정명령으로 일반적인 금지가 포고되었다. 청빈운동의 개별적 그룹 사이의 차이점들에 대해서는 언급되지 않았다. 순회설교와 성례전에 대한 의문시는 교회의 위계질서에 대한 불순종의 표현으로서 결정적인 것이었다. 동시에 주교직의 관할권은 이단의 문제에서 근본적으로 규정되었다.

## F 발도파

### 1. 발데스(Waldes)

리옹 출신의 상인 발데스(Waldes, 1140-1206)에 따라 발도파라고 불리는 '그리스도의 가난한 자'들이 청빈운동에 속한다. 발랑스 교구의 종교재판관인 도미니쿠스 수도사 스테팡 드 부르봉(Stephan von Bourbon, †1261)의 보도에 그들의 시작이 다음과 같이 묘사되어 있다.

> '언급된 도시(리옹)의 발데스라고 불리는 부유한 한 남자가 복음서를 들었을 때, 그것이 무슨 의미인지 알기를 열망했다. 왜냐하면 그는 그렇게 교육받지 못했기 때문이다. 그는 몇 사제들과 계약을 맺었다. 한 사제와는 그를 위해 민중언어로 번역해주기로 계약을 맺었고, 다른 사제와는 앞의 사제가 구술하는 것을 기록하도록 계약을 맺었다. 그리고 그들은 그렇게 했다. 그들은 성경의 많은 책들과 그들이 잠언들이라고 부르며 제목에 의거하여 모은 성인들의 잠언들을 그렇게 기록했다. 이 시민이 그것을 자주 읽고 외웠을 때, 그는 사도들이 그것을 지켰던 것처럼 복음적인 완전함을 지키려고 실천했다. 그는 세상을 경시하여 자신의 모든 소유를 팔아서, 길거리 진창에 있는 가난한 자들에게 자신의 돈을 주었고, 그가 복음서와 그의 마음에 간직한 것을 거리와 장소에서 설교하면서, 많은 남자와 여자들을 자신의 주위에 모으고, 그들에게 똑같은 것을 행할 것을 요구하고, 복음서를

210) Can. 27; Conciliorum Oecumenicorum Decreta Bd. 2, S. 224 f; Texte zur Inquisition S. 24 f.

해석하면서, 불손하게 사도직을 요구했다.'[211]

도미니쿠스 수도사의 보도에는 실제와 해석이 섞여있다.[212] 발데스에게는 예배에서 설교와 성경낭독을 통하여 소원이 분명히 생겼다. 그 소원은 개인적인 독서를 통하여 성경지식을 더 깊게 할 뿐만 아니라, 사도의 모범을 따라 새로운 삶을 시작하려는 것이었다. 그의 재산 덕분에 그는 처음에 성직자를 자신의 성경연구의 목적을 위하여 고용할 수 있었고 성경을 민중언어로 번역시킬 수 있었다. 1176년의 심각한 기근위기는 그가 모든 재산을 내주는 동인이 되었다. 결국 그는 자신의 딸을 설립이래로 유복한 수녀들의 재단이 된 퐁트브로(Fontóvrault) 수녀원에 맡긴 뒤에 가족을 떠나 순회설교자로서 나섰다. 그는 설교에서 사람들의 탐욕과 부귀를 비판했으며, 복음적인 가난 속에서 살 것을 요구했다. 그는 교회 내에서, 가족과 그리고 직업의 구속없이 사도적인 참회설교를 세상에 전파하는 것에서 자신의 소명을 발견했다. 그의 모범은 가난한 사도의 삶이며, 오직 높여진 주님의 위임에 대한 의무였다. 민중언어로 번역된 것을 읽은 성경공부가 기본적인 의미를 가졌다. 그 목표는 사도적 파송의 임무에 온전한 헌신이었다. 그 때문에 생계는 오직 구걸과 자선을 통하여 유지했고, 그 의미는 변하기 시작했다. 왜냐하면 자선을 베푸는 것은 더 이상 단지 개별적으로 베푸는 자비를 의미하는 것이 아니라, 순회설교자그룹의 생활조건이 되었기 때문이다.[213] 공적인 활동을 한 첫 해에 벌써 발데스는 첫 추종자들을 받아들였다. 그들의 종교적 공동체의 표지는 급진적인 가난 속에서 순회설교를 하는 사도적 위임이었다. 그들 스스로 그것을 '마음이 가난한 자들'(Pauperes Spiritu)이라고 불렀다.

## 2. 두란두스 폰 오스카(Durandus von Osca)

우리는 예전의 사제였으며 발데스의 동반자였던 두란두스 폰 오스카(1186/87)가 기록

---

211) H. Denzinger, Enchiridion, Nr. 760 f.; 참조, M. Lambert, Häresie im Mittelalter, S. 69 f.; B. Hamilton, The Medieval Inquisition, S. 35 f.

212) A. Patschovsky, Quellen zur Geschichte der Waldenser, TKTG 18, S. 15-18.

213) 참조, H. Grundman, Religiöse Bewegungen, S. 91-97; K.-V. Selge, Die ersten Waldenser, Bd. 1, S. 227-242.

한 발도파운동의 초기시대의 자료를 가지고 있다. 형제들에게 사도적 파송임무를 준비시키는 그의『이단에 반대하는 책』(Liber Antiheresis, 1186/87)에서 두란두스는 발도파의 영적인 근본확신에 대한 인식을 제시한다.[214] 그는 카타르파쪽에서 발도파를 가톨릭으로 여기고 잘못된 교회의 구성원으로 비판하는 카타르파와 자세히 논쟁한다. 이것은 발도파가 초기부터 이교도와 싸움을 그들의 사도적 위임의 한 부분으로서 이해했다는 것을 보여준다. 그러나 그『이단에 반대하는 책』은 가톨릭교회 역시 겨냥하여 그들의 비판에 대하여 논쟁을 한다. 정통적인 신앙과 일치를 입증하는 발데스의 신앙고백을 전면에 내세운다. 이 신앙고백은 이어지는 두 권의 책에서 자세히 전개되었다. 주제의 흐름은 삼위일체론적인 구성에 따라 하나님으로부터 시작해서 그리스도를 거쳐 교회론까지 이른다. 재산과 노동에 관한 문제처럼 윤리적인 문제 역시 거론되었다. 죄의 용서와 장래의 보응과 하나님의 자비로운 선택에 대한 고찰들이 결론을 형성한다. 이 주장의 목표는 카타르파의 교리, 즉 그들의 구속사에 대한 이원론적 해석과 그들의 배타적인 구원의 권리를 반박하는 것이다. 이것은 대량의 성서인용으로 이루어졌으며, 두란두스는 그것으로 적대자의 비난들에 대답하고 자신의 태도에 대한 근거를 제시했다. 이것은 발도파의 사상에서 성경이 포함하고 있는 핵심순위를 명료하게 만들었다.

이와 관련하여 두란두스는 발도파의 교리는 교회의 기원으로부터 멀어진 새로운 것이라는 가톨릭교회의 비판에 대하여 신적인 위임을 환기시키며 방어했다.

> ‘우리는 하나님의 교회는 올바른 믿음을 붙잡고 행동으로 실천하는 신자들의 모임 가운데 항상 있다고 주장한다. 그러나 당신들이 누가 그(발데스)를 가르쳤는지 알려고 한다면, 당신들은 하나님의 은혜가 그에게 베풀어지고, 다음과 같이 말하는 복음의 음성이 들렸다는 것을 알아야만 한다. ‘심령이 가난한 자는 복이 있나니, 천국이 그들의 것임이요.’ 나는 이 목소리가 그를 지도하고 가르쳤다고 주장한다.’[215]

214) 참조, E. Schubert, Gestalt und Gestaltwandel des Almosens im Mittelalter, S. 241-262.

215) 젤게(K.-V. Selge)는 텍스트편집판(Die ersten Waldenser, Bd. 2, S. 3-257)과 함께 자세한 해석(Die ersten Waldenser Bd. 1, S. 19-127)을 제공하고 있다

동시에 두란두스는 사도적 청빈 가운데 순회설교에 대한 권리의 근거를 설명한다.

> '만약 주께서 사도들이 이 땅의 일과 돈을 버는 것에 헌신하기 원하셨다면, 그는 그들에게 하늘의 새와 들의 백합화에 대한 비유를 설교하지 않았을 것이다. 그러나 그는 이 땅의 사업에 얽혀 있는 자는 아무도 자유롭게 설교할 수 없다는 것을 아셨기 때문에, 그는 그들이 설교와 경고와 이웃의 구원에 보다 더 열중하고 그리고 그들의 마음이 이 땅의 것의 무거운 짐으로 인하여 괴롭힘을 당하지 않기 위하여 그들을 이 땅의 노동으로부터 완전히 멀어지도록 하셨다. ... 그 때문에 우리의 마음이 부귀에 대한 사랑에 얽히지 않도록 하기 위하여 우리는 하나님께서 우리에게 베푸신 자비의 정도에 따라 설교와 기도에 헌신하려고 한다. 그리고 우리는 주님의 명령에 – 일꾼이, 즉 설교자가 추수하러, 즉 민족 가운데로 보냄을 받은 것처럼 - 다음과 같이 경배한다.'[216)]

발도파운동이 교회의 위계질서로부터 분리되는 것은 아직까지 의도되지 않았다. '비록 사제들의 삶이 비난받을 수 있다고 하더라도, 우리는 그들이 선한 것을 말한다면 제자들과 사람들에게 다음과 같이 말씀하신 우리 구세주의 모범을 따라 그것을 행해야만 한다.

> '서기관들과 바리새인들이 모세의 자리에 앉았으니, 그러므로 무엇이든지 그들이 말하는 바는 행하고 지키되 그들이 하는 행위는 본받지 말라.' 그래서 그는 그들의 말이 성경과 일치된다면 그것에 순종하도록 우리에게 명령하셨다. 그러나 우리는 그들의 삶은 역겨워한다. 이런 근거에서 발데스는 하나님의 말씀을 그들로부터 받아들였고, 그의 동반자들은 그것을 실천하기 위해 노력했다. ... 우리는 이런 관점에서 우리의 길은 새롭다고 솔직히 말한다. 왜냐하면 그 길이 신약성경을 통해 확인될 수 있기 때문이다. 즉 우리의 믿음과 우리의 행위는 복음의 근거들에 의해 지지된다. 만약 왜 우리가 가난하냐고 당신들이 묻는다면, 우리는 우리의 구

216) Liber Antiheresis Buch I, in: K.-V. Selge, Die ersten Waldenser, Bd. 2, S. 95,38-43(De statu ecclesiae).

주와 사도들이 가난했다는 것을 읽고 있기 때문이라고 대답할 것이다.'[217]

이런 진술들은 발도파가 스스로를 사도적인 운동의 하나로서 이해했기 때문에 결코 로마 교회와 그들의 위계질서로부터 분리를 위해 노력하지 않았다는 것을 보여준다. 가톨릭 성직자의 비판이 아니라, 사람들의 구원에 대한 걱정이, 즉 참회와 계명의 실천에 대한 호소가 설교에서 강조되었다. 그 때문에 젤게(K.-V. Selge)의 견해와 같이 발도파는 초기에 '정통-가톨릭 부흥운동의 특징들'을 가졌다고 말해질 수 있다.[218]

### 3. 교회와 갈등

교회권위자들과 갈등은 발데스와 그의 추종자들이 순회설교를 성례전적인 사제서품과 무관한 사도적 사명으로서 이해한 것에서 발생했다. 이것은 비록 주교 또는 사제가 평신도에게 설교의 임무를 부여함으로 오로지 가능한 것으로 본 교회법에 어긋나는 것이었지만, 사실은 성직자들의 가난이해에 대한 긴장에서 생겨났다. 먼저 발데스는 리옹의 주교에게 자신을 변호했다.

"그는 그들에게 성경해설에 관여하여 설교하는 것을 금지했다. 그러나 그들은 사도들의 말에 호소했다. 베드로의 직분을 차지하고 있는 당신들의 선생이 그처럼 대제사장들에게 대답했다. '사람보다 더 하나님께 순종해야 한다.' 그는 사도들에게 사명을 주었다. '모든 피조물에게 복음을 전파하라!'"[219]

얼마 후 발데스는 로마에서 자신의 근본적인 확신들을 알리기 위해 자신의 동료들과 함께 로마로 가기로 결정했다. 제3차 라테란공의회(1179)에서 잉글랜드 왕실 사제인 월터

217) Liber Antiheresis Buch I, in: K.-V. Selge, Die ersten Waldenser, Bd. 2, S. 78,38-79,44; 82,133-137(De labore).
218) Liber Antiheresis Buch I, in: K.-V. Selge, Die ersten Waldenser, Bd. 2, S. 96,55-68(De statu ecclesiae).
219) K.-V. Selge, Die ersten Waldenser, Bd. 1, S. 242.

맵(Walter Map)이 그 그룹의 신앙을 심문했다. 그의 판단은 그가 더 이상 편견없이 발도파를 대할 수 없다는 것을 보여준다.

> '그들은 그들의 지도자에 따라 명명된 무지하고 배우지 못한 사람들이다. ... 그들은 매우 간절히 설교를 할 수 있도록 허락해주기를 구했다. 왜냐하면 그들은 전혀 읽지 못함에도 불구하고 그것에 대한 지식을 가지고 있다고 착각했기 때문이다.'

비록 높이 평가를 받는 것처럼 보이지만, 장래에 일어날 수도 있는 것에 대한 걱정이 먼저 앞섰다.

> '이 사람들은 어디에도 고정된 주거지를 가지고 있지 않으며, 각각 둘씩 농부의 옷을 걸치고 맨발로 돌아다녔으며, 그들은 아무것도 소유하지 않고 사도들처럼 모든 것을 공유했다. 그들은 벌거벗은 그리스도를 벌거벗고 좇았다. 처음인 지금 그들은 온전히 겸손하게 보인다. 왜냐하면 그들은 아직 바깥에 있기 때문이다. 만약 우리가 그들을 받아들인다면, 우리는 곧 내좇을 것이다.'[220]

알렉산더 3세는 이 비판적 평가를 온전히 찬성하지 않았다. 어쨌든 그는 사도적인 삶의 양식과 자발적인 가난의 서약을 승인했다. 순회설교도 근본적으로는 금지되지 않았지만, 설교행위를 지역 성직자의 동의 아래에서 하는 것을 제한시켰다. 월터 맵의 날카로운 고소에도 불구하고 파면은 내려지지 않은 것이 결정적이다.[221]

하지만 얼마 후 상황은 바뀌었다. 발데스는 리옹의 공의회(1180)에서 그의 정통신앙을 증명하는 신앙고백에 서명했다. 이 신앙고백에는 우선 삼위일체의 신앙과 가톨릭교회의 구원효력과 7성례의 유효성을 재삼 확인되었다. 그밖에 그는 정통신앙의 교리와 일치하지 않는 모든 것과 관계를 끊는다고 선언했다. 그는 그것으로 로마교회의 새로운 기구

220) A. Patschovsky, Quellen zur Geschichte der Waldenser, TKTG 18, S. 16 f.

221) Walter Map, De nugis curialium, dist. I c. 31, hg. von M. R. James, Oxford 1914, S. 60 f.; Enchiridion Fontium Valdensium, Bd. 1, S. 123.; R. Foreville, Lateran I-IV, S. 243 ff.

로서 순회설교자의 인정을 위한 전제조건들을 마련하려는 것이 분명했다. 그 신앙고백은 사도적 삶의 양식에 대한 진술과 연결되었다.

'사도 야고보에 따르면 행위가 없는 믿음은 죽은 것이기 때문에, 우리는 세계를 포기하고, 주님께서 조언하신 것처럼 우리의 소유를 가난한 자들에게 주고, 가난하기로 결정했다. 그래서 우리는 내일을 위해 걱정하지 않고, 일용할 양식과 옷 이외에는 금이나 은이나 그러한 것들을 누군가로부터 받지 않는다. 그리고 우리는 복음적 충고도 계명처럼 준수하기로 결정했다. 그러나 세상에 살면서 그들의 재산을 소유하고, 자신의 소유로 자선과 다른 선행들을 베풀고, 주님의 계명을 따르는 자들도 구원받았다는 것을 우리는 확실히 고백하고 믿는다.'[222]

이 신앙고백에서 넘어간 갈등요소인 순회설교는 그대로 남아 있었다. 그래서 로마교회가 이 정통신앙의 증명에 대해 신뢰를 조금밖에 하지 않았다는 것이 놀라운 일이 아니다. 시토수도사이며 베르나르 드 클레르보의 제자인 고트프루아 드 오세르(Gottfried von Auxerre)는 발도파를 '경멸받을 만하고 거의 자격이 없는 사람들, 즉 설교의 직분을 불법적으로 소유하여 완전히 또는 부분적으로 지식이 없고 특히 영이 없는 사람들'[223]로 간주했다. 리옹의 주교가 발도파를 위해 교회가 명한 책임자(prepositus)를 세웠을 때, 발데스는 오직 그리스도만 공동체의 최고 우두머리이라는 것을 지적하면서 거부했다.

그러한 계기로 리옹의 발도파는 1182/83년에 파문당했다. 교회의 행정명령은 그들의 잘못된 가르침의 목록을 만들었다.

첫째 - 그들은 서로 형제라고 부르면서 참회 시에는 심지어 주라고 부르는 분파의 지도자들이 그리스도의 제자의 참된 후계자라고 주장한다.

222) 참조, M. Lambert, Häresie im Mittelalter, S. 64 ff.; K.-V. Selge, Die ersten Waldenser, Bd. 1, S. 22 ff., 250 f.

223) Enchiridion fontium Valdensium, Bd. 1, S. 35; K.-V. Selge, Die ersten Waldenser, Bd. 2, S. 5,69-78.

둘째 - 그들은 그 때문에 어떤 근거도 없이 가톨릭교회의 사제들이 재산을 가지고 있기 때문에 그리스도의 제자들의 참되고 정당한 후계자가 아니라고 주장한다. ...

셋째 - 그들은 교회의 많은 사제들에게서 교만과 탐욕과 방탕함의 나쁜 예들을 본다. ...

넷째 - 그들은 완전한 성인들에게 중재를 부탁해서는 안 된다고 주장한다. 왜냐하면 그들은 기쁨의 충만한 가운데 들어가서 우리와 우리의 삶에 대하여 더 이상 생각할 수 없기 때문이다. ...

다섯째 - 그들은 교회를 세우는 것을 무익한 것으로 여기고, 교회의 탑의 건축과 종과 장식들과 봉헌된 제단들과 사제들의 찬양과 오르간연주와 그러한 대부분의 것들, 즉 모든 축제관습들을 정죄한다. 그들은 그것들이 하나님을 기쁘시게 하지 못하는 교만한 사치라는 것을 이유로 비판한다.

여섯째 - 그들은 교황과 대주교들과 주교들은 평범한 사제들보다 더 큰 권위를 가지고 있지 않다고 말한다.[224]

베로나 공의회(1184)에서 발도파는 청빈운동의 다른 그룹들과 함께 루치우스 3세에 의해 정죄되었다.[225] 로마교회와 발도파 사이에 그들의 교리의 정당성에 대한 대화가 계속 이어졌지만, 그들은 이미 내려진 결정의 배경에서 절망적으로 정죄되었다. 1190년 남부프랑스의 나르본(Narbonne)의 가톨릭 성직자와 발도파가 서로 만났을 때, 격렬한 논쟁만 일어났다. 프레몽트레수도원장 베르나르 드 퐁코드(Bernhard von Fontcaude)가 쓴 『발도파의 분파에 반대하는 책』(Buch gegen die Sekte der Waldenser)은 얼마나 서로간의 이해가

224) Enchiridion fontium Valdensium, Bd. 1, S 46.

225) I. v. Döllinger, Beiträge zur Sektengeschichte, Bd. 2, S. 215 ff.

동떨어져 있는지를 분명히 하고 있다.[226)]

뒤이은 해에 주교의 종교재판소가 발도파를 찾아내어서 교구에서 축출하기 시작하자, 발데스는 그의 사역을 교회의 공간 밖으로 옮겼다. 그러나 계속해서 그는 공적으로 활동했고, 특히 수공업자들과 농부들에게서 그리고 모든 다른 계층들에서도 추종자들을 얻었다. 더 높은 완전함을 추구하여 수도원으로 들어간 성직자와 수도사들도 마찬가지로 들어왔다. 발도파에서 여성들은 1180년대 이래로 점차 증가하는 역할을 감당했다. 발도파의 선교는 특히 남부프랑스(랑그독(Languedoc))와 북부이탈리아(롬바르디아)와 13세기로 넘어가는 전환기 이래로 발데스의 이상을 계속 이어가서 공동체들을 형성한 독일(남서부)에서도 성공을 거두었다.[227)] 교회로부터 분리로 인하여 발도파의 자기정체성은 서서히 바뀌었다. 기본적으로 사도들의 모범을 따라 평신도들이 - 여성들처럼 남자들도 – 실행한 참회설교는 계속 남아있었다. 하지만 그것에 대하여 가톨릭 성직자들의 비판이 점차 날카로워졌다. 그들은 성직자가 아닌 자가 자격 없이 교회직분수행을 비판했다. 발도파는 자신들 안에서 위계질서를 만들지 않았다 – 초기 그리스도교에서처럼 그리스도가 사도들의 주교였다. 그러나 순회설교자로서 다니는 자들과 한 장소에 살면서 설교자들을 그들의 소유와 육체노동을 지원하는 자들 사이에 차이는 있었다. 이제 참회의 실습에서처럼 성만찬의 나눔에서 나타나는 것처럼 성례전적 행위들에 대한 요구가 높아진 것이 주목할 만하다. 그밖에 신약성경의 계명을 수용함으로 맹세를 거부하고, 전쟁수행과 사형을 거부하는 목소리가 커졌다. 이것으로 인하여 처음으로 자신의 교회형성의 징후를 보이는 경향이 드러나게 되었다. 하지만 사도적 순회설교를 위한 파송을 로마교회로부터 이끌어내는 것이 아니라 로마교회 안으로 도입되도록 하려는 발데스의 요구는 아직 포기되지 않았다.[228)]

226) Texte zur Inquisition, S. 26-29; Auszüge: H. Denzinger, Enchiridion, Nr. 760 f.

227) Bernhard von Fontcaude, Liber Adversus Valdensium Sectam, PL 204, Sp. 793-840.

228) 참조, K.-V. Selge, Die ersten Waldenser Bd. 1, S. 259-293; H. Jedin, Atlas zur Kirchengeschichte, S. 56 C/D.

## G 카타르파

넓은 의미에서 카타르파도 청빈운동에 속할 수 있다. 그 기원은 10세기에 발생한 급진적인 그리스도교의 분파인 보고밀파(Bogomilen)에 있는 것으로 추측되며, 그 이름은 불가리아에서 사역한 사제의 이름에 기인한다.[229] 12세기 초에 카타르파는 이미 이탈리아(롬바르디아)와 프랑스(랑그독, 프로방스, 샹파뉴, 부르군드)와 라인란트와 플랑드르와 스페인과 영국섬에서 발견된다.[230] 이 그룹의 추종자들은 스스로를 '선한 사람들'이라고 불렀다. 그들의 적대자들은 그들에게 다른 이름을 부여했다. 프랑스에서는 '알비파'(Albigenser), 이탈리아에서는 '파타리아파'(Patarener), 독일에서는 '카타르파'(Katharer). 카타르파의 아성인 알비(Albi)시로부터 프랑스식 이름이 유래했고, 이탈리아식 이름은 밀라노의 반란운동으로부터 유래했다. 그것이 그리스어 'kathaós'(독일어로는 '순수한'(rein), '똑바른'(aufrichtig), '맑은, 투명한'(klar))로부터 유래한 것이 맞다면, 독일에서 사용되는 이름은 엘리트적인 자기이해의 표현이다. 카타르파는 자신들을 참된 그리스도인들, 순수한 자들, 선택된 자들, 완전한 자들로 여겼다. 하나님께 적대적인 것으로 간주되는 세상으로부터 떠남과 인간의 육체로부터 영혼의 자유를 목표로 하는 엄격한 도덕이 특징적이다.[231] 성과 결혼은 악한 세계의 표징으로 간주되어, 금욕을 통하여 극복되어야만 하는 것이었다.[232] 짐승의 생산품을 섭취하는 것은 금지되었다. 음식에 대한 금욕은 사순절주간에 다양하게 나타난다. 그들의 엄격한 원칙들을 실행하기 위하여, 완전한 자들(perfecti)은 상급자의 지도 아래 격리된 삶을 영위한 반면에, 그밖에 추종자들, 즉 신자들(credentes)은 결혼과 가족제도 안에 머무는 것이 허락되었다. 생계는 육체노동과 상업을 통해 유지되었다. 타협의 여지없이 사형제와 군복무와 맹세는 거부되었다. 동시대의 저서에 카타르파에 대

229) 참조, M. Lambert, Häresie im Mittelater, S. 72 ff.

230) 참조, A. Borst, Katharer, S. 56 ff.; M. Lambert, Geschichte der Katharer, S. 22 ff.; J. Duvernoy, Le Catharisme, Bd. 2: L'Histoire des Cathares, S. 13-76; W. L. Wakefield, Heresy, Crusade and Inquisition, S. 27-43; St. Runciman, Häresie und Christentum, S. 85-118.

231) 참조, H. Jedin, Atlas zur Kirchengeschichte, S. 57 A/B. J. Duvernoy, Le Catharisme, Bd. 2: L'Histoire des Cathares, S. 79-192.

232) 참조, G. Schmitz-Valckenberg, Grundlehren katharischer Sekten, S. 256-299; M. Lambert, Geschichte der Katharer, S. 78 ff.; J. Duvernoy, Le Catharisme, Bd. 1: La Religion des Cathares, S. 171-201.

해서 다음과 같이 기록되곤 했다.

> '그들은 공격자가 다칠 수 있게 스스로를 방어하는 것을 금지했으며, 이 땅의 권력은 범행의 보복을 위하여 육체의 칼을 사용해서는 안 된다고 말했다.'[233]

이 말에서 그들의 공동체에서 복음서의 순수하고 거짓이 없는 그리스도교를 대변하는 카타르파의 요구가 표현되고 있다.

### 1. 이원론적인 신화

카타르파는 자신들의 금욕적인 삶의 원칙들을 신화를 토대로 설명한다. 이 신화는 비밀의 계시에서 기인하며, 단지 완전한 자들의 진영에 들어간 자들만 알 수 있다.[234] 카타르파의 신앙에 따르면 이 세계는 두 가지 원리의 대립을 통하여 결정되었다. 보이는 물질세계의 창조주로서 '악한 신'에 맞서 참된 저세상의 영광의 세계의 지배자인 '참된 신'이 대립하고 있다. 육과 영의 형태에서 이원론적인 대립구도가 의지의 자유를 갖지 못했기 때문에 자신이 구원에 아무런 영향을 끼칠 수 없는 사람을 지배하고 있다. 오직 하나님의 선택을 통하여 구원으로 혹은 재앙으로 그의 운명이 결정된다.[235] 카타르파의 교리의 중심에 놓여 있는 신화적 설명들은 이원론적인 대립의 출처와 형태에 대해서 알려준다. 하나님에 의한 하늘의 세계의 창조가 시작이다. 그것을 계기로 구약성경의 하나님과 동일시되는 그의 원수는 이 땅의 대립세계를 만들고, 거기에 영혼이 없기 때문에 하늘로 올라갈 수밖에 없었다. 오랜 싸움 끝에 그는 천사를 타락시키는데 성공한다. 그 천사는 징벌로 땅으로 떨어져 인간의 몸속에 갇히게 된다. 각 개인의 죄가 이 하늘의 원죄에 기초하게 된다. 이 세계는 저주받은 영혼들의 참회의 장소이다. 물질과 어둠에 갇힌 영혼의 구원은 하나님

233) 참조, U. Bejick, Katharerinnen, S. 95-113.

234) I. v. Döllinger, Beiträge zur Sektengeschichte des Mittelalters, Bd. 2, S. 321-324.

235) 참조, M. Lambert, Häresie im Mittelalter, S. 121-129; J. Duvernoy, Le Catharisme, Bd. 1: La Religion des Cathares, S. 39-76; J. Sumption, The Albigensian Crusade, S. 32-42.

이 보낸 천사를 통하여 다가온다. 이 천사가 영혼들을 하늘의 고향을 되돌아가게 한다. 구원행위의 목표는 선과 악의 분리와 창조주 하나님에 대한 영의 하나님의 승리이다.[236] 영지주의적인 특징을 가진 이 사고의 단초는 카타르파를 '중세의 마니교도'라고 불리게 만들었다.[237] 이 이원론은 그리스도교의 신앙에 대한 카타르파의 태도를 규정했다. 삼위일체의 유일신론의 자리에 그들은 하늘의 세계와 이 땅의 세계에 속하는 두 신들의 대립으로 대체했다(발라시난사스(Balasinansas). 주교와 함께 알바노(Albano) 주민들) 이것은 카타르파 가운데 하나님-아버지와 함께 단지 처음의 원칙을 받아들인 자들에게도 해당된다. 하나님-아버지는 아무도 그와 같지 않고, 그 때문에 그리스도와 함께 동질성을 갖지 않는다(나자리우스(Nazarius) 주교와 데시데리우스(Desiderius) 주교와 함께 콘코렌츠 주민들). 양 그룹은 가현설적인 그리스도론으로 귀결된다. 그에 따르면 그리스도는 이 땅에서 단지 가상의 육체 또는 마리아로부터 살로 이루어진 육체를 받았으나, 하늘로 승천할 때 그것을 다시 벗었다. 이러한 교리에서 그리스도는 단지 파생된 의미에서 하나님으로 불릴 수 있는 특별한 품격을 지닌 영적존재이다.

## 2. 확산

카타르파는 무엇보다도 남부와 프랑스북부에서 그리고 이탈리아에서 모든 사회 계층에 수많은 추종자들을 얻었다.[238] 카타르파는 도시들에서 생활했고, 특히 농촌에서도 거주했는데, 몇몇 지역에서는 대다수의 주민들이 그들에게 가입했다. 여성들은 가정에서 카타르파의 신앙의 강화를 위해 탁월한 의의를 가졌다. 선교에서도 그녀들이 완전한 자들의 무리에 속할 경우에는, 가톨릭교회에서 가진 영향력을 훨씬 능가하는 영향력을 가졌다.[239] 완전한 자들의 무리에서 선출되는 직분자들은 집이나 아마도 공적인 자리에서 행

236) 참조, G. Schmitz-Valckenberg, Grundlehren katharischer Sekten, S. 128 ff.

237) 참조, G. Schmitz-Valckenberg, Grundlehren katharischer Sekten, S. 175-184, 301-327.

238) 그래서 세인트 런시만(St. Runciman)의 연구의 영어제목은 『The Medieval Manichee』이다. Häresie und Christentum, S. 19-41, 203-213.

239) 참조, H. Jedin, Atlas zur Kirchengeschichte, S. 57 C/D.

한 그들의 설교를 통하여 새로운 추종자를 얻었다. 이탈리아에서 카타르파는 특히 롬바르디아의 도시들에 거주했으며, 농촌에는 적었다. 그들의 추종자들은 수공업자들과 하류층의 장사꾼들, 산발적으로 상류 시민계급의 상인들도 있었다. 이것으로 이탈리아의 카타르파의 이동성과 전파력이 설명된다.[240] 라인란트에도 쾰른의 연대기가 1163년도에 기록한 것처럼 마찬가지로 카타르파가 있었다.

'이 해에 쾰른에 플랑드르에서 온 몇 명의 카타르분파의 이단자들이 붙잡혀서, 8월 5일에 도시 앞에서 화형에 처해졌다. 4명의 남자와 한 소녀였으며, 그 소녀는 심지어 백성들의 희망에 반대하여 스스로 불속으로 뛰어들었다. 화형의 시간에 도시에 매우 강한 비가 내려서 도시에 남아 있던 전체 성직자들이 비에 깜짝 놀란 반면에, 연약한 백성들의 믿음을 위하여 그렇게 강한 비의 한 방울도 화형이 진행되고 있던 자리에 떨어지지 않았다.'[241]

1167년에 콘스탄티노플 출신의 보고밀파주교인 니케타(Niketa)가 참석한 가운데 툴루즈의 교회의 대표자와 이웃한 공동체의 대표자들이 모인 생-펠릭스-드-카라망(St.-Félix-de-Caraman)의 공의회가 전환점을 마련했다.[242] 그 결과는 카타르파가 니케디의 급진적인 이원론적 교리에 찬성한 것이었다. 그밖에 그 때까지 북부프랑스(몽 엠므(Mont Aimé))와 남부프랑스(알비(Albi))로 두 개의 넓은 주교구로 나뉘어져 있던 공동체의 재편성이 단행되었다. 거기에 툴루즈, 카르카손(Carcassonne), 아란 계곡(Val d'Aran) 또는 아장(Agen) 교구와 함께 그 밖의 교구가 더해진 것뿐만 아니라, 새로운 주교들의 서품이 보여주는 것처럼 교회와 비교될 수 있는 독자적인 기구도 세워졌다. 처음에 단지 데센차노(Desenzano/Lombardei)에 중심을 둔 교회구역만 있던 이탈리아에서 이어진 시기에 주교구가 계속 생겨났다. 불가리아의 설교가 페트라키우스(Petrakius)의 선교에 의해 촉발된 교리

240) R. Abels/E. Harrison, The participation of women in Languedocian Catharism, S. 215-251; W. L. Wakefield, Heresy, Crusade and Inquistion, S. 50-64; A. Fößel, Klosterfrauen, Beginen, Ketzerinnen, S. 59-66; U. Bejick, Katharerinnen, S. 32-47, 57-73.

241) 참조, M. Lambert, Häresie im Mittelalter, S. 114-121; J. Duvernoy, Le Catharisme Bd. 1: La Religion des Cathares, S. 245-265.

242) Chronica regia Coloniensis, MGH.SS rer. Germ. 18, Teil 3, S. 114, Z. 3-10; Kölner Königschronik, GDV 53, S. 90/91; 참조, M. Lambert, Häresie im Mittelalter, S. 57 ff.

논쟁들이 이런 과정의 배경이 되었다.[243]

## 3. 교회론

이원론적인 단초에서 가톨릭교회로부터 분리가 해명된다.[244] 카타르파는 그들의 정부 권력의 고용을 비판하고, 교회의 재판권을 원수사랑의 계명을 근거로 거부한다. 성례전이 신적인 것을 물질적 세계와 연결시키는 것을 포함하기 때문에 성례전마저도 배척된다. 하지만 이것은 성례전적인 행동의 포기를 의미하지는 않는다. 그들에게도 세례와 비교될 수 있는 일 년의 시험기간과 엄격한 금식을 지난 뒤에 실시되는 '비밀의 성례전과 완성의 성례전'(consolamentum)이 있었다.[245] 세상으로부터 떠남을 나타내는 예전은 여러 단계로 실행된다. 먼저 신자는 장로를 동반하여 성례를 받겠다는 희망을 신청한다. 앞으로 고기를 더 이상 먹지 않고, 맹세를 하지 않고, 금욕적으로 살겠다는 약속에 카타르파의 교리를 펼치는 설교가 뒤따른다. 실제적인 성례행위는 죄의 용서의 청원으로 시작된다. 그러면 성직자가 신자의 머리 위에 복음서를 얹고, 이 사건을 성령세례로서 해석하는 복음서의 글을 읽는다(요1:26; 마3:11;행1:5 참조). 신자에게 하나님의 용서와 자비가 약속된다. 기도들이 마지막을 장식한다. 기도 가운데 주기도문을 '초자연적인 빵'에 대해 언급하는 양식으로 작성한 것이 있다.[246] 전체적으로 '콘솔라멘툼'은 '완전한 자'의 자리에 세우는 영적 세례의 한 종류이다. 성례 받음이 엄격한 금욕을 의무화하고 있기 때문에, 카타르공동체의 소수의 추종자들만 그것을 바란다. 어쨌든 세계와 최종적인 분리의 준비로서 죽어가는 자들에게 그것이 베풀어지는 실무운영이 시행된다. '콘솔라멘툼'은 반복할 수 없는 것으로 간주되고, 중한 죄를 지은 경우 그 효력을 잃게 되며, 선행되는 집행유예기간이 지난 뒤

---

243) 참조, B. Hamilton, The Cathar Council of S. Félix reconsidered, S. 23-53.

244) 참조, A. Borst, Katharer, S. 79 f.; M. Lambert, Geschichte der Katharer, S. 49 ff., 56 f., 73 ff.; Ders., Häresie im Mittelalters, S. 130-137; J. Duvernoy, Le Catharisme Bd. 2: L'Histoire des Cathares, S. 215-236; R. I. Moore, The Birth of Popular Heresy, S. 122-132.

245) 참조, G. Schmitz-Valckenberg, Grundlehren katharischer Sekten, S. 136 ff., 225 ff., 238 ff., 329 ff.; J. Duvernoy, Le Catharisme Bd. 1: La Religion des Cathares, S. 227-243; J. Sumption, The Albigensian Crusade, S. 43-62.

246) Rituel Cathare, SChr 236. Übersetzung in Auswahl: A. M. Ritter, Mittelalter, S. 140 f. 참조, M. Lambert, Geschichte der Katharer, S. 153-172, 203-207, 254-259; J. Duvernoy, Le Catharisme, Bd. 1: La Religion des Cathares, S. 143-170.

에 새롭게 받아야만 한다.

그 핵심이 '죄의 고백'(apparellamentum)인 카타르파의 참회성례는 추측컨대 바로 '콘솔라멘툼'의 갱신이다.[247] 동일한 것이 서품식에서 해당된다. 그래서 아마도 안수를 통하여 실시되는 세 번의 성례와 같은 것이다. 그들의 공동체적인 생활에서 카타르파는 빵을 찢고 나누는 음식축제를 행했다. 하지만 신적인 영역과 세상적인 영역 사이의 분리가 성례전적으로 극복되지 못한 것이 특징적이다. 참된 예배는 침묵 가운데 드리는 기도에서 이루어진다. 가톨릭제도에 대한 그들의 비판에도 불구하고 카타르파는 로마교회와 비교될 수 있는 구조를 가지고 운영했다. 그들은 성직자 직분을 가지고 있었으며, 예전적인 행위들을 알고 있었으며, 기도시간들과 참회예배와 금식기간을 실천했다. 이것으로 그들은 그리스도의 참된 교회라는 그들의 요구를 강조했다.

### 4. 종교대화

가톨릭교회는 카타르파에 대하여 처음부터 분명히 구분하여 명확한 선을 그었다. 카타르파에 대항하여 수많은 설교를 저술하고 그들과 논쟁을 벌였던 에크베르트 폰 쉐나우(Ekbert von Schönau, † 1184)는 그렇게 목소리를 높인 자들에 속했다.[248] 힐데가르트 폰 빙겐(Hildegard von Bingen, † 1179) 역시 트리어와 쾰른과 마인츠로 떠난 설교여행에서 카타르파를 몰아내도록 요구했고, 특히 성직자들에게 묻고 그들의 부유함과 냉담함 때문에 그들을 비판했다.[249] 같은 시기에 남부프랑스에서 카타르파와 가톨릭신자가 마주한 많은 종교대화가 열렸다. 그 가운데 1165년에 남부프랑스 롱베르(Lombers)에서 열린 학술논쟁이 있다. 카타르파에 마음이 쏠린 시의원들의 주도로 몇몇 카타르파의 성직자들과 가톨릭의 주교들과 수도원장들이 만났다.[250] 많은 청중 앞에서 견해들을 서로 나누었다. 하

247) 참조, G. Schmitz-Valcenberg, Grundlehren katharischer Sekten, S. 226, 230-234, 248-253.

248) 참조, J. Duvernoy, Le Catharisme, Bd. 1: La Religion des Cathares, S. 203-216.

249) Eckbertus Schonaugiensis, Sermones contra Catharos, PL 195, Sp. 11-98.

250) PL 197, Sp. 244A-253B. Übersetzung: A. Führkötter (Hg.), Hildegard von Bingen, „Nun höre und lerne, damit du errötest...', S. 169-172.

지만 카타르파가 가톨릭신자에 의해 작성된 신앙고백에 서명할 것을 요구받았을 때, 그들은 그것을 거부하고 파문당했다.[251] 두 번째 논쟁은 1178년 툴루즈에서 진행되었다. 이번에는 교황의 사절단이 가톨릭진영을 대표했다. 그 결과는 롱베르에서처럼 가톨릭교회에서 축출이었다.[252] 그래서 제3차 라테란공의회는 1179년 3월에 카타르파에 대한 정죄선언으로 전체교회의 결정을 내렸다.[253] 프리드리히 1세는 1184년 카타르파를 행정명령으로 추방하도록 시켰다. 이것은 그들이 계속해서 많이 몰리는 것을 막을 수 없었다. 반면에 카타르파의 등장은 청빈운동이 '카타르파'(Katharer)에서 유래하는 독일어개념 '이단자'(Ketzer)의 등장이 설명하는 것처럼 전체적으로 이단의 소문으로 휩쓸리게 되는 결과를 가져왔다.[254]

## H 도미니쿠스

### 1. 어린 시절과 청소년시절

카타르파와 만남으로 인하여 청빈운동에서 가장 중요한 그룹 중에 하나가 성장했다. 그것은 설교자수도회(Ordo Praedicatorum/OP)이다. 그 수도회의 생성은 칼레루에가(Caleruega/Kastilien) 출신의 귀족이었던 도미니쿠스 구즈만(Dominikus Guzmán, 1171/1173-1221)과 직접적인 관계가 있다. 그의 전기 저자인 요르단 폰 작센(Jordan von Sachsen)은 도미니쿠스가 아직 태어나기 전에 그의 성직자로 부름이 계시되었다고 보도한다.

> '그의 어머니가 그를 갖기 전에, 그녀에게 환상 가운데 그녀가 작은 개 한 마리를 품에 안고 있는 것이 보였다. 그 개는 주둥이에 불타는 횃불을 물고 있으며, 그녀의 몸을 떠난 뒤에 그 횃불로 온 세상에 불을 붙이는 것처럼 보였다.'[255]

251) J. D. Mansi, Sacrorum conciliorum nova et amplissima collectio, Bd. 22, S. 157 ff.

252) 참조, G. G. Stroumsa, Anti-Cathar Polemics, S. 169-183; M. Lambert, Geschichte der Katharer, S. 45 f.; R. I. Moore, The Birth of Popular Heresy, S. 94-101.

253) 참조, M. Lambert, Geschichte der Katharer, S. 64 ff.

254) H. Denzinger, Enchiridion, Nr. 751; Conciliorum Oecumenicorum Decreta, Bd. 2, S. 224 f.

255) 참조, A. Borst, Katharer, S. 74-81, 88-95; B. Hamilton, The Medieval Inquisition, S. 21 f.

'횃불을 문 개'는 후에 도미니쿠스수도회의 상징이 되었다. 5살 때 벌써 도미니쿠스는 교육받기 위해 한 사제에게 넘겨졌다. 카스틸리아(Kastilien)의 중심인 발렌시아(Valencia)에서 수년 동안 신학수업을 받았다. 전승은 기근위기가 도미니쿠스의 발전에 전환점이 되었다고 보도한다.

> '가난한 자들의 위기에 대한 순수한 연민으로 그는 수많은 메모를 기록해 놓은 책들을 팔아서, 그 돈을 굶주린 자들에게 주었다. 그의 소유의 다른 물건들도 마찬가지였다. 그는 '나는 산 사람들이 기근으로 죽어가는 동안 죽은 문자를 섬기기를 원하지 않겠다'고 말했다. 몇몇 영향력있고 존경받는 남자들이 그의 모범을 따랐고, 그 때부터 그와 함께 복음전파에 헌신했다.'[256]

## 2. 오스마(Osma)에서 참사수도회원

1196/1197년 도미니쿠스가 오스마의 주교좌성당 참사회에 참사수도회원이 되었을 때, 참사회의 원장인 디에고 드 아제베두(Diego von Azevedo)가 막 아우구스티누스의 규칙에 따라 참사회재단을 개혁하려는 시도를 단행하고 있던 때였다. 그 동기는 귀족으로서 영지들을 소유하고 있을 뿐만 아니라, 참사회 밖에서 개인적인 삶을 영위하던 참사회원들의 세속적인 생활습관들 때문이었다.[257] 도미니쿠스는 처음부터 엄격한 형태의 참사회의 생활방식을 배웠고, 자신의 것으로 소화했다. 시험기간과 수도서원을 마친 뒤 사제서품이 이어졌다. 이후 그는 설교자와 목회자로서 대성당에서 일했다. 디에고가 1201년 오스마의 주교로 임직받자, 도미니쿠스는 주교좌성당 참사회의 부원장으로서 그의 후계자가 되었다. 그때까지 그의 삶이 평범한 길로 진행되었지만, 그가 1203/1205년에 디에고 주교의 동반자로서 덴마크로 갔다 온 여행이 전환점이 되었다. 동기는 덴마크왕실과 카스

256) Libellus de principiis Ordinis Praedicatorum, hg. von H. Chr. Scheeben, S. 1 f.; 참조, M.-H. Vicaire, Geschichte des heiligen Dominikus, Bd., 1, S. 29 ff.

257) Aussage des Priors der lombardishen Dominikanerprovinz im Heiligsprechungsprozess 1233, in: Sankt Dominkus, hg. von G. Hofmann, S. 68 f.; 참조, A. Lappin, On the family and early years of St. Dominic of Caleruega, S. 5-26.

틸리아왕실 사이의 결혼을 통한 결합의 가능성을 살펴보려는 카스틸리아의 알폰스 8세의 부탁이었다.[258] 남부프랑스를 통과해 간 두 번의 여행에서 도미니쿠스는 처음으로 카타르파를 만났다. 그는 그들의 교리와 그들로부터 나오는 매력을 알게 되었고, 얼마나 많은 사람들이 이미 카타르파에 가입했는지를 알게 되었다. 그리고 그는 그들을 맞서 주장하려는 가톨릭교회가 어떤 어려움을 갖고 있는지 분명히 알게 되었다. 요르단 폰 작센은 카타르파의 추종자와 밤새도록 오랜 대화에 대해서 보도하고 있다. 이 대화가 그에게 선교와 이단자에 대한 반박의 자극을 일깨웠다. 디에고와 함께 그는 이교도선교를 위한 광범위한 계획을 수립했다. 십자군운동과 레콘키스타가 보여준 것처럼 이 시대의 그리스도교를 규정하는 선교적 확장의 특성이 도미니쿠스에게 영향을 끼친 것은 분명했다. 디에고 주교와 도미니쿠스가 1206년 초에 인노켄티우스 3세에게 그들의 직분으로부터 벗어나서 이교도선교사로 카타르파에게[259] 파송해 줄 것을 부탁하기 위해 로마로 여행했을 때, 교황은 그것을 거절하고, 그들을 근교에 있는 백성들의 그룹에게 그들에 대하여 주의를 환기시켰다.

## ㅣ프란체스코 폰 아시시(Franziskus von Assisi)

청빈운동에서 또 다른 그룹으로서 프란체스코파의 공동체가 성장했다. 그들은 프레몽트레 수도사 부르크하르트 폰 우르스페르크(Burkhard von Ursperg, †1230)에게 마치 늙어버린 세계로부터 나온 젊은이들의 궐기처럼 보였다.[260] 하지만 심한 긴장 속의 심리가 진행되는 가운데 교회비판적인 평신도운동에서 나와 교황청의 허락을 받은 작은 형제수도회(Ordo Fratrum Minorum/OFM)가 되는 것으로 추구될 수 있었다.

---

258) Vgl H.-M. Vicaire, Geschichte des heiligen Dominikus Bd. 1, S. 119ff.; W. A. Hinnebusch, History of the Dominikan Order, Bd. 1, S. 20ff.

259) 참조, J. Gallen, Voyages de S. Dominque, S. 75-84.

260) 참조, M.-H. Vicaire, Geschichte des heiligen Dominikus Bd. 1, S. 79f.

## 1. 청소년시절과 회심

시작은 움브리아(Umbrien) 출신의 상인의 아들 지오반니 베르나르도네(Giovanni Bernardone, 1181/82-1226)와 직접적인 관계가 있다. 청소년시절에 이미 '프란체스코'라는 애칭을 얻은 지오반니는 아시시(Assisi/Umbrien)에 있는 부유한 포목상 가문 출신이었다. 뚜렷한 의식을 가지고 그는 도시의 시민들이 어떻게 시의원들과 주교와 귀족들에 대항하여 요구들을 유효하게 만드는지를 경험했다. 갈등이 생겼을 때, 프란체스코는 시민의 측에서 참여하여 페루자(Perugia)에서 일 년 이상의 구류형으로 아시시의 시 원로를 도운 대가를 치렀다. 황제와 교황 사이의 대립이 영향을 끼쳤다. 처음에 황제측에 서있던 아시시는 슈타우펜의 지배권이 몰락한 뒤에 임시로 교회로 돌아갔으나, 이어진 시대에 여러 번 진영을 바꾸었다. 여기서도 프란체스코는 얽혀있는데, 이번에는 교황측이었다.[261]

이러한 사건들 한 가운데서 1205년에 시연보가 기록하고 있는 방향전환이 일어났다. 프란체스코는 '이 세계의 공허함'으로부터 돌아섰다.[262] 그 자신은 이 사건을 하나님의 개입으로서 해석한다.

> '주께서 나에게, 즉 파란체스코 형제에게 참회의 삶을 시삭하노록 하셨디. 왜냐하면 내가 죄 가운데 있었을 때, 나는 나병환자를 보는 것이 내우 괴로웠기 때문이다. 주께서 직접 나를 그들 가운데로 이끄셨고, 나는 그들에게 자비를 베풀었다. 내가 그들로부터 떠나자, 내가 괴롭게 느꼈던 것이 나의 영혼과 육체의 달콤함으로 변했다. 그 뒤에 나는 잠시 동안 중단하고, 이 세상을 떠났다.'[263]

근본적인 변화는 단번에 실현된 것이 아니라, 오랜 과정에서였다. 프란체스코는 먼저 부모의 집을 떠나서 무너진 산 다미아노(San Damiano) 교회를 재건하기 위하여 거기에 거

261) Burkhard von Ursperg, Chronik, in: Testimonia minora, hg. von L. Lemmens, S. 17f.

262) II Celano 3-7, Thomas von Celano, Leben und Wunder des hl. Franziskus von Assisi, hg. von E. Grau, FQS 5, S. 222-228.

263) Annales Stadenses, MGH.SS 16, S. 354, Z. 34. Die Chronik des Albert von Stade, GDV 72, S. 57.

주했다. 그의 전기작가인 토마스 첼라노(Thomas von Celano, 1190-1260)는 이것을 그리스도께서 그에게 직접 부여한 교회개혁을 위한 동기로서 해석한다.

> '그는 영에 이끌리어 기도하기 위하여 들어가서, 겸손히 모든 헌신을 다하여 십자가에 달린 이 앞에 엎드렸다. ... 이 상황에서 십자가에 달린 그리스도의 그림이 입을 움직이면서 즉시 – 그것은 유사 이래로 전례없는 것이었다 - 그의 이름을 부르면서 말했다. '프란체스코, 가서 네가 보는 것처럼 완전히 무너진 내 집을 다시 세워라."[264]

그의 아버지가 아들에게 자신의 요구들을 법적으로 관철시키려고 시도했을 때, 그는 그 지역의 주교의 보호 아래로 피했다. 과거와 단절은 옷을 바꿈으로 확정되었다.[265] 그것으로 완전한 은둔의 시기가 시작된다.[266] 파란체스코는 동굴, 은둔자의 거처 또는 야외에서 살았다. 어쨌든 그는 산 다미아노와 포르치운쿨라(Portiuncula)에 있는 산 마리아 델리 안젤리(San Maria degli Angeli) 교회 근처에서 그들의 예배에 참여하기 위하여 머물렀다. 1209년 2월에 그가 파송의 말씀(마10:7이하)을 들었을 때, 그는 하나님의 임재에 의해 압도되어, 앞으로 '거룩한 복음의 형태와 일치하게 살겠다'고 결정했다.[267] 그는 은둔자의 거처를 떠나서 순회설교를 하기 시작했다. 교황청교회가 카타르파와 발도파에게 행했던 경험들의 배경에서 이러한 걸음은 모험을 의미했다. 프란체스코는 신학적으로 교육을 받지도 교회적으로 임직받은 것도 아니었다. 아시시의 주교 귀도(Guido)는 그의 정통신앙을 공적으로 확신하여, 그가 설교를 하도록 허락했다.

264) Testament 1-3, François d'Assise, Ecrits, SChr 285, S. 204ff.; Die Schriften des hl. Franziskus von Assisi, hg. von L. Hardick und E. Grau, FQS 1, S. 217.

265) II Celano 10, Thomas von Celano, Leben, FQS 5, S. 230f. 참조, Das Gebet vor dem Kreuzbild, in: Schriften des heiligen Franziskus von Assisi, FQS 1, S. 127; François d'Assise, Ecrits, SChr 285, S. 334f.

266) I Celano 13-15; Thomas von Celano Leben, S. 88ff.

267) I Celano 16-20; Thomas von Celano Leben, S. 90-95.

## 2. 추종자들

즉시 동반자들이 가입했다. 베른하르드 쿠인타발레(Bernhard von Quintavalle), 페드로 카타니(Petrus Cattani)와 애기디우스(Ägidius)는[268] 다양한 신분과 직업의 구성원들이 급속히 성장하는 추종자 진영에 속했다. 성직자와 평신도, 귀족과 농노, 부자와 가난한 자, 지식인과 배우지 못한 자.[269] 토마스 첼라노는 이것을 하나님 앞에서 사람들의 평등의 표현으로 해석했다.[270] 종교적으로 동기가 부여된 평등이 사회적인 결과들을 갖는 것은 분명하다. 어쨌든 프란체스코는 분명 '하나님께서 원하는 신분질서에 대한 동시대인들의 표상으로부터 벗어나기를' 원하지 않았다는 것으로 추측될 수 있다.[271] 초기의 증거에 따르면, 프란체스코의 추종자들은 스스로를 '아시시의 시민출신의 참회자'로 불렀다.[272] 또 다른 보고에 따르면, 그들은 스스로를 '작은 빈자' 혹은 '작은 형제들'로 불렀다.[273] 야콥 폰 비트리는 그들은 '참으로 보잘것없고 의복과 벌거숭이와 세상의 멸시에서 이 시대의 모든 규칙에 따라 겸손한' 자들이었으며, 사도적 삶의 양식을 따라 재산을 포기하고 완전한 가난 속에서 '벌거벗은 자로서 벌거벗고' 가난한 주 예수 그리스도를 뒤따라가는 자들이라고 기록했다.[274] 『완전함의 거울』(1228)에 따르면 프란체스코는 계시에 근거하여 '작은-형제들'이라는 명칭을 도입했다.[275] 그에 반해 토마스 첼라노는 형제들의 겸손이 수도회이름을 위해서 결정적이었다고 기록하고 있다.

> '모든 사람들 아래에 있는 참으로 보잘것없는 형제들로서 그들은 자신을 위해서 항상 경시되는 일자리를 찾았고, 그들에게 어떤 모욕이 주어져 경시되는 일을 행

---

268) Ⅰ Celano 22; Thomas von Celano Leben, S. 96f.

269) Ⅰ Celano 23-25; Thomas von Celano Leben, FQS 5, S. 98-100; 참조, H. Feld, Franziskus von Assisi, S. 143ff.

270) Testimonia minora saeculi ⅩⅢ de S. Francisco Assisiensi hg. von L. Lemmens, S. 80; 참조, E. Grau, Die ersten Brüder, S. 136f.

271) Ⅰ Celano 31; Thomas von Celano Leben, FQS 5, S. 106.

272) D, Berg, Armut und Wissenschaft, S. 23; 참조, S. Clasen, Franziskus von Assisi und die soziale Frage, S. 109-121; K. Esser, Anfänge, S. 40.

273) Dreigefährenlegende des heiligen Franziskus von Assisi, FQS 8, S. 123(=∫37)

274) Testimonia minora, hg. von L. Lemmens, S. 17 f.

275) The Historia Occidentalis, Kap. 32, in: Testimonia minora, hg. von L. Lemmens, S. 81-84. 참조, I. Schönderfer, Orient und Okzient, S. 70-75.

하기를 원했다.'[276]

### 3. 최초규정

이미 초기에 프란체스코는 그의 참회공동체에 생활규정을 제시했다. 토마스 첼라노는 '그가 전적으로 거룩한 복음서의 글들을 사용하여' 기록한 '생활양식과 규정'에 관한 것이라고 언급했다. 이 복음서의 완전함을 그가 유일하게 간절히 이루려고 노력했던 것이다. 그는 수도회생활을 위하여 전적으로 필요한 오직 소수의 다른 규정들을 덧붙였다.[277] 추측컨대 더 이상 존재하지 않는 소위 최초규정은 뒤따름에 대한 성경구절로 구성되었을 것이다. 겸손과 가난과 순종이 핵심을 이루었다. 음식은 간단했으며, 자주 금식을 해서 아무것도 먹지 않았다. 재산은 금지되었다. 수도회형제는 두 개 이상의 수도복을 자신의 것이라고 주장해서는 안 되었다. 하나의 수도복으로 만족했던 프란체스코는 돈과 관계를 맺는 것을 금했다.

> '사랑하는 형제 그리고 아들들이여, 너희들은 동냥을 구하는 것을 부끄러워하지 말아야 한다. 왜냐하면 주께서 이 세상에서 우리를 위하여 스스로 가난하게 되셨기 때문이다. 그 때문에 우리는 진정한 가난의 길을 선택했다. 왜냐하면 그것이 우리 주 예수 그리스도께서 우리와 그의 모범을 따라 가장 거룩한 가난 속에서 살기를 원하는 모두에게 요구하면서 남겨놓은 유산이기 때문이다.'[278]

이 언급으로 재산의 포기뿐만 아니라 권력행사의 포기까지도 의미하는 그의 가난은 구속으로부터 자유롭게 되어 영적 상담과 선교를 할 수 있기 위한 결정적인 전제이다.[279]

276) Le speculum perfecionis, Tom 1, hg. von P. Sabatier; Der Spiegel der Vollkommenheit, hg. von W. Rüttenauer, Buch 1, S. 53 f.

277) I Celano 38; Thomas von Celano, Leben, FQS 5, S. 113 f.; 참조, K. Esser, Anfänge, S. 18-35.

278) I Celano 32; Thomas von Celano, Leben, S. 106.

279) Le seculum perfectionis, Tom 1-4, hg. von P. Sabatier; Der Spiegel der Vollkommenheit, hg. von W. Rüttenauer, Buch 1, S. 17a ff., 36 ff., 59 f., 82 ff., 131 ff.

이것이 자신을 버린 그리스도의 모범이며, 이것을 프란체스코는 그의 공동체 앞에 내세웠다.[280] 동시에 이 원칙이 일반적으로 기록됨으로, 공동체의 견고성을 위한 첫 걸음을 내딛었다.

## J 교회와 청빈운동

12세기 말엽의 교회에게 청빈운동은 도전이면서 동시에 의심스러운 것을 의미했다. 사도적 삶의 모범을 인증으로 내세우면서 교회와 수도원제도의 개혁을 요구하는 순회설교자와 평신도설교자는 성직자의 세계질서와 전통적인 수도원이상의 위협으로 인식되었으며, 그 때문에 거부되었다.[281] 그런 가운데 유대인들을 대할 때 만들어진 행동표본이 중요한 역할을 하여, 이단자로서 명명된 설교자에게 전용되었다.[282] 인노켄티우스 3세는 새로운 시작을 표시했다. 그의 의도는 교회 분열적이며 이단적인 경향들을 저지하는 것이며, 교황의 권위를 인정하는 자들은 교회의 보호 아래 두는 것이었다. 그 때문에 그는 거룩한 삶에 대한 매진에서 교회의 질서를 넘어가는 자를 간단히 이단자에 편입시키지 않도록 요구했다. 그는 밀밭에 있는 가라지의 비유를 환기시키고, 그로부터 이어지는 '혼합체'(corpus permixtum)로서 교회에서 구별해야하는 필요성을 환기시켰다. 그는 1199년 12월에 베로나의 주교에게 구별하지 않는 엄격함에 대해 경고했다.

> '이단적인 나쁜 일을 제거하기 위하여 그들이 무죄한 자를 정죄하고 죄있는 자를 무죄판결하지 않도록 목자의 노력은 깨어있어야만 한다.'[283]

280) 참조, M. Cusato, The renunciation of power as a foundational theme in early Franciscan history, S. 265-286.

281) 참조, M. Lambert, Franciscan Poverty, S. 58-67.

282) 참조, M. Lambert, Häresie im Mittelalter, S. 93 ff.

283) 참조, A. Patschovsky, Feindbilder der Kirche: Juden und Ketzer im Vergleich (11.-13. Jahrhundert), in: A. Haverkamp, Juden und Christen zur Zeit der Kreuzzüge, S. 327-357.

## 1. 카타르파

청빈운동의 다른 그룹과 달리 카타르파는 중세 사회로부터 낯설고 빗나간 자의 상징으로 여겨졌다.[284] 그들에 대한 교회의 반응이 특히 타협의 여지없이 내려졌다는 것이 놀랍지 않다. 인노켄티우스는 로마법을 재수용하여 카타르파의 파문과 시민의 권리상실의 위협에 대한 교회법적인 토대를 놓았다.[285] 동시에 그는 사절단의 파견을 통하여 그들의 영향력을 약화시키려고 시도했다. 1203년에 그는 시토수도사 피에르 카스텔노(Petrus von Castelnau)와 석사 라울(Magister Raoul)과 일 년 후에 아르놀드 드 시토(Arnold von Cîteaux)를 이단자들에 대한 설교자로 위임했다. 그러면서 그는 그들에게 '당신들의 태도의 공명정대함과 간결함을 모두에게 보이는 그러한 방식으로 행동하도록'[286] 충고했다. 사절단은 툴루즈의 시행정당국이 교회에 대한 충성서약을 하도록 움직이는데 성공했지만, 시민들은 카타르파를 도시에서 내쫓는 것을 거부했다. 나르본의 대주교 자신마저도 이단자들에 대하여 단호한 태도를 취하도록 움직이지 않았다. 오히려 그는 로마에서 사절단의 월권에 대해 불평했다. 전체적으로 단호한 조치의 성공은 이루어지지 않았다.[287]

1208년 1월에 갈등이 극적으로 첨예화되었다.[288] 교황청 사절단의 피에르 카스텔노의 살해는 가톨릭교회에게 카타르파를 다시 찾으려는 노력들에 대한 타격을 의미했다. 얼마 후 인노켄티우스 3세는 살인혐의가 있는 툴루즈의 라이문드 백작에게 파문을 선고하고, 그의 신민들에게 충성서약을 해제했다. 동시에 그는 알비파에 대한 십자군전쟁을 불러 일으켰다.[289] 그 가운데 그의 논증은 볼로냐 학교의 교회법학이 '그라지아노의 교회법

284) Ep. 228, PL 214, Sp. 789A; Ep. 235, PL 214, Sp. 793C; 참조, M. Lambert, Geschichte der Katharer, S. 99-120; H. Grundmann, Religiöse Bewegungen, S. 70-127; K.-V. Selge, Die ersten Waldenser Bd. 1, S. 298-303.

285) 참조, D. Müller, Ketzer und Ketzerinnen. Über die „fremde' Wurzel abweichender Glaubensvorstellungen und ihre Bekämpfung. Das Beispiel des Katharismus, in: Chr. Lüth, Der Umgang mit dem Fremden in der Vormoderne, S. 211-228.

286) 참조, H. G. Walther, Ziel und Mittel päpstlicher Ketzerpolitik in der Lombardei und im Kirchenstaat, in: P. Segl, Anfänge der Inquistion, S. 103-130; L. Kolmer, Christus als beleidigte Majestät. Von der Lex 'Quisque' (397) bis zur Dekretale 'Vergentis' (1199), in: H. Mordek (Hg.), Papsttum, Kirche und Recht, S. 1 ff.

287) PL 215, Sp. 360.

288) 참조, J. Duvernoy, Le Catharisme, Bd. 2: L'Histoire des Cathares, S. 237-244; W. L. Wakefield, Heresy, Crusade and Inquistion, S. 86-94.

289) Chronica regia Coloniensis, MGH.SS rer. Germ. 18, Teil. 6, S. 228, Z. 3-18; Kölner Königschronik, GDV 53, S. 255 f.

전'(Decretum Gratiani)에 연결하여 정의로운 전쟁을 대변한 것처럼 그 사상에 의해 뒷받침되었다.[290] 그것으로 처음에 단지 몇 달 정도 걸릴 예정이었지만, 20년 동안 남부프랑스를 진동시킨 계획이 진행되었다. 교황청의 사절단 아르놀드 드 시토의 지휘 아래 알비파를 대항해서 싸울 군대가 리옹에 편성되었다.[291] 1209년 7월에 카타르파가 생업에 종사하는 자들과 시민들 가운데서 지원을 받고 있던 랑그독에 있는 도시 베지에(Béziers)가 정복되고, 시민들의 학살이 저질러졌다. 그리고 오랜 유대인 공동체도 제거되었다.[292] 얼마 후 십자군은 카타르파가 1167년 주교구를 세운 카르카손에 이르게 되었다. 대량학살은 단지 주민들이 그들의 재산을 남겨두고 농촌으로 도망했기 때문에 일어나지 않았다. 이어진 수년 동안 도시들과 성들이 정복되었다. 교회가 카타르파를 악마화한 것은 박해를 받던 자들이 그들 쪽에서 십자군기사들의 행위를 '사탄의 지배권의 가시적인 표징'으로 해석하고 그 때문에 그들의 이원론적 세계관의 확인한 것으로 해석한 것에 상응한다.[293]

비록 그것으로 최초의 목표가 성취되었지만, 십자군전쟁은 끝나지 않았다. 그것은 증가하는 정치화와 관련이 있었다. 그 정치화는 아르놀드 드 시토가 나르본의 대주교가 된 반면에 군대의 총사령권이 노르만족의 귀족인 시몽 4세 드 몽포르(Simon IV. de Montfort, 1165-1218)에게 넘어 간 것에 나타난다. 시몽 백작의 지휘 아래 십자군전쟁은 자신의 권력기반의 확장을 위한 기꺼운 도구로서 계속되었다. 그의 첨예한 적수는 툴루즈의 백작 라이문드 6세였다. 그는 처음에 십자군을 후원했지만, 그들의 잔혹한 행동 때문에 그들을 대항했고, 그 때문에 파문당했다. 이어진 수년 동안 십자군전쟁은 남부프랑스에서 헤게모니를 둘러싼 영주들의 전쟁으로 발전했다. 툴루즈와 몽토방(Montauban)의 정복으로 시몽 백작은 랑그독의 대부분을 정복하는데 성공했다.[294] 1213년에 뤼티히(Rüttich) 주교구 출신의 참사수도회원 야콥 폰 비트리를 이단자에 대한 설교를 계속 수행하도록 위임한

290) Annales Stadenses, MGH.SS 16, S. 355, Z. 15; Chronik des Albert von Stade, GDV 72, S. 58, 참조, J. Sumption, The Albigensian Crusade, S. 77-87; W. L. Wakefield, Heresy, Crusade and the Albigensian crusade, S. 52-76; J. Duvernoy, Le Catharisme Bd. 2: L'Histoire des Cathares, S. 251-256; B. Hamilton, The Medieval Inquistion, S. 60-71.

291) 참조, E.-D. Hehl, Kirche und Krieg im 12. Jahrhundert, S. 188-207.

292) Chronica regia Coloniensis, MGH.SS rer. Germ. 18, Teil 6, S. 230, Z. 33-231,1; Kölner Königschronik, GDV 53, S. 260.

293) Bericht des päpstlichen Legaten Arnold von Citeaux an Innozenz III, in: C. Mirbt, Quellen zur Geschichte des Papsttums, Nr. 600, S. 311 f.; 참조, M. Lambert, Geschichte der Katharer, S. 110 ff.; J. Sumption, The Albigensian Crusade, S. 88-104.

294) 참조, G. Rottenwöhrer, Zeichen der Satansherrschaften, S. 10-37.

것은 단지 알비파에 대한 십자군전쟁의 초기 동기에 대한 희미한 기억일 뿐이었다.[295]

## 2. 발도파

인노켄티우스 3세는 카타르파에게와 달리 발도파에게는 '교회복귀정책'을 추구했다.[296] 거기에 오스마의 주교 디에고가 중요한 역할을 했다. 그는 1206/07년에 남프랑스에서 커다란 군중들 앞에서 열렸던 신앙토론에 여러 번 참여 하였는데, 그 신앙토론은 종종 여러 날이 걸려서 판정관에 의해서 혹은 청중들의 결정을 통해서 끝났다. 1207년 9월 파미에(Pamiers)에서 열린 토론회에서 디에고는 남프랑스의 발도파 중 두란두스 폰 오스카(Durandus von Osca) 주위에 모인 한 그룹을 가톨릭교회로 되찾고, 사도적인 참회설교는 오직 주교의 인가로 정당하게 행해질 수 있다는 확신을 주는데 성공했다. 그 계기로 두란두스의 추종자들은 로마로 가서, 교황의 권위에 굴복하고, 다음과 같은 신앙고백양식에 서명했다.

> '우리는 진심으로 믿고, 이단자의 교회가 아니라, 거룩하고 가톨릭적이고 사도적인 로마의 교회를 입으로 고백하며, 우리가 믿는 것처럼 이 교회 밖에서는 아무도 구원받지 못한다는 것을 고백한다. 우리는 어떤 관점에서도 성례전을 거부하지 않는다. ... 주교와 사제의 나쁜 점이 어린아이의 세례에서도 성만찬의 축성에서도 아무런 해를 끼치지 않는다.'

설교직과 관련하여 다음과 같이 말했다.

> '우리는 말씀선포가 매우 필요하고 칭송할만한 가치가 있다고 믿는다. 하지만 우리는 그것이 교황의 위임 혹은 승낙 아래에서 혹은 대표자의 허락을 받아 행해져

295) 참조, J. Sumption, The Albigensian Crusade, S. 104-155.

296) 참조, I. Schöndorfer, Orient und Okzident, S. 18-22.

야만 한다고 믿는다. 분명한 이단자가 살고 있고 하나님과 거룩한 로마교회의 믿음이 거부되고 비방받는 모든 장소에서 우리는 그들이 하나님의 뜻에 따라 대화와 모든 가능한 종류의 경고를 통하여 충격을 주고, 그리스도와 교회의 적대자들인 그들과 당당하게 주님의 말씀으로 죽음에 이르기까지 맞서 싸워야만 한다고 믿는다.'[297)]

두란두스와 그의 추종자들은 이러한 계기로 참회설교를 계속할 수 있었다. 인노켄티우스 3세는 그들에게 공동소유와 순결준수와 가난한 자를 섬김과 주교의 설교허락의 필수성에 대해 기록한 인가서를 내주었다.[298)] 베르나르 프리머스(Bernardus Primus)의 지도 아래 있던 또 다른 발도파의 그룹에게서 교회로 편입은 더욱 분명했다. 그들은 1210년 교황의 복종의무에 따랐다. '가톨릭의 가난한 자'들로서 그들은 자신들이 교회의 위계질서에 동의하는 한 참회와 선한 행위에 대한 설교를 계속 할 수 있도록 요구했던 특권을 부여받았다. 그밖에 그들은 교황청의 이단에 대한 선교사역을 맡아서, 이단자와 사교인에 대항하여 가톨릭신앙을 방어하는 의무를 가졌다.[299)] 두란두스 폰 오스카는 1220년에 그들을 위하여『마니교파 반박서』(Liber contra Manicheos)를 저술했다.[300)]

### 3. 후밀리아트회

인노켄티우스 3세 아래에서 후밀리아트회는 교회로 돌아가는 길을 발견했다. 1201년에 부여된 교황의 인가서는 교회비판적인 평신도운동으로부터 교회의 조직된 수도회가

297) K.-V. Selge, Franz von Assisi und die römische Kurie, S. 142.

298) H. Denzinger, Enchiridion, Nr. 792, 793, 796; S. 353 ff.; 참조, M.-H. Vicaire, Recontre à Pamiers, S. 163-194; K. Schlemmer, Innozenz III. und die Frömmigkeitsformen des Mittelalters, in: Papst Innozenz III., S. 148 f.; H. Grundmann, Religiöse Bewegungen, S. 91-127; K.-V. Selge, Die ertsen Waldenser Bd. 1, S. 195-199, 300-303.

299) Bulle vom 26. Mai 1212, in: G. G. Meersseman, Dossier de l'Ordre de la Pénitence, S. 286-288. 참조, K.-V. Selge, Die ersten Waldenser, Bd. 1, S. 193-225.

300) Bulle vom 18. Dez. 1208, in: G. G. Meersseman, Dossier de l'Ordre de la Pénitnce, S. 282-284; 참조, K.-V. Selge, Die ersten Waldenser, Bd. 1, S. 188-193.

될 수 있게 만들었다.[301] 수사신부들과 사제와 공송(公誦)기도수녀들이 교회의 한 가지를 이루었다. 정착한 공동체에서 결혼하지 않고 살아가는 평신도신분의 남자와 여자들이 두 번째 가지에 속했다. 가족과 함께 사는 종교적인 자들이 세 번째 가지로 통합되었다. 이것으로 인하여 청빈운동을 원래 시작한 자들이 수도회위계질서에서 마지막 위치에 서게 되었으며, 그들이 이 세상에 사는 평신도로서 경건과 사도적 사역의 삶을 살게 된 것을 통하여 그들의 가치가 높이 평가되었다.[302] 교황의 설교에 대한 위임이 수도회의 형성으로 이어졌다. 야콥 폰 비트리스는 도사형제들과 사제들과 글을 아는 평신도들에게 '그들의 공동체에서뿐만 아니라, 길거리에서와 도시들에서 그리고 세속교회에서(즉, 수도원교회가 아닌 교회에서) 반드시 그들의 공동체에 대해 책임을 맡고 있는 고위성직자의 승낙 아래에서 설교의 허가가 주어졌다'고 기록하고 있다[303] 후밀리아트회를 주교구 주교의 권위 아래 종속시킨『참회자공동체의 정관』(Statut einer Bruderschaft von Büßern, 1215)에 세밀한 항목들을 규정했다. 그밖에 그 공동체는 '하나님의 말씀으로 교육받아 공동체에 경고하고 지속적인 참회와 경건한 행위를 하도록 도우는 한 명의 수도회사제'(∫22)가 있어야 한다고 기록되었다. '이단자나 이단으로 혐의가 있는 자를 받아들여서는 안 된다'(∫32)[304]고 강조하여 환기시켰다. 이어진 시기에 많은 후밀리아트회가 몰려왔다. 뿐만 아니라 그들은 이단자선교에서 명성을 날렸다. 뤼티히에서 베긴회운동을 후원했고, 알비파에 대한 십자군전쟁의 설교가로서 일했던 야콥 폰 비트리는 후밀리아트회의 사역에 대하여 그들을 칭송했다.

> '후밀리아트회는 그리스도를 위하여 모든 것을 떠나서 여러 장소에 모인 이들이었다. 그들은 자신의 노동으로 생활하며, 하나님의 말씀을 자주 설교하고 즐겨 들

---

301) Une somme anticathare, hg. von Ch. Thouzellier.

302) Propositum des Humilies vom 7. Juni 1201, in: G. G. Meerssemam, Dossier de l'Ordre de la Penitence, S. 276-282. 참조, M. P. Alberzoni, Die Humiliaten zwischen Legende und Wirklichkeit, S. 324-353; H. Grundmann, Religiöse Bewegungen, S. 72-91.

303) 참조, H. Tillmann, Papst Innozenz Ⅲ., S. 181.

304) The Historica Occidentalis of Jacques de Vitry, hg. von J. F. Hinnebusch, Kap. 28, S. 145; 참조, I. Schöndorfer, Orient und Okzident, S. 68f.

었으며, 믿음 안에서 완전하고 성실했으며, 사역에 능력이 있었다.'[305)]

인노켄티우스는 청빈운동의 다른 그룹들에 대하여 같은 정책을 펼쳤다. 그는 1199년에 다음과 같이 기록했다. 그가 '어떤 의미에서 성경에 대한 갈망에 이끌린 적지 않은 수의 평신도와 여자들이 복음서들과 바울서신들과 시편과 대 그레고리오스(Gregor der Große)의 욥주석에 있는 윤리와 여러 다른 책들을 프랑스어로 번역하도록' 시키고 나서, '비밀의 공동숙소에서' 그것에 대해 설교한다는 것을 들었다. 몇몇에게서 사제에 대한 경멸이 나타난다. 왜냐하면 '그것을 통하여 그들에게 구원의 말씀을 설명할 때, 그들은 남몰래 불평하고, 그들이 그들의 저서들에서 더 나은 것을 가지고 있으며, 그것을 더 현명하게 표현해낼 수 있다'고 생각하기 때문이다. 인노켄티우스는 그들에게 반론을 제기했다.

> '만약 신적인 글들을 이해하려는 갈망과 그에 맞게 훈계하려는 노력이 비난받을 것이 아니라, 오히려 추천될 수 있는 것이라고 할지라도, 그들은 분명히 그들의 은밀한 모임들을 개최하고, 부당하게 설교의 직분을 가진 체 하고, 사제의 단순함을 비웃고, 그런 것을 다루지 않는 자들과 교제를 거부하는 것에 대하여 책망받을 수밖에 없다.'

인노켄티우스는 공적인 설교는 오직 교회의 책임 아래에서 행해져야 한다고 재삼 확인했다.

> '즉 몸에 많은 지체가 있는 것처럼 모든 지체가 같은 능력을 가지고 있지 않다. 그래서 교회에 많은 신분들이 있지만, 모두가 같은 직분을 가지고 있지 않다. 왜냐하면 사도에 따르면 '주께서 어떤 이는 사도로, 다른 어떤 이는 선지자로, 다른 이는 교사로 세웠기' 때문이다. 이제 말하자면 교사의 지위는 교회의 가장 중요한 지위

305) Statut d' une fraternite de Penitents, in: G. G. Meersseman, Dossier de l'Ordre de la Penitence, S. 88-90. Zitat: S. 90(∫∫ 32).

이다. 그 때문에 아무나 구별없이 설교의 직분을 차지할 수 없다.'[306]

순회설교자는 청빈운동의 외적 특징에 속한다. 오토 폰 장트 블라지엔(Otto von St. Blasien)는 12세기 말에 교황과 주교들의 교육으로 프랑스의 모든 지역에서 참회를 호소한 풀코 드 뇌이(Fulco von Neuiiiy)를 언급했다.

> '그는 병에 시달리는 자에게 손을 얹음으로 건강하게 만들었고, 시각장애인에게 시력을 회복시켜주었으며, 청각장애인이 들을 수 있게 했으며, 마비된 자를 걷게 했으며, 언어장애인이 말할 수 있게 했다. 그는 이것을 공개적으로 전적인 신뢰를 갖고 행하여, 그가 이것을 하나님의 손가락으로 행했다는 것을 의심하지 않게 되었다.'[307]

하지만 위계질서를 경시하는 곳에는 정죄가 뒤따랐다. 쾰른의 왕의 연대기가 참회설교자들에 대해서 기록하고 있다. 그 가운데 파리에서 교회의 허락없이 나타난 여러 성직자들이 있었다.

> '주교에게 고발당함으로 인하여 그들은 붙잡혔고, 교사들과 성직자들 앞에 서게 되었다. 믿음에 대하여 충분히 논쟁한 뒤에 그들은 이단으로 인정되었고, 사도 도마의 기념일 전날에 왕으로부터 화형선고를 받았다.'[308]

### 4. 프란체스코

아시시의 참회형제들의 등장은 무엇보다도 교회가 청빈운동을 위협으로 감지하던 이

---

306) Brief Ⅰ, 54-57; Lettres de Jacques de Vitry, hg. von R. B. C. Huygens, S. 73; 참조, I. Schöndorfer, Orient und Okzident, S. 68f.;

307) H. Denzinger, Enchiridion, Nr. 770/771; S. 337-339; PL 214, Sp. 695C-697A.

308) Ottonis de Sancto Blasio Chronica, MGH. SS rer. Germ. 47, Cap. 47, S. 75, Z. 1-76, 14; Chronik des Otto von St. Blasien, GDV 58, S. 78f.

시기였다. 프란체스코는 점점 더 교회의 인정을 얻도록 촉구했다. 공개적인 사역을 시작한 지 불과 1년 만인 1210년 초에 그는 11명의 형제들과 함께 로마로 여행을 떠났다. '그것으로 공동체는 단일한 주교구의 협소하고 교회법적으로 제한된 범위를 떠나서, 그들이 널리 노력하는 것을 알렸다. 그들은 그리스도교의 머리와 합의를 시도했다.'[309] 거기에는 보다 긴 협상이 필요했다. 그 협상에서 교황청의 고해성사에 대한 대표자인 요한네스 폰 장크트 바울 추기경이 대변한 교황청은 그 그룹이 기존에 존재하는 수도회에 가입하도록 요구했다. 토마스 첼라노에 따르면, 프란체스코는 하나님으로부터 받은 새로운 삶의 형식에 대한 계시에 근거하여 그것을 거절했다. 마침내 그는 인노켄티우스 3세가 규칙의 최초형태를 인정하는데 이르렀다. 우선 '마치 라테란대성당이 이미 무너질 때가 가까운 때에, 한 수도사가, 즉 수수하고 초라한 한 남자가 그것을 자신의 등으로 지지하여 그것이 완전히 무너지지 않도록 지탱하는 것을 보여주는 듯한' 얼굴이 교황에게 나타났다.[310] 어쨌든 인노켄티우스 3세는 순회설교의 허가를 단지 구두로 내주면서, 그것에 대하여 평신도로 구성된 그룹은 성직자의 머리삭발과 순종의 서약을 표명한 성직자에 순응해야 한다는 조건을 덧붙였다.[311] 이 합의로 프란체스코회 참회형제들은 그들의 카리스마적인 공동체를 교회의 수도회 안으로 변형시키는 첫 발을 내딛었다. 움브리아로 돌아온 프란체스코와 그의 동료들은 수도회가 그들에게 사용하도록 내어준 아시시 근교의 포르치운쿨라(Portiuncula)의 산 마리아 교회('이 땅의 작은 조각')에 거주했다.[312] 이 교회에 대하여 이 교회가 비록 '초라하고 거의 파괴되었지만', 아시시의 주민들에게서는 '최상의 존경'을 받았다 라고들 말한다.[313] '침묵과 노동뿐만 아니라 그 밖의 규칙들에 관해서는' 수도원의 은둔생활과 비교될 수 있을 정도로 생활을 영위했다. '성인이 도처로부터 불러서, 그들이 진심으로 하나님께 헌신하며 어떤 관점에서도 완전할 것을 요구받은 특별히 정해진 형제들

---

309) Chronicaregia Coloniensis, MGH. SS rer. Germ. 18, Teil 6, S. 230, Z. 24-32; Kölner Königschronik, GDV 53, S. 260.

310) K.-V. Selge, Franz von Assisi und die römische Kurie, S. 135; 참조, H. Grundmann, Religiöse Bewegungen, S. 127-135.

311) Ⅱ Celano 16/17; Thomas von Celano, Leben, FQS5, S. 236ff.; 참조, St. Schmitt, Die bildlichen Darstellungen Papst Innozenz' Ⅲ, in: Papst Innozenz Ⅲ., S. 36-45.

312) Ⅰ Celano 33; Thomas von Celano, Leben, FQS5, S.108.

313) Ⅰ Celano 21, 42-44; Thomas von Celano, Leben, FQS5, S. 95f., 116ff.

외에, 거기에 출입하는 것은 아무에게도 허락되지 않았다.'[314] 최고의 삶의 규칙은 '거룩한 주인인 가난'이었다.[315] 형제들은 자신들을 '단지 낯선 자들과 나그네'로 이해했으며, 오직 구걸과 육체노동을 통하여 생계를 꾸려나갔다.[316] 동시에 새로운 회원들이 공동체에 들어왔다. 그들 가운데 이 수도회의 역사에서 탁월한 역할을 감당할 엘리아스 디 코르토나(Elias von Cortona, 1180-1253)가 있었다.[317]

1212년에 여러 변화들이 나타났다. 연초에 16살의 아시시의 귀족가문 오프레두초(Offreduccio)의 딸인 클라라(Clara, 1193/94-1253)가 공동체에 가입했다.[318] 이미 어린나이에 - 처음에는 부모의 집에서 - 그녀는 기도와 금식으로 은둔자적인 생활을 하기 시작했다. 1212년 종려주일 밤에 그녀는 포르치운쿨라로 도피하였다. 거기서 프란체스코는 그녀의 머리카락을 자르고, 그녀에게 초라한 자루같은 겉옷을 새로이 입혀주었다. 뒤이은 며칠 동안 클라라는 이웃한 수녀원에서 머물렀다. 이윽고 그녀는 산 다미아노 교회로 가서, 거기서 그 사이에 거기로 온 그녀의 자매 아그네스와 함께 수녀원을 설립했다. 곧 여성들이 계속 가입했고, 그 가운데 그의 어머니도 있었다. 프란체스코는 그해에 그 공동체를 위하여『성 클라라를 위한 생활양식』을 저술했다. 거기에 다음과 같이 기록되어 있다.

> '너희들이 하나님의 계시에 의하여 가장 고귀하고 높으신 왕, 즉 하늘의 아버지의 딸과 여종이 되었다. 그리고 너희들이 거룩한 복음의 완전함을 따르는 삶을 선택함으로, 거룩한 성령과 약혼하였다. 그래서 나는 나와 나의 형제들을 위하여 그리고 너희와 항상 사랑스런 고민과 특별한 관심을 가진 이들을 위하여 이것을 약속한다.'[319]

---

314) Lespeculum perfectionis, Tom3, hg. von P. Sabatier; Der Spiegel der Vollkommenheit, hg. von W. Rüttenauer, Buch 3, S. 96.

315) II Celano 19; Thomas von Celano, Leben, FQS5, S. 240.

316) I Celano 51; Thomas von Celano, Leben, FQS5, S. 125.

317) Le speculum perfectionis, Tom 1/3, hg. von P. Sabatier; Der spiegel der Vollkommenheit, hg. von W. Rüttenauer, Buch 1, S. 30f.; Buch 3, S. 137.

318) 참조, D. Berg, Elias von Cortona, S. 102-126; M. Lambert, Franciscan Poverty, S.71-77.

319) 참조, A. Rotzetter, Klara von Assisi, S. 28-84.

같은 해 성령강림절 축제에 모든 형제들이 공동의 문제에 대하여 논의하기 위하여 포르치운쿨라에 모였다. 이 수도회총회로 앞으로 매년마다 함께 모이는 공적 기구가 형성되었다. 얼마 후 프란체스코는 움브리아를 넘어 순회설교를 하기 시작했다. 가을에 그는 '사라센인들과 그 밖의 불신자들에게 그리스도교의 믿음을 전하고 참회를 설교하기 위하여' 첫 근동여행을 시도했다. 어쨌든 그 시도는 이미 달마티아(Dalmatien)에서 좌절되었다. 일 년 뒤에 그는 재차 길을 떠났다. 이번에는 모로코로 향했지만, 그가 스페인에서 병이 났기 때문에, 다시 성공하지 못했다. 그의 예정보다 이른 귀환 후에 '몇 명의 지식인들과 몇 명의 귀족들이 기꺼운 마음으로' 그에게 가입했다. 그 가운데 토마스 첼라노도 있었다.[320] 그 밖에 프란체스코는 아시시의 북서쪽 아레초(Arezzo)의 아베르노(Averno) 산 위에 한조각의 땅을 얻었다. 거기에 그는 반복해서 기도와 명상을 위하여 물러난 은둔자의 거처를 만들었다.

### 5. 도미니쿠스

카타르파와 만남은 도미니쿠스에게 전환점을 의미한다. 1206년 6월에 그는 오스마(Osma)의 디에고(Diego)주교 편에서 몽펠리에(Montpellier)에서 재판을 열고 있는 교황의 사절단을 만났다. 이 만남에서 디에고는 '그들이 겸손하게 나타나서, 경건한 교리의 예를 제시하고, 걸어서 가며, 금과 은 없이 나와서 모든 것에서 사도적 모범을 따른다면, 그들이 이단자의 설교를 보다 잘 저지할 수 있을 것'이라고 사절단에게 조언을 했다.[321] 그의 말 뒤에는 카타르파의 매력은 무엇보다 사도적 삶에 대한 사람들의 갈망에 근거하고 있으며, 교회의 교리의 전파가 겸손과 가난 가운데 나타날 때, 그것이 성공할 수 있다는 인식이 깔려 있다. 디에고는 카타르파에게 근거를 가지고 대면할 수 있기 위하여 신학교육의 불가피성을 환기시켰다.[322] 1206년 10월에 오스마의 디에고는 프루이유(Prouille)에 여성

320) Die Opuscula des hl. Franziskus von Assisi. Neue textkritische Edition, hg. von K. Esser, S. 296-299; Schriften des heiligen Franziskus von Assisi, FQS1, S.134.

321) I Celano 55ff.; Thomas von Celano, Leben, FQS5, S. 128ff.

322) M.-H. Vicaire, Geschichte des heiligen Dominikus Bd. 1, S. 120.

들을 위한 수녀원공동체를 설립했다. 그는 그 동기를 카타르파에서 여성들이 갖는 의미에 대한 관찰에서 갖게 되었다. 심지어 '완전한' 여성들에 의해 운영되고 카타르파의 귀족 가문출신의 소녀들이 다니는 학교들이 있었다.[323] 이들을 가톨릭교회로 되돌리려면, 그들에게 동등한 가치의 생활양식을 제공해야만 했다. 그 때문에 툴루즈의 풀코(Fulko) 주교는 프루이유의 설립을 허가했다. 도미니쿠스가 급속히 성장하는 이 공동체를 이끌었다. 1216년부터 기도와 금욕과 노동 가운데 삶을 묘사하는 첫 번째 규칙이 생겨났다. 남자수도원은 거점으로서 랑그독에서 활동하는 순회설교자들을 섬겼다.[324] 1206년 11월에 인노켄티우스 3세는 오스마의 디에고에게 카타르파에게 설교를 하는 임무를 부여했다. 그는 '우리가 그들을 위해 마련해둔 직분을 수행할 수 있으며, 가난한 그리스도의 가난을 모방하면서 겸손한 태도로 성령의 불을 가지고 검소하고 겸손한 자에게 주의를 기울이기로 결단했다고 입증된 남자들을 데리고 와서, 그들의 죄를 용서받기 위하여 지체하지 않고 이단자에게 가서 주님의 도움으로 그들을 자신들의 행위의 모범과 설교의 가르침을 통하여 그들의 잘못에서 완전히 되돌리게 하라고 명령하라고'[325] 그(디에고)에게 훈계했다. 이 임무를 받아가지고 디에고와 도미니쿠스와 그의 동반자들이 카타르파와 논쟁했다.[326] 이 논쟁들 가운데 하나에 대해서 다음과 같이 알려진다.

> '한 주교가 장엄한 차림으로 약속된 장소로 가기를 원했다. 그러나 그리스도의 겸손한 전파자 도미니쿠스는 그에게 말했다. '우리는 진리의 적들을 겸손, 인내와 경건과 그 밖의 모든 미덕으로 이겨야만 한다. 높은 지위의 호화로움과 세속의 영광을 펼치는 것이 그들을 그들의 오류에서 벗어나게 하지 못한다. 당신이 우리에게 기도의 무기를 붙잡게 하고, 우리의 옷으로 소박하고 겸손히, 맨발로 거인 골리앗에게로 가도록 하라!"[327]

323) 참조, D. Berg, Armut und Wissenschaft, S. 18-21.

324) 참조, H. Grundmann, Religiöse Bewegungen, S. 170-198.

325) 참조, M.-H. Vicaire, Geschichte des heiligen Dominikus, Bd. 1, S. 151-176.

326) PL 215, Sp. 1024/25.

327) 참조, M.-H. Vicaire, Geschichte des heiligen Dominikus, Bd. 1, S. 125-140, 185-189; J.Duvernoy, Le Catharisme, Bd. 2: L'Histoire des Cathares, S. 244-251.

모든 노력에도 불구하고 단지 소수의 카타르파만 가톨릭교회로 되찾았다. 선교의 실패는 설교자그룹을 와해되게 만들었다. 1207년 디에고 주교가 죽자, 도미니쿠스는 교황의 설교사역을 혼자 감당해야 하는 상황에 직면하게 되었다. 그에 대하여 다음과 같이 알려진다. 그는 '그의 말의 능력을 통하여와 마찬가지로 성인같은 삶의 모범을 통하여' 일했다.[328] 하지만 그는 십자군 군대의 지도자인 시몽 드 몽포르(Simon de Montfort)와 그의 연합이 보여주는 것처럼 알비파에 대한 전쟁의 복잡한 문제로부터 자유로울 수 없다. 그밖에 그는 그의 설교들이 보여주는 것처럼 십자군 종군자들의 행위에 동의했다. 도미니쿠스는 이 때에 여러 번 주교로 선출되었지만, 그는 거절하고, 동료들과 함께 순회설교를 계속했다.

1214년 4월에 군사적 패배의 압력으로 툴루즈가 가톨릭교회에 개방되었다. 귀환하는 성직자들 가운데 설교자공동체를 설립한 도미니쿠스가 있었다. 그 공동체는 회원의 유산으로부터 매일의 생활을 위하여 필요한 실내 설비를 갖춘 주택들을 소유했지만, 토지소유와 임대로부터 얻는 수익은 포기했다. 이것은 '전통과 의도적인 단절과 그와 함께 인위적인 경제적인 종속을 통하여 경제적 독립의 포기'를 의미했다.[329] 개별적인 가난은 교회로 편입과 일치한다. 툴루즈의 풀코 주교는 공동체에게 주교구에서 설교를 위임했다.

> '우리는 이단자들의 부패를 제거하기 위하여, 악습을 몰아내기 위해서, 신앙고백을 가르치기 위해서 그리고 사람들에게 건강한 윤리를 각인시키기 위하여 도미니쿠스와 그의 동료들을 우리 교구에 설교자로서 임명했다는 것을 지금 살고 있는 자들과 장래에 살게 될 모두에게 알린다. 그들은 걸어서 다니면 복음의 진리의 말씀을 복음적인 가난 속에서 선포하면서, 그들은 그들의 규칙에 따라서 수도사로서 살 것이다.'[330]

328) Dietrich von Apolda im Heiligsprechungsprozess 1233, in: Sankt Dominikus, hg. von G. Hofmann, S. 138f.

329) Meister von Campranano, Sakristian des Klosters von Pamiers, im Heiligsprechungsprozess 1233, in: Sankt Dominikus, hg. von G. Hofmann, S. 96.

330) A. Hertz, Dominikus und die Dominikaner, S. 49.

이 위임에서 세 가지가 눈길을 끈다. 하나는 설교임무가 단지 공동체로 제한되지 않았으며, 이단자를 대항하는 설교와 관계될 뿐만 아니라, 전체 교회의 신자들을 윤리와 신앙 교리에서 바르게 세우기 위하여 그들 전체를 향한 것이다. 두 번째는 위임은 개별적인 인물들을 향한 것이 아니라, 설교자공동체 전체 회원을 향한 것이다. 그때까지 오직 개별적으로 부여된 설교위임을 법적으로 세워진 단체에 부여된 것은 사제직의 역사에서 처음이다. 마침내 청빈의 게명이 설교위임과 연결되었다. 원시교회의 모범과, 사도적 뒤따름의 예와 개인적인 소유의 포기는 사제직의 규범이 되었다. 설교자공동체는 이어진 시대에 급속한 번영하게 되었다. 그들은 오스마와 툴루즈와 카르카손의 주교들의 후원과 무엇보다도 교황 인노켄티우스 3세의 후원을 기쁘게 받아들였다.

## K 제4차 라테란공의회

제4차 라테란공의회는 인노켄티우스 3세 교황 임기의 절정을 의미한다.[331] 그가 1213년 4월에 공의회 소집을 선언했을 때, 아마도 동방과 서방교회 사이에 논란의 여지가 있는 교리입장들을 모든 다섯 총대주교의 공의회에서 다루자는 비잔틴 황제 알렉시오스 4세 콤네노스(Alexios IV. Komnenos)의 제안이 한 역할을 했다.[332] 1215년 11월에 공의회가 모였다. 총 1200명 이상의 참가자로, 그 가운데에 왕들과 영주들과 도시들의 수많은 대변인들, 400명 이상의 추기경들과 총대주교와 대주교와 주교들이 있었다. 이것은 그리스도교의 모든 신분들보다 앞서 있다는 교황의 자부심이었다. 서방제국들이 가장 강력하게 대변했고, 비잔틴과 동방교회들의 대표들도 참여했다.[333] 한 연대기저자는 다음과 같이 기록했다.

'인노켄티우스 교황은 교회의 세력을 알기 위해서 그의 사도적 위엄에 근거하여

331) M.-H. Vicaire, Geschichte des heiligen Dominikus, Bd. 1, S. 220f.

332) 참조, Ph. Schäfer, InnozenzⅢ. und das 4. Laterankonzil, in: Papst InnozenzⅢ., S. 103-116.; R. Foreville, Lateran Ⅰ-Ⅳ, S. 263-379; K. Schatz, Sllgemeine Konzilien, S. 109-112.

333) Innocentious Ⅲ, Regesta sive epistolae, Ep. 16, 30; PL 216, Sp. 823D-825C; Übersetzung: R. Foreville, Lateran Ⅰ-Ⅳ, S. 385ff.; 참조, H. J. Sieben, Basileios Pediadites und Innozenz Ⅲ., S. 249-274.

모두에게 가장 멀리 떨어져 있는 지역에까지 공개서한을 보냈다. 그리고 그는 가장 특별한 자들에게 대주교들과 주교들과 대수도원장들과 수도원장들과 그 밖의 성직을 가진 자들 가운데 누구든지 라테란의 만성절의 축제에 개최되는 보편공의회에 대한 명성에 부응하지 않는 자는 사도의 칼이 교회의 검열과 함께 그에게 내려질 것이라는 것을 의심하지 않도록 알렸다. 보라, 크고 넓은 대양에 던져진 베드로의 그물이 큰 것과 함께 작은 것들을 내놓고, 수천 가운데 수천을 이끈다. 하지만 대주교를 헤아리기 원할지라도, 그들의 엄청난 수를 신중한 계산을 통하여서도 분명히 파악할 수 없을 것이다. 혼잡한 군중들 가운데서 주교들과 대수도원장들과 많은 다른 사람들이 교황에게 아니라, 하나님께 그들이 살면서 행했던 모든 것을 해명하기 위하여 공의회 기간 중에 마지막 숨을 내쉰다.'[334]

개회할 때 인노켄티우스 3세는 다루어야 할 주제들을 언급했다. 비잔틴교회와 관계, 새로운 십자군전쟁의 선언, 청빈운동, 그리스도교의 신앙과 교회개혁의 관철. 시국의 문제도 언급되어야 했다. 영국의 실지(失地)왕 존 1세(Johann I. Ohneland)에 대한 반란, 독일의 왕위계승투쟁, 남부프랑스의 알비파와 전쟁, 그리스도교의 공동체에서 유대인들의 지위.[335] 그 결과들은 71개의 행정명령에 기록되었고, 그 가운데 많은 것들이 교회법으로 수용되었다.[336]

## 1. 비잔틴과 관계

비잔틴과 관계는 제4차 십자군전쟁으로 라틴의 주교구를 설립하게 된 것으로 인해 그 늘겼다.[337] 반면에 거기에 대해서 네 번째 교리결정은 아무런 것도 말하지 않고, 다음의 것을 확언했다.

334) R. Foreville, Lateran Ⅰ-Ⅳ, S. 456-462가 공의회참석자 명단을 제시한다.

335) Cronica Sancti Petri Erfordensis, MGH.SSrer. Germ. 42, Teil 2, S. 213, Z. 28-214, 9; Chronik von Sanct Peter, GDV 52, S. 77.

336) Eröffnungsansprache am 11. Nov. 1215, in: R. Foreville, Lateran Ⅰ-Ⅳ, S. 391-396.

337) Concilliorum Oecumenicorum Decreta, Bd. 2, S. 227-271; H. Denzinger, Enchiridion, Nr. 800-820, S.357-367.

'우리는 우리 시대에 사도직의 자리에 대한 복종으로 되돌아온 그리스인들에게 우리의 호의와 존경을 표하며, 그들의 생활양식과 예전을 우리가 주 안에서 할 수 있는 한에서 함께 가진다. 그럼에도 불구하고 우리는 그들에게 영혼을 위험하게 하고 교회의 명성에 해를 끼치는 것을 승인하지 않는다.'

그것으로부터 공의회참석자들에게는 비잔틴인들에 대한 분명한 기대가 있었다.

'그들은 '하나의 양무리와 하나의 목자'가 있도록 그들의 어머니의 순종하는 아들처럼 지극히 거룩한 로마교회에 적응해야한다.'

동시에 로마주교의 우위가 확정되었다.

'주님의 명령에 따라 모든 그리스도교신자의 어머니와 교사로서 정규의 권력 안에서 모든 다른 교회 위에 우위를 소유한 로마교회 뒤에 콘스탄티노플이 첫 번째를, 알렉산드리아가 두 번째를, 안디옥이 세 번째를, 예루살렘이 네 번째 자리를 차지한다.'(const. 5)

콘스탄티노플에 라틴 주교구의 설립으로 인하여 로마의 관점에서는 연합이 이미 현실이었다. 인노켄티우스는 그는 연합을 바로 로마교회에 대한 비잔틴의 굴복으로 생각했기 때문에, 그는 자신을 양 쪽 교회의 최고 우두머리로 이해했다.[338]

## 2. 십자군전쟁의 준비들

공의회가 열리는 동안에 팔레스타인의 상황의 격화에 대한 소식이 도달했다. 쾰른의 연대기는 사라센인들의 침입에 대해서 알려주고 있다.

338) 참조, Fr. Winkelmann, Kirchen im Zeitalter der Kreuzzüge, S. 94ff.

'그들이 2년 동안 관찰하기로 맹세하여 약속했던 평화를 깨뜨리고, 그리스도인들을 충격에 빠뜨려서 사로잡아 죽였다. 그들은 마을들과 촌락들과 도시들과 성곽과 성들을 빼앗고, 약탈하고, 파괴했다. 그들이 모든 잔혹한 행동을 한 뒤에, 난폭한 감정을 가지고 모든 이웃마을들을 공격했다.'[339]

이런 이유로 새로운 십자군전쟁이 선언되었다. 인노켄티우스 자신이 이 계획의 정점에서 있었다. 그는 '불신자들의 손에서 거룩한 땅의 해방'은 그의 '불타는 소원'이라는 논거로 다음해 동안에 시칠리아에 기사군대의 소집을 명령했다.

'주께서 그것을 원하시는 것처럼 거기서 우리는 그리스도교의 군대가 우리의 조언과 도움으로 잘 조직되도록 진을 쳐서 하나님과 사도의 축복 가운데 출발하기 위하여 개별적으로 도착할 것이다.'

그 시도의 재정을 위한 자금은 교회의 특별세를 통하여 그리고 유대인들이 지불할 사면이자로 조달될 것이었다. 그밖에 완전한 속죄의 면죄부가 갱신되었다. 그럼에도 불구하고 십자군전쟁에 참여하기를 원하지 않는 자들에게 교황은 다음과 같이 외쳤나.

'당신들이 최후의 심판의 날에, 즉 엄한 시험의 날에 두려운 재판장 앞에서 우리에게 대답해야만 한다는 것을 당신들은 알아야만 한다.'[340]

## 3. 청빈운동

여러 행정명령들은 청빈운동의 정리하는데 유효하다. 그 제한적인 성격이 눈에 띈다.

---

339) 참조, Innozenz Ⅲ., Brief an Patriarch Joh. Kamateros(1199), PL 214, Sp. 764D; 771C; O. Hageneder, Die Register InnozenzⅢ., Bd. 2, S. 389. 397.

340) Chronica regia Coloniensis, MGH. SSrer. Germ. 18, Teil5, S.194, Z.9-30; Kölner Klnigschronik, GDV 53, S. 211f.

'매우 다양한 종교적 공동체들이 하나님의 교회에서 커다란 혼란에 이르도록 하지 않기 위하여, 우리는 단호히 장래에 새로운 종교적 공동체를 설립하는 것을 금한다. 수도원적 삶으로 귀의하기 원하는 자는 그보다 허가된 종교적 공동체들 가운데 하나를 선택하기 바란다.'(const. 13)

이것으로 공의회참석자들은 새로운 공동체의 설립을 거부했다. 그것은 '인노켄티우스의 개혁적인 조치에 대한 보수적인 세력이 세운 장애물'이었다.[341] 먼저 후밀리아트회와 발도파에서 나온 가톨릭의 가난한 자들을 겨냥했다. 그리고 프란체스코파와 도미니쿠스파도 역시 얼마나 기존의 수도원적 생활의 조직으로 분류될 수 있는지가 측정되었다. 그밖에 다양한 공동체들의 수도원들에게 시토수도회의 모범을 따르면서, 규칙적인 간격으로 규칙준수를 감독하고 필요한 개혁을 진척시킬 수도회총회로 모일 것을 요구했다(const. 12). 그 밖에 결정들은 대수도원장들이 주교의 권위에 덧입어 그들의 영향력을 확장시키는 것이 금지했고(const. 60), 십일조를 평신도들에게 받는 것을 매우 강하게 금지했다(const. 6).

## 4. 그리스도교적 신앙

카타르파의 교리로 인하여 개최된 공의회는 그리스도교의 신앙에 대해서 진술했다. 첫 번째 교리결정은 하나님의 일체성을 강조했다.

'오직 한 분 참된 신이 있다. 그는 영원하고, 측량할 수 없으며, 전능하시고, 변하지 않으시고, 이해할 수 없고, 이루 형용할 수 없으며, 아버지와 아들과 성령이다. ... 악마와 다른 악령들은 비록 하나님에 의해 본성에 따라 선하게 창조되었으나, 그들은 스스로 악하게 되었다.'

341) Const. 70/71; 참조, R. Foreville, Lateran Ⅰ-Ⅳ, S. 265-275, 290-293.

공의회참석자들은 카타르파의 가현설에 대해, 예수 그리스도는 '참사람이 되셨고, 이성을 지닌 영과 인간의 육체가 함께 있으며, 두 본성을 가진 한 인격'이라고 반론을 제기했다. 성례전적인 교회론은 카타르파의 교회론적인 요구를 거부했다.

'신자들의 보편적인 하나의 교회가 있다. 그 교회 밖에서는 아무도 구원받을 수 없다. 그 교회 안에서 예수 그리스도 자신이 사제이면서 동시에 제물이다. 하나됨의 신비를 완성하기 위하여 그가 우리의 것으로부터 가져가신 것을 우리가 그의 것으로부터 받기 위하여, 하나님의 능력으로 빵이 몸으로 그리고 포도주가 피로 변하는 즉시, 그의 몸과 피는 제단의 성례에서 빵과 포도주의 형태 가운데 참으로 나타난다. 이 성례는 오직 예수 그리스도께서 직접 사도와 그의 후계자에게 넘겨준 교회의 열쇠에 의거하여 적법하게 서품받은 사제만 수행할 수 있다.'[342]

성만찬에 대한 이러한 신학적 정의로 – 동시에 이것은 중세의 첫 번째이자 유일한 교의(教義)이다 – 그리스도의 사역은 사제의 행위와 결합되고, 이것은 다시 유효한 축성과 주교들의 열쇠의 권한을 통하여 규정되는 교회공간과 결합된다. 본질의 변화(Transsubstantiation)에 대한 교리는 또한 미사예전의 기본토대를 형성한다. 이것은 하나님의 구원사적 드라마의 희곡적인 표현이 되며, 그 정점은 성체(聖體)를 높이 드는 장면이다. 이 행사에 고딕 주교좌성당의 화려하게 장식되고 빛으로 가득 찬 성단소(聖壇所)가 예전의 장소를 제공한다.[343]

두 번째 교리결정은 자신의 저서에서 새로운 영의 시대의 도래와 교회개혁과 재편성의 도래를 알리고 피에트로 롬바르도(Petrus Lombardus)의 삼위일체론을 비판한 지오아키노 다 피오레(Joachim von Fiore, 1135-1202)의 영성주의를 겨냥했다.[344] 그와 구분하여 전통적인 삼위일체의 교리를 확인했다.

342) M. Lambert, Geschichte der Katharer, S. 117. 참조, H. Grundmann, Religiöse Bewegungen, S. 135-156.

343) Conciliorum Oecumenicorum Decreta, Bd. 2, S. 230f.

344) 참조, D. Korsch, Innozenz. III. und der Formwandel der Kirche, in: Papst Innozenz III., S. 164 ff.; R. Foreville, Lateran I-IV, S. 329-344; Chr. Egger, Papst Innozenz III. als Theologe, S. 55-123; K.-H. Kandler, Christliches Denken im Mittelalter, S. 91-93.

'그것은 최고의 현실이다. 비록 이해할 수 없고, 말로 표현할 수 없지만, 그것은 참으로 아버지와 아들과 성령으로, 삼위가 있는 동시에 그들의 각자가 개별적이다. 그 때문에 하나님에게는 오직 삼위일체가 있으며, 사위일체가 아니다. 왜냐하면 삼위의 각자가 그 실제이기 때문이다. 즉 신적인 본질과 신적인 본체와 신적인 본성이다. 그것은 오직 모든 것의 근원이며, 그가 없이는 다른 근원이 없다.'[345]

세 번째 교리결정은 마침내 '다양한 얼굴을 가지고 있지만 그 꼬리가 서로 연합되어 있는 - 그들의 무의미함이 동일한 것에 이르기 때문에 - 명시된 전체 이단자를 반대하는 것'이다. 그들 모두는 파문되어 그리스도교의 정부에 의한 처벌 아래 놓여있다.

'세속 권력은 그들이 어떤 직분들을 가지고 있던지 동일하게, 신앙을 방어하기 위하여 공개적으로 성실히 힘을 다해 교회에 의해 낙인이 찍힌 모든 이단자들을 그들의 재판권 아래에 놓인 지역에서 추방하도록 노력하겠다고 서약을 하도록 독촉을 받고, 부추김을 받고, 필요한 경우에는 교회의 검열을 통하여 강요받아야 한다.'

공의회는 평신도의 설교를 강하게 금지했다.

'그 때문에 금지에도 불구하고 또는 파송받지 않고, 교황이나 지역의 가톨릭주교로부터 전권위임을 얻지 않고 설교직분을 공적으로나 사적으로 자신의 것으로 강탈하는 모든 자는 파문을 당하고, 만일 그들이 즉각적으로 이성을 받아들이지 않을 때는 다른 적합한 처벌을 받게 될 것이다.'[346]

345) 참조, B. McGinn, The Calabrian Abbot. Joachim of Fiore, S. 164-168.

346) Conciliorum Oecumenicorum Decreta, Bd. 2, S. 231 ff.

## 5. 교회생활의 개혁

수많은 결정들이 교회생활의 개혁과 관계가 있었다.[347] 공의회참석자들은 매우 자유로운 언어로 문제들을 언급했다. 그들은 주교임직이나 성직자서품이나 수도원가입이나 교회의 직무상 행위에서 현금지불의 문제를 거론했다(const. 63-66). 그밖에 주교들이 술잔치(const. 17)와 공갈시도(const. 34)와 파문의 악용(const. 47-49)을 버려야 했다. 만약 이런 행위중 하나가 알려지게 되면, '교회의 장로들 앞에서 그 진실이 정확하게 조사'되어야 했다(const. 8). 그와 함께 언급된 종교재판은 피고인에게 분명히 방어의 권리가 허락되었으며, 그것은 반항적인 주교들과 대수도원장들에 대한 징계조치였지만, (아직은) 이단자와 사교도들에 대해 도입된 도구는 아니었다.[348] 개혁에 대한 제안들은 교회직분의 차지(const. 10; 23-30)와 지역주교회의 개최(const. 6)와 주교의 재판권(const. 35-39)에 관한 것이었다. 사제들에게도 비판적인 규범서가 제시되었다. 그들이 자신들의 아들을 교회에 취직시키기 위해 노력한다는(const. 31) 비난이 특징적이다. 그들이 재산들을 모으며(const. 19) 성직록을 얻기 위해 노력하는 것(const. 29)이 계속 이어지는 질책사항들이었다. 고해성사를 바르게 다루는 것이 그들의 임무에 속했다. 고해성사를 듣는 사제는 사려 깊고 신중해야 하며, 마치 경험있는 의사의 좋은 태도에 따라 포도주와 기름을 환자의 상처위에 부어야 한다. 그는 신중하게 죄인과 죄의 상황을 살펴야 한다. 거기에서부터 그가 어떤 조언을 고해성사를 하는 자에게 주어야 하고 어떤 치료방법을 사용해야 하는 지를 지혜롭게 알게 된다(const. 21).

평신도와 관련한 결정들에 그레고리우스적인 정신이 숨쉬고 있다(그레고리우스 7세(1020-1085)는 성직자사회 정화와 서임권 투쟁으로 압축되는 세속권력으로부터 교회를 자유롭게 하려는 중세 교회개혁운동을 추진했다. - 역자 주). 그 결정들에는 교회의 업무에 대한 처분권이 반박되고 있다(const. 40/44). 그리고 세속권력에 의해 실시된 교회선거는 무효이다(const. 25). 반대로 성직자들이 세속 관심사에 개입하지 않고(const. 42) 평신도에게 충성서

347) Conciliorum Oecumenicorum Decreta, Bd. 2, S. 233 ff.; 참조, B. Hamilton, The Medieval Inquisition, S. 31-34.

348) Conciliorum Oecumenicorum Decreta, Bd. 2, S. 236-265; 참조, R. Foreville, Lateran I-IV, S. 345-365.

약을 하지 말아야 한다는(const. 43) 것이 유효했다. 계속 분명해져가는 성직자와 평신도 사이의 이 구분은 교회건축에서도 반영되었다. 초기 그리스도교이래로 주교좌 대성당과 수도원교회와 재단교회에 있는 제단과 구분을 위한 일반적인 제대 난간(祭臺欄干)은 - 거기에 설치된 독서대 때문에 봉독대(奉讀臺, lectorium)로 명명되었다. - 웅장하게 건축되었다. 단순한 구분에서 시작하여 대개 돌로 만들어져 공간을 구분하는 구조물이 되었다. 그것은 성단소(聖壇所)에서 일하는 성직자를 그 밖의 교인들로부터 완전히 분리했다. 어떤 의미에서 이것으로 교회 안에 교회가 생겼으며, 그 교회의 바깥 면은 신자를 향해 있는 봉독대이다. 봉독대는 독서대와 찬양대를 갖추었으며, 평신도제단과 연결되어 있고, 신자들의 경건의 고양을 위하여 성화상으로 꾸며졌다. 교회생활에 평신도의 참여와 관련하여 매년의 고해성사와 부활절성만찬에 의무적으로 참여해야 했다 – 개별 신자의 경건과 교회에 대한 그들의 태도에 장기적으로 영향을 끼친 결정이었다(const. 21). 그밖에 비밀 결혼이 금지되었으며(const. 51), 동시에 교회법적인 혼인장애(婚姻障碍)가 제한되었다(const. 50/52). 마침내 공의회는 성유물의 경건과 관련하여 과도화를 조절하려고 시도하는 결정을 공포했다.

> '상당수의 사람들이 성인들의 성유물을 팔기위해 제공하고 도처에서 전시되는 것을 통하여 그리스도교가 자주 평가절하되기 때문에, 우리는 옛 성유물은 이제부터 결코 더 이상 성유물함 밖으로 끄집어내어서는 안 되고 또한 판매되어서는 안 된다는 것을 결정한다. 새롭게 발견된 것들은 먼저 로마주교의 권위를 통하여 인정받기 전에는 아무도 공적으로 숭배하려고 시도해서는 안 된다.'(const. 62)

제4차 라테란공의회와 더불어 인노켄티우스 3세는 자신의 임기의 절정에 도달했다. 결정들에서 공의회참석자들은 마치 공의회가 더 이상 협의하는 기능을 갖지 않는 것처럼 교황의 권위의 나팔수가 되었다.[349] 반면에 교황은 결정들의 실행에서는 주교단의 협력에 의존하였다. 특히 독일에서 황제와 교황 사이의 갈등 때문에 어려움에 직면한 문제에 관

349) 참조, W. Trusen, Der Inquistionprozess, S. 168-230.

하여서 그렇게 했다.[350] 공의회가 끝난 몇 달 후에 인노켄티우스는 죽었다. 한 연대기저자는 그의 삶에 대해서 이렇게 기록했다. 그는 '학문과 웅변과 규정들과 법에 대한 지식과 판결의 예리함과 관련하여 자신과 같은 존재를 남기지 않았다.'[351]

350) 참조, Ph. Schäfer, Innozenz III. und das 4. Laterankonzil, in: Papst Innozenz III., S. 116; J. Haller, Papsttum, Bd. 3. S. 469-480.

351) 참조, P. B. Pixton, The German Episcopacy and the Implementationn of the Decrees, bes. Kap. 3-6; R. Foreville, Lateran I-IV, S. 366-379.

중세 전성기의 서방교회
(12~13세기)

# 제3장

## 탁발수도회의 영향 아래의 서방교회

교황교회는 13세기 전반기에 여러 가지 도전들에 직면하게 되었다. 슈타우펜 황제와의 논쟁, 비잔틴 교회와의 경쟁, 팔레스타인의 그리스도교국가에 대해 증가되는 위협, 종교적인 여성운동의 발생, 청빈운동의 융화, 마지막으로 이단적 그룹들과 분리에 직면했다.

## A 교황권과 슈타우펜 가문

인노켄티우스 3세는 교황의 보편적 지배권으로 현실에서도 평가될 수 있어야만 하는 기준을 세웠다. 그 기준을 교회 내에서 관철시키려는 시도에서 이미 대립세력이 등장했다. 그것을 정치적으로 관철시키는 것은 더욱 어려운 것으로 증명되었다. 그의 상대자는 프리드리히 2세였다. 그의 지배권은 하나님의 선택과 사명에 대한 믿음과, 하나님의 뜻에 따른 교회권력과 세속권력의 이원론과, 거기에 근거한 법과 평화를 수호해야만 한다는 확신에 의해서 각인되었다.[1)]

### 1. 프리드리히 2세

프리드리히 2세의 섭정통치는 처음에는 황제의 지배권을 확보하는 것에 의해 결정되었다.[2)] 황제가 교회의 주교제후들로 하여금 그의 아들 하인리히(7세)를 로마황제로 선출하는데 동의하도록 움직인 1220년 4월의 협약이 이 노력에 맞춰져 있다. 반면 그는 그들에게 광범위한 양보를 함으로 그것을 성취할 수 있었다.

> '첫째로 우리는 앞으로 교회의 주교제후가 죽었을 때 그가 남긴 제국의 재산에 대해 결코 요구하지 않기로 약속한다. ... 나아가서 우리는 앞으로 그들의 지역들과 제국의 영토에 그들의 자문없이 혹은 그들의 의지에 반하여 새로운 세금추징소와 조폐소를 세우지 않을 것이다. ... 또한 우리는 아무도 그 재산의 관리인으로서

1) 참조, W. Sürner, Kaiser Friedrich II. Seine Herrschaftsvorstellungen und politischen Ziele, in: Das Staunen der Welt. Kaiser Friedrich II. von Hohenstaufen, S. 10-39

2) 참조, W. Stürner, Friedrich II., Bd. 2: Der Kaiser 1220-1250; H. Wolter/H. Holstein, Lyon I/Lyon II, S. 21-50.

그 지위에 근거하여 재산상으로 교회에 해를 끼치지 않기로 결정한다. ... 마찬가지로 우리는 그것이 옳은 것처럼 그들로부터 파문당하는 것을 피한다. ... 세속의 칼은 교회의 칼을 돕기 위하여 세워졌기 때문에, 파문이 먼저 취소되는 경우를 제외하고는 우리의 추방은 취소될 수 없으며 파문에 따라야 한다.'[3)]

이것으로 프리드리히는 주교의 영토에서 후퇴를 표명했다. 그밖에 그는 주교의 지배권을 세울 때 자신의 지원을 확약했다.

## 2. 교황권과의 갈등

동시에 교황권과 긴장이 증폭되었다. 외적인 동기는 프리드리히 2세가 1225년 7월의 호노리우스 3세(Honorius IIi.)의 십자군전쟁소집에 처음에 응하지 않고, 북부이탈리아를 지배세력연합에 확고히 편입시킨 조치를 취한 것이었다. 그런 이유로 그레고리우스 9세는 그의 임기시작과 동시에 그에게 마치 닥쳐오는 논쟁들을 미리 알리는 파문선언을 했다.

'이런 처신의 결과로 제국과 사제직 사이에 가장 심각한 불화가 생겨났고, 그래서 수년에 걸쳐 거의 전체 그리스도교가 새로운 엄청난 압박으로 인하여 가장 심각하게 혼란에 처하게 되었다.'[4)]

하지만 프리드리히가 마침내 팔레스타인으로 출발해서, 거기에서 강해져서 되돌아왔을 때 – 그는 예루살렘의 술탄과 평화협정을 맺는데 성공했다 -, 갈등은 폭발했다. '교황이 그의 순례여행 기간 중에 그에게 힘든 부당행위를 행했다는 견해'에서 프리드리히는 부르군트(Burgund)와 교황의 영지들을 파괴했다.[5)] 프리드리히가 베드로의 세습영지의 자유

3) Constitutiones et acta publica imperatorum et regum, Bd. 2,MGH. Const. 2, S. 89-91; Deutsche Geschichte in Quellen, Bd. 1, Nr. 92, S. 391-395.

4) Annales et Historiae Altahenses, MGH.SS 17, S. 399, Z. 6-8; Werke des Abtes Hermann von Altaich, GDV 78, S. 27.

5) Chronika regia Coloniensis, MGH.SS rer. Germ. 18, Teil 7, S. 261, Z. 23-28; Kölner Königschronik, GDV 53, S. 312.

를 보장한 1230년 7월의 산 게르마노-체프라노(San Germano-Ceprano)의 평화협약으로 일시적으로 의견의 일치가 재형성되었고, 파문선언이 취소되었다. 1235년 8월에 마인즈의 제국회의에서 프리드리히 2세는 국내평화를 선언했다. 그것은 '주교와 부주교들의 교회적인 재판권'이 포함되는 '교회의 자유와 법'을 승인했지만, 황제의 재판권도 강화했다.

> '공무원과 재판관은 아무도 자신의 고통에 대한 복수자가 되지 않도록 하기 위하여 세워졌다. 왜냐하면 법의 힘이 사라진 곳에는 잔인한 전횡이 날뛰기 때문이다. 그 때문에 우리는 아무도 자신의 고소를 재판관 앞에 제시하고 법에 따라 적합한 판결이 나올 때까지 - 그에게 해와 부담을 끼친 것과 완전히 똑같이 - 스스로 보복하지 못한다고 확정한다.'[6]

황제의 이탈리아정책이 상황의 첨예화를 새롭게 야기했다. 황제의 권리를 회복하려는 의도에서 프리드리히 2세는 1237년에 롬바르디아의 도시들을 점령했다.[7] 동시에 그는 시칠리아 왕국에 근거를 둔 지배권을 북쪽으로 확장하기 시작했으며, 로마교황령을 점령한 것을 물리지 않았다.[8] 저항을 위하여 그레고리우스 9세는 과거에 입증된 도구로서 파문을 꺼내들었다. 1239년 종려주일의 파문장은 다음과 같았다.

> '우리는 아버지와 아들과 성령과 사도 베드로와 바울과 우리 자신의 권위로 소위 황제라고 불리는 프리드리히를 파문하여 추방한다. 그가 로마교회를 대항하여 도시에서 반란을 일으켜서, 그것을 통하여 그가 최고사제와 그 형제들을 그들의 자리에서 몰아내려고 의도했기 때문이다.'[9]

---

6) Constitutiones et acta publica imperatorum et regum, Bd. 2,MGH. Const. 2, S. 241 ff.; Deutsche Geschichte in Quellen, Bd. 1, S. 417-419.

7) 참조, H. Keller, Mailand zur Zeit des Kampfes gegen Kaiser Friedrich II., in: W. Hartmann, Europas Städte zwischen Zwang und Freiheit, S. 273-296; Th. Kölzer, Die Staufer im Süden – eine Bilanz aus deutscher Sicht, in: Das Staunen der Welt. Kaiser Friedrich II. von Hohenstaufen, S. 72-97.

8) 참조, H. M. Schaller, Die Kaiseridee Friedrich II., in: Ders., Stauferzeit. Ausgewählte Aufsätze, S. 53-84.

9) Annales Stadenses, MGH.SS 16, S. 363, Z. 31-364, Z. 19; Chronik des Albert von Stade, GDV 72, S. 83 ff.

그리하여 그레고리우스는 황제의 권리를 프랑스 왕에게 제안하는 시도를 단행함으로 한 걸음 더 나갔다. 그는 사절단을 파견했는데, 그 사절단은 '황제에 대한 두려움에 휩싸여 프랑스로 가서 교황의 명령으로 로마제국을 게르만인에게서 갈리아인에게로 넘기기로 제안하고, 이 제안을 수용할 것을 프랑스 왕에게 요구하려고'[10] 했다. 이러한 새로운 '제국이양'(translatio imperii)의 시도는 성공하지 못했지만, 교황의 자아상에 대하여 특징적인 것이었다. 프리드리히 2세는 공의회에 항소하고, '당신들이 불쾌한 일에 대하여 일반적인 상황과 특히 죽은 자의 안식을 배려하여, 눈에 분명히 보이는 근거들에서 이 세계를 정당하게 여기는 것이 아니라, 제멋대로라고 다루는 교황의 격앙을 신중하고 겸손히 진정시키도록'[11] 추기경들에게 요구했다.

실제로 이 논쟁의 시기에 교황의 파문은 효과 없는 것으로 증명되었다. 그레고리우스 9세가 1240년 로마에 황제의 파문을 확인하기 위한 공의회를 소집했을 때, 황제는 로마로 가고 있는 추기경들과 주교들과 대수도원장들의 배를 나포하여 시칠리아에 붙잡아 놓았다.[12] 그 결과는 동시대인들에 의해서 다양하게 해석되었다. 쾰른의 연대기는 공의회의 방해를 '우리에게 감추어진 뜻을 가진 하나님의 허락을 통하여' 이루어진 '황제의 운이 좋은 성공'이라고 불렀다.[13] 반면에 알베르트 폰 슈타데(Albert von Stade)는 황제가 '그의 추종자와 함께 로마로 가는 모든 길들을' 점령했다고 불만을 제기했다.[14] 그레고리우스 9세가 1241년 죽자, 어쨌든 외관상으로는 프리드리히 2세는 (자신의 뜻을 - 역자 주) 성취했다. 그는 2년 후에 비로소 자신이 사로잡고 있던 성직자들을 풀어주었고, 교황선출을 위한 길을 열어주었다. 연대기저자들은 이것을 명예회복이라고 기록했다. 왜냐하면 '이미 약 22개월 동안 세속권력과 교회권력 사이의 분열 때문에 교황의 자리가 비워있었기'[15] 때문이었다. 새로운 교황의 임기 동안에 교황청은 빠르게 주도권을 회복했다. 그 가운데 탁월한 교회

10) Chronica regia Coloniensis, MGH.SS rer. Germ. 18, Teil 8, S. 273, Z. 23-274,5; Kölner Königschronik, GDV 53, S. 331.

11) Annales Stadenses, MGH.SS 16, S. 365, Z. 16-19; Chronik des Albert von Stade, GDV 72, S. 88; 참조, H. Wolter/H. Holstein, Lyon I/Lyon II, S. 269-272.

12) Konzilseinberufung Gregors IX. vom 9. August 1240, in: H. Wolter/H. Holstein, Lyon I/Lyon II, S. 272 f.

13) Chronica regia Coloniensis, MGH.SS rer. Germ. 18, Teil 8, S. 279,29-31; Kölner Königschronik, GDV 53, S. 339 f.

14) Annales Stadenses, MGH.SS 16, S. 367, Z. 29 f.; Chronik des Albert von Stade, GDV 72, S. 94.

15) Annales et Historiae Altahenses, MGH.SS 17, S. 394, Z. 7-9; Werke des Abtes Hermann von Altaich, GDV 78, S. 35.

법학자로서 명성을 누리고 있던 인노켄티우스 4세(Innozenz IV., 1243-1254)는 이중의 전략을 구사했다.[16] 그는 겉으로 황제와 논쟁들의 종식을 위해 협상을 했지만, '부활절 전의 성목요일(1244)에 툴루즈의 백작과 몇몇 황제의 궁정법관들이 황제가 교회의 계명 아래 복종해야 한다는 것에 서약했다. 하지만 후에 이 합의는 의도했던 바를 완수하지 못했다. 왜냐하면 교황이 은밀하게 로마시를 떠나서, 배를 타고 바다를 건너서 자신의 출신지인 제노바(Genua)로 갔기' 때문이다.[17] 실제로 인노켄티우스는 황제의 승인에도 불구하고 적개심을 확고히 하고, 1244년 12월에 리옹으로 갔다. 그는 거기서 프리드리히의 파면을 선언하기 위한 공의회를 준비했다.

### 3. 제1차 리옹공의회

리옹공의회가 13세기 전반기 교회 발전의 정점을 이루었다.[18] 인노켄티우스는 공의회 소집의 이유를 다음과 같이 들었다.

> '성지(聖地)의 한탄스러운 불행과 위협받는 로마제국에 도움을 베풀기 위하여, 타르타르인(몽고인 - 역자 주)들과 다른 신앙을 경멸하는 자들과 그리스도교민족의 박해자들에 대한 조치를 단행하기 위하여, 마지막으로 교회와 황제 사이의 분쟁을 조정하기 위하여, 이 교회가 유익한 조언과 신자들의 유익한 도움을 통하여 그의 적절한 지위에 맞는 아름다움을 다시 얻을 수 있도록 하기 위해서였다.'[19]

1245년 6월에 리옹에서 공의회가 개최되었다. 회의 장소는 교묘하게 선택되었다. 그 장소는 형식상으로 제국에 속했지만, 황제의 영향력 밖에 놓여 있었다. 연대기저자들은 참석자들에 대해서 다음과 같이 기록하고 있다.

---

16) 참조, H. Wolter/H. Holstein, Lyon I/Lyon II, S. 51-69.

17) Chronica regia Coloniensis, MGH.SS rer. Germ. 18, Teil 8, S. 285, Z. 27-33; Kölner Königschronik, GDV 53, S. 348.

18) 참조, H. Wolter/H. Holstein, Lyon I/Lyon II, S. 70-137.

19) Konzilseinladung Innozenz IV. vom 3. Januar 1245, in: H. Wolter/H. Holstein, Lyon I/Lyon II, S. 273 f.

'이 총회에 세 명의 총대주교와 매우 많은 주교들이 있었다.'[20]

이전 공의회와 비교해 볼 때 공의회는 약 150여 명의 참석자들과 소수가 빠졌다. 그들은 대개 이탈리아와 스페인과 프랑스에서 올 이들이었다. 이것은 1241년 붙잡혔던 주교들 가운데 몇몇이 그 때까지 풀려나지 못한 것과 관련이 있다. 황제도 초청받았으나, 직접 나타난 것이 아니라, 대변자로서 궁정 대법관 타데우스 폰 수에사(Thaddaeus von Suessa)를 보냈다. 동시대인들은 사건들의 중요성을 강조하는 밤하늘의 이상한 현상들과 공의회 모임을 연결시켰다.[21]

실제로 결정적인 사건들의 배경 속에서 개최되었다. 하나는 서방이 10세기 초의 헝가리침입 이후 처음으로 다시 아시아의 침입으로 위협을 받게 되었다. 헝가리 왕 베라 4세(Bela IV.)는 1241년 3월에 5개의 몽골군대의 연합공격을 직면하고 있었다.[22] 얼마 후 슐레지엔(Schlesien)의 공작 하인리히 2세가 1241년 4월 리그니츠(Liegnitz) 전투에서 몽고인들에게 패배했다.[23] 그의 군대에는 폴란드군대와 수도기사들이 속해 있었다. 이러한 사건들에서 서방은 군사적인 위협뿐만 아니라, 보다 더 결정적으로 구별되는 '낯선 자들의 유형'을 대면하게 되었다.[24] 알베르트 폰 슈타데는 '셀 수없이 많은 수와 강한 팔로 러시아와 폴란드와 다른 많은 제국들을 침입하면서 아무에게도 자비를 베풀지 않고, 각 신앙고백들과 성별과 나이에 구별 없이 그들이 만날 수 있었던 모든 이들을 매우 잔인하게 살해한다'[25] 는몽고인들에 대한 '끔찍한 소문들'을 언급한다. 그 때문에 공의회는 '타르타르인들의 행진을 저지하는' 조치를 취했다.

20) Annales et Historiae Altahenses, MGH.SS 17, S. 394, Z. 13 f.; Werke des Abtes Hermann von Altaich, GDV 78, S. 35.

21) Annales Stadenses, MGH.SS 16, S. 369, Z. 22-38; Chronik des Albert von Stade, GDV 72, S. 100.

22) 참조, Th. von Bogyay, Grundzüge der Geschichte Ungarns, S. 59-70.

23) 참조, M. Weber, Schlacht von Wahlstatt, S. 129-147.

24) 참조, F. Schmieder., „...sind sie ganz normale Menschen? Die Mongolen zwischen individueller Erscheinung und Typus des Fremden in der Wahrnehmung des spätmittelalterlichen Abendlandes, in: Chr. Lüth, Der Umgang mit dem Fremden in der vormoderne, S. 195-210; A. Klopprogge, Ursprung und Ausprägung des abendländischen Mongolenbildes im 13. Jahrhundert, bes. Kap. 2; F. Schmieder, Europa und die Fremden. Die Mongolen im Urteil des Abendlandes, S. 48. ff.

25) Annales Stadenses, MGH.SS 16, S. 369, Z. 23-28; Chronik des Albert von Stade, GDV 72, S. 94. 루테니아(Ruthenien)의 대주교 페트루스(Petrus)의 몽고인들에 대한 보도가 시사하는 바가 많다. in: H. Wolter/H. Holstein, Lyon I/Lyon II, S. 274-276.

'그들의 팔은 그렇게 강하게 무장되어 있음에도 불구하고, 그들은 더 이상 그리스도교에 대항하여 침입해서는 안 된다.'

방어조치에 대한 재정에 관련하여 공의회는 '모든 그리스도교지역들이 비례에 따라 그 기부금을 내는'[26] 도움을 약속했다.

다른 하나는 팔레스타인에 있는 십자군기사의 국가의 상황이 1244년 예루살렘의 무너짐으로 인하여 극적으로 첨예화되었다. 인노켄티우스 4세는 한 '부고장'(訃告狀)에서 다음과 같이 탄식했다. '어떤 사라센 민족에 의하여 주님의 무덤이 매우 훼손되었다. 그래서 많은 이들은, 즉 이 소식을 들은 거의 모든 이들은 숭배되어야 하는 주님의 무덤이 철저히 부서지고 파괴되어 거룩한 자리는 이미 완전히 파괴되었다는 것을 알게 되었다.' 동시에 숫자들이 언급되었다. '몇몇은 그 시기에 사라센인들에 의해 거룩한 도시에서 1만 1천 명이 죽임을 당했고, 성전과 주님의 무덤에서 6천 명이 죽임을 당했다.'[27] 공의회는 그래서 '불신자들의 손에서 해방'을 위한 십자군전쟁을 소집했고, 그것을 죄에 대한 용서의 약속과 결부시켰다.[28]

세 번째는 비잔틴에 대한 교황교회의 관계가 점점 더 부담되었다. 라틴 주교구의 설립과 로마의 깃발 아래에 연합시도는 비잔틴인들의 불신을 더욱 심화시켰다. 쾰른의 연대기는 서방 신학자의 우월성을 표현하는 한 예를 제시한다.

'지식과 성품과 나이에서 존경받는 동방의 시리아 국가교회(야곱 바라다이 폰 에뎃사(Jakob Barada von Edessa)에 의해 조직된 단성론의 국가교회 - 역자 주)의 총대주교가 매우 많은 수행원들을 데리고 예루살렘으로 왔다. 설교자수도사들의 형제들이 그에게 가톨릭신앙의 글을 간절히 설교해서, 그와 그의 수행원들이 종려주일에 감람산 아래쪽으로 진행되는 축제행렬에서 거룩한 로마교회에 복종을

26) Conciliorum Oecumenicorum Decreta Bd. 2, S. 297, 19 f., 28 f.

27) Annales Stadenses, MGH.SS 16, S. 369, Z. 20 f.; Chronik des Albert von Stade, GDV 72, S. 99.

28) Conciliorum Oecumenicorum Decreta Bd. 2, S. 297, 35.

서약했다. 모든 이단을 버리고, 갈대아어와 아라비아어로 된 그들의 신앙고백서를 언급된 수도사에게 영원한 증거로 주었다. ... 이집트 단성론국가교회는 동방의 시리아교회보다 더 많은 오류 가운데 있었다. 왜냐하면 그 교회는 할례를 수용하고 있었기 때문이다. 이집트 단성론국가교회의 총대주교는 할례를 저지하고 많은 오류들을 근절시킴으로 (시리아 총대주교와) 같은 것을 행하겠다고 약속했다. 오직 우리의 성례들을 비웃는 그리스인들만 완고하게 고수했다.'[29]

공의회는 이러한 평가를 알리고, 닥친 위협에 직면하여 제국을 후원하기로 결정하면서도, 자신들의 관심들은 없애지 않았다.

'적들의 으스러뜨리는 망치 뒤에 어머니인 교회의 위로하는 손을 느낄 수 있어야 하며, 오류의 몽매함 뒤에 가톨릭신앙의 유산을 통하여 시력을 다시 회복해야 한다.'[30]

공의회 협의의 중심에는 프리드리히 2세와 갈등이 놓여 있었다. 황제의 궁정 대법관 타데우스 폰 수에사와 프랑스와 잉글랜드의 대변인들이 황제의 파면에 반대하여 제기한 이의는 아무도 듣지 않았다. 마지막 회의 때 발표된 교황의 교서는 황제에게 서약 파기, 평화 파괴, 성유물 탈취, 이단성에 대해서 비난했다.

'우리는 - 위엄이 손상된다 하더라도 - 이 땅에서 예수 그리스도의 자리를 대변하고 복된 사도 베드로의 인격에서 '네가 이 땅에서 묶는 것은' 기타 등등을 말했기 때문에 우리가 우리의 수도사들과 거룩한 공의회와 함께 이미 언급된 것들과 그의 불법적이고 파렴치한 짓들 중 몇 가지 다른 것들에 대해서 신중하게 조언을 한

---

29) Chronica regia Coloniensis, MGH.SS rer. Germ. 18, Teil 7, S. 270,Z. 5-36; Kölner Königschronik, GDV 53, S. 326 f. 참조, den Brief Innozenz'IV. an den Legaten des Apostolischen Stuhls bei den Griechen vom 6. März 1254 (H. Denzinger, Enchiridion, Nr. 830, 834, 836).

30) Conciliorum Oecumenicorum Decreta Bd. 2, S. 295, 21-23.

뒤에, 우리는 다음과 같이 설명하고 알린다. '언급된 군주는 황제와 높은 왕으로서 그의 높은 지위에 자격이 없는 것으로 증명되었고 그의 범죄로 인하여 하나님으로부터 황제와 왕에서 쫓겨났다. 그리고 그는 자신의 죄에 묶여서 쫓겨나고, 가장 명예롭고 존엄하신 주님에 의하여 제명된다. 우리는 이 제명됨을 우리의 판결로 확인한다. 우리는 충성서약으로 그에게 의무를 지고 있는 모두를 항상 이 서약으로부터 면책시켜주고, 사도의 권위에 의거하여 앞으로 누구든지 황제와 왕으로서 그에게 복종하거나 존중하는 것을 금지한다."[31]

쾰른 연대기는 이 파문선언으로 공의회는 황제에게서 '황제의 권위와 왕국과 모든 명예'를 빼앗았다고 기록하고 있다.[32] 반면에 눈에 띄는 것은 황제와 교황 사이의 논쟁에서 목숨을 잃은 수많은 성직자들 가운데 단지 유일하게 한 명만 순교자로 세워졌다는 것이다. - 십자군전쟁으로서 프리드리히 2세에 대한 전쟁을 단순화 시켜서 표현하는 것이 더 납득하기 어렵다는 것에 대한 암시이다.[33]

프리드리히 2세는 왕들과 영주들을 향하여 쓴 글에서 자신의 파면에 항의하면서, '이렇게 자주 그리고 이렇게 무겁게 불법적으로 공격받는 우리에게 법적으로 정당한 변호를 금하는 것이 옳은 지 그리고 미침내 그리스도의 대변인이 그리스도의 역할을 바르게 인식하고 베드로의 후계자로서 실제로 그의 전임자의 예를 지기고 있는지'[34]에 대해 질문했다. 실제로 파문과 면직으로 싸움은 결정되지 않았다. 알베르트 폰 슈타데는 다음과 같이 보도한다.

'이 선언이 세상에 알려졌을 때, 몇몇 군주들이 많은 다른 이들이 함께 다음과 같이 말하면서 항변했다. '교황의 권한에 속하지 않는다. 그들에게 황제를 세우지도

31) Conciliorum Oecumenicorum Decreta Bd. 2, S. 283, 15-25, 참조, K. Schatz, Allgemeine Konzilien, S. 114.

32) Chronica regia Coloniensis, MGH.SS rer. Germ. 18, Teil 7, S. 287,Z. 26; Kölner Königschronik, GDV 53, S. 351.

33) 참조, G. A. Loud, The Case of the Missing martyrs: Frederick II's War with the Church, 1239-1250, in: D. Wood, Martyrs and Martyrologies, S. 141-152.

34) Protestundschreiben Friedrichs II. vom August 1245, in: H. Wolter/H. Holstein, Lyon I/Lyon II, S. 287-289.

못하며 면직시키지도 못하고, 오히려 군주들에 의해 선출된 자에게 왕관을 씌우는 것이다."[35]

1246년 그리스도승천일에 튀링겐의 하인리히 라스페(Heinrich Raspe)백작이 (대항)왕으로 세워졌다. 비록 그가 다음 해에 프랑크푸르트제국의회에 호출되었지만, 그러한 것들에 애착을 갖고 있지 않던 모든 이들은 그를 '성직자왕'(Pfaffenkönig) 백작이라고 부르기 시작했다.[36] 인노켄티우스는 그를 인정하도록 만드는 시도에서 별로 성공하지 못했다. 그가 이집트의 술탄에게 프리드리히 2세와 관계를 단절하도록 요구했을 때, 술탄은 그에게 친절하게 대답했지만, 거절했다.

'하나님이 지키기를 원하는 교황은 우리와 황제 사이에 술탄, 즉 우리의 아버지 시대로부터 이미 오랜 우정과 화해를 맺어 왔고, 당신이 아는 것처럼 지금까지 우리와 언급한 황제 사이에 존속되어 왔다는 것을 알고 있다. 그 때문에 우리가 그의 조언과 동의를 먼저 얻기 전에는 그리스도인들과 어떤 협정을 맺는 것은 예의 바르지 못한 것이다.'[37]

하인리히 라스페는 선출 후 일 년도 못되어 1247년 2월에 바르트부르크에서 말에서 떨어져 목숨을 잃었다. 그의 후임으로 빌헬름 폰 홀란트(Wilhelm von Holland, 1248-1256)가 선출되어, 인노켄티우스 4세에 의해 1251년 성목요일에 '리옹에서 많은 주교들이 참석한 자리에서' 승인되었다.[38] 비록 빌헬름이 라인지역의 도시들의 후원으로 남서부 독일에 자신의 권력기반을 세우는데 성공했지만, 그는 계속 '파면된 황제에 대한 십자가'를 설교하면서 참여하는 자에게 풍부한 면죄부를 약속한 교황의 자비에 의지한 왕으로 머물

35) Annales Stadenses, MGH.SS 16, S. 369,Z. 43 f.; Chronik des Albert von Stade, GDV 72, S. 101.

36) Annales Stadenses, MGH.SS 16, S. 370,Z. 4 f.; Chronik des Albert von Stade, GDV 72, S.101.

37) Annales Stadenses, MGH.SS 16, S. 370,Z. 32-36; Chronik des Albert von Stade, GDV 72, S. 103.

38) Annales et Historiae Altahenses, MGH.SS 17, S. 395,Z. 31; Werke des Abtes Hermann von Altaich, GDV 78, S. 39.

렀다.[39] 동시에 프리드리히 2세의 상황은 강력해졌다. 그는 이탈리아에 대한 지배권을 획득하려는 시도에서 여러 번의 패배를 겪은 뒤에 새로운 성공을 달성했고, 심지어 교황이 거주하고 있는 리옹으로 행군을 계획했다. 그 때문에 전환은 완전히 뜻밖에 이루어졌다. 1250년 12월초에 프리드리히 2세가 병이 들었고, 루체라(Lucera)의 피오렌티노(Fiorentino) 성으로 후퇴해야만 했다. 그리고 그는 이미 왕으로 선출된 콘라트(Konrad)를 위하여 왕위 계승자가 규정되어 있는 유언장을 쓰고 난 뒤에, 12월 13일에 죽었다.[40] 슈타우펜 가문의 왕이 죽음으로 1251년 4월에 로마로 돌아온 교황은 최종적으로 성취했다.

> '1250년 프리드리히 2세의 죽음은 독일역사에서 중세 전성기의 끝을 나타냈다. 교황권은 제국헌법에 한 세기 이상 독일제국의 정치적 상황에서 중요한 결정에 참여하는 것이 허락된 자리를 확보했다.'[41]

## B 십자군전쟁운동

### 1. 다이메트(Damiete) 정복

제4차 라테란공의회는 십자군전쟁을 새로운 주제로 관심을 가지게 되있다. 그것을 위해 호노리우스 3세는 추기경 펠라기우스 폰 알바노(Pelagius von Albano)를 재차 십자군전쟁사절단으로 임명하고, 그리스도교인들에게, 성직자들에게, 특히 그의 십자군전쟁서약을 완수할 것을 경고한 프리드리히 2세에게 보내는 수많은 서신을 보내어 설득했다. 그 결과 이미 1217년 이른 여름에 '엄청난 수의 십자군종군자들이, 일부는 육지로, 일부는 배로 예루살렘을 향하여 여행'에 출발했다.[42] 십자군 군대는 처음에는 팔레스타인으로 행군했다가, 후에 이집트로 방향을 바꾸었다. 그밖에 이 시기에 몽고인들의 페르시아 침입 역

39) Chronica regia Coloniensis, MGH.SS rer. Germ. 18, Teil 8, S. 291,Z. 8; 293,Z. 14 f.; Kölner Königschronick, GDV 53, S. 355, 358.

40) Constitutiones et acta publica imperatorum et regum, Bd. 2, MGH. Const. 2, S. 385-388; Deutsche Geschichte im Quellen, Bd. 1, S. 441-446.

41) E. Boshof, Innozenz III. und der deutsche Thronstreit, in: Papst Innozenz III., hg. von Th. Frenz, S. 65.

42) Chronica regia Coloniensis, MGH.SS rer. Germ. 18, Teil 5, S. 195, Z. 11; Kölner Königschronik, GDV 53, S. 212; 참조, H. E. Mayer, Geschichte der Kreuzzüge, S. 191-203.

시 일어났다. 이것은 교황의 진영에서 볼 때 - 상황을 완전히 오해하여 - 그것을 통하여 이슬람의 위협으로부터 자유롭게 될 뿐만 아니라, 동방의 그리스도교가 다시 연합하게 될 것이라는 희망이 가득한 기대를 가졌다.[43] 1218년 5월에 나일하구에 있는 항구도시이면서 무역도시인 다미에트의 포위공격이 시작되었다. 그 도시에 대해서 쾰른의 연대기는 '마치 이집트 전역의 머리이며 열쇠와 같다'[44]고 기록하고 있다. 12세기 중엽이래로 특권을 누리는 상황과 홍해로 연결되는 점으로 인하여 오래 전부터 먼 동부(인도)와 무역을 위한 핵심적 위치를 차지하고 있던 다미에트는 여러 번 십자군종군자들에 의해 공격을 받았다 - 1155년 시칠리아의 함대로부터, 1169년 예루살렘의 아말리히 1세(Amalrich I.)에 의해 공격받았으나, 결코 패배하지 않았다.[45] 이제 포위공격에 참여하고 있는 자들 중에는 자신의 편지에 극적인 사건들을 기록하고 있으며 그 가운데 십자군종군자들의 탐욕과 잔인함에 대해서 침묵하지 않는 아콘의 주교 야콥 폰 비트리가 있었다.[46] 다미에트 앞에서 그는 파송의식에 이끌려서 동방으로 가서 술탄 엘-카밀(el-Kamil)과 그의 수행원들에게 선교설교를 할 기회를 얻었던 아시시의 프란체스코를 만났다.[47]

다미에트의 포위공격은 일 년 반이 지난 뒤에 유혈로 끝났다. 1219년 11월에 그 도시는 정복되었다.

> '승자는 도시에서 엄청나게 많은 금과 은과 상인들의 풍부한 비단생산품과 값진 옷들과 창고에서 모든 종류의 기구와 함께 현세의 장식물들을 얻었다. 왜냐하면 살아서 여기서 움켜진 그들 외에 포위공격의 시작부터 주께서 불과 칼 없이 치심으로 양 진영에서 3만 이상의 사망자를 내었다.'[48]

43) 참조, R. W. Southern, Islambild des Mittelalters, S. 35 f.

44) Chronica regia Coloniensis, MGH.SS rer. Germ. 18, Teil 5, S. 245,Z. 14-27; Kölner Königschronik, GDV 53, S. 285.

45) 참조, G. Rösch, Der Handel Ägyptens mit dem Abendland um 1200, in: W. von Stromer, Venedig und die Weltwirtschaft um 1200, S. 235-256; 참조, M. Brett, Damietta, LexMA 3, Sp. 474.

46) Brief III-VII; Lettres de Jacques de Vitry, hg. von R. B. C. Huygens, S. 98-153; 참조, I. Schöndorfer, Orient und Okzident, S. 26 ff., 71 f.

47) The Historica Occidentalis of Jacques de Vitry, hg. von J. F. Hinnebusch, Buch II, Kap. 32; I Celano 57; Thomas von Celano, Leben, S. 131 f; 참조, N. Daniel, Islam and the West, S. 140 f.; H. Feld, Franziskus von Assisi, S. 295-302.

48) Chronica regia Coloniensis, MGH.SS rer. Germ. 18, Teil 6, S. 250,Z. 11-15; Kölner Königschronik, GDV 53, S. 295 f.

다미에트의 정복은 십자군전쟁운동이 위기에 처해 있다는 것을 감출 수 없었다. 이미 같은 해 1219년 초에 '정복될 수 없을 것처럼 견고하게 여겨지던 도시들의 여왕인 예루살렘이 사프하딘(Saphadin)의 아들 코라딘(Coradin)에 의해 외부와 내부로부터 파괴'되었다.[49] 다음 해에 카이로를 정복하려고 시도하던 십자군종군자들은 아랍인들에 의해 포위되는 위험 가운데 처하게 되자, 안전한 후퇴를 위한 보상으로서 다미에트를 다시 비워주었다. 어쨌든 그들은 8년 동안의 휴전을 체결하는데 성공했다.

> '술탄은 주님의 십자가를 자발적으로 돌려주었고, 그리스도교인들에게 그들의 물건과 시신들을 가지고 해를 받지 않고 이집트를 떠나는 것을 허락했고, 모든 포로들을 돌려주라고 명령했다. 그래서 당시 3만 명의 포로가 석방되었다.'[50]

이것들은 계약상의 수익들은 호전적인 논쟁들에도 불구하고 제외되지 않았고, 특정한 상황 아래서 양 진영이 감당했다는 것을 보여준다.

## 2. 프리드리히 2세

하지만 1221년 늦은 여름 상황은 더욱 첨예화되었다. 마르바흐(Marbach) 연감의 기록에서 십자군종군자들의 진영에 일어난 두려움들이 파악된다. '페르시아인들의 땅으로부터 매우 거대하고 강한 군대가 국경을 넘어와서, 가장 가까운 나라들을 관통하는 길이 열렸다. 그들은 거대한 신장과 끔직한 외모를 가진 사람들이라는 소문'이 돌았다.[51] 그런 계기로 호노리우스 3세는 집중적으로 새로운 십자군전쟁을 위한 선전했고, 유럽의 정치지도자들에게 십자가를 질 것을 호소했다. 그의 부름을 따른 자들 가운데 튀링겐의 후작 루드비히 4세(Ludwig IV.)가 있었다. 하지만 1227년 그는 팔레스타인으로 건너가기 전에 브

49) Chronica regia Coloniensis, MGH.SS rer. Germ. 18, Teil 6, S. 248,Z. 11-14; Kölner Königschronik, GDV 53, S. 291.

50) Annales Stadenses, MGH.SS 16, S. 357,Z. 36-39; Chronik des Albert von Stade, GDV 72, S. 65.

51) Annales Marbacenses, MGH.Ss rer. Germ. 9, S. 89,Z. 13-17; Jahrbücher von Marbach, GDV 6, S. 42.

린디시(Brindisi)에서 죽었다. 종말론적인 기대사상으로 각인된 프리드리히 2세 역시 십자군서약을 이행했다.[52]

하지만 그가 군사적인 시도를 거부하고 사라센인들과 평화적인 합의를 시도한 것이 주목을 끈다. 이것은 아마도 그가 1225년 이래로 예루살렘 왕국의 상속녀인 이자벨라(Isabella)와 결혼을 통하여 예루살렘 지배자의 왕위계승에 참여하게 된 것과 관계가 있다. 어쨌든 그는 예루살렘의 왕으로서 성지(聖地)의 안전을 제국의 정치적 과제로 여긴 것이 분명했다. 예루살렘의 술탄 알-카밀과 오랫동안의 협상 뒤에 그는 1229년 평화협정을 체결하는데 성공했다. 그 협정은 20년 동안 예루살렘과 베들레헴과 나사렛에 대한 프랑크의 지배권과 순례자들의 성지로 자유로운 접근을 계약서로 보장한 것이었다. 그리스도인의 손에 남아있는 지역은 이제부터 프리드리히 2세의 지배영역에 속했다. 그 협정은 종교적인 존중의 바탕에서 정치적인 상호협력의 증서였다. 황제가 자신의 뜻에 따라 처리하며 그것을 강화하기 위하여 술탄이 황제에게 예루살렘을 넘겨준 반면에, 황제는 '자신을 포함하여 프랑크민족을 어떤 방법으로도 사라센을 대항하여 싸우려는 것에 도움을 주려고 시도'해서는 안 되며, 오히려 '술탄을 보호'해야 하는 의무를 가졌다. 그밖에 이슬람의 성전들, 즉 주님의 사원으로 간주되는 바위사원(Felsendom)과 알-악사-사원(Al-Aksa-Moschee)를 특별한 보호 아래 놓았다. 그것들에 대해서 황제는 그것들을 '점령해서도 안 되고 만져서도 안 되며, 어떤 나라의 프랑크인들이라도 여기로 들어오는 것을 허락해서도 안 되고, 여기서 기도하기 위하여 그것을 소유하고 있는 사라센인들의 권력과 손아래 변함없이 머물러 있어야 한다'고 말했다. 그럼에도 불구하고 그리스도인들은 이슬람 성전으로 들어가는 것을 금하지 않았다.

> '만약 프랑크인이 주님의 사원에 존엄과 위엄에 대한 확고한 믿음을 가지고 있어서 기도하기 위하여 여기게 들어갈 필요성을 느낀다면, 그에게 입장이 허락된다.'[53]

---

52) 참조, H. M. Schaller, Die Frömmigkeit Kaiser Friedrichs II., in: Das Staunen der Welt. Kaiser Friedrich II. von Höhenstaufen, S. 128-151; H. E. Mayer, Geschichte der Kreuzzüge, 204-214.

53) Text des Vertrages, in: MGH. Const II, S. 89 f.; Übersetzung in: A. M. Ritter, Mittelalter, KTGQ Bd. 2, S. 131.

알베르트 폰 슈타데가 알려주는 것처럼, 프리드리히 2세가 예루살렘을 넘겨 받을때, 그가 바로 이것을 행한 것이 주목할 만하다.

'그는 부활절 전날 한밤중의 기도 시간에 맨발로 이 도시에 들어가서, 사원에서 하나님께 기도하고, 나사렛과 베들레헴과 갈릴리의 그 밖의 도시들을 얻은 뒤에 신속히 시칠리아로 되돌아갔다.'[54]

아마도 프리드리히의 아랍 - 이슬람의 문화에 대한 동정과 그가 이미 심지어 이슬람사원에 들어갈 준비가 되었다는 점이 그가 협상으로 얻어낸 성공이 서방에서 인정받지 못한 이유들 중의 하나이다. 마찬가지로 교황청의 불신은 컸다 - 처음에는 '그가 마치 불순종한 것처럼 되어 파문당한 자로 몰렸기' 때문이다.[55] '그가 전쟁에서뿐만 아니라 평화에서도 아무 걱정없이 신뢰한 사라센에 대하여 너무 크게 기울었다는 것을 나타냈기 때문에', 걱정 역시 커졌다. 그가 술탄과 '큰 우정'으로 연결되어 있는 것이 교황의 진영에 배후관계를 추측하는 동기를 제공했다. 그가 이것으로 의도한 것은 아무도 모른다.[56] 그 때문에 그레고리우스 9세와 인노켄티우스 4세는 그들의 십자군전쟁홍보를 고수했다.[57] 실제로 십자군의 지배권은 불안한 근거 위에 서 있었다. 1244년 프랑크군대가 가자(Gaza)의 전투에서 패배하여, 예루살렘은 이집트의 술탄에 의해 점령당했다. 그리고 이전의 지배권 아래 있는 지역 중 많은 부분을 잃게 되었다. 프랑스 왕 루이 9세(Ludwig IX.)의 개입도 아무것도 바꿀 수 없었다. 비록 그의 군대가 1249년 초에 다시 이집트의 항구도시 다미에트를 점령하는데 성공했지만, 일 년 만에 그들은 사라센인들의 우세에 굴복할 수밖에 없었다.[58]

증가하는 군사적 압박과 영토상실로 인하여 교회의 수도회의 상황 역시 점차 힘들게

54) Annales Stadenses, MGH.SS 16, S. 360,Z. 35-37; Chronik des Albert von Stade, GDV 72, S. 74;참조, N. Daniel, Islam and the West, S. 137 f.

55) Chronica regia Coloniensis, MGH.SS rer. Germ. 18, Teil 7, S. 260,Z. 25; Kölner Königschronik, GDV 53, S. 311.

56) Annales Stadenses, MGH.SS 16, 363,Z. 18; Chronik des Albert von Stade, GDV 72, S. 82. 참조, E. Horst, Der Sultan von Lucera. Friedrich II. und der Islam, S. 1 ff.

57) 참조, U. Schwerin, Aufrufe der Päpste, S. 124.

58) 참조, H. E. Mayer, Geschichte der Kreuzzüge, S. 234-244.

전개되었다. 첫 번째로 카르멜회 수도사들이 1230년대 말에 팔레스타인에서 후퇴하기 시작했다. 그들은 처음에 키프로스(Zypern)와 시칠리아로 갔다가, 후에 남부프랑스와 잉글랜드로 갔으며, 마침내 독일과 이탈리아와 스페인으로 갔다.[59] 지리적인 변화와 함께 카르멜회 공동체의 형태로 변했다. 처음에는 은둔생활로 각인된 생활을 했지만, 이미 1247년에 수도회총회는 생활규범을 완화하는 결정을 내렸다. 그러한 이유로 인노켄티우스 4세는 같은 해에 카르멜회 수도사들을 다른 탁발수도회의 모범에 맞추게 하는 새로운 규칙의 판본을 허락했다.[60] 목회사역도 카르멜회 수도사들의 과제규정에 수용되었다. 그들은 앞으로 목회상담과 설교와 고해성사에서 사역을 넘겨받아야 했다. 도시에서 거주는 확실히 허락되었다(Kap. 1). 같은 이유로 개인재산금지는 완화되었고, 노새와 가금류의 소유가 허락되었다(Kap. 9). 식사는 공동으로 했으며, 성무일도는 의무화되었다. 침묵의 시간은 성무일도의 마침 저녁기도(Komplet)와 아침 기도(Prim) 사이로 짧아졌다(Kap. 4). 여행과 탁발(托鉢)을 할 때에는 고기가 허락되었다(Kap. 13). 수도회의 구조는 위계적으로 구성되었다. 그들의 편에서 전체 수도회를 형성하는 수도사회는 수도회 관구에 통합되었다(알레마니아(Alemania) 관구의 설립은 1265년에 이루어졌다). 세 개의 모든 영역에서 수도원장들이 지도의 책임을 감당했으며, 총회와 총수도원장이 전체 수도회를 대표했다. 최초에 수도회를 구성했던 평신도수사들의 역할은 앞으로 지도임무가 주어진 사제들을 위하여 변했다. 카르멜회 은둔자공동체에서 탁발수도회와 비교될 수 있는 수도회로 바뀌게 만든 이러한 규칙변경으로 급격한 확장을 위한 기초가 놓였다. 13세기를 지나면서 중부유럽에, 특히 도시에 약 150개의 수도사회가 새롭게 설립되었다.[61] 사람들이 특별한 방식으로 찾고 있는 마리아경건을 집중적으로 장려하는 것이 수도회가 사람들을 끌어 모으데 기여했다. 그것은 특히 수도회가 하나님의 어머니께 명예를 돌리기 위해 설립되었다는 사상을 발생시켰다. '여성자매'들은 카르멜회 수도사들로 구성되었으며, '카르멜 산의 복된 동정녀 마리아의 수도사들'(Ordo Fratrum Beatae Mariae Virginis de Monte Carmelo)이라는

59) 참조, J. Burton, Monastic and Religious Orders in England, S. 114 f.

60) 참조, A. Jotischky, The Perfection of Solitude, S. 138-151.

61) 참조, St. Panzer, Enstehung und Werdegang der Karmeliten, in: G. Benker, Gemeinschaften des Karmel, S. 15-20.

칭호는 수도회의 명칭으로 관철되었다.[62]

### 3. 레콘키스타(Reconquista)

팔레스타인의 십자군지배권이 점차 증가하는 압박 가운데 있는 반면에 레콘키스타는 13세기 전반기에 거의 멈추지 않고 계속 진행되었다. 리스본의 남동부에 자리 잡고 있는 도시 알카라스(Alcaraz)가 그 시작이었다. 그 도시는 '오랫동안 그리스도인들에게는 적의를 품었지만, 이방인들에게는 가장 견고한 조력자'로 그들을 도왔다. 십자군종군자들은 1215년에 그 도시를 점령했다. 그들은 '그 도시를 해자(垓字)와 기구들과 수많은 전쟁도구들로 둘러쌓았고, 최상의 노력으로 많은 날 동안 싸웠고, 마침내 리스본의 주교와 '칼의 의하여'라고 불리는 기사들의 도움과 조언으로 사도 시몬과 유다의 축제일에 점령'했다. 거기서 많은 그리스도인들이, 하지만 더욱 많은 수천 명의 이방인들이 죽었다.[63] 뒤이은 수년 동안 그리스도교의 영향권이 남부로 계속 확대되었다. 점차 케사다(Quesada, 1224)와 카졸라(Cazorla, 1224)와 바에자(Baeza, 1232)와 코르도바(Córdoba, 1236)와 마요르카 섬(Mallorca, 1230)이 전진하는 그리스도교의 군대에 의해 점령되었다. 알모하드(Almohade) 왕국의 수도이며 '사라센 예배에 충실한 대도시'인 세빌리(Sevilla)의 점령(1248)으로 레콘키스타는 일시적인 정전에 이르렀다. 그리스도인들은 9년 동안의 포위공격 끝에 이 도시로 진입했다.[64] 얼마 후 실베스(Silves, 1253)와 카르타헤나(Cartagena, 1260)와 카디스(Cádiz, 1265)가 정복되었다.[65] 같은 시기에 교회의 종교재판이 다른 종파에 대한 박해로 그 효력을 발휘하기 시작했다. 이것은 다른 어떤 곳보다 이베리아반도에서 - 아라곤 왕국의 후원을 받아 - 타협 없이 끈질기게 시행되었다.[66] 이것으로 레콘키스타는 1492년 1월 2

62) 참조, J. Smet, Karmeliten, S. 28-54; U. Dobhan, Maria-Patronin, Mutter und Schwester der Karmeliten, in: G. Benker, Gemeinschaften des Karmel, S. 69-73.

63) Chronica regia Coloniensis, MGH.SS rer Germ. 18, Teil 5, S. 195,Z. 23-29; Kölner Königschronik, GDV 53, S. 213.

64) Chronica regia Coloniensis, MGH.SS rer Germ. 18, Teil 8, S. 297,Z. 32 f.; Kölner Königschronik, GDV 53, S. 365.

65) 참조, H. Jedin, Atlas zur Kirchengeschichte, S. 60 Karte B.

66) 참조, L. Vones, Krone und Inquisition. Das aragonesische Königtum und die Anfänge der kirchlichen Ketzerverfolgung in den Ländern der Krone Aragón, in: P. Segl, Die Anfänge der Inquisition im Mittelalter, S. 195-233.

일에 그라나다(Granada)를 재정복할 때까지 비록 2세기 이상 걸렸을지라도, 그 목표를 광범위하게 성취했다.[67]

과정들은 문학작품에 기록되었다. 그것들 중에는 볼프람 폰 에센바흐(Wolfram von Eschenbach, 1170-1220)이 쓴 서사시『빌레할름』(Willehalm)이 있다. 그것은 8세기 말에 빌헬름 폰 아퀴타니아(Wilhelm von Aquitanien)와 스페인의 사라센인들 사이에 일어난 논쟁들에 대해서 다루고 있다. 주인공은 사라센지배자의 딸인 귀부르게(Gyburge)로 빌헬름이 그녀를 남부 프랑스로 유괴하여, 그곳에서 그녀는 세례를 받고 확고한 그리스도인이 되었다. 프랑크와 사라센 사이에 전쟁이 임박하게 되었을 때, 그녀는 이렇게 말하면서 그리스도교의 영주를 막았다.

> "무지한 여인의 조언을 들어 보십시오: 하나님의 피조물을 해치지 마십시오. 하나님이 창조하신 첫 남자는 이방이었습니다. 내 말을 믿으십시오. 엘리야와 에녹은 이방인이었지만, 그들 역시 구원받았습니다."

이것과 함께 그녀는 그리스도인들과 비그리스도인들은 하나님의 창조에서 서로 연결되어 있다는 것을 환기시켰다. 각자에게 하나님의 은혜로서 마음의 청결함이 주어졌으며, 하나님은 모든 사람을 구원하실 수 있다. 마찬가지로 그리스도로부터 관용이 주어졌다.

> '이방인들이 당신들에게 무엇을 행하였을지라도, 당신들은 하나님께서 직접 자신을 죽인 그들을 용서했다는 것을 잊지 마십시오 ... 우리 아버지 야훼께서 죄인들을 위하여 그의 고귀한 생명을 제물로 바쳤습니다.'

볼프람은 깊이 있는 신학적 반영을 포기하지 않는다. 그가 평온한 공존을 위하여 변론하게 한 귀부르게에게는 경험된 경건이 중요하였다. 그 때문에 그녀의 출신에 대하여 부

---

67) 참조, D. W. Lomax, The Reconquestt of Spain, 1978; L. Vones, Reconquista und Convivencia, in: O. Engels, Die Begegnung des Westens mit dem Osten, S. 221-242; Fr. Winkelmann, Kirchen im Zeitalter der Kreuzzüge, S. 49 f.; L. P. Harvey, Islamic Spain, S. 20-54, 151-339.

정적인 언급이 없다.

"내가 거기에 사랑과 거대한 부의 많은 보물과 예쁜 아이들을 한 남자에게 남겨놓았다는 것은 사실이며, 내가 그의 손에서 왕관을 받은 이래로 그 남자는 결코 악하게 처신하지 않았다는 것을 나는 안다."[68]

귀부르게의 말에는 '관용'이 용어로서 나타나지는 않는다. 하지만 그것으로 의미하는 것은 매우 잘 이해할 수 있다. 사람들이 창조주 하나님의 은혜의 끈으로 서로 연결되어 있다면, 왜 종교 사이에 증오가 존재해야만 하는가?[69]

## 4. 슈테딩어(Stedinger)십자군전쟁

근동과 이베리아 지역으로부터 멀리 떨어진 북부독일에서도 십자군전쟁의 사상이 그 흔적을 남겼다. 11/12세기에 프리슬란트(Friesland)로부터 와서 베저(Weser)와 훈테(Hunte) 사이에 놓여 있는 슈테딩어란트(Stedingerland)에 정착했던 정착민들의 사건들에 그 명칭이 붙게 되었다. 그들은 함부르크-브레멘 대주교에게 대량의 개간의 권리와 소유권들을 내주었다. 하지만 13세기 초에 교회가 토지의 의존이 강화되고 세금부담이 높이지자, 갈등이 생기게 되었다. 게르하르트 2세(Gerhard II.) 대주교가 교회의 징벌조치를 취하는 동안에 정착민들은 여러 차례의 반란으로 대항했다. 1231년 금식주교회(사순절 네 번째 주일에 열린 주교회의 - 역자 주)에서 대주는 슈테딩어 주민들을 이단자로 선언하고 교황에게 그들을 고발했다. 하지만 그에 의해 제기된 비난들은 실제의 갈등을 반영하지 않고, 오히려 반이단의 논쟁에서 기인한 것 이었다.

'그들은 어머니인 교회의 교리에 별로 관심을 기울이지 않고, 그들은 세대도 나이

68) Wolfram von Eschenbach, Willehalm, hg. W. Schröder und D. Kartschoke, 6. Buch, S. 198-200.

69) 참조, H. Holze, Religiöse Toleranz im Mittelalter?, S. 41-55; R. Schnell, Die Christen und die „Anderen'. Mittelalterliche Positionen und germanistische Perspektiven, in: Die Begegnung des Westens mit dem Osten, S. 185-202.

도 조심하여 다루지 않음으로 교회의 자유를 발로 짓밟았다. 그들은 자신들의 불결한 욕망에서 이리저리 떠돌아다니는 점술가들에게 조언을 구하고, 가장 끔찍스럽게도 영원한 삶을 위한 양식을 말하기 합당한 것보다 더 역겨운 방법으로 멸시함으로, 그들은 악마의 신탁을 탐구했고, 왁스로 우상을 만들었다. 그들은 성직자들과 수도사들을 사악한 방법으로 조롱했고, 그들을 각종 고통으로 괴롭혔다. 그리고 그들 자신들의 타락으로 만족하지 않고, 그들의 힘이 닿는 모두를, 특히 농부들을 불신앙의 낭떠러지로 떨어뜨리려고 시도했다.'[70]

이 고발에 근거하여 그레고리우스 9세는 기다리지 않고 대답했다. 1232년 10월에 그는 슈테딩어 정착민들에 대한 십자군전쟁을 불러 일으켰고, 참가자들에게 면죄부와 죄의 용서를 약속했다. 양측의 수많은 희생자를 낸 유혈의 전투에서 반란자들은 뒤로 밀려났다. 최종적인 패배는 1234년 5월에 확정되었다.

주목할 만한 것은 동시대인들 가운데 이 사건들에 대한 다양한 평가들이 있다는 것이다. 알베르트 폰 슈타데(Albert von Stade)는 만족스럽게 '타락한 민족의 근절'을 기록하고, 슈테딩어 정착민들이 '마치 맹렬하게 되어 어떤 어리석음에 사로잡혀서' 십자군종군자들에게 대항했으나, '주의 손'이 그들 위에 임하여 그들 가운데 대부분이 죽고 나머지는 '사방으로 흩어졌다'고 단언했다. 그래서 '그들의 완고함이 덫이 되어, 보복과 치욕이' 되었다.[71] 그 사건들의 참된 근거가 감지되는 쾰른의 왕의 연대기는 그와 달리 진술한다.

'슈테딩어 정착민들은 '그들의 불법행위와 십일조거부 때문에 수년 전 이래로 파문되었다' 연대기 저자는 반란자들에게 존경심을 거두지 않고, 오히려 그들을 '성실한 남자들'이라고 불렀으며, 논쟁들에서 그들은 '자주 승리자로서, 드물게 패배한' 것으로 드러났다.'[72]

---

70) Annales Stadenses, MGH.SS 16, S. 361, Z. 29-36; Chronik des Albert von Stade, GDV 72, S. 77. 참조, R. Köhn, Die Verketzerung der Stedinger, S. 15-85.

71) Annales Stadenses, MGH.SS 16, S. 362, Z. 30 f.; Chronik des Albert von Stade, GDV 72, S. 79 f.

72) Chronica regia coloniensis, MGH.SS rer. Germ. 18, Teil 7, S. 265, Z. 20-33; Kölner Königschronik, GDV 53, S. 318 f.

실제로 교회와 정치-경제적인 관심사의 결합이 이 십자군전쟁에서 특히 분명하게 드러난다. 이단자와 싸움의 도구로 함부르크-브레멘의 대주교들은 그들에 종속된 농부들에 대항해 그들의 포괄적인 지배권을 관철시키는데 성공했다.[73]

## C 여성운동

13세기로 넘어가는 전환기에 경제적 사회적 대변혁과 동시에 여성의 역할이 새롭게 규정되었다. 11세기까지 결혼 외에 사회적으로 받아들여질 수 있는 생활양식으로서 오직 수도원만이 제공되었다. 그것도 단지 귀족출신들만을 위해서였다. 지금은 서방의 여러 분야에서 여성운동의 각성에 이르게 되었다. 그런 가운데 전통적인 수도원이 더 이상 핵심역할을 하지 않았다. 특히 출신이나 재산을 높이 평가 받던 수녀들은 사명과 적성이 높이 평가되는 것을 때문에 위기에 이르게 되었다. 동시에 은둔적인 개혁수도회가 여성들에게 점차 인기를 얻게 되었다. 새로이 설립된 여성수도회는 기존의 수도회 내에서 독자적인 수도회의 분과로서 조직되기 시작했다. 반면에 기존의 수도회는 여성들의 수용에 대하여 서로 다른 태도를 취하였다.

### 1. 은둔적인 개혁수도회

특징적인 것은 프레몽트레수도회의 상황이다. 수도회 설립 후 몇 십년동안에는 모든 계층의 수많은 여성들이 수도회에 가입했으며, 전체 수도회에서, 특히 프랑스와 독일에서 여성수도회들이 설립되었고, 심지어 일시적으로 집단지도체제 아래에서 이중수도원의 조직형태가 도입되기도 했다. 이것은 이 시대에 수도원이 여성운동의 종교적인 기대에 부합했으며, 그들에게 삶의 장소를 제공할 수 있었다는 것을 보여준다. 하지만 이미 그 세기 중엽에 증가하는 여성비판적인 기본태도가 인지될 수 있었다. 그 태도는 동시대의 저술에

73) 참조, R. Köhn, Teilnehmer an den Kreuzzügen gegen die Stedinger, S. 139-206; H. Schmidt, Zur Geschichte der Stedinger, S. 27-94; R. Köhn, Die Stedinger in der mittelalterlichen Geschichtsschreibung, S. 139-202.

다음과 같은 언급에서 나타난다.

> '이 세상에 여성과 견줄만한 나쁜 것이 없기 때문에, 그리고 남자들에게 독사와 용의 독이 오히려 여성을 가까이 함보다 적게 해를 끼치기 때문에, 이에 우리는 우리 영혼과 우리의 몸과 우리의 소유의 평안을 위해 이제부터 더 이상 자매들을 우리의 수도회로 받아들이지 않으며, 그들을 야성화된 개들처럼 멀리 할 것을 선언한다.'[74]

차례로 기존의 이중수도원이 다시 해체되었고, 더 이상의 수녀원이 프레몽트레수도회에 가입하는 것은 금지되었다. 마침내 여성들의 가입에 조차 빗장이 가로질러졌다. 반면에 기존의 수녀회들은 존속했으며, 그들은 비록 전체수도회에서 가장자리에 놓이게 되었음에도 불구하고, 여성들에게 '시대를 움직이는 종교적인 이상의 의미에서 금욕적이고 가난하고 명상적인 삶을 위하여 엄격한 수도원 밀실에서 무조건적인 의무에 따라 존재양식을 실현할 수 있는 기회'[75]를 제공했다.

은둔적으로 각인된 카르투지오수도회의 발전은 별로 다르지 않게 형성되었다. 첫 번째 카르투지오수녀원이 1145년에 프레베이옹(Prébayon)에 설립되었다. 하지만 특히 알프스지역에 발생한 카르투지오 수녀들은 적은 수에 머물렀다. 13세기에 처음으로 수녀회분과가 공동의 수도회총회와 함께 형성되었다.[76] 시토수도사들에게서 종교적 여성공동체에 대한 유보적 태도는 컸다.[77] 1191년 시토의 수도회총회는 수녀원에 대한 판결과 영적상담에 대한 모든 책임을 거부했다. 이것은 13세기로 넘어가는 전환기에 비로소 변했다. 그것은 아마도 프레몽트레 수도사들이 수녀회분과의 돌봄을 거부한 것에 대한 반응으로서였다. 어쨌든 다른 개혁수도회에서처럼 비판적인 목소리가 그치지 않았다. 1212년 수도회총회에서 수녀원의 영적상담과 교회순시의 의무 때문에 증가하는 부담들에 대한 불만

---

74) S. Shahar, Frau im Mittelalter, S. 49; 참조, A. Rotzetter, Klara von Assisi, S. 68-71.

75) 참조, H. Grundmann, Religiöse Bewegungen im Mittelalter, S. 176.

76) 참조, J. Dubois, Kartäuser, LexMA 5, Sp. 1018-1020; J. Hogg, Kartäuser, TRE 17, S. 668 ff.

77) 참조, L. J. Lekai, The Cistercians, S. 348-354.

이 언급되었다. 1220년 총회는 기존의 수녀원을 더 이상 수도회연합에 편입시키지 않기로 결정했다. 1228년에 새로운 설립을 거부했다. 앞으로 수도원과 종교적인 공동체에서 생활하는 여성들에게는 오직 교황청의 중재를 통해서만 시토수도회에 가입하는 것이 가능했다. 왜냐하면 교황청의 지시는 수도회들이 거부할 수 없기 때문이었다.[78] 처음에 종교적인 여성운동의 압력은 여성들을 배제하려는 수도회의 지도부의 노력보다 더 컸다. 그래서 뒤이은 수십 년 동안에 모든 제약에도 불구하고 수많은 수녀원들이 설립되거나 편입된 것이 설명될 수 있다. 대주교구 쾰른에서 1188년부터 1277년 사이에 단지 4개의 수도사들의 대수도원들이 설립되었지만, 적어도 34개의 시토수녀회가 설립되었다.[79] 13세기 중엽까지 중부유럽에 200개 이상의 시토수녀원이 생겨났다. 야콥 폰 비트리는 다음과 같이 기록했다.

> '시토수녀들이 '하늘의 별들처럼 늘어나고, 그들의 수는 헤아릴 수 없는 시토수도회 안에서 성장'할 것이다. 왜냐하면 주님께서 그들에게 복을 주시면서 말씀하셨다. '깨어서 증가하여 하늘을 가득 채워라!"[80]

그 후 정점을 지나갔고 시토수도회에 가입할 수 없는 여성들은 번성하는 청빈운동을 향했다.

## 2. 베긴회운동

종교적 여성운동의 특징적인 현상은 베긴회의 수녀들이었다.[81] 그들의 등장은 은둔적인 개혁수도회가 여성운동에 점차 문을 닫는 것에 대한 반응이었다. 그들의 명칭 '베귀누

78) 참조, H. Grundmann, Religiöse Bewegung, S. 203-208.

79) 참조, A. Ostrowitzki, Ausbreitung der Zisterzienserinnen im Erzbistum Köln, S. 51-144.

80) The Historica Occidentalis of Jacques de Vitry, hg. von J. F. Hinnebusch, S. 116-118.

81) 참조, H. Grundmann, Zur Geschichte der Beginen, in: Ders., Aufsätze, Bd 1, S. 201-221; A. Fößel, Klosterfrauen, Beginen, Ketzerrinnen, S. 47-56.

스'(beguinus)의 출처는 불분명하다. 아마도 '알비파'의 민족적인 변형에 관련된 것일 것이다. 그들로 인하여 베긴회는 이단운동으로 분류되었다. 베긴회가 후밀리아트회와 프란체스코회 수도사들처럼 회색옷을 입었기 때문에, 아마도 이 단어는 비기오(bigio, = beige)로부터 파생된 것일 수도 있다. 후에 '베긴'(Begine)이 스스로의 명칭이 되었다. 거기에 대응하는 남성단체는 '베가르드회'(Beg(h)arden)였다. 하지만 그들은 수에서나 영향력에서 미미했다. 베긴회에서 여성들의 한층 증가한 금욕적인 경건에 새롭게 표현되었다. 첫 번째 베긴회모임에서 명백히 '사회보조에 의존해야 하는 자가 되어버린 여성들과 평수사들을 위한 가난한 자의 숙박소'[82]에 관한 것이었다. 하지만 얼마 후 종교적인 동기가 전면에 부각되었다. 그들은 대개 귀족출신이거나 시민계급출신의 결혼하지 않은 여성들로, 순결과 청빈과 참회와 기도의 사도적인 삶을 추구하는 의무를 가졌지만, 기존의 수도원에 가입하지 않았다. 몇몇은 하나님을 경외하는 삶을 자신의 집에서 시작했고, 다른 이들은 같은 의식을 가진 이들과 함께 신앙적인 공동체로 모였다. 이런 방식으로 경건한 여성들의 자유로운 연합들이 생겨났다. 베긴회는 집에서 혹은 농장에서 그들은 복음적인 삶의 이상을 수도원과 유사한 공동체로 실현하기를 원했다. 그들은 결혼을 거부하고, 오히려 자신의 삶을 신랑으로서 그리스도에게 연합시켰다. 그들은 자신의 육체노동(방직, 방적)을 통하여 생계를 꾸려나갔다. 그들은 환자의 돌봄과 가난한 자의 구호와 소녀들의 교육을 자신들의 과제로 간주했다. 초기에 개념은 미확정되어 있었지만, 실태는 분명했다. 우리는 '종교적인 여성'(religiosae Mulieres) 혹은 '종교적 여자'(feminae religiosae)에 대해서 또한 '개종자 수녀'(sorores conversae)에 대한 말을 듣는다. 이 명칭들은 개인적인 경건의 태도 그 이상을 말한다. 그들은 확립된 수도회와 이 세상 삶 사이에 정착하여 새로운 제3의 길을 의미하는 삶의 양식을 특색으로 나타낸다. 하지만 그 길은 교회의 계급질서를 벗어났기에 보호를 받을 수 없었다.

베긴회운동은 주로 도시의 운동이었으며, 특히 사회적으로 정치적으로 법적으로 도시의 발전이 진척된 곳에서 기반을 잡았다. 그것은 12세기 말에 플랑드르의 뤼티히(Lüttich/

82) M. Wehrli-Johns, Das mittelalterliche Beginentum, in: Dies., Fromme Frauen oder Ketzerinnen, S. 50.

Flandern)교구에서 발생했다. 거기서부터 북부프랑스와 독일로 퍼졌다.[83] 보덴호수 지역(성 갈렌(St. Gallen), 콘스탄츠(Konstanz), 샤프하우젠(Schffhausen) 등)에서 13세기 후반기에 이 운동의 초기에 대해 파악할 수 있다.[84] 라인강 지역에서 1240년대에 첫 베긴회가 설립되었다. 그 밖의 베긴회집들은 함부르크, 마인츠, 베른 그리고 바젤에 생겨났다.[85] 베긴회의 가장 중요한 후원자 중의 한 사람은 야콥 폰 비트리였다. 그는 청빈운동에 이끌려서 1211년에 뤼티히 주교구의 외그니스(Oignies) 수도원에 수사신부로서 정착하였고, 명실공히 베긴회를 후원하여 호노리우스 3세로부터 '함께 그들의 집에 머물면서 서로 상호간의 훈계를 통하여 올바른 행동을 강화하는'[86] '종교적인 여성'을 허락하는 확약을 받았다.

하지만 13세기 초의 종교적으로 흥분된 시기는 고발들이 큰 목소리를 낼 때까지 오래 가지 못했다. 그 이유는 베긴회와 베가르드회가 확정된 규칙을 받아들이지 않았고, 어떤 의미에서 수도회와 평신도계층 사이에 서 있으면서, 제4차 라테란공의회가 종교적 공동체를 위해(Const. 12/13) 규정한 주교의 감독에서 벗어나 있기 때문이었다. 그밖에 자신들의 그룹에서 장려되던 환상의 경험과 꿈속의 현상과 황홀경에 근거한 신비적인 경건에서 정통과 이단 사이의 경계를 흐리게 만들 수 있었기 때문에, 그들은 불신을 불러일으켰다.[87] 쾰른의 왕의 연대기는 프랑스의 한 신학자가 외관상 그들의 관습들에 가담하여 어떻게 베긴회를 찾아내서 싸우려고 시도했는지를 알려준다.

> '이단자들이 라둘프 선생을 완전히 신뢰하여 그들이 자신들 때문에 바로 그것들을 점점 더 확실해지도록 하기 위해, 그는 때때로 위쪽으로 향한 얼굴로 마치 그가 영에 의하여 하늘을 향하여 황홀하게 된 것처럼 나타냈다. 그래서 그는 그들의 모임에서 그가 보기를 원했던 몇 가지를 설명했고, 공개적으로 그들의 믿음을 찬양

83) 참조, H. Grundmann, Religiöse Bewegung, S. 319 ff.

84) 참조, A. Wilts, Beginen im Bodenseeraum, S. 38 ff.

85) 참조, H. Röckelein, Hamburger Beginen im Spätmittelalter, in: M. Wehrli-Johns, Fromme Frauen oder Ketzerinnen, S. 119-137; M. Spies, Stiftungen für Beginengemeinschaften in Frankfurter am Main, in: M. Wehrli-Johns, a. a. O., S. 139-167.

86) Brief I, S. 78-81; Lettres de Jacques de Vitry, hg. von R. B. C. Huygens, S. 74; 참조, H. Grundmann, Religöse Bewegungen, S. 170-174.

87) 참조, P. Dinzelbacher, Vision und Visionsliteratur im Mittelalter, S. 28-77.

하기보다, 오히려 날마다 그들의 불신앙을 알리기로 맹세했다. 마침내 그가 그들의 전체 오류를 완전히 알았을 때, 그는 파리의 주교에게 가서, 규정에 따라 그가 그들에게서 무엇을 들었는지를 그에게 설명했다.'

그것을 계기로 그 주교는 그들을 찾아내어 심문하도록 하였고, 그들이 자신들의 믿음을 고수하고 사형과 그들이 이단으로 화형당하는 것을 감수했기 때문에 그들을 정죄했다.[88] 그럼에도 불구하고 그 목표설정은 분명했다. 베긴회는 교회의 질서에 편입되어야 하고, 오직 거부할 때에만 파문당해야 한다는 것이다. 마인츠 주교회의는 1233년에 다음과 같은 결정을 내렸다.

'순결서약을 하고 알려진 규칙에 대한 의무감 없이 특정한 복장을 입고 있는 여성들은 마을들을 돌아다니지 말고, 자신들의 집에서 자신의 재산으로 혹은 육체노동으로 생활해야 한다. 그밖에 그들은 권한이 있는 사제에게 종속되어 그의 지도에 순종해야 했다.'

수도사와 성직자들이 베긴회집에 들어가는 것이 금지되었다. 단지 교회공간에서 베긴회와 대화가 이루어졌다.[89] 그레고리우스 9세는 베긴회에 그의 특별한 보호를 약속했다.[90] 그것을 계기로 몇몇 베긴회원들은 자발적으로 규칙을 받아들였다 – 대개 탁발수도회의 평신도회원들의 규칙을 본받았다. 13세기 초 이탈리아에 수많은 공동체들이 생겨났다. 그들은 처음에는 상위 기구가 없었으나, 후에 교회의 수도회구조 속으로 편입되었다. 산 앙젤로 디 판초(Sant'Angelo di Panzo)의 공동체가 거기에 속했다. 이 공동체에 클라라 폰 아시시가 그녀의 자매 아그네스와 함께 1212년에 임시로 가입했었다.[91]

---

88) Chronica regia Coloniensis, MGH.SS rer. Germ. 18, Teil 5, S. 187, Z. 24-188,9; Kölner Königschronik, GDV 53, S. 210 f. (unter dem Jahr 1211).

89) E. G. Neumann, Rheinisches Beginen- und Begardenwesen, S. 21 f.

90) A. Fößel, Klosterfrauen, Beginen, Ketzerinnen, S. 137 f.

91) 참조, A. Rotzetter, Klara von Assisi, S. 132-139.

## 3. 뤼티히 주교구의 베긴회

베긴회운동이 뤼티히 주교구에서 특별히 번성했다는 것이 주목을 끈다. 여기에 매우 의미있는 베긴회의 인물이 몇 명 나타나서, 남자들에 의해 특징 지워진 신학에 그들의 신비적인 경험에 관한 목소리로 말했다. 마리아 폰 외그니스(Maria von Oignies, 1177/78-1213)가 그 탁월한 대표자에 속한다. 그녀는 브라반트(Brabant)의 유복한 가정에서 성장하여, 14세에 결혼했다. 후에 그녀는 회심을 경험하고, 그녀의 남편과 함께 금욕적인 삶을 살며 가족의 재산을 나누어주기로 결심했다. 그밖에 둘은 요양소에서 살아있는 나병환자를 돕기 시작했다. 30세 때 그동안 환상을 보는 재능을 가진 여성으로서 널리 알려진 마리아는 결혼한 집을 떠나서, 베긴회원이 되었고, 외그니스의 아우구스티누스수도원에 가입된 은둔자의 거처로 갔다. 그녀를 통하여 수사신부가 되는 자극을 받은 야콥 폰 비트리는 그것을 계기로 그녀의 고해사제와 베긴회의 적극적인 후원자 중의 한 명이 되었다. 그는 그녀가 죽은 지 얼마 뒤에 그녀의 전기를 저술했다.[92] 거기에 그는 그녀의 엄격한 금욕, 철야, 금식과 자기고행에 대해서 묘사했다. 동시에 완전함과 명상을 향한 노력을 그렸다. 그리스도의 고난과 십자가가 그녀의 종교적인 삶의 중심에 놓여있었다.[93] 그녀의 삶은 황홀하며, 환상적이며, 신비적인 경험들에 의해 각인되었다. 그 경험들에서 그녀는 그리스도의 목소리를 들었고, 그의 자비로운 애정을 경험했다. 야콥이 보도하는 것처럼, 그 가운데서 그녀에게 하늘의 영광을 보도록 허락되었다.

> '성스럽게 된 그녀의 영혼과 함께 거룩한 사랑의 불꽃 속에서 정화되어, 유향의 향내로 감싸여, 그녀는 하늘의 공간으로 들어갔다. 다양한 사람들의 지역을 거니는 것처럼, 마을들과 도로를 거닐면서, 그녀는 자신이 사랑한 이를 찾았다. ... 그들이 모든 천계(天界)를 지나다니는 것처럼, 낙원의 모든 장소들을 기쁜 마음으로 지나다녔고, 이 모든 것을 자신의 뒤에 남겨 두었다. 마침내 그녀는 그녀의 영혼이

92) Vita Mariae Oign., Acta SS Jun. IV. S. 630-666; 참조, H. Grundmann, Religiöse Bewegungen, S. 170 ff.

93) Vita Mariae Oign., S. 648D, 참조, K. Ruh, Geschichte der abendländischen Mystik, Bd. 2, S. 85-90.

불타는 듯이 갈망한 그를 만났다. 그에게는 모든 것을 포괄하는 망각 속에 움직임 없이 완전한 고요함이 있었다.'[94)]

이 경험들은 교회의 교리와 긴장관계에 서 있는 것이 분명했다. 그 때문에 마리아는 '이단과 정통신앙 사이의 중세전성기의 신비주의자'로서 불려졌다.[95)] 하지만 야콥 폰 비트리는 전기로 가난과 순결과 순종의 급진적인 여성의 금욕주의가 교회 내에서도 가능하다는 요구의 근거를 제기하려는 것과 관계가 있다.

뤼티히 베긴회운동의 또 다른 대표자는 루트가르트 폰 통게렌(Lutgart von Tongeren, 1182-1246)이었다. 그녀의 전기에 기술하고 있는 것처럼, 그녀는 처음에 결혼해야만 했으나, 후에 어머니에 의하여 이미 12살의 나이로 수녀원에 넘겨졌다. 그곳에서 그녀는 여러 가지의 시험과 그리스도의 현현 후에 최종적으로 종교적인 삶을 살기로 결정했다.[96)] 나중에 그녀는 브뤼셀의 시토수녀원 에비에르(Aywiéres)로 이주했다. 거기서 그녀는 생애 마지막 십년 동안 실명(失明)했을 때 강조한 것처럼 세상과 접촉을 완전히 끊었다. 전기는 빈번한 현상들에 대해서 보도하고 있다. 그 현상들 속에 그리스도가 나타나고, 옆구리의 상처를 숭배하는 것이 루트가르트가 거기에 입을 맞추고 거기로부터 마시기까지 특별한 역할을 했다. 영적 성장의 목표는 그리스도와 하나됨과 관계이다. 그것은 아가서와 관련하여 신부의 신비주의의 언어로 신부와 신랑이 하나됨으로, 즉 '사랑하는 자의 마음속에 연인의 동거와 연인의 마음속에 사랑하는 자의 동거'[97)]로서 묘사되었다.

이다 폰 니벨레스(Ida vo Nivelles, 1197/98-1231)의 생애는 다른 여성들과 비교될 수 있다. 그녀는 상인가족에서 성장했으나, 그녀가 아직 어린나이에 결혼해야만 했기 때문에, 부모의 집에서 도망하여 베긴회집에 가입했다. 수년 동안 그녀는 그 공동체에서 머물렀다. 그녀의 영적 지도자가 죽게 되자, 그녀는 16세의 나이로 티를르몽(Tirlemont)의 케르

94) Vita Mariae Oign., S. 658B.

95) 참조, I. Geyer, Maria von Oignies. Eine hochmittelalterliche Mystikerin zwischen Ketzerei und Rechtgläubigkeit, bes. Kap. 5-8.

96) De S. Lutgarde virginie, Acta SS Jun. III, S. 231-262.

97) K. Ruh, Geschichte der abendländischen Mystik, Bd. 2, S. 93; 참조, P. Dinzelbacher, Das Christusbild der hl. Lutgart von Tongeren, S. 217-277.

콤(Kerkom) 시토수녀원으로 옮겼다. 그녀는 거기서 수도원서약을 했다. 그 수도회가 얼마 후에 라 라메(La Ramée)로 이주하자, 그녀는 거기서 그녀의 삶에 이후로 계속해서 관계를 가지게 된 두 명의 젊은 여성을 사귀게 되었다. 그들은 이다 폰 고르스레우프(Ida von Gorsleeuw, 1202/03-1262)와 베아트리스 폰 나사렛(Beatrijs von Nazareth, 1200-1265)이었다.[98] 그녀는 깊은 종교적인 우정으로 그녀들과 연합했으며, 그 둘에게 영적인 지도자가 되었다. 이다 폰 니벨레스의 삶은 그녀를 하늘로 높이 올리기도 하고 연옥으로 내려가도록 이끈 신비적인 환상들에 의하여 이어졌다.[99] 그녀의 전기의 증언에 따르면 그녀에게 신적인 삼위일체의 비밀이 계시되었다. '그것은 거기에 하나님의 끝없이 사랑하는 삼위일체가 우아하게 속삭이는 언어로 그녀와 친밀하게 대화했지만, 하나님의 삼위일체에 적합하게 아니라, 연인이 연인과 함께 매력적이며 놀랍게 서로 대화하는 것처럼 했다'고 덧붙였다.[100]

여기서 거론될 수 있는 브라반트의 베긴회운동의 대표자 중의 마지막은 하데비치 폰 앙베르(Hadewijch von Anvers(Antwerpen)) 출신과 가족은 알려져 있지 않으나, 단지 그녀가 13세기 전반기에 살았다는 것은 확실하다. 그녀는 수도원에 소속되지 않았고, 오히려 베긴회공동체에서 대표를 맡았거나 그러한 것을 영적으로 이끌었다는 것 역시 받아들여질 수 있다. 그녀의 삶은 그녀가 죽은 뒤에 유포되기 시작한 자신의 저술 작품들에서 파악될 수 있다. 거기에 속하는 것으로 먼저 시적인 텍스트인 『연(聯)으로 이루어진 시들』(Strophische Gedichten)있다. 그것은 종교적인 노래와 관련된 것으로 그녀가 아가서의 모범을 따라 개인적인 경험들을 문학적인 중세 서정시의 형태와 운율형태로 사랑에 대하여 저술된 교리편지들을 포함한 『상이한 성격의 시들을 모아놓은 시집』(Mengeldichten)으로 저술한 것이다.[101] 『환상들』이란 책이 두 번째 자리에 놓여 있다. 그것은 황홀하고 환상적

98) Zu beiden 참조, K. Ruh, Geschichte der abendländischen Mystik, Bd. 2, S. 99 f., 137-157.

99) 참조, P. Dinzelbacher, Ida von Nijvels Brückenvision, S. 179-194.

100) Der lat. Text der Vita liegt nur vor in der Ausgabe von Chrysostomus Heriquez, Quinque prudentes virgines, Antwerpen 1630. Das Zit. ist entnommen K. Ruh, Geschichte der abendländischen Mystik, Bd. 2, S. 97. f.

101) Strophische Gedichten, hg. von J. Van Mierlo; Mengedichten, hg. von J. Van Mierlo; 참조, E. Heszler, Stufen der Minne bei Hadewijch, S. 99-122.

인 경험들을 기록했으며, 완전함의 목록으로 끝난다.[102] 하데비치는 이 책의 열네 번째 단계에서 그녀의 신비스러운 상승에 대해서 묘사했다. 그 상승은 그녀가 보좌의 천사에 의해 인도되어 죄인으로서 자기이해에서부터 하나님의 사랑의 계시까지 간 것이다. 그 상승은 보좌에 앉아있는 그리스도를 바라보는 것에서, 즉 황홀한 무아지경에 빠지는 광경에서 절정을 이룬다. 그 무아지경은 여러 날 지속되었으며, 하데비치를 하나님과 같은 단계에 다다르게 만드는 것이었다. 그 책은 중세 네덜란드의 모국어로 외부적으로 영향을 끼치려는 의도를 명료하게 하기 위하여 기록되었다. 종교적인 학생들을 하나님을 사랑하는 삶으로 가르치는 것과 관련이 있었다. 세 번째로『기록하다』(Brieven)가 있다. 여기에서 하데비치는 그녀의 세속의 삶에 대해 눈길을 주고, 유혹들과 곤경들에 대해서 말하며, 다른 사람들에게 하나님과 하나됨을 위한 길을 가르치기 위해 노력한다. 그녀는 한 친구에게 다음과 같이 썼다.

> "아! 사랑하는 이여, 왜 사랑이 너를 충분히 제어하도록 하지 않고, 그 깊은 곳으로 삼켜지지 않느냐? 아! 사랑이 그렇게 달콤하건만, 왜 너는 그 속으로 깊이 들어가지 않고, 하나님께로 깊이 도달하지 못하고, 알 수 없이 깊은 그의 본성의 깊음 속으로 가지 않느냐?! 달콤한 사랑이여, 하나님이 너를 사랑 때문에 완전히 사랑 안으로 내려놓는다. 이것은 너에게 꼭 필요한 것이다."[103]

하데비치 폰 앙베르는 중세전성기의 위대한 신비주의자에 속한다. 그녀의 저작들은 신적인 비밀의 경험에 대한 갈망으로 특징 지워진다. 하지만 공적인 교회는 그녀의 사역과 다른 베긴회원들의 삶을 조심스러운 불신을 가지고 바라보았다. 1235년에서 1238년까지 로베르트 르 부그르(Robert le Bougre)는 플랑드르의 종교재판관으로서 일했다. 그의 지도 아래 1236년 2월에 베긴회원 앨라이스/알레이트(Aelais/Aleid)가 캉브레(Cambrai)에서

---

102) Hadewijch, Das Buch der Visionen, Bd. 1: Einleitung, Text und Übersetzung, hg. von G. Hofmann; 참조, F. Willaert, Hadewijch und ihr Kreis in den Visionen, S. 368-387; P. Dinzelbacher, Hadewijch's mystische Erfahrungen, S. 267-279; K. Ruh, Geschichte der abendländischen Mystik, Bd. 2, S. 158-232.

103) Brieven, hg. von J. Van Mierlo; Übersetzung: W. Oehl, Deutsche Mystikerbriefe des Mittelalters, S. 721-733; Zit. aus Brief Nr. 5: S. 724.

화형을 당했다.[104)]

## 4. 엘리자베트 폰 튀링겐(Elisabeth von Thüringen)

뤼티히 교구의 환상적인 성향이 있는 여성들과 달리 튀링겐의 후작 루드비히 4세의 부인인 엘리자베트 폰 튀링겐(1207-1231)는 이웃사랑의 여종으로서 등장했다. 그녀의 공적인 사역들은 십자군전쟁설교를 통하여 튀링겐의 후작의 궁정에서 특별한 위치를 갖게 된 콘라트 폰 마르부르크(Konrad von Marburg)와 직접적인 관련이 있다.[105)] 루드비히가 1226년 십자군종군을 떠나서, 이듬해 9월에 남부이탈리아에서 목숨을 잃었을 때, 엘리자베트는 종교재판관으로 유명하게 된 콘라트를 고해신부와 신앙적인 조언자로 신뢰했다. 이러한 직책에서 콘라트 폰 마르부르크는 그녀의 남은 생애에 결정적인 영향을 끼쳤다. 그녀는 그 앞에서 복종의 서약을 하고 그의 손에서 회색의 겉옷을 받아들였다. 이어진 생애는 엄격한 금욕과 매우 엄한 포기에 의해 각인되었다. 그것들은 엘리자베트가 앞으로 몰두하게 될 사회적 영향에 대한 배경을 이루었다. 그녀는 가난한 자들과 병든 자들과 나병환자들을 돌보는 곳에서 일했으며, 1229년 이 목적을 위해 마르부르크에 구빈원을 세웠다. 그녀는 이 구빈원의 수호성인으로 바로 얼마 전에 시성된 프란체스코 폰 아시시로 선택했다.[106)] 그밖에 그녀는 이 시기에 야기된 기근 동안에 해당된 사람들을 도왔다.[107)] 그녀가 이미 살아있을 때 거룩한 자의 명성이 엘리자베트 폰 튀링겐에게 자자했다. 그녀의 이른 죽음 직후에 콘라트 폰 마르부르크는 시성(諡聖)절차를 이끌었으며, 그것을 위하여 그녀의 전기의 일부분을 썼다.[108)] 1233년도에 마르바흐 연대기는 다음과 같이 기록하고 있다.

---

104) 참조, K. Ruh, Geschichte der abendländischen Mystik, Bd. 2, S. 100-110.

105) 참조, M. Werner, Die heilige Elisabeth und Konrad von Marburg, in: Sankt Elisabeth. Fürstin, Dienerin, Heilige, S. 45-69; M. Maurer, Zum Verständnis der hl. Elisabeth von Thüringen, S. 16-64.

106) 참조, M. Werner, Das Hospital der hl. Elisabeth in seinem Verhältnis zum Hosspitalwesen des frühen 13. Jahrhunderts, in: Sankt Elisabeth, Fürstin, Dienerin, Heilige; K. Elm, Elisabeth von Thüringen; N. Ohler, Elisabeth von Thüringen, S. 71 ff.

107) '이 해의 겨울은 매우 길고 엄청 혹독했다. 그리고 2년 동안 지속된 전대미문의 힘든 기근이 있었다.' (Chronica regia Coloniensis, MGH.SS rer. Germ. 18, Teil 7, S. 255, Z. 1 f.; Kölner Königschronik, GDV 53, S. 303)

108) Elisabeth von Thüringen, Die Zeugnisse ihrer Zeitgenossen, hg. von L. Maril; Der sog. Libellus de dictis quatour ancillarum, hg. von A. Huyskens.

'튀링겐의 후작부인 엘리자베트는 그녀의 죽음 후에 표징과 기적을 통하여 입증되기 시작했다.'[109)]

1235년 엘리자베트는 그레고리우스 9세에 의해 시성되었다. 쾰른의 왕의 연대기는 엘리자베트숭배의 근거를 다음과 같이 진술하고 있다.

'그 가운데 황제(프리드리히 2세)가 마르부르크 축제에 왔다. ... 수많은 경험자들이 거룩한 과부 엘리자베트를 기념하기 위하여 다양한 민족으로부터 백이십 만의 사람들이 함께 몰려와서, 그녀의 영광스러운 시신이 교황의 명령에 황금관으로 옮겨지게 되는 것을 예측하였다. ... 황제 자신도 제일 먼저 석관에서 돌을 치우고, 그의 보화 중에 황금 왕관을 시성된 거룩한 과부의 머리에 씌웠다. 많은 기적들을 제외하더라도 거룩한 몸에서 기름이 흘러나왔고, 이것이 독일 요양소의 수도사들에 의해서 거룩한 과부 엘리자베트의 영예를 위하여 교회와 제단을 세우기 원하는 경건한 남자들 가운데 양심적으로 신중하게 분배되었다.'[110)]

같은 해에 고딕양식으로 세워진 엘리자베트교회는 뒤이은 수년간 헤센의 후작의 수호성인의 순례지로 발전했다. 민중들의 경건에서 엘리자베트는 거지와 병자들의 수호성인으로 존경받았다.[111)] 계속된 엘리자베트숭배의 확산은 다양한 정치적인, 교회적인, 종교적인 이해관계들이 얽힘으로 인하여 결정적인 후원을 받았다. 그 이해관계에는 슈타우펜 왕가와 헝가리 왕가와 헤센과 튀링겐을 지배하는 가문과 탁발수도회가 한 역할을 했다.[112)]

---

109) Annales Marbacenses, MGH.SS rer. Germ. 9, S. 95, Z. 22-26; Jahrbücher von Marbach, GDV 6, S. 49.

110) Chronica regia Coloniensis, MGH.SS rer. Germ. 18, Teil 7, S. 268, Z. 20-34; Kölner Königschronik, GDV 53, S. 323 f.

111) 참조, D. Diederich, Geburshilfe und Fürsprache der hl. Elisabeth, S. 53-58.; K. Hahn, Elisabeth von Thüringen, LCI 6, Sp. 133-140.

112) 참조, M. Werner, Mater Hassiae – Flos Ungariae – Gloria Teutoniae. Politik und Heiligenverehrung im Nachleben der hl. Elisabeth von Thüringen, in: J. Petersohn, Politik und Heiligenverehrung, S. 449-540.

## D 프란체스코수도회

13세기 전반기에 탁발수도회는 전성기를 맞이했다. 청빈운동으로부터 유래하여 그들은 제4차 라테란공의회 이래로 서방교회의 특정한 수도회로 발전했다. 프란체스코는 제4차 라테란공의회를 위하여 로마로 여행한 사람들 중에 하나에 속했다. 공의회 참석자들에 의하여 새로운 수도회설립이 금지되었음에도 불구하고 그는 인노켄티우스 3세에게서 이번에는 '약간은 공식적인 방법'에 따른, 즉 문서로 된 그의 규칙을 승인받기에 이르렀지만, 도장이 찍힌 공식증서는 없었다.[113] 그는 계속 이어진 교회적인 연결이나 공동체의 보다 높은 기구조직에 대해 관심이 없었기 때문에, 그가 사도적 삶과 사역보다 고독 속의 삶을 더 선호하는 자를 위하여 '은둔자의 암자를 위한 규칙'을 저술한 것에 분명히 나타나는 것으로 그에게 충분했다. 이 규칙이 원래의 프란체스코회의 삶의 양식을 알려준다.

> '수도회사람으로서 은둔자의 암자에 머무르기를 원하는 자들은 세 명 혹은 기껏해야 네 명이 함께 해야 한다. 그들 가운데 둘은 어머니이어야 하고, 두 명 혹은 적어도 한 명의 아들을 가져야 한다. 어머니인 둘은 마르다의 삶을 살아야 하고, 두 아들은 마리아의 삶을 살아야 한다. 그들은 울타리가 쳐진 땅을 가지되, 거기에 각자 자신의 독방을 가져야 하며, 그 독방에서 기도하고 잠자야 한다. 그들은 항상 해가 지면 즉시 그 날의 만과(晩課, 저녁마침기도 - 역자 주)를 해야한다. 그리고 침묵을 지키기 위해 노력해야 한다. 그들은 하루시간에 기도를 해야 한다.'[114]

### 1. 선교설교

1217년의 오순절총회는 알프스의 북부 지역과 팔레스타인과 이슬람교인들 가운데로 수도사들을 파송하기로 결정했다. 동시에 수도회관구의 설립으로 포괄적인 수도회조직

113) K.-V. Selge, Franz von Assisi und die römische Kurie, S. 135.

114) Opuscula, hg. K. Esser, S. 404-412; Schriften, FQS 1, S. 206 f.; 참조, II Celano 178; Thomas von Celano, Leben, FQS 5, S. 375 ff.

들이 만들어졌다. 이 수도회관구의 각 관구에는 '대표자'가 임명되었다. 그들에게는 그 지역으로 파송된 수도사들에 대한 감독직이 부여되었다.[115] 프란체스코는 자기 직분의 많은 의무에 대해 한탄하는 이름이 잘 알려지지 않은 수신자를 격려할 때, 대표자직의 의미에 대해서 언급했다.

'주 하나님을 사랑하는데 너를 가로막고 있는 모든 것과 네게 어려운 일들을 만들기 원하는 자, 그것이 수도사이거나 다른 사람이든지, 비록 그들이 너를 치려고 할지라도, 너는 모든 것을 하나님의 은혜로 여겨라. ... 죄를 지을 수 있을 만큼 죄를 지었고, 당신의 눈을 보고 자비를 찾았을 때 자비없이 떠나야만 하는 형제는 이 세상에 존재하면 안 된다.'[116]

엘리아스 폰 코르토나(Elias von Cortona)는 첫 번째로 대표자의 직분을 맡은 자 중의 하나였다. 프란체스코는 그를 수도회관구의 건립을 위해 시리아로 보냈고, 그를 성지(聖地)의 첫 번째 관구장으로 임명했다.[117]

프란체스코 역시 그의 참회와 순회설교를 처음에는 움브리아와 이탈리아에서, 그 다음에는 다른 나라들에서 계속 했다. 그가 말한 것처럼, 그는 '모든 수도사들에게 모범과 예가 되기'를 원했다. 그는 선교명령을 '주께서 이 땅의 모든 사람들의 영혼구원과 향상을 위하여 수도사들을 선택하여 파송했다는 것'으로 설명했다. 그들은 '신자들의 나라에서 뿐만 아니라, 불신자들의 나라에서도 받아들여질 것이며, 많은 영혼들을 구할 것'이다. 하지만 오스티아(Ostia)의 주교이며 롬바르디아의 교황의 사절(1217-1221)인 후골리노(Hugolino)는 그에게 경고로 맞섰다.

"형제여, 나는 당신이 산맥을 넘는 것을 원하지 않는다. 왜냐하면 로마교황청에는

115) 참조, NbReg(=Nicht bullierte Regel) 4,2 François d'Assise, Écrits, hg. von K. Esser, SChr 285, S. 122 ff.

116) Opuscula, S. 225-236; Schriften, FQS 1, S. 85.

117) 참조, D. Berg, Elias von Cortona, S. 105; R. B. Brooke, Early Franciscan Government.

수도회의 안녕을 가로막는 많은 고위성직자들이 있기 때문이다."[118]

프란체스코는 그 조언에 순종하여 이탈리아에 머물렀다. 분명히 그의 참석은 공동체의 존속을 위하여 포기될 수 없는 것이었다.[119] 1218년 오순절총회에 의해 시리아로 한 수도사를 파송하는 것이 알려졌다. 일 년 후 그 밖의 나라로 선교여행이 결정되었다. 그 수도사들은 그들이 '로마교회에 의해 허가받은 생애를 선택했다는 것'[120]을 확인하는 교황의 편지를 가졌다. 뒤이은 수년 동안에 스페인(사라고사(Saragossa), 톨레도 1219)과 포르투갈(코임브라(Comibra), 리스본 1219)과 프랑스(생 드니(St. Denis) 1219)와 독일(잘츠부르크, 뷔르츠부르크, 아우크스부르크, 보름스, 슈파이어, 마인츠, 쾰른 1221)에 수도회들이 생겨났다. 얼마 뒤에 프란체스코회수도사들은 잉글랜드(옥스포드 1224, 캠브리지 1237)와 덴마크(리베(Ribe) 1232)와 스웨덴(비스뷔(Visby) 1235, 스톡홀름 1237)으로 갔다. 프란체스코도 마찬가지로 선교여행을 떠났다. 1219년 7월에 그는 제5차 십자군을 따라 동방으로 가는 길에 있었다. 거기서 그는 그리스도교의 십자군 군대를 통하여 나일하구에 놓여 있는 성 다미에트의 포위공격을 경험했다.[121]

여행 중에 어떤 위험들로부터 위협받았는지를 모로코에서 사건들이 잘 보여준다. 거기서 1220년 1월에 베르나르, 페트로(Petrus), 오토(Otho), 아주트(Adjut), 아쿠르시우스(Accursius)가 살해되어 프란체스코수도회의 첫 순교자들이 되었다.[122] 그리스도교의 나라에서 설교여행과 관련하여서도 프란체스코회 수도사들은 그들의 출현이 알비파와 발도파의 출현과 유사하여 오랫동안 이단혐의를 받았다. 이런 이유 때문에 60명 이상의 수도사들의 독일여행이 주교의 거부에 의해 좌절되었다. 북부프랑스로 파송된 수도사들은 몇몇 주교구에서 쫓겨났다. 그런 이유로 그들은 프랑스의 주교들을 향하여 그들에게 작은 수도사들의 설교를 방해하지 말고 허락하도록 요구하는 교황의 교서를 얻어내었다. 거기에 처음

118) Le Speculum perfectionis, Tom 3, hg. von P. Sabatier; Der Spiegel der Vollkommenheit, hg. von W. Rüttenauer, Buch 3, S. 114, 116 f.

119) I Celano 74/75; Thomas von Celano, Leben, S. 146 ff.

120) Bulle „Com dilecti filii' vom 11. Juni 1219, in: H. Boehmer, Analekten, S. 126.

121) II Celano 30; Thomas von Celano, Leben, S. 249.

122) 참조, Le speculum perfectionis, Tom 4; Der Spiegel der Vollkommenheit, Buch 4, S. 142.

으로 프란체스코공동체가 '작은 형제들의 수도회'(Ordo fratrum minorum)로서 불려졌다.[123]

## 2. 그 외의 길을 둘러싼 논쟁들

다미에트의 정복 직후인 1219년 11월에 프란체스코는 이집트 여행을 떠났다.[124] 아마도 그의 귀환은 그의 부재 동안에 수도회공동체에서 두 그룹 사이의 논쟁에 이르게 된 것과 관련이 있다. 한 그룹은 여성들도 청빈의 이상과 뒤따름의 이상을 타협 없이 고수할 것을 대변했다. 다른 한 그룹은 전승된 수도원의 생활양식에 힘써 따를 것을 요구했다.[125] 처음으로 대표자회로서 개최된 1219년 가을총회에서 기존의 수도원에 맞추어진 금식규정의 도입이 결정되었다. 그밖에 산 다미아노 수녀원의 지도를 넘겨받을 감독자의 직분이 만들어졌다. 수도사 중의 하나인 요한네스 드 카펠라(Johannes de Capella)가 나병에 걸린 남자와 여자들의 그룹을 자기 주위에 모으고, 그들을 위하여 규칙을 작성하여, 로마에서 교황의 승인을 얻으려고 시도했을 때, 분열의 추세는 가시적이 되었다. 볼로냐에서 프란체스코회 수도사들의 신학과 교회법 교육을 위한 학교가 세워졌다. 마침내 수도회는 교황의 특권을 통하여 명시적인 교회의 후원을 얻게 되었다. 프란체스코는 동방에서 귀환하자마자 취해진 조치들에 반대하는 입장을 취했다. 그는 공동체에 특권 부여와 엘리트적 구조의 형성과 정착을 위한 동기들에 반대했다. 그밖에 그는 볼로냐의 학교를 포기하도록 명령했다.

> '박학다식에 대한 호기심에 의해 유혹받은 내 형제들이 시련의 날에 그들의 손이 텅빈 것을 발견하게 될 것이다. 그래서 나는 그들이 위기와 시련의 시기에 주님을 곁에 모시기 위해 오히려 그들이 미덕 가운데서 강하게 되기를 원한다. 책들이 더 이상 유익하지 못하고 감춰지게 되어, 곤경에 처하게 될 것이기 때문이다.'[126]

123) 참조, K.-V. Selge, Franz von Assisi und die römische Kurie, S. 152 f.

124) Zur Datierung 참조, H. Fischer, Franziskus von Assisi, S. 27-30, 71-80.

125) 참조, H. Feld, Franziskus von Assisi und seine Bewegung, S. 319-322.

126) Le speculum perfectionis, Tom 3, Der Spiegel der Vollkommenheit, Buch 3, S. 125 f.

처음으로 후골리노 추기경이 집의 소유권자에 대해서 입장을 밝혔을 때, 프란체스코는 지속적인 이용에 동의했다. 계속해서 학교들은 뒤이은 수년 동안 옥스퍼드(1224)와 파리(1230)와 캠브리지(1240)에 세워졌다. 1220년 초에 프란체스코는 교황이 머무는 비테르보(Viterbo)로 갔다. 토마스 첼라노는 접견에 대해서 기록했다.

'그가 이 저명한 군주들 앞에 서서 허락과 축복을 얻었을 때, 그는 떨거나 주저하지 않고 말하기 시작했다. 그는 그러한 불타는 듯한 감격으로 그가 기쁨으로 인하여 더 이상 자신을 주체할 수 없다고 말했다. 그가 자신의 말을 하는 동안, 그는 춤을 추는 것처럼 발들을 움직였으나, 오만 때문에 아니라, 그가 마치 하나님의 사랑의 불꽃에 의해 달아올랐기 때문이다. 그 때문에 그는 청중이 웃도록 자극하지 않았고, 오히려 깊은 내적인 고통으로 들어가도록 강요했다. 하나님의 은혜와 그 남자의 대단히 솔직함에 대해 놀라면서 그들 가운데 많은 이들이 마음속으로 뉘우쳤다.'[127]

그런 이유로 후골리노 주교가 그 때 참회형제단의 보호추기경으로 임명되었음에도 불구하고, 특권부여는 다시 철회되었다.[128] 프란체스코는 그것을 교회를 통하여 수도회기 보호받게 될 것이라는 기대뿐만 아니라, 이 수도회를 통하여 이 교회가 개혁될 것이라는 기대와 연결했다.[129]

1220년 5월에 오순절총회가 아시시에 모였다.[130] 그 때 금식규정과 재산문제와 특권부여에 대한 명백한 갈등이 야기되었다. 한 쪽에는 프란체스코회에 수도회와 비교될 수 있는 형태를 부여하기 위하여 규칙과 아우구스티누스규칙과 사랑의 헌장(Charta Caritatis)과 관련하여 변화를 요구하는 이들이 서 있었다. 다른 한쪽에는 초기의 카리스마적인 정신을 굳게 붙잡기를 원하는 이들이 서 있었다. 초기의 기록에 의거해서 프란체스코는 수

127) I Celano 73; Thomas von Celano, Leben, S. 146.

128) II Celano 25; Thomas von Celano, Leben, S. 244 f.

129) 참조, seinen „Brief an den gesamten Orden'(Opuscula, S. 237-269; Schriften, S. 89-94).

130) Zur Datierung 참조, H. Fischer, Franziskus von Assisi, S. 109 ff., 116 ff.

도사형제들에게 다음과 같은 말을 했다.

> “내 형제들이여, 하나님께서 나를 거룩한 단순함과 겸손의 길로 부르셨습니다. 그리고 그가 이 길을 나와 나를 믿고 나의 뒤를 따르기를 원하는 모든 이들에게 진실하게 드러내셨습니다. 그 때문에 나는 주께서 나에게 그의 자비 가운데 보여주고 전해준 그것 외에, 당신들이 거룩한 의 규칙도, 거룩한 아우구스티누스의 규칙도, 복된 베르나르의 규칙도, 그밖에 어떤 다른 방법과 형태로 살도록 어떤 규칙을 나에게 언급하는 것을 원하지 않습니다.”[131)]

이 이의제기에도 불구하고 호노리우스 3세는 1220년 9월에 수도회회칙에 많은 변화를 관철시켰다. 사유재산금지는 초기의 요구들 가운데 하나로 존속되었다. 또한 가입하는 형제에 대한 수련기(Noviziat)와 수도회서약(Profess)이 규정되었다. 가장 주목을 끄는 것은 기한부로 부여되는 프란체스코회의 공직들이 제도적인 권위를 가진 지속적인 직분들로 변화된 것이다. 이것으로 ‘교황청은 최종적으로 카리스마적인 형제애공동체를 교회법적인 의미에서 수도회로 변형시키는 것을 성공했다.’[132)] 1220년 가을총회에서 프란체스코는 공동체의 지도자직을 페트로 폰 가타니(Petrus von Catanii)에게 넘겨주었다. 그는 실행된 변화들로 자기 처신의 이유를 설명했다.

> “나의 아들이여, 나는 할 수 있는 한 형제들을 사랑한다. 그러나 그들이 나의 흔적을 따를 때, 나는 그들을 더욱 사랑할 것이며, 내가 그들과 소원(疏遠)해지지 않을 것이다. 왜냐하면 고위층에 있는 자들 중에는 오래된 수도원들의 예를 보여주면서 나의 경고를 주의하지 말라고 하면서 다른 곳으로 이끄는 사람들이 존재하기 때문이다.”[133)]

---

131) Le speculum perfectionis, Tom 3; Der Spiegel der Vollkommenheit, Buch 3, S. 124 f.

132) U. Köpf, Franziskus von Assisi, in: M. Greschat, Mittelalter Bd. 1, S. 294.

133) Le speculum perfectionis, Tom 3; Der Spiegel der Vollkommenheit, Buch 3, S. 78 f. 피셔(H. Fischer)는 퇴임을 1220년 오순절 총회로 잡는다.(Franzikus von Assisi, S. 123 ff.)

동시에 '자유롭게 되어 그리스도의 곁에 있으려는'[134] 그의 갈망이 커졌다. 이후의 시기에 프란체스코는 매우 자주 다양한 은둔자의 암자로 물러나거나 순회설교에 전념했다. 토마스 첼라노는 그가 창조에 대한 경외심 때문에 '어머니 같은 애정을 가지고' 동물들에게 설교할 뿐만 아니라, 식물세계에도 관심을 기울였다고 기록하고 있다.[135]

## 3. 규칙들

1221년 수도회의 수도사들이 아시시의 산 마리아교회에 총회로 모였다. 그 수가 너무 많아서, 모두가 건물들 안에 숙소를 마련할 수 없어, 텅 빈 들판에서도 숙박했다. 이것이 이 총회가 돗자리총회로서 역사에 기록된 이유이다. 왜냐하면 '모든 오두막이 돗자리로 만들어졌기 때문'이다.[136] 이 총회에서 프란체스코가 두 명의 수도사들과 함께 기록한 규칙 하나가 통과되었다. 그것이 너무나 엄격하여 지킬 수 없을 것이라는 두려움 때문에 몇몇 관구장들이 바로 얼마 전에 죽은 페트로 가타니의 후임자인 엘리아스 폰 아시시(Elias von Assisi)에게 정중하게 이 규칙을 지킬 의무를 지지 않도록 요청하게 되었다. 프란체스코가 그것을 들었을 때, 그는 자신의 얼굴을 하늘로 향하여 들었다. 그리고 그는 그리스도께 말했다.

> "주님, 이들이 나를 믿지 않는다는 것에 대해 내가 당신을 찬양하지 않았습니까?"

그 때 모두가 높은 곳으로부터 대답하는 그리스도의 목소리를 들었다.

> "프란체스코, 너의 규칙에서 아무것도 너로부터 기인한 것이 없다, 오히려 거기에 있는 모든 것은 나의 것이다. 나는 이 규칙을 지켜지길 원한다. 문자대로, 문자대

134) I Celano 71; Thomas von Celano, Leben, S. 144.
135) I Celano 81; Thomas von Celano, Leben, S. 153.
136) Le speculum perfectionis, Tom 3; Der Spiegel der Vollkommenheit, Buch 3, S. 124.

로, 문자대로, 소심한 해석이 없이, 소심한 해석이 없이, 소심한 해석이 없이."

그리고 그가 덧붙였다.

"나는 사람들의 연약함이 무엇을 할 수 있는지를 압니다. 내가 그들을 돕겠습니다. 그러나 이 규칙을 지키지 않기를 원하는 자는 수도회를 떠나야 할 것입니다."[137]

그 규칙은 다음의 글로 시작한다.

'이것은 프란체스코 형제가 이것을 그에게 허락하고 승인하여 줄 것을 주인 인노켄티우스 교황에게 소원하여 얻은 예수 그리스도의 복음의 삶이다. 그는 이것을 그와 그의 형제들, 즉 그 당시와 앞으로의 형제들에게 허락하고 승인했다. 프란체스코 형제와 항상 이 수도회의 머리가 되는 자는 주인 인노켄티우스 교황과 그의 후계자에게 복종과 존경을 약속해야 한다. 모든 다른 형제들은 프란체스코 형제와 그의 후임자에게 복종해야 하는 의무를 진다.'[138]

24장에 공동체적인 삶의 가장 중요한 관점들이 언급되었다. 작성된 원래의 규칙을 수용하는 가운데 1장에 다음과 같이 언급된다.

'이 형제들의 규칙과 삶은 이것이다, 즉 복종과 순결과 무소유와 우리 주 예수 그리스도의 가르침과 발자취를 따라 살아가는 것이다. 그는 다음과 같이 말했다. '네가 온전하고자 할진대, 가서 네 소유를 팔아 가난한 자들에게 주라. 그리하면 하늘에서 보화가 네게 있으리라. 그리고 와서 나를 따르라.'(마19:21) 그리고, '누

137) Le speculum perfectionis, Praef.; Der Spiegel der Vollkommenheit, Vorrede, S. 14; 참조, D. Berg, Elias von Cortona, S. 105.

138) Schriften, S. 177. - François d'Assise, Écrits, SChr 285, S. 122 ff. - Opuscula, S. 373-404; 참조, D. E. Flood, Regula non bullata.

구든지 나를 따라오려거든 자기를 부인하고 자기 십자가를 지고 나를 따를 것이라.'(마16:24) 마찬가지로, '무릇 내게 오는 자가 자기 부모와 처자와 형제와 자매와 더욱이 자기 목숨까지 미워하지 아니하면 능히 내 제자가 되지 못하고.'(눅14:26) 그리고 '또 내 이름을 위하여 집이나 형제나 자매나 부모나 자식이나 전토를 버린 자마다 여러 배를 받고 또 영생을 상속하리라.'(마19:29)'[139]

이러한 뒤따름의 요구와 함께 이 규칙은 공동체의 수도사들뿐만 아니라, 그리스도의 부름을 들을 준비가 된 모든 사람들을 향한 것이었다.[140] 그 밖의 장들은 수도사의 가입과 복장(∫ 2), 성무일도(∫ 3), 공직들(∫ 4), 징계규칙(∫ 5), '수도원장' 칭호의 금지(∫ 6), 섬김과 노동(∫ 7), 금전획득의 금지(∫ 8), 탁발요청(∫ 9), 병자와 관계(∫ 10), 상호간의 사랑의 계명(∫ 11), 여성과 관계(∫ ∫ 12/13), 선교여행에 대한 태도(∫ ∫ 14/15)와 사라센 가운데에서 선교여행의 태도(∫ 16), 설교자에 대하여(∫ 17), 매년의 관구장 모임에 대하여(∫ 18), 가톨릭 신앙의 고수(∫ 19), 참회와 성만찬(∫ 20), 규칙준수에 대한 경고(∫ ∫ 21/22) 그리고 마지막으로 감사의 기도(∫ ∫ 23/24)를 포함하고 있다.[141]

개별규정들에 관련하여서 프란체스코는 1220년 9월의 호노리우스 3세의 글을 의미하는 '주인이신 교황의 지시'와 관련이 있다.[142] 토마스 첼라노는 프란체스코의 의노들과 규칙 사이에 거의 완전한 일치를 증명하기 위해 애를 썼다.

'공동의 서약과 규칙을 위하여 그는 불타는 열정으로 충만했다, 그리고 그는 그것을 위해 열심히 노력하는 자들에게 특별한 복을 베풀었다. 그래서 그는 자기 사람들에게 다음과 같이 말했다. 그 규칙은 삶의 책이며, 구원의 희망이며, 복음의 핵심이며, 완전함으로 가는 길이며, 낙원으로 가는 열쇠이며, 영원한 언약의 증서이

139) NbReg 1; Schriften, S. 178; Opuscula, S. 354-362; D. E. Flood, Regula non bullata, S. 33.

140) NbReg 23,7; Schriften, S. 202 f.;Opuscula, S. 373-404; D. E. Flood, Regula non bullata, S. 73.

141) 참조, L. Hardick, Pecunia et denarii. Untersuchung zum Geldverbot in den Regeln der Minderbrüder, FS 40, 1958, S. 313-328; 41, 1959, S. 268-290; 43, 1961, S. 216-243.

142) NbReg 2,10; Schriften, S. 179; 참조, J. Powell, The Papacy and the Early Franciscans, S. 248-262.

다.'[143]

그러나 그 간격은 실제로 분명했다.

'그가 모든 힘을 다해 이제 공동체의 삶에 존재하는 사법적인 강제권을 약화시키며, 그것을 공동체의 실제적인 삶의 규정들을 환기시키는 것을 통하여 불필요한 것으로 만드는데 노력한 것이 드러난다. 즉 낮아지신 그리스도를 뒤따름에 있어서 자신의 모든 권리와 의지를 포기하는 수도사형제의 자발적인 상호복종을 통한 것이었다.'[144]

이런 의미에서 공직에 관하여 다음과 같이 진술되었다.

'아무도 '수도원장'(Prior)라고 불려서는 안 되며, 오히려 모두가 완전히 '작은 형제들'이라고 불려야 한다. 한 사람이 다른 사람의 발을 씻어야 한다.'[145]

프란체스코가 예수를 뒤따름을 사법적인 개념의 완전한 포기로 묘사한 것은 그가 '어머니처럼' 다음과 같은 충고를 준 레오 수도사에게 보낸 그의 편지에 나타난다.

'어떤 방식으로든지 주님이신 하나님을 기쁘시게 하고 그의 발자취와 가난을 따라가는 것을 너에게 더 잘 나타나게 할 때, 그것이 바로 우리 주 하나님의 축복과 나에 대한 복종으로 행하는 것이다.'[146]

오순절총회는 규칙의 실시를 위하여 수도회를 도울 27명으로 구성된 수도사의 한

---

143) II Celano 208; Thomas von Celano, Leben, S. 402.

144) K.-V. Selge, Franz von Assisi und die römische Kurie, S. 157.

145) NbReg 6, 3; Schriften, S. 183 f.

146) Schriften, S. 82; Opuscula, S. 216-224.

그룹을 독일로 파송하는 것을 결정했다. 토마스 첼라노와 요르단 폰 지아노(Jordan von Giano)가 그 그룹에 속했다. 이미 같은 해 10월에 이미 '토이토니아'(Teutonia) 수도회관구에서 첫 번째 장이 실시되었다. 프란체스코 역시 설교가로서 그의 공적인 사역을 계속 해 나갔다. 1222년 볼로냐에서 평화의 설교에서 그는 지독한 갈등을 끝내는데 성공했다. 얼마 후 그는 총 12장으로 되어 있으며, 인준받지 않은 회칙[147](Regula non bullata, 제1회칙이라고 불리며 교황의 인준을 받지 못했다. - 역자 주)보다 훨씬 짧은 수도회규칙의 새로운 텍스트를 초안했다. 다음의 주제들이 언급되었다. 수도사의 가입과 삶(∫2), 성무일도(∫3), 금전수령의 금지(∫4), 수도사들의 육체노동(∫5), 재산의 금지와 탁발과 병자와 관계(∫6), 참회(∫7), 총회장의 선거와 오순절총회(∫8), 설교자(∫9), 징계조치(∫10), 수녀원 입장의 금지(∫11), 사라센인들의 선교(∫12). 주목을 끄는 것은 프란체스코의 자신의 확신으로서 1인칭의 형태로 저술된 이 규칙서가 복종약속으로 시작된다는 점이다.

> '프란체스코 형제는 주인 교황 호노리우스(3세)와 그의 적법한 후임자와 로마교회에 복종과 존경을 약속한다. 다른 형제들은 프란체스코 형제와 그의 후임자에게 복종해야 하는 의무를 져야 한다.'

'순종과 무소유와 순결'의 프란체스코형제들의 삶은 교회의 위계질서에 편입되었다(∫1). 이러한 교황에 대한 복종의 강조에서 후골리노 추기경의 영향을 감지할 수 있다. 수도회 가입과 관련하여 '가톨릭의 신앙과 교회의 성례전에 대하여 신중하게' 후보자를 '심사하는' 과제가 관구장들에게 주어졌다. 그 후에 수련기의 허가가 내려졌으며, 투니카와 띠와 바지를 입는 복장이 주어졌으며, 일 년의 수련기 후에 수도회의 가입이 이루어졌다. 1220년 교황의 교서를 참조하여, 수도회서약을 한 뒤에 '어떤 경우에도' 이 수도회를 탈퇴하는 것이 '허락되지' 않는다는(∫2) 것이 확정되었다. 예배하는 삶과 관련하여서는 교황청에서 행해지는 성무일도와 미사의 형식을 수용했다. 프란체스코회는 그와 함께 로마교회의 공동체찬양의 전통을 따랐다. 총회장은 수도공동체의 출신이어야 하며, 오순절총회

147) Schriften, S. 164-173; François d'Assise, SChr 285, S. 180-199.

에서 선출되어야 한다. 수도사들은 '그에게 복종하는 것을 엄격히 준수'해야 한다(∫8). 동시에 '그 밖의 관구장과 공직자들의' 위치가 강화되었다(∫10). 마침내 프란체스코는 '이 수도공동체의 방향을 설정하고, 보호하고, 교육하도록 거룩한 로마교회의 추기경들 중에 한 명을 청하기 위하여' 교황에게 문의했다. '그것은 언제나 이 거룩한 교회의 발아래에 있으면서 복종하고 가톨릭의 신앙을 고수하면서 가난과 겸손과 우리가 분명히 약속한 우리 주 예수 그리스도의 거룩한 복음을 주시하기 위해서'였다.

이 규정들은 다음과 같은 것을 보여준다. 프란체스코회의 수도공동체에서 가톨릭의 위계질서에 편입된 중앙집권적인 구조를 갖춘 수도회가 되었다. 이것은 순회설교에서도 나타난다. 그것은 근본적으로 확고하였지만, 앞으로는 주교구의 주교의 동의에 달려 있게 되었다(∫9). 오직 소유문제와 관련하여 초기의 엄격주의가 침해되지 않고 그대로 유지되었다.

> '형제들은 아무것도, 집도 장소도 어떤 물건도 가져서는 안 된다. 그리고 마치 가난과 겸손 가운데 주님을 섬기는 이 세상의 순례자와 이방인처럼 그들은 온전히 탁발(托鉢)에 신뢰해야 한다. 그들은 그것을 부끄러워해서는 안 된다. 왜냐하면 주께서 우리를 위하여 이 세상에서 스스로 가난해 지셨기 때문이다.'(∫6)

이 규칙은 1223년 11월에 인장을 받아 공포되었다('Regula bullata'). 거기에서 호노리우스 3세는 프란체스코에게 의뢰했다.

> '주교이며 하나님의 종들의 종인 호노리우스는 사랑하는 아들들인 프란체스코 형제와 프란체스코수도회의 다른 형제들에게 구원과 사도의 축복을 빈다.'

다가오는 논쟁들의 배경에서 이 호칭이 중요한 의미를 갖는다. 이것이 '프란체스코가 그의 생존시에 교황청의 자료에 마지막으로 나타난 것'이었다.[148)]

---

148) K.-V. Selge, Franz von Assisi und die römische Kurie, S. 137.

## 4. 은둔으로 물러남

수도회의 부흥에 엘리아스 폰 아시시(1180-1253)가 중요한 역할을 했다. 수련기 도입과 미사거행을 위한 교황의 특권 부여를 통하여 그는 교황청의 후원을 받았다. 1223년 그는 마인츠와 보름스와 쾰른과 슈파이어의 수도회를 위한 감독자로서 세워졌다. 우리가 토마스 첼라노의 (두 번째) 전기를 따른다면, 프란체스코는 그 변화들에 동의했다.[149] 하지만 그는 실제로 이러한 발전에 대해 크게 행복하지 않았으며, 그 발전은 그의 초창기의 의도에 대하여 '근본적으로 대립'하고 있었다.

> '교황청이 '작은 이들의 삶'(vita minorum)을 전통적이며 종교적인 수도회의 삶의 양식으로 조절하기를 원했고, 동시 '복음적인 삶'(vita evangelica)의 본질적인 요소를 프란체스코회의 공동체에서 실현시키려고 한 반면에, 프란체스코는 그에게 계시된 복음의 요구를 따르는 생활양식을 고수하였다.'[150]

얼마 후에 움브리아의 여러 은둔자의 암자로 물러났다. 그가 자신의 수도회에서 경험한 성향들을 거부한 것처럼 그는 거기서 금욕생활에 들어갔다. 1224년 가을에 그는 아레초(Arezzo)의 그의 암자에서 그를 깊이 만져서 육체에 표시를 남긴 그리스도의 환상을 경험했다. 토마스 첼라노가 그 과정을 묘사했다.

> '그 때 그는 하나님의 얼굴에서 자기 위에 떠 있는 한 남자를 보았다. 그 남자는 세라핌과 유사하여, 여섯 날개를 가지고 손들을 펼치고 발을 포개어 십자가에 달려 있었다. ... 그가 그 얼굴에 대하여 이치에 맞게 명료하게 알 수 없었고, 그에게 있는 새로운 것이 그의 마음을 강하게 움직이게 한 반면에, 바로 직전에 십자가에 달린 남자에게서 본 것과 같은 방식으로 그의 손과 발에 못자국의 상흔이 보이기 시작

149) II Celano 184-188; Thomas von Celano, Leben, S. 381-384.

150) D. Berg, Elias von Cortona, S. 106.

했다.'[151]

이 사건은 다양한 해석들을 제공한다. 그 핵심은 프란체스코는 그리스도의 삶과 같이 되는 방식으로서 자신의 삶을 인식했다는 것의 표현이다. 그의 죽음 이후에 비로소 성흔(聖痕)이 알려졌다.

1225년 초에 프란체스코는 여러 주간 동안 산 다미아노 수녀원에 머물렀다. 기록들에는 재차 눈병과 수종(水腫)과 그 밖의 통증들에 대한 불안정한 건강상태가 언급되고 있다.[152] 그가 자신의 위장병 때문에 한 번은 격렬하게 토할 수밖에 없어서 다음 날 아침까지 피를 토했을 때, 그의 동료들만 놀란 것은 아니었다. 그 자신도 그가 자신이 죽을 경우에 대비해 그들에게 몇 마디의 말을 남길 필요가 있다고 생각했다.

> "나의 약함과 나의 고통 때문에 많이 말할 수 없기 때문에, 나는 세 가지의 말로 지금과 장래의 모든 형제들에게 나의 뜻과 의향을 짧게 알리기 원합니다. 그들은 항상 나의 축복과 나의 유언장을 추모하는 표시로 내가 그들을 사랑했고 사랑한 것 같이 서로 사랑해야 합니다. 그들은 항상 우리의 주인 가난을 사랑하고 보존해야 합니다. 그리고 그들은 항상 거룩한 어머니 교회의 고위성직자와 성직자들을 신뢰하고 복종해야 합니다."[153]

이 생애단계로부터 여러 가지 중요한 텍스트들이 전승되었다. 『거룩한 클라라의 자매들을 위한 경고의 노래』(Mahnlied für die Schwestern der heiligen Clarar)가 거기에 속한다.[154] 다른 증거들에서 하나님의 피조물에 대한 그의 사랑이 찬양을 받았다.[155] 그의 자연의 경

151) I Celano 94; Thomas von Celano, Leben, S. 164-169.

152) I Celano 97-101, 105, 107; II Celano 210-213; Thomas von Celano, Leben, S. 170-176, 179 ff., 404-407; 참조, A. Rotzetter, Klara von Assisi, S. 186 f.

153) Le speculum perfectinis, Tom 5, hg. von P. Sabatier; Der Spiegel der Vollkommenheit, hg. von W. Rüttenauer, Buch 5, S. 163 f.

154) Schriften, S. 138.

155) 참조, II Celano 165-171; Thomas von Celano, Leben, S. 365-371; Le speculum perfectionis, Tom 11, hg. von P. Sabatier; Der Spiegel der Vollkommenheit, hg. von W. Rüttenauer, Buch 11, S. 224 f., 231.

건성에 지속적인 특징을 부여한 가장 유명한 문학작품은 원래 고전이탈리아어 기록되었다가 후에 라틴어로 번역된『태양 형제의 노래 혹은 피조물의 찬양』(Gesang von Bruder Sonne oder Lob der Geschöpfe)이다.[156] 이것은 프란체스코가 하나님에 대한 찬양의 노래를 부른 기도에 관한 것이다.

*'나의 주님, 찬양을 받으소서.*
*당신이 지으신 모든 창조물에게서 찬양을 받으소서.*
*특별히 형제인 태양에게서 찬양을 받으소서.*
*태양을 낮이 되게 하시어,*
*저희에게 빛을 주시었사오니,*
*태양은 아름답고 찬란한 광채를 띠우나니,*
*당신의 모습을 지니고 있는 까닭이나이다.*
*나의 주님, 찬양을 받으소서.*
*자매인 달과 별들에게서 찬양을 받으소서.*
*맑고 빛나고 사랑스럽게*
*하늘에 그들을 지으신 분은 당신이시나이다.*
*나의 주님, 찬양을 받으소서.*
*형제인 바람을 통해 찬양을 받으소서. 공기와 구름과 맑고 고요한 날씨와*
*온갖 기후를 통해 당신은 찬양을 받으소서.*
*그들을 통해*
*당신은 손수 지으신 창조물들을 살피시나이다. ...*
*나의 주님, 찬양을 받으소서.*
*자매이며 어머니인 대지로부터 찬양을 받으소서.*
*저희를 지켜주며 다스리는 대지는*
*온갖 과일이며 색색의 꽃과 풀들을 자라게 하나이다.*

156) Opuscula, S. 122-133; Schriften, S. 214 f., 참조, II. Celano 213; Thomas von Celano, Leben, S. 406 f.

*나의 주님, 찬양을 받으소서.*

*당신에 대한 사랑 때문에*

*남을 용서하는 사람들을 통해 찬양을 받으소서.*

*아픔과 고난을 참아 받는 사람들을 통해 찬양을 받으소서.*

*당신을 바라보며,*

*고요히 참아내는 이들은 복되나이다.*

*그들은 면류관을 받을 것이옵나이다.*

*나의 주님, 찬양을 받으소서.*

*자매인 육신의 죽음을 통해서도 찬양을 받으소서.*

*아무도 죽음을 피할 이 없나이다.'*

이 노래의 가사들에서 인간중심적인 관점을 뛰어넘는 경건성이, 즉 혼을 가지거나 혼을 가지지 못한 피조물에 대한 사랑과 하나님의 창조에 대한 경외가 언급되고 있다. 이 경건성은 프란체스코가 그의 금욕생활을 세계의 부정으로서 아니라, 참회의 심정을 구체화함으로서 생활했다는 것을 보여준다.[157)]

프란체스코가 남긴 마지막 증거는 1226년 늦은 여름에 가까워진 죽음과 관련하여 기록한 그의 유언장이다. 거기서 그는 수도공동체의 소박했던 시작을 회상하면서, 세속적인 권세로부터 그의 독립을 강조했다.

"그래서 주님께서 나에게, 즉 프란체스코 형제에게 참회의 생활을 시작하도록 하셨다. ... 주님께서 내게 교회에서 단순함 가운데서 기도하는 그러한 신앙을 주셨다. ... 주님께서 나에게 형제수도사를 주신 후에, 아무도 나에게 내가 무엇을 해야 하는지 가르쳐주지 않았고, 지극히 높으신 분께서 직접 나에게 내가 거룩한 복음의 규정에 따라 살아야 한다고 계시하셨다."[158)]

---

157) 참조, E.-W. Platzek, Das Sonnenlied des heiligen Franziskus von Assisi; A. M. Ritter, Sonnengesan des Franziskus, S. 92-110.

158) Test 1, 4, 14; Opuscula, S. 431-447; François d'Assise, Écrits, SChr 285, S. 204-211; Schriften, S. 217-220; 참조, K. Esser, Testament des heiligen Franzikus.

프란체스코는 하나님께 부름을 받았고 인도받았다는 것을 강조했다. 동시에 그는 자신을 교회적으로 거두어들이려는 시도에 대해 선을 그었다.

> '나는 모든 형제에게 그들이 있는 곳에서 항상 복종하도록 엄히 명령했다. 그들은 로마교황청에게 어떠한 편지를 청하려고 시도해서는 안 된다. 자신이 직접 시도하려고 해서도 안 되며, 중재인을 통해서도 안 되며, 한 교회를 위하여서도 안 되며, 어떤 장소 때문에도 안 되며, 설교를 핑계로도 안 되며, 외적인 박해 때문에도 그런 시도를 해서는 안 된다. 그들을 받아들이지 않는 곳에서는 하나님의 축복으로 참회를 하기 위해 다른 나라로 도망해야 한다.'(Test 25/26)

프란체스코는 소유문제에 대한 논쟁에서 가난의 요구를 완화하려는 모든 시도에 대하여 반대하는 입장을 분명하게 취했다. 수도사들은 '순례자와 이방인처럼' 살아야 하고 '거룩한 가난'에 맞서는 것은 거부해야 한다(Test 24). 오직 육체노동과 탁발을 통하여 수도사들은 먹고 살아야 한다.[159] 마지막으로 프란체스코는 유언서를 수도회규칙과 함께 보존하고 그것을 낭독하도록 지시했다. 토마스 다 첼리노는 프란체스코의 죽음에 대해서 자세히 묘사하고, 그것을 예수 그리스도의 고난과 유비하여 해석했다. 토마스의 해석에서는 프란체스코가 유언장의 글에서 독자들에게 말한 것처럼 하나님께 부름 받은 선시사에서 성흔(聖痕)을 가지고 십자가의 길을 간 그리스도와 유사한 인물이 되었다.[160] 1226년 10월 4일 일요일에 프란체스코는 아시시에서 숨을 거두었고, 다음날 그의 시신이 먼저 산 다미아노 수녀들에게로 옮겨졌다가, 후에 아시시에 있는 교회로 옮겨졌다. 그리고 거기 성 조르지오(St. Giorgio) 교회에 매장되었다.[161]

그가 '이 땅에 남겨둔 자들의 유력한 구난 성인으로서 신성의 보좌 곁에 불타는 돌 한가운데 자신의 자리를 얻게 되었을 때',[162] 프란체스코숭배는 그의 죽음 후에 곧바로 시작

---

159) 참조, S. Clasen, Armut als Beruf, S. 73-85; K. Esser, Armutsauffassung, S. 60-70; M. Lambert, Franciscan Poverty, S. 31-67.

160) 참조, I. Celano 109-118; II Celano 214-220; Thomas von Celano, Leben, S. 183-193, 407-414.

161) 참조, I Celano 116 f.; Thomas von Celano, Leben, S. 190 ff.

162) I Celano 119; Thomas von Celano, Leben, S. 194.

되었다. 거기에 대하여 그의 무덤에서 기적들이 증거한다.[163] 1228년 7월에 이미 프란체스코는 간략해진 교회법적인 심사 후에 그레고리우스 9세에 의해 아시시에서 시성(諡聖)되었다.[164] 같은 해 프란체스코회 수도사들은 그들의 수도회설립자의 무덤 위에 화려하게 고딕양식으로 수도원교회를 세우기 시작했다.[165] 그의 시성으로 인하여 수십 년에 걸쳐 진행되었으며 변화하는 프란체스코상에 대한 해석을 반영하고 있는 전기서술의 과정이 시작되었다. 초기의 성인숭배에서 가장 의미있는 문학적인 후원자는 1220년대 초 이래로 동반자였던 토마스 첼라노였다. 그는 숭배받는 자의 거룩성을 나타내려고 그의 전기를 이용했다. 그레고리우스 9세는 그 전기를 1229년에 성인의 공식적인 생애기록으로 선언했다. 첼라노의 전기의 토대 위에 뒤이은 수년 동안 그 외의 서술들이 생겨났다. 서술들은 미사전례를 위해 저술된『제단에서 사용하기 위한 성인이야기』(1230),[166] 구술전승이 포함된 줄리안 폰 슈파이어의 전기(1232-1235),[167] 운율로 표현된 하인리히 폰 아브랑슈(Heinrich von Avranches)의 성인이야기(1232/1234)였다.[168] 1244년 제노바의 총회는 중요한 전환점이었다. 거기서 총회장 크레센티우스 폰 예지(Crescentius von Jesi, 1244-1247)는 프란체스코의 생애에 대한 자료들을 새롭게 정리하도록 지시했다.[169] 그런 계기로 세 명의 동반자 레오 수도사와 루피누스 수도사와 안젤루스 수도사가『세 명의 동반자의 성인이야기』(Dreigefährtenlegende)로 지금까지 알려지지 않은 전승들에 접근할 수 있는 저술을 썼다.[170] 토마스 폰 파비아(Thomas von Pavia)는 첼라노의 첫 번째 전기를 벗어나서 새로운 것에 대해서 언급하는 것 없이『거룩한 프란체스코회 수도사들의 업적에 대한 대담』(Zwiegespräch über die Taten der heiligen Minderbrüder)을 내놓았다.[171] 프란체스코 이미지의

163) II Celano 220a; Thomas von Celano, S. 413; 참조, I Celano 119-151; Thomas von Celano, Leben, S. 194-215.

164) Annales Stadenses, MGH.SS 16, S. 360, Z. 26-32; Chronik des Albert von Stade, GDV 72, S. 74.

165) 참조, K. M. Swoboda, Die Gotik von 1150 bis 1300, S. 195-198.

166) Legenda ad usum chori, Analecta Franciscana 10, S. 119-126.

167) Analecta Franciscana Bd. 10, S. 355-371, 375-387.

168) Legenda versificata, Analecta Franciskana 10, S. 405-488.

169) Chronik der 24 Generalminister, Analecta Franciscana Bd. 3, S. 262.

170) Dreigefährtenlegenda, FQS 8, hg. von E. Grau, S. 77-166; 참조, H. Feld, Franziskus von Assisi, S. 34-38.

171) Thomas von Pavia, Dialogus de gestis sanctorum fratrum minorum, hg. von F. M. Delorme, Bibliotheca Franciscana Ascetica medii aevi 5.

수용에서 토마스 첼라노가 1246/47년에 내놓은 전기의 새로운 판본에 중요한 의미가 있다. 토마스는 그의 의도를 새로운 전기와 결합시켰다. 그의 의도는 '프란체스코가 살아있을 때 그를 개인적으로 경험하지 못하고 그를 알지 못한 2세대의 프란체스코회 수도사들에게 그의 모범적인 삶을 '완전함의 거울'로 제시하고, 가난에 대하여 두드러진 논쟁의 배경에서 수도회를 위하여 통용될 수 있는 길을 제시'하는데 있었다.[172] 또한 그는 프란체스코의 삶에서 그리고 그의 죽음 이후 일어난 놀라운 사건들을 포함하고 있는 기적에 관한 책(1250/1252)의 저자였다.[173] 1266년에 프란체스코수도회의 총회장 요한네스 보나벤투라(Johannes Bonaventur, 1217-1274)에 의하여 제출된 성인이야기의 모음집이 그 발전의 대미(大尾)를 장식했다.[174]

## 5. 프란체스코 이후의 수도회

이어진 시기에 수도회의 급속한 성장이 계속되었다.[175] 그 가운데 수도회는 새롭게 생기거나 다시 번영하는 도시들의 덕을 보았다. 그 도시들은 프란체스코회 수도사들에게 이상적인 삶의 여건들을 제공했다. 그 가운데 도시 시민계급과 프란체스코수도회의 구성원들 사이에 밀접한 사회적인 뒤얽힘이 생기게 되었다. 그 뒤얽힘을 통하여 실교와 영적상담을 위한 넓은 활동영역이 열렸다. 프란체스코회 수도사들은 도시의 구소에서 긴장이 없지 않음에도 불구하고 안정된 구성요소가 되었다. 그들은 종교적이며, 심리적이며, 경제적인 도시생활에 대하여 더 이상 염두에 두지 않을 수 없었다.[176] 중요한 것은 도시의 지도층의 구성원들과 수도회에 풍성한 후원을 제공하는 각각 군주들에 대한 관계이다. 수십년 내에 유럽은 시칠리아에서 스칸디나비아반도까지 아일랜드에서 폴란드까지 수도회의

172) E. Grau, in: Thomas von Celano, Leben, S. 42, Abdruck der Vita ebd. S. 219-416.

173) Thomas von Celano, Leben, S. 419-490.

174) Bonaventura, Franziskus, hg. von S. Clasen, FQS 7.

175) 참조, H. Feld, Franziskus von Assisi, S. 449 ff.

176) 참조, B. Neidiger, Mendikaten zwischen Ordensideal und städtischer Realität, S. 137 ff.; d. Berg, Bettelorden und Stadt, S. 63-271; F. Nothegger, Das religiöse und kulturelle Wirken der Franziskaner in Deutschland, S. 111-167.

촘촘한 망으로 뒤덮였다.[177] 빠른 성장과 관련하여 수도회 내부에서 무엇보다도 구조의 문제가 전면에 등장했다. 중앙의 수도회지도부와 개별 수도회관구의 관계, 수도회관리를 계속 발전시킬 필요성, 새로운 공직의 신설과 그것의 위계질서적이며 중앙집권적인 규정의 문제가 등장했다.[178]

프란체스코의 사유재산포기의 요구가 거대하게 된 수도회의 상황에서 어떻게 관철시킬 수 있을 것인가라는 문제는 논란의 여지가 많았다. 1227년 무명인에 의해 저술된『주인인 가난과 맺은 성 프란체스코의 언약』(Der Bund des hl. Franziskus mit der Herrin Armut)이 가난을 옹호하는 변론을 했다.[179] 같은 해에 프란체스코회의 청빈이상의 추종자인 요한네스 파렌티(Johannes Parenti)를 총회장으로 선출한 것은 입장결정을 의미했다. 인준 받은 회칙(Regula bullata)과 프란체스코의 유언장 사이의 불명확한 관계는 이 관계에 대하여 로마에 문의하여 구속력있는 해석을 요청하는 결과를 가져왔다. 그레고리우스 9세는 그의 대답에서 수도원과 금전이 기부자의 소유로 남아 있고 위임받은 자에 의해 관리되는 전제하에서, 교황은 수도원에 대한 사용권뿐만 아니라 금전을 기부받는 것을 허락함으로, 청빈계명의 완화를 요구하는 자들의 요구를 승인했다. 그밖에 그는 프란체스코의 유언장은 단지 성인의 개인적인 진술이며, 규칙과 달리 수도회에는 아무런 법적인 구속력을 갖지 않는다고 명령했다.[180] 그밖에 인노켄티우스 4세는 1245년에 프란체스코회 수도사들이 사용하고 있는 토지와 재산은 기부자가 요구하지 않는 한 그 소유권은 교황에게 속하며, 그에 의해 세워진 재산관리인에 의해 관리된다고 확정했다.[181] 이러한 결정들로 가난의 이상은 변화된 생활환경과 함께 수정되었다.

1232년 프란체스코의 오랜 동반자였던 엘리아스 폰 아시시가 새로운 총회장이 되었다.[182] 그는 평신도로서 마지막으로 이 지도자직분을 넘겨받았다. 그의 임기 동안에 수도

177) 참조, H. Jedin, Atlas zur Kirchengeschichte, S. 58.

178) 참조, J. Miethke, Die Rolle der Bettelorden, S. 131.

179) Sacrum commercium S. Francisci cm domina Paupertate; Übersetzung: FQS 9.

180) H. Grundmann, Die Bulle „Quo elongati' Papst Gregors IX., in: Ders., Aussätze, Bd. 1, S. 222-242.

181) 참조, B. Neidiger, Mendikanten zwischen Ordensideal und städtischer Realität, S. 47 f.

182) 참조, H. Feld, Franziskus von Assisi, S. 353-400; M. Lambert, Franciscan Poverty, S. 71-95; R. B. Brooke, Early Franciscan Government.

회개혁이 지속되었으며, 교황의 특전을 얻었으며, 수도회내부의 신학수업이 정착되었으며, 수도회관구가 설립되었으며, 선교후원이 이루어졌다. 하지만 수도회에서 성직자와 평신도를 동등하게 여기는 것에 기분이 상한 사제인 수도사들이 그에게 반기를 들었다. 그 가운데 알렉산더 오브 헤일즈(Alexander von Hales)와 알베르트 폰 피사(Albert von Pisa)와 헤이모 오브 파버샴(Haymo von Faversham)이 있었다. 1239년 관구의 주도로 모인 총회는 그의 파면을 결정했고, 동시에 사제그룹의 대변자인 알베르트 폰 피사가 후임자로 선출되었다.[183] 그는 개혁그룹의 요구들과 총회장의 권력제한과 총회장의 명령으로 감독의 금지와 수도회관구 수의 축소를 실행에 옮겼다. 이어진 수년 동안 헤이모 오브 파버샴(1240-1244), 크레센티우스 그리찌(Crescentius Grizzi, 1244-1247)와 요한네스 폰 파르마(Johannes von Parma, 1247-1257)의 총회장들의 지도 아래에서 수도회의 성직자화가 더욱 분명하게 파악할 수 있게 되었다. 먼저 평신도들이 고위직에서 배제되었고, 그래서 평신도의 수도회 가입이 분명히 어렵게 되었다. 그것으로 수도회의 원래의 평신도적인 각인이 수도회예전(성무일도 지침서)의 형성에서 특징을 드러내는 위계질서적인 직분구조로 인하여 점차 사라지게 되었다.

이 시기에 수도사서약을 하지 않지만, 프란체스코회의 삶의 원리와 일치하는 삶을 추구하는 자들을 위한 제3의 수도회부류(Terziarier)가 형성되었다. 참회그룹은 12세기 후반 이래로 존재했다 - 그들은 청빈운동의 사회적인 폭에 대한 상징이었다. 호노리우스 3세는 그 그룹을 '이 세상에서 참회로 돌이켜서, 그것을 위하여 겸손과 참회의 표시를 자신의 옷에 표현함으로 그들의 모든 시간을 바친' 사람들로 간주했다. 그리고 그를 교황의 보호 아래 두었다.[184] 프란체스코회의 운동의 시작은 평신도들을 사로잡아서 종교적이지만 규정에 얽매이지 않는 삶을 추구하게 만드는 이런 각성의 한 부분이었다. 그것은 청빈운동의 교회조직화로 변하게 되었다. 프란체스코 자신이 평신도수도회를 설립했는지에 대해서는, 비록 1228년 5월의『수도사와 수녀를 위한 참회에 관한 수도회의 규칙』이 그것을 주

183) 그 계기로 엘리아스 폰 아시시는 코르토나로 물러나서, 그가 프리드리히 2세와 결탁했기 때문에 파문되었다. 1241/42년에 그는 황제의 사절로서 소아이사에 머물렀으며, 후에 코르토나에서 프란체스코에게 바쳐진 교회를 세웠다.(참조, D. Berg, Elias von Cortona, S. 102-126).

184) Bulle von 1221, in: G. G. Meersseman, Dossier de l'Ordre de la Pénitence, S. 41 ff.; 참조, H. Feld, Franziskus von Assisi, S. 451-455.

장하지만, 불명확하다.[185] 프란체스코는 평신도를 제외한 것이 아니라, 그들에게 광범위하게 호소했다. 그 때문에 그는 종교적으로 살려는 모든 그리스도인, 성직자들과 평신도들, 전 세계에 거주하는 남자들과 여자들에게로 향하여, 기도와 참회와 금욕과 하나님을 신뢰하는 삶을 살도록 요구했다.[186] 하지만 그가 죽은 지 수년 후에 평신도수도회의 확실한 조직형성이 파악될 수 있었다. 그 평신도수도회를 프란체스코회 수도사로서 교황이 된 니콜라우스 4세(Nikolaus IV, 1282-1292)가 1289년에 제3의 수도회로 공식적으로 승인하고, 규칙을 갖추도록 했다.[187]

카리스마적인 평신도수도회에서 교회의 성직자수도회로 변화하는 것은 점점 더 신학자들이 수도회의 이미지를 특징짓는데 나타난다. 프란체스코수도회에서 첫 번째로 의미있는 신학교사는 안토니우스 폰 파두아(Antonius von Padua, 1191/96-1231)이다. 그는 1220년 아우구스티누스 참사수도사에서 프란체스코회로 넘어왔다. 처음에 북부이탈리아와 남부프랑스에서 이단자들을 반대하는 설교자로서, 그 다음에 볼로냐의 프란체스코수도회에서 아우구스티누스의 신학자로서 일했다. 그가 매우 유명하게 되어, 그가 죽은 지 일 년 만에 시성(諡聖)되었다.[188] 1210년 이래로 파리에서 가르친 알렉산더 오브 헤일즈(1185-1245)는 1236년에 프란체스코수도회에 가입했다. 그의 신학사적 입장은 전성기의 스콜라신학에 의해 특징이 지어진다. 피에트로 롬바르드도(Petrus Lombardus)의 명제집에 대한 주해집들과 신학의 전반적 기술로서『대전』(Summa)이 그의 저서들에 속한다.[189] 13세기 중엽의 수도회의 영향력을 설교가 베르트홀트 폰 레겐스부르크(Berthold von Regensburg, 1210-1272)가 증명한다.[190] 파리에서 학업을 마친 뒤에 1243년에 수도회에 가입하여 1257년에 총회장으로 1273년에 추기경과 주교로 선출된 요한네스 보나벤투라(Johannes Bonaventura, 1217-1274)와 요한네스 던스 스코투스(Johannes Duns Scotus, 1266-

185) Abdruck in: G. G. Meersseman, Dossier de l'Ordre de la Pénitence, S. 91-112; eine oberdeutsche Übertragung der Terziarierregel in: A. Fößel, Klosterfrauen, Beginen, Ketzerinnen, S. 150-153.

186) Brief an die Gläubigen, in: Die Schriften des heiligen Franzikus von Assisi, FQS 1, S. 59-67.

187) 참조, E. Grau, Der franziskanische Dritte Orden in Oberdeutschland im 13. und 14. Jahrhundert, S. 125-132.

188) 참조, J. Toussaert, Antonius von Padua, S. 111-470.

189) 참조, K.-H. Kandler, Christliches Denken im Mittelalter, S. 77 ff.

190) Annales et Historiae Altahenses, MGH.SS 17, S. 395, 13 ff.; Werke des Abtes Hermann von Altaich, GDV 78, S. 38 (unter dem Jahr 1250).

1308)가 중세전성기에 프란체스코회 수도사들 가운데 가장 중요한 학자들에 속한다. 그들은 그들의 활동을 통하여 프란체스코수도회에 신학의 본고장을 만들었다. 그리고 그들은 도미니쿠스 수도사 알베르트 폰 볼슈태트(Albert von Bollstätt, 1207-1280)와 토마스 아퀴나스(Thomas von Aquin, 1227-1274)와 더불어 중세의 가장 유명한 신학과 철학논쟁, 즉 토마스주의자와 스코투스주의자 사이의 논쟁을 이끌었다.[191]

## 6. 클라라수녀회

산 다미아노에 세워진 수녀공동체는 프란체스코로부터 그들의 첫 번째 생활규정『거룩한 클라라를 위한 생활양식』(Lebensform für die heilige Clara, 1212/13)을 받게 되었다.[192] 하지만 새로운 수도회의 설립을 금지한 제4차 라테란공의회로 인하여 그 규정이 더 이상 충분하지 않다는 것이 분명해졌다. 먼저 지도부의 구조가 변했다. 클라라가 지도자직분을 넘겨받았다 - 하지만 이것은 그녀가 저항하면서 내딛은 한 걸음이었다. 왜냐하면 그는 위계적인 직분이해에 비판적으로 맞섰기 때문이다. 그녀는 자신의 유언장에 다음과 같이 썼다.

> '나는 수녀회의 공직에 서게 될 이에게, 수녀들이 그들의 모범을 통하여 자극받아 단지 공직 때문이 아니라 사랑 때문에 더욱 복종하도록 하기 위해, 공직을 가지기보다는 미덕과 거룩한 관습을 가지고 다른 이들 앞에 서도록 더욱 애쓰도록 부탁합니다.'[193]

1215/16년에 그녀는 산 다미아노의 '관구장'으로 세워졌다. 이것으로 클라라수녀회가 프란체스코회 곁에서 독자적인 발전을 할 수 있는 토대가 놓여졌다. 1216년 초에 클라라

191) 참조, K.-H. Kandler, Christliches Denken im Mittelalter, S. 78-81.

192) François d'Assise, Écrits, SChr 285, S. 214 f.; Schriften, S. 133. 참조, H. Grundmann, Religiöse Bewegungen, S. 253-273

193) Testamentum ∫ 61; Claire d'Assise, Écrits, Schr 325, S. 180; 참조, H. Feld, Franziskus von Assisi, S. 433-422.

는 페루시아(Perusia)에서 인노켄티우스 3세로부터 '가난의 특전'을 받았다. 거기에는 공동체가 그리스도를 뒤따르는 승인된 길로서 묘사되어 있다. 재산에 관한 관점에서 다음과 같이 언급된다.

"당신들이 부탁한 것처럼 우리는 가장 고귀한 가난에 대한 당신들의 의향을 사도의 호의로 재삼 확인하고, 이 편지의 권위로 당신들이 아무에게도 재산을 소유하도록 강요받지 않을 것을 당신들에게 허락합니다."[194]

클라라수녀들은 독자적이지만, 프란체스코회 수도사들과 연결된 그룹으로 등장했다. 1116년 팔레스타인으로 여행을 떠나기 바로 직전에 기록한 야콥 폰 비트리의 메모가 그것을 보여주고 있다.

'남녀의 많은 부자들과 세속적인 생각을 품은 자들이 그리스도를 위하여 모든 것을 포기한 뒤에, 세상을 등졌다. 그들은 작은 형제들(Fratres Minores)과 작은 자매들(Sorores Minores)로 불려졌다. 교황과 추기경들로부터 그들은 큰 존경을 받았고, 이들은 세속적인 것에 대하여 전혀 관심을 가지지 않고, 오히려 불타는 갈망과 정력적인 열정을 가지고 날마다 잃어버린 그들의 영혼을 이 세상의 허무로부터 되찾으려고 일했다. ... 그들은 기록된 원시교회의 모범을 따라 생활했다. 수많은 신자들이 한 마음과 한 영혼이었다. 낮 동안에 그들은 그들의 일을 통하여 사람들을 얻기 위하여 도시들과 마을들로 갔다. 밤에 그들은 명상에 전념하기 위하여 황무지나 고독한 장소로 돌아왔다. 하지만 여성들은 도시들 근처 여러 집에서 공동의 삶을 살곤 했다. 그들은 아무것도 가지지 않고, 자신의 손으로 일한 것으로 생활했다. 종종 그들은 해를 당했고, 혼란에 처했다, 왜냐하면 그들은 성직자들과 평신도들로부터 그들이 원하는 것보다 더 크게 존경을 받았기 때문이다. 나는 하

194) Privilegium Paupertatis ∫ 7; Claire d'Assise, Écrits, SChr 325, S. 196-199. Zit. S. 195; 말레크젝은 진정성을 부인하고, 15세기 중엽 움브리아 지역의 폴리뇨(Foligno)에 있던 클라라회의 주의력 깊은 개혁운동의 진영에서 작성된 것으로 추측한다.(W. Maleczek, Das „Privilegium paupertatis' Innozenz' III. und das Teatament der Klara von Assisi, S. 5-82).

나님께서 짖을 수 없는 개와 같은 고위성직자들을 부끄럽게 하기 위해 이러한 종류의 소박하고 가난한 사람들을 통하여 세상이 끝나기 전에 많은 영혼을 구하기를 원하신다고 믿는다.'[195]

1217년 이래로 클라라수녀회의 계속된 발전에 북부와 중부이탈리아의 교황사절이었던 후골리노(Hogolino, 1170-1241) 추기경이 결정적인 역할을 했다. 그의 첫 조치는 산 다미아노 공동체가 규칙을 수용하도록 하게 한 것이다. 그래서 그는 수녀들과 가입한 여성수도회를 위한 개별규정들을 저술했다. 거기에 은둔생활과 침묵의 준수, 새로운 수도회원의 수용을 위한 기준들, 성무일도에 따른 하루일과의 편성, 금식기간, 병자구호, 그리고 사제와 감독자와 교회에 의해 위임받은 주교의 임무가 규정되어 있다. 그 규정들은 전통적이며 금욕적인 특징들을 가지고 있다. 그것은 자매들이 수녀로 간주되는 반면에, 클라라 폰 아시시가 수녀원장의 칭호를 얻는 것에서 분명하게 드러난다. 눈에 띄는 것은 재산과 소유물의 금지가 더 이상 언급되지 않고 있다는 것이다.[196]

프란체스코가 동방에서 돌아온 뒤에 산 다미아노의 여성들과 점차 거리를 두고 만났다는 것이 눈에 띈다.[197] 이러한 선을 긋는 태도는 프란체스코수도회의 두 규칙에 반영되었다. 1221년의 인준받지 않은 회칙(Regula non bullata)에 다음과 같이 기록되어 있다.

'모든 형제들은 ... 불순한 눈빛과 여성과 관계를 조심해야 한다.'[198]

2년 후에 어조는 더욱 강해졌다.

"나는 교황이 특별히 허락한 형제들 외에는 혐의를 불러일으키는 여성과 관계 혹은 상담을 갖지 말고, 수녀원에 들어가지 말 것을 모든 형제들에게 엄히 명령한

195) Brief I, 108-135; Lettres de Jacques de Vitry, hg. von R. B. C. Huygens, S. 75 f.

196) 참조, G. P. Freeman, Klarissenfasten im 13. Jahrhundert, S. 217-285.

197) II Celano 205; Thomas von Celano, Leben, S. 399 f.

198) NbReg 12,1-5; Schriften, S. 190.

다."[199]

이전의 형제자매처럼 우애있는 관계가 이제 거의 적대적인 선긋기로 물러났다. 프란체스코의 죽음 직전에 비로소 이 거리감이 다시 제거되었다.[200] 프란체스코는 수도회전체에게 『거룩한 클라라를 위한 유언』을 남겼다. 클라라는 그것을 그녀의 규칙에 수용하고 그것을 통하여 보존했다.

> "나, 매우 작은 형제인 프란체스코는 우리의 지극히 높은 주 예수 그리스도와 그의 거룩한 어머니의 삶과 가난을 따르기 원했고, 그것을 끝까지 고수하기를 원했다. 그리고 나는 당신들에게, 즉 나의 여주인들에게 부탁하며, 당신들이 항상 이러한 가장 숭고한 삶과 가난 가운데 살기를 조언을 한다. 당신들이 이것에서 완전히 벗어나서 어떠한 형식에서 어떤 사람의 교리 혹은 충고로 가지 않도록 매우 조심하라."[201]

뒤이은 수년 동안 산 다미아노 공동체의 운명은 그레고리우스 9세에 의해 결정되었다. 그는 프란체스코수도회에 여성공동체의 감독과 설교와 성례집행과 목회상담 등 '목회사역'(cura)을 위임했다. 그는 수녀들에게 그녀들의 신랑인 그리스도를 무엇보다도 사랑할 것을 훈계했다.[202] 교황의 비호 아래 산 다미아노 공동체는 유럽의 나라들에 영향력을 끼치는 연합회로 성장했다.[203] 그렇지만 교황교회와 갈등들도 일어났다. 1230년의 교서 『Quo elongati』가 원인이었다. 이것은 첫 번째 공식적인 규칙해설로, 여기서 그레고리우스 9세는 수녀원의 출입을 교황의 전권을 소유한 자로 제한시켰다.[204] 청빈명령을 관철하는

199) BReg(=Bullierte Regel) 11,1 f.; Schriften, S. 173.

200) Mahnlied für die Schwestern der heiligen Clara (März 1225), in: Schriften, S. 138.

201) Regula Cap. 6,7-9; Claire d'Assise, Écrits, SChr 325, S. 144; Schriften des heiligen Franziskus von Assisi, S. 221.

202) 참조, K. Esser, Briefe Gregors IX. an die hl. Clara von Assis, S. 274-295.

203) Epistola ad Ermentrudem, in: Claire d'Assise, Écrits, SChr 325, S. 192-195; 참조, F. Machilek, Die Premysliden, Piasten und Arpaden und der Klarissenorden, S. 293-306.

204) 참조, H. Grundmann, Religiöse Bewegungen, S. 266-271; A. Rotzetter, Klara von Assisi, S. 210 f.

것에도 보헤미아왕의 공주인 아그네스 폰 프라하(Agnes von Prag)의 경우에서 입증된 것처럼 논쟁의 여지가 있었다.[205] 콜마르의 연대기는 독일의 첫 번째 수도회들에 대한 기록에서 은둔생활에 대한 엄격한 감시와 교회적이며 세속적인 것들에 대한 남성수도사들의 감독을 강조한다.[206] 수도회에 소속되지 않은 여성들의 등장은 산 다미아노의 수녀들의 먼 영향이다. 그레고리우스 9세는 '맨발로, 노끈으로 허리띠를 매고, 산 다미아노의 수도회의 복장을 입고 돌아다니는 여성들'을 언급했다. 그들은 '디스칼케아태(Discalceatae, 맨발의 여인들) 혹은 코르둘라리애(Chordulariae, 허리띠를 맨 여인들) 혹은 미노레태(Minoretae, 프란체스코회수녀들)라고 불렸으며, 산 다미아노의 수도회에 속한다'고 주장했다.[207] 인노켄티우스 3세 아래서 청빈운동에 대한 적절한 해결책을 발견한 후로, 순회설교여인들의 등장은 교회가 처음에 그들에 대해 대답을 줄 수 없었던 새로운 도전을 의미했다. 프란체스코수도회도 그들로부터 물러났고, 인노켄티우스 4세에게 1241년 전부터 존재한 수도원들만을 돌볼 수 있도록 부탁했다. 여성수도회에서 신앙상담을 유보하는 것이 특정한 시점을 넘어서 (신앙상담) 활동하는 것을 거부하는 것으로 바뀌었다. 그와 함께 수도회가 처음에 주장했던 것을 계속 유지할 수 없는 것이 (신앙상담을) 유보하는 태도를 결코 근본적으로 바꾸지 않았다.[208] 1247년 인노켄티우스 4세가 클라라수녀회를 위한 새로운 규칙을 허락했다. 거기에 여성수도회에 대한 신앙적 돌봄에 관한 프란체스코회 수도사들의 이무가 기록되어 있다. 하지만 재산문제에 대한 진술이 반발을 불러일으켰다. 그 진술에는 공동체가 수입과 재산을 받아들이고 허락된 방법에 한에서 보유할 수 있도록 분명히 승인받았다. 그밖에 재산의 관리를 위하여 권한이 있는 수도원의 재산관리인이 세워졌다. 이 결정이 반발을 불러일으킨 것은 놀랍지 않다. 그것은 프란체스코회의 규칙의 정신과 문구에 모순되기 때문이다. 1250년에 인노켄티우스는 아무도 규칙의 수용을 강요받아서는 안 된다고 선언했다.[209]

205) Epistola secunda ad B. Agnetem ∫ 14-18; Claire d'Assise, Écrits, SChr 325, S. 94 ff.

206) Annales Comarienses, MGH.SS 17, De rebus alsaticis ineuntis saeculi XIII., Cap. 8, S. 235, Z. 20-33; Annalen und Chronik von Kolmar, GDV 75, S. 130 f.

207) H. Grundmann, Religiöse Bewegungen, S. 268.

208) 참조, A. Rotzetter, Klara von Assisi, S. 271-277.

209) 참조, A. Rotzetter, Klara von Assisi, S. 278-286.

같은 시기에 클라라는 산 다미아노의 수녀원과 연합한 수녀원을 위한 규칙을 저술했다.[210] 도입부에 기본적인 의무가 언급되었다.

> '복된 프란체스코가 기본 형태를 제시한 것처럼, 가난한 수녀들의 수도회의 삶의 기본 형태는 다음과 같다. 우리 주 예수 그리스도의 거룩한 복음을 주목하고, 복종과 무소유와 순결 가운데 하는 것이다.'(1장)

규칙의 중심에는 사유재산포기가 놓여 있다.

> "내가 나의 수녀들과 함께 항상 염려하는 것처럼, 거룩한 가난은 우리가 주되신 하나님과 복된 프란체스코에게 지키기로 약속한 것이다. 그래서 나의 뒤를 잇는 모든 수녀원장들과 모든 수녀들에게 그것을 고치지 않고 끝까지 보존하는, 즉 재산도 소유물도 자신이 직접 또는 중개인을 통해서든지 받아들이거나 가지지 않는 의무가 주어졌다. 이것은 합리적인 방식으로 재산으로 불릴 수 있는 것에 해당된다. 성실성과 수도원으로 은둔과 관련하여 필요성이 요구되는 땅은 제외된다."(6장)

클라라는 이 규칙으로 모범들을 재수용하고 처음의 가난에 대한 자신의 특징을 보여주는 생활양식을 만드는데 성공했다.[211] 클라라는 죽음 직전에 그녀의 규칙에 대한 교황의 승인을 얻었다. 머리말에 인노켄티우스는 '거룩한 아버지 프란체스코가 준수하도록 너희들에게 말과 글로 넘겨준 거룩한 일치와 지고한 가난에 관한 생활양식과 규칙을 영원토록 인정'[212]했다. 클라라는 1253년 8월에 숨을 거두었다. 그녀의 시신은 행렬로 아시시로 옮겨졌고, 성 조르지오 교회에 안장되었다. 그녀의 죽음에 대한 소식이 110개의 자매

210) Regula; Claire d'Assise, Écrits, SChr 325, S. 120-165. Zitate S. 124; 144.

211) 참조, H. Grundmann, Religiöse Bewegungen, S. 284.

212) Regula Praef.; Claire d'Assise, Écrits, SChr 325, S. 120 ff.

수녀원으로 보내졌다 – 가난한 수녀들의 수도회가 그 세기 중엽까지 이미 이 숫자로 늘어났다. 생존 시에 이미 클라라가 성녀로서 존경받았다.[213] 그녀의 거룩성에 대한 명성이 매우 커서, 인노켄티우스 4세는 처음에 규정에 의거한 절차 없이 그녀의 시성(諡聖)을 선포하기를 원했으나, 수도회에 권한을 행사하는 추기경의 항의로 그것을 단념했다. 시성을 위한 과정에서 클라라의 삶의 여정에 대한 모든 증거들이 수집되었다. 그녀의 죽음 후에 일어난 기적들도 기록되었다. 1255년 알렉산더 4세(Alexander IV. 1254-1261)가 시성(諡聖)을 선언했다.[214] 같은 해에 토마스 첼라노가 전기를 쓰는 임무를 부여받았다.[215]

## E 도미니쿠스수도회

청빈운동의 다른 그룹들에게처럼 제4차 라테란공의회는 도미니쿠스회에게도 중요한 전환점을 의미한다. 1215년 9월에 도미니쿠스는 풀코 주교와 동행하여 로마로 여행했다. 거기서 그는 공의회가 개최되기 전에 인노켄티우스 3세와 만나, 그에게 '도미니쿠스 수사와 그의 동료들에게 설교자수도회라고 명명되기를 바라는 수도회를 허락해줄 것'을요청했다. 그런 계기로 인노켄티우스는 요청한 보호증서를 교부하고, 도미니쿠스에게 '그가 자신의 형제들에게 돌아가서, 그들과 자세히 상의하고, 모두가 일치하는 동의하에 기존의 승인된 규칙을 선택할 것'[216]을 요구했다. 프란체스코가 교황의 승인을 얻은 지 5년 후에 도미니쿠스의 공동체가 승인받았다. 이러한 승인은 양쪽 진영에 중요한 의미를 가진다. '프란체스코회 수도사들에게처럼 도미니쿠스회 수도사들에게 교황을 통하여 얻게 될 법적이고 실제적인 안전조치의 유익이 분명했다. 그리고 교황청은 탁발수도회운동에서 중세의 정점에서 전체교회의 과제를 후원하고 방해하는 지역과 지방의 교회권력과 세속권력에 대하여 자신의 영향을 관철시키기 위한 새로운 기구를 얻게 되었다.'[217]

---

213) 참조, E. Weis, F. Tschochner, Klara von Assisi, LCI 7, S. 314-318.

214) 참조, A. Rotzetter, Klara von Assisi, S. 330-336.

215) Leben und Schriften der heiligen Klara von Assisi, FQS 2, S. 31-85.

216) Jordanus von Sachsen, Vita S. Dominici, Kap. 24, S. 12 f., Übersetzung: R. Foreville, Lateran I-IV, S. 399.

217) J. Miethke, Die Rolle der Bettelarden, S. 133.

## 1. 수도회의 설립

설립총회가 1216년 오순절에 모였다. 거기서 아우구스티누스규칙이 채용되었다. 이 결정은 도미니쿠스가 오스마(Osma)의 참사회원으로서 아우구스티누스규칙을 신뢰했다는 것에서 설명된다. 그 외에 라테란공의회의 제13항에 따라 새로운 규칙들이 금지되었다. 동시에 결정의 기본토대로 프레몽트레의 규칙서(Consuetudines)가 통과되었다. 그것은 수사들의 일과, 성무일도와 성경구절 봉독, 식사와 금식기간, 밤의 휴식과 침묵, 참회실천과 복종, 수련생의 등록과 교육, 설교와 신학수업을 규정했다. 사유재산문제와 관련하여 설교자의 직분은 토지소유에 대한 근심으로 방해받아서는 안 된다는 것이 결정되었다.[218] 호노리우스 3세는 1216년 12월의 교서『Reliosam vitam』에서 새로운 생활규정을 승인했다. 동시에 그는 툴루즈에 있는 생-로맹(Saint-Romain)의 교회에 연합한 설교자공동체의 계율준수를 승인하고, 소유지들을 교황의 보호 아래 두었고, 성직자 서품의 특권을 베풀었다. '남부프랑스의 설교선교에서 설교자수도회가 되었다.'[219] 1217년 초에 그 밖의 문제들이 결정되었다. 알비파전쟁에 의하여 충격을 받은 남부 프랑스에 대한 추기경사절의 임명, 툴루즈의 수도사들의 순회설교의 승인이었다. 앞으로 설교자수도사들의 공직은 교황의 위임에 근거를 두고 있다. 13세기 중엽에 기록된 성인이야기는 로마에서 도미니쿠스에게 주어진 환상에 대해서 기록하고 있다.

> '하나님의 종 도미니쿠스가 로마에 있으면서, 성 베드로 성당에서 하나님의 임재 가운데에서 하나님의 손이 도미니쿠스의 노력을 통하여 전파한 수도회의 유지와 확장을 위해 기도하고 있는 동안에, 하나님의 능력이 그 위에 나타났다. 그는 명예로운 군주 베드로와 바울이 나타난 것을 보았다. 베드로는 그에게 지팡이를 건네주었고, 바울은 그에게 책을 주었다. 그리고 둘 모두 덧붙였다. '가서 설교하라! 왜냐하면 이 사역을 위하여 하나님께서 너를 선정하셨다.' 그 때 그의 형제들이 민족

218) 참조, M.-H. Vicaire, Geschichte des heiligen Dominikus, Bd. 2, S. 34-40

219) A. Hertz, Dominikus und die Dominikaner, S. 53.

에게 전 세계로 흩어져 하나님의 말씀을 전하기 위해 둘씩 길을 떠나는 것이 그에게 보이는 것처럼 한순간 나타났다.'[220]

실제로 1217년 오순절총회는 파리와 마드리드와 볼로냐로 설교자수도사들을 파송하기로 결정했다. 도미니쿠스 자신은 로마로 갔다. 위에 언급된 지역의 선택은 설교자수도사들의 이지적 교육중심의 성향을 드러낸다.

파리에서는 도시의 주교좌성당학교와 대성당학교가 하나의 단체로 통합되었다. 그것은 '파리의 교수와 학생조합'(Universitas magistrorum et scholarium Parisiensium)으로 불리며, 주교와 그의 궁내관의 영향으로부터 독립하여 신학, 교회법학, 의학, 기초학문으로서 자유 7과(Artes Lliberales, 중세의 기초학문에 속하는 문법, 수사학, 변증법, 산술, 기하, 천문, 음악의 7개를 통칭하는 말 - 역자 주)의 4개의 학과목에서 연관성있는 대학강좌와 일관성있는 시험규정을 가진 독자적인 학과과정을 세우려는 목적을 추구했다. 첫 번째 정관은 1215년에 저술되어, 1231년에 그레고리우스 9세에 의해 승인되었다.[221] 1217/18년에 도미니쿠스회 수도사들이 파리로 출발할 때, 그들은 이 생성과정의 한 가운데로 들어갔다. 처음부터 그들은 수도회를 대학과 아주 밀접한 관계를 갖도록 만드는 목표를 추구했다. 대학은 설교자수도사들에게 수도원과 학교건물과 숙박소가 건립되어 있는 성 야콥(St. Jakob) 교회를 양도했다. 1221년에 설교자수도사들은 대학을 '교사와 후원자'로서 기도에 포함시킬 의무를 지게 되었다. 그밖에 대학의 교수직이 도미니쿠스회 수도원과 제도적으로 결합되었으며, 그로서 설교자수도원은 모든 관구의 학생들을 위한 '일반학교'(studium generale)로 발전했다. 때때로 수도회의 성직자들과 세속성직자들에 의해 운영되던 대학기관 사이에 긴장이 발생했다. 그럼에도 불구하고 도미니쿠스수도회는 대학건물의 건축으로 중세의 교육기관과 교육제도의 발전에 지속적인 영향을 끼쳤다.[222]

볼로냐에서는 13세기 초에 생겨난 대학이 법률학교와 교회법학교의 전통과 연결될 수

220) Konstantin von Orvieto, in: M.-H, Vicaire, Geschichte des heiligen Dominkus, Bd. 2, S. 62.

221) 참조, P. Classen, Studium und Gesellschaft im Mittelalter, S. 127 ff., 170 ff.

222) 참조, d. L. Douie, The conflict between the Seculars and the Mendicants; I. W. Frank, Spannung ziwschen Ordensleben und wissenschaftlicher Arbeit, S. 164-207.

있었다. 로마법의 소생으로 볼로냐는 전 유럽의 대학생들을 유혹하는 법률학의 중심으로서 명성을 얻었다. 파리에서처럼 볼로냐에서도 자립을 위한 대학생들의 노력이 교리와 연구를 위한 새로운 기관으로서 대학의 설립을 야기했다. 그래서 처음에는 법률학과생들이, 후에는 다른 학과의 학생들이 연합했다. 툴루즈 출신의 도미니쿠스회 수도사들이 성 니콜라우스 교회에서 급속히 성장하는 공동체를 세웠고, 대학건립에 결정적인 몫을 했다. 도미니쿠스는 로마로 향하여, 거기서 1218년 초에 선교와 목회상담에 대한 수도회의 계획에 대하여 교황의 허락을 받았다. 피렌체(Florenz)와 베로나(Verona)와 밀라노(Mailand)에서 그는 새로운 거주지를 건설하도록 고무했다. 세빌라(Sevilla, 1218)와 옥스퍼드(1220)에서 수도회가 설립되었다. 1219년 그는 호노리우스 3세에게서 설교자수도사들의 사역을 교황의 보호아래 놓아서 세속성직자들의 동의로부터 자유롭게 되는 것을 허락받았다. 그밖에 청빈의 계명을 목회상담과 이단과의 싸움을 위한 전제로서 설교자의 임무와 결부시켰다.[223] 1220년 2월의 교서가 주목할 만하다. 거기에서 도미니쿠스는 '설교자수도회의 원장'(Prior ordinis praedicatorum)으로 언급되었고, 수도회원들은 수도회 서원에서 개별적으로 직접 도미니쿠스를 만나도록 확정되었다. 그 때부터 그는 설교직무를 위해 수도사들을 파송하고, 그들을 그들의 임무에 배치하고, 새로운 수도회를 설립하는 수도회의 유일한 지도자가 되었다. 1220년 도미니쿠스가 이미 설립된 수도회들을 둘러보기 위해 여행을 단행했을 때, 그는 이미 이탈리아와 스페인과 프랑스에 새롭게 설립된 15개의 기관을 둘러볼 수 있었다.

## 2. 볼로냐 수도회총회

1220년 오순절에 수도회의 대표자들이 처음으로 총회(capitulum generale)로 모였다. 모임장소는 볼로냐였다. 이 수도회회의에서 기존의 수도회의 기본규칙들이 확정되었다.[224] 파리가 수도회의 본거지로 정해졌다. 수도회총회는 매년 한 번씩 번갈아 볼로냐와 파리에

223) 참조, M.-H. Vicaire, Geschichte des heiligen Dominikus, Bd. 2, 99-120, 128-140.

224) Acta Capitulorum Generalium Ordinis Praedicatorum, Bd. 1, MOFPH 3, hg. von A. Frühwirth, S. 1 f.

서 모였고, 수도회에 대한 입법권과 행정권과 재판권을 가졌다. 시찰감독관의 보고를 받아들이는 것, 분쟁을 조정하는 것, 참회의 징계를 확정하는 것이 총회의 임무에 속했다. 도미니쿠스는 수도회총회장(magister generalis)으로 선출되었고, 그에게 복종하는 것은 최고의 규칙으로서 확정되었다. 어떤 수도회나 참사회도 그렇게 큰 권력을 가진 총회장을 갖지 않았다.[225] '우리 수도사들은 장래에 토지도 수입도 소유하지 말아야 하며, 툴루즈의 지역들에서 가지고 있는 것들도 역시 포기해야 한다'는 규정은 근본적인 의미를 갖는다. 그 때문에 '최종적인 규정으로 인하여 모든 세속재산과 수익은 앞으로 뿐만 아니라 지금에도 포기한 후에, 설교자수도회는 자발적인 가난을 찬양'했다.[226] 이것은 수도회의 설립을 위해 필요한 사유재산의 포기를 의미하는 것이 아니라, 정기적인 소득을 포기한 것이다. 그 때문에 생계를 위한 구걸은 고려되지 않는다. 사도적 이상은 금전의 포기를 통하여, 식량과 의복과 책들의 획득제한을 통하여, 복음선포를 통하여 실현된다. 그 밖의 규정들은 수도사들의 설교의 사명과 관련이 있다. 그 임무를 준비하고 위하여 각 수도회에 '학문적 스승'(doctor)이 세워졌으며, 그는 개인공간을 사용할 수도사들의 신학수업을 안내하고, 책들의 선택을 주시하고, 교회의 교리에 입문시킨다. 설교자로서 수도사들은 의복과 책들 외에 아무것도 가져서는 안 된다. 그밖에 총회는 수도사들이 설교하기 위하여 주교구에 살 때, 먼저 주교를 방문하여, 그의 충고들을 받아들이고, 규칙에 위배되지 않는 모든 것에서 그에게 복종해야 하는 의무를 수도사들에게 지웠다.[227]

### 3. 프란체스코와 도미니쿠스

이어진 시기에 도미니쿠스는 롬바르디아와 베네티아(Venetien)에서 순회설교를 계속했다. 청중들은 발도파와 카타르파였다. 그들의 추종자단체는 밀라노와 베로나와 만투아(Mantua)와 비첸차(Vicenza)와 피렌체에서 컸다.[228] 아마도 그는 1221년 초기 몇 주 동안

225) M.-H. Vicaire, Geschichte des heiligen Dominikus, Bd. 2, S. 155.

226) Acta Capitulorum Bd. 1, S. 1, Z. 20-2, Z. 3.

227) 참조, M.-H. Vicaire, Geschichte des heiligen Dominikus, Bd. 2, S. 164-166.

228) 참조, M. Lambert, Geschichte der Katharer, S. 185-229.

로마에 체류하는 동안 프란체스코 폰 아시시를 만났다.[229] '완전함의 거울'에 의거해서 그들의 만남의 동기는 그들의 모범적인 삶 때문에 두 수도회의 형제들을 교회의 공직에 임명한 후골리노의 부탁이었다.

> '성인들(프란체스코와 도미니쿠스 - 역자 주) 사이 대답에 대하여 겸손하고 경건한 싸움이 생겼다. 그래서 한 사람이 다른 사람에 대하여 자신을 높이지 않고, 한 사람이 다른 사람에게 먼저 대답하도록 강요하기를 바라면서, 오히려 각자 다른 이 아래로 자신을 낮추려고 했다. 결국 프란체스코의 겸손이 이겼다. 그래서 그는 아예 대답하지 않았다. 도미니쿠스 역시 이겼다. 왜냐하면 그가 겸손히 복종하여 먼저 대답했기 때문이다. '주님, 나의 형제들이 이것을 제대로 깨달았다면, 그들은 높은 품위를 얻었을 것입니다. 그렇게 많은 것이 내게 있기 때문에, 나는 결코 그들이 더 높은 품위로 올라가는 것을 허락하지 않을 것입니다.' 그 때 복된 프란체스코는 추기경에게 절하고 말했다. '주님, 내 형제들은 부당하게 더 높이 되지 않기 위하여 작은 자들이라고 불립니다. 그들의 이름이 그들이 성인들을 바라봄으로 마지막 날에 다른 모든 이들보다 더 높아지기 위하여 낮은 자리에서 생활하며, 그리스도의 겸손의 흔적을 따라가도록 그들을 지도합니다.' 이것이 성인들의 대답들이었다. 그리고 추기경은 두 사람의 대답으로 인하여 매우 감동받아, 열정적으로 하나님께 감사했다.'[230]

이 만남에 대한 견해는 불확실한 추측이다. 그럼에도 불구하고 이 견해는 두 사람의 인격을 비교하도록 이끈다.[231] 첫눈에 유사성들은 중요한 것처럼 보인다. 둘 다 그리스도인 실존으로서 사도적 인물을 추구한다. 그들은 사유재산을 포기하고, 가난의 삶을 선전하고, 방랑하면서 이 땅을 가로지른다. 그밖에 둘은 그들의 길을 승인해 줄 것을 요청하기

229) 참조, H. Fischer, Franziskus von Assisi, S. 83-108, bes. 101 ff.

230) Le speculum perfectionis, Tom 3, hg. von P. Sabatier; Der Spiegel der Vollkommenheit, hg. von W. Rüttenauer, Buch 3, S. 80 f.

231) 참조, K. Elm, Franziskus und Dominikus. Wirkungen und Antriebskräfte zweier Ordensstifter, S. 127-147.

위하여 로마로 향했다. 보다 정확히 살펴본다면, 차이점들이 나타난다. 프란체스코와 그의 수도사들은 평신도로서 먼저 성직자에 편입되어야만 했던 반면에, 도미니쿠스 주변에는 성직자들과 참사회원들이 모였다. 프란체스코는 사람들의 위기의 경험을 통하여 자극받아 이웃사랑의 행동으로 섬기기를 원했던 반면에, 도미니쿠스에게는 카타르파와 발도파의 암시적인 영향이 눈 앞에 보였기에, 설교를 통하여 가톨릭교회의 진리를 이단자들에게 유효하게 하는 것이 중요했다. 프란체스코가 영속적인 거처와 안정된 수익과 위계적인 복종체계를 거부한 반면에, 즉 활동적인 특성을 보존하려고 노력한 반면에, 도미니쿠스는 공동체가 건물들과 안정된 수입과 명확한 책임성을 갖추는 것을 옹호했다.[232]

도미니쿠스의 지도 아래 1221년 오순절에 두 번째 수도원총회가 재차 볼로냐에서 모였다. 이번에는 50개 이상의 수도회가 참석하였다. 행정구역에서 개별수도원의 통합을 제안한 제4차 라테란공의회의 제4조항을 수용하여 더욱 커진 수도회를 체계화할 수도회관구가 만들어졌다.[233] 그 가운데 스페인과 프로방스와 프랑스와 롬바르디아와 로마 관할구와 헝가리와 독일과 영국의 관구들이 중요했다.[234] 첫 총회장직위는 롬바르디아 관구의 수도원장으로 임명된 요르단 폰 작센(Jordan von Sachsen)에게 넘어갔다. 동시에 북부와 동부에 국경선 너머 있는 선교지역들이 확정되었다. 이로써 인가를 받은 지 불과 4년 만에 계속적인 발전을 위한 전제들이 마련되었다.

> '수도회가 설립되어, 승인을 받았고, 자신의 기관들과 이지적인 특징들을 가졌으며, 새롭게 균형이 잡힌 입법이 갖추어졌으며, 전 유럽을 포괄하여 그것을 분할한 지리적인 범위에서 실현되었다.'[235]

---

232) 참조, B. Altaner, Beziehungen des heiligen Dominikus zum heiligen Franziskus, S. 1-28.

233) Acta Capitulorum Generalium Ordinis Praedicatorum, Bd. 1, MOFPH 3, hg. von a. Frühwirth, S. 2, Z. 6-18.

234) 참조, H. Jedin, Atlas zur Kirchengeschichte, S. 59; J. Burton, Monastic and Religious Orders in England, S. 112 f.

235) M.-H. Vicaire, Geschichte des heiligen Dominikus, Bd. 2, S. 233.

## 4. 도미니쿠스의 죽음

이미 볼로냐의 두 번째 수도원총회에서 도미니쿠스는 죽을 병에 걸린 남자였다. 그럼에도 불구하고 그가 1221년 8월에 볼로냐로 귀환하기 전에, 그는 몇 달 동안 롬바르디아와 베네티아에서 순회설교를 계속했다. 그는 볼로냐에 있는 성 니콜라우스 수도원에서 숨을 거두었다. 그 직후에 성인으로서 그에 대한 경배가 시작되었다. 전기는 그의 무덤에서 일어났고 수년 후에도 중단되지 않은 기적과 치유들에 대해서 기록하고 있다.[236] 반면에 성 니콜라우스 수도원의 수도사들은 도미니쿠스 숭배에 대해 유보적인 태도를 취한 것이 주목할 만하다. 왜냐하면 그들은 자신들에게 '금전욕과 명예욕의 죄가 돌아올까 두려웠기 때문'이다.[237] 외부적인 계기를 통하여 숭배를 승인하는 동기가 주어졌다. 즉 교회와 수도원에 대한 건축조치였다. 그로 인하여 그의 무덤이 야외에 놓이게 되었다. 그레고리우스 9세가 또다시 주도권을 잡고 다른 장소로 이송을 계획했을 뿐만 아니라, 그의 시성(諡聖)을 위한 계획도 진행시켰다. 1233년 오순절의 수도원총회 때 라베나(Ravenna)의 대주교와 여러 주교들과 많은 수도사들이 참석한 가운데 성유물의 이송이 진행되었다.[238] 공의회기록에 다음과 같이 기록되어 있다.

> '무덤을 처음 열 때, 마치 하늘의 향기의 성소를 연 것처럼 모두가 매우 달콤한 향기로 가득 차게 되었다. 많은 이들은 회한에 사로잡혔고, 수많은 다양한 병들이 치료되었다.'[239]

둘러싸고 있는 자들에 의해서 이 사건은 거룩성의 표현으로 해석되었다. 좋은 향기에

---

236) Vitae Fratrum Ordinis Praedicatorum, MOFPH 1, hg. von B. M. Reichert, S. 83-98 (De beato Dominico, cap. 28-42); 참조, M.-H. Vicaire, Geschichte des heiligen Dominikus, Bd. 2, S. 252 ff.

237) Ventura von Verona im Heiligsprechungsprozeß am 6. 8. 1233, in: Sankt Dominikus, S. 36.

238) Bericht des Jordan von Sachsen; Litterae Encyclicae Magistrorum Generalium ordinis Praedicatorum, MOFPH 5, hg. von A. Frühwirth, S. 1-6.

239) Acta Capitulorum Generalium Ordinis Praedicatorum, Bd. 1, MOFPH 3, hg. von a. Frühwirth, S. 3, Z. 26-29.

서 그들은 신적인 임재를 인식할 수 있었다.[240] 시성을 위한 과정은 1233년 여름에 시성을 위한 증거들이거나 시성에 반대되는 증거들을 조사하라는 교황의 지시로 시작됐다. 볼로냐와 툴루즈에서 실시된 증인심문이 이어졌다. 일 년 후에 그 과정은 교서의 선포로 끝났다.

'그 때문에 우리는 하나님으로부터 신뢰받는 신자의 무리와 함께 그가 하나님 곁에서 자신의 간구를 통하여 우리를 도울 수 있다는 것을 굳게 확신한다. 이 땅에서 그는 우리에게 자신의 애정이 깊은 우정을 통하여 위로를 준다. 그래서 우리는 그가 하늘로부터 우리에게 강렬한 보호의 기쁨을 나타내고 있다고 확실히 믿는다. 우리의 수도사들과 지금 여기에 참석한 고위성직자들의 동의와 조언으로 우리는 그를 성인으로 받아들이기로 결정했다.'[241]

8월 5일이 도미니쿠스의 축제일로 정해졌다. 그의 무덤을 방문하는 자들에게는 일 년 동안 면죄부가 주어졌다.[242]

## 5. 도미니쿠스 이후 수도회

처음으로 파리에서 개최된 제3차 총회에서 요르단 폰 작센(†1237)이 새로운 수도원총회장으로 선출되었다.[243] 그는『복된 도미니쿠스를 향한 연설』(Rede an den seligen Dominikus)에서 자신의 전임자를 위해 문학적인 기념물을 남겼다.[244] 그밖에 그는『설교자수도회의 초창기에 대한 책』(Buch über die Anfänge des Predigerordens, 1231/1235)에 그때

240) 그 가운데 특히 힐데가르트 폰 빙엔의 전기에서 발견되는 성인전의 문학적 상투 문구와 관계있다. (Vitae Sanctae Hildegardis, FChr 29, Buch III, 27, S. 232 f.; 참조, E. Lohmeyer, Vom göttlichen Wohlgeruch, S. 1 ff.).

241) Monumenta ordinis fratrum Praedicatorum historica, Bd. 16, S. 92-117; 190-194 (Bulle vom 3. 7. 1234).

242) 참조, B. Altaner, Der heilige Dominikus, S. 226.

243) Acta Capitulorum Generalium Ordinis Praedicatorum, Bd. 1, MOFPH 3, S. 2, Z. 19-22.

244) Oratioad b. Dominicum, hg. von H. Chr. Scheeben, 1927/28.

까지 수도회의 역사에 대해 기록했다.[245] 1220년대 후반기에 폴란드, 덴마크, 그리스와 예루살렘의 4개의 수도회관구가 설립되었다. 그것들은 기존의 관구들과 함께 1228년 총회에서 관리부에 의해 자신의 기구와 법을 가진 단체로 개편되었다.[246] 재편성을 통하여 수도회의 중앙집권적인 구조가 분산된 수도회관구의 의사결정과 결합되어, 개별수도회들이 지역적으로 특정한 공동체로 병합되는 결과로 나타났다. 이후로 각 영역에서 지역총회가 대표자와 함께 지도권을 행사했다. 물랑(L. Moulin)은 이러한 수직과 수평적 의사결정의 헌법구조를 성공한 공식화에서 '헌법에 의거한 법률의 대성당'이라고 불렀다.[247] 이 세기 끝까지 계속해서 6개의 수도회관구가 늘어났다. 중요한 교회법학자인 라이문도 폰 피테르(Raymund von Peñaforte, 1238-1240)와 볼로냐의 교회법학자 요한네스 튜토니쿠스(Johannes Teutonicus, 1241-1252)와 훔베르트 폰 로만스(Humbert von Romans, 1254-1263)의 지도 아래서 계속 방대하게 되는 수도원총회의 결정들이 보여주는 것처럼 수도회가 계획에 따라 발전했다. 이단과 싸움을 수행하는 것이 1232년 수도회에 위임되었다. 이단과 싸움을 통하여 도미니쿠스회 수도사들은 서방의 종교적 삶에 계속적인 영향을 끼쳤다. 그런 가운데 성직계급과 다른 수도회와 갈등이 발생하자 요한네스 튜토니쿠스가 경고를 하였다. 수도사들은 교회의 고위성직자들에게 존경을 표해야 하며, 프란체스코회 수도사들과 평화의 일치로 생활해야 한다.[248] 선교도 강화되었다. 파송은 북동부에 프로이센과 발트 지역에 이르렀고, 남동부에 팔레스타인까지 이르렀고, 동부에 러시아와 페르시아와 중앙아시아를 거쳐 중국까지 이르렀다.

도미니쿠스수도회들의 거점은 도시들이었다. 거기서 수도사들이 처음에는 도시성문 앞에, 후에는 도시성벽 내에 정착했다. 탁발수도회의 수도회들은 짧은 기간에 '중세 도시의 공적 생활에서 공동체의 중심'[249]으로 발전했다. 프란체스코수도회에서처럼 도미니쿠

245) Libellus de initiis Ordinis Praedicatorum, hg. von H. Chr. Scheeben.

246) Acta Capitulorum Generalium Ordinis Praedicatorum, Bd. 1, MOFPH 3, S. 3, Z. 1-6; 참조, H. Chr. Scheeben, Die Konstitutionen des Predigerordens unter Jordan von Sachsen, S. 39-46, 66-80.

247) L. Moulin, L'organisation du gouvernement local et provincial, S. 5-26.

248) Johannes Teutonicus, Brief von 1246; Litterae Encyclicae Magistrorum Generalium ordinis Praedicatorum, MOFPH 5, hg. von A. Frühwirth, S. 7-9.

249) 참조, B. Stüdeli, Minoriten- und andere Mendikanten-Niederlassungen als Gemeinschsftszentren im öffentlichen Leben der mittelalterlichen Stadt, in: F.-H. Hye, Stadt und Kirche, S. 239-255.

스수도회의 교회건축양식은 피렌체의 산타 마리아 노벨라(Sta. Maria Novella) 교회가 인상적으로 보여주는 것처럼 고딕양식의 특징을 갖고 있다.[250] 도미니쿠스회 수도사들이 신학과 철학과 교회법을 공부하던 학교건물을 세운 파리와 볼로냐는 특별한 의미를 가진다. 모든 수도회회원들이 졸업해야만 했던 대학공부의 지적 중심지는 파리에 있는 성 야콥 도미니쿠스수도회이다. 그 수도회는 2개의 신학 학과에 2명의 교수직을 소유하고 있었다. 수도회의 렉토르(옛 가톨릭 교회의 낮은 서품을 소지한 사람 - 역자 주)의 교육을 위해 그 수도회에 각 수도회관구에 정착한 학업장소와 그 밖의 수도회학교가 종속되어 있었다.[251] 청빈명령은 근본적으로 지켜졌다. 그러나 동시에 설교임무의 완수를 위하여 필요한 것으로 인정되는 것의 취득은 제외되지 않았다. 이런 이유로 처음에는 교회와 수도회건물의 소유가 허락되었다. 한 번의 금전기부의 수령 역시 거부되지 않았다.[252] 후에 토지와 이자법의 수용도 그것을 즉각 다시 판매한다는 전제조건 아래서 허락되었다.[253]

### 6. 도미니쿠스수녀회

도미니쿠스수도회의 여성지부의 역사는 1206년 여름에 도미니쿠스가 프루이유(Prouille)에 있는 성 마리아 교회를 사용하기 위하여 얻게 되었을 때 시작되었다.[254] 반년 뒤에 첫 11명의 자매들이 새로 건립된 수녀원으로 들어왔다 - 가톨릭교회를 위해 되찾은 알비파의 여인들과 관련된 것이었다. 그녀들 가운데서 수녀원장이 임명되었고, 마찬가지로 관리자가 세워졌다. 처음에는 구속력있는 규칙이 없었다. 자매들의 생활은 도미니쿠스가 구술로 가르쳐 준 것에 따라 이루어졌다. 교육과제와 병자 돌보기와 가난한 자 구호가 자매들의 과제에 속했다. 그 밖에 그들은 카타르파 가운데서 선교사역에 참여했다. 설교자수도회가 인가를 받은 지 일 년 후인 1217년에 프루이유의 자매들은 아우구스티누스규

250) 참조, K. M. Swoboda, Die Gotik von 1150 bis 1300, S. 195-197.

251) 참조, D. Berg, Armut und Wissenschaft, S. 11 ff.; I. Frank, Bettelaordensstudia, S. 14 ff.

252) 참조, C. H. Denifle, Constitutionen des Prediger-Ordens vom Jahr 1228, S. 165-227; 참조, B. Neidiger, Mendikanten zwischen Ordensideal und städtischer Realität, S. 137 ff.

253) Generalkapitel des Jahres 1249: Acta capitulorum generalium Ordinis Praedicatorum, Bd. 1, hg. von A. Frühwirth, S. 44 f.

254) 참조, H. Grundmann, Religiöse Bewegunden, S. 208-252.

칙으로 수도서약을 했다. 이후로 그들의 삶은 성무일도와 은둔생활로 규정되었다. 수도원의 지도권은 도미니쿠스에게 있었으며, 예배와 종교적 가르침에 책임을 지고 있는 수도사들이 그를 도왔다. 왜냐하면 그가 툴루즈에 있는 성 로마누스(St. Romanus) 수도원의 원장이었기 때문이었다.

1218년에 로마에서부터 귀환여행을 할 때 도미니쿠스는 마드리드에서 여성수도회를 설립했다. 그 여성수도회는 설립 시에 파악된 설교자공동체에 편입되었다. 그는 한 편지에서 공동생활을 위한 규칙들을 언급했다.

> '그 때문에 나는 이제부터 수도회의 규칙들에 의해 결정된 모든 장소에서, 즉 성단소(聖壇所)에서, 수도원의 식당에서, 복도에서 침묵이 실천되기를 바랍니다. 여러분들이 도처에서 여러분들의 규칙에 따라 생활하기를 바랍니다. 여러분 가운데 아무도 수도원의 문을 넘어가서는 안 됩니다. 그리고 주교 혹은 수도회지도자가 설교하기 위하여 혹은 시찰 감독하기 위한 경우를 제외하고, 아무도 들어가서는 안 됩니다. 참회와 철야를 중단하지 마십시오. 여러분의 수녀원장에게 복종하십시오. 무익한 수다로 시간을 낭비하지 마십시오.'[255]

호노리우스 3세의 지시로 도미니쿠스는 로마의 수녀원에 엄격한 은둔생활을 도입했다.[256] 특히 성 식스투스(St. Sixtus) 수도원은 많은 도미니쿠스회 수녀원의 모델로 발전했다. 도미니쿠스는 아우구스티누스규칙을 생활규범으로 결정했다. 그는 그것을 개별규정들을 통하여 확장했으며, 그것을 위하여 프루이유의 계율준수규정을 활용했다. 그레고리우스 9세는『성 식스투스 수녀회의 규칙』(Constitutiones ordinis monialium Sancti Sixti, 1223)을 인가했다. 이것은 13세기 중엽을 지나 수도회생활의 수정없는 근본토대로서 유효했다. 이 규칙에 따라 수녀들의 돌봄을 위하여 수도사들의 공동체가 각 수녀원에 편입되었다. 이것은 도미니쿠스회 수도사들에게서 여성들의 목회상담의 가치를 증명하는 것이다.

---

255) M. M. Monssen, Dominikanerinnen, S. 34 f. 세고비아(Segovia), 팔렌시아(Palencia), 리옹, 몽펠리에, 베이온느(Bayonne)에서 계속 설립되었다.

256) 참조, M.-H. Vicaire, Geschichte des heiligen Dominikus, Bd. 2, S. 215 f.

볼로냐의 성 아그네스 수녀회의 경우에는 도미니쿠스회 수도사들이 목회상담의 돌봄을 거부했다. 그래서 인노켄티우스 4세 교황은 먼저 1245년에 수녀원에서 목회상담의 임무를 수행해야하는 도미니쿠스회 수도사들의 의무를 재삼 확인해야만 했다. 게다가 그는 그 임무들을 시찰감독과 설교와 목회상담에 책임이 있는 수도회관구장에게 종속시키기로 확정했다. 설교자수도회처럼 그들에게 같은 특권이 주어졌다. 하지만 그들은 자신의 생계를 탁발과 자선을 통하여 꾸려 나간 자들과 달리 재산을 가져도 되었다.

콜마르의 연대기는 설교자수도사들이 종교적인 삶을 위하여 여성들을 수도원으로 모은 것으로 인하여 독일에서 도미니쿠스수녀회의 시작에 대해서 기록하고 있다.

> '이 수도원들의 각각은  내외부적인 업무에서 최고의 지도권을 가진 한 명의 수녀원장과, 내부에 대하여 책임을 지고 있는 한 명의 부원장과, 기부와 지불에 대하여 그리고 수입과 지출에 대하여 정확히 책에 기록하고 그에 대한 계산서를 제출하는 한 명의 관리인을 갖고 있었다. 여성이 그들에게 가입하기를 원할 때, 그녀가 이제부터 그것에 대해 더 이상 관심을 갖지 않기 위해, 수녀원장에게 그녀의 동산과 부동산을 넘겨야 했다. ... 그녀들은 가난할 때는 대부분 재산을 가진 여성을 받아들이고, 자신들이 부유해지게 되었을 때, 재산이 없는 사람들을 받아들였다. 이러한 수도원의 몇몇은 그들의 모든 토지를 매년 이자를 받고 농부들에게 경자하도록 주었고, 매년 이자는 평수사와 베긴회를 통하여, 남종과 여종을 통하여 징수했다. 반면에 다른 수도원들은 그들의 땅을 그들의 평수사를 통하여 경작했고, 평수사를 통하여 농장과 토지를 관리했으며, 더욱 큰 노력을 들였다.'[257]

13세기 전반기에 설교자수도회와 여성수도회 외에 탁발수도회의 제3의 부류로 불리는 그룹이 생겨났다. 남자들과 여자들, 성직자들과 평신도들, 기혼자들과 미혼자들, 그들은 기도와 참회 생활을 했으며, 도미니쿠스회 수도원에 편입되어 있었지만, 수도회의복을

257) Annales Comarienses, De rebus Alsaticis ineuntis saeculi XIII, Cap. 7, MGH.SS 17, S. 234, Z. 26-235, 19; Annalen und Chronik von Kolmar, GDV 75, S. 128 ff.

입지 않았고, 수도서약을 하지 않았고, 성무일도를 실천하지 않았다. 그들은 특히 교육임무와 사회적 임무와 환자돌보기와 가난한 자 구호를 담당했다.

## F 다른 수도회공동체들

### 1. 참회공동체

참회공동체의 기원은 중세 초기로 거슬러 올라간다. 참회형제/참회자매(Fratres/Sorores poenitentes)라는 개념은 6세기에 처음 등장했을 때, 그것은 위법행위 때문에 교회에서 쫓겨났다가 참회자로서 교회 내에 독자적인 계층을 형성한 사람들을 가리켰다. 거기로부터 시간이 지나면서 지역의 주교 아래 있거나 탁발수도회에 편입된 금욕적인 공동체가 발전했다. 그들의 명칭은 그들의 연합한 의도에 적합하게 혹은 외적인 사정들을 통하여 특징 지워졌다. 마리아 막달레나(Maria Magdalena) 참회수녀회는 1224년 참사수도회원 루돌프 폰 보름스(Rudolf von Worms)에 의해 설립되었다. 콜마르의 연대기에 그 발생에 대해 기록되어 있다.

> '루돌프라는 이름의 성직자가 있었다. 그는 자신의 능력에 따라 신실하게 주님을 섬겼다. 어느 날 그가 보름스 지역에서 그의 일을 수행하면서 마을마다 다니고 있었을 때, 교차로에 창녀들이 앉아 있는 것을 보았다. 그가 그들에게 다가갔을 때, 주님의 영이 그에게 내려왔다. 그래서 그는 지팡이를 잡고 그 창녀들을 치려고 했다. 그러나 그녀들은 다음과 같이 말했다. '오 주인이시여, 우리는 약하고 다른 방법으로 우리의 생계를 이어나갈 수 없습니다. 우리에게 오직 빵과 물만 주십시오, 그러면 우리가 모든 것에서 당신의 뜻을 행하겠습니다.' 그가 그것을 듣자, 그들을 도시로 데리고 들어가서, 그들을 위하여 집을 빌리고, 거기에 그들을 감추고, 그들에게 그가 할 수 있는 데로 생계를 마련해주었다. ... 루돌프가 그 여성들에게 종교적인 의복을 주었고, 그들을 라틴어로 'poenitentes'(참회하는 여인들)이라고 불렀다. 그들의 옷은 흰색 속옷과 긴 흰색 흉의(胸衣)와 긴 외투와 흰색 아마 겉옷

과 아마 머리덮개였다. 이 일로 인하여 루돌프는 교황에게 가서 그에게서 그의 수도회의 지도권과 인가를 받았다.'[258]

그 인가는 1227년 그레고리우스 9세가 해주었다. 그들의 옷 때문에 '흰색여성들'이라고 불린 막달레나수녀들은 처음에 시토의 규칙서의 규칙을 수용했으나, 1232년에는 로마의 성 식스투스의 규칙서와 함께 아우구스티누스규칙을 수용했다. 이 공동체의 대개의 수도원들은 제국의 남서부(특히 보름스, 바젤, 슈트라스부르크)와 중부독일(에르푸르트, 고슬라르(Goslar), 막데부르크)에 위치했으며, 번성하는 도시생활과 밀접한 관계가 있었다.[259]

막달레나수도회의 짝이 되는 남성수도회는 속죄의 수도회(Fratres de Poenitentia Jesu Christi)이다. 이 수도회는 라이문도 아타눌피(Raimund Attanulfi)에게서 유래한다. 그는 1140년대에 먼저 프란체스코수도회에 들어가려고 시도했다가, 후에 마르세유(Marseille)의 서쪽에 독자적인 참회공동체를 설립했다.[260] 이 공동체는 프란체스코의 모범을 따랐다. 이들의 활동영역은 처음에 프로방스로 제한되었으나, 후에 그 밖의 프랑스지역과 스페인북부와 잉글랜드와 독일서부와 이탈리아남부까지 확장했다.[261] 일시적으로 이 자크형제들의 수도회는 프란체스코수도회와 도미니쿠스수도회와 더불어 제3의 탁발수도회로 교황의 인정을 받았다. 1270년대에 110개 이상의 지역수도회가 공동체에 소속되었다. 얼마 후 수도회는 이단의 혐의를 받게 되었다. 제2차 리옹 공의회에서 수도회는 해체되었다. 그의 지역수도회는 갈멜수도회와 아우구스티누스은둔자수도회와 프란체스코수도회와 도미니쿠스수도회로 편입되었다.[262]

258) Annales Comarienses, De rebus Alsaticis ineuntis saeculi XIII, Cap. 6, MGH.SS 17, S. 234, Z. 1-21; Annalen und Chronik von Kolmar, GDV 75, S. 127 f.

259) 참조, Ph. Hofmeister, Exemtion des Magdalenenordens, S. 305-329.

260) 참조, K. Elm, Ausbreitung, Wirksamkeit und Ende der provencalischen Sackbrüder, S. 257-324.

261) 참조, H. Jedin, Atlas zur Kirchengeschichte, S. 56 A.

262) Conciliorum Oecumenicorum Decreta, BD. 2, S. 326 f.

## 2. 후밀리아트회와 제르비트회

13세기 전반기에 후밀리아트회는 교황청을 통한 후원을 점차 더 많이 받게 되었다. 호노리우스 3세는 수도회에 그의 보호를 확약했고, 주교들에게 마찬가지로 그것을 위해 노력하도록 의무를 지웠다. 그레고리우스 9세와 인노켄티우스 4세 아래서 후밀리아트회는 공적인 임무와 부담으로부터 벗어나게 되었고, 동시에 그들에게 종교적인 임무를 위하여 건물들과 토지를 소유할 수 있는 특권이 주어졌다.[263] 후밀리아트회의 개별 건물들은 대표자(Propst)에 의해서 다스려졌고, 그 외에 독립적이었다. 1246년에 총대표자에게 전체 감독을 위임한다는 결정으로 후밀리아트회에서 중앙집권적인 지도체계가 시작되었다. 1288년 후밀리아트회는 주교의 감독으로부터 해방되었다. 얼마 후 제3의 부류인 평신도들은 독자적인 생활규칙을 얻게 되었다.[264] 후밀리아트회는 특히 중부이탈리아와 토스카나와 움브리아와 롬바르디아에서 널리 퍼졌다. 이것을 통하여 그들이 보다 가난한 주민들을 위하여 양모와 천을 생산하면서 사회적으로 어떻게 정착하고 있었는지가 파악될 수 있다.

또 다른 한 그룹이 플로렌티너 파트리지어(Florentiner Patrizier) 주위에 모였다. 그녀는 1233년 마리아 현현(顯現) 때문에 은둔하여 황야를 찾아갔다. 제르비트회(Serviten)라고 불리던 이 공동체의 추종자들은 명상과 금욕적 영성의 삶을 살았으며, 정규의 공동체를 형성하지 않았다. 이것은 13세기 중엽에 바뀌었다. 아우구스티누스규칙의 수용하고 독자적인 규칙을 연구하여 소유함으로 플로렌티너에게서 출발한 공동체가 교황의 인가를 받은 작은 수도회로 발전했다.[265]

---

263) Abdruck in: G. G. Meersseman, Dossier de l'Ordre la Pénitence, S. 41-64.

264) 참조, E. Pásztor, Humiliaten, LexMA 5, Sp. 211; K.-V. Selge, Humiliaten, TRE 15, S. 691-696.

265) 참조, U. Vones-Liebenstein, Serviten, LexMA 7, Sp. 1793-1795.

## 3. 앙투안수도회

앙투안수도사들의 구빈공동체는 12세기로 넘어가는 전환기에 순례자들을 의학적으로 돌보기 위해 처음에는 남부프랑스의 생-앙투안(Saint-Antoine)에, 이어서 전 유럽에 세워졌다. 이 공동체는 13세기에 독자적으로 교회적인 수도회의 형태를 갖추었다. 이 발전의 초기단계에 인노켄티우스 4세로부터 교황의 인가를 받은 규칙이(1232) 도입되었다. 그 규칙은 수도회적인 특징을 가지고 있었다. 그 규칙을 통하여 '큰 스승'(magister maior)이 도입되었다. 그의 앞에서 공동체를 위하여 가난과 순결과 복종의 수도서약을 해야 했다. 뒤이은 수십 년 동안 그 외에 여러 특권을 얻게 되었다. 수도회는 거룩한 베드로의 보호 아래 놓이게 되었고, 세금을 면제받았고 종교적인 특권을 갖게 되었다. 마침내 앙투안수도사들은 교회와 수도회 분원 지역에서 발견된 성 안토니우스의 유골을 자신들의 소유물로 갖게 되었고, 그것을 위해 보니파키우스 8세(Bonifaz VIII, 1294-1303)로부터 교황의 승인을 얻었다. 그리고 13세기 말에 대수도원으로 승격됨으로 지금까지의 생-앙투안 수도원 분원은 수도회의 중심지가 되었다. 이후로 수도회는 아우구스티누스규칙에 따라 생활하며 교구관할권에 의해 교황 아래 종속되었다. 비록 병원업무가 결정적인 것으로 존속함에도 불구하고, 앙투안수도회는 위계적인 수도회직분들의 도입과 사제적인 업무의 가치를 높게 평가함으로 인하여 다른 수도회의 업무와 동화되었다.

> '수도회직분과 성무일도를 실천하는 참사수도회와, 간호를 실행하는 병원수도회와, 규칙적인 모임을 갖는 탁발수도회의 특징들이 새로운 구조에서 하나로 결합되었다.'[266)]

266) 참조, A. Mischlewski, Geschichte des Antoniterordens, S. 42-66, Zit. S. 66.

## G 발도파

### 1. 운동의 분열

발데스의 죽음(1206/07) 후에 발도파운동은 위기에 처하게 되었다. 이것은 로마교회에 대한 태도, 집단지도체제의 문제에 대한 태도, 성례전을 시행하기 위하여 독자적으로 서품받은 직위가 필요한가에 대한 태도에서 생기게 되었다. 이 문제들에 대한 논쟁으로 수년 이내에 분열이 일어나게 되었다.[267] 한 쪽에서는 '가톨릭의 가난한 자들'(Pauperes catholici)이 모였다. 그들은 1207년 두란두스 폰 오스카(Durandus von Osca)의 지도 아래 로마교회로 되돌아갔으며, 교황의 지도권 아래로 들어갔다.[268] 얼마 후에 베르나르두스 프리무스(Bernardus Primus)가 이끈 같은 성향을 가진 '복귀한 가난한 자들'(Pauperes reconciliati)이 생겨났다. 그들은 교회와 관계를 확고히 하면서, 그들은 발데스의 중요한 기본원칙에 신실하게 머물렀지만, 동시에 그들의 파송의식을 포기할 위험에 처해 있었다. 양 그룹들은 이단을 반대하는 설교를, 특히 남부프랑스에 나타난 카타르파에 반대하는 설교를 그들의 가장 중요한 과제로 보았다. 어쨌든 두 그룹은 그들에게 예전의 이단자로서 평판이 먼저 퍼졌기 때문에 단지 짧은 기간 독자적으로 존재했으며, 수년 후에 가톨릭의 탁발수도회로 흡수되었다. 또 다른 쪽에는 '롬바르디아의 가난한 자들'(Pauperes lombardi)이 있었다. 그들은 계시록의 창녀로 해석한 로마교회를 거부하는 태도로 인하여 피에몽(Piemont) 골짜기와 칼라브리아(Kalabrien)의 산맥에서 독자적인 교회체계를 세우며 직분자들에게 서품식을 주기 시작했다. 소문들과 비방들을 불러일으킨 이 분리과정은 13세기 중엽에 비로소 끝이 났다.[269] 프랑스의 발도파 '리옹의 가난한 자들'은 양 그룹 사이의 중간입장을 취했다. 그들은 발데스의 유산에 확고한것 처럼 보였다. 그들은 급진적인 참회설교를 계속 했으며, 그들의 사도적 파송의식의 신적 기원을 강조했고, 종교재판을 통한 박해에도 불구하고 가톨릭교회와 관계는 확고히 유지했다.

---

267) 참조, K. Müller, Die Waldenser und ihre einzelnen Gruppen, S. 21-65; M. Lambert, Häresie im Mittelalter, S. 78 f., 94-97; K.-V. Selge, Die ersten Waldenser, Bd. 1, S. 172-225.

268) Propositum des Pauvres Catholiques (1208), in: G. G. Meersseman, Dossier de l'Ordre de la Péntitence, S. 282 ff.

269) 참조, M. Schneider, Europäisches Waldensertum, S. 60-65; 70-74.

계속된 발전에서 1218년 북부이탈리아의 롬바르디아 연합에 속한 도시인 베르가모(Bergamo)에서 모인 발도파그룹들의 모임이 중요하다.[270] 박해가 시작된 배경에서 발도파운동의 다양한 부류들을 다시 결합시키는 시도가 여기서 단행되었지만, 성공하지 못했다. 이후로 발도파운동의 그룹들은 서로 분리된 길을 걸어갔다. 프랑스의 발도파는 매년의 모임(commune)으로 지도자(rectores)를 결정하는 체계화된 공동체를 발전시켰다. 복음전파와 가르침에 의무를 진 설교자와 성례전 거행의 책임을 진 봉사자(ministri)와 함께 '특정한 집에서 '가족'으로서 함께 생활하면서 그러한 확고한 거점으로부터 다양한 방법으로 공중사회에서 일할 수 있었던'[271] 자들이 중요한 역할을 감당했다. 모든 직분들은 오직 기한부로 주어지며, 그 점에서 가톨릭교회의 직분과 구별된다는 것이 중요하다. 대부분의 공동체들은 남부에, 케르시(Quercy)와 론탈(Rhonetal)과 랑그독(Languedoc)에 있었다. 그들에 관하여 알려진 것에 의하면, 발도파의 구성원들은 공중사회에서 참회설교자와 순회설교자로서 돌아다녔으며, 그들을 요구하는 곳에서는 논쟁으로 그들의 대적자들과 맞섰다.[272] 그들은 '완전한 자'로서 그들의 추종자들 덕분에 숙박하며 후원을 받았다. 그들은 자신의 추종자들 가운데서 평화의 입맞춤을 실천했으며, 교리문답강의를 했으며, 육체노동으로 생계를 꾸렸으며, 고난주간의 목요일에 애찬식을 거행했던 것이 그들의 특징에 속한다. 그들은 폐쇄적인 공동체를 형성하지 않았고, 오히려 자신들의 목회상담을 통하여 그리고 구제와 치료행위를 통하여 도시공동체 안에까지 영향을 끼쳤다. 카타르파와 달리 그들은 가톨릭교회와 단절을 피했고, 교회 내에서 참회의 설교를 하는 것을 확고히 유지했다.[273]

## 2. 프랑스에서 박해들

시작부터 파면과 추방과 다른 압박들이 발도파의 역사에 속했다. 하지만 알비파전쟁의 환경에서 압박은 현저히 증가했다. 1230년대 초반 남부프랑스에서 계획적인 박해들이

270) 참조, M. Lambert, Häresie im Mittelalter, S. 95f.; K. V. Selge, Die ersten Waldenser, Bd. 1, S. 308-312.

271) M. Schneider, Europäisches Waldensertum, S. 132.

272) 참조, A. Fößel, Klosterfrauen, Beginen, Ketzerinnen, S. 66-71.

273) 참조, M. Lambert, Häresie im Mittelalter, S. 165 ff.

시작되었다. 그때까지 박해에 관심이 없던 주교들의 손에 있던 종교재판을 툴루즈의 도미니쿠스회 수도사들에게 위임한 것이 그 원인이었다. 1235년 이래로 종교재판관 페터 자일라(Peter Seila)의 활동이 중요한 역할을 했다. 많은 발도파가 알비파십자군전쟁의 맷돌과 종교재판 사이에 이르게 된 반면에, 다른 이들은 아직 박해가 일어나지 않는 이웃 지방으로 도피했다. 그들은 로트링겐(Lothringen)과 부르군트(Burgund)로 갔으며, 종교재판이 아직 그들에게 이르기도 전에, 가스코뉴(Gascogne)와 도피네(Dauphiné) 또는 남부프랑스와 북부이탈리아 사이의 국경지역으로 도피했다. 박해로 인하여 그때까지 도시의 공중사회에서 활동했던 발도파는 지하로 밀려났다. '설교자들은 이발사와 제화공, 수확 일꾼, 상인, 석궁수, 성직자, 순례자로, 간단히 말해서 방랑의 삶이 자연스러운 사람들로 위장'[274] 했다. 많은 이들에게 위협적인 순교가 그들의 사도적 자기정체성의 한 부분이 되었다. 동시에 사회적 상황이 바뀌었다. 13세기 초에 발도파는 도시시민가정과 귀족가문에 이르기까지 추종자들을 찾을 수 있었으나, 박해의 압박 아래에서 그들은 농부와 수공업자의 영역에서 점점 더 구성되었다. 이것은 지역적인 삶을 불러일으켰다. 왜냐하면 폐쇄와 은밀함의 경향들이 강화되었기 때문이었다.

> '발도파와 그들의 추종자들은 이제 '분파'라는 개념으로 부를 수 있는 공동체를 형성했다. 이러한 공동체에 개별 사람보다는 오히려 결혼으로 서로 친족관계를 가진 전 가족이 속했다. 바로 그들에게 낯선 환경에서 그들은 폐쇄된 그룹을 형성했다.'[275]

발도파의 완전한 자의 그룹으로 받아들이는 것은 가난과 순결과 복종의 준수의 확약과, 거짓말과 맹세와 대죄(大罪)의 거부와, 평화의 입맞춤을 통한 서약의 확인으로 이루어진 위임의식을 통하여 이루어졌다. 수련생의 교육은 공동체에서 가장 중요한 직분인 샌들을 신은 자(sandalitus)를 통하여 이루어졌다. 그 직분은 모범적인 품행에 근거하여 임명

---

274) M. Schneider, Europäisches Waldensertum, S. 34.

275) M. Schneider, Europäisches Waldensertum, S. 39.

되었다. 샌들을 신은 자에게 설교와 애찬식과 고해와 공동체의 인도의 책임이 주어졌다. 하지만 이것은 확고한 형식으로 이루어지는 것이 아니라, 은밀한 가운데 언제든지 닥쳐올 위험을 각오하면서 이루어진다.

### 3. 이탈리아의 롬바르디아의 가난한 자들

북부이탈리아의 상황은 발도파에게 처음에는 고요했다. 그것은 '롬바르디아의 가난한 자들'이 그들의 프랑스에 있던 신앙의 동료들과는 다른 방법으로 발전하는 결과를 가져왔다. '그들은 카타르파의 교육과 유사하게 반교회적인 교육에 힘썼다.'[276] 1190년대에 이미 밀라노는 정신적인 중심으로서 '학교'(schola)를 세웠다[277] 그밖에 발도파는 - 프랑스에서와는 달리 - 북부이탈리아의 도시들에서 교회의 바깥에 혹은 가장자리에 생활하면서 활동하던 다양한 종교적 그룹들과 접촉하였다. 그 결과로 운동은 발데스에 통해 규정된 공동체 이해와 가톨릭교회로부터 점점 멀어져 갔다.[278] 그래서 평신도공동체들, 즉 그들의 모범이 더 이상 사도적 순회설교자 아니라 초기그리스도교의 삶이었던 소위 노동자수도원연합회로 접근하게 된 것이다. 아마도 그들은 후밀리아트회운동에서 유래한 그룹과 관련이 있다.[279] 결혼과 육체노동의 긍정은 분명히 정착의 성향을 보여준다. 사제직과 구제의 직분과 그 정점에 주교를 둔 독자적인 교회구조의 설립이 파악된다. 노동자수도회연합회로 접근은 특히 13세기 초에 정치적으로 사회적으로 대변혁의 과정에 있던 밀라노와 롬바르디아의 다른 도시들에서 마침내 발도파를 도시의 삶에 대해 개방적이게 만들었다. 교육에 대한 갈망과 개인적인 학습과 성서의 복음의 구체화를 고려하는 그들의 경건에서, 반성직자주의에서, 자립추구에서, 황제와 교황의 이단입법에 대한 저항에서 발도파의 관심사와 도시시민계층의 관심사가 서로 만나게 되었다.[280]

---

276) M. Schneider, Europäisches Waldensertum, S. 132.

277) Innozenz III., Brief vom April 1209 an den Erzbischof von Mailand, PL 216, Sp. 29 f.

278) 참조, K. Müller, Waldenser und ihre einzelnen Gruppen, S. 21-65; K.-V, Selge, Die ertsten Walldenser, Bd. 1, S. 305-312.

279) 참조, 거기에 더하여 H. Grundmann, Religiöse Bewegungen im Mittelalter, S. 89 f.

280) M. Schneider, Europäisches Waldensertum, S. 66.

## 4. 독일의 발도파

13세기로 넘어가는 전환기에 로트링겐과 부르군트와 북부이탈리아로부터 발도파들이 독일로, 처음에는 라인강과 모젤강 지역으로 왔다.[281] 그들의 확산은 황제와 교황 사이의 갈등이 공적인 생활에 영향을 끼치는 것을 통하여 촉진되었다. 이러한 논쟁의 그늘 속에서 발도파는 독일의 농부들과 수공업자들에게서 그리고 상인들과 같은 유복한 그룹들에게서 지지를 받았다. 그들의 활동은 은밀한 가운데 있기 때문에, 개별적인 것들은 알려져 있지 않다. 하지만 베르가모에서 열린 회의(1218) 후에 짧은 시간동안에 롬바르디아의 가난한 자들에 의해 쓰여진 '알프스 너머에서 하나님을 기쁘시게 생활하는 형제들과 자매들, 친구들에게'라는 편지가 보여주는 것처럼, 국경선을 넘는 연결점들이 있다는 것은 분명하다.[282] 발도파의 선교는 독일을 넘어 보헤미아와 오스트리아까지 이르렀다. 조밀한 의사전달망으로 서로 연결되어 있는 다양한 그룹들 가운데서 롬바르디아의 가난한 자들의 첫 지도자인 요한네스 폰 론코(Johannes von Ronco)를 따르면서 그처럼 로마교회와 그들의 성례전을 거부한 룬카리어(Runkarier)들이 두드러졌다. 특징적인 위계서열의 결핍, 설교사역에 여성의 채용, 구술로 행해지는 가르침의 중요시, 매일의 성찬식과 민족어로 번역된 성경읽기가 그 공동체의 특징이다.[283]

발도파는 떠돌아다니는 수공업자들에게서 큰 반향을 일으켰다. 그들은 가장 빨리 새로운 사상들과 접촉하고, 그것을 농부들에게 계속 퍼뜨렸다.[284] 파사우(Passau)의 무명인(無名人)은 그들의 활동에 대해서 다음과 같이 기록했다.

> '남자들과 여자들, 작은 자들과 큰 자들이 밤낮으로 그것을 배우고 가르치는 것을 중단하지 않았다. 그 수공업자는 낮 동안에 일하고, 밤에는 배우거나 가르친다. 그들은 그와 같은 것을 위해 열정을 가지고 기도한다. 그들은 책없이 가르치

281) 참조, K.-V, Selge, Die ertsten Walldenser, Bd. 1, S. 288-293.

282) Quellen zur Geschichte der Waldenser, hg. von A. Patschovsky, S. 21.

283) M. Lambert, Häresie im Mittelalter, S. 154.

284) M. Schneider, Europäisches Waldensertum, S. 114.

고 배운다.'[285]

제도화된 교육과정 밖에서 성서교육에 접근할 수 있는 가능성은 발도파의 매력을 나타낸다. 그들에게 '그리스도의 가난한 자들'의 이상을 선전하는 자신의 설교들을 듣는 청중들이 있었다. 그 밖에 육체노동과 같은 소박한 생활태도는 그들의 말을 증명하는 것이었다. 그들이 1230년대에 콘라트 폰 마르부르크(Konrad von Marburg)의 종교재판과 막닥뜨렸을 때, 처음으로 공중사회가 발도파를 주시하게 되었다. 『트리어인들의 역사』(Gesta Treverorum)는 1231년 트리어에서 종교재판관이 '사탄숭배자'로 규정한 이단자들을 찾아낸 박해에 대해서 기록하고 있다. 그들은 아마도 발도파와 관련된 자들이었다.[286] 박해는 라인강지역과 트리어 주교구에만 들이닥친 것이 아니라, 에르푸르트까지 이르렀다. 그 박해는 발도파들이 지하에서 조직하기 시작하는 결과를 야기했다. 이 운동의 많은 추종자들은 자신에게 온 혐의를 다른 방향을 돌리기 위해 가톨릭의 예배에 참여함으로, 이중생활을 했다.

## H 카타르파

### 1. 프랑스

알비파십자군전쟁이 보여준 것처럼 프랑스에서 이단과 싸움이라는 교회의 관심사가 점점 더 정치적 영향력들에 의해서 뒤섞이게 되었다. 인노켄티우스 3세 역시 세속적인 방법으로 종교적인 논쟁들을 진행하는 것을 주저하지 않았다. 제4차 라테란공의회에서 이단판정을 바꾸지 않는 자들은 파문으로 규정되었다.[287] 주된 수신자는 툴루즈의 레몽 6세(Raimund VI)였다. 그는 카타르파 측으로 바꾸었기 때문에 파문되고 재산을 몰수당했다. 어쨌든 그는 자신의 아들 레몽 7세와 함께 이어진 수년 동안 광범위한 백작영지의 재정복

285) Quellen zur Geschichte der Waldenser, hg. von A. Patschovsky, S. 70; A. Patschovsky, Passauer Anonymus, S. 53; I. v. Döllinger, Beiträge zur Sektengeschichte des Mittelalters, Bd. 2, S. 297 ff.

286) Gesta Treverorum, MGH.SS 24, S. 400 ff.

287) 참조, J. Sumption, The Albigensian Crusade, S. 179 ff.; W. L. Wakefield, Heresy, Crusade and Inquistion, S. 114-129.

을 성공했다. 게다가 툴루즈의 전투에서 십자군 군대의 지휘관인 시몽 드 몽포르(Simon de Montfort)가 1218년 6월에 급작스럽게 죽었다. 그것을 계기로 프랑스 왕 루이 8세가 그 사건에 개입했다. 호노리우스 3세에 의해 요구받아 그는 십자가를 지고, 1226년 6월에 '굉장히 큰 군대를'이끌고 출발하여, 아비뇽과 마르세유와 카르카손(Carcassonne)을 자신의 지배권 아래 굴복시키고, '톨로사(Tolosa)까지 전 나라가 신실하게 그에게 굴복했을 때,'[288] 행군을 끝냈다. 1229년 1월의 모-파리(Meaux-Paris) 협정에서 레몽 드 툴루즈에게는 단지 그의 백작영지의 작은 부분만 남았다. 그 밖에 그는 남부지역에서 영향력이 현저히 증가하는 프랑스 왕을 위하여 프랑스 왕국의 일치를 이루기 위한 길을 평탄하게 하는 양보를 분명히 할 수밖에 없었다.[289]

카타르파가 마지막 정치적 지주를 잃게 된 그의 굴복으로 인하여 그레고리우스 9세에 의해 1233년 툴루즈에 설치된 교황의 종교재판을 통한 카타르파의 박해의 길이 열렸다. 이때 도미니쿠스회 수도사들이 비록 그들의 엄격한 행동양식이 증가하는 저항에 부딪혔음에도 불구하고, 탁월한 역할을 했다. 1234/35년 나르본(Narbonne)에서 복역수들을 강제로 해방시켰고, 같은 시기에 툴루즈에서 도미니쿠스수도회의 설교자들이 추방되었다.[290] 종교재판은 카타르파가 지하로 숨어들고, 롬바르디아로 이주를 하거나 피레네 산맥의 산록지대 앞에 있는 몽세귀르(Montségur)의 산지요새의 보호 아래로 후퇴하는 결과를 가져왔다. 왕의 군대에 의한 성의 점령과 1244년 3월에 이어진 200명 이상의 '완전한 자'들의 화형으로 인하여 카타르파는 지속적으로 약화되었다. 이제 지하에서 공동체의 삶을 유지하면서 얼마 남지 않은 카타르파의 설교자들에게 은신처를 제공하는 여성들만 몇 배가 되었다.[291] 이 해에 카타르파의 이원론에 대한 근본적인 반박이 기욤 도베르뉴(Wilhelm von Auvergne, 1180-1249)에게서 나왔다. 그의 소책자『우주에 관하여』(De universo, 1231/36)에서

288) Chronica regia Coloniensis, MGH.SS rer, Germ. 18, Teil 7, S. 257, Z. 30-258, 5; Kölner Königschronik, GDV 53, S. 307; 참조, J. Suption, the Albigensian Crusadee, S. 212-225.

289) J. Duvernoy, Le Catharisme, Bd. 2: L'Histoire des Cathares, S. 267-278.

290) 참조, L. Kolmar, ... ad terrorem multorum. Die Anfänge der Inquisition in Frankreich, in: P. Segl, Die Anfänge der Inquisition im Mittelalter, S. 77-102; B. Hamilton, The Medival Inquisitio, S. 63-71; J. Sumption, The Albigensian Crusade, S. 226-243; W. L. Wakefield, Heresy, Crusade and Inquisitio, S. 137-150.

291) 참조, W. L. Wakefield, Heresy, Crusade and Inquisiton, S. 168-173; U. Bejick, Katharerinnen, S. 73-94.

초기스콜라신학의 지도적 대표자인 파리의 주교는 세계의 단일성에 대한 그리스도교교리를 설명하고 방어했다.[292] 1245/46년의 대규모 종교재판은 수천 건의 심문으로 계속적인 정죄를 가져왔고, 동시에 그로 인하여 랑그독에 카타르파가 밀집하여 있는 것이 증명되었다.[293]

## 2. 이탈리아

이탈리아에서는 카타르파가 특히 북부와 중부 지역에서, 특별히 도시들(예를 들면 오르비에토(Orvieto))과 그 도시를 이끄는 가문들에서 기반을 얻었다.[294] 많은 사람들이 카타르파운동에 가입한 이유들은 특히 도시의 주민들에게 퍼져 있는 교회의 개별적인 교리들에 대한 공공연한 의심과 교회의 지역적인 요구들에 대한 저항 때문이었다. 그것은 교회의 감독에 맞선 도시의 독립을 위한 노력이었다. 이 노력은 교회가 이단법을 사용하는 것을 방해했다. 카타르파와 논쟁은 랑그독과는 달리 종교재판과정을 통해서 거의 이루어지지 않았고, 십자군전쟁을 통해서도 진행되지 않았다. 오히려 '평화적인 경쟁'이 결정적이었다.[295] 그밖에 '신앙의 공동체' 혹은 '예수 그리스도의 군사'처럼 프란체코수도회의 정신에서 실교와 모범적인 삶을 통하여 이단을 반박하기 위한 의무를 진 평신도공동체가 생겨났다.

여러 저술들에서 카타르파와 논쟁이 진행되었다. 그것들 가운데 하나는 피아첸차(Piacenza) 출신의 귀족인 살보 부르키(Salvo Burci)에게서 유래한다. 그는 1235년 안드레아스라는 카타르파의 의사의 『별』(Stella)이라는 저서에 대하여 대항저서(對抗著書) 『별 위에 관한 책』(Liber supra Stella)으로 답했다. 거기에서 그는 자신의 지역에 있는 카타르파

292) 참조, A. Borst, Katharer, S. 26 f.

293) Vgo. H. C. Stoodt, Katharismus im Untergrund, M. Lambert, Geschichte der Katharer, S. 142-284, 230-246; J. Duvernoy, Le Catharisme, Bd. 2; L'Histoire des Cathares, S. 279-295.

294) 참조, C. Lansing, Power and Purity. Cathar Heresy in Medieval Italy, S. 1 ff.

295) M. Lambert, Geschichte der Katharer, S. 186; 참조, H. G. Walther, Ziele und Mittel päpstlicher ketzerpolitikn in der Lombardei und im Kirchenstaat, in: P. Segl, Die Anfänge der Inquistion im Mittelalter, S. 103-130; B. Hamilton, The Medieval Inquistion, S. 76-81.

의 교리와 역사를 서술하고, 공동체 내의 논쟁들에 대해서 기록하고, 성경과 이성적인 근거를 가지고 카타르파의 교리를 반박했다.[296] 카타르파출신인 피에트로 다 베로나(Petrus von Verona)는 1235/38년에 『파타렌파(이탈리아의 카타르파 - 역자 주)에 반대하는 전서』(Summa contra Patarenos)를 저술했다. 이 책에서 그는 자신의 옛 신앙의 친구의 교리를 체계적으로 묘사했다. 도미니쿠스회 수도사이자 밀라노 주교구의 종교재판관인 크레모나(Cremona) 출신의 모네타(Moneta, †1260)는 이단적 교리에 대한 상세한 지식을 바탕으로 '카타르파에 대한 중세의 철저한 저서'인 『카타르파와 발도파에 반대하는 전서』(Summa adversus Catharos et Waldenses, 1241)의 저자이다.[297] 원래 카타르파의 지도적인 대표자였으나, 후에 도미니쿠스회 수도사와 롬바르디아의 종교재판관이 된 라니에리 사코니(Ranieri Sacconi, †1262/63)는 그의 저서 『카타르파에 대하여』(De Catharis, 1250)로 논쟁을 계속했다. 그는 무엇보다도 카타르파의 삶과 관습들을 묘사하고, 그들의 교리와 논쟁을 벌였고, 마침내 경쟁하는 그룹의 견해 차이에 동의했다.[298]

실제로 이탈리아의 카타르파 교회는 13세기 전반기에 격렬한 논쟁의 단계를 거쳤다. 데센자노(Desenzano)의 엄격한 이원론의 대표자들과 콘코레자(Concorreza)의 중도적인 이원론자들은 서로 악의 출처와 관련하여 윤리적인 잘못과 교리적인 오류가 있다고 서로 책임을 뒤집어 씌웠다. 급진적인 이원론적 신앙의 한 증거는 13세기 초의 『이중원리에 대한 책』(Liber de duobus principiis)이다.[299] 동시에 카타르파의 주교구 편성과 위계적인 직분의 가치절상은 점차 증가하는 공동체의 교회제도화를 보여준다.

## 3. 오르트리브회(Ortlieber)

카타르파와 발도파에 대한 기록은 그들 외에 수많은 다른 그룹들이 있었다는 관점을 가로막지 않는다. 보헤미아의 오토카르(Ottokar) 왕에 의해 지시된 파사우 주교구의 시찰

296) I. v. Döllinger, Beiträge zur Sektengeschichte, Bd. 2, S. 52-84.

297) A. Borst, Katharer, S. 28.

298) 참조, M. Lambert, Geschichte der Katharer, S. 223 ff.

299) C. Thouzellier, Livre des deux principes, Schr 198.

감독 아래에서 문서를 기록한 파사우의 이름이 알려지지 않은 저자는 '이단자들의 분파는 70개 이상의 분파들'로 이루어져 있다고 언급하고 있다.[300] 오르트리브회의 분파가 이 분파들에 속한다. 그들은 슈트라스부르크의 오르트리브(Ortlieb)에게서 유래한 그룹과 관계있다.[301] 그의 추종자들은 발도파처럼 맹세와 군복무를 거절했다. 하지만 그들은 전승된 그리스도론과 삼위일체론과 성례전론을 영적으로 재해석함으로 한 걸음 더 나간다. 사람들은 모든 외적인 것으로부터 돌아서서 영의 내적인 목소리를 따르도록 요구받는다. 오르트리브회의 이름은 1238년 프리드리히 2세의 이단법에 처음으로 등장한다.

알베르트 폰 슈타데는 1248년도 가운데 도나투스주의적인 특징을 갖고 있는 교회비판적인 설교의 선포에 관하여 기록하고 있다.

> '먼저 교황이 이단자이면, 모든 주교들과 고위성직자들은 성직 매매자와 이단자일 것이다. 사제들을 포함하여 낮은 계급의 성직자들도 마찬가지일 것이다. 왜냐하면 그들은 무거운 짐과 대죄(大罪)에 붙들려서 매고 푸는 권세를 가지고 있기 때문일 것이며, 모든 사람들을 유혹했거나 유혹할 것이기 때문이다. 그 외에도 사제들은 대죄(大罪)에 사로잡혀서 미사를 드릴 수 없을 것이다. 그 외에도 살아 있는 사는, 교황도 주교들도 그밖에 어떤 자들도 예배를 금지할 수 없을 것이며, 예배를 금하는 자는 이단과 유혹자일 것이다. ... 그 외에 설교자수도사와 프란체스코회 수도사들은 잘못된 설교로 교회를 부패하게 만들고, 모든 설교자와 프란체스코회 수도사들과 시토수도사와 다른 모든 이들은 한 사람에게 악영향을 끼치며, 올바르지 못한 처신으로 이끌 것이다. 그 외에 그들과 그들의 추종자들 외에 진리를 말하는 사람이 없고, 올바른 신앙을 실제로 지키는 이도 없을 것이다. 그들이 오지 않았다면, 하나님이 신앙과 교회를 위험 가운데 내버려두기보다는 돌로부터 그것을 불러 일으켜 세울 것이다. 또는 하나님의 교회를 바른 교리로 밝힐 자를 일으킬 것이다. ... 마찬가지로 그는 교황은 풀고 매는 권세를 가지지 않았을

300) A. Patschovsky, Der Passauer Anonymus, S. 95.

301) 참조, a. Foessel, Ortlieber, MGH. Studien und Texte 7; Dies., Das spiritualistische Schriftverständnis der Ortliebersekte im 13. Jahrhundert, HJ 113, 1993, S. 411-426.

것이라 말했다. 왜냐하면 그는 사도적인 삶을 살지 않기 때문이다.'[302)]

## | 이단과 종교재판

중세 전성기에 세속권력과 교회권력은 그리스도교 신앙의 보존을 위해 함께 걱정했다. 12세기에 이미 제3차 라테란공의회를 통한 이단적 그룹에 대한 정죄가 프리드리히 1세의 제국의 법(1184)으로 받아들여졌다. 그로부터 이어진 수십 년 동안 공동의 이단에 관한 입법이 발전했다.[303)] 교황의 기관과 황제의 기관의 공동작업에서 이단의 박해는 유럽에서 정상적인 것이 되었다.[304)]

### 1. 프리드리히 2세

'거룩한 베드로의 대성당에서 정관'(1220)이 프리드리히 2세의 정부에 특징적인 것이었다. 그것은 제3차 라테란공의회의 세 번째 조항을 수용하여 이단을 대역죄(大逆罪, crimen laesae maiestatis)로 간주하고, 이로써 로마법의 기본원칙을 신앙교리의 영역에 적용했다. 이것으로부터 이단의 탄압이 황제의 의무라는 결과가 나왔다.

> '우리는 오래 전부터 카타르파, 파타렌파, 레오니스트(발도파 중의 '레옹의 가난한 자들' - 역자 주), 슈페로니스트(Speronisten), 아르날드주의자(아르날드 폰 브레시아의 추종자들 - 역자 주), 키르쿰키젠(Circumcisen), 어떤 이름으로 불리던지 상관없이 모든 이단의 남녀 모두를 치욕으로 정죄하고, 그들을 불신한다. 우리는 그들의 재산을 몰수하고 결코 그들에게 다시 돌려주지 않을 것을 결정하고 그들을 파문한다. 그래서 자녀들이 그들의 후예를 만날 수 없도록 한다. 즉 속세의 황

---

302) Annales Stadenses, MGH.SS 16, S. 371, Z. 39-372. Z. 14; Chronik des Albert von Stade, GDV 72, S. 106-108; 참조, M. Schneider, Europäisches Waldensertum, S. 104.; H. Grundmann, Ketzergeschichte, S. 45.

303) 참조, R. I. Moore, The formation of a Persecutin Society, S. 23-27; B. Hamilton, Medieval Inquistion, S. 49-59.

304) 참조, P. Segl, Einrichtung und Wirkungsweise der inquistio haereticae pravitatis im mittelalterlichen Europa, in: Ders., Die Anfänge der Inquistion im Mittelalter, S. 1-38; W. L. Wakefield, Heresy, Crusade and Inquistion, S. 133-137.

제보다 영원한 왕이 해를 받는 것은 훨씬 더 중대한 문제이다.'(∫6)

그 밖에 지역 군주들은 '그들이 신앙의 보호를 위하여 선의에서 그리고 적극적으로 자신의 재판권 아래에 있는 지역에서 교회에 의해 이단으로 간주된 모든 자들은 제거하려고 노력하겠다'(∫7)고 공적인 서약 의무를 졌다.[305] '이단을 반대하는 정관'(Konstitution gegen Häretiker, 1224)은 한 걸음 더 나갔다. 거기서 프리드리히 2세는 완강한 이단에 대해서 화형을 판결하고 피의자가 생명을 보장받은 경우에는 그의 혀를 뽑도록 규정했다. 당시의 감정에서도 매우 냉혹한 행동이 하나님의 명령으로 정당화되었다. 교회의 평온을 확보하고 이단은 어디에 나타나든지 막는 것이 문제였다.[306] 이단의 박해에서 고문의 역할이 커져갔다. 고문은 프리드리히 2세가 『아우구스투스의 법』(Constitutiones Augustales, 1231)에서 중죄의 혐의를 받은 사람들에게 승인했다. 고문이 종교재판과정에서 진실을 밝히는 도구로서 사용된 것은 오늘날의 관점에서 볼 때 중세의 퇴보의 상징으로서 보이지만, 당시에는 법률사적인 진보로 묘사되었다. 중세초기의 재판절차에서는 판사가 기소로 만족하고 그밖에는 하나님의 법적인 개입(하나님의 심판)을 기다렸던 반면에, 이제 진실을 밝히고 판결을 내리는 것은 법률기관에 부여된 임무로 해석되었고, 그것들은 피고인을 증명하기 위하여 적합한 도구(특히 고문 역시)를 사용해야만 했다.[307] 어쨌든 오랫동안 똑같은 법률 안에 합리적인 증명방법과 비합리적인 증명방법이 공존했다.[308]

## 2. 그레고리우스 9세

그레고리우스 9세(1227-1241)의 임기 동안 교황의 종교재판이 생겨났다. 알비파전쟁

305) Constitutio in Basilica Beati Petri, in: K.-V, Selge, Texte zur Inquisition, S. 35 f.

306) Constitutio contra haereticos, in: K.-V. Selge, Texte zur Inquistion, S. 36 f. 참조, H. M. Schaller, Frömmigkeit Friedrichs II., S. 493-513.

307) 참조, W. Trusen, Das Verbot der Gottesurteile und der Inquistionsprozeß, Zum Wandel des Strafverfahrens unter dem Einfluß des gelehrten Rechts im Spätmittelalter, in: J. Miethke/K. Schreiner, Sozialer Wandel im Mittelalter, S. 235-247; J. Fried, Wille, Freiwilligkeit und Geständnis um 1300, S. 388 ff.; B. Hamilton, The Medieval Inquistion, S. 40-48.

308) 참조, K. Nehlsen/von Stryk, Krise des „irrationalen' Beweises im Hochmittelalter, S. 1-38.

이 끝난 뒤에 1229년 카타르파의 이전의 본거지였던 툴루즈에서 모인 주교회의에서 이단을 찾아내기 위한 절차를 규정한 이단규정이 통과되었다.[309] 거기에 다음과 같이 기록되어 있다. '모든 장소에 각각 사제 한명과 평신도 세 명을 세워야 한다. 그들은 이단자들을 철저히 찾고' 그들에게 교회의 징벌을 부과해야 한다(∫1). 주교들과 수도원장들(∫1/2) 뿐만 아니라, 세속의 지역 군주들에게도 이단들과 맞서도록 요구되었다. 중요한 것은 교회의 판결이 모든 처벌에 앞서 내려져야 한다는 결정이다. 무죄한 자가 죄인으로 처벌받지 않도록 하기 위해 또는 특정한 사람들이 다른 사람들의 잘못된 고소로 인하여 잔혹한 짓을 당하지 않기 위해, 우리는 어떤 사람들이 지역의 주교를 통하여 또는 다른 전권을 위임받은 교회의 인물을 통하여 신자로 혹은 이단으로 판결받지 않았을 때, 아무도 신자로서 혹은 이단으로서 처벌받지 않도록 규정한다(∫8). 자신의 나라에서 이단을 용인하는 자는 문책을 받아야 하며(∫5), 자신의 나라를 잃을 것이다(∫4). 이단의 재산은 몰수당할 것이다(∫9). 마찬가지로 공적인 직분들을 이단이나 이단으로 혐의를 받는 자에게 넘기는 것은 금지된다(∫17). 신구약성경의 소유는 평신도에게 확실히 금지되었다. 오직 시편과 성무일도를 위한 기도서만 제외되었다. 이것도 그것들이 대중언어로 번역되지 않았을 때에만 허락되었다(∫14). 성경의 대중언어로 번역은 가장 엄격히 금지되었다. 1231년 2월에 툴루즈 주교회의의 결정들이 일반 교회법으로 받아들여졌다.[310]

## 3. 도미니쿠스수도회

도미니쿠스수도회는 교황의 종교재판의 탁월한 도구로 발전했다. 그들의 신학적 학식과 절대 순종으로 인하여 수도회는 가톨릭 교리의 방어를 위한 도구로서 적합했다. 1231년 11월에 그레고리우스 9세는 이단들을 대항하여 설교하고, 이단자들을 박해하고, 회개하는 마음을 품은 자들에게 참회의 벌을 부과하도록 하는 사명을 수도회에 부여했

309) K.-V. Selge, Texte zur Inquisition, S. 30-34; 참조, M. Lambert, Geschichte der Katharer, S. 125 ff.; W. Trusen, Von den Anfängen des Inquistionsprozesses zum Verfahren bei der Inquistio haereticae Pravitatis, in: P. Segl, Anfänge der Inquistion im Mittelalter, S. 39-76; a. Patschovsky, Der Ketzer als Teufelsdiener, inL H. Mordek (Hg.), Papsttum, Kirche und Recht, S. 317-334.

310) Sententia excommunicationis, Februar 1231, in: K.-V. Selge, Texte zur Inquistion, S. 41 f.

다. 증인심문과 유죄판결은 처음에 법률들에 속하지 않았다.[311] 얼마 후 이단박해가 시작되었다. 연대기 저자들은 거기서 행동하고 있는 인간의 행위들을 보았을 뿐만 아니라, '자신의 곳간을, 즉 교회를 삽으로 청소하는 하나님의 섭리'[312]도 보았다. 알자스로부터 다음과 같이 알려졌다.

> '이단은 많은 장소에 대단히 많이 있다. 설교자수도사들이 군주들의 큰 권력의 후원을 받아 칭찬받을 방법으로 이들을 근절했다.'[313]

그레고리우스 9세는 랑그독의 툴루즈, 알비, 카오르(Cahors) 주교구를 위하여 1233년 초에 도미니쿠스회 수도사로 종교재판관들을 임명했다. 그들은 광범위하게 이르는 특별전권을 위임받아서 처음에는 주교들과 협력하였으나, 점차 독자적으로 체계적인 이단박해를 추진했다. 종교재판과정이 공중사회를 제외한 가운데 열렸고, 고소인들이 광범위한 전권을 가졌고, 하지만 피고인들은 아무런 변호 없이 있었고, 한 번도 기소장과 증인의 이름을 알지 못했기 때문에, 매우 자주 악용되었고 과도하게 진행되었다.[314] 그 이후로 대중들의 입을 통하여 '주인의 개들'(canes Domini)이라는 평판이 도미니쿠스회 수도사들에게 주어졌다.[315]

## 4. 콘라드 폰 마르부르크(Konrad von Marburg)

독일에서 가장 유명한 이단박해자는 오랫동안의 십자군전쟁설교자이자 엘리자베트 폰 튀링겐의 고해신부인 콘라드 폰 마르부르크(1180/1200-1233)이었다. 1231년 10월

311) K.-V. Selge, Texte zur Inquistion, S. 45 f.; 참조, P. Segl, Gregor IX., die Regensburger Dominikaner und die Anfänge der „Inquisition' in Deutschland, S. 307-319; B. Hamilton, The Medieval Inquistion, S. 36-39.

312) Annales Marbacenses, MGH.SS rer. Germ. 9, S. 93, Z. 30-94, 7; Jahrbücher vvon Marbach, GDV 6, S. 46 f.

313) Annales Colmarienses, De rebus Alsaticis ineuntis saeculi XIII, Cap. 16, MGH.Ss 17, S. 236, Z. 24 f.; Annalen und Chronik von Kolmar, GDV 75, Kap. 16, S. 134.

314) 참조, M. Lambert, Häresie im Mittelalter, S. 182-186.

315) 참조, J. Fearns, Ketzer und Ketzerbekämpfung im Hochmittelalter, S. 72 f.

에 그는 그레고리우스 9세로부터 교황의 종교재판관으로 임명받았으며, 그때까지의 권리를 넘어서는 고소인과 재판관을 동시에 할 수 있는 전권을 가지게 되었다.[316] 그는 자신의 행동에 황제의 후원을 확신할 수 있었다.『독일에서 박해할 수 있는 이단에 대한 위임』(Mandat für die in Deutschland zu verfolgenden Häretiker, 1232)은 먼저 황제의 이단박해의 법을 재삼 확인했다. 하늘로부터 신뢰받은 지배권의 행사와 하나님으로부터 부여받은 황제의 고귀한 품위는, 악한 자들, 즉 하나님과 교회를 조롱하는 불신앙의 아들들을 정당한 처벌로 박해하기 위하여, 우리가 육체의 칼을 신앙의 적대자를 향하여 그리고 타락한 이단의 근절을 위하여 사용할 것을 요구한다(∫ 1). 그래서 교회권력과 세속권력의 협력이 규정되었다. 이단자가 발견되었을 때, 그 지역의 권력자는 종교재판관이나 다른 가톨릭 성직자의 고발로 그들에게 교회의 유죄판결을 내리고 사형에 처하기 위하여 그들을 체포하여 가두어야 한다. 왜냐하면 그들은 신앙과 삶의 성례전들을 저주했기 때문이다(∫ 3). 종교재판관들은 '황제와 제국의 특별한 보호 아래' 있었다.'(∫ 9)[317]

콘라드 폰 마르부르크의 행위는 동시대인들에게도 상상할 수 없는 잔인함으로 특징지워졌다.318) 트리어의 연대기 저자는 그의 활동을 묘사했다.

> '누군가 고발되자마자, 그에게 사죄, 이의, 반대 또는 증인진술이 허락되지 않고 변호할 기회도 주어지지 않을 정도로 그의 모든 열정이 매우 컸다. 심사숙고의 기간도 주어지지 않았다. 오히려 피고인이 유죄로 판결되든지, 참회의 표시로 삭발하든지, 범죄를 부인하든지, 화형을 당하든지 즉시 요구되었다. 그밖에 삭발을 한 자는 자신의 공범자를 발설해야만 했다. 그렇지 않으면 그도 화형을 당할 수밖에 없었기 때문에, 사람들은 몇몇은 무죄로 화형을 당했다고 믿게 되었다. 즉 많은 이들은 이 세상의 삶과 그들의 유산을 사랑했기 때문에 그들이 하지 않은 것을 한 것으로 자백했고, 고발하도록 강요받았다. 그들은 자신들이 모르는 것과 자신들

316) 참조, D. Kurze, Anfänge der Inquisition in Deutschland, in: P. Segl, Die Anfänge der Inquistion im Mittelalter, S. 131-193; Abdruck des Briefes von Gregor IX. an Konrad von Marburg auf S. 190-193.

317) Mandatum de haereticis Teutonicis persequendis (1232), in: K.-V. Selge, Texte zur Inquisition, S. 37-40; 참조, J. Fearns, Ketzer und Ketzerbedkämpfung im Hochmittelalter, S. 75 ff.

318) 참조, A. Patschovsky, Ketzerverfolgung Konrads von Marburg, S. 641-693; B. Hamilton, The Medieval Inquistion, S. 75 f.

이 원치 않는 자들을 고발했다. ... 아무도 내가 피고인을 옹호한다고 말하려고 시도하지 않았고, 단지 진정시키는 말만 말했다. 왜냐하면 즉시 이단변호인으로서 간주될 수 있게 때문이었다. 이단의 변호인과 후원자에 대해 교황에 의해 이단자 자신에게 내려졌던 같은 판결이 내려지기 때문이었다.'[319]

1233년 7월에 그와 같은 두려움을 주는 자가 맞아죽은 것은 놀라운 것이 아니다. 쾰른의 왕가 연대기는 이것을 불안한 시대상황의 징조로 해석했다.

'왜냐하면 꾸며낸 이단 때문인 것처럼 진짜 이단 때문에 독일의 다양한 지역에서 많은 귀족과 비천한 자들, 성직자들, 수도사들, 수녀들, 시민들, 농부들이 확실히 콘라드 수도사에 의해 - 만약 말하는 것이 허락된다면 - 거의 성급한 판결에 따라 화형으로 정죄되었다. 왜냐하면 누군가 고발당했을 때, 확실하든 혹은 확실하지 않든 그는 대안으로서 어떤 상소(上訴)나 어떤 변호를 받지 못하고 그 날에 바로 정죄를 당하여 잔혹한 불꽃 속에서 죽었다. 그 때문에 이단박해의 선동자인 콘라드 수도사는 그에게서 용서나 자비를 얻지 못했던 몇몇 귀족들에 의해 마르부르크 근처에서 맞아 죽었다.'[320]

## 5. 이단설교자

콘라드의 죽음으로 박해의 물결은 일시적으로 약해졌다.[321] 하지만 교황교회는 이단에 대한 싸움을 확고히 했다. 그레고리우스 9세는 1233/34년에 프랑스의 주교들과 고위 성직자들에게 보낸 편지들과 랭스의 대주교에게 보낸 편지에서 도미니쿠스회 수도사들에게 이단박해를 위임했던 결정을 변호했다. 하지만 동시에 그는 가톨릭 교리의 진리를

319) Gesta Treverorum, MGH.SS, Bd. 24, S. 400-402; Deutsche Geschichte in Quellen, Bd. 1, Nr. 97, S. 413-416.

320) Chronica regia Coloniensis, MGH.SS rer. Germ. 18, Teil 7, S. 265, Z. 1-4; Kölner Königschronik, GDV 53, S. 318.

321) Gesta Treverorum, MGH.SS 24, S. 400 ff.; Deutsche Geschichte in Quellen, Bd. 1, S. 416.

변호하는 것에 대한 주교들의 책임을 엄히 훈계했다.[322] 대중설교자들이 중요한 역할을 했다. 독일에서는 특히 베르트홀트 폰 레겐스부르크(Berthold von Regensburg)와 다비드 폰 아우구스부르크(David von Augsburg)가 활동했다.[323] 보헤미아에 독자적인 종교재판이 세워졌다.[324] 이탈리아에서는 요한네스 폰 비첸차(Johannes von Vicenza)의 설교의 영향으로 (1233) 베로나의 원형극장에서 수많은 카타르파들이 화형 당했다. 플랑드르에서는 로베르트 르 부그르(Robert le Bougre)가 종교재판관으로서 주목을 끌었다. 그의 악명 높은 활동의 정점은 1239년에 랭스의 남쪽에 있는 몽 엠므(Mont Aimé)에서 187명의 이단들을 화형 시킨 것이었다.[325]

322) K.-V. Selge, Texte zur Inquisition, S. 47 f.

323) 참조, K. Ruh, Deutsche Predigtbücher des Mittelalters, S. 11-30.

324) 참조, A. Patschovsky, Quellen zur böhmischen Inquisition, MGH.QG 11; Ders., Über die politische Bedeutung von Häresie und Häresieverfolgung im mittelalterlichen Böhmen, in: P. Segl, Die Anfänge der Inquistion im Mittelalter, S. 235-251.

325) 참조, M. Lambert, Geschichte der Katharer, S. 132 ff.

# 제4장

## 청빈운동의 교회제도화

## A 교황권과 세속 권력들

13세기의 중엽에 슈타우펜 황제권에 대한 교황의 승리가 확정되고 완료됐다. 독일 영주들은 빌헬름 폰 홀란트(Wilhelm von Holland, 1248-1256)로 대립왕을 세웠다. 그는 무엇보다도 남부독일 지역에서 확고한 위치를 차지할 수 있었으나, 어쨌든 1256년 프리슬란트를 향한 겨울행군에서 목숨을 잃었다.[1] 동시에 프리드리히 왕조의 후계자인 콘라트 4세(Konrad IV., 1250-1254)는 단지 몇 년 동안 유지할 수 있었다. 콘라드 4세와 함께 슈타우펜 왕가는 제국에 대한 지배권을 완전히 잃어버렸다. 제국은 이어진 시기, 즉 과도정권 시기(1256-1273)에 잉글랜드와 프랑스의 이해관계의 노리갯감이 되었다.[2]

### 1. 과도정권

1257년 이중선거에서 이 문제에 대하여 분열되어 있던 독일의 선제후들은 몇 달 안에 두 명의 지도자를 제국의 정점에 앉혔다. 콘라트 폰 쾰른(Konrad von Köln) 대주교와 그의 추종자들은 1월에 잉글랜드 실지왕 존(Johann Ohneland)의 아들인 리처드 폰 콘월(Richard von Cornwall, 1209-1272)을 독일 왕으로 선출했다.[3] 하지만 트리어의 선제후와 그의 동맹자들은 이 선거에 대항하여 이의를 제기하고, 4월에 카스티야(Kastilien)의 알폰소 3세(Alfons III., 1221-1284)을 독일 왕으로 결정했다.[4] 선출된 두 왕들 모두 안정된 권력지위를 세우지 못했기 때문에, 그들은 계속해서 제국의 정치에 영향을 끼치지 못했다. 카스티야의 알폰스는 그의 임기동안 한 번도 독일에 오지 않은 반면에, 리처드 폰 콘월은 적어도 아헨에서 왕관을 썼고, 라인지역의 도시들을 자신의 진영으로 끌어올 수 있었다. 그래서 슈타우펜 이후의 시대가 불안정한 정치상황으로 특징 지워진다.

---

1) Bericht über den Tod Wilhelms von Holland, in: Deutsche Geschichte in Quellen, Bd. 2, S. 55 ff.

2) 참조, E. Boshof, Die späten Staufer und das Reich, in: E. Boshof, Rudolf von Habsburg 1273-1291, S. 1-32.

3) Die Wahlanzeige des Kölner Erzbischofs, in: Constitutiones et acta publica imperatorum regum, Bd. 2, MGH. Const. 2, S. 484; Deutsche Geschichte in Quellen, Bd.2, S. 57-59.

4) 참조, Annales et Historiae Altathenses, MGH.SS 17, S. 397, Z. 36 ff.; Werke des Abtes Hermann von Altaich, GDV 78, S. 46-53; Deutsche Geschichte in Quellen Bd. 2, S. 59 f.

동시에 제국의 권력관계에 새로운 질서가 나타났다. 영주들과 도시들은 빈번한 왕조의 변경으로 인하여 왕권의 구속력으로부터 벗어나기 시작했다. 도시와 지역의 권력들은 그들의 독립성을 강화했다. 그와 함께 그들은 왕국의 안전을 더 이상 홀로 보존할 수 없는 왕권을 두둔했다. 그에 대한 실례는 1254년 7월에 마인츠와 보름스 도시 사이에 체결된 라인지역의 도시연맹이다. 몇 년 이내에 70개 이상의 도시들이 이 연맹에 가입했고, 그 영향력은 중부라인지역을 훨씬 너머까지 이르렀다. 보름스의 연대기는 시대상황을 다음과 같이 서술했다.

> '당시에 독일에, 특별히 라인 강변에서 가장 강한 자는 그가 할 수 있고 원하는 것을 다른 이들에게 행했다. 기사들과 귀족들은 준비없이 살았고, 그들이 죽일 수 있는 사람을 죽였고, 도로를 차단하여 가로막고, 생업 때문에 그 땅을 넘어가야 하는 사람들을 변덕스럽게 추적했다. 그 외에 몇몇 지배자들은 라인 강변에 새로운 세관을 세웠다. 가난한 백성들은 과도하고 부당한 재산평가로 무겁게 억눌렸으며 위협을 받았다. 라인 강변에 있는 70개의 도시가 보름스와 마인츠와 오펜하임(Oppenheim)의 예를 따라 연합했고, 위기에 서로 도울 수 있기를 원했다. 그렇지 않으면 아무런 도움도 기대할 수 있게 때문이었다. ... 그들은 자신들의 전쟁군비를 합쳤고, 라인에 세워진 세관을 제거했고, 도둑들의 성들을 허물었고, 그것들을 파괴했고, 살인자들과 노상강도들을 그 땅에서 몰아냈다. 그들이 운좋게 그것을 성공했을 때, 이웃한 영주들과 군주들에게 갔다. 모두가 마인츠에 모였다. 그리고 그들은 10년 동안의 평화를 맹세했다.'[5)]

## 2. 루돌프 폰 합스부르크(Rudolf von Habsburg)

1272년 리처드 폰 콘월의 죽음으로 새로운 시작을 위한 기회가 열렸다. 특히 그의 경쟁자인 알폰스 폰 카스티야는 제국의 정치에서 후원을 받지 못했다. 제국도시들과 제국

5) Wormser Chronik, hg. von W. Arnold, S. 101 f.; Deutsche Geschichte, Bd. 2, S. 49.

의 영주들과 제국의 주교들의 집중적인 조언들이 있은 지 일 년 후에 프랑크푸르트 제국의회에서 합스부르크의 루돌프 1세(Rudolf I., 1218-1291) 백작이 왕으로 선출되어 아헨에서 즉위했다.[6] 그는 제국의 영주들의 계층에 속하지 않았지만, 남부독일에서 안정된 지배기반을 소요하고 있던 자였다. 그로 인하여 20년 동안의 권력의 공백기를 지난 후에 다시 강한 인물이 제국의 정점에 도달하게 되었다. 그레고리우스 10세(Gregor X., 1271-1276)을 향한 선거알림에서 선제후들은 '언젠가 평화로운 평온함 속에서 번영'했지만, 그 후 '오랫동안의 패망의 상처들'에 시달렸던 로마제국의 쇠약한 관계의 시각에서 그 선거의 근거를 설명했다. 그래서 그들은 '의심의 여지없이 말하자면 하늘에 의해서 조정된' 프랑크푸르트에서의 선거의 정당성을 강조했다. 루돌프는 아헨에서 '칼 대제의 보좌에 즉위했고, 그에게 지극히 거룩한 기름으로 성유를 발라' 주었다. 이어서 선제후들은 교황에게 황제대관식을 추천했다.

> '이 왕은 신실한 믿음에서 가톨릭적이며, 교회에 애정이 깊은 친구이며, 정의의 지탱자이자 보호자이며, 조언에 탁월하며, 경건한 덕에 빛나며, 그 자신의 지역 재산 때문에 강력합니다. ... 당신이 그렇게 적법하고 신중하게 철저히 그를 살펴보면서 실행되는 과정에 호의적인 박수로 친절히 찬성하기를 원합니다. 그것이 당신의 마음에 들고 유익한 것으로 여겨진다면, 당신이 황송하게도 황제의 대관식을 위하여 자비롭게 그를 부를 수 있습니다.'[7]

## B 제2차 리옹공의회

교황의 관점에서 독일제국의 왕위계승을 둘러싼 혼란은 자신의 지배권의 강화를 의미했다. 마티아스 폰 노이엔부르크(Mathias von Neuenburg)의 연대기는 프리드리히의 죽

---

6) 참조, Chronica mathiae de Nuwenburg, MGH.SS rer. Germ N.S. 4, S. 21, Z. 1-23, 3; Chronik des Mathias von Neuenburg, GDV 84, S. 13 f.; Deutsche Geschichte in Quellen, Bd. 2. S. 65 f.

7) Constititiones et acta publica imperatorum et regum, Bd. 3, MGH. Const. 3, S. 19 f.; Deutsche Geschichte in Quellen Bd. 2, S. 62-64.

음 후에 '교황의 권력과 자부심'이 커졌다고 기록하고 있다.[8] 클레멘스 4세(Clemens IV., 1265-1268)의 죽음 후에 나타난 것처럼 외부의 경쟁자의 탈락과 함께 어쨌든 교회내적인 갈등들이 발생했다. 그 때부터 '교황의 자리는 전체 그리스도교의 손해를 허락하신 하나님 아래에서 가톨릭교회의 한 목자를 뽑는 선거에서 일치할 수 없었던 추기경들의 불일치 때문에 공석으로 남기 시작'[9]했다. 3년의 공석 이후 처음으로 임기를 시작할 수 있었던 그레고리우스 10세(1271-1276)는 논쟁을 중재하기 위하여 1274년 5월에 제2차 리옹공의회를 소집했다.[10] 회의 장소는 황제의 영향권 밖에 있으면서도 알프스 북쪽에 있는 나라들에서 많은 참가자들이 여행할 수 있도록 보장되어야 했다. 약 300명의 주교들이, 대개 이탈리아에서, 하지만 프랑스, 부르군트, 프로방스, 독일, 잉글랜드에서도 왔으며, 그밖에 60명의 수도원장들, 탁발수도회의 대표자, 중요한 신학자들 – 그 가운데는 요한네스 보나벤투라(Johannes Bonaventur)와 알베르투스 마그누스(Albertus Magnus)가 있었다. 토마스 아퀴나스(Thomas von Aquin)는 공의회로 오는 도중에서 죽었다 –, 대교구장들, 대성당 참사회의 대표자들, 그리고 영주들과 기사수도회의 대표들이 리옹에 모였다. 비잔틴의 황제와 대주교의 사절들도 참석했다.[11] 7월까지 공의회 참석자들은 총 7번의 회의를 가졌다. 그 회의들에서 '공의회에서 교황의 우위의 정점과 극치'가 나타난다. 즉 '모든 결정적인 문제들에서 교황은 때때로 현저한 저항에 맞서 자신의 의지를 관철'시켰다.[12]

### 1. 왕위계승을 둘러싼 분쟁들

왕위계승을 둘러싼 분쟁들이 제2차 리옹공의회를 그늘지게 했다. 그레고리우스 10세는 루돌프 폰 합스부르크를 황제로 즉위하게 해달라는 독일 선제후들의 요청에 대답하기

---

8) Chronica Mathiae de Nuwenburg, MGH.SS rer. Germ N.S. 4, S. 13, Z. 19-23; Chronik des Mathias von Neuenburg, GDV 84, S. 7.

9) Annales et Historiae Altahenses, MGH.SS 17, S. 406, Z. 19 f.; Werke des Abtes Hermann von Altaich, GDV 78, S. 75.

10) Conciliorum Oecumenicorum Decreta, Bd. 2, S. 303-331; H. Denzinger, Enchiridion, Nr. 850-861; C. Mirbt, Quellen zur Geschichte des Papsttums, Nr. 741, S. 455 f. 참조, C. Andresen, Geschichte der abendländischen Konzile des Mittelalters, in: H. J. margull, Die ökumenischen Konzile der Christenheit, S. 135-139; H. Wolter/H. Holstein, Lyon I/ Lyon II, S. 192-235; J. Gill, The Church Union of Council of Lyon (1274), S. 5-45; K. Schtz, Allgemeine Konzilien, S. 114-118.

11) 참조, P. Frowein, Der Episkopat auf dem 2. Konzil von Lyon (1274), S. 307-331.

12) K. Schatz, Allgemeine Konzilien, S. 118.

전에, 거의 일 년의 시간을 보냈다. 리옹에 있을 때 발행된 교황의 증서에서 그는 자신의 지체함을 황제의 불손에 대한 경고의 표시로 설명했다.

> '그래서 당신은 거기에서 심사숙고의 모범적인 거울을 보아야 하고, 유익한 관습의 전달을 수용하고, 그런 이유로 당신의 모든 직무수행에서 다툼을 피하도록 지혜롭게 노력해야 하며, 능력에 맞게 평화적으로 당신의 길을 가며, 그 분 자신이 당신에게 그것을 부여하는 한 적극적으로 평화의 군주요 왕 중의 왕이요 주인들의 주인이 가르쳐 주신 좁은 길을 걸어가야 한다.'[13]

얼마 후 교황은 아직도 로마와 독일의 왕위에 대해 요구하고 있던 알폰스 폰 카스티야가 그것을 포기하도록 하는데 성공했다.

교황의 지체에도 불구하고 왕권은 합스부르크의 루돌프의 지배 아래에서 슈타우펜 왕가의 지배 아래서 찾지 했던 영향력을 적지 않은 부분에서 회복하게 되었다. 정치적으로 가장 중요한 그의 목표는 평화의 보장과 제국재산의 원상회복이었다. 그는 1278년 보헤미아 왕과 마르히펠트에서의 전투에서 둘 모두를 관철하려고 시도했다.[14] 그 밖에 그는 특징적인 지역의 재산정책과 왕의 정책을 추구했다. 그러면서 그는 그들의 자유를 승인해 준 콜마르(Colmar)와 같은 도시들에 의지했다. 마침내 그는 독일법전과 슈바벤 법전에서 그리고 작센법전의 발전에서 나타나는 것처럼 법규를 법전으로 편찬하는 노력을 후원했다.[15] 비록 그가 황제에 즉위하는 것이 좌절되었지라도, 이 모든 것은 적은 업적은 아니었다. 반면에 그의 정치적인 무게는 서방의 보다 거대한 왕권들에 재어보면 더욱 상대적인 것으로 보였다. 그들에 비해 합스부르크의 루돌프는 '유럽에서 비교적 '작은 왕"이었다는

---

13) Constitutiones et acta publica imperatorum et regum, Bd. 3, MGH. Const. 3, S. 56; Deutsche Geschichte in Quellen Bd. 2, S. 68 f.

14) Chronica de gestis principum, in: fontes rerum Germanicarum, Bd. 1, S. 34; Deutsche Geschichte in Quellen, Bd. 2, S. 71-74. 참조, F.-R. Erkens, Zwischen staufischer Tradition und dynastischer Orientierung: Das Königtim Rudolfs von Habsburg, In: E. Boshof. Rudolf von Habsburg 1273-1291, S. 33-58.

15) 참조, Deutsche Geschichte in Quellen, Bd. 2, S. 74-92.

것이 드러난다.[16)]

## 2. 교회의 개혁들

공의회의 중요 주제는 새로운 교황선거법이었다. 중요한 규정들이 이미 있었다. 1059년 교황선거규정은 오직 추기경들만 투표권이 있는 구성원들이라고 확정했다. 이것을 통하여 평신도의 영향력이 거부되었다. 1179년의 법은 2/3의 다수의 의결을 규정했고 이중선거를 막았다. 그럼에도 불구하고 교황선거에서 – 클레멘스 4세의 죽음 이후처럼 – 장기간의 교황직의 공석을 야기했다. 공의회지시규정『위험이 있는 곳에』(Ubi periculum)을 통하여 앞으로 이것을 피하게 되었다. 그것을 위한 수단은 교황선거 비밀 회의장의 도입, 즉 선거과정 동안에 추기경들을 외부세계로부터 격리하는 것이었다.

> '교황이 교황청과 함께 거주했던 도시에서 죽으면, 이 도시에 있던 추기경들은 오직 10일 동안 불참한 추기경들을 기다린다. 이 기간이 지난 후에 모든 이들은 즉시 교황이 거주했던 궁에 모인다. ... 그 궁정에서 모두는 중간막이나 다른 어떤 격리 없이 한 방에 함께 상주한다. 화장실에 자유롭게 갈 수 있는 것 외에 그 방은 모든 방향에서 폐쇄되어서, 아무도 들어오거나 나갈 수 없었다. 앞서 말한 추기경들이 그 방에 입장한 뒤 3일 동안 교회의 목자가 선출되지 않았을 때, 그들은 이어지는 5일 동안 매일 점심식사와 저녁식사에서 단 한 번의 식사코스로 만족해야 했다. 이 기간이 지난 후에 선출이 아직도 끝나지 않았다면, 그때부터 선출이 끝날 때까지 그들에게 단지 빵과 포도주와 물만 주어졌다.'[17)]

그 밖에 공의회의 개혁결정들은 주교의 선출, 주임사제의 임직, 성직록의 존재, 교회

---

16) 참조, P. Moraw, Rudolf von Habsburg. Der 'kleine' König im europäischen Vergleich, in: E. Boshof, Rudolf von Habsburg 1273-1291, S. 185-208.

17) Const. II, 2; Concilorum Oecumenicorum Decreta, Bd. 2, S. 314 f.; 참조, H. Fuhrmann, Die Wahl des Papstes, in: Ders., Einladung ins Mittelalter, S. 135-150.

의 재판과정, 세금인상, 교회의 신성화, 이자수입의 금지, 파문된 자와 교제 금지를 규정했다.[18] 성직자의 참담한 상황이 그 개혁결정의 원인이었다. 이미 그에 대해 알렉산더 4세가 탄식했다.

> '보라, 대부분의 나라에서 아우성치는 그리스도교민족의 엄청난 부패가 증명하는 것처럼 치명적인 경솔함의 잠이 – 우리가 한숨을 쉬며 말하는 – 대개 목자장의 신중한 경계심을 명백히 압도한다. 이 부패가 사제의 해독제라는 도구로 치료되어야 하지만, 그것은 – 오, 고통이여 – 오히려 성직자들로부터 나온 해악의 전염을 통하여 퍼졌다. 그래서 선지자가 '사제가 백성들처럼 되었다'고 말한 탄식이 어딘가에서 사실이 되었다. ... 특히 이것으로 인하여 하나님의 이름이 이 땅에서 해를 당했다. 그들을 통하여 올바른 신앙의 성례전들이 중단되었다. 왜냐하면 주님의 몸이 그들의 더러워진 손으로 인하여 모독되었기 때문이다. 그들로 인하여 가톨릭교에 대한 그리스도인들의 경외가 사라졌다. 그들로 인하여 백성들이 하나님의 은혜의 도구를 빼앗기고, 교회의 재산은 낭비되었다. ... 구성원들이 요구하는 그것이 그 구성원들의 머리에게 존재하지 않는다면, 전 가족의 상태와 질서는 흔들리게 된다.'[19]

수도회와 관련한 규정들은 탁발수도사운동과 관계있으며, 새로운 설립의 허가를 교황의 인가와 연결시켰으며, 교회의 삶에 대한 그들의 영향력을 제한하였다.『종교의 여러 가지들』(Religionum diversitatem) 규정에서 제4차 라테란공의회에서 통과시킨 수도회신설의 금지가 개정되었다. 그 밖에 다음과 같이 기록되었다.

> '그 공의회 이후로 세워져 교황의 인가를 받아, 수도서약이나 규칙이나 어떤 규정이든지 합당한 생계의 지출을 위한 소득과 재산을 부인하고 공적인 자선모금을

18) Const. II, 9-15, 17 ff., 24, 25 ff., 29. conciliorum Oecumenicorum Decreta, Bd. 2, S. 320 ff.

19) Annales et Historiae Altahenses, MGH.SS 17, S. 400, Z. 45-401, 25; Werke des Abtes Hermann von Altaich, GDV 78, S. 56 ff.

통한 불안정한 탁발(托鉢)로 그들의 생계를 꾸려가는 탁발수도회는 우리의 결정에 따라 다음과 같은 방법으로 존속된다. 만약 그들이 원한다면, 이 수도회의 서약자가 공동체에 머무는 것이 허락된다. 단 그들이 앞으로 더 이상 아무에게서도 수도서원을 받지 않는다는 조건 아래서만 그렇다. 그들은 집이나 시설을 더 이상 구입할 수 없으며, 이미 그들이 소유하고 있는 집들과 시설들은 교황의 특별한 허락 없이 양도할 수 없다.'

새로운 구성원을 받아들일 수 없다는 금지조항은 탁발수도회의 공동체에게서 존재의 토대를 빼앗는 것이었다. 오직 프란체스코회 수도사와 도미니쿠스회 수도사들은 '그들을 통하여 보편교회가 성장한다는 공적인 유익'[20]을 지적하면서 거기서 제외되었다. 공의회가 이러한 규정으로 얼마나 제한적으로 청빈운동에 개입하였으며, 청빈명령을 청빈운동에 관철시키려고 한 경향들에 어떻게 대처했는지 주목을 끈다. 카르멜수도회와 아우구스티누스은둔자수도회와 관련하여서는 그들은 이미 1215년 이전부터 존재했기 때문에 '그들의 신분에 남아 있어도 된다'고 언급되었다. 하지만 뒤이은 시기에 그들은 최종적으로 교회의 인정을 받았다. 호노리우스 4세(Honorius IV., 1285-1287)는 그들을 1286년에 교황의 보호 아래 두었고, 그들에게 탁발수도회와 비교될 수 있는 지위를 부여했다.[21]

### 3. 비잔틴과 연합

공의회에서 그리스정교회와 분열을 극복하려는 시도가 있었다. 미카엘 팔라이올로구스 8세(Michael VIII. Palaiologus, 1259-1282)에 의하여 콘스탄티노플이 재정복되어 팔라이올로그 왕조의 지배 아래서 다시 그리스제국의 수도가 되고, 1261년 라틴제국이 종말을 맞이하는 것이 그 정치적인 전(前)역사에 속한다. 하지만 비잔틴 제국은 위협받는 상황에

20) Const. II, 23; Concilorum Oecumenicorum Decreta, Bd. 2, S. 326 f. 참조, M. de Fontette, Les Mendiants supprimés au 2e Concile de Lyon (1274), S. 193-216.

21) 참조, J. Smet, Karmeliten, S. 34 f.; St. Panzer, Entstehung und Werdegang der Karmeliten, in: G. Benker, Gemeinschaften des Karmel, S. 17 f.

처해있었다. 서쪽에서는 슈타우펜 왕가의 몰락 이후 프랑스의 루이 9세(Ludwig IX)의 형제인 앙주(Anjou)의 칼 1세(Karl I. †1285)가 시칠리아의 왕으로서 서부 그리스의 거점을 가진 이탈리아의 지배자로 떠올랐다.[22] 동쪽에서는 몽골인들에 의해 야기된 위협이 변함없이 있었다. 그들의 평판에 대해서는 그리스도교인들이 몽골인들의 역겨운 분노에 대항하여 조언과 무장을 준비하도록 호소한 알렉산더 4세(1254-1261)에게 나타난다.

'즉 몽골인들은 사라센의 모든 왕들과 제국을 패퇴시키고 파괴한 후에 바다와 안티오케이아와 아콘과 그리스도인들의 여러 나라들에 도달하여 엄청난 공포를 퍼뜨렸다. 그래서 그리스도인들은 언급된 교황과 여러 왕에게 간절히 그리고 자주 도움을 요청하는 사절단을 보냈다.'[23]

이런 위험의 압박 아래서 비잔틴 황제는 보호를 해주겠다는 허락을 얻기 위해 이미 유일하게 남아 있는 서방의 권력으로서 교황의 요구를 들어주겠다고 선언했다. 어쨌든 그레고리우스 10세(Gregor X.)는 먼저 매우 광범위한 요구들을 먼저 실행하기를 바랐다. 성령에 대한 규정이 보여주는 것처럼 니케아신앙고백에서 세 번째 항목에 대한 서방의 해석인 '성자에게서도'(filioque)에 대한 동의가 그 요구들에 속했다.

'우리는 신실하고 충실하게 고백한다. 성령은 영원으로부터 아버지와 아들에게서 나오며, 두 개의 원리에게서 아니라, 하나의 원리에게서, 두 개의 숨결을 통해서 아니라, 유일한 하나의 숨결로부터 나온다. 지극히 거룩한 로마교회, 즉 모든 신자들의 어머니와 교사가 이것을 지금까지 고백해왔고, 선포하고 가르쳤다. 교회는 이것을 흔들리지 않고 확고하게 붙잡고 있으며, 선포하고 고백하고 가르친다. 정통 교부와 교사와 그리고 라틴교회와 마찬가지로 그리스교회의 불변의 참된

22) 참조, P. Herde, Karl I. von Anjou, S. 48-98.

23) Annales et Historiae Altahenses, MGH.SS 17, S. 402, Z. 36-39; Werke des Abtes Hermann von Altaich, GDV 78, S. 62.

교리는 이것을 포함하고 있다.'[24)]

비록 동방교회의 신학에 대한 이런 진술은 받아들이기 어렵지만, 비잔틴 황제는 압박받는 상황 때문에 이미 포괄적인 신앙고백에 서명할 준비를 했다. 그 가운데 우선 '성자에게서도'를 포함한 고대교회의 삼위일체 교리가 제출되었고, 이어서 제4차 라테란공의회가 성례전신학을 확정한 것과 같은 성례전신학을 위한 진술이 뒤따랐다. 로마교회의 우위에 대한 진술이 마지막을 장식했다.

'바로 이 거룩한 로마교회가 전 보편 교회 위에 최상의 완전한 수위권을 가지고 있다. 로마교회는 진실하고 공손히 로마교회가 이 수위권을 주님께로부터 직접 사도들의 머리 혹은 지도자인 복된 베드로를 통하여 – 그 후계자가 로마주교이다 – 완전한 권세와 함께 받았다고 인식하고 있다. ... 모든 교회는 그 수위권 아래에 있으며, 당신들의 복종과 경외가 그의 지도자임을 입증한다.'[25)]

이미 몇 년 전에 클레멘스 4세(Clemens IV, 1265-1268) 교황이 이 고백을 비잔틴 황제에게 제시했다. 하지만 성과는 없었다. 그러나 이제 교황의 수위권과 서방의 신학교리가 미카엘 팔라이올로구스에 의해 받아들여졌다 – 그레고리우스 10에게 그것은 이중언어로 드려지는 성대한 연합미사 거행의 근거였다. 그러나 연합은 정치적 목표를 위하여 단지 황제에 의해서 추구되었고 비잔틴 성직자들에 의해서 단호히 거부되었기 때문에, 그 연합은 실제로 이루어지지 않았다.[26)]

24) Const. II, 1; Concilorum Oecumenicorum Decreta, Bd. 2, S. 314; H. Denzinger, Enchiridion, Nr. 850, S. 379. 참조, den Bericht des Humbert von Romans über die Lage der griechischen Kirche 1272/73, in: H. Wolter/H. Holstein, Lyon I/ Lyon II, S. 290-298. Zum Streit um das „filioque' 참조, B. Oberdorfer, Filioque, Geschichte und Theologie eines ökumenischen Problems, S. 165-235, bes. 204-208.

25) H. Denzinger, Enchiridion, Nr. 851-861.

26) 참조, B. Roberg, Das Zweite Konzil von Lyon, S. 272; H. Wolter/H. Holstein, Lyon I/ Lyon II, S.n180-191, 236-257; 298-302.

## 4. 십자군전쟁준비

공의회협의를 지배했던 주제는 새로운 십자군전쟁의 준비였다. 팔레스타인에 있던 십자군종군자들의 나라의 첨예화된 상황이 그 원인이었다.[27] 1260년 예루살렘이 재차 파괴되었다 – 이번에는 몽골인들에 의해서였다. 1269년 아라곤의 야곱 1세(Jakob I.)는 자신의 함대가 악천후로 인하여 파괴되었기 때문에, 팔레스타인 땅을 밟는 것을 한 번도 성공하지 못했다. 그런 이유로 루드비히 9세(Ludwig IX)는 1270년에 성지(聖地)를 해방하기 위하여 새로운 시도를 단행했다(소위 제7차 십자군전쟁). 하지만 이 시도는 실패했다. 그 군대는 튀지니 앞에서 패배했고, 프랑스 왕은 그의 대부분의 군사들과 함께 목숨을 잃었다. 첫 번째 공의회규정에 다음과 같이 기록되어 있다.

> '오, 고통이여! 주께서 은혜로 우리의 구원을 이루기 위해 일하셨고 자신의 피로 사람들을 죽음으로부터 값을 치르고 사기 위해 거룩하게 했던 그 땅이 그리스도교명성의 최악의 적들에 의해, 즉 신성모독적이고 불신자인 사라센들에 의해 개의치 않고 뻔뻔하게 이미 오랫동안 점령당했었다. 아무것에도 놀라지 않고 방약무인하면서 점령되어 폐허로 변했나.'

이러한 배경에서 새로운 십자군전쟁의 선포가 이루어졌다. 하지만 그 반향은 명백히 작았다. 어쨌든 그레고리우스는 반대하는 자들에게 파문으로 위협하는 시선을 던진 반면에, 다른 이들에게는 '그들의 죄의 완전한 사면'을 약속했다.[28] 그밖에 십자군의 재정을 위하여 모든 교회의 수입의 10분의 1정도의 세금을 6년 동안 면제했다.[29] 이런 계기로 비판자들은 비웃으면서 교황에게 이의를 제기했다. '그레고리우스 10세(Gregor der Zehnte)는 자신의 이름만큼 교회를 축소시켰다.'[30]

---

27) 참조, F. Winkelmann, Kirchen im Zeitalter der Kreuzzüge, S. 91 ff.

28) Const. I, 1 c; Concilorum Oecumenicorum Decreta, Bd. 2, S. 312.

29) Const. I, 1a/b; Concilorum Oecumenicorum Decreta, Bd. 2, S. 309 ff.

30) Heilsbronner Annalen, MGH.SS 24, S. 44; K. Schatz, Allgemeine Konzilien, S. 116.

## C 십자군운동의 종식

### 1. 아콘의 함락

13세기 후반기에 십자군국가의 상황은 극적으로 첨예화되었다.[31] 이미 팔레스타인 내륙을 광범위하게 지배하고 있던 마멜루크(Mamelucken, 9세기부터 이슬람의 칼리프에 의해 운영된 전투노예 - 역자 주)들이 술탄 알-말리크 바이바르(Al-Malik Baibar)의 지휘 아래 1260년대에 나사렛, 카이사레아(Caesarea), 하이파(Haifa), 사파드(Safad), 자파(Jaffa), 안티오케이아와 함께 성지의 중요한 지역들을 정복했다. 오직 협소한 해변가만 그리스도인들의 손에 남아 있었다. 1271년에 십자군기사들의 큰 성인 샤스텔-블랑(Chastel-Blanc)과 크라크 데 슈발리에(Krak des Chevaliers)와 아카(Akkar)가 함락되자, 그리스도인들이 팔레스타인 내륙 지방으로 후퇴하는 것은 결정적으로 가로막혔다. 여기에 슈타우펜 왕가의 지배권의 종식은 팔레스타인에서도 권력의 공백상태와 지배권을 둘러싼 유혈의 싸움을 남겼다. 그 싸움에서 이탈리아의 상업도시들과 기사수도회들이 수치스러운 역할을 했다. 1280년대 사라센인들은 그 밖의 성공을 거두었다. 그들은 우선 요한기사수도회의 본성(本城)인 마르가트(Margat)를, 이어서 라타키아(Latakia)와 트리폴리스(Tripolis)와 함께 해안가에 있던 도시들을 정복했다.[32] 키프로스와 예루살렘의 왕 하인리히 2세가 술탄 카라분(Kalawun)과 1289년 8월에 10년 동안의 휴전을 체결했지만, 이것은 깨지기 쉬운 것임이 증명되었다. 어쨌든 갑자기 죽은 카라분의 뒤를 이은 아들인 술탄 알 아쉬라프(Al-Ashraf)가 아마도 교황의 용병들 가운데에서 무슬렘들이 죽은 일로 인해 야기되어 1291년 초에 아콘의 포위공격을 시작했다. 불과 몇 주 만에 마지막까지 십자군이 지키고 어마어마한 방어시설로 보호된 항구도시가 마멜루크의 군대에 의해 정복되었다. 그 도시의 함락은 십자군시대 역사에 깊은 단락을 나타냈다.[33] 1244년 예루살렘의 함락 이후 동부지중해 지역에서 가장 중요한 무역장소였던 아콘은 로마그리스도교인들의 정치적, 경제적, 문화

31) 참조, H. E. Mayer, Geschichte der Kreuzzüge, S. 244-256.

32) Annales Colmarienses, MGH.SS 17, S. 217, Z. 9-11; Annalen und Chronik von Kolmar, GDV 75, S. 79.

33) 참조, E. Stickel, Der Fall von Akkon, S. 1-88; N. Daniel, Islam and the West, S. 153 f.

적 중심지로서 예루살렘의 지위를 넘겨받았었다. 그래서 이제 서방의 충격은 더욱 더 커졌다.

즉시 새로운 십자군전쟁에 대한 호소가 커졌다.

> '니콜라우스 (4세) 교황은 잉글랜드 왕에게 도움을 요청하고 그에게 바다로 진군하기 위하여 십자가를 져 줄 것을 요구했다. 잉글랜드 왕이 그것을 착수할 수 있기 위해, 그는 3년 동안 그의 왕국에 있는 모든 교회의 십일조를 잉글랜드 왕에게 충실하게 지불하도록 시켰다. 그는 프랑스 왕에게도 똑같이 했다.'[34]

그러나 교황의 수고는 아무런 성과가 없었다. 많은 저술들에서 저자들은 성지에서 벌어진 일에 대해 해석하려고 시도했다 - 그 시선은 군사적인 실패, 지도자의 불화, 기사계급의 타락 그리고 성직자계층의 세속화를 향했다. 그러나 그 탄식에는 아무런 구체적 후속 조치가 없었다. 결국 십자군전쟁사상은 점화력(點火力)을 잃어버렸다. 서방의 그리스도교는 교황의 포고에 무관심한 태도를 취했고, 유럽의 지배자들은 다른 문제들에 관심을 가졌다.[35] 이리하여 아콘의 함락은 200년 동안 십자군의 지배의 종식과 팔레스타인에서 서방의 우세한 지위의 종식을 의미했다. 철수는 단계적으로 시행되었다. 키프로스 왕국은 교황의 통치권 아래 서방의 진면에 배치된 파수꾼이 된 반면에, 요한기사수도회는 로도스(Rhodos) 섬에 정착했다. 두 섬은 16세기에 터키에 의해 정복되었다. 로도스 섬은 1522년에, 키프로스는 1570년에 정복되었다.[36]

## 2. 기사수도단의 위기

아콘(Akkon)의 함락과 더불어 영적인 기사수도단도 팔레스타인에서 쫓겨나게 된다.

34) Annales Colmarienses, MGH.SS 17, S. 217, Z. 40-218, 2; Annalen und Chronik von Kolmar, GDV 75, S. 81.

35) 참조, E. Stickel, Der Fall von Akkon, S. 101-189.

36) 참조, F. Winkelmann, Die Kirchen im Zeitalter der Kreuzzüge, S. 94-96.

성전기사단은 이로써 자신들의 존재에 있어 가장 어려운 위기에 봉착하게 되었다. 남프랑스에 많은 소유를 갖고 있고 커다란 정치적 영향력을 갖고 있던 이 기사단이 고향 프랑스로 되돌아옴으로 인해 왕의 권력이 위협받게 되었다. 1307년 이후로 기사수도단에는, 힘없는 존재가 된 교황의 인가로 큰 조작재판이 이루어졌는데, 이 재판 과정에서 수도단은 - 부분적으로 완전히 부조리인 - 오직 해체를 목적으로 하는 비난에 부딪혔다.[37] 이 일은 비인 공의회에서 이루어졌다. 1312년 수도단은 해체되었고, 그의 재산은 요한기사수도회에 넘겨졌고, 이끄는 지도자들은 제명당했다.[38]

요한기사수도회는 성지의 함락으로 우선 키프러스(Zypern, 1291)로 옮겨 갔고, 그 이후에 로도스로 철수했다. 쾰른 왕의 연대기의 보고에 따르면, '사라센인들이 지배했고 몇 년 동안 그들에 의해 유지된' 이 섬을 되찾는 것은 요한기사수도회에게는 '엄청난 수고를 통해서만' 가능했다.[39] 1522년 요한기사수도회는 터키인들 앞에서 이곳에서 말타(Malta)로 피했다. 독일 수도단은 우선 베니스로 철수했고, 그 후에 그 활동영역은 유럽의 북동쪽에 자리하게 되었는데, 여기서 식민지화과정에서 지도적 역할을 떠맡았다.

성 나사로 수도회은 자신의 활동중심을 서양으로 옮기는 과정에서, 그곳에서 12세기 후반 이후 십자군으로부터 되돌아간 왕과 귀족들을 통하여 세워진 수많은 분점들과 관련을 맺을 수 있었다.[40] 이들의 임무는 우선적으로 팔레스타인에 있는 수도원들을 위해 사람과 물질을 보급하는 일이었다. 그러나 군사적인 임무가 중지된 이후에 나병환자 돌보는 일이 다시금 중요시되었다. 오를레앙(Orléans)의 브아니(Boigny)로 장소를 옮긴 기사단장의 인도 아래, 지역에 따라 분류된, 수도원들 사이의 보다 큰 수도원연합이 무엇보다도 프랑스에서 이루어졌고, 또한 영국, 독일, 이탈리아와 헝가리에서도 전개되었다. 나사로 수도회 수녀들을 위하여 13세기 말부터 생겨나기 시작한 수도원은 기사수도사들의 수도원과 달리 예배하는 삶을 강조하는 명백하게 영적인 특징을 갖고 있었다.

---

37) 참조, A. Krüger, Schuld oder Präjudizierung? Die Protokolle des Templerprozesses, S. 340-377.

38) Konzil von Vienne, Bullen der römischen Kurie über den Templerorden, Conciliorum Oecumenicorum Decreta, Bd. 2, 336-350. Cf. M. Barber, The New Knighthood, S. 229-279.

39) Kölner Königschronik, GDV 53, S. 383.

40) 참조,. K. P. Jankrift, Leprose als Streiter Gottes, S. 86-111.

## D 탁발수도회

청빈운동은 13세기 중반 이후에 급격한 변화를 가졌다. 그 창시자들이 죽은지 몇 년 안 되어 끊임없는 순례운동은 사회에서 영향력이 큰 위치를 요구하는 교회의 수도회가 되었다. 마티아스 폰 노이엔부르크(Mathias von Neuenburg) 연대기는 이러한 과정을 비판적인 말로 다음과 같이 설명한다. '프리드리히의 죽음 후에 프란체스코회 수도사들과 도미니쿠스회 수도사들의 힘과 교만은 늘어갔다. 이들이 프리드리히와 그의 추종자들을 박해했기 때문에 교황 자신도 이 수도사들을 무엇보다도 다른 수도원에 비해 특권을 통하여 우대하고 등용하여, 이제 거룩한 자리와 그 밖의 성직자들은 이들로부터 자신을 전혀 보호할 수 없었기 때문이다.'[41] 피사의 대주교 페데리고 비스콘티(Federigo Visconti)의 1240-1277년에 행해진 설교들은 이러한 변화에 대한 인상을 전해준다.[42] 그 안에는 종종 탁발수도회에 대한 언급이 나오고, 단지 드물게 이들의 청빈에 대해 언급하고 있는바, 이러한 청빈은 오히려 전용된 어법으로 의지의 청빈으로 해석되고 이것 없이는 다른 모든 것이 무가치하게 되는 덕으로 해석된다. 수도회 동료들에게 증여품들이 전달되도록 하는 공동체에 대한 요구들처럼 무소유의 기본원칙은 포기되지 않았음을 보여준다. 하지만 새로운 것은, 이러한 증여품은 더 이상 자발적인 구제가 아니라 '기금'(stipendia), 즉 공동체를 위하여 이루어진 봉사에 근거하여 수도회 동료들에게 속해 있는 세금으로 여겨졌다는 사실이다. 피사의 주교는 세 가지 작용에 관하여 말하였다. 첫째는 청원하는 기도로, 즉 탁발수도회가 사람을 위해 일종의 안전을 가져다주는 것이다. 그 다음으로 수도사들의 모범적인 삶인데, 이것은 세속 성직자들에게 경고하고 자극하는 예로서 눈앞에 제시되었다. 마지막으로는 탁발수도사들은 성직자들의 계속적인 교육에 대한 의무, 즉 백성의 교육을 위한 설교자로, 고해와 참회 신부로서의 의무를 갖는다.[43]

41) Chronica Mathias de Nuwenburg, MGH.SS rer. Germ N. 4/ 13, Z. 19-23; Chronika des Mathias von Neuenburg, GDV 84, S. 7.

42) 참조, J. B. Schneyer, Predigtwirken des Erzbischofs Friedrich Visconti von Pisa, S. 307-332.

43) A. Murray, Archbishop and Mendicatnts in Thirteenth-Century Pisa, S. 65 f.

## 1. 프란체스코수도회

프란체스코회 수도사들에게 있어 청빈명령은 수도회로 하여금 커가고 있는 긴장들과 호된 시련으로 이끈 문제로 보였다. 출발점은 프란체스코를 통하여 표시되었는데, 프란체스코는 소유의 포기를 스스로 모범으로 보였고, 공동체를 위한 규율과 유언에서 구속력있는 것으로 작성하였다. 그러나 수도회의 확립, 빠른 성장, 교회의 임무와의 커가는 연관과 더불어 청빈명령은 원래의 내용으로는 문제가 많게 되었다. 1230년대와 1240년대의 교황교령이 알려주는 것은, 근원적인 청빈요구의 급진성이 고수되지 않았다는 사실이다. 그레고리 9세는 'quo elongati'에서, 기부자가 필요한 것으로 구입되어야 할 것을 수도사 동료의 이름으로 제공할 수 있도록 하기 위해 수도회를 위해 정해진 돈을 넘겨주게 되는 수탁자의 임명을 규정하였다. 이노센트 4세는 이러한 규정을 'Ordinem verstrum'(1245)에서 보충하는데, 그는 돈이 수도사 동료를 편리하게 하고 불편한 상황을 제거하는데 사용될 수 있다고 고백하였다. 그러나 이러한 교황의 규칙설명들도 원칙론적인 확신과 실제적인 필요성 사이의 긴장을 오랫동안 해결할 수는 없었다.[44]

50년대에는 청빈명령이 어떻게 설명될 수 있는지에 대한 질문에 관하여 수도회에서 공적인 논쟁이 파리 대학교에 위탁되었다. 청빈명령을 엄격하게 뒤쫓는 의미에서 규율을 문자적으로 해석하고 이러한 청빈명령을 엄격하게 따르는 것을 지오아키노 다 피오레(Joachim von Fiore)의 사상에 의해 첨예화된 교회비판과 연결시키는('영성주의자들') 이들 외에, 전체 수도회에 소유권을 약속하고 교황의 규칙설명에 근거를 두는('콘벤투알회 수도사들') 다른 이들이 있다. 신학대학과 다양한 공의회의 교수들 외에도 프랑스 왕과 로마교황이 참여하였다. 탁발수도회에 의해 대학교에서 요구된 교수직과, 그리고 그들이 어느 정도로 대학정관에 종속되어 있는가 하는 문제는 불쾌감을 불러 일으켰다. 대학교에서 탁발수도사들의 위치 문제와 이들에게 주어진 특권의 문제는 시간이 흐르면서 수도회의 근본적인 청빈에 관한 논쟁으로 확대되었다.[45]

---

44) 참조, H. Feld, Franziskus von Assisi und seine Bewegung, S. 455-458.

45) 참조, J. Mietthke, Die Rolle der Bettelorden, S. 133 ff.

논쟁은 양쪽 진영에 의하여 종말론적인 관점에서 전개되었다. 급진적인 영성주의자들의 편에서는 프란체스코회 수도사 보르고 산 도니노 폰 게르하르트(Gerhard von Borgo San Donnino, †1276)가, 프란체스코와 탁발수도사들의 출현과 더불어 구원사적인 단계, 즉 지오아키노(Joachim)가 말한 성령의 세 번째 시기의 도래를 이루었다는 견해를 대변했다. 이러한 시기에 대해 지오아키노 다 피오레(Joachim von Fiore)의 작품들은 새로운 복음이었는바, 즉 구약과 신약이라는 성경의 자리에 서게 되고 그 자리를 대체하였다.[46] 교황 사절로부터 이러한 사상은 1255년에 정죄를 당했고, 보나벤투라(Bonaventura) 역시 개입하여 그것의 저자가 시칠리아에서 평생 감옥살이해야 할 운명이라고 언급하였다. 날카로운 비판자들의 편에서는 참사위원인 빌헬름(Wilhelm von Saint-Amour, †1272)이 탁발수도회를 적그리스도에 의해 조종되는 위험한 것이라고 말했다.[47] 그러나 그의 비판은 알렉산더 4세에 의해 '부당하고 방자하고 혐오스러운 것'으로 반박되어졌는데, 왜냐하면 그것은 '하나님을 위하여 엄격한 청빈 가운데 구걸하고 자신들의 소유를 가지고 자발적인 빈궁 속에서 세상을 극복하려는 자들에 대해서, 영혼의 구원을 위해 불타는 열심을 보이고 거룩한 연구를 돌보면서 하나님의 교회에서 많은 영적인 진보를 일으키고 여기서 풍부한 열매를 맺는 자들에 대해서, 빈곤하고 구걸하는 수도사들의 유익한 신분(여기에는 성령의 능력 안에서 세상을 자신들의 재산을 가지고 능가하고 온 힘으로 단지 하늘의 고향을 갈망하는 우리의 사랑스러운 아들들, 설교자와 프란체스코회 수도사들이 있다 - 역자 주)에 대해서' 많은 거짓된 것을 주장했기 때문이다. 비판들은 더욱 비난받게 되었는데, '왜냐하면 그것들은 신자들로 하여금 관습적인 경건과 믿을만한 구제행위, 수도회로 되돌아와 입회하는 것을' 저지하였기 때문이었다.[48]

이러한 일에 있어서 특징적인 것은, 좁은 의미에서의 탁발수도회에 관한 것일 뿐만 아니라, 교회는 교회소유와 청빈명령사이의 긴장관계 속에서 자신의 설교 위탁에 어떻게 가장 잘 상응하는가 하는 근본적인 질문에 관한 것이다. 세속 성직자의 대표자들은 탁발수

46) 참조, B. Töpfer, Eine Handschrift des Evangeliums aeternum, S. 156-163.

47) 참조, M. E. Reeves, The Influence of Prophecy, S. 296-392; H.-D. Heimann, Antichristvorstellungen im Wandel der mittelalterlichen Gesellschaft, S. 99-113.

48) H. Denzinger, Enchiridion, Nr. 840-844.

도사들에게 죄를 씌우기를, 그들의 삶의 방식은 그리스도와 사도들의 명령을 통해서도, 교회의 전승을 통해서도 근거가 없으며, 따라서 근본적으로 거부되어져야 한다는 것이었다. 이에 대해서 탁발수도회의 대표자는 자신들의 활동을 예수님의 말씀과 일치하는 것으로 변호하였고, 그것을 창설한 자의 거룩성을 지시하고 교황의 설명을 근거로 하였다. 양쪽 편에서 논증들은 '보편적인 교회와 교황의 교설의 권위, 교회의 전승과 직접적인 그 결과의 관계에 대한 숙고들'과 결합하고, 이와 더불어 자신의 쟁점을 넘어서서 교황직과 그의 구원의 문제가 토의에 붙여졌다.[49] 여기서 세속 성직자들은 교황이 주교들 아래에서 단지 동일한 자들 가운데 하나라는 단체적-다원적 견해의 대표자로 여겨진 반면, 탁발수도회는 오직 교황만이 그리스도의 대리자로 간주되는 군주적-중심적 견해의 변호자로 나타났다. 두 가지는 서로 상반된 방법일지라도 위-디오니시우스의 작품과 그의 위계질서론을 근거로 하기 때문에, 이들의 논쟁은 동시에 이러한 중요한 옛 교회의 신학자를 13세기에 수용한 것에 대한 예이다.[50]

이러한 논쟁의 배경 앞에서 1260년 이루어진 나르본(Narbonne)의 규칙들은 근본적으로 청빈 명령을 고집하고 있었다.[51] 돈을 받는 것은 예배에서 희생제물로서든 수도회의 분점들에서든 금지되어 있었다. 헌금함이 놓아져서는 안 되었고, 벌금이 부과되어져서는 안 되었다. 또한 유언장들을 남길 때 수도회를 유산으로 정하도록 영향을 끼치는 것은 계속 금지되었다. 그러나 만일 자신과 무관하게 수도회에 돈이 주어지게 된다면, 이 돈은 기부자의 소유로 남아 있는 조건으로 요구될 수 있었다. 따라서 수도사 형제들에게는 오직 빵과 포도주만이 구걸가능하다는 원칙은 변함없이 효력이 있었다. 그러나 돈을 받을 수 있는 가능성은 근본적으로 더 이상 없게 되었다.

이러한 논쟁에 있어서 결정적인 역할을 한 것은 보나벤투라(1217-1274)이다. 그는 1257년 이후로 프란체스코수도회의 총장이었고, 나르본의 총회의 위탁으로 1260년 새로운 프란체스코 생애를 작성하였는데, 이것은 식탁 낭독('Legenda maior')을 위한 것일 뿐만

49) K. Miethke, Die Rolle der Bettelorden, S. 136.

50) 참조, J. Ratzinger, Der Einfluß des Bettelordenstreites, S. 697-724.

51) Statuta generalia ordinis, hg. von M. Bihl, S. 45-49.

아니라 찬송에 사용하기 위함('Legenda minor')이었다.[52] 이미 존재하는 전승들로부터 보나벤투라는 연대기와 주제별로 구성된 새로운 프란체스코의 생애를 제시하였고, 이것으로 그는 1270/71년 중부 유럽에서 일어난 기근의 상황에서 이루어진 청빈논쟁에 개입하였다.[53] 그는 영성주의자들의 논증에 기여한 본문들과 보고들을 누락시킨 반면, 동시에 콘벤투알주의자들의 입장이 기초하고 있는 것을 확고히 하였다. 게다가 생애는 지오아키노 다 피오레(Joachim von Fiore)의 추종자들이 프란체스코를 자신들의 근거로 삼고 있다는 사실을 바라보며 새로이 작성되었다.[54] 지오아키노(Joachim) 추종자들이 프란체스코의 출현을 성령의 시대의 시작에 대한 표시로 본 반면, 보나벤투라는 수도회의 창설자를 - 세례 요한과 엘리야와 유사하게 - 단지 선구자로, 그리스도의 재림을 앞서가는 여섯 번째 인봉의 천사로서 표시한다. 프란체스코는 이런 의미에서 성령교회의 사도가 아니라 그리스도의 사도로 해석된다. 그는 다시 오실 자를 준비하는 자, 즉 그리스도의 구원사역이 새로운 교회에서 완성되도록 하는 새로운 복음서기자인 것이다.[55] 1263년 피사의 수도회 총회에서 보나벤투라는 그의 생애를 확증하기 위해 내놓았다. 4년 후에 1266년 파리의 총회는 그것을 규범이 되고 오직 유효한 생애기술로 선언하였고, 수도회 수도사들에게 프란체스코 생애에 대한 지금까지의 기술들을 없애라고 요구하였다.[56]

소유문제에 관하여 니콜라우스 3세(1277-1280)는 문제를 해결하기 위한 새로운 시도를 하였다.[57] 'Exiit qui seminat'(1279)라는 교서에서 그가 우선 새로이 강조한 것은 공동체나 개인에게 유효한 소유금지는 그리스도의 모범에 상응한다는 사실이었다. '사적으로뿐만 아니라 공동체적으로 모든 물건의 재산에 대한 그러한 포기선언은 하나님을 위해 공로로 충만하고 거룩한 것이라고 우리는 말한다. 그리스도도 말씀으로 그것을 가르치셨고

52) Franziskus - Engel des sechsten Siegels, hg. von S. Clasen, FQS7. Cf. M. Lambert, Franciscan Poverty, S. 126-140.

53) 참조, E. Theon, Hungersnöte, LexMA 5, Sp. 220-221.

54) 참조, E. Winkelmann, Kirchen im Zeitalter der Kreuzzüge, 112.

55) 참조, Franziskus - Endel des sechsten Siegels, hg. von S. Clasen, FQS7, S. 190-248, 특히 212 ff., 217 ff.

56) 실제적으로 첼라노(Thomas von Celano)의 두 생애 가운데 시토회 수도원과 회 수도원들에 있는 단지 소수의 필사본만이 '남아있는데', 18세기에 비로소 볼란드주의자들(Bollandisten)에 의해 재발견된 것이다. 보나벤투라-생애 외에 '익명의 필자 페루시누스'와 '은총받은 프란체스코 찬양에 관한 책'(Liber de Laudibus beati Francisci)이 유지되었다(Die Dreigefährtenlegende ... und Anonymus Perusinus, FQS 8, hg. von E. Grau).

57) Statuta generalia ordinis, hg. von M. Bihl, 49-59; 참조, H. Feld, Franziskus von Assisi und seine Bewegung, S. 458-463.

완전의 길을 보이신 자신의 모범을 통하여 그것을 분명하게 확인시켜 주셨다.'[58] 그 후에 수도사들은 생계, 의복, 문화 및 연구와 관련하여 필요한 것들을 사용하는 것(necessarius usus)이 허락되지만, 그 사용이 요구와 권리들과 결합되어 있지 않다는 제한을 갖는다. 수도원 건물 건축이나 책을 구입하는 것을 위한 기부금의 수용 역시 적절한 사용의 조건 아래에서(usus moderatus) 허락된다. 마지막으로 유언에 근거한 소유는, 그것이 즉시 다시 팔리게 되면 수용될 수 있다. 매우 강조된 것은, 재산이 수도사와 수도원의 소유(possessio)로 넘어가지 않는다는 사실에 있다. 따라서 교황과 교황청 교회는 적법한 소유물로서 규정된다. 결과적으로 돈의 수용과 관련하여, 이것은 소유의 권리가 기부자에게 머물고 행정이 재산관리인에 의해 이루어지고 수도사는 전혀 접근권한을 가지고 있지 않는 제한으로 허가되어진다.

이러한 타협에 대한 비판가들 가운데 속하는 사람이 파리의 보나벤투라 제자 페트루스 요하네스 올리비(Petrus Johannes Olivi, 1247/48-1298)이다. 그는 나르본(Narbonne)과 몽펠리에(Montpellier)에서 영성주의자들의 탁월한 대변자였다.[59] 이미 1279년 초에 그는 '청빈한 사용'(usus pauper)의 가르침을 구상하였는바, 이것은 물질적인 재산을 소유와 관련하여 다룸으로써 적절한 겸손에 위배된 것을 청빈서원을 어기는 것으로 간주하였고, 주교직에 부름받은 수도자들에게는 세상 소유물을 검소하게 사용해야 할 의무로부터 자유롭지 않다고 보았다. 올리비가 이로 인해 수도원 상부에 고소되었을 때, 그는 교회의 해석을 뒤따랐다. 당연히 갈등은 그것으로 끝나지 않았다. 1282/83년 파리의 프란체스코회 신학자들이 페트루스 올리비에 대한 이단혐의를 제기했고 그에게 취소를 강요하였다.[60] 그가 자신의 입장에 계속 머물렀다는 사실을 그의 생애 말기에 쓰여진 계시록주석이 보여주는데, 여기서 올리비는 지오아키노 다 피오레(Joachim von Fiore)의 종말론적인 사상에 자극받아 마지막 시기의 장면을 구상하였다. 여기에서 프란체스코 폰 아시시(Franziskus von Assisi)는 새로운 시대의 준비자인데, 그 시대의 시작 이전에 그의 제자들은 우선적으로 세

58) H. Denzinger, Enchiridion, Nr. 930. 참조, M. Lambert, Franciscan Poverty, S. 151-159.

59) 참조, D. Burr, Olivi and Franciscan Poverty, 38-56; M. Lambert, Franciscan Poverty, S. 151-159.

60) D. Burr, Olivi and Franciscan Poverty, S. 83-105.

속화된 교회를 통하여 고난과 박해의 시기로 인도된다는 것이다. 가난의 적대자와 세상적인 학식의 대변자들은 승리의 개가를 부르고 많은 그리스도인을 교회로부터 이탈하게 만든다. 그러나 최후에 성령의 시대가 오는데, 그 시대의 표시는 프란체스코 규율을 완전하게 지키는 것이다.[61]

영성주의자들의 비판에도 불구하고 수도원 분원들은 13세기 말에 도시 구조의 확고한 구성요소가 되었다. '탁발수도사들은 자신들에게 교황청에 의해 주어진 위임에 따라 영적 상담제공을 향상시켰다. 백성은 기증으로 수도원건물의 건축을 후원하였고 수도사들의 생계를 보장해 주었다. 근원적으로 순수하게 기능적인 이러한 관계는 13세기 후반경 점점 강하게 개인적인 특징을 지녔다. 신앙인들 일부는 규칙적으로 수도사 예배에 참여하였고, 수도원의 묘지에 매장될 가능성을 이용하였다. 도시거주자들의 아이들이 수도원에 들어오는 일들이 점점 늘어났고, 출신지에 있는 수도원에서 생활하게 되는 상황에도 커다란 중요성이 더해졌다. 탁발수도사들의 높은 명성은 수도사들에게 영혼 구원을 위한 상담도 위탁하고자 하는 소원이 민중에게 일어나도록 하였다. 따라서 민중은 보다 오래된 수도원과 교구교회에 하는 것처럼 탁발수도사들에게 영원한 예전적인 추모를 위한 고정된 수입을 제공하였다.'[62] 예전적인 추모, 청원, 영혼미사를 위한 기부(이것은 소득을 염려하게 된 세속 성직자들의 저항에 부닞혔나)로써 돈과의 접촉은 프란체스코회 수도사들의 삶의 세계로 진입하였다. 이자권리와 부동산으로부터의 수입은 14세기 동안에 더해졌고 곧 상담으로부터 나오는 수입을 넘어섰다. 이러한 전개에 대하여 항의가 반복하여 공공연하게 되었다. 콜마(Colmar)의 연대기가 1295년에 대해 보고하는 바에 따르면, 50명의 수도사들이 프란체스코회 수도원을 떠났는데, '프란체스코회 수도사들이 성 프란체스코의 규율로부터 이탈하였다고 그들은 주장'[63]하였다. 그러나 그것은 산발적인 비판으로 머물지 않았다. 14세기 초에 청빈서약에 대한 다양한 해석이 수도원의 분열을 일으켰는데, 여기서 클레멘스 5세(1305-1314) 아래에서 우선 영성주의자들이, 그 다음 요하네스 22세

61) D. Burr, Olivi's Peaceable Kingdom, 91-97, 179-195; M. Lambert, Häresie im Mittelalter, S. 199-215.

62) B. Neidiger, Mendikanten zwischen Ordensideal und städtischer Realität, S. 229.

63) Annales Colmarienses, MGH.SS 17, 222, 6-8; Annalen und Chronik von Kolmar, GDV 75, S. 91.

(1316-1334) 아래에서 콘벤투알주의자들이 우위를 차지하였다.[64]

## 2. 도미니쿠스수도회

도미니쿠스수도회의 자기이해는 본질적으로 설교를 위한 교육, 이단과의 싸움, 유럽 밖에 있는 이교도들의 회심에 대한 임무로 특징지어 있다. 이것은 이 교단이 서양의 정신사와 예술사에서, 특히 신학적, 철학적, 문헌학적, 역사편찬의 영역에서 왜 커다란 영향력이 있었는지에 대한 근거이다. 각 수도원에 문법학교를 세움으로(studium particulare), 파리, 옥스퍼드, 볼론, 쾰른이 뛰어나고 대학교(Universität)들이 출발하게 된 대학(Hochschule)들을 각 지역에 세움으로(studium generale), 그리고 1259년 발랑시엔(Valenciennes)에서 허락되어 총회에서 일치되고 구속력있는 학습규정을 도입함으로 설교자수도사들은 중세시대에 교육의 형성에 결정적으로 참여하였다.[65]

1273년 수도회의 장소가 파리에서 로마로 옮겨졌다는 사실은 이 수도회가 교황제도를 위해서도 중요성이 커가고 있음을 보여주는 것이다. 처음부터 수도회에는 위대한 학자들이 속해 있었는데, 가장 위에 알베르투스 마그누스(Albertus Magnus, 1193/1207-1280)와 토마스 아퀴나스(1224/25-1274)가 있고 또한 신비주의자 하인리히 수소(Heinrich Seuse, 1295-1366)와 요하네스 타울러(1300-1361)이 있었다.[66] 마틴 4세(1281-1285) 하에서 도미니쿠스회 수도사들은 프란체스코회 수도사들과 더불어 설교와 참회와 관련하여 주교의 관할권으로부터 완전히 면제를 받게 되었는데, 다시 말해 교단에 속해 있는 자들은 앞으로 주교의 허락 없이도 어느 교회에서나 상담과 설교의 임무를 수행할 수 있게 된 것이다. 이러한 전제들 아래에서 설교자교단은 그때까지 가장 커다란 영향력을 획득하였다.[67] 우리는 엘자스(Elsass)에서 설교자수도회 연대기들이 존재함을 발견하였다. 슈트라스부르크의 설교자수도회뿐만 아니라 바젤의 설교자수도회에서도 연대기가 시작되었고, 다음

64) 참조, M. Lambert, The Franciscan Crisis under John XXII, S. 123-143.

65) Acta Capitulorum Generalium, Vol. 1, MOFPH 3, hg. von A. Frühwirth, S. 94-101.

66) 참조, K.-H. Kandler, Christliches Denken im Mittelalter, S. 81-94, 109-113.

67) 참조, H. Jedin, Atlas zur Kirchengeschichte, S. 59.

1278년 이후 콜마에 있는 수도회에 의해 계속되었다.[68)]

프란체스코회 수도사들과 달리 도미니쿠스회 수도사들에게 있어서 소유의 문제는 사소하게 논란의 소지가 되었을 뿐이었다. 물론 그들에게서도 청빈명령, 즉 토지와 집이 양도될 때에만 수용할 수 있다는 의무가 유효하였다.[69)] 하지만 소유의 금지는 상담과 이단과의 투쟁을 위한 전제조건으로서 다른 비중을 갖고 있었다. 교회건물과 수도원건물은 이러한 임무에 기여하기 때문에 허락된 소유물이었다. 도미니쿠스회 수도사들이 자신의 직무자들, 수탁자들을 임명하여 관리하도록 한 돈과 가치 있는 재물들조차 설교봉사를 후원하는 한 거부되지 않았다. 부동산, 이자권리 혹은 예전적인 책무로부터의 고정된 수입에 대해 도미니쿠스회 수도사들은 처음에는 거부하였는데, 왜냐하면 이를 통하여 청빈명령과 화합될 수 없는 예속이 발생하기 때문이었다. 하지만 14세기로 전환되는 시기에 이러한 금지는 폐지되었고 교황의 특사들은 고정된 수입을 얻게 되었다.[70)] 이와 더불어 도시의 공동체와 탁발수도회의 관계, 즉 근원적으로 상호간의 봉사관계에 근거한 이 관계 역시 변화하였는데, 빈곤하게 살고 있는 수도사들의 행적에 상응하여 도시로부터의 증여들이 이루어지는 한에서였다. 그러나 설교자들이 성직자와 교황의 편에 서게 되고 소유권리를 요구한 순간에 시민들의 뒷받침은 사라졌다. 동시에 소위 '자발적인 가난의 집'(Willige-Arme-Häuser)의 설립과 더불어 한 과정이 시작되었다. 그 과정이 진행되는 가운데 탁발수도회에 의해 세워진 자선기관들은 도시의 관할 아래로 들어가게 되었다. 이 과정은 사회적인 직무들의 공영화를 반영하였다.[71)]

## 3. 카르멜수도회

카르멜회 수도사들의 공동체가 탁발수도회로 전환되는 것은 13세기 중반 이후에

---

68) Annales Colmarienses, MGH.SS 17, Annales Colmarienses maiores, 202-232; Annalen und Chronik von Kolmar, GDV 75, Die größeren Jahrbücher von Kolmar, S. 41-119.

69) Konstitutionen von 1249; Acta Capitulorum Generalium, Vol. 1, MOFPH 3, hg. von A. Frühwirth, S. 43-48, 특히 S. 44, Z. 32 ff.

70) 참조, A. Dold, Wirtschaftgeschichte des ehemaligen Domikanerklosters zu Freiburg, S. 44 ff.

71) 참조, M. Wehrli-Johns, Stellung und Wirksamkeit der Bettelorden in Zürich, S. 82-83.

논쟁거리로 남아있었다. 1266년부터 1271년까지 총회장이었던 니콜라우스 폰 프랑스(Nikolaus von Frankreich)는 명상적인 삶의 양식을 옹호한 자로서 이러한 발전에 대한 결정적인 비판자에 속했다. 그러나 그의 항의는 카르멜회의 은둔공동체가 점점 교황의 특사에 의해 형태와 영향력이 규정되는 교단이 되는 것을 막을 수 없었다. 얼마 안 되어 카르멜회 수도사들은, 자신들의 설립이 불분명한 가운데 있고 교회에 의해 정당화되지 못한다는 비난, 즉 1274년 제2차 리옹 공의회에서 심지어 교단을 해체하려는 시도에 까지 이르는 그러한 비난과 논쟁해야만 했다. 설교사역과 상담사역에서 카르멜회 수도사들의 경쟁을 두려워한 두 커다란 탁발수도회가 배후에 서 있는 이러한 시도는 좌초되었다. 런던에서 교단의 총회는 1281년 다음과 같은 선언을 작성하였다.

> '의심할 바 없이 예언자 엘리야와 엘리사가 카르멜 산 위에서 경건하게 변화된 삶 이후로, 천상의 것들의 명상으로 그 산의 고요함으로 인도된 구약과 신약의 거룩한 선조들은 거기 엘리야의 근원에서 거룩한 참회가운데 중단 없이 성공적으로 교화적인 삶을 살았다.'[72]

이로부터 시간이 지나서 다음과 같은 전설이 생겨났는바, 즉 엘리야 스스로 카르멜회 수도회의 창설자였다는 것인데, 동시에 이것으로 카르멜회 공동체의 창설로 이끈 근원적인 의도들이 생각나게 되었다. 또한 앞으로도 카르멜회 수도사들의 자기이해를 위한 은둔과 명상이 결정적인 것으로 남았으나, 교단이 - 프란체스코회 수도사들과 도미니쿠스회 수도사들을 뒤쫓아 - 어떻게 점차로 대학교에서의 연구를 개시했고, 학생들을 파리, 툴루즈, 몽펠리에, 런던, 캠브리지, 옥스퍼드, 쾰른으로 보냈고, 거기서 또한 자신들의 연구하는 집('studia generalia')을 세웠는지 13세기 후반에 관찰될 수 있었다.[73]

72) J. Smet, Karmeliten, 36. 참조, M. Plattig, Elija - Die kontemplativ-prophetische Dimension des Karmel, in: G. Benker, Gemeinschaften des Karmel, S. 62-69.

73) 참조, E. Lickteig, The German Carmelites at the Medieval Universties, S. 27 ff., 79 ff., 113 ff., 223 ff., 344 ff.

## 4. 아우구스티누스 은둔자수도회

'성 아우구스티누스 은둔자수도회'(OESA)는 교황의 결정에 근거하여, 5세기부터 독립적인 은둔자 공동체들의 결합을 통하여 1256년 세워졌다.[74] 알렉산더 6세는 설립을 통하여 은둔자들을 은둔지로부터 도시로 데려오고 그들에게 영혼 상담의 일을 위탁하려는 목적을 추구하였다. 두 위대한 탁발수도회의 모범에 따라 그들의 삶은 아우구스티누스의 규율에 근거하여 통일되고 조절되어야 했다. 개인은 은둔적인 삶의 방식을 계속 해나가는 것이 허락되었으나, 이들은 복음적인 청빈과 사도적인 봉사의 삶으로 결합되는 그 밖의 사람들처럼 주교의 감독 하에 있었다. 로마에서 1256년 처음으로 열린 회의에서 새롭게 창설된 교단은 사실 이미 이탈리아, 독일, 프랑스, 영국, 벨기에, 스페인에서 150개 이상의 수도원을 포함하고 있었는데, 지역에 따라 나뉘게 되었다. 수도원에는 또한 무엇보다도 이탈리아의 수많은 다른 수도원들이 뒤따르는 콘스탄츠 교구의 여성수도원이 속한다. 그러나 아우구스티누스 교단에 제도적으로 연결되는 것은 14세기 초에 비로소 분명하게 증명된다.[75] 교단은 교황, 주교, 왕들의 후원을 받아 빠른 성장을 이루었다. 분원들은 동쪽 폴란드와 헝가리로부터 서쪽 포르투갈과 아일랜드에까지 퍼지게 되었다. 이것들은 교단의 상급자에 의해 결속되었는데, 상급자의 지도아래 총회가 정기적으로 이루어졌다. 대언추기경(Kardinalprotector) 또한 처음부터 입증된다. 제2차 리옹 공의회는 교단의 존립을 선언하였다.[76] 교회의 인정으로 교단의 성격 역시 변화되었다. 이것은 성직자들의 참여가 분명하게 증가하였다는 사실, 후에 주교로 부름받게 되는 자들의 수가 늘어났다는 사실에서 나타난다. 게다가 아우구스티누스 은둔자 수도사들은 신학적인 학문의 장려에 참여하였고 대학교들에서 일반연구를 위한 교단자신의 연구건물을 세웠다. 이것들로부터 토마스 아퀴나스의 제자 로마누스(Aegidius Romanus, + 1316)과 야코부스 폰 비테르보(Jacobus von Viterbo, + 1307/08)라는 두 명의 탁월한 스콜라 신학자가 나오게 되었다.[77]

---

74) 참조, D. Gutiérrez, Augustiner im Mittelater, S. 25-76.

75) 참조, D. Gutiérrez, Augustiner im Mittelater, S. 240-272.

76) Const. II, 23; Conciliorum Oecumenicorum Decreta, Bd. 2, S. 326-327.

77) 참조, D. Gutiérrez, Augustiner im Mittelater, S. 161-196.

소유문제는 아우구스티누스수도사들에게 있어 우선 강령에 따라 해결되었는데, 청빈 계명에 확고하게 고정한 채, 구성원의 생계를 위해 필요한 재산의 소유는 예외적인 경우로 허가되었다.[78] 근본적인 중요성을 가진 것은 레겐스부르크(1290)의 제도인데, 여기에서는 교단의 법적인 형태와 수도사의 영적인 삶이 포괄적으로 확정되어 있다. 무엇보다도 청빈은 교단의 삶의 절대 변경될 수 없는 기초로서 확정되었다. 수도원을 벗어나는 소유에 대해서는 포기되어야 하며 수익금은 수도원의 새로운 걸립을 위해 사용되어야 했다. 소유에 관한 행정은 수도원장과 수도원에 통제되는 수도사에게 위탁되었다. 그러나 다른 탁발수도회처럼 아우구스티누스 은둔자수도사들도 14세기 초반기에 발전을 이루었는데, 이 발전의 과정에서 부동산과 이자권리의 수용에 대한 근본적인 금지가 규칙적이고 고정적인 수입을 위하여 우선 완화되었다가 이후 완전히 폐지되었다. 눈에 띄는 것은, 아우구스티누스 은둔자수도사들에게 있어 – 바젤에서도 역시 – 기부자들은 프란체스코회 및 도미니쿠스회 수도사들과 달리 귀족과 상류 시민계층 출신은 적었고 중류층 및 하류 민중계층 출신이 많았다는 사실이다.[79]

## 5. 오리엔트와 중국선교

오리엔트 지역으로의 원거리 무역 번영과 십자군원정 성립으로 인해 12세기 유럽 서방나라가 개방된 이후, 유럽의 여행자들은 또한 13세기 중반부터 아시아의 먼 나라들을 탐험하기 시작한다. 1241년 유럽 경계선까지 들어온 몽고군대와의 충돌들은 탐험의 동기를 만들어내었는데, 알려지지 않은 이방인들에 대한 호기심이 자라나게 했다. 탁발수도회는 이러한 탐험에 있어 탁월한 역할을 한다. 특이한 것은 기사단과는 다르게 이방인개종을 위한 전투적인 요소가 완전히 뒤로 물러나 있다는 점이다. 프란체스코수도회와 도미니쿠스수도회들의 선교는 삶의 모범과 복음전파, 그리고 기독교에 대한 신학적 설명을 통해 비그리스도인들을 얻는 것에 목적을 둔다. 이러한 기본에서부터 도미니쿠스회 수도

78) 참조, K. Elm, Neue Beiträge zur Geschichte des Augustiner-Eremitenordens, S. 357.

79) B. Neidiger, Mendikanten zwischen Ordensideal und städtischer Realittät, S. 46; 참조, D. Gutiérrez, Augustiner im Mittelater, S. 48-76.

사 훔베르트 폰 로만스(Humbert von Romans)는 그의 형제들에게 아랍어, 히브리어, 그리스어 혹은 다른 외국어에 대한 필요한 지식을 습득하도록 요구한다.[80]

프란체스코회의 첫 시도들은 13세기 중반에 발생한다. 프란체스코회 수도사 요한네스 폰 피아노 카르피네(Johannes von Piano Carpine, 1182-1252)는 1245년에서 1247년까지 교황 사절로서 몽고 선교여행을 위임받는다. 이 여행은 그를 리옹에서부터 브레스라우(Breslau), 키예프(Kiev), 그리고 준가르(Dsungarei) 지역을 지나 몽고 수도 카라코룸(Karakorum)에 이르기까지 인도했다. 임무는 몽고의 공격에 대한 무장준비를 위해서, 그러나 또한 그들을 개종시키고 그들을 이슬람에 맞서는 동맹파트너로 얻을 수 있도록 몽고인들에 대한 소식들을 모아 대비하는 것이다. 귀환 후, 요한네스는 풍부한 자료들을 체계적으로 구성한 여행보고서를 제출하는데, 이 보고서는 근본적으로 중세 서방나라에 몽고의 이미지를 형성하게 했다.[81] 잠시 후, 플랑드르(Flandern) 출신의 프란체스코회 수도사 빌헬름 폰 루브로에크(Wilhelm von Rubroek, 1210/20-1257/60)는 몽고인들의 선교사로 이름을 드러내는데, 그는 1248년 프랑스 왕 루이 9세(Ludwig IX.)의 수행원으로 그들을 첫 번째로 만난다. 그는 3년 후에 팔레스인에서 이미 두 번이나 몽고여행을 했던 도미니쿠스회 수도사 앙드레 드 롱쥐모(Andreas von Longjumeau, 1270년 이후 사망)를 만나, 서방 안에서 일어나는 '과도한 종교적 정치적 야심'의 시기에 얼마나 이 극동 제국이 큰 기대와 희망을 일으키는지를 본다.[87] 빌헬름은 1254년 몇몇 수도회 형제들과 더불어 몽고의 수도에 도착한다. 우리가 그의 보고서로부터 경험하는 바와 같이, 그는 대칸의 궁전에서 대규모 종교논쟁의 증인과 협력자가 된다. 그와 나란히 있는 참석자들은 라틴 그리스도인, 불교인, 무슬림, 네스토리아적 그리스도인들이다.[83] 빌헬름은 네스토리아파와의 갈등을 피하고 종교의 근본적인 문제에 대해 무슬림과의 합의를 이루는데 성공한다. 이와 반대로 신의 존재에 대한 불교인들의 입장은 공동으로 거부된다. 대화의 결과는 분명하다. 그리스

80) Humbert, Brief von 1255; Litterae Encyclicae Magistrorum Generalium ordinis Praedicatorum, MOFPH 5, hg. von A. Frühwirth, S. 16-20.

81) 본문과 번역: J. Giessauf, Die Mongolengeschichte des Johannes von Piano Carpine.

82) 참조. B. Altaner, Dominikanermissionen des 13. Jahrhunderts, S. 110, 128 f.

83) 참조. C. Schollmeyer, Die Missionsfahrt Bruder Wilhelms von Rubruk zu den Mongelen 1253-1255; R. W. Southern, Islambild des Mittelalters, S. 37-40.

도인들과 무슬림들은 불교인에 맞서 끝까지 밀고 나가게 되고, 라틴인들의 변증학적 교육은 그들을 승리로 이끌었다. 유럽으로 돌아간 빌헬름은 몽고의 관습, 문화와 예식, 샤머니즘, 중국어, 윤회사상, 중국의술을 설명하는 여행보고서를 저술한다.[84] 그의 보고서는 '역사적, 인종학적, 지정학적, 종교 역사적 정보들'에 대한 자료로, 평가할 수 없이 매우 중요한 자료들로 명성을 얻게 된다.[85]

설교자수도회 측에서는 리콜도 다 몬테 디 크로케(Riccoldo da Monte di Croce, 1243-1320)의 선교 활동과 연결된다. 그는 1288년 피렌체에 있는 자신의 수도원으로부터 파견되고, 10년 이상 오리엔트 여행길에 오른다. 이 여행은 바그다드까지 그를 이끄는데, 그곳에서 그는 아콘(Akkon)의 멸망 소식이 있을 때 체류하고 있었던 상태였다. 리콜도는『도보여행 책』에서 이 여행의 경험과 그가 만난 몽고인들, 네스토리아파, 무슬림들에 대해 기록한다.[86] 지배적인 분위기가 초기 선교 열망에 비해 확실히 더 냉정하다는 점이 눈에 띈다. 그는 몽고인들을 조심스러워 하면서 만나는데, 그 이유는 그들이 이슬람 쪽으로 향하기 시작해서였다. 네스토리아파에 대해서도 마찬가지로 그들의 기독론으로 인해 비판이 우세하다. 마지막으로 그는 코란의 가르침에 대해 비판적인 평가를 아끼지 않는데, 그것의 혼합성을 비판하고 계시적 특성에 이의를 제기한다. 주목할 가치가 있는 것은 그가 무슬림들에 대해 진술하고 있는 존중성이다. 그는 그들의 품위 있는 태도, 손님대접, 그리고 사회 덕목들을 칭찬한다.[87] 같은 시대에 살레르노(Salerno) 출신 프란체스코회 수도사 요한네스 데 몬테 코르비노(Johannes de Monte Cornino, 1247-1328/30)의 선교 활동이 나타난다. 그는 1289년 니콜리우스 4세(Nikolaus IV.)의 부탁으로 몽고로 출발, 수도 칸 발리크(Khan Baliq, 오늘날 베이징)에서 칸의 공식적인 허락으로 활동하기 전, 우선 오리엔트 전방에서 1280년대부터 설교한다. 두 개의 편지 안에서 그는 토착 네스토리아파와 논쟁해야 하는 자신의 선교에 대해 보도한다.[88] 클레멘트 5세(Clemens V.)는 1307년 그를 아시아 지

84) 여행보고서 인쇄: Sinica Franciscana, Bd. I., hg. von A. van den Wyngaert, 1929.

85) C. Bottiglieri, Wihelm von Rubruk, LexMA 9, Sp. 185.

86) Liber Peregrinationis, hg. von Rubruk, LexMA 9, Sp. 185.

87) 참조. R.W. Southern, Islambild des Mittelalters, S. 50; N. Daniel, Islam and the West, S. 77-88, 220-222.

88) Ed. A. Van den Wyngaert, in: Sinica Franciscana, Bd. 1, S. 333-355.

역 대주교로 임명한다.[89] 또한 프리아울(Friaul) 출신 프란체스코회 수도사 오도리쿠스 폰 포르데노네(Odoricus von Pordenon, 1331년 사망)는 14세기 초 해상여행으로 중국까지 갔다.[90] 중국에서 프란체스코수도회의 선교활동은 14세기의 정치적 혼돈 가운데 일단 가라앉는다.

## E 여성운동

### 1. 클라라회

프란체스코수도회의 수도원장인 요한네스 보나벤투라(Johannes Bonaventura)에게 산 다미아노(San Damiano) 자매들에 대한 특별한 책임이 주어진다. 비록 그가 그들에게『삶의 온전함에 대해』(Über die Vollkommenheit des Lebens)란 저서를 헌정하고 그들을 위해 설교를 계속 했지만, 간과되지 않는 것은 클라라의 관심사들이 점점 더 배후로 밀렸다는 점이다. 이것은 여성운동에 고무된 프랑스 왕 루이 9세의 여동생 이사벨레(Isabelle)가 공식적으로 퇴임하고 1259년 롱샹(Longchamp) 수도원을 파리 근교에 설립하여 알렉산더 4세에게 규칙서 송달에 대한 부탁을 의뢰했을 때 나타난다. 이에 이 사람은 몇 년 전 인노켄티우스 4세로부터 승인된 아시시의 클라라(Claras von Assisi) 규칙서, 즉 가까이 있었던 것을 끌어 오지 않고, 파리 대학의 프란체스코회 신학자들, 특히 보나벤투라에게 새 규칙서에 대한 작업을 위임한다 - 한 가지 참조사항으로 '이 시점에서 프란체스코수도회는 클라라 규칙서를 그대로 받아들이기 원하지도 또한 원할 수도 없다'[91]는 점이다. 같은 해 여전히 이 새로운 규칙서는 교황으로부터 승인되고 이에 롱샹과 프랑스, 영국, 이탈리아의 다른 수도원으로부터 받아들여진다. 이 규칙서에서는 프란체스코수도회와 여성 수도원들의 밀접한 관계를 강조하나 절대적인 가난에 대한 규율은 떨어져 나가게 된다.

다음 시대 클라라회와 프란체스코수도회와의 관계는 긴장상태로 유지된다. 더욱

89) 참조. J. Richard, La papauté et les missions d'Orient.

90) 참조. R. Jandesek, Odoricus von Pordenone, LexMA 6, Sp. 1362 ff.

91) A. Rotzetter, Klara von Assisi, S. 338.

1260년 수도회 회의가 결의한 것은 더 이상 여성 수도원이 설립될 수 없다는 점과 더 이상 여성들이 수도서원식으로 상정되지 말아야 한다는 점이다. 그러나 이것이 현실화되지 않았기 때문에, 프란체스코수도회는 가난한 자매들(Armen-Schwestern)이란 수녀원들 안에서의 사목은 자발적 활동이 된다는 주장을 교황청에 관철시킨다. 우르바누스 4세(Urban IV., 1261-1264) 하에 모든 여성수도원에서는 이와 관련된 성명서가 서명되어 제출되는데, 여기에서 이렇게 말한다. '소수의 형제 종단 또는 이른바 종단 형제들이 우리를 상대로, 즉 수도원뿐만 아니라, 수도원의 개별 인물들을 상대로 하는 사목적 직무에 전혀 법적 의무가 없음을 우리는 고백하고 인정합니다.' 그 외에 자매들은 '우리가 이런 방법으로 실행되는 직무들을 위해 그 어떤 이유든 전혀 법적으로 요구하지 않고 이것에 대해 종단 또는 종단의 형제들을 상대로 법적싸움에 힘쓰지 않을 것이다'[92]라는 것을 약속한다. 일단 1297년 권리에 대한 유보가 포기되고, 종단의 일치가 다시 회복된다. 한편 다른 관점에서 교황 우르바누스 4세는 클라라회에 있어 중요하다. 비록 『복된 클라라』(Beata Clara, 1263)란 교서에서 '성 클라라의 수도회'(Ordo Sanctae Clarae/OSCl)란 표시로 산 다미아노(San Damiano)로부터 설립된 수도원의 공동 기원이 표현되지만, 동시에 우르바누스 4세는 종래까지의 그 어떤 규칙서도 수용하지 않았던 모든 여성수도회들을 위해 새로운 규칙서를 작성한다. 이 새 규칙서는 수도원 생활을 구체적으로 규정하고 있는 점과 프란체스코수도회와의 연결이 느슨하다는 점, 그리고 공동 소유로 인해 가난규율이 포기된다는 점을 통해 클라라 규칙서와 구분된다. 이 규칙서는 다음 십 년 동안 클라라회 내에서 두 개의 방향들이 드러나는 결과로 이어진다. 한편으로 우르바누스 4세로부터 제안된 길에 대항하고 클라라 규칙서에서 표현된 근본사상들을 붙잡은 수도회들, 즉 다미아노회 또는 첫 규칙서의 클라라회가 있고, 다른 한편으로 우르바누스 4세의 규칙서를 받아들인 수도원들, 즉 우르바누스 추종자들 또는 두 번째 규칙서의 자매들이 있다. 이들은 교황의 특권으로 허락되고, 곧 클라라 수도회 내에서 소수를 형성한다. 몇몇 여성들은 이 두 단체들에 해당하지 않고 프란체스코회의 세 번째 가지에 합류한다. 마르가레타 폰 코르토나(Margareta von Cortona, 1247-1297)는 여기에 속한다. 그녀는 검소한 생활환경에서 태어나고, 불행하

92) A. Rotzetter, Klara von Assisi, S. 347 ff.

게 이어진 관계에 대해 삶을 회개로 시작하며 테르지아수녀회에 가입된다. 그녀는 자신의 마지막 생애 해에 은둔지로 물러난다. 그녀의 서임사제 프라 귄타 다 베바냐(Fra Giunta da Bevagna)는 그녀의 생애를 기록하고 그곳에서 그녀의 이상들과 기적들을 보도한다.[93)]

## 2. 도미니쿠스수도회 수녀들

도미티코회의 수도원들에서는 13세기 중반을 넘어서까지 아우구스티누스 규칙서와 함께 1223년 로마의 성 식스투스(St. Sixtus) 수도원 규약서들이 종단의 기반으로 유지된다.[94)] 하지만 여성공동체들에 있어 도미니쿠스수도회 남성분파와의 관계는 논쟁의 원인으로 남는다. 영적인 돌봄에 대한 설교자들이 책임인지 혹은 어떤 범위 안에서 인지, 이러한 질문에 대한 논쟁은 13세기 후반기 안에서 계속 이어진다. 네 번째 수도원장인 요한네스 토이토니쿠스(Johannes Teutonicus, 12241-1252)의 시대로부터는 경건한 여성 또는 수녀들에게 병을 고치기 위한 도유식을 베풀었던 모든 형제들이 엄한 벌을 받게 된다는 규칙이 나온다. 교황의 사절로 수도원들과 수도원장에 대한 감찰을 위임받은 후고 폰 성 체르(Hugo von St. Cher, 1263년 사망) 추기경 하에 새로운 규칙으로 관철된 것은 세 명의 수도원장들이 찬성한다면 한 여성수도원은 한 종단에 부속되이야 한다는 것이다. 하지만, 교황에 의해 도미니쿠스수도회에 이미 소속되있거나, 한 종단의 우두머리 혹은 한 수도원장에 의해 한 종단에 이미 부속된, 나머지 여성수도원들에게는 계속 '사목'(cura)이 지속된다고 한다.[95)]

다섯 번째 수도원장(1254-1263)인 훔베르트 폰 로만스(Humbert von Romans)는 다양한 수도원들의 규정집들을 통일하고 이에 대한 교황의 특허를 획득하는데, 그는 수도회의 여성 분파들에 대한 통합의 길에 중요한 한 발자국을 남긴다.[96)] 그 외에 여성수도원들에

93) 참조. P. Dinzelbacher, Das politische Wirken der Mystikerinnen in Kirche und Staat, in: P. Dinzelbach, Religiöse Frauenbewegung, S. 267 ff.

94) 참조. M. M. Monssen, Dominikanerinnen, S. 31-67; D. v. Huebner, Dominikaner/innen, LexMA 3, Sp. 1195 ff.

95) Acta Capitulorum Genealium, Vol. 1, MOFPH 3, hg. von A. Frühwirth, S. 84-89.

96) Litterae Encyclicae Magistrorum Generalium ordinis Praedicatorum, MOFPH 5, hg. von A. Frühwirth, S. 50 f., S. 56 ff.

게는 사목적 돌봄을 위해 한 형제공동체가 부속된다. 이로서 양 수도회 분파의 관계는 결국 깨끗해진다. 계속되는 합병에 대한 설교자들의 저항은 거절된다. 여성 분파는 도미니쿠스 수도원들 안에 편입되었고, 프루이유(Prouille) 수도원과 그의 수많은 자매수도원들(마르세이유Marseille, 아비뇽Avignon, 몽타지Mongtargis, 루앙Rouen, 메츠Metz)에서 보여주는 것처럼 14세기까지 충분한 전성기를 경험한다.

## 3. 베긴회

13세기 후반기 유럽 모든 지역에는 베긴회 공동체가 계속 퍼진다. 먼저 한 운동의 특징을 띠게 되고 한 해가 지나면서 견고해지게 시작한다. 그러나 아직 다양함은 크다. 개별적으로 살아가는 자매들, 느슨한 공동체들이 있는데, 그들의 회원들은 개인소유를 가지고 있고, 가능한 많은 개인책임성 가운데 살아가나 결국엔 '공동체 생활'(vita communis)을 돌보는 수도회들이 공동재산을 처리하고 서열적인 구조들을 나타내게 된다. 공동체들은 여성들의 자발적인 모임을 통하여, 또한 좋아하는 백성들과 도시의 관료 또는 기존의 탁발수도회들의 발의를 통해 더 자주 생겨난다. 베긴회의 유래는 중세사회의 사회적 계층을 반영하는데, 귀족에서부터 도시 시민들을 넘어 농촌의 백성들까지에 이른다.

수녀들의 삶의 방식은 처음에는 수도회들의 수처럼 매우 다양했지만, 후에는 하나의 규칙서 또는 규칙이 비슷한 규정들을 수용하는 수도회들이 점점 더 존재하게 된다. 물론 그곳에는 다양함이 컸지만, 다른 공동체들이 걸식(乞食)과 수작업과 같은 사회적이고 자선적인 활동을 고수하고 있었던 반면, 몇몇 공동체들은 관상적인 삶을 장려하고 기본재산과 이자수입을 통해 생활을 안정히 지키고 있다. 하지만 그들에게 공통된 것은 성직자 또는 남자 수도사들의 영적인 돌봄에 의존한다는 점이다. 항상 이러한 것은 빈번하게 프란체스코수도회와의 연락을 통해 생긴다. 베긴회는 큰 도시들뿐만 아니라, 작은 도시 공동체들과 지방에도 존재한다.[97] 수백 년 전부터 수도원적으로 영향을 받은 지역인

97) 참조. K. Utz Tremp, Zwischen Ketzerei und Krankenpflege - Die Beginen in der spätmittelalterlichen Stadt Bern, in: M. Wehrli-Johns, Fromme Frauen oder Ketzerinnen, 169-194; A. Benvenuti, Religiöse Frauen im Florenz des 13. und 14. Jahrhunderts, in: M. Wehrli-Johns, a. a. O., V53-93.

보덴제(Bodensee)에서는 수많은 베긴회 공동체들의 존재가 나타난다.[98] 또한 베가르드회(Begarden)가 13세기 후반기에 그들의 발전에 있어 비록 약하지만 전성기를 경험한다. 초기 수도원들은 쾰른, 마인츠, 바젤에서 증명될 수 있다.[99]

독일 위대한 신비주의자 가운데 한 사람인 멕틸트 폰 막데부르크(Mechthild von Magdeburg, 1207/10-1282)는 베긴회의 탁월한 인물에 속한다.[100] 그녀는 귀족 출신으로 좋은 교육을 받는다. 이미 12세부터 신적 환상들과 성령의 경험들을 얻게 된다. 이러한 것은 '신앙이 깊은 여성들'(feminae religiosae) 안의 여성들처럼 그녀를 부모님 집에서 도망치게 하였고, 그녀는 대략 20세에 막데부르크에 있는 베긴회 수도원에 들어간다. 알려진 바로 그녀는 여기서 엘리자베트 폰 튀링엔(Elisabeth von Thüringen)의 모범을 통해 고무되는데, 이것에 대해 훗날 하나님이 입에 넣어주신 말들로 기록한다.

> '나는 지금도 그리고 예전에도 전령이었던 엘리자베트를 불행한 여성들에게 보냈는데, 이들은 성에 앉아 불결한 것으로 씻고 교만으로 덧칠하며 허망한 것으로 걸쳐 법에 따라 지옥으로 가야하는 이들이었다. 원하고 좋아하는 몇몇 여성은 그녀의 모범을 따랐다.'[101]

멕틸트의 삶은 많은 시련과 심각한 병들로 이루어진다. 1250년부터 그녀는 환상 경험들, 하나님과 인간과 세상에 대한 생각들과 환상 경험들을 『흐르는 신성의 빛』(Vom fließenden Licht der Gottheit)이라는 제목 하에, 그녀의 영적 담당자이자 서임사제인 도미니쿠스회 수도사 하인리히 폰 할레(Heinrich von Halle, 1281년 사망)의 지원으로 쓰기 시작한다.[102] 이 작품의 일곱 책들은 중부의 저지대 독일어로 기록되어 있다. 여기서 멕틸트는 세

---

98) 참조. A. Wilts, Beginen im Bodenseeraum, S. 35-216.

99) 참조. E. Neumann, Rheinisches Beginen- und Begardenwesen, S. 19-37, 60-63, 132, 135.

100) 참조. K. Ruh, Geschichtte der abendländischen Mystik, Bd. 2, S. 245-295.

101) Mechthild von Magdeburg, Das fließende Licht der Gottheit, Bd. 1/2, hg. von H. Neumann, Zit.: Buch V, 6-11; Bd. 1, S. 194.

102) 참조. F. Rotter/R. Weber, Nähe Gottes und Gottesfreude. Mystische Erfahrung der Mechthild von Magdeburg; M. Heimbach, 'Der ungelehrte Mund' als Autorität; M. Schmidt, Elemente der Schau bei Mechthild von Madgeburg und Mechthild von Hackeborn, in: Frauenmystik im Mittelalter, hg. von P. Dinzelbacher/D. Bauer, S. 123 ff.

계와 영혼에 대한 경험들을 시문학의 큰 힘으로 나타냈다. 그녀는 자신의 부르심에 대해서 기록했다.

'모든 나의 날이여, 내가 이 책을 시작하고 하나님에 대해 몇 단어가 나의 영혼에 오기 전, 그때 나는 매순간 영적 삶에 있었던 가장 단순한 사람 가운데 한 사람이었다. ... 나는 기독교 믿음을 통해 더 이상 혼자가 아님을 하나님으로부터 알았고 나의 마음이 정결하도록 부지런히 힘썼다. ... 그러나 나는 이미 오래 전부터 나의 죄를 가볍게 여기지 않기를 원했다. 그때 나는 하나님의 사람으로 한 사람 외에 아무도 나의 친구가 없었던 어느 도시로 갔다. 나는 이 친구로 인해 거룩한 마음과 순수한 하나님사랑이 소멸되지 않을까 두려움을 가졌다. 그때 하나님은 나를 혼자 버려두지 않았다. 그는 나를 지상의 것들을 적게 갈망할 수 있도록 그처럼 유쾌한 달콤함으로, 그처럼 거룩한 지식으로, 그리고 그처럼 이해할 수 없는 기적으로 이끌었다. 그 때 기도 위에 있는 나의 영은 하늘과 공기 사이에 들려지게 되었다. 나는 천상의 기쁨 안에서 내 영혼의 눈으로 우리 주 예수 그리스도의 장엄한 인성을 보았고, 그의 고상한 얼굴에서 거룩한 삼위일체를 깨달았다. 아버지의 영원성과 아들의 고통, 그리고 성령의 달콤함.'[103)]

멕틸트는 낙원에 대한 광경, 예수의 탄생, 지옥의 환상에 관한 계시들을 설명하고, 사랑하는 자와 사랑받는 자 사이의 믿음직한 대화 형태로 하나님께 가는 영혼의 성장을 묘사한다.[104)] 의식이 영혼 자체에 묶이도록 추구할 때, 하나님은 신비적인 합일을 위한 길을 보여 준다.

'영혼이여, 너희들은 너희와 나 사이 아무것도 존재할 수 없을 정도로 내 존재 안으로 받아드려진다. 어떤 천사도 이렇게 존중되지 않는데, 너희에게 영원히 주어

103) Mechthild von Magdeburg, Das fließende Licht der Gottheit, Buch IV, 2,4-30; E. Neumann, Bd. 1, S. 109 ff.

104) 참조. W. Haug, Das Gespräch mit dem unvergleichlichen Partner, S. 251-279.

진 것이 천사들에게는 한 시간만 지속된다.'

이 대화는 거리감 없이 사랑하는, 신랑과 신부의 직접적인 만남에서 최고점에 이른다.

> '그때 복된 고요함이 일어나고, 그들 모두 원한다. 그는 자신을 그녀에게, 그녀는 자신을 그에게 준다. 지금 그녀에게 생긴 것은 그녀는 안다. 그리고 이것으로 나는 위로되었다.'[105]

마지막 생애 년에 심각한 육체적 질병으로 고통을 겪는 멕틸트는 아이스레벤(Eisleben) 근처의 헬프타(Helfta) 시토수도원으로 옮긴다. 아마도 그곳에서 더 좋은 보살핌을 받을 수 있기 때문일 것이고, 베긴회 운동이 중단되어 보이는, 점점 커지는 압박에 대한 반작용이었을 것이다.

왜냐하면 13세기 후반기에 베긴회 운동과 베가르드 운동이 점점 더 이단의혹에 빠지기 때문이다.[106] 교회의 성명들에서 반영되는 것은 '이러한 불안이 낯설고 의심스러운 경건형태를 통한 더 작아지지 않았고, 반대로 두려운 형태로 인정될 수밖에 없었다'는 사실이다.[107] 1274년 리옹의 두 번째 공의회는 베긴회에 대한 설명이 없지만, 노골적으로 가난운동의 형태들로 제한하고, 새로운 삶의 형태를 거부하며, 단지 프란체스코수도회과 설교자수도회에서는 '이것을 통하여 보편교회에 확실한 유익'[108]이라는 언급 하에 금지하지 않는다. 다음 십년 동안 도시 관료들은 베긴회 공동체에 대한 감시권을 획득할 뿐만 아니라, 탁발 수도회도 엄격한 감독을 수행한다. 무엇보다도 성직계층이 자유 공동체들의 설립을 저지하는데 성공한다. 그리고 이미 있는 것들이 교회 구조로 편입되고 테르지아회로서 승인된 수도회들에 통합되게 한다.

발랑시엔Valenciennes(헨네가우Hennegau)의 고상한 시민 출신인 마르가레타 포레테

105) Mechthild von Magdeburg, Das fließende Licht der Gottheit, Buch I, S. 44, 82-92; E. Neumann, Bd. 1, S. 31.

106) 참조. M. Lambert, Häresie im Mittelalter, S. 188-196.

107) E. Neumann, Rheinisches Beginen- und Begardenwesen, S. 22.

108) Const. II,23; Conciliorum Oecumenicorum Decreta, Bd. 2, S. 326 ff.

(Margaret Porete)의 경우는 베긴회에 대한 커가는 압력이 분명히 드러난다. 14세기로의 전환기에 살던 마르가레타는 수도원과 다른 공동체에 전혀 합류하지 않는다. 그녀는 고대 프랑스어로 기록한 책, 『소박한 영혼의 거울』(Miroir des simples âmes)의 저자로 알려진다. 우리가 어떤 수도사나 성직자로부터 듣지 못하기에, 이 책은 온전히 그녀에게 소급된다.[109] 이것은 고백서 또는 비전서에 관한 것이 아닌, 종교적 교본인데, 하나님과 영혼, 사랑과 이성 간의 대화로 구성된 단락 안에서 삼위일체 하나님과의 합일과 영생 체험을 위한 신비주의자들의 길을 묘사한다.[110] 황홀경, 이상들, 계시된 들은 체험들에 대해서는 언급이 거의 없고, 그 대신 마르가레타는 철저히 정통적 방식으로 영혼 성장의 목표로서의 하나님에 대해 이야기 한다. 이러한 성장은 은혜의 일곱 상태들을 통해 일어나는데, 인간적 영혼에 대한 커가는 자기포기, 자신의 고유 의지로부터 돌아섬, 그리고 순종과 바라봄으로의 향함에 일치하고 한 상태 안에서 흘러들어간다. 이 상태 안에서 영혼은 더 이상 예배와 설교를 통해서가 아닌, 하나님을 향한 금식과 기도를 갈구한다. 왜냐하면 영혼은 사랑의 본성으로 변하고 진정한 선함 안에서 하나님을 깨달으며 하나님의 거울로 되기 때문이다.

'이처럼 영혼은 자신이 체류한 무(無)로부터 그들의 올바른 이름을 가진다. 그리고 이것이 무이기 때문에, 이것은 자기 자신이나, 이웃들, 하나님, 즉 아무 것도 걱정하지 않는다. 이것은 사실 발견될 수 없을 정도로 작다. 그리고 모든 창조물은 감지할 수 없을 정도로 영혼과 멀리 떨어져 있다. 그리고 이것이 하나님에 대해 아무 것도 인식할 수 없을 정도로 하나님은 위대하다. 그리고 이 무를 위해 이것은 아무 것도 알지 못하는 안전함과 아무 것도 원하지 않는 안전함에 이른다. 그리고 우리가 이야기하는 이러한 무는 영혼에게 모든 것을 주고 누구도 이것을 다르게

109) Margareta Poret, Der Spiegel der einfachen Seele, hg. von L. Gnädinger. Auszüge: Christliche Mystik, hg. von G. Ruhbach, S. 161-170.

110) 참조. K. Ruh, Geschichte der abendländischen Mystik, Bd. 2, S. 340-366.

소유할 수 없다.'[111)]

이러한 사상으로 인해 '단순한 영혼의 거울'은 불명확성에서 벗어나지 못 한다. 그밖에 이 저서는 번역서들을 산출하는데, 각 개인들이 교회의 예식적인 중재 없이 오로지 개인적인 신비주의적 체험을 통해 이 길을 갈 수 있게 한다. 이러한 저술 자체가 캉브레(Cambrai)의 주교, 콜미유의 귀 2세(Gui II. von Colmieu)의 비판적 시선을 끌어 들인 사실은 놀라운 것이 아니다. 마르가레타는 이단혐의로 체포되고 이단심문의 톱니바퀴로 빠져든다.[112)] 결국 그녀는 프랑스 왕국의 재판수장, 도미니쿠스회 기욤 드 파리(Guillaume von Paris) 앞에서 대답해야만 했고, 철회를 거절했기에 1310년 그녀는 파리에서 화형을 당한다.[113)] 이 일은 이미 중세 여러 번 번역되고 신비주의적인 계몽서로서 널리 퍼져 있는 이 책의 영향력을 축소하진 못한다.

농촌 출신인 크리스티나 폰 스톰멜른(Christina von Stommeln, 1242-1312)는 이미 어린 시절 그리스도 환상을 가진다. 그리고 나서 그녀는 13세에 부모님 집을 떠나 쾰른의 베긴회에 가입한다. 그러나 그곳에서 그녀는 단지 3년 만 머물렀고, 그녀의 외설적 환상들과 은폐적 상태로 인해 이 수도원으로부터 쫓겨나 스톰멜른으로 돌아간다. 먼저 부모님 집에서, 그 후로는 다른 집들에서 지낸 그녀의 계속된 삶은 황홀경 체험들과 환상들의 밀어냄으로 이루어진다. 즉 예수 그리스도의 상처, 그 낙인자국을 받음으로 절정에 달하는 악마들과의 싸움과 육체적 질병들에 대한 것이다.[114)] 1267년부터 1269년까지 쾰른에서 학업을 위해 체류하고 후에 그녀를 다시 만나 그녀의 생애역사를 저술한[115)], 고트란트(Gotland) 출신의 도미니쿠스회 페트루스 폰 다키엔(Petrus von Dacien, †1288)에게 보낸 한 편지에서 그녀는 육체적으로 경험한 자신의 고통스런 시험들에 대해 기록한다.

111) Christliche Mystik, 166; 참조. U. Heil, Studien zu Marguerite Prorète und ihrem 'Miroir des simples âmes', in: Religiöse Frauenbewegung, hg. von P. Dinzelbacher, 185-214; K. Ruh, Gottesliebe bei Hadewijch, Mechthhild von Magdeburg und Margareta Porete, in: Festschrift F. Rauh, hg. von A. San Miguel, S. 243-254.

112) 참조. P. Verdeyen, Le Procès d'inquisition contre Marguerite Porète, S. 47-94.

113) 참조. A. Patschovsky, Freiheit der Ketzer, 265-286; M. Lambert, Häresie im Mittelalter, S. 191 ff.

114) Vita B. Christinae Stumblensis, hg. von I. Collijn, 1936; 참조. J. M. Höcht, Christine von Stommeln, 69-83; Chr. Ruhrberg, Der literarische Körper der Heiligen, S. 100-122; K. Ruh, Geschichte der abendländischen Mystik Bd. 2, S. 116-120.

115) Vita B. Christinae Stumbelensis ex Manuscriptis Petri de Dacia, hg. von Isak Collijn, 1936.

"내가 성만찬으로 가려고 했을 때, 나는 악마의 출현에 경악하면서 피를 땀으로 흘린다 생각할 정도의 고통 가운데 한 동안 있었다. 이것은 14일 동안 계속되었다. 그 후 번득이는 쇠칼의 두려움이 없었지만, 나는 미사 경청과 하나님의 말씀에 기뻐할 수 없었고 하나님에 대해 말하거나 어떤 식으로도 기도할 수 없었다. ... 결국엔 내 입가 주변이 분명하게 타 있었고 턱에 하얀 화상성 수포들이 나타났다. 그때 나는 전혀 움직일 수 없었다. ... 내가 이러한 육체적 고통을 당하고 있었을 때, 나는 유혹으로 인해 내 영혼의 더 큰 고통을 참아야만 했다. 악마가 나에게 충고하기를, 하나님을 거부하고 다른 사람들처럼 그렇게 있으라고 했다. 그리고 내가 육체와 영혼 가운데 어떻게 고통을 당하고 어떻게 전심으로 신적 위로를 갈망하는지를 숙고했을 때, 내가 때때로 하나님으로부터 완전히 떠나길 생각했고 완전히 평정심을 잃었다는 사실에 나는 절망적이었다."

이 편지의 마지막에서 짤막하게나마 구원체험이 드러난다.

'나를 향한 하나님의 은혜에 당신들이 하나님께 진심으로 감사하도록 나는 당신들에게 이 모든 것을 기록한다. 왜냐하면 그는 나에게 곤경 가운데 항상 나의 도움이 되시고, 항상 좋은 결과로 인도하시기 때문이다.'[116)]

문학적인 자료들 안에서 거룩한 삶으로 미화되나, 동시에 괴상하고 거부감을 주는 모습으로도 이해되는 그녀의 삶은 여성학 연구에서 '공동 작업으로 생산된 문학적인 인물상'이라는 전형적인 예로서 해석되고 있었다. 제기되었던 질문은 '얼마나 많이 크리스티나로부터 살아있는 경험을 실제적으로 성인전에서 표현했는가'[117)] 였다.

---

116) 몇몇 서신들의 복사물: W. Oehl, Deutsche Mystikerbriefe des Mittelalters, 254-275. Zit. S. 258 f., S. 261.

117) 참조. Chr. Ruhrberg, Der literarischen Körper der Heiligen, 5쪽 이하.

## 4. 개혁 수도회

또한 전형적인 개혁 수도회, 특별히 시토수도회에서 탁월한 영성을 갖춘 여성들이 존재한다.[118] 어릴 때 시토수도회의 영향을 받은 수도사 로다르스도르프(Rodarsdorf, 1258년 아이스레벤 근처 헬프타로 이주)에게 위탁되어 수도원 학교에서 교육받은 멕틸트 폰 하케보른(Mechthild von Hackeborn, 1241/42-1299)는 이미 젊은 시절에 신비로운 경험들을 가지게 되는데, 이 경험은 숨겨져 오래 동안 두려움으로 지속된다.[119] 90년 초반 우선 이러한 경험들은 그녀의 여제자이자 친구인 게르트루트 폰 헬프타(Gertrud von Helfta)에 의해『특별한 은혜에 대한 책』(Liber specialis gratiae)으로 기록되는데, 처음에 그녀가 알지 못했지만, 그 후 그녀에게 허락된다.[120] 이 '책'은 현재적 그리스도와 만나게 되는 많은 현상들과 사라짐, 또한 버림받음과 절망경험을 명기하고 있다. 멕틸트의 신비적인 경험들은 하나님 공동체의 온전함에서 절정에 달한다.

> '그녀는 기도 중에 있었고, 불타는 마음으로 자신의 영혼을 사랑하는 자를 향해 간절히 원했다. 그러자 갑자기 신적 능력이 그녀의 영혼을 격렬히 잡아당겨, 마치 주님 옆에 앉아 있는 것처럼 그녀에게 나타났다.'

사랑의 요청으로 끝나는, 사랑과 영혼간의 대화는 계속된다.

> "주님의 기쁨으로 가라' 이런 말을 할 때 영혼은 마치 물방울이 포도주에 들어가 완전히 포도주로 변화되는 것처럼 하나님 안에서 완전히 들어가게 되었다. 이렇게 행복한 영혼이 하나님 안으로 완전히 넘어갔을 때, 그와 함께 한 영이 되었다. 이러한 합일 안에서 이 영혼은 스스로가 무가 되어 버린다. 그러나 하나님은 그 영

118) 참조. L. J. Lekai, The Cistercians, 353-356.

119) 참조. M. Schmidt, Elemente der Schau bei Mechthild von Magdeburg und Mechthild von Hackeborn, in: Frauenmystik im Mittelalter, hg. von P. Dinzelbacher, S. 123-151.

120) Revelationes Gertudianae et Mechtildianae, Bd. 2, 1-4222; 발췌문 번역: Erhebe dich, meine Seele. Mystische Texte des Mittelalters, hg. von J. Lanczkowski, S. 111-133.

혼을 매우 강하게 만들었고, 말하였다. '나는 너에게 각 사람마다 인식하고, 느끼고, 이해할 수 있는 모든 것을 부어줄 것이다."[121]

멕틸트는 여러 편지들에서 신비적인 하나님 체험의 길을 가도록 요청한다.[122] 그녀의 삶은 질병들과 혹독한 금욕으로 이루어진다. 그녀는 특히 그리스도의 고난에 동참하고자 스스로 상처를 더하는 일에 전혀 개의치 않는다. 그러나 그녀의 저서들은 서양 신비주의에 큰 영향을 미친 깊은 그리스도 신앙에 대한 표현이 들어 있다.[123]

또한 게르트루트 폰 헬프타(Gertrud von Helfta, 1256-1302)는 이미 어린 나이에 아이스레벤 근처의 헬프타 시토수도원에 위탁된다. 멕틸트 폰 하케보른의 지도하에 그녀는 처음에 다양한 학업들에 전념, 라틴어를 습득, 일곱 개의 자유 과목들을 공부하였다. 그런 다음 그녀는 내적 위기에 빠져 25세에 자신의 삶을 결정적으로 바꾼 신비적인 그리스도 환상을 경험한다. 이어 그녀는 죽을 때까지 내적인 그리스도와의 연합 가운데 산다. 우선 마지막 생애 년도에 게르트루트는 특별한 방법으로 다른 사람의 중재나 도움 없이 자신의 역사, 들은 계시들, 경험들을 광범위하게 기록하기 시작한다. 여기서 그녀는 영적 삶에 대한 통찰을 주는데, 이는 '순종의 신비'로부터 급진적 따름으로 향하는 열심 안에서 형성되고, 그리스도와의 하나됨으로 향하게 된다.[124] 가장 중요한 작품은 『신적 사랑의 전령』(Legatus divinae pietatis)이다.[125] 여기서 게르트루트는 자신에게 부여된 그리스도 계시들과 은혜의 증거들을 설명한다. 상처자국(낙인흔적)을 받아들이고 낙원을 바라보는 가운데, 주님과 애인 사이처럼 그리스도와 함께 하는 신비적인 연합 안에 절정을 이룬다.

"당신이 모든 충만한 축복을 발하는 당신의 사랑스런 얼굴을 보잘 것 없는 나에게 갖다 대자, 나는 당신의 신적 시선들로부터 나오는, 말로 표현할 수 없는 축복

121) 번역서: Erhebe dich, meine Seele, hg. von J. Lanczkowski, S. 114 ff.

122) Erhebe dich, meine Seele, hg. von J. Lanczkowski, 129. 복사판: W. Oehl, Deutsche Mystikerbriefe des Mittelalters, S. 233 ff.

123) 참조. K. Ruh, Geschichte der abendländischen Mystik, Bd. 2, S. 301-314.

124) 참조. J. Lanczkowski, Gertrud die Große von Helfta: Mystik des Gehorsams, in: Religiöse Frauenbewegung, hg. von P. Dinzelbacher, 153-164; K. Ruh, Geschichte der abendländischen Mystik, Bd. 2, S. 314-337.

125) Gertrude d'Helfta, Œuvres spirituelles, Bd. 2-5: Le Héraut, Livres I-V, hg. von P. Doyère u. a., SChr 139, 143, 255, 331.

된 빛이 나의 눈으로 들어오는 것같이 느꼈습니다. 이 빛의 놀라운 작용이 나의 모든 지체를 사로잡았고, 가장 깊은 위까지 들어왔습니다. 나에게는 살과 다리가 해체되는 것처럼 나타났고, 나는 내 육체와 영혼이 빛, 즉 신적인 빛으로 무가 되는 것처럼 느꼈습니다. 당신의 신적인 빛은 내 영혼의 행복이었습니다. ... 만일 내가 내 생의 모든 날을 위해 모든 웅변가의 말재주를 가졌다 할지라도, 내 영혼의 구원이신 당신, 나의 하나님, 당신의 은혜가 이것에 대해 나를 경험시키지 않았다면, 이러한 축복된 당신-바라봄을 표현할 수 없을 것입니다."[126]

또한『영적인 수행들』(Exercitia spiritualia)도 중요한 의미를 가지는데, 여기에서는 일곱 가지의 명상들에 관한 것이다. 이 명상들은 다시 태어남의 예식인 세례에서부터 이 땅의 삶을 떠나는 죽음까지 수도원 생활의 진행들을 다룬다.[127]

## F 이단 운동에 대한 교회의 구분

### 1. 이단 재판의 발전

인노켄티우스 4세 하에 교황의 종교재판 형태가 새로 규성된다. 그는 교서『박멸을 향해』(Ad extripanda, 1252)에서 광범위한 전권이 부여되는 종교재판국 설립을 규정하고, 이단들과 이단자들에 대한 처벌을 통합하며, 세상 법정의 집행을 떠맡아 강제 자백을 위해, 고문을 가하는 종교재판관들에게 권력을 준다.[128] 이와 함께 '지금까지의 법집행에서 기본적으로 통용된, 시민법과 교회법 간의 차이점이 폐지 된다'.[129] 동시에 인노켄티우스는 자신이 반이단적 황제 법령의 집행자로서 인정되기를 강조한다. 그는 프란체스코회 수도사들과 도미니쿠스회 수도사들에게 종교재판의 실행을 위한 임무를 부여하고 롬바르디

---

126)『Der Gesandte der göttlichen Liebe』, 2권 21. Erhebe dich, meine Selle, hg. von J. Lanczkowski, S. 169.

127) Gertrude d'Helfta, Œuvres spirituelles, Bd. 1: Les Exercises, hg. von J. Hourlier und A. Schmitt, SChr 127.

128) J. D. Mansi, Sacrorum conciliorum nova et amplissima collectio, Bd. 23, S. 569 ff; 부분인쇄: K. -V. Selge, Texte zur Inquisition, S. 77.

129) 참조. M. Lambert, Geschichte der Katharer, S. 228.

아 지역의 이단자에 맞서 십자군을 일으킨다.[130]

13세기 후반기에 다수의 종교재판관 안내서들이 출간된다.[131] 이것들 가운데 베르트홀트 폰 레겐스부르크(Berthold von Regensburg) 편에서 교황청 감찰자이자 설교자로 발도파에 맞서 활동하는 프란체스코회 수도사 다비드 폰 아우크스부르크(David von Augsburg, 1272년 사망)의 작품, 『이단자 조사에 대해』(Über die Untersuchung der Häretiker)는 이에 해당한다. 또한 그의 펜으로부터 『겉사람과 속사람의 관계에 대해』(Über das Verhältnis des äußeren und des inneren Menschen)라는 소책자가 나오는데, 이것은 온전한 영적인 삶을 위한 인간의 성장을 묘사한 일종의 명상책이다.[132] 발랑스(Valence) 교구의 종교재판관인 도미니쿠스회 수도사 슈테판 폰 버번(Stephan von Bourbon, 1261년 사망)은 한 설교서의 저자인데, 이 책에서는 고대교회의 이단자규정에 들어가 있는 알비파와 발도파가 기술된다.[133] 파사우의 무명인(der Passauer Anonymus, 1260/66)은 이름이 알려지지 않은 도미니쿠스회 수도사, 파사우 교구의 어느 종교재판관의 작품이다. 이 책의 목적은 심문으로 드러나게 되었던 발도파와 다른 단체들에 대한 보도들을 통해 기독교의 신앙을 지키는 것이다.[134] 도미니쿠스회 수도사 안셀름 폰 알렉산드리아(Anselm von Alessandria, 1280년 사망)의 『이단자에 대한 논문』(Traktat über Häretiker)은 이단들과 싸우는 설교자들에게 도움이 되는 반박논증들을 모아놓은, 종교재판의 경험들에 기인한다. 이러한 작품 중 마지막이자 동시에 가장 중요한 책은 도미니쿠스회 수도사 베르나르트 귀(Bernard Gui, †1331)의 『종교재판직의 실제』(Praxis des Amtes der Inquisition)인데, 이 책은 후에 로데브(Lodève)의 주교가 툴루즈(Toulouse)의 종교재판관으로서 활동하는 기간 동안 기록했던 안내서이다.[135]

『신학대전』(Summa Theologiae)에 있는 토마스 아퀴나스의 생각들은 이러한 안내서

130) 참조. H. G. Walther, Ziel und Mittel päpstlicher Ketzerpolitik in der Lombardei und im Kirchenstaat, in: P. Segl (Hg.), Anfänge der Inquisition, S. 103-130.

131) 참조. A. Borst, Katharer, 30-34; H. Grundmann, Ketzerverhöre des Spätmittelalters als quellenkritisches Problem, in: 같은 저자, Aufsätze, Bd. 1, S. 363-364.

132) 참조. K. Ruh, David von Augsburg und die Entstehung eines franziskanischen Schriftums, S. 240-274.

133) Étienne de Bourbon, O. P. (†1261), 'Tractatus de diversis materiis predicabilibus', hg. von J. Berlioz.

134) 참조. A. Patschovsky, Der Passauer Anonymus, MGH.SS 22; 같은 저자, Wie wird man Ketzer, S. 145-162.

135) 참조. A. Vernet, Bernardus Guidonis, LexMA 1, 1976, Sp. 1976 ff.

들의 배경을 형성한다. 그는 여기서 믿음의 수용이 비록 그것을 붙잡은 자유의지의 일일지라도 마땅히 해야 하는 당위성을 명시한다.[136] 토마스는 이단자들에 대해서 일단 회개의 가능성이 주어져야 한다는 인내를 권한다. 그는 더욱이 이단들에게 긍정적인 것을 찾아 낼 수 있다고 한다. 왜냐하면 그들을 통해서 신자들의 확고부동함이 확인되기 때문이다.[137] 하지만 그는 또한 디도서 3장 10절을 가리키면서 이단적 사람은 두 번의 경고 후엔 추방되어야 한다고 확고히 한다. 이단자들에 대해 베풀어지는 관용은 단지 교회의 신앙을 위해 그들을 다시 얻고자하는 희망 가운데만 일어나야 한다는 것이다. 만일 권면이 소용없다면, 이단자는 '육체적으로 강요'해도 되는데, 추방하거나 세상 권력들, 즉 화형이나 사형집행으로 위임하는 것이다. 토마스는 아우구스티누스가 끌어 온 말 '강권하여 데리고 오라'(눅 14:23)를 기억하고, 밀밭의 가라지 비유에 대한 통찰과 함께 해석한다. 알곡, 즉 교회가 피해를 입게 될 위험에 있을 때, 가라지, 즉 이단자는 조심스럽게 되어야 한다. 그러나 그 밖의 경우에 있어서 화폐위조자의 범행보다도 더 심각한 이단자들의 죄과를 사형으로 벌을 내리는 것은 하나님의 계명에 모순되지 않는다.[138]

베르나르 드 클레르보(Bernhard von Clairvaux)로부터 표명된 관점, 즉 이단자 처리에서 평화적인 개종이 폭력적인 억압보다 선호되어야 한다는 점은 사라지게 된다. 종교재판과 그들의 신학적 기초는 다른 사상을 가지고 있는 자들에 대한 처리에서 박해와 폭력이 우세함을 나타낸다.[139]

실제로 13세기 후반기에 카톨릭 교회는 교회활동을 하지 않은 것과 정치적 후원을 근거로 종교이탈자들이 버틸 수 있었던, 아직 남아있는 몇몇 지역들을 다시 얻게 된다. 조직된 종교재판소에 임명된 탁발수도회가 1300년경 이탈리아에서 교황과 황제 이단에 대한 법 공포들을 북이탈리아 공통의 법령들로 수용되도록 관철시킨 것이다. 이에 대해 미미한 반항만이 일어나는데, 이유는 이탈자들에 대한 형벌과 구별경향이 공동체들 안에서 확산

136) Thomas, Summa Theologiae II,2 12,2.

137) Thomas, Summa Theologiae II,2 11, 3.

138) Thomas, Summa Theologiae II,2 10, 8.

139) 참조. die Schilderung in der Kölner Königschronik, GDV 53, S. 383.

되었기 때문이었다.[140]

## 2. 발도파

동시에 발도파에 대한 압력은 점점 강해진다. 이탈리아에서 교회 재판은 롬바르디아 지역의 도시들로부터 온 '롬바르디아 가난한 자들'을 추방하게 하고 그들과의 접촉에 대해선 처벌받게 한다. 발도파는 이에 다시 방랑생활을 맞이하게 되고, 알프스 골짜기들로 들어간다. 또한 오스트리아에서는 대박해(1259-1266)가 일어나는데, 이에 대해서 익명의 파사우의 무명인이 보도한다.[141] 그럼에도 불구하고 오스트리아는 14세기로 들어갈 때까지 발도파 운동의 중요한 중심지로 남는다. 이곳으로부터 나간 공동체들이 마르크 브란덴부르크(Mark Brandenburg), 포메른(Pommern), 슐레지엔(Schlesien), 폴란드, 헝가리, 보헤미아, 마지막으로 지벤뷔르겐(Siebenbürgen)에서 생겨난다. 이 공동체들의 남다른 특징은 어떤 서열도 없다는 것이다. "예수 그리스도 교회'에 대한 그들의 설명은 '형제사랑의' 공동체를 실현하는 급진적인 시도였다. 이 공동체에서는 마치 세상의(부부와 수공업자) 생활방식과 수도원인 금욕적 생활방식처럼 성직자와 평신도 간의 구분이 근본적으로 폐기되었다.'[142] 이와는 달리 프랑스 발도파에서는 사도직에 대한 구분이 발견된다. 13세기 후반기를 시작할 때 '산달리투스'(sandalitus)가 영적이고 행정적인 모든 기능을 합친 기본 직위인 반면, 지금은 온전성에 대한 다양한 수준들로 성립된, 직위 계열 구조가 관철된다. 집사들(Dikonen)에게는 행정적인 임무들이 부여되고, 장로들(Presbyter)은 고해를 들으며, 설교를 감당한다. 감독들(maiores)에게는 성만찬 집행과 전체 관리의 의무가 지워진다. 비록 발도파가 카톨릭 교회로부터의 분리를 강요하지 않았지만, 실제적으로 고유한 직위서열의 성립은 교회 공동체 형성을 위한 중요한 한 발자국을 의미한다. 박해로 인해 프랑스에서도 발도파는 공개적 설교뿐만 아니라 예배드림이 제한되는 지하로 내몰리게 된다. '14세

140) 참조. Th. Scharff, Häretikerverfolgung und Schriftlichkeit, S. 1 ff.

141) 참조. P. Segl, Ketzer in Österreich.

142) M. Schneider, Europäisches Waldensertum, S. 132.

기 초반 발도파의 통일적인 공동체조직은 무엇보다도 박해상황에 적응한 결과이다. 변장한 가운데 비밀리 밤에 여행 중이었던 설교자의 작은 모임 맞은편에, 이들의 설교를 들었고 그들에게 참회했던 폐쇄된 추종자 단체가 있었다. 발전의 종점은 설교회나 '반립교회'가 아닌 교파로서 당당히 표시될 수 있는 특별한 공동체였다.'[143]

이 시기에 성인들의 역사서가 생겨나는데, 거기서 발도파는 그들의 기원을 4세기 로마로 소급하고, 소위 콘스탄티누스 증여에 대한 반작용으로 해석한다. 교황 실베스터(Sylvester)가 놀라운 나병치료에 감사를 표현하면서 준 로마 황제의 증여물을 받았을 때, 천사의 소리를 들을 수 있었다고 한다.

'오늘날 하나님의 선물이 교회로 뿌려지게 되었다.'

한 성직자가 이 증여를 거부했으나 이에 추방되고 박해받게 되었다고 한다. 진정한 교회로서 가난에 대한 기억이 그들의 추종자들과 제자들 안에서 생생하게 머물러 있었고, 결국 발데스(Waldes)는 새로운 삶과 함께 이 운동을 성취했다고 한다. 그러므로 우리는 이 전설을 따른다. 이것은 이미 현재 자신의 사도적 위치를 강조하기 위해서 '베드로'란 별칭으로 불려지고, 사제로 표시되는 '발데스(Valdes) 전에 있었던 일종의 발도파 운동'이다.[144] 여기서 박해로 인해 지하로 몰리게 되어 오로지 이곳저곳 여행하는 설교자들만을 통해서 결합된 운동에서 점점 교회로 성장하는 모습이 반영된다.

### 3. 카타르파

13세기 후반, 카타르파는 발도파보다 더욱 분명하게 압력을 받는데, 종교재판 과정에서는 참수보다는 재산 압류와 관련하여 자주 감금이 형벌로 선고되었다.[145] 14세기로의

143) M. Schneider, Europäisches Waldensertum, S. 133; 참조. Erbstösser, Strukturen der Waldenser, S. 95-106.

144) M. Lambert, Häresie im Mittelalter, S. 159.

145) 참조. H. Grundmann, Ketzergeschichte, S. 22 ff; J. Duvernoy, Le Catharisme, Bd.2: L'Histoire des Cathares, 297-333; W. L Wakefield, Heresy, Crusade and Inquisition, S. 180-191.

변환기에 남프랑스의 카타리운동은 또 한 번 단기간의 전성기를 경험한다. 이 전성기는 페트루스 아우테리이(Petrus Auterii)의 활동에서 일어난다. 그는 롬바르디아 지역에서 수 년 간 체류 후에 완전한 자들의 단체로 올라가게 되고 현재는 고향으로 귀환한, 영주령 푸아(Foix)에 있는 카라리파 가족 출신인 공증인이다. 그의 선교 성과는 중요하게 되는데, 툴루즈 주변 지역과 프랑스 피레네에서 카타리 운동의 재조직화로 이어진다.[146] 특별히 인상적인 현상은 산악마을 몽타유(Montaillou)인데, 이곳의 모든 가족들과 지역의 사제, 모든 공동체는 앞장서서 카타르파에 합류한다.[147] 카타르파에 대한 최종 승리는 1308년부터 1310년까지 도미니쿠스회 수도사 죠프루아 다블리(Geoffroy d'Ablis)와 베르나르 귀(Bernard Gui), 또한 시토수도회 수도사인 자크 푸르니에(Jacques Fournier, 후에 베네딕트 12세 교황) 지휘 하의 교황청의 종교재판에서 이루어진다. 많은 사람들이 가톨릭교회로 돌아가고 다른 이들은 롬바르디아 지역으로 도망가거나 믿음의 정조를 위해 생명을 희생했다. 그 후 카타르파는 남프랑스 제국 역사에서 더 이상의 역할을 감당하지 못한다.[148]

이탈리아에서 카타르파는 황제파인 기벨린파(Ghibellinen)와 함께 사라진다. 이들은 슈타우펜(Staufer) 가문의 멸망으로 영향력이 축소되고, 정치적으로 가장 중요한 동맹파이었다. 그밖에 인노켄티우스 4세는 프리드리히 2세를 이기고 로마로 귀환한 다음, 1251년 6월 도미니쿠스회 수도사 페트루스 폰 베로나를 불러 종교재판국을 새롭게 조직한다.[149] 그의 활동은 비록 짧은 속세 기간이지만, 이것은 그를 성인으로 만든다. 1252년 4월 그는 여행 중 타살되고 다음해 3월 이미 성인으로 불려진다. 그의 후계자는 라니에리 사코니(Ranieri Sacconi)인데, 그는 도미니쿠스회 수도사이자 예전의 카타르파 추종자로서 친분이 깊은 학자일 뿐만 아니라, 『카타르파에 대한 요약』(1250)에서 보여주는 바와 같이 비타협적인 상대였다. 이 책에서 그는 카타르파의 가르침에 대해 논쟁하거나 반박하기 위해서가 아니라, 종교재판자들의 일을 밝히기 위해서 카타르파의 가르침을 상세하게 해설

146) 참조. H. Chr. Stoodt, Katharismus im Untergrund, S. 53-210.

147) 참조. E. Le Roy Ladurie, Montaillou. Ein Dorf vor dem Inquisitor, S. 7-30, 331-352; M. Benad, Domus und Religion in Montaillou, S. 87-194.

148) 참조. M. Lambert, Geschichte der Katharer, S. 247-288; D. Müller, Frauen vor der Inquisition, S. 271-439.

149) 참조. M. Lambert, Geschichte der Katharer, S. 211 ff, 226-229.

한다.[150] 밀라노 시민들이 그의 가혹한 태도로 인해 반란을 일으킬 때, 그는 도시를 떠나야 했고, 1262년 우르바누스 4세에 의해 교황청이 있는 비테르보(Viterbo)로 소환된다. 14세기로의 전환기에 역사상 '이탈리아의 모든 종교재판자들 가운데 가장 지독한 사람'으로 남게 된, 프란체스코회 수도사 살로모네 다 루카(Salomine da Lucca) 아래에서 카타르파가 최종적으로 쫓아난다.[151] 그 나머지는 터키의 자라나는 위협이 보스니아 통치자를 서방 나라들과의 정치적 동맹으로 강요할 때, 유럽의 카타르파가 그들의 출구로 취했던 보스니아에서만 15세기까지 유지할 수 있게 된다.

## 4. 성령체험주의적 단체들

지오아키노 다 피오레(Joachim von Fiore)의 천년설적 사상으로 인해 충돌할 때 북이탈리아 도시들 가운데는 성령체험주의적, 교회비판주의적 사상들이 퍼진다.[152] 이것을 주장하는 사람들 중에 아마도 시토수도회의 테르지아회로 추정되는, 구글리엘마(Guglielma, †1281)라는 이름을 가진 한 여성이 해당한다. 그녀는 성령의 화신으로 밀라노의 작은 추종자 무리로부터 숭배를 받고, 임박한 미래의 천사와 같은 여성형태의 교황 예언자로 해석된다. 그의 가르침들에 대해서 비록 적게 알려졌지만, 분명한 사실은 그녀의 추종자들이 여성들을 공직자로 임직하게 하는 새로운 교회 모델을 추구할 뿐만 아니라, 하나님의 구원사역에서 여성에게 새로운 역할을 부여한다는 점이다. 이러한 교회 직분 규정의 배치는 종교재판에 있어서 그들의 추종 단체인 '구글리엘마파'를 가혹하게 조치하게 하는 동기가 되고, 더욱이 구글리엘마의 시체를 파헤쳐 피고인들과 화형시키게 하는 원인이 된다.[153]

또한 같은 해 1300년, 교회 주변에서 엄격한 가난을 지키며 오로지 탁발(托鉢)로만 살

150) F. Sanjek, Raynerius Sacconi, Summa de Catharis, S. 31-60; 참조. R. I. Moore, The Birth of Popular Heresy, S. 132-145.

151) M. Lambert, Geschichte der Katharer, S. 296.

152) 참조. B. McGinn, The Calabrian Abbot. Joachim of Fiore in the History of Western Thought.

153) 참조. S. Wessley, The thirteenth-century Guglielmites. Salvation through women, 289-303; A. Fößel, Klosterfrauen, Beginen, Ketzerinner, S. 71 ff. 종교재판 기록으로부터의 발췌글: A. Fößel, a. a. O. S. 280-324.

아가는 평신도운동, 파르마(Parma)의 사도 형제들 운동의 창시자, 게라르도 세가렐리(Gerardo Segarelli)도 화형된다.[154] 그의 후계자는 피에몽(Piemont) 출신의 사제인 돌치노(Dolcino)로, 그는 성령으로부터 조명되어 새로운 시대의 예언자가 되는 요청과 함께 트렌티오(Trentino), 롬바르디아, 그리고 피에몽을 설교하면서 거쳐간다.[155] 한 성명서에서 그는 기존의 교황교회의 임박한 강압적 종말을 선언한다. 그 외에 그는 사제들과 주교들에게 모든 방법을 다해 저항하라고 자신의 추종자들에게 호소한다. 영적인 교회비판으로 시작되었던 것이 지방의 백성 안에서 주효한, 점점 더 반란의 운동으로 발전된다. 종교재판국은 오래 시간 후, 십자군의 개입 하에 그를 붙잡아 1307년 화형시킨다.

## G 14세기 변환기의 교황권

### 1. 첼레스티누스 5세(Coelestin V.)

2년의 공석 이후, 1294년 7월 베드로의 후계자는 '천사교황'으로 역사에 입적된 첼레스티누스 5세(Coelestin V.)로 선출된다.[156] 수십 년 전 은둔처에서 살았고, 은둔자연합을 시토수도회의 모범에 따라 이끌었던, 시칠리아의 농부가족 출신 피에트로 델 모로네(Pietro de Morrone)의 선출은 계획적인 것이었다. 이 선택은 세기 전반 권력을 의식하고 정치적으로 행동하고 있는 교황들에 대한 반대를 예시한다. 취임시 이미 거룩한 명성이 앞서 있는 첼리스틴은 프란체스코수도회에서 터진 가난논쟁에서 공동체의 재산, 가택소유, 확실한 숙소들을 단호히 거부하는 영성주의자들 편에 서고, 그들이 수도회로부터 나가 '가난한 은둔자'로서 고유의 공동체를 설립할 때, 그들을 동조한다. 그는 지오아키노 다 피오레(Joachim von Fiore)의 구원사적 종말론으로 충돌이 있을 때, 회를 개혁하고 단순한 원천으로 돌아가게 하는 목적을 추구한다. 그로인해 그는 자신으로 형성된 은둔적 첼레스티누스파 공동체를 장려하고, 교황의 관리 하에 두며, 특권을 부여하여 그들의 수도원

154) 참조. B. Töpfer, Das kommende Reich des Friedens, S. 280-324.

155) 참조. R. Orioli, Dolcino, LexMA 3, Sp. 1171 ff.

156) 참조. F. Baethgen, Der Engelpapst, S. 110-184, 198-206; P. Herde, Cölestin V (1294). Der Engelspapst, S. 1 ff.

들과 은거지들을 갖추게 한다. 그밖에 그는 몬테카시노 수도원을 연합회로 편입한다. 하지만 그의 교황직은 단지 몇 달 후에 끝난다. 그 이유는 예측하건대, 교황 직임의 요구와 금욕주의적 자인식이 서로 일치되지 않았을 것이란 점이다. 또한 고령의 나이는 - 첼레스티누스은 이미 85세이다 - 이러한 발걸음을 촉진하였을 것이다. 쾰른의 교회연대기는 설명하기를, 첼레스티누스은 이미 선출시 '이의를 제기했고 모든 방식으로 거부했으며' 단지 '하나님 은혜의 힘으로' '그 분의 뜻에 순종하게' 될 수 있었고 말한다. 거기서 그는 그리스도의 본을 따르고자 말이 아닌 '나귀' 위에 앉아 추기경들에게 이송되었다고 한다.

'그가 지금 거룩한 베드로의 직책으로 등극되었을 때, 그는 매우 경건하고 검소하게 살았다, 그래서 그는 교황직 이전에 했던 것대로 세 번의 금식시간들, 말하자면 부활전 전에 첫 번째, 동정녀 마리아의 승천절 전에 두 번째, 우리 주 예수 그리스도의 탄생 전에 세 번째 금식을 준수했다. 그러나 그는 몇 달 후에 생각하기를, 이 직책수행 안에 짓누르는 수많은 돌보는 일로 인해 그가 떠났던 명상적인 삶을 정진할 수 없다고 보고, 모든 이들의 원함에도 불구하고 교황직을 포기, 그의 은둔지루 돌아갔다. 비록 거룩한 베드로의 유산에서 충분한 숙소들이 추기경들에 의해 제공되었지만, 결단코 어떤 것도 받아들일 마음이 없었다.'[157]

같은 12월 첼레스티누스은 자신의 자리에서 퇴임하고, 교황 역사에서 새로운 것이고 동시대 교회법(아에기디우스 로마누스Aegidius Romaus)에서 논쟁될만한 한 걸음으로 나아간다.[158] 그는 1296년 5월에 죽고, 1313년에 아비뇽에서 성인으로 불려진다.[159]

---

157) Kölner Königschronik, GDV 53, S. 374 ff.

158) 참조. M. Bertram, Die Abdankung Papst Coelestin V.(1294) und die Kanonisten, S. 1-101.

159) 참조. F. Tschochner, Petrus Coelestin V., LCI 8, S. 181 ff.

## 2. 보니파키우스 8세

보니파키우스 8세(Bonifaz VIII.)는 자신의 전임자와는 완전히 다른 모습으로 나타난다. 이러한 모습은 첼레스티누스 5세와의 관계에서 나타나는데, 그는 직임포기이후 은둔지로 돌아가기를 갈망하나, 퇴위 적법성과 그로인한 취임 합법성이 의심될 수 있다는 불안함 때문에 보니파키우스로부터 체포되어 죽을 때까지 구금된다.

교회법과 교황청 외교에서 여러 해를 걸친 교육으로 훈련된 보니파키우스 8세는 '힘차고 완고하며 비정한 낭독연설로 13세기 법학자들과 신학자들이 교황에 대해 '그리스도의 대리자'(Vicarius Christi)로 발전시켜 이론적으로 작성했던 모든 권리들과 특권들'[160]을 요청한다. 더욱이 그는 황제권과 교황권 사이의 논쟁에서 출현한 저서들을 연결시킬 줄 알았다. 1302년 출간된 교회법학자 크레모나의 하인리히(Heinrich von Cremona)의 각서『교황의 권력에 대해』, 같은 해 쓰여진 아우구스티누스회 은둔자 아에기디우스 로마누스의 논문『교회의 전권에 대해』, 그의 제자 야코부스 폰 비테르보(Jakobus von Viterbo)의 저서『기독교적 통치에 대해』, 그리고 쾰른의 성 마리아 재단의 의전사제 알렉산더 폰 로에스(Alexander von Roes)의 비망록들이 이에 해당한다.[161]

그는 먼저 교회내부에 자신의 요구를 경청하게 했다. 1295년 그는 '작은 형제들'(Fratizellen)으로 백성들 안에서 간주되는 형제들의 독립성, 즉 쾰레스틴 5세에 의해 승인된 독립성을 종결하지만, 이로서 프란치스코 분열을 종식시키진 못한다. 일 년 후에 그는 '고상한 또는 새로운 영의 형제들', 즉 사제 직무의 성례전적 권위에 의문을 제기한 평신도 단체를 정죄했다.

> '우리는 이른바 묶고 푸는 열쇠를 가질 수 있다고 하는, 여성을 포함한 몇몇 인물들이 가르치는 것과 참회를 듣는 것, 죄들로부터 사면하는 것, 낮뿐만 아니라 밤에 자신들의 부조리함에 대해 숙고하고 설교를 감행하는 모임들을 집행하는 것,

---

160) J. Miethke, Rolle der Bettelorden, S. 128; 참조. J. Muldoon, Boniface VIII's Fourty Years of Experience in Law, S. 449-477.

161) 참조. M. Grabmann, Lehre des Erzbischofs und Augustinertheologen Jakob von Viterbo vom Episkopat und Primat, S. 185-206; S. 145 ff; R. Scholz, Die Publizistik zur Zeit Philipps des Schönen, S. 458-471.

교회 예식에 따른 성직자의 삭발을 남용하면서 이를 규정하고, 안수로 성령을 베푸는 것 ... 묶고 푸는 전권이 언급된 교회에 있다는 것을 부인하는지를 심문했다.'[162]

그리고 나서 보니파키우스 8세는 밖으로 향한다. 그는 교서『하나의 거룩한 교회를』(Unam sanctam ecclesiam)에서 교황 통치권에 대한 자신의 생각을 자신 있게 표현한다. 그는 먼저 비잔틴 교회에 맞서 로마 교회의 수위권을 부각시키고, 그 다음 세상권력에 대한 교회 권력의 우위를 확립하며 결국 모든 사람은 로마 주교에게 순복해야 함을 요구한다. '이 권위는 비록 한 인간에게 부여되었고 한 인간을 통해 실행되지만, 인간적인 권력이 아니라 오히려 신적인 권력이다. 주님이 베드로에게 '네가 묶었던 모든 것'이라고 말할 때, 이 권력은 신적인 입을 통해 부여되었고, 반석으로 알려진 자신과 그리스도 안에 있는 제자들에게 확인되었다. 우리는 선언하며 정의하기를, 모든 창조된 인간이 구원을 위하여 로마 주교에게 무조건적으로 복종할 필요가 있다는 점이다.'[163] 이러한 말과 함께 보니파키우스는 교회와 세상 가운데 우위권을 관철시키려는 자신의 의도를 강조한다.[164] 그는 탁발수도회로부터 실행력 있는 지원을 받는데, 이유는 그들이 교황 권력의 강화로부터 자신들의 영향력이 커지기를 기대할 수 있었기 때문이다. 실제로 그의 재임 하에 교황권은 제국을 상대로 지금까지 도달하지 못했던 영향력을 얻는다. '교황이 독일의 개별 영주들을 상대로 하는 군주적 위치로 거의 문제되지 않았고, 제국과 자유도시들을 상대로 재판 소유자로도 마찬가지였다. 이탈리아에서 그는 자신으로부터 승인된 왕이 없을 때, 자신을 제국의 대리자로 요청했고, 결국 제국과 왕국 모두 위에 있는 대리자가 되었다.'[165]

그러나 동시에 한계들은 보여 질 수 있다. 비록 전체 교회의 통치와 정치적 최고 권력 위에서 권리가 전통으로 서 있지만, 중세 전정기의 교황들 때부터 유럽의 정치적 상황은 근본적으로 바뀌게 된다. 이에 대해서는 교황권이 독일 왕과의 적대관계에 있었고, 십자

162) 1296년 8월 1일 칙서 'Saepe sanctam Ecclesiam'(H. Denzinger, Enchiridion, Nr.866)

163) H. Denzinger, Enchiridion, Nr. 874 f.

164) 참조. W. Ullmann, Bulle, 'Unam Sanctam', S. 45-77.

165) P. Moraw, Von offener Verfassung zu gestalteter Verdichtung, S. 153.

군 원정시 교황청과의 가장 중요한 동맹자였던 프랑스 황실에 점점 더 많이 의존하고 있는 점에서 나타난다. 첫 번째 문제들은 시칠리아에 대한 군주통치권을 앙주의 칼 1세(Karl I. von Anjou)에게 양도함으로 나타난다. 그러나 그는 이것으로 만족하지 않고 그의 통치를 중부 이탈리아 교황지역으로 확대하고자 한다.[166] 실지왕 존(Johann) 왕 이후로 교황청의 군주통치에 의존하는 영국은 에드워드 1세(Edward I., 1272-1307) 하에 독립하기 시작한다. 또한 보니파키우스는 특히 프랑스의 필립 4세(Philipp IV., 1285-1314)를 상대로, 그의 계획된 요구가 통하지 않는다는 것을 지켜보아야만 했다. 최하점은 프랑스 용병이 아나니(Anagni) 관저에 있는 교황을 습격할 때 다다른다. 퀼른의 왕의 연대기는 1303년 시대를 보도한다.

> '이때 교황 보니파키우스 8세는 그가 성에 체류할 때, 자신이 추방했던 프랑스의 필립 왕의 조력과 황실관리들을 매수해서, 추기경직을 빼앗긴 드 코룸냐(de Columpna)의 두 명의 추기경들에게 체포되었고, 그의 모든 보물을 빼앗기게 되었다. 이 소식이 로마에 도착했을 때, 로마사람들은 곧 교황을 빼내기 위해 출발했지만 그들이 이미 병들었던 그를 로마로 데려왔을 때 그는 오래 되지 않아 죽었다.'[167]

보니파키우스 8세의 죽음과 함께 민족 왕권은 교황권에 비해 확고한 위치를 얻게 되었다. 콜마르(Colmar)의 연대기들은 프랑스 왕이 승리의 표시로 로마 교황의 초상집 앞에 자신의 깃발을 3일 동안 세웠다라고 전한다.[168] 통치권과 자치권에 대한 왕의 요구는 이후 교회 권력전개의 한계를 두드러지게 한다. 이것은 단테가 군주론에서 기록한 대로 황제통치에 대한 초안을 표현하고 있는 것이다.[169]

---

166) 참조. P. Herde, Karl I. von Anjou, S. 34-47.

167) Kölner Königschronik, GDV 53, S. 377.

168) Annales Colmarienses, MGH.SS 17, S. 229. Z. 35 f.; Annalen und Chronik von Kolmar, GDV 75, S. 112.

169) Dante Alighieri, Monarchia, hg. von R. Imbach/Chr. Flüeler, S. 240-249.

## H 종교성과 경건성

### 1. 성인숭배

중세 전성기에 삶의 모든 분야에서 성인 숭배가 뚜렷이 늘어난다.[170] 이것은 늘어나는 성인비석의 수에서 나타난다.[171] 동시에 12세기 초반까지 주교들과 공의회 손안에 놓인 성인숭배는 알렉산더 3세(Alexander III., 1159-1181) 하에 새롭게 규정된다.[172] 그의 재임기간 동안 시성된 가장 유명한 성인 가운데 캔터베리의 대주교 토마스 베켓(Thomas Becket)이 해당된다. 그는 교회로 권력을 넓히려고 시도한 하인리히 2세에 반대하다, 보수를 받고 고용된 기사들에 의해 성당 제단 앞에서 죽게 되고, 몇 년 후에 시성(諡聖)되었다.[173] 캔터베리에 있는 그의 묘지로 가는 순례는 산티아고 데 콤포스텔라(Santiago de Compostela)에 뒤떨어지지 않는 정도의 규모를 얻게 된다.[174] 토마스-숭배는 대륙으로 확신되고, 그곳에서 종교개혁 시기까지 장려된다.[175] 베르나르 드 클레르보(Berhard von Clairvaux, 1153년 사망)는 때대로 성인시성 집행이 성인의 생전에 이미 정해진 한 예이다.[176] 그 외에 그는 성인전의 의도에 의해 특징지워진 전기저술과 연결된다.[177] 베르나르트는 1174년 성인(聖人)으로 된다.[178] 백성들의 경건성 안에서 그는 아이들의 병들, 귀신들림, 가축전염병, 악천후 그리고 죽음시간에 맞서 싸우는 협력자로 통한다.[179]

---

170) W. Bergmann, Die Heiligen und das Profane, S. 118; 참조. A. Angenedt, Der Heilige auf Erden-im Himmel, in: J. Petersohn, Politik und Heiligenverehrung, S. 11-52.

171) 프랑스에 대해: 참조. S. Komm, Heiligengrabmäler des 11. und 12. Jahrhunderts, S. 7-82, 147-152.

172) 참조. R. Klauser, Entwicklung des Heiligsprechungsverfahrens, S. 85-101; B. Schimmelpfennig, Heilige Päpste - Päpstliche Kanonisationspolitik, in: J. Petersohn, Politik und Heiligenverehrung, S. 73-100.

173) 참조. J. Haller, Papsttum, Bd. 3, 200/225; P. Aubé, Thomas Becket, 359-376.

174) 참조. R. Eales, The Political Setting of the Becket Translation of 1220, in: D. Wood, Martyrs and Martyrologies, S. 127-139; 번역을 기념하며 시토수도사 프로아드몽의 토마스(Thomas von Froidmont)가 저술한 『토마스 베켓의 생애』가 출판되었다(hg. von P. G. Schmidt).

175) 참조. U. Nilgen, Thomas Becket und Braunschweig, S. 219-242.

176) 참조. A. H. Bredero, Bernhard von Clarivaux zwischen Kult und Historie. Das Heiligkeitsbild Berhards in der Zisterzienserhagiographie des 12. Jahrhunderts, in: Zisterziensische Spiritualität, 135-151; U. Köpf, Die Rezeptions-und Wirkungsgeschichte Bernhards von Clairvaux, in: Bernhard von Clairvaux, Rezeption und Wirkung, S. 5-65.

177) PL 185, Sp. 225-268. 참조. D. von der Nahmer, Heiligenvita, S. 57 ff., 80 ff.; J. Leclercq, Bernhard von Clairvaux, S. 9.

178) 참조. E. Vacandard, Leben des Heiligen Bernhard, Bd. 2, S. 556-587.

179) 참조. C. Squarr, Bernhard von Clairvaux, LCI 5, S. 371-385.

성인숭배의 맥락 가운데 마리아 숭배가 속한다. 그 어떤 다른 형태도 '마리아 보다 더 권위적이고 더 오래 동안 이 상징의미의 힘으로 신앙과 사상, 서양 기독교의 느낌을 가지지 못하게 한다'.[180] 무염(無染)수태 사상은 먼저 안셀름 오브 캔터베리(Anselm von Canterbury, 1033-1109)에 의해 1100년 혹은 1101년에 쓰여 진 논문『동정녀의 수태와 원죄에 대해』에서 발생했다.[181] 시토수도원들에서는 교회비호세력들의 권한으로 마리아 숭배가 모든 교회에 특별히 장려된다. 베르나르 드 클레르보는 자신의 마리아강해에서 수도원의 덕목들, 특별히 동정성과 겸손, 천사와 비교되는 그녀의 아름다움, 또한 그리스도 구원역사에서의 그녀의 협력을 묵상한다.[182] 마리아 숭배는 교회 개혁회의 예식에서 핵심에 선다. 마리아 축제들은 9월 8일(마리아의 탄생), 12월 8일(마리아의 잉태), 2월 2일(마리아의 촛불미사), 3월 25일(마리아의 예고), 7월 2일(마리아의 가택방문), 8월 15일(마리아의 승천)에 개최된다. 푈데(Pöhlde)의 연대기는 1153년 마리아숭배 축제일을 세운 베른바르트 폰 힐데스하임(Bernward von Hildesheim)의 이상에 대해 보도한다.

> '그가 한 밤부터 보좌신부들과 이 축제의 아침사역을 시작했었는데, 하늘의 광채로 주변이 비쳐지면서 왕위에 오른 하나님의 어머니가 나타났다. 하지만 주교만이 홀로 그것을 보았고, 인식했다. 그로부터 경배의 문안을 받고 황송하게도 종에게 내려오신 이유가 무엇인지 질문 받을 때, 그녀는 말했다. '나는 너희들이 내 아들의 영광을 위해 이러한 나의 축제에 대한 기념일을 기억하니 기쁘고 행복하단다.' 이런 일이 신자들에게 알려지게 되었을 때, 경배하는 마음으로 많은 사람들로부터 앞서 8일간 진행된 앞서 축일과 같이 마찬가지로 이 축일을 8일 동안 온전히 개최가 시작되었다.'[183]

알렉산더 3세는 마리아에 대한 존엄을 기록한다.

---

180) K. Schreiner, Maria, 493; 참조. J. Bugge, Virginitas, S. 141-154.

181) De conceptu virginali et de originali peccato, in: S. Anselmi Cantuariensis Archiepiscopi Opera omnia, Vol. II, S. 135-173.

182) Bernard de Clairvaux, A la louange de la Vierge Mère, SChr 390; 참조. P. Dinzelbacher, Bernhard von Clairvaux, S. 71-75.

183) Annales Palidenses, MGH.SS 16, S. 87, Z. 36; Jahrbücher von Pöhlde, GDV 61, S. 83.

'마리아는 치욕 없이 잉태했고, 고통 없이 낳았으며, 이 시간부터 천사의 말씀에 따라, 혹은 천사를 통한 하나님의 말씀에 따라 부패함 없이 더 좋게 행동했는데, 그녀가 반쪽 은혜가 아닌 완전한 은혜 가운데 있어 하나님, 곧 그녀의 아들로 가득 찼다는 점을 나타내기 위해서이다. 이른바 아버지와 어머니보다도 앞서, 그가 한때 옛 계명으로 가르쳤던 것으로 그녀가 충만하다는 것을 나타내기 위해서이다. 또한 동정녀 어머니의 육체로 수용되었던 그리스도의 동정녀 육체가 완전히 그녀와 구분되도록 하기 위해서이다.'[184]

## 2. 성유물 신앙심

성유물들은 민중신앙에 있어 대단한 존경을 받았다. 이것들은 순례자들에게 선호되는 기념품이다. 이것들은 신자들에게 성인들의 현존을 보증한다. 작센의 하인리히 공작은 예루살렘으로부터 귀환한 후 브라운슈바익(Braunschweig) 대성당에 '가져온 성인들의 유골들에 금과 은, 보석으로 장식하게 한 것을 선물하는데, 그 가운데는 몇몇 사도들의 팔들이 있었다'[185]. 성유물들은 십자군 원정 때 중요한 전리품이다. 프리드리히 1세 바르바로사(Friedrich I. Barbarossa)는 군사적으로 승리했던 밀라노를 성유물 탈취로 굴욕감을 주었는데, 그는 이것들을 쾰른 쪽에서 만들게 시켰다. 연대기저자들은 이것을 종교적일 뿐만 아니라, 정치적인 사건이라 묘사한다.

'그가 이러한 수호성자들을 통해 전체 게르마니아 제국을 예찬하고 있는 동안, 그는 전 독일 민족을 거창하게 치켜세웠다. 왜냐하면 이것들이 오늘날까지 같은 교회 소중한 금속관에서 상하지도 않고 마치 살아 있는 것과 같이 보전되어 있기 때문이다.'[186]

184) H. Denzinger, Enchiridion, Nr. 748, 329; PL 207, Sp. 1077A-1078A.

185) Arnolds Chronica Slavorum, MGH.SS rer. Germ. 14, Lib. 1, Cap. 12, S. 30, 28-31; Chronik Arnolds von Lübeck, GDV 71, S. 30 (Jahr 1173).

186) Ottonis de Sancto Blasio Chronica, MGH.SS rer. Germ. 47, Cap. 16, S. 19, Z, 21-26; Chronik des Otto von St. Blasien, GDV 58, S. 22 (Jahr 1162).

수많은 성유물들이 십자군 원정을 통해, 특별히 콘스탄티노플 정복과 약탈을 통해 서유럽과 중유럽으로 도달한다.[187]

성인들의 사물화로서 성유물들은 아주 작은 조각마저 가져올 정도로 매우 값이 비싸다. 슈타데(Stade)의 연대기저자는 한 순례자가 한 수도원에 '훌륭한 성유물들을 맡긴 것'에 대해 보도한다.

> '그 가운데는 작은 크리스탈 용기에 있는 예수 그리스도의 피도 있는데, 수도원장은 이것을 그의 전임자가 여러 성유물들을 전부터 올려놓았던, 두 개의 크리스탈 용기들 위에 존경스러운 형태로 세워놓았었다. 그는 그곳에 주님의 나무로 된 작은 십자가를 걸었다. 또 다른 작은 크리스탈로 된, 그러나 충분이 큰 그릇에는 주님의 가시면류관, 주님을 십자가에 박은 못, 주님의 채찍, 복된 동정녀의 우유가 있었다.'[188]

보헤미아 연대기에는 어느 한 교회에 대해 말하는데, 그곳에 '성 마틴의 제단'과 '첫 번째 순교자 성 스데반' 뿐만 아니라, '성 베드로, 바울, 안드레, 바돌로메, 야고보, 빌립. 복음서저자 누가, 성 바나바 그리고 다른 사도들의 성유물들을 가지고 있다'[189]고 한다.

고딕 성당들에서 존재하는 성유물들은 그곳의 건축에 영향을 주었다. 공간의 통일성에 대한 노력은 지하 납골소를 포기하도록 만들었는데, 11세기에서는 이것이 없이 어떤 기념비적인 건축도 아직 나타나지 않았던 상태였다. 그 대신 교회내부에서 성유물들은 값비싼 재료들로 생산되고, 화려하게 장식된 성유물 함속에 보관되고 장식된다. 이에 대한 예로 고딕 교회설립에서 가장 오래된 교회, 생 드니(Saint-Denis) 수도원 교회가 있다. 이곳 수도원장 쉬제르(Suger)는 예전부터 교회내부 납골소에 보관되었던 성 디오니시우스와 다른 성인들의 성유물을 개조한 제단소에 보관하게 하였다. 쾰른 대성당에는 예

187) 참조. A. Angenendt, Geschichte der Religiosität im Mittelalter, S. 691 ff.

188) Annales Stadenses, MGH.SS 16, S. 368, Z. 20-34; Chronik des Albert von Stade, GDV 72, S. 96 ff.(1243년).

189) Monachi Sazawensis Continuatio Cosmae, MGH.SS 9, S. 154, Z. 10-29; Der Mönch von Sazawa, in: Die Fortsetzungen des Cosmas von Prag, GDV 66, S. 64 ff.

술 가치가 높은 유물함 중 하나가 있는데, 그거에는 동방박사들(Heilige Drei Könige)의 성유물들이 보관되어 있다. 때때로 유골함의 위치는 대성당의 건축학적인 중심인, 종복도와 횡복도가 만나는 십자형 공간(Vierung)에 놓이는데, 이는 존경하는 유골의 값비싼 상자로서 전체 건축이 해석된다는 표시이다. 성유물들로부터 나온 힘에 대한 신앙은 그것의 소유와 연결된다. 그래서 파리 생뜨-샤펠 성당에 있는 그리스도의 가시면류관의 보존은 프랑스 왕권의 합법화로 간주한다. 성유물 숭배의 증가는 죽은 자들의 안식을 침범하지 않는 고대 로마의 규정에서 전향하여 무덤들이 열어지고, 성인들의 시체들 또는 그들의 부분들을 꺼내어 세워 그들의 운송과 진열을 위해 보이는 석관들이나 제단 유물함에 넣어 두는 결과를 낳았다.[190] 한 예로 거룩한 주교 고데하르트 폰 힐데스하임(Godehard von Hildesheim, 960/61-1038) 숭배가 있다. 이미 그의 죽음 직후 그에 대한 숭배가 시작되는데, 이것은 1131년 혹은 1132년 그의 유골에 대한 시성화(諡聖化)와 찬양으로 절정에 달한다.[191] 전기가 그의 활동 기억을 생생하게 하는 동안, 그의 성유물 숭배로 인해 병고침을 받았다는 기적 이야기들이 연결된다.[192] 성 고데하르트 숭배는 중부와 동부 독일로 퍼져 나갔다. 묘사들은 그를 오르나트(Ornat)의 주교로, 주교관을 쓴 학자로 또는 죽은 자를 일으킨 성인으로 나타낸다.[193] 푈데(Pöhlde)의 연대기들은 이것에 대해 보도하기를, 거룩한 사도 맛디아(Mathias)의 유골들과 성 루스티쿠스(Rusticus)와 베난티우스(Venantius)의 유골들이 운반되는 것을 반대하면서 책임자들이 실명하고, 고슬라르(Goslar) 도시가 끔찍하게 불타는 벌을 받았다는 것이다.[194] 보헤미아 연대기는 설명하기를, 주교가 성유물로 세우지 않으려 원하던, 성 루트밀라(hl. Ludmila)의 상위 옷 조각이 불에 상하지 않는 기적의 힘을 증명한 일이다.[195] 성유물의 의미는 회개와 간구행진에서 그 쓰임새가 드러난다. 이 행진들은 하나님의 노를 무마시키고 그의 형벌을 피하기 위해서와, 침수와 기근, 전쟁과

190) 참조. A. Angenendt, Zur Ehre der Altäre erhoben, S. 221-244; U. Swinarski, Der ganze und der zerteilte Körper, S. 58-68.

191) 참조. Cronica Sancti Petri Erfordensis moderna, MGH.SS rer. Germ. 42, Teil 1, S. 168, Z. 20-23; Albert von Stade, Chronik, S. 16.

192) Wolfher, Vita s. Godehardi episc. Hildesheim, MGH.SS 11; Annales Palidenses, MGH.SS 16, S. 79, Z. 10-34; Die Jahrbücher von Pöhlde, GDV 61, S. 55 ff.

193) 참조. E. Endrich, Godehard von Hiddesheim, LCI 6, S. 415 ff.

194) Annales Palidensis, MGH.SS 16, S. 81, Z. 17-26; Jahrbücher von Pöhlde, GDV 61, S. 62 ff.(1144년).

195) Cosmae Pragensis Chronica Boemorum, MGH.SS rer. Germ. N.S.2, Lib. 3, Cap. 11, S. 171, Z. 3 – 172, 4; Des Decan Cosmas Chronik von Böhmen, GDV 64, Buch 3, S. 169 ff.

페스트에서 나라를 지키기 위해 실행된다. 성유물로 성인들의 현존이 보장됨으로 인해 사람들은 악마들을 더 효과적으로 물리칠 수 있고, 하나님께서 부탁을 더 쉽게 받으실 수 있기를 희망한다. 콜마르의 연대기들은 페스트와 죽음을 방어하기 위한 '성유물 행진'에 대해 보도한다.[196] 개별적인 사건들에는 유대인에 대한 적대감을 표시하는 노선들이 성유물 신앙과 순교자 신앙심으로 나타나게 되는데, 1244년 노리치(Norwich)의 사건들이 이것을 보여준다. 당시 12세 아이에 대한 (이른바) 유대인들의 종교제식적 살인에서부터 성인에 대한 제식 숭배가 발달한 것이다.[197] 토마스 오브 먼마우스(Thomas von Monmouth)는 발생한 이 일에 대한 자신의 기록에서 죽은 자들의 삶을 수난역사로서 나타내고, 죽음을 하나의 순교로 해석한다. 그는 환상 가운데 하나님의 어머니가 무덤을 방문했음을 보았다고 한다. 토마스는 병자들을 치료하고 악마들을 쫓아내며 다른 구원활동들을 기록한다. 발전의 종착지는 노리치 교회에 방대한 성인숭배의 형성이다.[198]

1287년 부활절 몇 주 후 죽은 채로 발견된 바하라흐의 베르너(Werner von Bacharach) 사건은 센세이션을 일으킨다.[199] 트리어의 한 연대기는 '한 젊은이를 계획을 세우고 그에 따라 죽이려고 했던, 무신론자 유대인들, 즉 기독교 신앙의 적들'에 대해 기록한다. 이때 백성이 일어나게 되었고, 분노 가운데 목을 졸라 죽고, 익사되고, 맞아 죽거나 화형되었다고 한다. 그러나 하나님은 '그 순교자들의 몸을 야생 짐승들이나 새들로부터 손상되지 않게' 보호하였다고 한다. 사람들은 그의 무덤 위해 교회당을 세웠는데, 수많은 순례자들을 위한 순례의 장소가 되었다고 한다.[200] 시간이 경과한 후에 제식적인 죽음이 단순 죽음으로부터 예수 수난의 반복으로 된다. 후에 이와 함께 성찬모독에 대한 비판이 연결된다.[201] 그 결과는 모젤 계곡(Moseltal)과 훈스뤽크(Hunsrück), 마침내 전 라인 지역에서의 피흘린 박해들이다.[202] 15세기에 처음으로 유대인의 박해와 관련하여가 아니라, 제식의 정당성과

196) Annales Colmarienses, MGH.SS 17, S. 222,24-30; Annalen und Chronik von Kolmar, GDV 75, S. 92 ff.

197) 참조. F. Winkelmann, Kirchen im Zeitalter der Kreuzzüge, S. 128 ff.; A. S. Abulafia, Christian and Jews, S. 134-139.

198) The Life and Miracles of St. William of Norwich, Buch I, 17 f., S. 50; 참조. J. Edwards, The Church and the Jews in English Medieval Towns, in: T. R. Slater, The Church in the Medieval Town, S. 43-54.

199) 참조. F. Pauly, Zur Vita des Werner von Oberwesel, S. 94-109.

200) Gesta Treverorum Bd. 4, IV, Trier 1960, S. 89; Kirche und Synagoge, Bd. 1, S. 267.

201) 참조. G. Mentgen, Die Ritualmordaffäre um den 'Guten Werner' von Oberwesel und ihre Folgen, S. 159-198.

202) 참조. Annales Cormarienses, MGH.SS 17, S. 215, Z. 12 ff.; Annalen und Chronik von Kolmar, GDV 75, S. 74.

관련하여 의심이 커졌다. 왜냐하면 죽임을 당한 자가 정당하지 않은 방법으로 유대인의 집에 체류했었기 때문이라고 한다.[203]

## 3. 성체 신앙

성체(性體, Eucharistie)는 그 당시 교황의 승인 아래에서 매번 다루어지는, 가장 중요한 신학적 주제이다. 이것은 '축성된 성찬빵(Hostie)의 겉표면을 통과해서 진정한 내용물, 즉 살과 피를 가지신 예수님을 볼 수 있는'[204] 은혜의 선물로 간주한다. 하지만 성만찬 예식에 대한 숭배는 우선 미사 밖에서는 알려지지 않는다. 성만찬으로부터 남은 것은 단지 드물게 보존되고, 어느 제단으로부터 다른 곳으로 가는 관습과 성인들과 순교자들에게 기도하는 관습이 형성되어 있었지만, 결코 경배의 대상이 되지 않았다.[205]

이것은 12세기로의 전환기에 베렝가르(Berengar, †1088)와 랑프랑코(Lanfranc, †1089) 사이의 성만찬 논쟁의 결과로 바뀐다. 이 결과는 그리스도 살과 피의 실제적인 현재성에 대한 이론이다.[206] 설교 소재로의 성만찬이 아닌, 성찬빵의 기적과 살아있는 살로의 성찬빵 변화, 그리고 마술과 같은 성만찬의 변화에 대해 보도된다. 교회의 사제들의 행위 안에 그리스도가 임재하는 것처럼 가리키는 것과 그 예식적인 표현이 성체 거양(Elevation)에 있는 것은[207] 민중의 경건성에 있는 마술적이고 미신적인 흐름들을 수용한 것이다. 성찬빵은 여행부적과 부장품으로 사용되고, 서약식이나 강청기도, 또한 제단 설립시 사용되었다. 그밖에 성유물 숭배 형태들은 성찬빵 숭배로 옮겨지게 된다 - 관람, 행진, 전시, 축복받음. 이러한 배경에 서 있는 신앙은 성유물과 성찬빵에 동일한 기적의 힘과 구원의 힘과 보호능력이 내재한다는 믿음이었다.[208]

---

203) 참조. E. Iserloh, Werner von Oberwesel, S. 270-285; L. K. Little, The Jews in Christian Europe, in: J. Cohen, Essential Papers on Judaism and Christianity, S. 276-297.

204) A. Angenendt, Geschichte der Religiosität im Mittelalter, S. 506.

205) 참조. P. Browe,Verehrung der Eucharistie im Mittelalter, S. 11-25.

206) 참조. K. -H. Kandler, Christliches Denken im Mittelalter, S. 45 ff.

207) 1264년 8월 11일 칙령 Transiturus de hoc mundo와 1267년 10월 28일 서신 Quanto sincerius an den Erzbischof von Narbonne; H. Denzinger, Enchiridion, Nr. 846-849; 참조. P. Browe, Verehrung der Eucharistie im Mittelalter, S. 26-69.

208) 참조. G. J. C. Snoek, Medieval piety from relics to the eucharist, S. 65-226, 227-307, 309-386.

푈데의 연대기들은 보도한다.

'아셔스레벤(Aschersleben)의 어느 시장여인은 부활절에 받았던 것처럼 보이는 성체(Eucharistie)를 오 죄로다! 불경건하게 집으로 운반했고 그것을 보관했다. 우리는 어떤 마법인지 알지 못하지만, 그녀는 몇 시간 후에 피투성이의 살로 변한 그 자체를 보고 경악했다. 그로인해 그녀는 유명해졌고, 자신의 한 일을 뉘우쳤다. 또한 이 기적현상으로 누설된 이 일은 완벽하게 은폐될 수 없었다. 이에 주교 올데리히(Olderich)는 자신의 부하들에게 기도와 함께 3일간의 금식을 명령했고, 이 구원의 성찬빵을 온전한 경외심으로 그 교회로 옮기게 했다.'[209]

이 예는 성만찬에 대한 교회의 가르침이 제4차 라테란 공의회에서 발전했던 대로 민중의 경건성 안에서 기적의 상상들로 풍부해지고 변형된 것을 보여준다. 그러나 토마스 아퀴나스(Thomas von Aquin)는 이러한 민중 신앙적 현실주의에 신학적 의미를 둔다.

'이중의 방식으로 그러한 현상은 일어 날 수 있는데, 이러한 예식 가운데 기적적인 방식으로 살이나 피, 또는 아이가 보여 진다. 때때로 이러한 예식은 보는 사람들 편에서 일어나는데, 그들에게는 살이나 피, 또는 아이가 확실히 보이는, 그러한 변화에 그들의 눈이 정복된다. 하지만 마술의 속임수에서 일어나는 것처럼, 이것은 어떤 속임에 대한 문제가 아니다. 왜냐하면 이 형상은 신의 섭리(divinitus)에 의해 눈 속에서 만들어지기 때문이다. 이는 진리를 명료하게 나타내기 위해서, 그리고 이른바 그리스의 참된 몸이 이 예식 아래에 있다는 것을 알리기 위해서 인데, 마치 그리스도가 엠마오의 제자들에게 가짜가 아닌 채로 나타나셨던 것과 같다.'[210]

14세기로의 전환기에 발생한 유대인혐오와 성체 경건성을 기록한 성찬빵모독 전설은

209) Annales Palidenses, MGH.SS 16, S. 84, Z. 45-50; Jahrbücher von Pöhlde, GDV 61, S. 74(1150년도 아래).

210) Thomas, Summa Theologiae III 76,8.

또한 이러한 맥락들에 속한다. 첫 번째로 1280년 파리의 유대인들이 비난받았는데, 그들은 그리스도를 다시 괴롭히고, 십자가에 달리게 하기 위해, 기독교인들로부터 성찬빵을 훔친 후, 그것을 뾰족한 도구로 꿰뚫었을 것이라 본다.[211] 1298년 타우버(Tauber) 강가 프랑켄 지방의 도시 뢰팅겐(Röttingen)에서의 비슷한 사건은 이목을 끈다. 거기서 유대인들은 성당지기로부터 성찬빵을 구입한 다음, 그것을 찔러 뚫고 괴롭혔다고 한다. 그로인해 성찬빵이 피를 흘리고 세 살 아이처럼 울기 시작했다고 한다. 그 유대인들은 놀라 그것을 땅에 묻었지만, 빛이 나타나 몇몇 여성들에게 계시되었다고 한다. 결과들은 비참하게 되었다. 폭로의 날에 린트플라이쉬(Rintfleisch)란 이름을 가진 학살자가 백성들의 선두에 서서 능욕당한 성찬빵에 대해 복수를 일깨웠다. 작당한 기독교인 무리들은 프랑켄 지방의 유대인들 에게 대량 학살을 야기한다. 레겐스부르크와 아우크스부르크와 같은 몇몇 도시들에서만 시민들이 유대인들을 구하는 일을 성공하였다.[212] 우르바누스 4세에 의한 성체축일(Fronleichnamfest)의 도입으로 중세 전성기의 향상된 성체 경건성이 반영된다.[213] 축일의 기원은 뤼티히(Lüttich) 교구에 있었는데, 율리아나 폰 코르닐론(Juliana von Cornillon, 1191/92-1250)의 활동과 연관된다. 일찍 고아가 된 그녀는 어릴 때부터 나병환자 집에서 살았다. 그녀는 환상으로 성만찬 축일에 대한 설립을 그리스도로부터 부탁받았다.[214] 이러한 배경을 형성한 것은 성체에 대한 경외심이었는데, 이것은 이미 1215년 제4차 라테란 공의회에서 매년마다 성만찬식이 독촉될 정도로 컸다. 뤼티히 주교구에서는 율리아나의 영향에 대한 끊임없는 요구가 나타났다. 뤼티히의 로베르트 주교는 1246년에 이 새로운 축일에 대한 휴일을 제정하고, 이 날을 성령강림절 이후 세 번째 주일 다음의 목요일로 정했다. 그 날에 신도들은 일을 자제하고 그리스도 몸을 받을 준비를 해야만 한다. 하지만 이것이 모든 교회에 관철되기까지 아직 많은 시간이 걸린다. 뤼티히의 부사제로 있었던 우르바누스 4세는 1264년에 주님의 몸 축일(Fest Corpus Domini)에 대한 휴일을 선포한

211) 참조. F. Lotter, Hostienfrevelvorwurf und Blutwunderfälschung, in: Fälschungen im Mittelalter, Bd. 5, Schriften der MGH 33, V, S. 533-583; P. Browe, Die eucharistischen Wunder, S. 128-138.

212) 참조. F. Lotter, Die Judenverfolgung des 'König Rintfleisch' in Franken, S. 387 ff.

213) 참조. P. Browe, Verehrung der Eucharisite im Mittelalter, S. 71-88.

214) De B. Juliana virgine, priorissa Montis-Cornelii apud Leodium, promotrice festi corporis Christi, Acta SS Apr. I, S. 437-477.

다.[215] 그는 성체축일이 예수 그리스도의 성만찬의 현재성에 대해 기뻐하는 축제이라고 명확히 한다.

> '이것은 효험이 있는 기념표시로 우리가 그 안에서 우리 구원자에 대하여 그 감사한 기억을 행하고, 악을 삼가 선 안에서 강하게 되며 덕목과 은혜의 성장 안에서 전진하고 구원자 자신의 육체적 현재성으로 인해 실제로 전진한다.'[216]

이후 십년 동안 성체축일은 점점 관철되었다. 앞장 서 나간 곳은 독일, 프랑스, 지벤뷔르겐(Siebenbürgen), 헝가리이다. 비엔(Vienne)공의회(1311/12)를 통해서 계속 확산되었다.

## 4. 황금전설(Legenda aurea)

『황금전설』(Legenda aurea)[217]은 민중의 경건에 가장 큰 의미를 가지고 있었다. 그 저자는 야코포 다 바라자(Jacobus von Voragine, 1228/30-1798)로 도미니쿠스회 수도사이자 1292년부터 제노바의 대주교였다. 집필은 1252/1260년에 이루어졌는데, 그 때 야코포는 처음에 코모(Como)의 지역수도회 원장이었다가, 후에 볼로냐의 원장이 되었다. 그런 가운데 그는 많은 수의 1차 자료와 이미 교회의 성인들에 대하여 제시되어 있는 자료를 끌어다 이용했으며, 단지 적은 수의 장(章)만 그 자신이 직접 작성한 것이다. 하지만 그는 그 장들을 새롭게 편성했고 통일성을 부여했다.[218] 황금전설은 초기 그리스도교부터 현재까지 이르는 성인전기의 모음을 포함하고 있다. 이로써 그것은 그리스도를 뒤따르는 삶을 위한 지침들을 주려는 성인전의 편람의 형태를 지니게 됐다.[219] 전승된 책의 제목들은『성인들의 황금 전설』(Legenda (aurea) sanctorum),『새로운 전설』(Legenda nova),『롬바르디아의 전

---

215) 참조. Kölner Königschronik, GDV 63, S. 382 f.에 있는 보도에서.

216) H. Denzinger, Enchiridion, Nr. 846.

217) Iacopo da Varazze, Legenda Aurea. Edizione critica, 2 Bde., hg. von Giovanni Paolo Maggioni, Firenze, 2. Aufl. 1999; Übersetzung: Legenda aurea, hg. von R. Benz.

218) 참조, B. Fleith, Studien zur Überlieferungsgeschichte der lateinischen Legenda Aurea, S. 9-30.

219) 참조, R. Rhein, Die Legenda aurea des Jacobus de Voragine, S. 5-60

설』(Legenda lombardica), 『성인들의 수난기』(Passionale de sanctis)들이었다. 그 가운데 마지막으로 언급된 명칭은 이러한 성인전모음을 통한 생활의 전례적인 위치를 연상시키게 한다. 『황금전설』은 천 개 이상의 중세의 필사본과 민중언어로 번역되어 전 유럽으로 유포되었기에 중세의 가장 성공적인 경건서와 기도서였다. 무엇보다도 도미니쿠스회 수도사들이 황금전설을 그들의 지역수도회에서 설교자교육을 위한 교본으로 공부했을 뿐만 아니라 파리 대학에서 사용을 옹호함으로, 그것의 유포자들이었다.[220] 총 153명의 성인들에 대한 설명이 그 내용을 이루고 있으며, 사도전(使徒傳), 순교자전(殉教者傳), 주교전(主教傳), 수도사전(修道士傳)의 4개의 문학적 장르로 제시되었다. 거기에는 거의 전적으로 초기그리스도교의 성인들이 중요했다. 그 가운데 아우구스티누스와 히에로니무스가 있었으며, 베르나르 드 클레르보, 도미니쿠스, 프란체스코와 엘리자베트 폰 튀링겐처럼 불과 소수만 12/13세기에서 유래하였다. 그리고 성경의 에피소드가 그 나머지를 이룬다.

성인들의 전설자료들을 개정 없이 서로 연결한 이전의 성인전모음집들과 달리 황금전설은 교회력의 진행에 따랐다. 그것을 통하여 성인전의 지식이 그리스도교신앙의 교리와 역사에 대한 자세한 묘사와 연결되어 객관적인 구조로 독자에게 제시되었다. 그래서 창조로부터 종말까지 이르는 구원사가 교회력의 진행과 결합되었다. 머리말에서 말하고 있는 것처럼, 아담부터 모세까지 이르는 죄 가운데 삶의 시기(칠순(七旬)주일 (부활절 전 70일째 주일 - 역자 주)에서 부활절), 모세부터 그리스도까지 이르는 갱신의 시기(대림절에서 성탄절까지), 그리스도를 통하여 일어난 화해의 시기(부활절에서 성령강림절) 그리고 싸움과 순례를 통하여 특징 지워지는 현재의 삶의 시기(성령강림절에서 대림절까지)로 4개의 교회절기가 있다. '교회의 대림절과 그리스도의 재림에 대한' 명상으로 분류되는 전설이 첫 부분을 형성한다. 그 밖에 구성단락으로 그리스도의 탄생, 할례와 현현, 부활절전의 사순절시기, 고난과 부활, 그리스도의 승천, 성령강림, 요한기념일과 마리아기념일이 이어진다. 이러한 구성 아래 신학적 구상이 깔려 있다.

'성인들은 그들의 서로 다른 운명 속에서 예수 그리스도의 하나님사랑과 인간사

220) 참조, B. Fleith, Studien zur Überlieferungsgeschichte der lateinischen Legenda Aurea, S. 404-430.

랑을 반복하고 있으며, 그들의 고난과 받은 박해 속에서 구원자를 뒤따르는 것이 구체화된다. 그래서 황금전설은 구원사의 각 시대에서 '세상의 도성'(civitas terrena)에 대한 '하나님의 도성'(civitas Dei)의 승리를 구체적으로 설명하며, 하나님의 품 안에서 영원한 복(福)인 구원사의 목표를 분명하게 만든다.'[221]

이런 구상을 가진 황금전설은 단지 성인들에 대한 설교(Sermones de sanctis)를 위한 그리고 지역수도회학교와 대학에서 공부를 위한 자료모음집이 아니다. 그것은 무엇보다도 위대한 모범자의 예에서 위로를 받고 굳세게 되려는 신자들을 위한 경건서이다.

## 5. 편타고행자(鞭打苦行者)운동

이미 성유물행렬(성인의 유골을 들고 찬양을 부르고 기도하면서 도시나 지역을 지나가는 가톨릭교회에서 행하는 의식 – 역자 주)에서 분명히 나타나는 것처럼 한층 고조된 경건이 보다 격렬해진 운동들에서 나타났다. 아마도 가까운 세계종말의 기대에 자극을 준 지오아키노 다 피오레(Joachim von Fiore)의 선지자적 예언의 영향으로, 1260/61년에 먼저 이탈리아에서, 그리고 이어서 프랑스, 독일, 오스트리아, 폴란드에서 집단적 참회요구의 표현으로서 새로운 현상, 즉 긴 참회행렬이 등장했다.[222] 편타고행자(라틴어 flagellum, 채찍 - 채찍으로 자신을 때리면서 참회하는 자들 - 역자 주)는 찢어진 옷을 입고 나라를 돌아다니면서 도중에 채찍질하며 자비를 구하는 것을 통하여 예수를 뒤따름에 극적인 상징을 부여했다.[223] 헤르만 폰 알타이히(Hermann von Altaich)는 자신의 연대기에 이 현상을 놀람과 역겨움을 뒤섞으면서 묘사하고 있다.

'그 날에 채찍을 때리는 자라고 불리며 처음에 투스키아(Tuszien)의 도시인 페루

221) R. Rhein, Die Legenda aurea des Jacobus de Voragine, S. 273.

222) 참조, M. E. Reeves, The Influence of Prophecy, S. 54 f.; G. Dickson, The Flagellants of 1260 and the crusades, S. 227-267.

223) 참조, A. Angenendt, Geschichte der Religiosität im Mittelalter, S. 622 f.

자(Perugia)에서 유래한 참회자들이 왔다. 단지 전 이탈리아뿐만 아니라 대개의 다른 나라들도 그들의 분파가 있었다. 그래서 무엇보다도 많은 귀족들과 상인들, 그리고 농부와 소년들이 그들을 지지했다. 그들의 참회 방법은 감당하기 어렵고, 끔찍하고 자비를 얻을 가치가 있는 것처럼 보였다. 왜냐하면 그들은 배꼽 위쪽으로 벌거벗고, 발목까지 몸의 하부를 덮는 의복을 입었다. 그들 가운데 아무도 알려지지 않기 위해 그들은 머리와 얼굴을 가리고 이리저리 돌아다녔다. 그리고 그들은 성직자들처럼 둘씩 혹은 셋씩 깃발이나 십자가를 앞세우고 돌아다녔다. 그들은 이 땅에 우리 주 예수 그리스도께서 나타나셔서 인간이 되신 시기를 기억하기 위해 33일과 반나절 동안 쭉 하루 두 번씩 스스로 자신을 채찍으로 때리면서 괴로움을 당했다. 그들은 둘씩 혹은 셋씩 교회 앞에서 혹은 교회 안에서 선창하면서 주님의 고난과 죽음에 대하여 지어낸 찬양을 마칠 때까지 그렇게 했다. 그러면서 그들은 흙탕물이나 눈이나 추위나 더위에 상관없이 때로는 땅 위에 엎드리고, 때로는 양팔을 하늘로 들어올렸다. 그 때문에 자비를 불러일으키는 몸짓과 그들의 혹독한 징벌은 많은 사람들이 눈물을 흘리며 똑같은 참회를 하도록 미혹했다.'[224]

편타고행자들은 교황의 발표나 교회의 발표에 의지할 수 없었다. 그 때문에 그들은 이단혐의를 받게 되었고, 금지당하거나, 심지어 때때로 박해를 받았다. 그 때문에 짧은 기간이 지난 뒤에 그들은 즉흥적인 특성을 잃어버렸고, 채찍질을 특정한 시간에 실천할 수 있는 관례로 삼는 참회공동체로 바뀌었다. 기근위기의 시대 또는 흑사병의 시대에 이 운동이 또다시 일어났다.

## 6. '기념해'

1300년 2월에 보니파키우스 8세(Bonifaz VIII.)가 기념해(Annus Iubilaeus)의 축제를 선포하면서, 로마로 순례를 행하는 모든 신자들에게 죄의 징벌에 대한 완전한 면죄부의 약

224) Annales et Historiae Altahenses, MGH.SS 17, S. 402, Z. 12-25; Werke des Abtes Hermann von Altaich, GDV 78, S. 61 f.

속을 이것과 연결시켰다. 기념해에 대한 언급은 중세 전성기에 낯선 것이 아니었다. 베르나르 클레르보는 자신의 십자군설교와 관계하여 그것을 언급했다. 캔터베리의 대주교인 스테펀 랭턴(Stephen Langton)은 1220년 토머스 베켓(Thomas Becket)의 유골 이송을 계기로 그리스도교의 기념해 사상을 발전시켰다.[225] 그러나 보니파키우스 8세가 처음으로 이것을 관철시켰다. 보니파키우스 8세가 1300년 2월 22일자의 교서『선인들의 보도』(Antiquorum habet)로 기념해를 개최하게 되었는데, 거기에 다음과 같이 기록되어 있다.

> '선인들의 신뢰할만한 보도가 말하기를 이 도시에 있는 신성한 베드로 대성당으로 오는 자들에게 풍성한 유산과 죄의 용서가 베풀어진다고 한다. 우리는 전능하신 하나님의 자비를 신뢰하고 우리의 형제의 조언을 신뢰하면서 사도의 전권에 의지하여 그것을 베풀려고 한다. 우리는 올해와 앞으로 다가올 매 백 년째 해에 경외심을 품고 이 대성당으로 와서 진심으로 참회하고 고해하는 모든 자에게 단지 완전하고 풍성할 용서만 아니라, 당신들의 모든 죄에 대한 최상의 완전한 용서를 베풀겠다.'[226]

쾰른의 왕의 연대기 기록에 따르면, 이것을 계기로 올해에 제시된 고해에 따라 뉘우치며 로마로 가는 모든 사람들은 죄와 참회로부터 자유로워지고 즐겁게 돌아올 수 있기 때문에, 셀 수 없이 많은 수의 사람들이 로마로 출발했다.[227] 다른 자료는 하루에 3만 명의 순례자에 대해서 언급하고 있다.[228]

야코포 가에타니 스테파네쉬(Jacopo Gaetani Stefaneschi, †1341) 로마추기경은 자신의 목격으로 만족스럽게 기념해의 방문자의 물결은 단지 '로마교회 수위권의 의무적인 인정'을 지지할 뿐만 아니라, 로마대성당에 '순례자들이 경건한 마음의 표현으로 지불한 수많

225) 참조, R. Foreville, L'idée de jubilé chez les théologiens et les canonistes, S. 401-423.

226) H. Denzinger, Enchiridion, Nr. 868.

227) Kölner Königschronik, GDV 53, S. 377.

228) Annales Colmarienses, MGH.SS 17, S. 225, Z. 27-40; Annalen und Chronik von Kolmar, GDV 75, S. 101.

은 액수를 가져왔다'고 기록하고 있다.[229] 이로써 뒤이은 시기에 좌절된 십자군운동의 결과로서 중지된 순례여행은 새로운 활력을 얻었다.[230] 종교적인 순례여행 외에 14세기로 넘어 가는 전환기에 중한 죄의 속죄를 위하여 실행되는 '대중운동의 성격을' 갖게 된 참회 순례여행이 나타나게 되었다.[231]

229) J. G. Stefaneschi, De centesimo seu iubileo anno, Kap. 8 f., in: P. G. Schmidt (Hg.), Das römische Jubeljahr, S. 412 f.

230) 참조, B. Schimmelpfennig, Anfänge des Heiligen Jahres von Santiago de Compostela, S. 285-303.

231) 참조, L. Schmugge, Anfänge des organisierten Pilgerverkehrs, S. 79 ff.; L. Carlen, Bußwallfahrten der Schweiz, S. 237-257.

# 후기

우리가 중세 전성기의 서방교회의 역사를 되돌아본다면, 우리는 깊은 영향을 끼치는 대변혁 가운데 있는 교회를 보게 된다. 이 대변혁 가운데에서 교회는 정치와 종교와 사회와 문화적인 관점에서 사회 전반에 걸쳐서 일어나는 변화들에 참여하게 되었다. 도시들의 번영과 대학들의 설립은 마찬가지로 선교여행과 식민지화운동과 십자군전쟁들처럼 그 변화에 전형적인 것들이었다. 교황권은 개혁들을 통하여 이 대변혁에 대처했다. 라테란과 리옹에서 열린 공의회에서 교회는 자신의 모든 구성요소에서 근본적으로 개혁되었다. 이러한 개혁들의 전제조건은 증가하는 로마교회의 중앙집권제였고, 그 결과 교리와 삶에 있어서 교회의 통일성이었다.

세속권력에 대한 교황교회의 태도는 '교회의 자유'(libertas ecclesiae)라는 프로그램 아래 새롭게 규정되었다. 서임권논쟁에서 처음에 교황과 주교선거에서 단지 평신도의 개입을 거부하는 것이 문제였다면, 시간이 지나면서 거기에서부터 세상에 대한 교회의 자유의 표현으로서 세상에 대한 교회의 지배력 추구로 발전되었다. 슈타우펜 황제권에 대한 승리는 교황의 권력확장 정점을 나타냈다. 종교와 경제와 정치적인 요소의 결합으로 설명되는 십자군전쟁들 역시 서방의 지배권을 표명하는 도구가 되었다. 우르바누스 2세(Urban II.)를 통하여 시작되었고 인노켄티우스 3세를 통하여 사상적으로 형성된 십자군전쟁들은 아콘이 함락할 때까지 로마교황청의 두드러지는 관심사였다. 비잔틴을 향한 이러한 지배권은 먼저 팔레스타인에 로마교회법에 따른 교회기관을 세우는 것에서, 특히 콘스탄티노플 점령후 세워진 라틴제국에 로마에 종속된 대주교를 세우는 것에서 가시적인 표시가 나타났다. 1054년 교회분열이후 교황권에게는 동방교회와 서방교회의 통일을 위하여 단지 로마교회의 표지 아래로 돌아가는 길만 있었다.

교황권의 서방지배세력으로 부상은 정치적인 사건들에 교회가 매우 얽혀 들게 되었고, 그로 인하여 종교적인 권위의 현저한 상실이라는 결과를 가져왔다. 세속화는 교회에 비판적인 설교자들에 의해 공개적으로 비난을 받았다. 동시에 교회를 초기그리스도교의 뿌리로 되돌리기 원하는 목소리가 - 특히 수도원제도에서 - 커졌다. 은둔자들과 순회설교자로 인하여 더불어 베네딕트수도원과 다른 선택적인 삶의 양식들이 나타났다. 동시에 베네딕트수도원제도는 베네딕트규칙의 원래의 의미를 재숙고하여 계속 독립해 나갔다. 카르투지오회 수도사들과 시토회 수도사들이 그것을 증명한다. 그 반면에 프레몽트레수도회는 교회법에 맞는 삶을 기준으로 삼아 성직자의 개혁을 옹호했다. 새로운 수도회에 공통적인 것은 금욕적인 단순함과 세상을 등진 순수한 본질을 향한 추구였다. 반면에 종교적인 삶의 다양화는 완전함을 추구하는 선택의 가능성을 넓혔을 뿐만 아니라, 사람을 둘러싸고 경쟁하는 서로 다른 수도회 사이의 긴장들도 높였다. 13세기로 넘어가는 전환기에 교회의 머리와 구성원의 근본적인 개혁에 대한 촉구가 개인적이며 제도적인 청빈에 대한 요구에서 절정에 달했던 종교적인 그룹들이 형성될 때, 또 한 단계의 발전이 이루어졌다. '가난한 그리스도'에서 그들의 모범인물을 찾았던 원시그리스도교적이며 사도적인 삶의 재발견이 이러한 운동에 내용적인 특징을 부여했다. 거기에 여성들이 기존수도회 내에서 그리고 기존수도회 밖에서 베긴회로서 결정적인 역할을 했다. 번영하는 도시와 성장하는 해외무역의 시대에 자의식을 갖게 된 평신도들도 역시 앞으로 나서게 되었다.

'그리스도교민족은 이제 교회사의 배우가 되었다.'[1]

종교적인 삶의 새로운 형태에 대한 추구는 구심적인 세력을 탄생시켰다. 교황교회는 그들을 편입시키는데 부분적으로만 성공했다. 배타적인 성례전을 통한 구원의 요구가 성직자들의 간과할 수 없는 세속화에 의해 대비되었기 때문에, 복종하라는 교회의 요구를 도처에서 더 이상 듣지 않았다. 카타르파와 후밀리아트회와 발도파들은 자신들의 길을 갔다. 그들은 교황교회 바깥에도 그리스도교가 있다는 것을 분명하게 만들었다. 그들과 달리 프란체스코회 수도사들과 도미니쿠스회 수도사들과 함께 청빈운동의 일부분은 교회로 되돌아갔다. 반면에 프란체스코수도회에서 청빈에 대한 논쟁과 설교자수도사들을 종교재판에 활용한 것은 그것에 대해 비싼 대가를 치러야만 했다. 그리스도를 뒤따르는 사도적 삶이 위계적인 교회에서의 삶과 연결될 수 있는가라는 문제는 청빈운동의 교회제도화에도 불구하고 논란의 여지가 있었다. 그러한 논란은, 12-13세기에 성인숭배와 성유물경건성이 번성한 것처럼, 신자들 가운데서 탁발수도회의 설립자에게 부여되는 숭배를

1) K.-V. Selge, Die ersten Waldenser, Bd. 1, S. 313.

약화시키지 않았다. 종교적인 각성의 폭넓은 영향력은 순례자들을 성지(聖地)로, 로마로, 산티아고 데 콤포스텔라로 이끌었던 순례여행에 나타난다. 십자군운동의 좌절과 프랑스 왕이 보니파키우스 8세를 포로로 잡음으로 인하여 중세 전성기는 끝났다. 강해진 민족왕권에 종속된 교황권을 통해, 그리고 내재화된 경건과 강렬한 사람들의 구원의 갈망을 통하여 규정되는 새로운 시대가 예고되었다.

# 부 록

색인

KGE 도서목록

# 색 인

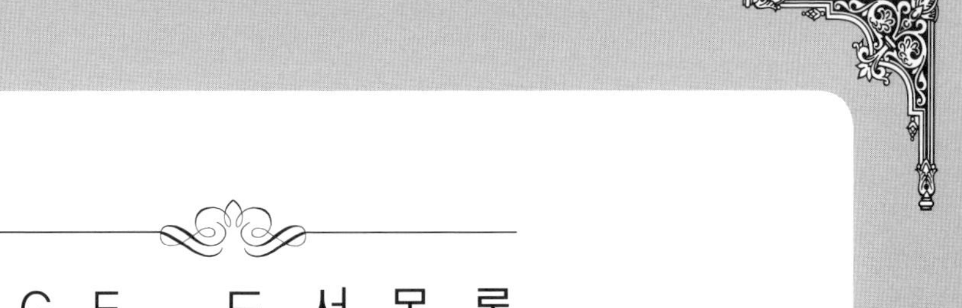

# KGE 도서목록

편집인: 울리히 게블러(Ulich Gäbler), 요한네스 쉴링(Johannes Schling)
출판인: 게르트 핸들러(Gert Haendler), 고(故) 요아힘 로게(Joachim Rogge†)

◈ : 한글출판.
▲ : 독일출판예정.

## I. 초대교회부터 중세시대까지

**I - 1 ◈**
DAS URCHRISTENTUM
von Karl - Martin Fischer†
1986, 2. Aufl. 1991 • 200 Seiten+4 S. Beilage
ISBN 978 - 3 - 374 - 00295 - 1
『원시기독교』, 한정애 옮김
ISBN 978 - 89 - 98741 - 02 - 0
978 - 89 - 98741 - 01 - 3 (세트)

**I - 2 ◈**
DAS CHRISTENTUM IM ZWEITEN JAHRHUNDERT
von Karl - Wolfgang Tröger
1988 • 140 Seiten
ISBN 978 - 3 - 374 - 00465 - 2
『2세기 기독교』, 염창선 옮김
ISBN 978 - 89 - 98741 - 03 - 7
978 - 89 - 98741 - 01 - 3 (세트)

**I - 3 ◈**
VON TERTULLIAN BIS AMBROSIUS
von Gert Haendler
1978, 4. Aufl. 1992 • 138 Seiten
ISBN 978 - 3 - 374 - 00297 - 8
『테르툴리아누스부터 암브로시우스까지』, 조병하 옮김
ISBN 978 - 89 - 98741 - 04 - 4
978 - 89 - 98741 - 01 - 3 (세트)

**I - 4**
DIE KIRCHE DES OSTENS IM 3. UND 4. JAHRHUNDERT
von Hans Georg Thümmel
1988 • 136 Seiten
ISBN 978 - 3 - 374 - 00466 - 0

**I - 5**
DIE ABENDLÄNDISCHE KIRCHE IM ZEITALTER DER VÖLKERWANDERUNG
von Gert Haendler
1981, 4. Aufl. 1995 • 152 Seiten
ISBN 978 - 3 - 374 - 00015 - 0

**I - 6**
DIE ÖSTLICHEN KIRCHEN IN DER EPOCHE DER CHRISTOLOGISCHEN AUSEINANDERSETZUNGEN(5. BIS 7. JAHRHUNDERT)
von Friedhelm Winkelmann
1981, 4. Aufl. 1994 • 152 Seiten+1 Faltkarte
ISBN 978 - 3 - 374 - 00298 - 6

**I - 7**
DIE LATEINISCHE KIRCHE IM ZEITALTER DER KAROLINGER
von Gert Haendler
1985, 2. Aufl. 1992 • 140 Seiten
ISBN 978 - 3 - 374 - 00299 - 4

I - 8
DIE OSTKIRCHEN VOM BILDERSTREIT BIS ZUR KIRCHENSPALTUNG 1054
von Hans - Dieter Döpmann
1991 • 164 Seiten
ISBN 978 - 3 - 374 - 01195 - 0

I - 9
VON DER REICHSKIRCHE OTTOS I. ZUR PAPSTHERRSCHAFT GREGORS VII.
(10. BIS 11. JAHRHUNDERT)
von Gert Haendler
1994 • 176 Seiten
ISBN 978 - 3 - 374 - 01529 - 8

I - 10
DIE KIRCHEN IM ZEITALTER DER KREUZZÜGE
(11. BIS 13. JAHRHUNDERT)
von Friedhelm Winkelmann
1994, 2. verb. Aufl. 1998 • 164 Seiten
ISBN 978 - 3 - 374 - 01465 - 8

I - 11 ◆
THEOLOGIE IM MITTELALTER
von Volker Leppin
2007 • 184 Seiten
ISBN 978 - 3 - 374 - 02516 - 1
『중세신학』, 이준섭 옮김
ISBN 978 - 89 - 98741 - 05 - 1
978 - 89 - 98741 - 01 - 3 (세트)

I - 12 ◆
DIE ABENDLÄNDISCHE KIRCHE IM HOHEN MITTELALTER
(12./13. JAHRHUNDERT)
von Heinrich Holze
2003 • 304 Seiten
ISBN 978 - 3 - 374 - 02047 - 8
『중세 전성기의 서방교회(12 - 13세기)』,
최영재 • 권진호 • 황훈식 옮김
ISBN 978 - 89 - 98741 - 06 - 8
978 - 89 - 98741 - 01 - 3 (세트)

## Ⅱ. 중세 후기, 개혁, 종파 시대

II - 1 ▲
ENTMACHTUNG UND SELBSTZERSTÖRUNG DES PAPSTTUMS (1302 BIS 1414)
von Volker Gummelt

II - 2 ◆
VON DEN REFORMKONZILIEN BIS ZUM VORABEND DER REFORMATION
von Michael Basse
2008 • 224 Seiten
ISBN 978 - 3 - 374 - 02494 - 0
『개혁공의회부터 종교개혁 전야까지』, 홍지훈 • 이준섭 옮김
ISBN 978 - 89 - 98741 - 07 - 5
978 - 89 - 98741 - 01 - 3 (세트)

II - 3, 4 ◆
ANFÄNGE DER REFORMATION / DER JUNGE LUTHER(1483 - 1521), DER JUNGE ZWINGLL(1484 - 1523)
von Joachim Rogge †
1983,2. Aufl. 1985 • 312 Seiten
ISBN 978 - 3 - 374 - 00300 - 1
『종교개혁 초기 / 청년 루터(1483 - 1521), 청년 츠빙글리 (1484 - 1523)』, 황정욱 옮김
ISBN 978 - 89 - 98741 - 08 - 2
978 - 89 - 98741 - 01 - 3 (세트)

II - 5 ◆
EVANGELISCHE BEWEGUNG UND FRÜHE REFORMATION(1521 - 1532)
von Rudolf Mau
2000 • 250 Seiten
ISBN 978 - 3 - 374 - 01795 - 9
『복음주의 운동과 초기개혁(1521 - 1532)』, 권진호 옮김
ISBN 978 - 89 - 98741 - 09 - 9
978 - 89 - 98741 - 01 - 3 (세트)

II - 6 ◆
REFORMATIONSGESCHICHTE(1532 - 1555/1556) / FESTIGUNG UND REFORMATION, CALVIN, KATHOLISCHE REFORM UND KONZIL VON TRIENT
von Hubert Kirchner
1988 • 178 Seiten
ISBN 978 - 3 - 374 - 00016 - 9
『종교개혁사(1532 - 1555/1556) / 종교개혁의 강화, 칼빈, 가톨릭개혁과 트렌트 공의회』, 정병식 옮김
ISBN 978 - 89 - 98741 - 10 - 5
978 - 89 - 98741 - 01 - 3 (세트)

II - 7 ▲
DIE ENTSTEHUNG EVANGELISCHER LANDESKIRCHEN
(1530 - 1580)
von Günther Wartenberg

II - 8 ◆
DAS KONFESSIONELLE ZEITALTER - KATHOLIZISMUS, LUTHERTUM, CALVINISMUS(I563 - 1675)
von Ernst Koch
2000 • 356 Seiten
ISBN 978 - 3 - 374 - 01719 - 3
『교파주의 시대 / 가톨릭주의, 루터교, 칼빈주의 (1563 - 1675)』, 이성덕•이상조 옮김
ISBN 978 - 89 - 98741 - 11 - 2
978 - 89 - 98741 - 01 - 3 (세트)

II - 9 ◆
DIE ORTHODOXEN KIRCHEN(1274 - 1700)
von Erich Bryner
2004 • 168 Seiten
ISBN 978 - 3 - 374 - 02186 - 7
『동방 정교회(1274 - 1700)』, 구영철 옮김
ISBN 978 - 89 - 98741 - 12 - 9
978 - 89 - 98741 - 01 - 3 (세트)

## III. 근 대

III - 1 ◆
DER PIETISMUS(1675 - 1800)
von Peter Schicketanz
2001 • 196 Seiten
ISBN 978 - 3 - 374 - 01858 - 0
『경건주의(1675 - 1800)』, 김문기 옮김
ISBN 978 - 89 - 98741 - 13 - 6
978 - 89 - 98741 - 01 - 3 (세트)

III - 2 ◆
THEOLOGIE UND KIRCHE IM ZEITALTER DER AUFKLÄRUNG
von Wolfgang Gericke
1990 • 140 Seiten
ISBN 978 - 3 - 374 - 00859 - 3
『계몽주의 시대의 신학과 교회』, 이은재 옮김
ISBN 978 - 89 - 98741 - 14 - 3
978 - 89 - 98741 - 01 - 3 (세트)

III - 3
DER PROTESTANTISMUS IN DEUTSCHLAND(1815 - 1870)
von Martin H. Jung
2000 • 164 Seiten
ISBN 978 - 3 - 374 - 01794 - 0

III - 4
AUSSERKIRCHLICHE RELIGIÖSE PROTESTBEWEGUNGEN =DER NEUZEIT
von Helmut Obst
1990 • 120 Seiten
ISBN 978 - 3 - 374 - 00964 - 6

III - 5
DER PROTESTANTISMUS IN DEUTSCHLAND(1870 - 1945)
von Martin H. Jung
2002 • 232 Seiten
ISBN 978 - 3 - 374 - 01994 - 3

III - 6
FREIKIRCHEN IN DEUTSCHLAND
(19. UND 20. JAHRHUNDERT)
von Karl Heinz Voigt
2004 • 272 Seiten
ISBN 978 - 3 - 374 - 02230 - 8

III - 7
KIRCHENGESCHICHTE GROSS - RITANNIENS VOM 17. BIS ZUM 20. JAHRHUNDERT
von William Reginald Ward aus dem engl. Manuskript
Übers. von Sabine Westermann
2000 • 204 Seiten
ISBN 978 - 3 - 374 - 01750 - 9

III - 8
DER KATHOLIZISMUS(1648 - 1870)
von Klaus Fitschen
1997, 2. Aufl. 2001 • 182 Seiten
ISBN 978 - 3 - 374 - 01633 - 2

### III - 9
DAS PAPSTTUM UND DER DEUTSCHE KATHOLIZISMUS(1870 - 1958)
von Hubert Kirchner
1992 • 138 Seiten
ISBN 978 - 3 - 374 - 01406 - 2

### III - 10
DIE OSTKIRCHEN VOM 18. BIS ZUM 20. JAHRHUNDERT
von Erich Bryner
1996 • 144 Seiten
ISBN 978 - 3 - 374 - 01620 - 0

### III - 11 ▲
KIRCHENGESCHICHTE SKANDINAVIENS (17. BIS 20. JAHRHUNDERT)
von Heinrich Holze

## Ⅳ. 현 대

### IV - 1
DIE RÖMISCH - KATHOLISCHE KIRCHE VOM II. VATIKANISCHEN KONZIL BISZUR GEGENWART
von Hubert Kirchner
1996 • 192 Seiten
ISBN 978 - 3 - 374 - 01621 - 9

### IV - 2 ▲
DER PROTESTANTISMUS IM WESTEN DEUTSCHLANDS (1945 - 1990)
von Martin Greschat

### IV - 3
DER PROTESTANTISMUS IM OSTEN DEUTSCHLANDS(1945 - 1990)
von Rudolf Mau
2005 • 248 Seiten
ISBN 978 - 3 - 374 - 02319 - 3

### IV - 4 ◆
PROTESTANTISCHE MINDERHEITENKIRCHEN IN EUROPA IM 19. UND 20. JAHRHUNDERT
von Klaus Fitschen
2008 • 184 Seiten
ISBN 978 - 3 - 374 - 02499 - 9
『19 - 20세기 유럽의 개신교 소수교회』, 백용기 옮김
ISBN 978 - 89 - 98741 - 15 - 0
978 - 89 - 98741 - 01 - 3 (세트)

### IV - 5
DAS CHRISTENTUM IN NORDAMERIKA
von Mark Noll aus dem amerik. Manuskript Übers, von Volker Jordan
2001 • 268 Seiten
ISBN 978 - 3 - 374 - 01814 - 7

### IV - 6
DAS CHRISTENTUM IN LATEINAMERIKA
von Hans - Jürgen Prien
2007 • 448 Seiten
ISBN 978 - 3 - 374 - 02483 - 4

### IV - 7 ◆
DAS CHRISTENTUM IN AFRIKA UND DEM NAHEN OSTEN
von Klaus Hock
2005 • 264 Seiten
ISBN 978 - 3 - 374 - 02089 - 5
『아프리카 및 근동의 기독교』, 공성철 • 민관홍 옮김
ISBN 978 - 89 - 98741 - 16 - 7
978 - 89 - 98741 - 01 - 3 (세트)

### IV - 8
DAS CHRISTENTUM IN OST - , SÜD UND SÜDOSTASIEN SOWIE AUSTRALIEN
von Friedrich Huber
2005 • 312 Seiten
ISBN 978 - 3 - 374 - 02119 - 0

### IV - 9 ▲
DAS CHRISTENTUM IM 20. JAHRHUNDERT
von Hartmut Lehmann

CIP-Kurztitelaufnahme:

Die Abendländische Kirchen im hohen Mittelalter (12./13. Jahrhundert)
/ Heinrich Holze

Kirchengeschichte in Einzeldarstellungen
ISBN 3-374-00017-7
Bd. I/12 ISBN 3-374-02047-8

1. Aufl. Leipzig: Evangelische Verlagsanstalt, 2003. 304 S.

www.eva-leipzig.de

KGE 교회사 전집
KIRCHENGESCHICHTE IN EINZELDARSTELLUNGEN

I/12 - 중세 전성기의 서방교회 (12~13세기)
(Die Abendländische Kirchen im hohen Mittelalter (12./13. Jahrhundert))

저 자 하인리히 홀체 (Heinrich Holze)
역 자 최영재, 권진호, 황훈식
초판발행 2015년 10월 30일
발 행 처 호서대학교 출판부
발 행 인 강일구
편 집 인 염창선
출 판 팀 김애리
등 록 제 452 - 2011 - 000004호
주 소 충남 천안시 동남구 호서대길 12
호서대학교 천안캠퍼스 1호관 411호
전 화 (041)560 - 8591
팩 스 (041)560 - 8593
이 메 일 press@hoseo.edu
I S B N 978 - 89 - 98741 - 06- 8
978 - 89 - 98741 - 01 - 3 (세트)

※ 도서 가격은 뒷 표지에 있으며, 잘못된 책은 구입하신 곳에서 교환하여 드립니다.